Mario Puzo

Bien qu'il ait signé de son nom une douzaine de romans, Mario Puzo (1920-1999) doit toute sa notoriété à ce seul livre, *Le Parrain*, paru en 1969. À ce livre et aussi aux trois films qui en furent tirés et dont il coécrivit les scénarii avec Francis Ford Coppola à partir de 1972 (recevant pour cela deux oscars). Marlon Brando, avec l'interprétation magique qu'il fit du rôle de don Vito Corleone, contribua pour beaucoup à l'immense succès du premier épisode de cette trilogie, et l'on aura toujours en mémoire son image et sa voix en lisant ou relisant le roman. Pour le reste on sait de Puzo qu'il fit ses classes de romancier en travaillant pour la presse à sensation et se consacra ensuite exclusivement à son métier d'écrivain, puisant sa principale matière dans son expérience de journaliste et une enfance vécue dans les quartiers pauvres de l'immigration italienne à New York. Le portrait, aussi fascinant que réaliste, qu'il a dressé d'une Amérique gangrenée par le syndicat du crime demeure inégalé.

Le parrain

Mario Puzo

Le parrain

Traduit de l'anglais (États-Unis)
par Jean Perrier

PAVILLONS POCHE

Robert Laffont

Titre original : THE GODFATHER
En couverture : photo : Marlon Brando dans *Le Parrain*, 1972 © Steve Schapiro/Corbis via Getty Images

ISBN 978-2-221-19759-2

à Anthony Cleri

« Le secret des grandes fortunes sans cause apparente est un crime oublié, parce qu'il a été proprement fait. »

BALZAC

Livre premier

1.

Assis dans la salle d'audience du 3e tribunal criminel de New York, Amerigo Bonasera attendait que la justice se prononce et le venge des deux hommes qui avaient si cruellement blessé sa fille, après avoir tenté de la déshonorer.

Le juge, personnage massif et d'aspect redoutable, releva les manches de sa robe comme s'il se proposait d'infliger un châtiment corporel aux deux jeunes gens qui se tenaient debout devant lui. Une expression de mépris majestueux et glacé était empreinte sur ses traits. Mais il y avait dans son attitude quelque chose de factice que Bonasera percevait fort bien sans se l'expliquer encore.

« Vous vous êtes conduits comme des dégénérés de la pire espèce », s'écria le juge, d'une voix agressive. C'est vrai, c'est vrai, pensa Bonasera. Des bêtes, des chiens. Les deux jeunes gens, visage rasé, luisant comme un sou neuf, cheveux drus et lustrés, proprement taillés en brosse, inclinèrent modestement la tête et se composèrent le visage de l'humilité contrite. « Vous vous êtes conduits comme des fauves dans la jungle, reprit le juge. Et c'est une chance pour vous que cette pauvre jeune fille ait su défendre son honneur, sinon vous en aviez pour vingt ans. »

Le juge s'interrompit ; sous la voûte broussailleuse des sourcils, ses yeux glissèrent un regard furtif vers l'homme au teint olivâtre : le métèque Bonasera ; et revinrent se poser sur les documents placés devant lui. C'étaient des rapports en faveur de la mise en liberté sous surveillance. Le juge fronça les sourcils, haussa les épaules, comme s'il ne se rendait qu'à contrecœur aux arguments avancés pour obtenir son indulgence, et reprit son discours.

« Mais, en raison de votre jeunesse, de vos familles honorables, parce que vous n'avez encore jamais été condamnés et parce que, dans sa majesté, la loi ne cherche pas de vengeance, je vous condamne céans à trois ans d'internement dans un pénitencier. Avec bénéfice du sursis. »

Quarante ans de deuil professionnel, la fréquentation quotidienne du désespoir empêchèrent seuls que ne parût sur le visage d'Amerigo Bonasera, entrepreneur de pompes funèbres, l'immensité du sentiment de frustration et de haine qu'il ressentit à cet instant. Sa fille bien-aimée, si jeune, si belle, était toujours à l'hôpital, la mâchoire brisée, la joue piquée de points de suture. Et ces deux monstres étaient libres ? L'audience tournait à la farce. Déjà les heureux parents entouraient leurs fils adorés. Bonasera contemplait ce hideux spectacle. Oh, comme ils avaient l'air contents, comme ils souriaient, maintenant !…

Un flot de bile noire, aigre et amer, remplit la bouche de Bonasera et ruissela entre ses dents serrées. Il prit le petit mouchoir blanc qu'il portait en pochette et l'appuya sur sa bouche. Déjà les deux jeunes gens remontaient d'un pas dégagé l'allée centrale ; rassurés, souriants, ils passèrent devant Bonasera sans même le regarder. Il les laissa passer, pressant toujours contre ses lèvres la fine toile blanche.

À leur tour les parents des deux monstres arrivèrent devant Bonasera : deux hommes et deux femmes de son âge, mais plus américains dans leur mise. Ils lui jetèrent un regard et, quoique la honte se lût sur leur visage, dans leurs yeux brillait une lueur de défi triomphant. Hors de lui, Bonasera se pencha vers l'allée centrale et s'écria d'une voix rauque : « Prenez garde, vous pleurerez comme j'ai pleuré. Je vous ferai pleurer comme je pleure par la faute de vos fils. » C'est sur ses yeux maintenant qu'il pressait son mouchoir. Les avocats de la défense, qui fermaient le cortège, allongèrent le pas et s'interposèrent comme un rempart protecteur entre le véhément Bonasera et les deux fils qui avaient fait demi-tour pour défendre leurs chers parents. Un énorme huissier accourut à grands pas, barra la route à l'ennuyeux protestataire. Mais cette précaution était bien superflue. Depuis son arrivée en Amérique, Bonasera avait vécu dans le respect de l'ordre et de la loi. Ce respect avait fait sa prospérité. Maintenant la haine bouillonnait dans son cerveau : il se voyait achetant un revolver, et tuant de sa main les bourreaux de sa fille. Pourtant c'est avec sang-froid qu'il se tourna vers sa femme et lui dit : « On s'est moqué de nous. » Mme Bonasera n'avait rien compris à ce qui venait de se passer. Le croque-mort demeura un moment silencieux. Il n'y avait plus à hésiter. Sa décision était prise. Le prix qu'elle lui coûterait ne comptait plus. « Pour que justice nous soit rendue nous irons à genoux trouver Don Corleone. »

Un appartement d'un luxe hideux, dans un hôtel de Los Angeles. Le grand Johnny Fontane noyait sa jalousie dans l'alcool, ni plus ni moins qu'un vulgaire cocu. Vautré sur un divan rouge, il buvait au goulot le contenu d'une bouteille de scotch ; de temps en temps, quand l'écœurement le prenait, Johnny plongeait la bouche et le menton dans une coupe de cristal remplie de glaçons à demi fondus. Il était quatre heures du matin ; des visions de meurtre tournoyaient dans son crâne malade ; tout à l'heure, quand sa femme rentrerait, cette roulure, il la tuerait, aussi vrai qu'il s'appelait Johnny Fontane. Si elle rentrait, si elle rentrait. Il eut envie de téléphoner à sa première femme pour lui demander des nouvelles des enfants. Mais il était trop tard. Les amis ? Depuis que sa carrière allait à vau-l'eau il n'osait plus téléphoner à ses amis d'autrefois. Il n'y avait pas si longtemps, ils auraient été ravis, flattés même, d'être réveillés par lui à quatre heures du matin… Mais désormais il les importunait. Les petits ennuis de Johnny Fontane, au temps de sa gloire, avaient paru prodigieusement intéressants à quelques-unes des actrices les plus fameuses d'Hollywood. Cette pensée le fit un peu sourire.

Il lui restait sa bouteille de scotch. Il entendit enfin le bruit de la clé dans la serrure : sa femme rentrait. Il continua de boire jusqu'à ce qu'elle fût arrivée devant lui. Elle lui parut si belle, avec son visage d'ange, ses grands yeux violets qui semblaient dire tant de choses, son corps aux formes ravissantes dans leur fragilité délicate ! Sur l'écran, sa beauté était encore magnifiée, spiritualisée. Cent millions d'hommes, dans le vaste monde, étaient amoureux du visage de Margot Ashton. Et payaient pour la voir sur l'écran. « D'où viens-tu ? demanda Johnny Fontane.

— De faire l'amour. »

Elle l'avait cru plus ivre qu'il n'était. Il enjamba la table basse et saisit Margot à la gorge. Mais en retrouvant sous ses yeux le visage adorable au regard magique, sa colère tomba. Le voyant désemparé, Margot fut assez imprudente pour sourire d'un air moqueur. Elle vit Johnny serrer le poing, arquer le coude. Elle cria : « Attention, Johnny. Pas la figure.

Je tourne un film. » Elle rit. Il la frappa au ventre ; elle tomba sur le tapis et il se laissa tomber sur elle. Margot haleta pour reprendre son souffle. Il s'enivra de son haleine parfumée et la bourra de coups de poing sur les bras, sur les cuisses, sur ses longues jambes soyeuses et dorées. Il la rossa comme il avait rossé plus d'un petit morveux dans son jeune temps, au temps où il jouait les durs dans les bas quartiers de New York. Cette punition, assez douloureuse, ne risquait pas de compromettre le charme de Margot Ashton : ni dent cassée ni oreille déchirée.

Johnny ne cognait pas assez dur. Il ne pouvait pas. Elle riait d'un petit rire de gorge, écartelée sur le tapis, sa robe de lamé relevée au-dessus des cuisses. Entre deux rires, elle le provoquait : « Baise-moi, Johnny. Vas-y, baise-moi, mon chou. C'est ça qui te travaille. » Johnny Fontane se releva. Il haïssait la femme qui gisait à ses pieds mais sa beauté la protégeait comme une armure magique. Avec l'agilité d'une ballerine, Margot sauta sur ses pieds et se retrouva face à face avec Johnny. Elle esquissa un petit pas de danse en chantonnant d'une voix niaise d'écolière : « Johnny m'a pas fait mal, Johnny m'a pas fait mal. » Puis retrouvant tout à coup sa beauté grave, elle dit, presque tristement : « Pauvre petit con. Tu ne comprendras jamais rien. Tu me fais mal au ventre, tiens ! Tu ne seras jamais qu'un petit Rital sentimental. Même l'amour, tu fais ça comme un gosse. Pauvre Johnny. Tu baises comme tu chantes. De la guimauve ! » Elle secoua tristement la tête en répétant : « Pauvre Johnny. Adieu, pauvre petit Johnny. » Elle s'éloigna lentement, à reculons, et entra dans sa chambre. Johnny entendit la clé tourner dans la serrure.

Il s'assit sur le tapis, la tête entre ses mains, écœuré d'humiliation, de désespoir. Mais son orgueil, sa dureté de gosse des trottoirs, cette force qui lui avait permis de faire son trou à Hollywood se réveillèrent encore une fois en lui : il décrocha le téléphone et appela un taxi ; il allait se faire conduire immédiatement à l'aéroport. Il sauterait dans le premier avion pour New York. Un seul être au monde pouvait le sauver : un être assez puissant et assez sage, un être dont l'affection ne lui avait jamais fait défaut : son parrain, Don Corleone, *Il Padrino*.

Le boulanger Nazorine, boulot comme un de ses bons pains italiens et encore tout poudré de farine, foudroyait du regard sa femme, sa fille et son mitron Enzo qui avait remis son uniforme de prisonnier de guerre et tremblait de peur à la pensée que cette scène allait le retarder : il n'arriverait pas à l'heure réglementaire à l'île du Gouverneur. Enzo était un de ces milliers de prisonniers de guerre italiens, à demi libérés sur parole pour participer à l'effort économique ; il vivait dans la peur constante de perdre le bénéfice de ce régime de faveur. Aussi la petite comédie qui se jouait sous ses yeux représentait-elle pour lui une affaire éminemment sérieuse. « Réponds, braillait Nazorine en roulant de gros yeux terribles. As-tu déshonoré ma famille ? Qu'est-ce que tu as fait à ma fille ? Tu ne vas pas nous laisser un lardon en souvenir maintenant que la guerre est finie et que l'Amérique va te renvoyer d'un coup de pied au cul vers ton village pouilleux de Sicile ? »

Le jeune Enzo, personnage courtaud et râblé, mit la main sur son cœur et dit avec des larmes dans la voix, mais non pas sans finesse : « *Padrone*, je jure devant la Sainte Vierge que je n'ai jamais abusé de votre bonté. J'aime votre fille. Je l'ai respectée. C'est très respectueusement que je vous demande sa main. Je sais que je n'y ai aucun droit, mais songez que si on me renvoie en Italie, je ne pourrai jamais revenir en Amérique. Et jamais je ne pourrai épouser Catherine. » Là-dessus, Mme Filomena, la patronne, intervint hardiment auprès de son irascible mari : « Assez de comédie, fit-elle. Tu sais très bien ce que tu as à faire. Enzo doit rester. Envoie-le chez nos cousins de Long Island. Ils sauront le cacher. »

Catherine pleurait. Quoique dans la fleur de sa jeunesse, Catherine était déjà un peu trop opulente et un léger duvet ombrait sa lèvre supérieure. Elle n'était pas jolie, jolie. Jamais elle ne trouverait un mari aussi beau qu'Enzo le mitron, un homme qui saurait avec autant d'amoureux respect, palper les régions secrètes de son corps. « Si tu ne gardes pas Enzo, cria-t-elle à son père, je m'enfuirai, tu m'entends ?... j'irai vivre en Italie. »

Nazorine considéra sa fille d'un air entendu. Il ne s'y trompait pas : elle en avait besoin. Il avait remarqué comment elle tendait ses bonnes grosses fesses contre le ventre d'Enzo quand le mitron se glissait derrière elle pour verser dans les paniers du comptoir les pains tout chauds qu'il venait de sortir du four. « C'est dans son four à elle que le jeune lascar finira par mettre son pain tout chaud », se dit finement Nazorine. Il était temps d'aviser. Enzo devait rester en Amérique et devenir citoyen des États-Unis. Or un seul homme pouvait mener cette affaire à bien : le parrain, Don Vito Corleone.

Tous ces personnages – et bien d'autres encore – reçurent des cartes d'invitation gravées les priant d'assister aux noces de Miss Constanzia Corleone, le dernier samedi d'août 1945. Le père de la promise, Don Vito Corleone, n'oubliait jamais ses amis et ses voisins d'autrefois, bien qu'il habitât à présent une immense maison de Long Beach. C'est lui qui recevait. L'événement promettait d'être mémorable ; les réjouissances prévues devaient durer toute la journée. La guerre avec le Japon venait de prendre fin, les fils qu'on avait aux armées étaient hors de danger : le nuage de l'inquiétude ne jetterait pas son ombre sur la fête. Une noce, c'était pour chacun l'occasion rêvée de manifester sa joie.

Le matin de ce grand jour, la cohorte des amis de Don Corleone quitta New York pour faire honneur à son invitation. Ils apportaient comme cadeaux de mariage des enveloppes crème bourrées de billets de banque, jamais de chèque… Une carte glissée dans chaque enveloppe signalait l'identité du donateur et permettait en même temps d'évaluer le respect qu'il portait au parrain : respect, certes, bien mérité.

Don Vito Corleone était un homme à qui tout le monde venait demander aide et assistance et qui jamais ne décevait ceux qui s'adressaient à lui. Jamais il ne faisait de vaines promesses ; jamais il ne cherchait à se dérober en alléguant qu'il existait dans le monde des puissances supérieures qui lui liaient les mains ; il eût tenu cette excuse pour lâcheté. Il n'était pas nécessaire qu'il fût personnellement votre ami ; il importait peu que vous fussiez ou non en mesure de le payer de retour. Il n'avait qu'une exigence : que vous vous déclariez vous-même son ami. Dès lors, que son solliciteur fût obscur ou puissant, riche ou pauvre, Don Corleone partageait son souci et ne tolérait pas qu'un obstacle vînt contrarier l'issue qu'il avait décidé de donner à l'affaire. Quelle récompense en attendait-il ? Une amitié, l'honneur de s'entendre respectueusement appeler « Don » Corleone et quelquefois, plus affectueusement : padrino. Et peut-être aussi, mais seulement comme un gage de reconnaissance – jamais comme un salaire –, un modeste cadeau : un gallon de vin fait à la maison ou un panier de tamales spécialement préparés pour orner la table de la famille Corleone à la Noël. Par ces petits hommages, il était tacitement entendu que vous vous reconnaissiez comme l'obligé de Don Corleone, lequel pouvait à tout moment invoquer la dette que vous aviez contractée envers lui pour vous demander de lui rendre, en retour, quelque petit service.

Debout sur le seuil de sa maison de Long Beach, Don Vito Corleone accueillait ses invités. Il les connaissait tous, tous avaient sa confiance, beaucoup lui devaient leur réussite. Le caractère intime de la circonstance les autorisait à s'adresser à lui en l'appelant « parrain ». Même les gens qui vaquaient au service étaient des amis. Le barman, un vieux camarade, avait offert tous les breuvages qu'on allait déguster au cours de la journée – sans compter le concours de ses précieux talents. Les garçons étaient les amis des fils de la maison. La femme de Don Corleone et ses vieilles amies avaient préparé les victuailles qui garnissaient les tables de jardin. Le petit parc, orné de guirlandes multicolores, avait été décoré par les petites amies de la mariée.

Riches et pauvres, humbles et puissants, Don Corleone accueillait tout son monde avec les mêmes démonstrations d'amitié. Il ne négligeait personne. C'était un trait de son caractère. Les exclamations admiratives de ses hôtes, qui s'émerveillaient de voir comme le smoking lui allait bien, auraient pu faire aisément croire à un spectateur non averti que c'était lui le nouveau marié, le héros de la fête.

À ses côtés, devant la porte ouverte, se tenaient deux de ses trois fils. L'aîné avait reçu le jour de son baptême le prénom de Santino mais tout le monde, excepté son père, l'appelait Sonny. Les vieux Italiens le regardaient avec méfiance, les jeunes avec admiration. Pour un Américain de la première génération né de père et mère italiens Sonny Corleone était grand : il mesurait un mètre quatre-vingts. Une masse de cheveux drus aux boucles emmêlées le faisait paraître plus grand encore. Il avait une grosse tête de Cupidon, les traits réguliers sans finesse ; ses lèvres sinueuses et charnues révélaient une sensualité exigeante et son menton creusé d'une ligne profonde avait on ne sait quoi de curieusement impudique. Il était bâti comme un taureau et c'était un fait notoire que la nature l'avait si généreusement équipé que son épouse martyre redoutait le lit conjugal comme les hérétiques de jadis le chevalet de torture. On racontait à voix basse qu'un jour où, tout jeune homme, il était allé visiter un mauvais lieu, la putain la plus aguerrie et la moins pusillanime de la maison, après avoir inspecté l'énorme engin avec une sainte épouvante, avait exigé d'être payée double tarif.

Quelques jeunes matrones invitées à la noce – larges hanches et larges bouches – dévisageaient effrontément le beau Sonny. Mais ce jour-là elles perdaient leur temps. Malgré la présence de sa femme et de ses trois jeunes enfants, Sonny Corleone avait des vues sur la demoiselle d'honneur de sa sœur. La jeune Lucy Mancini, parfaitement instruite des intentions de Sonny, assise devant une table de jardin, était en longue robe rose, un diadème de fleurs posé sur ses cheveux noirs et lustrés. Toute la semaine, pendant les répétitions de la cérémonie nuptiale, elle avait flirté avec Sonny. Le matin même, à l'église, elle lui avait pressé la main… Une demoiselle ne pouvait se permettre davantage.

Peu lui importait que Sonny ne fût pas fait pour devenir, plus tard, le « grand homme » que chacun admirait dans son père. Il avait la force, le courage. Il était généreux, aussi (c'était chose entendue que son cœur et son membre se valaient). Mais il n'avait pas l'humilité de son père. Son caractère bouillant et emporté lui faisait souvent commettre des erreurs de jugement. Il secondait fort bien Don Vito dans son travail mais beaucoup doutaient qu'il pût, un jour, lui succéder.

Le frère cadet de Sonny Corleone, Frederico (on l'appelait Fred, Freddie ou Fredo) était ce fils parfait que tous les Italiens prient les saints de leur accorder : respectueux, fidèle, toujours au service de son père. Il vivait encore auprès de ses parents quoiqu'il eût passé la trentaine. Petit, trapu, Frederico n'était pas bel homme, mais il avait la même tête de Cupidon que son frère Sonny, le même casque de cheveux bouclés coiffant un visage rond, la même bouche aux sinuosités voluptueuses. Mais celle de Frederico était une bouche de pierre plutôt que de chair. Enclin à l'austérité, il ne voulait qu'être le soutien de son père ; jamais il ne contredisait Don Vito, jamais il ne le contrariait par de scandaleuses histoires de femmes. Malgré tous ces mérites il lui manquait ce magnétisme, cette puissance animale qui sont si nécessaires à un chef. Lui non plus, il ne semblait pas destiné à hériter des « affaires » de la Famille.

Michael était le plus jeune des trois fils de Don Corleone et le seul qui eût refusé de se laisser guider par ce grand homme. Il n'avait pas l'épais visage de Cupidon de ses frères et ses cheveux d'un noir de jais étaient plats au lieu d'être frisés. Il avait la peau d'un brun clair et mat qu'on aurait trouvé ravissant chez une jeune fille. Il était beau mais d'une beauté délicate. Il y eut un temps où Don Corleone avait eu des inquiétudes sur la virilité de son fils. Ses appréhensions se dissipèrent d'elles-mêmes quand Michael atteignit l'âge de dix-sept ans.

Le benjamin des Corleone était assis devant une table dans le coin le plus reculé du jardin, comme pour marquer son indépendance vis-à-vis de son père et de ses deux frères aînés. Auprès de lui, une jeune fille : l'Américaine dont tout le monde avait entendu parler mais que personne, jusque-là, n'avait encore vue. Michael, il va sans dire, s'était conformé aux bonnes règles de la civilité, il avait présenté l'inconnue à toute la compagnie, donc à sa propre famille aussi. On n'avait guère été impressionné : elle était trop mince, trop blonde, elle avait l'air trop fine, trop intelligente pour une femme, et sa liberté d'allure ne convenait guère à une jeune fille. Et puis ce nom – Kay Adams – cela semblait bien étranger à des oreilles italiennes. Si Kay avait dit aux invités de Don Corleone que sa famille était établie en Amérique depuis deux siècles et que son nom était des plus courants, ils se seraient contentés de hausser les épaules.

Tout le monde remarqua que Don Vito ne prêtait guère attention à son plus jeune fils. Pourtant, jusqu'à la guerre, Michael avait été son préféré : c'était lui, de toute évidence, qu'il avait tacitement choisi pour lui succéder, le moment venu, à la tête des affaires de la Famille. Michael avait hérité de son illustre père la force tranquille, l'intelligence, et ce don particulier qui le faisait toujours se comporter de telle sorte qu'on ne pouvait faire autrement que de le respecter. Mais quand éclata la Seconde Guerre mondiale Michael Corleone décida, malgré l'interdiction formelle de son père, de s'engager dans les *marines*. Le Don n'avait ni le désir, ni l'intention de laisser son plus jeune fils risquer sa vie au service d'une nation qui lui demeurait – somme toute – étrangère. Il avait soudoyé des médecins, conclu des arrangements secrets. Tout cela lui avait coûté très cher. Mais Michael avait vingt-deux ans ; son obstination renversa tous les obstacles suscités par son père ; il s'enrôla, fit la guerre dans le Pacifique, récolta galons et médailles. En 1944, son portrait parut dans *Life* accompagné d'une série de photographies illustrant ses diverses prouesses. Un ami montra le numéro de la revue à Corleone père (sa famille n'avait pas osé). Le Don fit entendre un grognement dédaigneux. « Il fait tous ces miracles pour des étrangers ! » Tel fut son seul commentaire.

Michael Corleone fut renvoyé dans ses foyers au début de 1945 pour se remettre d'une blessure qui le rendait momentanément inapte au service. Il était loin de se douter que sa mise en congé résultait des combinaisons paternelles. Il demeura chez lui quelques semaines. Puis, sans avoir pris l'avis de personne, il quitta le toit familial et entra au Dartmouth College de Hanovre, New Hampshire. Il en revenait pour la première fois afin d'assister au mariage de sa sœur et de présenter en même temps à la Famille celle dont il voulait faire sa femme : cette Américaine, cette poupée délavée.

Pour amuser Kay Adams, Michael était en train de lui raconter l'histoire de quelques-uns des personnages les plus pittoresques de la compagnie et la surprise de Kay, qui semblait découvrir un monde exotique, l'amusait. Kay l'enchantait, comme toujours, par l'extrême intérêt qu'elle portait à tout ce qui lui était inconnu, à tout ce qui lui apportait une expérience nouvelle. L'attention de la jeune fille se fixa sur un petit groupe d'hommes réunis autour d'une barrique de vin maison. Il y avait là Amerigo Bonasera, Nazorine le boulanger, Anthony Coppola et Luca Brasi. Avec le sens aigu de l'observation qui lui était coutumier, Kay fit remarquer à Michael que ces quatre personnages n'avaient pas l'air particulièrement heureux. Michael sourit. « Non. C'est bien vrai, dit-il. Ils attendent que mon père les reçoive en particulier. Ils ont de petits services à lui demander. »

Le moins averti eût remarqué que les quatre hommes avaient les yeux constamment fixés sur Don Corleone. Tandis que celui-ci continuait d'accueillir ses invités, une Chevrolet noire s'arrêta de l'autre côté du mail. Deux hommes, assis à l'avant, tirèrent un carnet de la poche de leur veston et, sans chercher à se dissimuler le moins du monde, entreprirent de noter les numéros d'immatriculation des voitures garées sur le mail. Sonny se tourna vers son père et dit : « Ces types, là-bas, c'est sûrement des flics. »

Don Corleone eut un haussement d'épaules. « La rue n'est pas à moi. Ils peuvent faire tout ce qui leur plaît ! »

La grosse tête de Cupidon du beau Sonny s'empourpra de colère. « Les salopes ! ça ne respecte rien ! » Il descendit les marches du perron, traversa le mail, s'approcha de la voiture noire et vint planter sa vaine colère tout contre le visage du conducteur. Sans sourciller l'homme entrouvrit son portefeuille et montra sa carte verte à Sonny qui s'éloigna sans dire un mot. En passant, il lâcha un jet de salive qui frappa la porte arrière de la voiture. Il espérait que le conducteur répondrait à sa provocation et le poursuivrait sur le mail, mais l'autre ne broncha pas. Sonny regagna le perron et dit à son père : « C'est la racaille du FBI. Ils notent tous les numéros ! Salauds de poulets ! »

Don Corleone savait fort bien à qui il avait affaire. Il avait avisé ses intimes de venir à la noce dans des voitures louées ou empruntées. Certes il désapprouvait la sotte démonstration de colère à laquelle venait de se livrer son fils, mais elle le servait : les intrus y verraient la preuve qu'on ne s'attendait pas à leur visite et qu'on ne s'y était pas préparé. Aussi le Don n'éprouvait-il à leur égard aucun ressentiment. Il avait appris depuis longtemps que la société inflige des affronts qu'on doit supporter d'autant mieux qu'on sait avec certitude que l'heure vient toujours où le plus humble, s'il ouvre un œil vigilant, trouve l'occasion de tirer vengeance du plus puissant. C'est cette certitude qui empêchait le Don de perdre la modestie que ses amis admiraient tant en lui. Dans le jardin, derrière la maison, un petit orchestre de quatre musiciens venait d'attaquer un air de danse. Tous les invités étaient arrivés. Le Don chassa de sa pensée les importuns du FBI et entraîna ses deux fils dans le jardin où les réjouissances avaient déjà commencé.

Des centaines d'invités avaient répondu à l'invitation de Don Corleone. Les uns dansaient sur une estrade fleurie. D'autres avaient pris place devant de longues tables garnies de montagnes de victuailles parfumées de toutes les épices, et de grands pichets de vin maison. La mariée, Constanzia Corleone, trônait en majesté devant une table surélevée, entre son jeune époux et sa première demoiselle d'honneur ; autour d'eux étaient assis les autres demoiselles et les garçons d'honneur. Ce tableau rustique dans le style italien d'autrefois n'était pas au goût de la mariée, mais elle s'était résignée à cette noce de culs-terreux pour faire plaisir à son père, en compensation de l'extrême déplaisir qu'elle lui avait causé en choisissant son époux.

Carlo Rizzi, l'élu, était un demi-sang. Rizzi père, Sicilien de bonne race, avait épousé une Italienne du Nord ; le jeune Carlo devait à sa mère ses yeux bleus et ses cheveux blonds. La famille Rizzi vivait dans le Nevada, mais Carlo avait dû quitter l'État à la suite de petits ennuis avec les défenseurs de la Loi. À New York, il avait fait la connaissance de Sonny Corleone qui l'avait présenté à sa sœur. Don Corleone, il va de soi, chargea des amis sûrs de mener une enquête discrète dans le Nevada : ils lui rapportèrent que les démêlés de Carlo Rizzi avec la police avaient eu pour cause l'imprudence juvénile avec laquelle il s'était exercé au maniement du revolver : rien de grave. On pourrait aisément effacer les traces écrites de ce petit accident et rendre sa virginité au casier judiciaire du jeune Rizzi. Les émissaires de Don Corleone rapportèrent en même temps des informations détaillées sur la législation des jeux dans le Nevada. Le Don y prit le plus vif intérêt. Depuis, ce grand sujet était devenu un des thèmes les plus constants de ses méditations. Don Corleone savait tirer profit de tout et de n'importe quoi. Ce talent constituait un des piliers de sa grandeur.

Constanzia Corleone n'était pas ce qu'on appelle jolie : elle était maigre, irritable. On pouvait prévoir qu'avec l'âge elle deviendrait acariâtre. Mais ce jour-là, transfigurée par sa robe blanche de mariée et par les émois impatients de ses dernières heures de virginité, elle était tellement radieuse qu'elle semblait presque belle. Sous la table de bois, sa main restait posée sur la cuisse musclée de son époux. Sa bouche de Cupidon se resserrait en cul de poule pour former maints et maints baisers qu'elle adressait au cher Carlo par la voie des airs.

Elle le trouvait incroyablement beau. Dans sa première jeunesse, Carlo Rizzi avait travaillé dur au grand air du désert. Il s'y était fait des biceps formidables ; ses épaules puissantes gonflaient le veston de son habit. Caressé par les regards adorateurs de Connie, il remplissait de vin le verre qu'elle lui tendait. Sa galanterie cérémonieuse lui donnait l'air d'un marié de comédie, mais ses regards revenaient sans cesse à l'aumônière de satin que la mariée portait à l'épaule droite et qui débordait d'enveloppes richement garnies de billets de banque. Carlo en supputait le contenu. Dix mille ? Vingt mille ? Et Carlo souriait : ce n'était qu'un commencement. Il venait de s'allier à une famille royale. Il allait falloir qu'on s'occupe gentiment de lui.

Dans la foule des invités, un autre personnage observait avec insistance l'aumônière de Constanzia : un petit jeune homme bien mis, au visage de fouine, lisse et pointu. Mais c'est seulement par un effet de l'habitude que Paulie Gatto se demandait comment il pourrait mettre la main sur le trésor de la mariée. L'idée l'amusait. Pourtant ce n'était qu'innocent vagabondage d'imagination, rien de plus subversif que le rêve d'un gamin qui voudrait faire sauter un tank avec une pétoire à bouchon. Paulie Gatto observait son « patron » : l'énorme Peter Clemenza ; sur la piste de bois réservée aux danseurs, Clemenza entraînait d'aimables fillettes dans le tourbillon échevelé d'une tarentelle rustique. C'était un homme d'âge plus que mûr, formidablement grand, formidablement large ; son ventre dur butait avec une paillardise joviale contre les seins des petites demoiselles qu'il choisissait pour partenaires. Mais il dansait avec tant de grâce et d'abandon que toute la compagnie l'applaudissait de bon cœur. Des femmes moins jeunes l'accrochaient par le bras pour qu'il leur réserve la prochaine danse. Les hommes, déférents, dégageaient la piste pour lui laisser le champ libre et scandaient en battant des mains les trémolos aigrelets de la mandoline. Clemenza finit par s'écrouler sur une chaise. Paulie Gatto lui apporta un verre de vin glacé, un vin violet presque noir, et sécha avec une pochette de soie le front ruisselant de sueur du Jupiter sicilien. Clemenza vida son verre d'un trait en soufflant comme une baleine, mais au lieu de remercier l'officieux Paulie, il lui dit sèchement : « Des fois que tu te croirais à un concours de danse, t'es là pour travailler, monsieur Paulie Gatto. Va faire un tour dans les environs et vois si tout est régulier. » Paulie se perdit dans la foule.

Les musiciens firent une pause ; ils avaient le gosier sec. Un homme prit une mandoline au milieu des instruments épars, posa le pied gauche sur un tabouret et entonna une chanson d'amour sicilienne aux paroles plus que lestes. Ce jeune Nino Valenti avait le visage assez beau quoique bouffi par l'usage ininterrompu des boissons spiritueuses ; d'ailleurs il était déjà un peu gai. Il roulait des yeux éperdus tandis que sa langue rose savourait avec gourmandise les mots égrillards de son ariette. Les femmes piaillaient de ravissement et les hommes reprenaient à tue-tête avec le chanteur le dernier mot de chaque couplet.

Don Corleone qui, sur ce chapitre, était très collet monté (bien que sa corpulente moitié s'esclaffât d'aussi bon cœur que le reste de la compagnie) rentra discrètement dans la maison. Sonny, qui avait remarqué la retraite de son père, s'approcha de la table de la mariée et s'assit à côté de la première demoiselle d'honneur : la jeune Lucy Mancini. Ils n'avaient rien à redouter. La femme de Sonny était retenue à la cuisine par les ultimes apprêts du gâteau de mariage qu'on allait bientôt servir. Sonny chuchota quelques mots à l'oreille de la jeune fille qui se leva. Quelques minutes plus tard, Sonny se leva à son tour et la suivit, mine de rien, en s'arrêtant ici et là, au milieu de la foule des invités. Tous les regards le suivirent : le manège n'avait échappé à personne.

Lucy Mancini n'avait rien d'une oie blanche. Entièrement américanisée par trois années de collège, elle s'était déjà fait une « réputation ». Pendant toute la semaine de préparatifs qui avait précédé le mariage, elle avait flirté avec le beau Sonny sur le mode taquin et aguicheur qui lui semblait de mise entre garçon et demoiselle d'honneur. Soulevant un peu sa robe rose pour qu'elle ne traîne pas sur le sol, Lucy entra dans la maison avec le sourire de l'innocence, monta l'escalier en courant et s'enferma dans la salle de bains. Elle y resta quelques minutes. Quand elle ressortit, Sonny

Corleone était debout, mains dans les poches, sur le palier de l'étage supérieur. Il lui fit signe de monter.

Debout derrière la fenêtre fermée de la bibliothèque de Don Corleone, Thomas Hagen observait la foule joyeuse qui se pressait dans le parc orné de guirlandes fleuries. Le bureau du parrain était une pièce d'angle, légèrement surélevée, dont les murs disparaissaient derrière des rayonnages entièrement garnis de livres de droit. Hagen était le juriste attitré du Don, auprès duquel il remplissait les fonctions de *consigliori* (c'est-à-dire de conseiller) ; il occupait une position essentielle dans l'état-major de la Famille. Dans cette pièce, lui et Don Vito avaient résolu plus d'un problème épineux. Quand il vit le parrain quitter la fête et pénétrer dans la maison, Tom Hagen devina que le jour des noces de Miss Constanzia ne serait pas entièrement chômé pour lui et pour son patron. Le Don viendrait le rejoindre. Un instant plus tard, Hagen aperçut Sonny Corleone parlant à l'oreille de Lucy Mancini. Il suivit leur manège et vit Sonny entrer dans la maison une minute après Lucy. Hagen fit la grimace, se demanda un instant s'il devait avertir Don Corleone et décida finalement de ne rien dire. Il s'approcha du bureau et prit une feuille manuscrite portant les noms de ceux qui avaient obtenu la faveur de s'entretenir en particulier avec Don Corleone. Quand celui-ci entra dans la pièce, Hagen lui tendit la liste ; le Don lut, hocha la tête et dit : « Bonasera passera le dernier. »

Hagen ouvrit la porte-fenêtre, passa directement dans le jardin et se dirigea vers les quatre solliciteurs toujours serrés autour de la barrique de vin. De l'index il désigna le gros Nazorine.

Don Corleone étreignit chaleureusement son ami le boulanger. Ils avaient été compagnons de jeu dans leur enfance, en Italie, et la fuite du temps n'avait pas altéré leur amitié. Tous les ans à Pâques, Nazorine envoyait des galettes au fromage blanc, dorées comme des soleils et larges comme des roues de charrette, chez Don Corleone. À Noël, aux jours anniversaires de tous les membres de la famille, de somptueux gâteaux à la crème attestaient l'indéfectible respect du fidèle boulanger. Année après année, vaches grasses ou vaches maigres, Nazorine payait de bonne grâce sa redevance à l'Amicale boulangère que Don Corleone avait organisée en son jeune temps. Et jamais en retour il n'avait demandé au Don de lui rendre un menu service (sinon pendant la guerre, de lui procurer des bons de sucre au marché noir). Mais voici que le temps était venu pour le féal boulanger d'invoquer les droits que sa loyauté lui avait acquis et Don Corleone se faisait à l'avance un sincère plaisir d'accéder à la requête qu'il allait lui présenter.

Il offrit à Nazorine un cigare de Nobili, lui servit un verre de strega et posa la main sur son épaule pour l'engager à parler sans détour. Ce geste prouvait (s'il en était besoin) l'humanité de Don Corleone ; il savait par dure expérience combien cela demandait de courage que de solliciter les faveurs d'un « ami ».

Nazorine raconta l'histoire d'Enzo et de sa fille. Un beau et brave garçon, natif de Sicile, fait prisonnier par l'armée américaine, envoyé aux États-Unis comme prisonnier de guerre, libéré sur parole pour contribuer à l'effort militaire de l'Amérique. Un amour chaste et pur était né entre l'honnête Enzo et la douce Catherine, prudente pucelle. Mais la guerre était finie : l'infortuné jeune homme allait être rapatrié en Italie et Miss Nazorine, à n'en pas douter, mourrait de chagrin. Seul le parrain pouvait sauver les malheureux jeunes gens. Ils n'espéraient plus qu'en lui.

Côte à côte, les deux hommes marchaient de long en large dans la vaste pièce. Le Don avait gardé la main posée sur l'épaule de Nazorine. Tout en l'écoutant, il hochait la tête d'un air compréhensif pour lui montrer qu'il était disposé à lui rendre service. Quand Nazorine eut achevé, Don Corleone le regarda en souriant et lui dit : « Mon cher et vieil ami, ne te tourmente pas plus longtemps. » Puis il lui expliqua ce qu'il convenait de faire. On allait présenter une requête à un parlementaire de la circonscription. Celui-ci soumettrait au Congrès une proposition de loi accordant à Enzo la nationalité américaine. Le succès n'était pas douteux. Tous les lascars du Congrès étaient de connivence pour s'accorder mutuellement des services de ce genre. Mais cela coûtait cher : deux mille dollars, prix courant. Don Corleone, quant à lui, se porterait garant du résultat de sa démarche et accepterait de remettre la somme. Ces conditions agréaient-elles à son vieux camarade ?

Le gros boulanger hocha énergiquement la tête. Il ne s'attendait pas à obtenir gratis une faveur aussi exceptionnelle. La chose allait de soi ; un acte spécial du Congrès des États-Unis ne se vend pas au rabais. Le bonhomme pleurait presque de gratitude. Don Corleone l'accompagna jusqu'à la porte en lui promettant de lui envoyer des gens qualifiés qui régleraient tous les détails et établiraient les papiers nécessaires. Le boulanger étreignit chaleureusement son bienfaiteur et disparut dans le jardin.

Hagen se retourna en souriant vers Don Corleone. « Nazorine fait un bon placement. Un gendre et un mitron à perpétuité, qui ne lui coûtera pas cher… tout ça, pour deux mille dollars. » Il s'interrompit un instant. « À qui faut-il confier ce travail ? »

Don Corleone réfléchit, le sourcil froncé : « Pas à notre *paisan*. Donne ça au Juif de l'autre quartier. Tu n'auras qu'à faire changer les adresses. Maintenant que la guerre est finie, nous aurons peut-être beaucoup d'affaires semblables. Il nous faut des extras à Washington pour traiter le surplus sans faire monter les prix. » Hagen nota sur son carnet « Pas au congressman Luteco. Essayer Fischer. »

Le second visiteur que Hagen fit entrer dans le bureau de Don Corleone s'appelait Anthony Coppola. Son père et Corleone avaient travaillé ensemble aux chemins de fer dans leur jeune temps. Son cas était des plus simples : il avait besoin de cinq cents dollars pour ouvrir une pizzeria, il s'agissait d'un acompte à verser pour divers aménagements et pour l'achat d'un four spécial. Coppola, pour une raison mal définie, ne pouvait bénéficier des crédits habituels. Corleone plongea la main dans sa poche et en sortit une liasse de billets. Cela ne faisait pas le compte. Don Vito fit la grimace et se tourna vers Tom Hagen. « Prête-moi cent dollars, dit-il, je te rendrai ça lundi, je dois passer à la banque. »

Le solliciteur protesta que quatre cents dollars lui rendraient déjà un fier service, mais Don Corleone l'interrompit d'une tape amicale sur l'épaule et lui dit en s'excusant : « Cette petite noce m'a laissé un peu à court. » Il prit les billets que Hagen lui tendait et les donna à Anthony Coppola en même temps que les quatre cents dollars qu'il avait extraits de sa poche.

Hagen l'observa avec une admiration muette. Il avait appris à l'école de Don Corleone que l'homme au grand cœur doit toujours donner un caractère personnel aux manifestations de sa générosité. Quel honneur, pour Anthony Coppola, qu'un personnage aussi considérable que le Don empruntât de l'argent pour le lui prêter, à lui, chétif insecte ! Certes, Coppola était loin d'ignorer que Don Corleone était plusieurs fois millionnaire, mais combien de millionnaires accepteraient de se contraindre, si peu que ce soit, pour rendre service à un ami pauvre ?

Le Don leva sur Tom Hagen un regard interrogateur. « Le suivant n'est pas sur la liste, dit Hagen, mais il insiste pour te voir. C'est Luca Brasi. Il comprend bien qu'il ne peut te présenter ses compliments en public, mais il tient à le faire en particulier. Tu veux bien le recevoir ? »

Pour la première fois de la journée, Don Corleone eut l'air contrarié. Il répondit par une autre question à celle de Tom Hagen : « Tu crois que c'est nécessaire ? »

Hagen leva les épaules. « Tu comprends ce type mieux que moi. Il t'est très reconnaissant de l'avoir invité à la noce. Il était loin de s'y attendre. J'imagine qu'il tient à t'exprimer sa gratitude. »

Don Corleone hocha la tête et fit signe à Tom Hagen qu'il pouvait faire entrer Luca Brasi.

Dans le parc, au milieu des mines réjouies qu'arboraient les invités de Don Corleone, la férocité bestiale qu'exprimait le masque violacé de Luca Brasi avait attiré l'attention de Kay Adams. Elle questionna Michael. Or si Michael avait amené Kay au mariage de sa sœur, c'était pour qu'elle découvre – assez progressivement pour ne pas éprouver une commotion excessive – la *vérité* sur les activités de Don Corleone. Jusque-là Kay n'avait vu dans le Don qu'un businessman à la moralité point trop farouche. Michael décida de lui révéler de façon indirecte une partie – une partie seulement – de la réalité. Il lui expliqua que Luca Brasi était un des hommes les plus redoutés dans les bas-fonds des États de l'Est. Ce qui faisait la supériorité de son talent, c'est qu'il était de force à exécuter sans l'aide de personne son travail de tueur à gages. Il n'avait pas besoin de comparses. Cela le mettait pratiquement à l'abri des curiosités de la police. On ne pouvait retenir aucune charge contre lui. Faute de preuves suffisantes, il n'était jamais possible de l'inculper. Michael fit la grimace et dit encore : « Je ne sais pas si c'est vrai tout ce qu'on raconte. Mais je sais que ce lascar est un peu l'ami de mon père. »

Pour la première fois, Kay commença à comprendre ; d'un ton un peu incrédule, elle demanda : « Tu ne veux pas dire qu'un type comme ça travaille avec ton père ? »

Ça risque de durer longtemps… pensa Michael. Il valait mieux parler net. « Il y a une quinzaine d'années, des gens ont cherché à mettre la main sur l'affaire de mon père : importation d'huile. Ils ont essayé de le descendre, et ils y ont presque réussi. Alors Luca Brasi les a pris en chasse. À ce qu'on dit, il aurait tué six hommes en quinze jours… et c'est comme ça qu'a fini la guerre historique de l'huile d'olive. » Michael fit un sourire entendu, comme s'il venait de raconter une bonne blague.

Kay frissonna. « Tu veux dire que ton père a été blessé par des gangsters ?

— Tu sais, ça fait déjà quinze ans. Depuis, tout s'est passé sans histoires. » Il craignait déjà d'en avoir trop dit.

« Toi, tu essayes de me faire peur, dit Kay. Avoue plutôt que tu n'as pas envie de m'épouser. » Elle sourit et lui lança dans les côtes quelques coups de coude pointu. « Très fort, très astucieux. »

Michael sourit aussi. « Si je t'ai raconté ça, dit-il, c'est parce que je voudrais que tu y réfléchisses un peu.

— Il a vraiment tué six hommes ? demanda Kay.

— C'est ce que les journaux ont raconté. Mais on n'en a jamais eu la preuve. Il y a encore une autre histoire, à propos de Brasi. Celle-là, personne ne la raconte. Il paraît qu'elle est tellement effroyable que même mon père refuse d'en parler. Tom Hagen la connaît, il n'a jamais voulu me la raconter. Un jour, je lui dis en blaguant : “Tom, quand est-ce que je serai assez grand pour que tu me racontes l'histoire de Luca ?” Tom m'a répondu : “Quand tu seras centenaire.” (Michael trempa les lèvres dans son verre de vin.) “Ça doit être quelque chose de gratiné…” »

Luca Brasi n'avait pas usurpé sa réputation. Homme à faire peur au Démon, courtaud, trapu, le crâne volumineux, il n'avait qu'à paraître pour vous donner envie de tirer le signal d'alarme. Sa présence annonçait le danger comme le pavillon noir de la flibuste. Le masque de la violence était imprimé sur son visage. Il avait les yeux bruns, mais d'un brun sans chaleur ; on eût cru ses prunelles recouvertes d'un dépôt fuligineux qui en aurait retiré la vie. De sa bouche on remarquait moins l'expression cruelle que la pâleur exsangue ; c'était une bouche de mort, mince, caoutchouteuse, livide comme de la viande de veau.

La dévotion de Luca Brasi pour Don Corleone était aussi notoire que sa monstrueuse violence. Brasi représentait à lui seul un des piliers sur lesquels était édifiée la toute-puissance de Don Corleone. C'était un phénomène unique en son genre.

Il ne craignait ni la police ni la société, il ne craignait ni Dieu ni Diable, il ne craignait ni n'aimait ses semblables. Mais il avait choisi de craindre et d'aimer Don Corleone. Quand il se présenta devant le Don, le terrible Brasi prit l'attitude raide et compassée d'un homme subjugué par le respect. Il bredouilla un compliment émaillé de fleurs de rhétorique et exprima cérémonieusement le vœu que le premier né des petits-enfants de Don Corleone ait l'heur d'appartenir au sexe masculin. Après quoi il tendit au Don une enveloppe bourrée de billets de banque. C'était le cadeau qu'il destinait aux nouveaux mariés.

Maintenant, Don Corleone comprenait pourquoi Luca Brasi avait demandé à le voir en particulier. Hagen remarqua le changement qui s'opéra dans le comportement de son patron. Le Don traita Luca Brasi comme un roi traite un sujet qui lui a rendu un insigne service, avec une déférence souveraine, mais sans s'abandonner un seul instant à la familiarité. Chaque geste, chaque mot de Don Corleone était destiné à faire sentir à Luca Brasi qu'on le tenait en haute estime. Pas un instant, le Don ne parut s'étonner que Brasi lui remît, à lui, son cadeau de mariage. Il comprenait.

D'avance, il savait que l'enveloppe de Brasi était la mieux garnie de toutes celles que l'heureuse Constanzia logeait dans son aumônière. Brasi avait passé de longues heures à fixer la somme qu'il offrirait aux jeunes époux et à la comparer à ce que pourraient offrir les autres donateurs. Cette supputation lui avait coûté des heures de réflexion. Il tenait à se montrer le plus généreux afin de prouver qu'il était le plus dévoué, le plus déférent des amis de Don Corleone. C'est pour cette raison qu'il avait remis son enveloppe à Corleone père, contrairement à l'usage. Le Don le remercia en termes fleuris et se garda de relever l'irrégularité du procédé. Tom Hagen vit tomber le masque féroce du tueur et son visage s'enfler d'orgueil et de plaisir. Avant de se retirer, Brasi baisa la main de Don Corleone ; en sortant il passa devant Hagen qui tenait la porte ouverte et qui lui adressa prudemment un sourire amical. Le monstre y répondit par un sourire qui allongea ses lèvres livides et caoutchouteuses.

Quand la porte se fut refermée derrière l'inquiétant personnage, Don Corleone laissa échapper un soupir de soulagement. Brasi était le seul homme au monde qui eût le pouvoir d'altérer sa sérénité, une force de la nature qu'on n'est jamais certain de pouvoir maîtriser. Il fallait le manipuler aussi délicatement qu'une charge de dynamite. Don Corleone haussa les épaules. Après tout, se disait-il, même une charge de dynamite, on peut la faire sauter sans dégâts, en cas d'impérieuse nécessité. Corleone lança à Tom Hagen un regard interrogateur. « Il ne reste plus que Bonasera ? »

Hagen hocha la tête. Le Don fronça le sourcil, il avait l'air préoccupé. « Avant de me l'amener, demande à Santino de venir. Il faut faire son éducation… »

Hagen, un peu inquiet, chercha Sonny Corleone dans tous les recoins du parc. Il revint dire à Bonasera de patienter encore un moment et repartit vers le fond du parc pour s'enquérir auprès de Michael Corleone et de sa belle. « Vous n'avez pas vu Sonny ? » Non. On n'avait pas vu Sonny. « Vilain ! pensa Tom Hagen. Si le beau Sonny a passé tout ce temps à roder la demoiselle d'honneur, il va y avoir branle-bas. Sa femme, la famille de la demoiselle !… » Cela pouvait tourner à la catastrophe. Hagen, la gorge serrée, courut jusqu'à la porte où Sonny était entré dans la maison, près d'une demi-heure auparavant.

Kay Adams suivait du regard les évolutions de Tom Hagen. « Qui est-ce ? demanda-t-elle à Michael. Tu me l'as présenté comme ton frère, mais il ne s'appelle pas

Corleone… D'ailleurs il a l'air de tout ce qu'on veut, sauf d'un Italien.

— Tom vit avec nous depuis l'âge de douze ans, dit Michael. Il n'avait plus ni père ni mère… Il traînait dans les rues avec un sale bobo à l'œil. Sonny l'a amené à la maison, un soir, et puis voilà, il est resté. Il n'avait ni foyer ni parent. Il a vécu parmi nous jusqu'à son mariage. »

Kay Adams était toute troublée. « Quelle histoire romanesque ! Ton père doit être un homme exceptionnellement bon. Adopter un gosse, comme ça, tout simplement, quand on en a déjà tellement à soi. »

Michael ne se donna pas la peine de lui faire remarquer que, pour les immigrants italiens, quatre enfants ne font qu'une toute petite famille. Il se contenta de préciser : « Tom n'a pas été adopté. Il a vécu chez nous, simplement.

— Ah bon… », fit Kay. Elle parut surprise. « Pourquoi ne l'avez-vous pas adopté ? »

Michael se mit à rire. « Parce que mon père trouvait que ce serait un manque de respect filial de la part de Tom. Consentir à changer de nom eût été faire injure aux parents Hagen. »

Les deux jeunes gens virent Tom ouvrir devant Sonny la porte vitrée qui donnait dans le bureau de Don Corleone et faire signe du doigt à Bonasera. « Ils ne pourraient pas laisser ton père un peu tranquille, tous ces gens ? demanda Kay. Ils ne pourraient pas choisir un autre jour pour lui parler affaires ? »

Michael se remit à rire : « Ils savent que, par tradition, un vrai Sicilien ne peut refuser de céder aux requêtes qu'on vient lui présenter le jour des noces de sa fille. Et aucun vrai Sicilien ne laisserait passer une pareille occasion. »

Lucy Mancini leva légèrement sa robe rose et monta l'escalier en courant. Maintenant Sonny lui faisait presque peur. Allumé par le vin et par le désir, l'épais visage de Cupidon se marbrait de rougeurs obscènes. Mais c'est pour l'amener à ce point qu'elle l'avait agacé pendant toute la semaine. Les deux aventures amoureuses que Lucy avait eues au collège l'avaient laissée lamentablement froide, aucune d'ailleurs n'avait duré plus d'une semaine. Au cours d'une dispute, son second amant avait marmonné entre ses dents qu'elle était « trop large là en bas ». Lucy avait très bien compris et jusqu'à la fin de l'année scolaire, elle avait refusé toute invitation, tout rendez-vous.

Pendant l'été, en aidant aux préparatifs des noces de Connie Corleone, sa meilleure amie, Lucy entendit chuchoter des choses intéressantes sur le compte du beau Sonny. Un dimanche après-midi, dans la cuisine des Corleone, Sandra, la femme de Sonny, était passée de bon cœur aux aveux. C'était une jeune matrone tout à fait simple et d'un excellent naturel. Italienne par sa naissance, elle vivait en Amérique depuis son plus jeune âge. Solidement bâtie, la poitrine abondante, elle avait mis trois enfants au monde en cinq années de mariage. Sandra et les autres femmes taquinaient Connie en évoquant les terreurs du lit nuptial. « Jour de Dieu ! s'était exclamée Sandra, en gloussant comme une gamine, la première fois que j'ai vu l'épieu de Sonny et que je me suis dit qu'il allait me mettre tout cela dans l'intérieur, j'ai crié à l'assassin. Au bout d'un an, j'avais les entrailles comme une casserolée de macaronis qui aurait bouilli pendant une heure. Quand j'ai entendu dire qu'il faisait leur affaire à d'autres filles, j'ai couru à l'église mettre un cierge à saint Joseph. »

Tout le monde s'était esclaffé, mais Lucy avait senti sa chair frémir entre ses jambes.

Et maintenant, elle montait l'escalier en courant pour rejoindre Sonny. Soudain, le désir se répandit dans son corps avec violence. Avant même qu'elle fût arrivée sur le palier, Sonny lui saisit la main et l'entraîna jusqu'à une chambre inoccupée qui s'ouvrait à l'extrémité du couloir. Quand la porte se referma derrière eux, Lucy sentit ses jambes défaillir. Les lèvres de Sonny se collèrent sur les siennes. Elles avaient un goût amer de tabac brûlé. Lucy ouvrit la bouche. Alors elle sentit la main de Sonny monter entre ses jambes sous sa robe rose de demoiselle d'honneur ; elle entendit le bruissement de la soie froissée. La main de Sonny arrachait son slip de satin, la grosse main brûlante de Sonny lui caressait le sexe. Elle noua les bras autour du cou de Sonny et resta suspendue contre lui pendant qu'il déboutonnait sa braguette. Il mit ses deux mains sous les fesses nues de la fraîche Lucy et la souleva de terre. Elle lança les jambes en avant et ses cuisses se refermèrent sur celles de Sonny. La langue de Sonny plongea dans la bouche de Lucy qui la suça. Sonny donna un coup de reins brutal, la tête de Lucy heurta la porte avec violence. Alors elle sentit quelque chose de brûlant se glisser entre ses cuisses. Sa main droite se détacha du cou de Sonny et descendit le long de son corps pour le guider, elle se referma sur une colonne de chair gorgée de sang, énorme. Cela bougeait, cela palpitait dans sa main comme une bête. La gratitude, l'extase lui arrachèrent presque des larmes. Alors sa main tremblante guida le membre fabuleux jusqu'au seuil de sa propre chair, moite, en turgescence. Le plaisir insensé qu'elle ressentit quand il la pénétra, fit jaillir un râle de sa gorge ; maintenant, ses jambes dressées s'accrochaient presque au cou de Sonny et Sonny labourait son corps d'estocades fulgurantes, innombrables, suppliciantes. Lucy, les reins cambrés, haussait la croupe, plus haut, plus haut et, pour la première fois de sa vie, elle atteignit au comble de la volupté. Elle sentit un ruisseau de semence se répandre sur ses cuisses. Lentement, ses jambes se dénouèrent et glissèrent le long du corps de Sonny et ses pieds retrouvèrent le plancher. Lucy et Sonny restèrent un moment appuyés l'un contre l'autre, épuisés, hors d'haleine.

Soudain un bruit léger les fit tressaillir. On frappait doucement à la porte. Vite Sonny se reboutonna, le dos appuyé contre la porte afin qu'on ne puisse pas l'ouvrir. Lucy, affolée, rajusta sa robe rose et lissa du plat de la main la soie chiffonnée. Ses yeux avides ne se détachaient pas de Sonny, mais ce qui venait de lui donner tant de plaisir avait repris sa place sous un sobre tissu noir. Ils entendirent la voix de Tom Hagen qui demandait, très doucement : « Sonny… tu es là ? »

Sonny poussa un soupir de soulagement et fit un clin d'œil à l'adresse de Lucy. « Oui, Tom… Qu'est-ce qui se passe ? »

Hagen répondit, sans élever la voix : « Le Don veut que tu viennes dans son bureau, tout de suite. » Les deux jeunes gens entendirent un bruit de pas s'éloignant dans le couloir. Sonny attendit encore un moment, écrasa sa bouche contre celle de Lucy, ouvrit la porte et se glissa dans le corridor.

Lucy passa un peigne dans ses cheveux, s'assura que sa mise ne la trahirait pas et remonta ses jarretières. Il lui semblait qu'elle avait les membres brisés ; ses lèvres étaient molles comme une poire fondante. Elle sortit à son tour. Elle sentait toujours une fraîcheur humide entre ses cuisses, mais elle n'entra pas dans la salle de bains, elle descendit l'escalier en courant et sortit directement dans le jardin. En la voyant reprendre sa place à la table d'honneur, Connie s'écria d'une voix claironnante : « Lucy !... où étais-tu ? Tu as l'air saoule. Allons, reste à côté de moi, maintenant. »

Carlo Rizzi, le consort, remplit un verre de vin pour Lucy et sourit comme un qui sait, mais Lucy n'y fit pas attention. Elle leva le verre rempli d'un vin noir et fruité que lui tendait le blond Carlo, y trempa ses lèvres brûlées et but d'un trait. Pendant qu'elle buvait, ses yeux brillaient au bord de son verre et cherchaient avidement à retrouver le beau Sonny. Personne d'autre ne l'intéressait plus. Elle serra les jambes l'une contre l'autre. Il y avait toujours cette place plus fraîche entre ses cuisses. Tout son corps tremblait. Pendant qu'elle buvait, elle se pencha un peu vers Connie et chuchota à la dérobée : « Encore quelques heures à attendre, et tu sauras tout, tout, tout... » Constanzia étouffa un petit rire. Les mains jointes sur la table, dans une attitude modeste, Lucy savoura son triomphe avec une délectation perfide, elle avait l'impression d'avoir volé un trésor réservé à la mariée.

Amerigo Bonasera entra derrière Hagen dans la pièce d'angle de la maison, où Don Corleone l'attendait assis devant un large bureau. Debout près de la fenêtre, Sonny Corleone regardait dans le jardin. De tous les visiteurs qu'il avait accueillis, depuis le commencement de la fête, Bonasera fut le premier que Don Corleone reçut avec froideur. Il ne lui donna pas l'accolade et ne lui tendit même pas la main. Le croque-mort à la mine jaunâtre ne devait son invitation qu'à l'amitié très intime qui liait sa femme à celle de Don Vito. Personnellement, Amerigo Bonasera était on ne peut plus en défaveur auprès de Don Corleone.

Bonasera présenta sa requête en biaisant. « Il faut que vous excusiez ma fille, la filleule de madame votre épouse. Si elle manque à ses devoirs envers votre famille en ne venant pas ici, aujourd'hui, c'est qu'elle est toujours à l'hôpital. » Il jeta un regard vers Sonny Corleone et Tom Hagen pour montrer qu'il ne souhaitait pas en dire plus devant eux.

Don Corleone fut impitoyable. « Nous avons tous entendu parler des malheurs de votre fille, dit-il. Si je peux lui rendre service, vous n'avez qu'à dire un mot. Ma femme est sa marraine, en somme, n'est-ce pas ? Je n'ai jamais oublié l'honneur que vous lui avez fait. » Ces paroles contenaient un blâme. Jamais Bonasera n'avait appelé Don Corleone padrino. Il ne respectait pas la coutume.

Le croque-mort blémit et demanda, cette fois de façon directe : « Pourrions parler seul à seul ? »

Don Corleone secoua la tête. « Je confierais ma vie à ces deux hommes : mes fils et mes bras droits. Je ne leur ferai pas l'affront de les prier de sortir. »

Bonasera ferma les yeux quelques instants avant de recommencer à parler. Il avait pris la voix sourde et monotone dont il usait pour présenter ses condoléances aux familles. « J'ai élevé ma fille à l'américaine. Je crois en l'Amérique. J'ai laissé beaucoup de liberté à ma fille, mais en même temps, je lui ai appris à respecter l'honneur de sa famille. Je l'ai mise en garde. Elle s'est trouvé un petit ami, pas italien. Il l'emmenait au cinéma. Elle rentrait tard mais il n'est jamais venu se présenter à ses parents. J'ai tout accepté, sans protestation. C'est moi qui suis fautif. Il y a deux mois, il l'a emmenée faire une promenade en voiture. Avec un de ses amis, ils lui ont fait boire du whisky et après ils ont essayé d'abuser d'elle. Elle a résisté. Elle a sauvé son honneur. Ils l'ont rouée de coups. Comme une bête. Quand je suis allé à l'hôpital, elle avait les deux yeux pochés, le nez cassé, la mâchoire fracturée. Il a fallu la recoudre. Elle pleurait de douleur. Elle me disait : "Papa, papa, pourquoi est-ce qu'ils ont fait ça ? pourquoi est-ce qu'ils m'ont fait ça à moi ?" Et moi aussi, je pleurais. » Bonasera fut obligé de s'interrompre, il recommençait de pleurer, pourtant le ton de sa voix n'avait aucunement trahi son émotion.

Comme cédant contre son gré à la générosité de son cœur, Don Corleone fit un geste de sympathie. Bonasera recommença de parler. « Qu'est-ce qui me prend ? (la détresse avait humanisé sa voix). Elle était la lumière de ma vie, elle était ma petite fille, aimante, affectueuse. Et belle ! Elle avait confiance dans les gens, maintenant elle n'aura plus jamais confiance en personne. Et elle ne sera plus jamais belle. » Amerigo Bonasera s'était mis à trembler. Une rougeur terreuse envahissait son visage jaunâtre.

« Je me suis adressé à la police, comme un bon Américain, les deux voyous ont été arrêtés, ils sont passés en jugement. Les charges étaient accablantes, ils ont plaidé coupables. Ils étaient libres le jour même. Et moi j'étais là, comme un pauvre imbécile dans la salle d'audience, et ces deux saloperies me narguaient. Alors j'ai dit à ma femme : puisque c'est comme ça, nous n'avons plus qu'une chose à faire : aller trouver Don Corleone et lui demander justice. »

Don Corleone avait incliné la tête pour montrer qu'il respectait la douleur d'un père. Mais c'est avec toute la froideur de la dignité offensée qu'il répondit à Bonasera : « Pourquoi vous êtes-vous adressé à la police ? Pourquoi n'êtes-vous pas venu me voir dès le commencement ? »

Le croque-mort murmura, si bas qu'on l'entendait à peine : « Que voulez-vous de moi ? Dites-moi ce que vous demandez. Mais faites ce que je vous supplie de faire. » Parler sur ce ton à Don Corleone, c'était presque de l'insolence.

« Et qu'est-ce donc que vous me suppliez de faire ? »

Bonasera jeta un regard oblique vers Hagen et Sonny et secoua la tête avec méfiance. Le Don, toujours assis à son bureau, inclina le buste vers Bonasera.

Celui-ci hésita un instant, puis il se pencha à son tour, si bas que ses lèvres touchaient l'oreille velue de Don Corleone, et le Don l'écouta comme un prêtre à la confession, les yeux perdus au loin, impassible, distant. Les deux hommes restèrent un long moment dans la même attitude. Bonasera finit enfin sa confidence et se redressa de toute sa hauteur.

Le Don le regarda d'un œil sévère et lui, les joues en feu, soutint ce regard sans sourciller. Don Corleone parla. « Ça, je ne peux pas le faire. Vous perdez toute mesure. »

Alors à voix haute et intelligible, l'autre annonça : « Je vous paierai ce que vous me demanderez. »

En entendant ces mots inouïs, Hagen eut un sursaut, Sonny Corleone croisa les bras et se détourna de la fenêtre, la bouche crispée par un sourire sarcastique. Pour la première fois, il semblait s'intéresser à la scène qui se jouait dans la pièce.

Don Corleone se leva. Son visage resta impassible, mais sa voix résonna avec une froideur funèbre. « Nous nous connaissons depuis bien des années, vous et moi, dit-il. Mais vous n'êtes jamais venu me demander de vous conseiller, ou de vous aider. Je ne me souviens même pas quand vous m'avez invité pour la dernière fois à prendre le café chez vous. Pourtant ma femme est la marraine de votre fille unique. Parlons franc. Vous avez dédaigné mon amitié. Vous ne vouliez rien me devoir. Cela vous faisait peur. »

Bonasera dit dans un murmure : « Je ne voulais pas avoir d'histoires. »

Don Corleone leva la main. « Non. Ne dites rien. Pour vous l'Amérique était un paradis. Vous aviez un bon métier, vous ne vous priviez de rien, vous considériez le monde comme un endroit très confortable, très inoffensif où vous n'aviez qu'à vous laisser vivre à votre fantaisie. Vous n'avez jamais cherché à vous assurer de vrais amis. Après tout, la police était là, n'est-ce pas ? Il ne pouvait rien vous arriver de fâcheux, ni à vous ni aux vôtres. Vous n'aviez pas besoin de Don Corleone. Parfait, parfait. Vous blessiez mes sentiments, mais je ne suis pas de ceux qui imposent leur amitié à qui n'en veut pas, à qui la tient pour peu de chose. » Le Don s'interrompit un instant et adressa au croque-mort un sourire poliment ironique. « Et maintenant vous venez me trouver et vous me dites : Don Corleone, rendez-moi justice. Vous me le demandez avec bien peu d'égards. Et vous ne m'offrez même pas votre amitié. Vous venez chez moi le jour du mariage de ma fille, vous me demandez d'organiser un meurtre et vous dites (ici, Don Corleone fit une imitation ridicule de la voix de Bonasera) : "Je vous paierai ce que vous me demanderez." Non, non. Je ne me sens pas offensé, mais dites-moi ce que j'ai bien pu faire, dites-le-moi, pour que vous me traitiez avec aussi peu de déférence. »

L'angoisse et la peur s'étaient emparées d'Amerigo Bonasera. « L'Amérique a été bonne pour moi, s'écria-t-il. Je voulais être un bon citoyen. Je voulais faire de ma fille une vraie Américaine. »

Don Corleone battit des mains en manière d'approbation. « Bien parlé. Magnifique ! Mais dans ce cas vous n'avez pas à vous plaindre. Le juge a jugé. L'Amérique a jugé. La prochaine fois que vous irez voir votre fille à l'hôpital, apportez-lui des fleurs et un sac de bonbons. Ça la consolera. Et vous serez satisfait ! Tout compte fait, il ne s'agit pas d'une affaire bien sérieuse. Les deux garçons sont jeunes, fougueux, et puis l'un d'eux est le fils d'un politicien en vue. Non, non, mon brave Amerigo, vous avez toujours été un homme honnête. Je suis obligé de le reconnaître, bien que vous ayez dédaigné mon amitié. Je me fierais à la parole d'Amerigo Bonasera plus qu'à celle de quiconque. Allons, donnez-moi votre parole d'honneur que vous renoncez à cette folie. Ce n'est pas américain, ça. Pardonnez. Oubliez. La vie est pleine de malheurs. »

Le ton d'ironie féroce et méprisante sur lequel tout cela fut dit, cette colère mesurée et d'autant plus redoutable avaient réduit l'infortuné croque-mort à l'état de méduse échouée. Pourtant il revint bravement à la charge : « Je vous demande justice.

— Les tribunaux vous ont rendu justice », dit sèchement Don Corleone.

Bonasera secoua la tête d'un air buté. « Non. Non. Ils ont rendu justice à deux voyous. Pas à moi. »

Don Corleone salua cette distinction subtile d'un signe de tête approbateur et demanda : « Qu'est-ce que c'est que votre justice ?

— Œil pour œil, dent pour dent.

— Vous demandiez davantage. Votre fille est vivante. »

Comme à regret, le croque-mort fit une concession : « Qu'ils souffrent autant qu'elle. » Don Corleone attendit qu'il s'exprimât davantage. Alors Bonasera, rassemblant le peu qu'il lui restait de courage : « Combien voulez-vous que je vous paie ? » Ce n'était plus qu'un gémissement pitoyable.

Don Corleone tourna le dos. Bonasera recevait son congé. Il n'avait plus qu'à se retirer. Il ne bougea pas.

Finalement, comme un homme de cœur qui ne peut tenir longtemps rancune à un ami égaré, Don Corleone se retourna en soupirant. Le croque-mort était aussi blême à présent qu'un trépassé de sa clientèle. Don Corleone le raisonna avec une patience débonnaire : « Pourquoi avez-vous si peur de vous lier à moi ? Vous allez devant les tribunaux. On vous fait attendre pendant des mois. Vous dépensez de l'argent pour payer des avocats qui savent d'avance que vous allez vous faire berner. Vous acceptez la sentence d'un juge qui se vend comme la dernière des putains. Il y a je ne sais combien d'années, rappelez-vous, vous avez eu besoin d'argent. Vous êtes allé sonner aux portes des banques new-yorkaises. On vous a fait payer des intérêts scandaleux et vous attendiez là, le chapeau à la main, comme un mendiant, pendant que ces messieurs vous reniflaient et fourraient le nez dans votre trou du cul, passez-moi le mot, pour être bien sûrs que vous pourriez les rembourser. »

Après s'être interrompu un instant, pour ménager la transition, Don Corleone reprit d'une voix plus sévère : « Mais mon cher monsieur et ami, si vous étiez venu me trouver alors, ma bourse était à vous. Si vous étiez venu me demander de vous rendre justice, cette racaille qui a défiguré votre malheureuse fille, serait au jour d'aujourd'hui en train de verser des larmes cuisantes. Et si, par quelque circonstance regrettable, un honnête homme comme vous l'êtes s'était fait des ennemis, je les aurais immédiatement considérés comme mes propres ennemis. » Le Don leva le bras et tendit l'index vers Amerigo Bonasera. « Et alors, vous pouvez me croire, ils auraient eu peur de vous. »

Bonasera inclina la tête et murmura d'une voix étranglée : « Soyez mon ami... J'accepte. »

Don Corleone posa la main sur l'épaule de son nouveau vassal et lui dit : « C'est bien. Vous l'aurez, votre justice. Un jour (et il se peut fort bien que ce jour n'arrive jamais) je ferai appel à vous et je vous demanderai de me rendre, à votre tour, un petit service. Jusque-là, considérez ce qui sera fait pour vous comme un présent de ma femme, la marraine de votre fille. »

Quand la porte se fut refermée derrière le croquemort reconnaissant, Don Corleone se tourna vers

Hagen et lui dit : « Donne cette affaire à Clemenza et dis-lui de s'assurer que ceux qui feront le travail soient des gens de confiance : des gars à qui l'odeur du sang ne fait pas perdre la tête. Après tout, nous ne sommes pas des assassins, même si ce trousseur de macchabées pense autrement, dans sa grosse tête stupide. » Le Don remarqua que son premier-né observait la fête à travers les fenêtres fermées. Le cas était désespéré. C'est du moins ce qu'il se dit. Si Santino refusait de s'instruire, il ne pourrait jamais diriger les affaires de la Famille et devenir à son tour un Don. Il faudrait quelqu'un d'autre. Et faire vite. Don Corleone se répétait qu'il n'était pas immortel.

Soudain une clameur joyeuse, venue du jardin, fit sursauter les trois hommes. Sonny Corleone appuya le nez contre la fenêtre et ce qu'il découvrit parut le réjouir fort ; en deux enjambées, il gagna la porte. « C'est Johnny ! s'écria-t-il avec un sourire béat, il est venu au mariage ! Qu'est-ce que je vous avais dit ? » Hagen s'approcha de la fenêtre. « C'est vrai. C'est ton filleul. En chair et en os, dit-il à Don Corleone. Je te l'amène ici ?

— Non, fit le parrain. Ne privons pas nos invités de l'aubaine. Tu le feras venir quand il en aura envie. » Il sourit à son consigliori. « Tu vois ? C'est un bon filleul, Johnny. »

Hagen ressentit un petit pincement de jalousie. Il répondit sèchement : « Oui, mais on ne l'a pas vu depuis deux ans. Il faut croire qu'il a de nouveaux ennuis sur les bras. Il a besoin de toi.

— Et à qui d'autre s'adresserait-il, demanda Don Corleone, sinon à son parrain ? »

Constanzia avait été la première à voir Johnny Fontane entrer dans le jardin. Oubliant toute dignité nuptiale, elle se mit à crier à tue-tête : « Johnny ! Oh ! Johnny ! » puis elle courut se jeter au cou de Johnny. Il la prit à pleins bras, l'embrassa longuement et, pendant que les autres se rassemblaient pour lui faire fête, il continuait à tenir Connie par la taille. Tous étaient ses vieux amis. On avait grandi côte à côte dans le West Side. Connie prit Johnny par la main et le présenta au marié. Johnny remarqua avec amusement que le jeune homme blond paraissait un peu dépité de ne plus se sentir le héros du jour ; il fit de grands frais de charme, serra chaleureusement la main de Carlo Rizzi, et but un verre de vin à son bonheur.

Une voix familière l'interpella du haut de l'estrade aux musiciens. « Et si tu nous chantais quelque chose, Johnny ? » Il leva les yeux et aperçut au-dessus de lui le visage penché de Nino Valenti qui lui souriait. Johnny Fontane sauta sur l'estrade et serra longtemps Nino dans ses bras. Ils avaient été inséparables dans le temps. Ils chantaient ensemble, ils sortaient ensemble avec des filles. C'était avant que Johnny ne devînt célèbre et chantât à la radio. D'Hollywood où il était parti pour faire du cinéma, il avait téléphoné deux fois à Nino, histoire de bavarder un peu, et il avait promis de lui trouver du travail. Mais il n'avait jamais rien fait. Et maintenant, en revoyant Nino, sa gentille trogne de pochard, son sourire réjoui, un peu railleur, Johnny sentait renaître toute la vieille affection.

Nino prit sa mandoline et attaqua *tremolando*, une joyeuse ritournelle. Johnny, une main posée sur l'épaule de Nino, annonça : « pour la mariée » et entonna les couplets grivois d'une chanson d'amour sicilienne. Pendant qu'il chantait en battant la mesure avec son pied, Nino faisait une pantomime suggestive. La mariée rougit, mais elle était très fière ; la foule des invités manifesta bruyamment sa satisfaction. Bientôt tous marquèrent la cadence à vigoureux coups de talon et reprirent à plein gosier le vers équivoque qui finissait chaque couplet. Johnny fut éperdument acclamé ; les applaudissements ne s'interrompirent que lorsqu'on vit qu'il s'éclaircissait la voix pour chanter une autre chanson.

Tout le monde était fier de Johnny ; il appartenait à tous, il était un des leurs et voici qu'il était devenu un chanteur célèbre, une vedette de cinéma, un homme qui couchait avec les femmes les plus désirables du monde. Cela ne l'avait pas empêché de faire un voyage de plus de quatre mille kilomètres pour présenter à Don Corleone les respects qui lui étaient dus le jour du mariage de sa fille. Et il restait fidèle à ses vieux amis, à Nino Valenti, par exemple. Beaucoup de ceux qui étaient présents à la petite fête se souvenaient d'avoir entendu Johnny et Nino chanter ensemble, quand ils étaient encore gamins. En ce temps-là, qui aurait prévu que Johnny Fontane était destiné à régner un jour sur les cœurs de cinquante millions de femmes ?

Johnny tendit la main pour aider la mariée à grimper sur l'estrade. Maintenant Connie était debout entre Johnny et Nino Valenti. Les deux hommes s'accroupirent l'un en face de l'autre, comme deux coqs de combat. Nino arracha de sa mandoline quelques accords stridents. C'était une habitude d'autrefois, un vieux rite, un duel pour rire dans lequel les deux amis, chantant à tour de rôle un couplet assourdissant, se pourfendaient l'un l'autre à coups de gueule. Avec une délicatesse touchante et que chacun remarqua, Johnny laissa la voix de Nino couvrir progressivement la sienne, Nino lui prendre la mariée, et mener en vainqueur, à grand renfort de roulades, le couplet final de ce duo de bravoure, pendant que la voix de Johnny finissait par s'éteindre tout à fait. Les applaudissements éclatèrent plus bruyants que jamais. Constanzia et ses deux chevaliers se donnaient mutuellement l'accolade. Les invités criaient : « Encore une ! encore une ! »

Don Corleone assistait à la scène, debout dans l'embrasure d'une petite porte d'angle. Il était le seul à s'apercevoir qu'il se passait quelque chose d'anormal. Avec une bonne humeur et une jovialité de circonstance (car il ne voulait pour rien au monde froisser ses invités) il s'avança dans le jardin et s'écria : « Quoi ! Mon filleul fait cinq mille kilomètres pour nous honorer de sa visite et personne ne pense à lui servir à boire ? » Instantanément, une bonne douzaine de bras portant des verres de vin remplis à plein bord se tendirent vers Johnny Fontane. Il but une gorgée de chacun et courut se précipiter dans les bras de son parrain ; en l'embrassant, il lui dit un mot à l'oreille. Don Corleone fit signe à Johnny Fontane de le suivre dans la maison.

En voyant Johnny entrer dans le petit bureau, Tom Hagen lui tendit la main. Johnny la prit et dit : « Comment ça va Tom ? » Mais il n'y mit pas cette spontanéité chaleureuse qui faisait son charme. Tom fut un peu blessé par cette indifférence, mais il s'obligea à ne pas y penser. C'était un des petits inconvénients qu'encourt tout consigliori.

« Quand j'ai reçu ta carte d'invitation, disait Johnny Fontane, je me suis dit : mon parrain n'est plus fâché contre moi. Je t'ai téléphoné cinq fois, après mon divorce, et chaque fois, Tom m'a répondu que tu étais sorti ou occupé. Alors, j'ai bien compris que tu m'en voulais. »

Don Corleone tenait la bouteille jaune de strega et remplissait les verres. « C'est oublié tout ça. Le temps a passé aujourd'hui. Est-ce que je peux encore faire quelque chose pour toi ? Peut-être que te voilà trop célèbre, trop riche, pour que je puisse encore t'aider ? »

Johnny avala d'un trait la liqueur brûlante et tendit son verre à Don Corleone, qui le remplit derechef. « Je ne suis pas riche, parrain. C'est la dégringolade ! Tu avais raison, je n'aurais jamais dû laisser tomber ma femme et mes gosses pour cette traînée... Je ne te reproche pas de m'en avoir voulu. Oh non... »

Don Corleone haussa les épaules. « C'est pour toi que je me faisais du souci. Tu es mon filleul. Voilà tout. »

Johnny marcha de long en large à travers la pièce. « J'étais fou de cette garce ! La plus grande star d'Hollywood. À la voir, on dirait un ange. Et tu sais ce qu'elle fait quand elle a fini de tourner un film ? Si le maquilleur a bien travaillé sa belle petite gueule, elle lui fait faire connaissance avec son beau petit cul. Si l'opérateur lui a soigné le portrait, on l'invite dans sa loge, et on lui permet d'emboutir madame. Tout le monde y passe. Elle se sert de son corps comme tu te sers de la petite monnaie qui traîne dans tes poches pour donner un pourboire à un loufiat. Elle est née pour la putasserie... »

Don Corleone appréciait peu cette sorte de langage. Il interrompit sèchement son filleul. « Comment va ta famille ? »

Johnny poussa un soupir. « Je m'occupe d'elle. Après le divorce, j'ai été plus généreux avec Ginny et avec les enfants que le jugement ne m'y obligeait. Je vais les voir une fois par semaine. Ils me manquent. Quelquefois… j'ai l'impression de devenir fou. » Il tendit encore son verre. « Ma deuxième femme se fout de moi. Je la fais rire. Elle n'arrive pas à comprendre que je sois jaloux. Ça la dépasse. Elle dit que je suis vieux jeu. Quand je chante, elle se paie ma tête. L'autre nuit, avant mon départ, elle a reçu une de ces corrections ! Pas sur la figure, non, elle est en train de tourner un film. Si elle n'est pas toute bleue à l'heure qu'il est… Je l'ai bourrée de coups de poing sur les bras et sur les jambes, comme un gosse. Pendant tout ce temps, elle n'arrêtait pas de me rire au nez. » Il alluma une cigarette. « Tu sais, parrain, si c'est ça la vie, elle ne vaut pas la peine… »

Sans se troubler, Don Corleone répliqua : « Voilà un genre de choses auxquelles je ne puis rien. » Il se tut un instant, et reprit : « Qu'est-ce qui se passe avec ta voix ? »

Toute l'assurance du charmeur professionnel et la légèreté un peu gouailleuse de l'homme qui veut avoir l'air de ne pas se prendre au sérieux disparurent du visage de Johnny Fontane. C'est presque d'une voix brisée, qu'il répondit : « Parrain, je ne peux plus chanter. Il se passe quelque chose dans ma gorge, mais les médecins ne savent pas ce que c'est. » Hagen et

Corleone le regardèrent avec étonnement : Johnny avait toujours encaissé les coups durs avec courage. « Mes deux films ont rapporté gros. J'étais devenu une grande vedette. Et puis voilà, on me flanque à la porte. Le patron des studios n'a jamais pu me voir en peinture. Il en profite pour me débarquer comme un malpropre. »

Don Corleone se planta devant son filleul et lui demanda, l'air mécontent : « Qu'est-ce qu'il a contre toi, ce monsieur ?

— Oh, j'ai chanté pour des comités libéraux, tu sais bien, parrain. Toi non plus, tu n'aimais pas me voir faire ça. En tout cas, ça ne plaît pas à M. Jack Woltz. Il a voulu faire croire que j'étais communiste, mais là il a raté son coup. Et puis il y a aussi que je lui ai pris une fille qu'il avait envie de s'envoyer. Ça a duré une nuit, en tout et pour tout. D'ailleurs c'est elle qui m'avait cherché. Quand même, qu'est-ce que je pouvais faire ? Avec ça, ma deuxième femme qui me jette à la rue, Ginny et les gosses qui ne veulent pas me reprendre si je ne viens pas les trouver en rampant sur le ventre, et ma voix qui fout le camp. Parrain, mais qu'est-ce que je vais devenir, moi ? »

Toute expression de sympathie avait disparu du visage de Don Corleone. Il répondit d'une voix méprisante : « Tu vas commencer par te conduire comme un homme. » Un sursaut de colère déforma son visage. Il cria COMME UN HOMME ! et, se penchant au-dessus du bureau, empoigna Johnny par les cheveux avec une sorte de tendresse féroce. « Sang du Christ ! est-il possible que tu aies passé tant d'heures et de jours auprès de moi et que tu en aies tiré si peu de chose ? Un pinocchio façon Hollywood qui verse sa larme, qui mendie la pitié, qui gémit comme une femme : "Qu'est-ce que je vais devenir ? Oh ! mais qu'est-ce que je vais devenir ?" »

La mimique de Don Corleone imitant les lamentations de son filleul était tellement saisissante, tellement inattendue, que Hagen et Johnny ne purent s'empêcher d'éclater de rire. Don Corleone en fut ravi. La brève réflexion à laquelle il se livra lui fit découvrir à quel point son filleul lui était cher. Comment auraient réagi ses trois fils à une mercuriale aussi cinglante ? Santino aurait fait la tête pendant des semaines ; il n'y aurait plus eu moyen de le tenir. Fredo aurait pris un air de chien battu. Michael aurait souri avec une froideur narquoise et aurait quitté la maison. On ne l'aurait pas revu de plusieurs mois. Mais Johnny, ah ! le brave petit ! déjà il avait retrouvé le sourire et reprenait courage. Il avait tout de suite compris que son parrain lui tenait un langage aussi sévère pour son bien.

Don Corleone reprit sa tirade interrompue. « Tu débauches la petite amie de ton patron, un homme plus puissant que toi, et tu te plains qu'il ne veuille pas te tendre la main. C'est un peu fort tout de même ! Pour épouser une putain, tu abandonnes ta famille, tu prives tes enfants de leur père, et tu viens pleurnicher parce qu'ils ne sont pas prêts à te recevoir à bras ouverts et à pavoiser pour ton retour. L'autre, la putain, tu la bats, mais tu ne touches pas sa figure parce qu'elle "fait un film" et tu t'étonnes qu'elle te rie au nez. Tu as mené ta vie comme un imbécile et tu récoltes le lot des imbéciles. »

Don Corleone savait ménager les transitions ; il se tut un instant avant de reprendre d'une voix apaisée, toute pétrie de patience : « Est-ce que tu es disposé cette fois à écouter mes conseils ? »

Johnny Fontane eut un mouvement d'épaules. « Je ne peux pas me remarier avec Ginny aux conditions qu'elle veut m'imposer, dit-il. Je ne peux pas m'arrêter de jouer, de boire, de sortir avec les copains. Toutes les belles filles me courent après. Je n'ai jamais pu leur résister. Quand je revenais auprès de Ginny, j'avais l'impression d'être un rien du tout, une petite gouape, un zéro ! Ah non ! je ne peux pas recommencer tout ça ! »

Il était rare que Don Corleone manifestât son exaspération. « Mon cher Johnny, je ne t'ai pas demandé de te remarier. Tu feras ce que tu as envie de faire. Tu veux être un vrai père pour tes enfants, bravo ! L'homme qui n'est pas un père pour ses enfants ne peut pas être vraiment un homme. Mais alors il faut que tu t'arranges pour que leur mère t'accepte. Qui t'interdit de les voir tous les jours ? Qui t'interdit de vivre auprès d'eux ? Sous le même toit ? Qui t'interdit de mener ta vie exactement comme tu as envie de le faire ?

— Parrain, répondit Johnny en riant, les femmes ne sont pas toutes des Italiennes du bon vieux temps. Ginny ne marcherait certainement pas. »

Don Corleone prit un ton moqueur. « Non, parce que tu t'es conduit comme un blanc-bec. À l'une, tu donnes plus que la loi ne t'y oblige. L'autre, tu n'oses pas lui égratigner la figure parce qu'elle fait un film. Tu laisses les femmes te dicter ta conduite ; mais ce n'est pas leur affaire. En ce bas monde elles ne sont pas compétentes. Pour ce qui est de l'autre monde, je sais très bien qu'elles porteront toutes une auréole au paradis pendant que nous, les hommes, nous brûlerons dans les flammes de l'enfer. Écoute encore. Depuis plusieurs années, je t'observe, je te regarde faire. »

La voix de Don Vito avait retrouvé toute sa gravité. « Tu t'es montré excellent filleul ; envers moi, tu n'as manqué à aucun des devoirs que commande le respect. Mais les autres, tes amis d'autrefois… Pour eux, qu'as-tu fait ? Une saison tu t'abouches avec l'un, la saison d'après avec l'autre. Ce petit Italien qui était si drôle au cinéma. Un jour il n'a pas eu de chance et depuis tu as cessé de le voir, parce que tu étais devenu célèbre. Et l'autre, ton camarade de toujours, ensemble vous avez chanté. Il boit parce que la vie l'a déçu et qu'il est désemparé, mais il ne se plaint jamais.

Il s'éreinte toute la semaine à conduire un camion rempli de cailloux et le samedi il chante pour quelques dollars. Il n'a jamais dit un mot contre toi. Tu ne crois pas que tu pourrais l'épauler un peu ? Non, tu ne crois pas ? Il sait chanter, Nino.

— Parrain, dit Johnny Fontane avec un air de lassitude bienveillante… Disons-le franchement : Nino n'a pas assez de talent, ce n'est pas plus compliqué. Nino est un garçon charmant, mais ce n'est pas un grand bonhomme. »

Don Corleone baissa lentement les paupières et poursuivit, les yeux mi-clos : « Et toi, mon cher filleul, toi non plus, aujourd'hui, tu n'as pas assez de talent. Ce n'est pas plus compliqué. Tu veux que je te fasse embaucher pour conduire un camion de gravier, comme Nino ? » Johnny ne répondit pas. « L'amitié, reprit Don Corleone, l'amitié prime tout. L'amitié, c'est plus que le talent, c'est plus que la puissance des gouvernements, ça compte presque autant que la famille. N'oublie jamais ce que je te dis. Si tu avais élevé autour de toi un rempart d'amitiés, aujourd'hui tu te passerais de mes services. Maintenant explique-moi ce qui ne va pas. Qu'est-ce qui t'empêche de chanter ? Tout à l'heure, au jardin, tu chantais bien. Aussi bien que Nino. »

Hagen et Johnny sourirent à cette pointe de perfidie paternelle. C'était au tour de Johnny de montrer sa patience. « Ma voix est malade, parrain, je n'ai plus de force dans la voix. J'arrive à chanter une ou deux chansons, et puis c'est fini, ça ne sort plus, pendant des heures, pendant des jours. Alors quand il faut répéter, recommencer cinq ou six fois un enregistrement, tu imagines ce que ça peut être. Je n'y arrive plus. Ma voix est malade. Je me demande ce que j'ai bien pu attraper.

— Tes femmes te font des misères, ta voix est malade. Bon. Maintenant explique-moi très précisément ce qui ne va pas avec ce *pezzonovante* d'Hollywood qui prétend se passer de toi. » Don Corleone attaquait le travail sérieux.

« Oh ! il a le bras plus long que tes pezzonovantes ! rétorqua Johnny. Les studios lui appartiennent. Il donne des conseils au Président pour la propagande de guerre filmée. Le mois dernier, il a acheté les droits du roman crack de l'année. Un best-seller. Et le personnage principal est un type qui me ressemble comme un porc à un cochon. Je n'aurais pas besoin de jouer, je n'aurais qu'à me laisser vivre. Sans chanter par-dessus le marché. Ça pourrait me rapporter l'oscar, un rôle pareil. Tout le monde dit que je suis exactement le personnage. Je pourrais sûrement faire un grand boom comme acteur, cette fois. Mais cette saleté de Jack Woltz me flanque à la porte ; je n'aurai pas le rôle. J'ai pourtant offert de le jouer à l'œil ou presque. Rien à faire. Et ce sagouin répète à qui veut l'entendre que si j'allais lui lécher le cul, en plein studio, il pourrait reconsidérer la question. »

Don Corleone leva la main pour montrer qu'il ne voulait pas entendre pareille absurdité. Entre gens raisonnables, les problèmes d'affaires peuvent toujours être résolus. Le Don tapota affectueusement l'épaule de son filleul. « Tu es découragé. Tu crois que personne ne se soucie plus de toi. Tu as beaucoup maigri, tu t'es mis à boire, hein ? Tu ne dors pas, tu prends des somnifères… » Don Corleone secoua la tête d'un air réprobateur. « À partir d'aujourd'hui tu vas m'obéir au doigt et à l'œil. Tu vas vivre chez moi quatre semaines. Tu mangeras bien, tu te reposeras, tu dormiras. Tu me tiendras compagnie. J'aime ta présence, tu le sais bien. Peut-être même pourras-tu apprendre quelque chose de plus sur le vaste monde, auprès de ton parrain qui pourrait encore t'être utile, même dans ton grand Hollywood.

« Mais tu ne chanteras pas. Tu ne boiras pas. Et pas de femmes. Tu retourneras en Californie dans un mois et ton pezzonovante, ce fier-à-bras, te donnera gentiment le rôle qui te fait envie. Ça te va comme ça ? »

Johnny Fontane n'arrivait pas tout à fait à croire que Don Corleone fût aussi puissant qu'il le laissait entendre. Mais il savait par expérience que tout ce que son parrain présentait comme chose possible devenait bientôt chose faite. La règle n'avait jamais souffert d'exception. « Ce type est un ami intime de J. Edgar Hoover, reprit Johnny. Tu aurais beau crier très haut, ta voix ne montera pas jusqu'à ses oreilles.

— Il est dans les affaires, dit le Don, d'un ton débonnaire. Je lui ferai une offre qu'il ne pourra pas refuser.

— Trop tard, parrain. Tous les contrats sont signés. Le tournage commence la semaine prochaine. Il n'y a plus rien à faire.

— Va rejoindre les autres. Va t'amuser. On te réclame. Et laisse-moi faire. Je me charge de tout. »

Don Corleone ouvrit la porte et poussa Johnny hors de la pièce. Hagen s'était assis à son bureau et prenait des notes. Le Don laissa échapper un soupir et demanda : « C'est tout pour aujourd'hui ?

— On ne peut pas faire attendre Sollozzo plus longtemps, dit Hagen. Il faudra le voir dans la semaine… » Hagen tenait son crayon, immobile, au-dessus du calendrier.

Don Corleone haussa les épaules. « Maintenant que la noce est finie, ça m'est égal. Quand tu voudras. »

De cette réponse, Hagen tira deux conclusions. La première et la plus importante, c'est que Don Corleone avait l'intention de répondre non à Virgil Sollozzo. En outre, il prévoyait que sa réponse lui attirerait des ennuis. C'est pour cela qu'il n'avait pas voulu la faire connaître avant le mariage de sa fille.

Prudemment Hagen demanda : « Est-ce qu'il faut dire à Clemenza d'envoyer des hommes à lui s'installer ici ?

— Et pourquoi ça ? répondit Corleone avec impatience. Si je n'ai pas répondu avant le mariage, c'est qu'il ne faut pas que ce jour sacré soit assombri par le moindre nuage et aussi parce que je voulais savoir à l'avance de quoi il avait l'intention de me parler. Maintenant, nous le savons. Ce qu'il s'apprête à me proposer est une *infamita*.

— Alors, tu refuses ? »

Le Don hocha la tête. « Tu ne crois pas qu'avant de répondre nous devrions en discuter tous ensemble, reprit Hagen, toute la Famille réunie. »

Don Corleone sourit. « C'est ça que tu penses, toi ? Très bien. Nous en discuterons, à ton retour de Los Angeles. Parce que tu pars demain en avion pour la Californie. Tu régleras les affaires de Johnny avec ce pezzonovante de cinéma. Avertis Sollozzo que je le verrai à ton retour. Autre chose encore ? »

Hagen prit un air de circonstance. « L'hôpital a appelé. Le consigliori Abbandando est mourant. Il ne passera pas la nuit. On a fait venir sa famille. C'est la fin. »

Depuis un an que le vieux Genco Abbandando atteint d'un cancer était cloué sur un lit d'hôpital, Hagen exerçait les fonctions de consigliori. Genco allait mourir. Hagen espérait que Don Corleone lui confierait à titre définitif le poste envié. Mais ses chances étaient assez précaires. Il fallait être né de père et de mère siciliens pour occuper une position aussi éminente. Les fonctions provisoires confiées à Tom Hagen, le Yankee, avaient déjà fait murmurer. Et puis Tom n'avait que trente-cinq ans. Il était admis qu'à cet âge un homme n'a pas eu le temps d'acquérir l'expérience, le doigté, la finesse nécessaires à un bon consigliori.

Don Corleone n'eut pas un mot d'encouragement. « Quand ma fille et son mari quittent-ils la maison ? »

Hagen regarda sa montre-bracelet. « Dans cinq minutes, on servira le gâteau, ils partiront une demi-heure après. » La question de Don Corleone lui en rappela une autre qu'il avait oublié de poser. « À propos, ton gendre... On lui fait une place importante dans la Famille ?

— Jamais ! » s'écria Don Corleone avec une véhémence qui étonna Tom Hagen. Le Don frappa le bureau du plat de la main. « Jamais ! Trouve-lui quelque chose qui lui permette de vivre, de bien vivre, mais qu'on ne le mette jamais au courant des affaires de la Famille. Préviens les autres : Sonny, Fredo, Clemenza. »

Après un silence, Don Corleone reprit : « Dis à mes fils, aux trois, qu'ils m'accompagnent à l'hôpital pour dire adieu au pauvre Genco. Je veux qu'ils lui rendent leurs devoirs une dernière fois. Dis à Freddie de sortir la grosse voiture et demande à Michael s'il veut bien nous accompagner. Je prendrais ça comme une faveur exceptionnelle. » Hagen jeta à Don Corleone un regard interrogateur. « Toi, il faut que tu partes ce soir même pour la Californie. Tu n'auras pas le temps de venir voir Genco. Mais ne pars pas avant que je sois revenu de l'hôpital. J'aurai à te parler. Compris ?

— Compris, fit Hagen. Pour quelle heure Fred doit-il tenir la voiture prête ?

— Nous partirons après nos invités. Je sais que Genco m'attendra.

— Le sénateur a appelé, dit Hagen, il te prie de l'excuser de ne pas être venu personnellement mais il dit que tu le comprendras. Il pense peut-être à ces types du FBI qui prenaient les numéros tout à l'heure, de l'autre côté du mail. Il a fait porter son cadeau par un émissaire personnel. »

Don Corleone hocha la tête, mais il ne crut pas nécessaire de révéler à Tom qu'il avait lui-même engagé le sénateur à ne pas venir à la noce. « Il a envoyé un joli cadeau ? »

Hagen fit une mimique d'admiration qui semblait quelque chose d'étrangement italien sur ce visage, mi-allemand, mi-irlandais. « De l'argenterie ancienne. Ça vaut très cher. Au moins les gosses pourront le revendre un bon prix. Le sénateur a dû perdre beaucoup de temps pour trouver exactement ce qui convenait. Pour ce genre de bonhomme, ça compte plus que le prix. »

Don Corleone ne chercha pas à dissimuler sa satisfaction. Il lui était extrêmement agréable qu'un personnage aussi important que le sénateur lui eût marqué autant de considération. Le sénateur, comme Luca Brasi, était un des piliers sur lesquels reposait l'édifice de sa puissance et, lui aussi, par ce présent, venait de renouveler son hommage d'homme lige.

Kay avait reconnu Johnny Fontane à l'instant même où il était entré dans le jardin. Elle n'en avait pas été peu surprise. « Michael, tu ne m'avais jamais dit que Johnny Fontane était un ami de ta famille. Voilà qui me décide tout à fait à t'épouser !

— Tu veux que je te le présente ?

— Pas tout de suite. »

Kay soupira. « J'ai été amoureuse de lui pendant trois ans, je venais exprès à New York chaque fois qu'il chantait au Capitole, et je trépignais, je hurlais à en perdre la tête. Il était fantastique.

— Nous le verrons tout à l'heure, ou une autre fois, comme tu voudras. »

Quand Johnny eut disparu dans la maison sous l'aile de Don Corleone, Kay, un peu moqueuse, dit à son compagnon : « Maintenant n'essaie pas de me faire croire qu'une étoile de première grandeur comme notre Johnny Fontane a une faveur à demander à ton père.

— Johnny est le filleul de mon père et, sans mon père, il ne serait sans doute pas aujourd'hui une étoile de première grandeur. »

Kay sembla ravie de tout ce mystère. « J'ai l'impression, dit-elle en riant, que tu te prépares à me raconter une autre histoire extraordinaire. »

Michael secoua la tête. « Non, celle-là, je ne peux pas te la raconter.

— Oh si, fais-moi confiance. »

Michael raconta, sans chercher à être drôle, sans vanité, sans explications. Il lui dit seulement que, dans le passé, Don Corleone avait souvent manifesté une impétuosité de caractère qu'on ne lui connaissait plus et que, s'agissant de son filleul, il avait mené l'affaire comme si son honneur était en jeu.

L'histoire tenait en peu de mots. Huit ans plus tôt, Johnny Fontane qui chantait avec un orchestre de danse avait remporté un succès retentissant. Il était devenu une vedette de la radio. Mais son patron, un certain Les Halley, bien connu dans le monde des variétés, avait fait signer à Johnny un contrat d'exclusivité pour cinq ans. C'était une pratique courante dans le monde du spectacle. Johnny étant devenu célèbre, Les Halley pouvait le louer à prix d'or et se réserver le plus clair de ses cachets. Don Corleone entama lui-même les pourparlers. Il offrit vingt mille dollars au négrier pour libérer Johnny de son contrat. Halley, de son côté, proposait de ne retenir que cinquante pour cent des cachets de Johnny. Don Corleone fut assez amusé par cette offre, et sa générosité fondit de moitié : au lieu de vingt mille dollars, il n'en proposa plus que dix mille. Sorti de son métier, qu'il adorait, Halley, ne devait pas savoir grand-chose du monde : il ne comprit pas la signification de ce rabais et refusa.

Le lendemain, Don Corleone lui rendit visite. Il amenait ses deux meilleurs amis, son consigliori Genco Abbandando et Luca Brasi. Sans autre témoin, Don Corleone sut persuader Les Halley de signer un papier : une déclaration par laquelle il renonçait à percevoir tous droits sur les cachets de Johnny Fontane contre remise d'un chèque de dix mille dollars. Don Corleone obtint ce résultat par l'application discrète d'un canon de revolver contre la tempe de Les Halley ; ce faisant, il l'avait averti avec le plus grand sérieux qu'avant une minute sa signature ou sa cervelle aurait apposé une marque sur le document. Les Halley signa. Don Corleone remit son revolver dans sa poche et tendit le chèque à son destinataire.

Le reste appartenait à l'histoire. Johnny Fontane avait fait glorieusement son chemin. Il était devenu le plus grand chanteur de charme des États-Unis d'Amérique. Les comédies musicales qu'il avait tournées à Hollywood avaient rapporté une fortune à la firme qui l'employait. Ses disques s'étaient vendus par millions. Il avait divorcé de sa première femme, un amour d'enfance, il avait abandonné ses deux enfants pour épouser une « star » blonde, troublante : la plus blonde et la plus troublante d'Hollywood. Il n'avait pas tardé à découvrir qu'elle était aussi la plus putain du pays.

Il s'était mis à boire, à jouer, à courir les femmes, les autres. Et puis il avait perdu sa voix. Ses disques ne se vendaient plus. Hollywood n'avait pas renouvelé son contrat. Alors, il était revenu trouver son parrain.

Kay avait l'air toute pensive. « Tu es sûr que tu n'es pas jaloux de ton père ? fit-elle. Tout ce que tu me dis me le montre se dévouant pour les autres. Il a certainement bon cœur. » Elle fit une petite grimace. « Même si ses procédés ne sont pas rigoureusement constitutionnels. »

Michael soupira. « Tu as raison, Kay Adams, au moins selon les apparences, mais laisse-moi te dire ceci : tu as entendu parler de ces explorateurs de l'Arctique qui cachent des réserves de nourriture, de place en place, sur la route du pôle. Un jour ou l'autre, ils peuvent en avoir un pressant besoin. Les voilà, les faveurs de mon père. Un jour il ira frapper à la porte de tous ces gens et ce jour-là, crois-moi sur parole, ils n'auront pas intérêt à se faire tirer l'oreille. »

Le soir tombait quand, au milieu d'un concert d'exclamations admiratives, le gâteau de noces fut servi, découpé et mangé. Son auteur, le boulanger Nazorine, l'avait orné avec art, de coquilles de crème, si merveilleusement délectables que la mariée les arracha avec avidité de l'édifice comestible avant de s'envoler vers d'autres délices sous l'aile du blond Carlo Rizzi.

Don Corleone, sans se départir de sa courtoisie, hâta la retraite de ses invités. Il remarqua que la limousine noire et ses occupants, les messieurs du FBI, n'étaient plus visibles aux alentours.

Bientôt il ne resta plus sur le mail que la longue Cadillac noire de Don Corleone. Freddie était installé au volant. Avec une agilité et une rapidité remarquables pour un homme de son âge et de sa corpulence, Don Corleone prit place à l'avant. Sonny, Michael et Johnny Fontane montèrent derrière. « Ta petite amie n'est pas ennuyée de rentrer toute seule en ville ? » demanda Don Corleone à son fils Michael.

« Tom m'a dit qu'il s'en occuperait », répondit Michael. D'un signe de tête satisfait, Don Corleone rendit hommage à l'esprit d'initiative de Tom Hagen.

La circulation était clairsemée entre Belt Parkway et Manhattan ; en août 1945, l'essence était encore rationnée. Il fallut moins d'une heure à la Cadillac de Don Corleone pour atteindre l'Hôpital français. Chemin faisant, le Don demanda à son benjamin s'il était satisfait de ses études. Michael hocha la tête. Plus loin Sonny dit à son père : « Johnny croit que tu le mènes en bateau pour cette histoire d'Hollywood. Je pourrais y aller pour lui donner un coup de main, si tu veux. »

Don Corleone coupa court à cette proposition : « Tom part ce soir. Il n'aura besoin de personne. C'est une affaire simple.

— Johnny croit que tu n'es pas de force, dit Sonny en riant. C'est pour ça que je pensais que tu voulais peut-être que j'y aille. »

Don Corleone se retourna. « Pourquoi n'as-tu pas confiance ? demanda-t-il à Johnny Fontane. Pourquoi doutes-tu de moi ? Est-ce que ton parrain ne fait pas toujours ce qu'il s'est engagé à faire ? Est-ce qu'on m'a déjà vu jouer les pigeons ? »

Johnny chercha à s'excuser. On le sentait nerveux. « Parrain, le "prince" qui mène l'affaire est un pezzonovante gros calibre, un vrai, un gros dur ; tu n'arriveras pas à l'ébranler même avec de l'argent. Il a de puissantes relations et il me déteste. Vraiment je ne vois pas comment tu arriverais à le faire céder.

— Et moi je te dis : tu l'auras, ton rôle », répondit Don Corleone sur un ton d'ironie affectueuse. Puis, poussant Michael du coude : « Nous ne décevrons pas mon filleul, hein, Michael ? »

Michael, qui ne doutait pas un instant que son père ne tînt parole, se contenta de hocher la tête.

En sortant de voiture, Don Corleone posa la main sur le bras de Michael. Sonny et Johnny Fontane les dépassèrent et se dirigèrent vers l'entrée de l'hôpital. « Quand tu en auras fini avec le collège, dit le Don à Michael, viens me parler. J'ai des projets qui te plairont. »

Michael ne répondit pas. Don Corleone, agacé, grommela entre ses dents : « Je te connais, va. Je ne te demanderai pas de faire quoi que ce soit que tu désapprouves. Il s'agit de quelque chose de spécial. Va ton chemin, en attendant. Tu es un homme, après tout. Mais dès que tu auras achevé tes études viens me parler comme il est normal qu'un fils se confie à son père. »

Debout sur le carrelage blanc du couloir de l'hôpital, la femme et les trois filles de Genco Abbandando, tout de noir vêtues, semblaient une volée de corneilles grasses. En voyant Don Corleone sortir de l'ascenseur, elles s'ébrouèrent comme pour prendre leur envol et se réfugier sous son aile protectrice. La mère était forte, avec un port de reine ; ses filles, par contre, lourdes et communes. Mme Abbandando, pleurant et gémissant, piqua le bec sur la joue de Don Corleone, « Ah… Vous êtes un saint homme de venir ici le jour du mariage de votre fille. »

Don Corleone coupa court au compliment. « N'est-il pas naturel que je rende mes devoirs à ce grand ami, un ami qui a été mon bras droit pendant vingt ans ? » Don Corleone avait immédiatement saisi que Mme Abbandando, quasi veuve, ne se rendait pas encore compte que son époux allait trépasser dans l'heure.

Genco avait passé un an à l'hôpital, à mourir lentement d'un cancer et Mme Abbandando s'était habituée à considérer la maladie de son mari comme une partie de l'existence normale. Genco se mourait mais, pour sa femme, ce n'était qu'une nouvelle crise, après bien d'autres. Elle poursuivit son bavardage. « Entrez voir mon pauvre mari. Il vous réclame. Il voulait aller au mariage de votre fille, le pauvre homme. Il tenait à vous présenter ses devoirs, mais le médecin n'a pas voulu. Alors il nous a dit que c'est vous qui viendriez le voir, mais je ne croyais pas que ce serait Dieu possible. Un jour comme aujourd'hui ! Allez, les hommes comprennent l'amitié mieux que nous autres femmes. Entrez. Vous allez voir comme vous lui ferez plaisir. »

Une infirmière et un jeune médecin sortirent de la chambre de Genco Abbandando. Le médecin avait la mine grave, l'air d'un homme né pour commander, autrement dit qui a été toute sa vie immensément riche. Une des filles Abbandando demanda timidement : « Docteur Kennedy, nous pouvons entrer maintenant ? »

Le docteur Kennedy promena sur les visiteurs un regard exaspéré. Ces gens ne comprenaient donc pas que l'homme qui gisait dans la chambre voisine était à l'agonie et que son agonie était un martyre. On ne pouvait pas le laisser mourir en paix. « La famille seulement. Croyez-moi cela vaudrait mieux. La famille toute proche ! » Le docteur Kennedy s'exprimait avec une politesse exquise. Il fut étonné de voir l'épouse et les filles du moribond se tourner ensemble vers un des hommes qui les accompagnaient, un petit ventru, affublé d'un smoking qui n'était pas à sa taille. Elles semblaient attendre sa décision.

Le petit homme parla. Son accent italien était à peine perceptible. « Cher Docteur, demanda Don Corleone, est-il vrai qu'il se meurt ?

— Oui, fit le docteur Kennedy.

— En ce cas vous ne pouvez plus rien pour lui, poursuivit Don Corleone. Nous vous déchargeons de ce fardeau. Nous sommes venus pour le réconforter. Nous allons lui fermer les yeux. Nous lui ferons de dignes funérailles, nous verserons des pleurs sur sa tombe, et puis nous nous occuperons de son épouse et de ses filles. » Don Corleone avait parlé sans détour. Mme Abbandando ne pouvait faire autrement que de comprendre. Elle fondit en larmes. Le docteur Kennedy haussa les épaules. C'était peine perdue que de chercher à s'expliquer avec ce paysan. Pourtant le docteur Kennedy reconnaissait malgré lui ce qu'il y avait de pertinent dans le langage du petit homme. Son rôle, à lui, était terminé. « Soyez assez gentils pour attendre que l'infirmière vous fasse entrer, dit-il, avec la même politesse exquise. Elle a quelques petites choses nécessaires à faire auparavant. » Il s'éloigna dans le couloir blanc ; les pans de sa blouse blanche battaient comme des ailes.

L'infirmière rentra dans la chambre. Elle reparut quelques minutes plus tard et tint la porte entrouverte pour laisser passer les visiteurs. « Il délire, fit-elle à voix basse, il a mal, il a de la fièvre. Il ne faut pas qu'il s'excite. Vous resterez quelques minutes seulement, sauf madame. » Elle reconnut Johnny Fontane comme il passait devant elle, et ses yeux s'ouvrirent tout grands. Il lui adressa discrètement un sourire complice. Elle lui répondit par une invite caractérisée. Il prit note pour le cas où… puis il entra, à la suite des autres, dans la chambre du moribond.

Genco Abbandando avait couru une longue course contre la mort ; vaincu, il gisait à bout de forces sur un lit haut comme une table. Il était réduit à l'état de squelette ; de sa chevelure, naguère noire et drue, il ne restait qu'une grotesque houppe de filasse. « Genco, mon vieil ami, dit gaiement Don Corleone, j'ai amené mes trois fils pour qu'ils te présentent leurs respects. Et puis, regarde, même Johnny est venu. Il a fait le voyage d'Hollywood. »

Le moribond leva vers Don Corleone des yeux fiévreux remplis de gratitude. Il laissa les jeunes gens étreindre sa main d'os dans leurs mains de chair. Sa femme et ses filles se rangèrent le long du lit et chacune à son tour posa les lèvres sur sa joue.

Don Corleone garda longtemps dans sa main celle de son vieil ami, lui disant, pour soutenir son courage : « Dépêche-toi de guérir et nous retournerons en Italie, ensemble. Nous irons revoir notre village. Nous jouerons à la *boccie* devant le café, comme nos pères l'ont fait avant nous. »

Le moribond secoua la tête et fit signe aux jeunes gens et aux femmes de s'éloigner de son chevet. Ses doigts osseux saisirent comme une serre le bras de Don Corleone. Il essaya de parler. Le Don pencha la tête et s'assit sur la chaise qui était auprès du lit. Genco Abbandando balbutia des paroles sans suite : souvenirs de leur enfance commune. Ses yeux de jais prirent une expression matoise. Sa voix n'était plus qu'un souffle. Pour l'entendre, Don Corleone approcha l'oreille des lèvres exsangues du mourant. Il répondit en hochant la tête. Les autres furent stupéfaits de voir des larmes couler sur son visage. Alors la voix brisée se fit plus forte et remplit la chambre. Dans un effort surhumain, Abbandando, les yeux aveugles, souleva la tête de son oreiller et tendit vers Don Corleone un index squelettique. « Padrino, padrino ! sauve-moi de la mort, je t'en supplie. Ma chair brûle mes os et je sens des vers qui me rongent le cerveau. Parrain, guéris-moi. Tu en as le pouvoir, sèche les larmes de ma pauvre femme. Quand nous étions enfants, nous jouions ensemble à Corleone, tu ne vas pas me laisser mourir. J'ai peur de l'enfer, j'ai trop péché. »

Don Corleone se taisait. Abbandando reprit : « C'est le jour des noces de ta fille, tu ne peux pas me refuser ce que je te demande. » À ce délire blasphématoire, Don Corleone finit par répondre calmement, gravement : « Mon cher et vieil ami, je n'ai pas le pouvoir que tu me prêtes. Si je l'avais, je serais plus miséricordieux que le Seigneur, tu peux m'en croire. Mais n'aie pas peur de la mort, ni de l'Enfer. Je ferai dire une messe pour toi tous les matins. Tous les soirs, ta femme et tes enfants prieront pour ton salut. Comment le Seigneur pourrait-il te condamner si tant de voix lui demandent ta grâce ? »

La face de squelette de Genco Abbandando prit une expression rusée qui semblait presque inconvenante. « Tout est arrangé… hein ? à ce que je vois. Dis ? tout est combiné d'avance ?

— Tu blasphèmes, interrompit Don Corleone d'une voix presque dure. Tu blasphèmes. Il faut te résigner. »

Abbandando retomba sur son oreiller. Ses yeux perdirent leur étincelle d'espérance affolée. L'infirmière entra dans la chambre et se mit en devoir d'expulser les intrus. Don Corleone se leva mais le vieux Genco tendit la main pour le retenir. « Parrain, reste avec moi. Parrain, aide-moi à regarder venir la Mort. Si elle te voit auprès de moi, peut-être qu'Elle aura peur et qu'Elle me laissera vivre. Ou alors, tu pourrais peut-être dire un mot pour moi, tirer une de tes ficelles. Dis ? » Le mourant plissa la paupière comme s'il se moquait un peu de Don Corleone. « Après tout vous êtes frère et sœur, Elle et toi, par le sang… » Puis aussitôt, comme s'il craignait d'avoir offensé Don Corleone, il lui saisit la main. « Reste avec moi, laisse-moi tenir ta main. Nous La posséderons, la Charogne, comme nous en avons possédé tant d'autres. Parrain, ne me lâche pas, ne m'abandonne pas. »

Don Corleone fit signe aux autres de sortir de la chambre. Quand la porte se fut refermée derrière eux, le Don prit la patte crispée et desséchée du vieux Genco et la tint serrée dans ses deux larges mains. Tandis qu'ensemble ils attendaient la Mort, doucement, tendrement, avec des paroles rassurantes, Don Corleone essaya de réconforter son vieux camarade. Comme s'il avait eu réellement le pouvoir de disputer la vie de Genco Abbandando au plus déloyal, au plus sordide ennemi de l'homme.

Pour Constanzia Corleone la journée s'acheva plus agréablement. Carlo Rizzi remplit ses premiers devoirs d'époux avec vigueur et savoir-faire, stimulé par la pensée de l'intéressant contenu de l'aumônière. Les invités de Don Corleone y avaient déposé plus de vingt mille dollars. Mais Constanzia céda sa virginité beaucoup plus volontiers que son aumônière. Pour s'emparer de l'objet convoité, Carlo Rizzi fut obligé de manœuvrer de telle sorte que Constanzia s'éveilla le lendemain matin l'œil au beurre noir.

Lucy Mancini attendit chez elle un coup de téléphone du beau Sonny. Elle était certaine qu'il demanderait à la revoir. Lasse d'attendre en vain, ce fut elle qui l'appela finalement. Une voix de femme lui répondit. Lucy raccrocha aussitôt. Elle ne savait pas que tous les invités des Corleone avaient remarqué son absence et celle de Sonny pendant la mémorable demi-heure, et qu'on commençait déjà à raconter que Santino Corleone avait affûté sa lardoire sur la demoiselle d'honneur de la mariée : de Constanzia, sa propre sœur.

Amerigo Bonasera fit un horrible cauchemar. Il vit en rêve Don Corleone en tenue d'éboueur décharger des cadavres criblés de balles devant la porte de son entreprise de pompes funèbres, et crier : « Souviens-toi, Amerigo, pas un mot à personne, et maintenant enterre ça vite. » Dans son sommeil, Amerigo gémit si fort que sa femme le secoua pour le réveiller. « Quel homme j'ai épousé ! grommela-t-elle. Après la noce il fait des cauchemars. »

Paulie Gatto et Clemenza raccompagnèrent Kay Adams à New York jusqu'à la porte de l'hôtel où elle était descendue. La voiture que conduisait Paulie Gatto était vaste, longue, luxueuse. Clemenza s'assit sur la banquette de derrière. Kay fut invitée à prendre place à l'avant, à côté de Paulie Gatto. Elle trouvait ses gardes du corps d'un pittoresque fou. Ils parlaient le pur brooklynien de cinéma ; leur attitude à son égard fut d'une courtoisie hyberbolique. Pendant le trajet, elle causa à bâtons rompus avec l'un et l'autre et fut surprise de les entendre parler de Michael avec une affection et un respect qui ne pouvaient être feints. Michael lui avait laissé entendre qu'on le considérait comme un étranger dans l'univers paternel. Pourtant le gros Clemenza lui révélait de sa voix gutturale et poussive que le « Vieux » tenait Mike pour le meilleur de ses fils, et pour celui qui hériterait certainement des affaires de la Famille. « Quel genre d'affaires ? » demanda Kay du ton le plus naturel. Paulie Gatto lui jeta un regard oblique. Clemenza, assis derrière elle, s'étonna : « Mike ne vous a donc rien dit ? M. Corleone est le plus gros importateur d'huile d'olive italienne aux États-Unis. Maintenant que la guerre est finie, ça peut devenir une affaire en or. M. Corleone aura besoin d'un garçon intelligent comme Mike. »

À l'hôtel, Clemenza tint à accompagner Kay Adams jusqu'à la réception. Comme elle protestait, il se contenta de répondre : « Le patron m'a dit de vous reconduire jusque chez vous. Moi, j'obéis. » Kay prit sa clé ; Clemenza l'accompagna jusqu'à l'ascenseur et attendit qu'elle y fût entrée. Elle lui fit un signe d'adieu en souriant et fut surprise de l'air radieux avec lequel il lui rendit son sourire. Elle aurait été plus surprise encore, si elle l'avait vu, l'instant d'après, se diriger vers le préposé à la réception et lui demander, à brûle-pourpoint : « Elle s'est inscrite sous quel nom, cette demoiselle ? » L'autre répondit par un regard glacé. Alors Clemenza fit rouler sur le bureau la boulette de papier de couleur verte qu'il serrait dans sa main gauche ; l'autre la ramassa et dit aussitôt : « M. et Mme Michael Corleone ».

« Gentille, la petite dame, fit Paulie Gatto quand ils furent remontés en voiture.

— C'est la pépée à Mike », grogna Clemenza. À moins, pensa-t-il, qu'ils ne soient mariés pour de bon. « Hé ! Paulie, tu viendras me prendre de bonne heure, demain matin. Hagen doit nous confier un petit travail à expédier en vitesse. »

C'est seulement dans la soirée du dimanche que Tom Hagen put donner à sa femme un baiser d'adieu et partir pour l'aéroport. Avec sa carte de priorité n° 1, don reconnaisant d'un officier attaché au Pentagone, il n'eut aucune difficulté à trouver une place dans l'avion pour Los Angeles. Tom Hagen venait de passer une journée harassante, mais il avait lieu de s'en estimer satisfait. Genco Abbandando était mort à trois heures du matin ; Don Corleone, en rentrant de l'hôpital, avait informé Hagen qu'il devenait officiellement le nouveau consigliori de la famille, autrement dit, qu'il était assuré d'être bientôt un homme riche, très riche (sans parler de la puissance attachée à ce titre éminent). En prenant cette décision, le Don venait de rompre avec une tradition établie de longue date. Jusque-là, le consigliori avait toujours été choisi parmi les Siciliens de pure race ; que Tom Hagen eût été élevé dans le sein de la famille Corleone n'entrait pas en ligne de compte. Il s'agissait d'une question de sang. Seul un Sicilien né sous la loi de l'*omerta*, la loi du silence, était assez digne de foi pour occuper un poste aussi élevé. Entre le chef de la famille, en l'occurrence Don Corleone, qui donnait les directives générales et les hommes de main chargés d'exécuter les ordres d'en haut, s'étageaient trois zones tampons, séparées par des cloisons étanches. Grâce à ce dispositif, aucune piste ne pouvait remonter jusqu'au sommet. À moins que le consigliori ne trahisse.

Dans la matinée de dimanche, Don Corleone avait donné des instructions précises sur la manière de traiter les agresseurs de Mlle Bonasera. C'est Tom Hagen qui avait reçu ses ordres en privé. Au cours de la journée, Tom Hagen, à son tour, avait passé la consigne à Clemenza, toujours en privé, et le gros *caporegime* avait chargé Paulie Gatto de l'exécution. Paulie allait mobiliser les effectifs nécessaires et passer à l'action. Ni lui, ni ses hommes de main ne connaîtraient les motifs du petit travail qu'on leur confiait. De même ils ignoreraient l'origine première de l'ordre qui leur était transmis. Pour que le Don fût compromis, il aurait fallu que tous les maillons de la chaîne craquent à la fois, que tous les intermédiaires trahissent. Ça ne s'était jamais produit, mais c'était toujours possible. Le remède était d'ailleurs prévu : il suffisait de faire sauter un maillon, un seul maillon de la chaîne.

Le consigliori avait d'autres fonctions encore : il jouait le rôle de conseiller du Don, de bras droit, d'aide à penser. Il était aussi son plus proche compagnon, son ami le plus intime. Quand le Don se déplaçait pour une affaire d'importance, c'est le consigliori qui conduisait sa voiture. Quand le Don était en conférence, le consigliori sortait lui chercher des rafraîchissements, du café, des sandwiches, des cigares frais. Il savait tout ce que savait le Don, ou presque. Il connaissait dans ses moindres détails chacune des cellules qui formaient l'appareil de sa puissance. Il était le seul être au monde qui pouvait attirer sur le Don une catastrophe irrémédiable, mais, dans aucune des puissantes familles siciliennes établies en Amérique, on n'avait jamais vu un consigliori trahir son maître. C'eût été s'engager dans une voie sans issue. Or tout consigliori savait qu'en restant fidèle, il s'assurait richesse, puissance, prestige. Il savait que, s'il lui arrivait malheur, sa femme et ses enfants ne se trouveraient jamais sans abri, sans ressources ; qu'ils poursuivraient leur existence à l'abri du besoin comme de son vivant. À cela une seule condition : la fidélité.

En certaines occasions, le consigliori devait se faire lui-même l'exécuteur des volontés de son maître, tout en évitant soigneusement de compromettre le « Don ». C'est une mission de ce genre qui attendait Hagen en Californie. Il se rendait parfaitement compte que sa carrière de consigliori serait profondément marquée par le succès ou l'échec de cette mission. Selon les critères en vigueur dans les « affaires de la Famille », celle de Johnny Fontane n'avait qu'une importance mineure : qu'il obtînt ou non le rôle qu'il convoitait, cela comptait assez peu. L'entrevue que Hagen devait avoir avec Virgil Sollozzo, le vendredi suivant, aurait au contraire des conséquences formidables. Mais Hagen savait qu'aux yeux de Don Corleone les deux affaires avaient la même valeur : un bon consigliori ne devait voir que par les yeux de son maître.

Les vibrations de l'avion à hélices émurent les entrailles déjà sensibles de Tom Hagen ; pour se remettre, il commanda un martini à l'hôtesse du bord. Don Corleone et Johnny Fontane lui avaient brièvement décrit le caractère de l'homme qu'il allait rencontrer : le producteur de cinéma Jack Woltz. Après ce que lui avait dit Johnny, Hagen savait qu'il ne parviendrait pas à persuader Woltz ; mais il savait aussi de la façon la plus certaine que le Don tiendrait sa promesse à Johnny. Le rôle qu'il avait à jouer dans cette affaire serait celui d'un intermédiaire et d'un diplomate.

Hagen se renversa dans son fauteuil et récapitula les informations qu'il avait recueillies pendant la journée. Jack Woltz était un des trois grands producteurs d'Hollywood ; il possédait ses propres studios, des douzaines de stars lui étaient attachées par contrat. Il appartenait au Conseil consultatif du président des États-Unis pour la propagande de guerre, section cinéma, ce qui signifie seulement qu'il était chargé de réaliser des films de propagande. Il avait été invité à dîner à la

Maison-Blanche. Il avait reçu J. Edgar Hoover dans sa villa d'Hollywood. Mais rien de tout cela n'était aussi important qu'on pourrait le croire. Woltz avait de hautes relations, mais aucun pouvoir politique, non seulement parce qu'il appartenait au clan des ultraréactionnaires, mais aussi parce que c'était un mégalomane caractérisé : l'exercice abusif de l'autorité lui procurait d'exquises jouissances et l'on eût dit qu'il n'avait cure des légions d'ennemis que lui suscitait cette conduite.

Hagen soupira. Jack Woltz n'était pas homme à se laisser manipuler. Hagen ouvrit sa serviette et essaya de mettre de l'ordre dans ses papiers, mais il y renonça aussitôt ; il se sentait trop fatigué. Il commanda un autre martini et se plongea dans une méditation récapitulative sur le cours général de son existence : il n'éprouvait aucun regret ; bien au contraire, il se disait qu'il avait eu énormément de chance. La voie sur laquelle il s'était engagé, dix ans plus tôt, sans trop savoir pourquoi, l'avait mené plus loin et plus haut qu'il n'aurait pu espérer. Tout lui réussissait. Il était aussi heureux qu'un homme raisonnable peut le souhaiter en ce monde, et il trouvait la vie intéressante. À trente-cinq ans, grand, maigre, les cheveux coupés en brosse, Tom Hagen avait la physionomie parfaitement ordinaire. Avocat de son métier, il n'était pas chargé pour autant de régler par le menu les petits problèmes juridiques inhérents aux « affaires » de la famille Corleone (bien qu'il eût exercé pendant trois ans, après avoir été admis au barreau).

À l'âge de onze ans, Tom était un camarade de jeux de Sonny Corleone. Ils avaient le même âge. Cette année-là, la mère de Tom mourut aveugle. Le père, déjà grand buveur, sombra irrémédiablement dans l'ivrognerie. Hagen père était charpentier de son état. Laborieux, honnête, il n'avait jamais commis une action indélicate de sa vie. Mais il buvait. Ce fut la perte de sa famille. Pour finir, il en mourut. N'ayant plus ni père ni mère, le petit Tom, abandonné à lui-même, vécut dans la rue. La nuit il dormait dans les couloirs des immeubles. Sa jeune sœur fut confiée à un orphelinat. Mais dans les années vingt, les services d'assistance sociale ne portaient pas un intérêt excessif au sort des gamins de douze ans qui se montraient assez ingrats pour se dérober à leur générosité. Et puis, Tom Hagen avait, lui aussi, les yeux malades. Les voisins chuchotaient qu'il avait attrapé ça de sa mère et, partant, qu'il pourrait bien le passer à d'autres ; alors on l'évitait.

À onze ans, Sonny Corleone était un enfant au cœur généreux, à la volonté impérieuse ; il amena chez lui son camarade et demanda avec insistance à son père de le garder sous le toit familial. On servit à Tom Hagen une assiettée de pâtes savoureuses à la sauce tomate arrosée d'huile d'olive. Il n'en oublia jamais la saveur. On déplia pour lui un petit lit de fer ; on lui dit de se coucher et de bien dormir.

Sans un mot de commentaire, sans en avoir jamais discuté « en famille », Don Corleone accepta le petit

Tom chez lui, dans son foyer, comme si c'était la chose la plus naturelle du monde. Il le conduisit lui-même chez un spécialiste qui soigna et guérit ses yeux. Plus tard il l'envoya au collège, puis à l'école de droit. Pourtant son attitude à l'égard du jeune Tom était plutôt celle d'un tuteur que d'un père. Il n'avait pour lui ni geste de tendresse, ni paroles affectueuses. En revanche il lui montrait plus d'égards qu'à ses propres fils et ne lui faisait guère sentir le poids de son autorité paternelle.

Ce fut Tom qui, au sortir du collège, décida de son propre chef d'étudier le droit. Il avait entendu dire un jour à Don Corleone : « Un avocat avec sa serviette de cuir peut rafler plus gros que cent truands avec leurs revolvers. » Pendant ce temps, Sonny et Freddie, au grand déplaisir de leur père, annonçaient leur intention de prendre du service dans les « affaires de la Famille », dès qu'ils seraient sortis du lycée. Des trois fils de Don Corleone seul Michael s'inscrivit à l'université. Mais il s'était engagé dans les *marines* au lendemain de Pearl Harbor. Après avoir passé ses examens, Tom Hagen avait décidé de se marier et de fonder sa propre famille. Il choisit pour compagne une jeune Italienne du New Jersey nantie d'un diplôme universitaire. À l'époque, c'était une rareté.

Après le mariage qui, cela va sans dire, fut célébré chez les Corleone, le Don proposa à Tom Hagen de lui apporter toute l'aide dont il pourrait avoir besoin, de lui procurer des clients, de meubler son cabinet. Mais Tom Hagen, inclinant la tête, lui répondit seulement : « Je voudrais travailler pour toi. »

Don Corleone fut surpris, et ravi. « Tu sais ce que je suis ? » demanda-t-il. (En réalité, Tom ne voyait pas encore dans toute son ampleur la puissance de Don Corleone. Pendant dix ans il demeura dans cet état de semi-ignorance. Il fallut que Genco Abbandando tombât malade et que Don Corleone décidât d'attribuer les fonctions – mais non le titre – de consigliori à Tom Hagen pour que celui-ci eût accès à l'entière vérité.)

Hagen hocha la tête et son regard rencontra celui de Don Corleone. « Je voudrais travailler pour toi, comme tes fils. » Comme tes fils, cela signifiait avec une fidélité indéfectible, et l'acceptation sans réserve de l'autorité de droit divin exercée par Don Corleone. Avec cette compréhension d'autrui qui faisait déjà partie de sa légende, le Don donna pour la première fois au jeune Tom une marque d'affection paternelle. Il le prit dans ses bras et l'étreignit, un court instant. À partir de ce jour, il le traita presque comme son fils, tout en lui disant pourtant, de temps en temps : « Tom, n'oublie jamais tes parents. » (Cette exhortation semblait s'adresser autant à lui-même qu'à Tom.)

Hagen ne risquait d'ailleurs pas d'oublier ses parents. Sa mère avait fini comme une épave ou presque, dans un état voisin de l'hébétude, tellement anémiée qu'elle n'avait pas la force d'éprouver de la tendresse pour ses enfants ni même de faire semblant d'en éprouver. Son père, Tom Hagen l'avait détesté. Il avait vu sa mère devenir aveugle, quelques mois avant de mourir ; ce souvenir lui avait laissé une impression terrifiante. Quand, à son tour, ses yeux s'étaient infectés, il s'était cru maudit par le destin ; il allait devenir aveugle, lui aussi, il en était absolument certain. Tom Hagen avait onze ans quand son père mourut et sa réaction fut singulière. Il se mit à errer dans les rues de la ville comme une bête qui attend la mort, jusqu'au jour fortuné où Sonny le trouva endormi au fond d'un couloir et le conduisit à son père.

Ce qui était arrivé, après, c'était un miracle. Mais pendant bien des années, Tom Hagen continua à faire le même cauchemar : en grandissant il devenait aveugle ; il se voyait, à l'âge d'homme, mendiant dans les rues ; il avançait piquant à petits coups le pavé des trottoirs du bout de sa canne blanche. Quelquefois le matin, dans le premier instant de lucidité qui suivait son réveil, Tom découvrait le visage de Don Corleone imprimé sur sa conscience. Alors, il se sentait sauvé. Mais le Don avait tenu à ce que Tom, au seuil de sa carrière, ne consacrât pas tout son temps aux affaires de la Famille et complétât ses études de droit par trois années de pratique. C'était un avis plein de sagesse. L'expérience acquise par Tom lui rendit plus tard d'inappréciables services et le confirma dans sa décision de travailler pour Don Corleone. Il fit trois ans d'apprentissage dans une importante agence spécialisée dans les causes criminelles. Don Corleone avait quelque influence dans la maison. De l'avis général, Tom Hagen se révéla exceptionnellement doué pour ce domaine particulier de l'activité juridique. Il fit des progrès remarqués. Quand enfin il passa entièrement au service de Don Corleone, celui-ci n'eut pas lieu de lui faire un seul reproche dans les six années qui suivirent.

L'élévation de Tom Hagen au poste de vice-consigliori scandalisa les grandes Familles siciliennes rivales des Corleone. Le Don et sa famille furent dédaigneusement surnommés « la bande des Irlandais ». La chose amusa Tom Hagen et lui apprit qu'il ne devait pas espérer succéder un jour à Don Corleone à la tête des « affaires de la Famille ». Mais il n'avait jamais visé si haut ; pareille ambition aurait été un manquement au respect qu'il devait non seulement à son bienfaiteur, mais encore à la famille de celui-ci. Tom Hagen était satisfait de son sort et ne demandait pas davantage.

Il faisait encore nuit quand l'avion arriva à Los Angeles. Hagen se fit conduire à l'hôtel où sa chambre était déjà réservée, prit une douche, se rasa et regarda l'aube se lever sur la ville. Quand il fit jour, il se fit monter son petit déjeuner et les journaux du matin dans sa chambre. Il lui restait une heure ou deux pour regarder voler les mouches. Il avait rendez-vous à dix heures avec Jack Woltz. Il avait obtenu audience avec une facilité étonnante. La veille, Hagen avait appelé au téléphone un des syndicalistes les plus influents du monde du cinéma, un nommé Billy Goff. Suivant les instructions de Don Corleone, Tom avait demandé à Billy Goff de lui obtenir pour le lendemain un rendez-vous avec Jack Woltz et de faire entendre audit Woltz que si le résultat de l'entrevue ne donnait pas satisfaction à Hagen, le personnel du studio pourrait bien se mettre en grève. Une heure plus tard, Hagen recevait un coup de téléphone de Billy Goff. Le rendez-vous était fixé à dix heures du matin. Goff avait transmis à Woltz le message de Hagen à propos d'une grève possible, mais Woltz n'avait guère paru impressionné. « Si ça doit aller jusque-là, avait ajouté Goff, faudra que je me mette directement en rapport avec le Don. » À quoi Tom avait répondu : « S'il faut en arriver là, le Don se mettra en rapport avec vous. » Cette réponse lui évitait une promesse. Que Goff montrât tant d'empressement à satisfaire les vœux de Don Corleone n'étonna pas Hagen. Administrativement, l'empire des Corleone ne s'étendait pas au-delà de la région de New York. Mais le Don avait rendu service autrefois à plus d'un chef syndicaliste, ce qui lui donnait de l'influence. Il faisait volontiers appel à la reconnaissance de ceux qu'il avait obligés.

Mais l'heure du rendez-vous, dix heures du matin, était un signe de mauvais augure. Hagen serait le premier sur la liste de Jack Woltz qui n'avait donc pas l'intention de l'inviter à déjeuner. Ce n'était pas une preuve de considération. Goff ne s'était pas montré assez menaçant : il devait recevoir des pots-de-vin du sieur Woltz. L'habileté extraordinaire avec laquelle Don Corleone était toujours resté discrètement dans l'ombre tournait parfois au désavantage des « affaires de la Famille » ; dans les milieux non avertis, son nom ne faisait pas le poids.

Hagen avait vu juste. Jack Woltz le fit attendre une demi-heure. Mais le consigliori de Don Corleone ne s'en émut guère. L'antichambre était très cossue, très confortable. Hagen n'admira pas seulement les lieux ; vis-à-vis de lui, sur un divan prune était assise la plus belle enfant qu'il eût jamais vue ; pas plus de onze ou douze ans, mais vêtue comme une femme d'une robe très simple et certainement très chère. Cheveux d'un blond surnaturel, yeux immenses, bleus comme les mers tropicales, bouche fraîche et vermeille comme une framboise. La femme qui l'accompagnait, sa mère apparemment, s'obstinait à dévisager Hagen avec une ridicule arrogance ; Hagen se dit qu'il aurait grand plaisir à lui envoyer son poing dans la figure. L'ange et le dragon, pensa-t-il en lui retournant son aimable regard.

Enfin, une dame d'âge mûr, bien en chair, mais exquisément habillée, vint chercher Tom Hagen et le conduisit à travers un dédale de bureaux jusqu'au sanctuaire du grand Jack Woltz. Hagen fut aussi impressionné par la somptuosité des bureaux et par la grâce des personnes qu'on y voyait travailler. Il avançait en souriant. Toutes les secrétaires, toutes les dactylos étaient de ravissantes débrouillardes pour qui le travail de bureau n'était que le moyen de mettre un pied dans le monde du cinéma. Pour la plupart elles passeraient toute leur existence entre ces murs sans gloire. Quelques-unes, déçues, retourneraient un jour dans leur province.

Jack Woltz était un homme de haute taille et d'ample stature. La coupe parfaite de ses complets arrivait presque à dissimuler la sphéricité de sa panse. Hagen connaissait l'histoire du personnage. À dix ans, Woltz roulait des barriques vides et des charrettes à bras sur les pavés de l'East Side. À vingt ans, il aidait papa Woltz à exploiter honteusement les petites ouvrières d'un atelier de confection. À trente ans, il quittait New York et s'installait dans l'Ouest. Il plaçait de l'argent dans la location de juke-box et devenait un des pionniers de l'industrie cinématographique.

À quarante-huit ans, il était le supermagnat d'Hollywood : il avait gardé son parler canaille, sa voracité amoureuse, c'était le loup dans la bergerie des starlettes sans défense. À cinquante ans, métamorphose : le bonhomme prit des leçons d'élocution, loua les services d'un valet de chambre anglais qui lui apprit à s'habiller et d'un maître d'hôtel non moins anglais qui lui enseigna l'art de se tenir dans le monde. Devenu veuf, il épousa en secondes noces une actrice belle et universellement célèbre qui n'aimait pas son métier. Maintenant, Jack Woltz avait soixante ans : il collectionnait les tableaux des vieux maîtres, siégeait à un comité consultatif du président des États-Unis et finançait une fondation de plusieurs millions de dollars pour l'encouragement de l'art du cinéma. Sa fille avait épousé un lord anglais ; son fils, une princesse italienne.

Il s'était découvert depuis peu une passion pour les chevaux de course. Les chroniqueurs des magazines de cinéma avaient appris à l'Amérique entière que les frais d'écurie du grand Jack Woltz s'étaient élevés l'année précédente à dix millions de dollars. Les journaux avaient annoncé, en manchette, que Woltz avait acheté le célèbre pur-sang Khartoum pour la somme inouïe de six cent mille dollars. Khartoum, l'invaincu, ne paraîtrait plus sur les champs de course. Woltz le réservait exclusivement à la monte de ses poulinières.

Jack Woltz reçut Hagen avec courtoisie. Sur son visage méticuleusement rasé et bronzé parut une grimace qui se voulait sourire. Malgré l'intervention des spécialistes les plus compétents et les soins les plus coûteux, Jack Woltz faisait son âge. On aurait dit que la peau de son visage avait été recousue. Mais sa démarche et ses mouvements révélaient une vitalité extraordinaire. Comme Don Corleone, Jack Woltz avait la prestance, l'allure souveraine de celui qui règne sans partage sur le monde dans lequel il vit. Hagen arriva directement au fait. Il dit à Woltz qu'il était l'émissaire d'un ami de Johnny Fontane. Que cet ami était un personnage très puissant, et qui se considérerait comme l'obligé et comme l'indéfectible ami de M. Woltz, si M. Woltz était disposé à lui accorder… une petite faveur. Cette faveur consistait seulement à engager Johnny Fontane pour le nouveau film de guerre que M. Woltz devait produire.

Le visage cousu demeura impassible. « Et quel service votre ami pourrait-il me rendre ? » Dans la façon dont Jack Woltz prononça cette phrase, il n'y avait qu'une petite note de condescendance ; le ton restait courtois.

Les nuances de diction de Jack Woltz n'intéressaient pas Tom Hagen. Il continua : « Vous risquez actuellement d'avoir de petits ennuis avec votre personnel. Mon ami pourrait s'engager de la façon la plus formelle à vous épargner ce genre d'inconvénients. Votre jeune premier numéro un, garçon qui fait votre affaire, vient de renoncer à la marijuana. Hélas ! pour se mettre à l'héroïne. Mon ami pourrait vous garantir que ce jeune homme n'arrivera plus à se procurer un milligramme de drogue. Si, dans les années à venir, il vous arrivait d'autres petits ennuis, vous n'auriez qu'à m'appeler au téléphone. Nous ne vous laisserons jamais dans l'embarras. »

Woltz avait écouté parler Tom Hagen comme on écoute les vantardises d'un gamin. Changeant brusquement de ton, il lui jeta avec un accent volontairement crapuleux : « Vous essayez de m'avoir à l'estomac ?

— Absolument pas, cher monsieur, répondit calmement Hagen. Je suis venu vous demander de rendre un service à l'un de mes amis, et j'essaie de vous expliquer que vous n'y perdriez pas. Voilà tout. »

Le visage de Woltz se transforma. Il adopta volontairement le masque de la colère : la bouche se tordit, les épais sourcils, teints en noir, se contractèrent et formèrent un bourrelet rectiligne au-dessus des prunelles enflammées. Comme un diable sortant d'une boîte, Woltz se dressa au-dessus de son bureau et, se penchant à toucher Tom Hagen, lui jeta d'une voix criarde : « Suffit comme ça ! Joli cœur de fils de garce, je vais vous mettre les points sur les *i*. Comprenez-moi bien, vous et votre patron, qu'il s'appelle monsieur X, Y ou Z : Johnny Fontane n'aura jamais ce rôle. Et je me fiche de savoir combien de salopards de la mafia vous pouvez faire sortir de leurs égouts. » Woltz se rassit, s'appuya au dossier de son siège et reprit : « Quant à vous, mon petit ami, je vous donne un bon conseil. J. Edgar Hoover, ce nom vous dit peut-être quelque chose (sourire sarcastique de Jack Woltz), est un de mes amis intimes. Si je lui dis qu'on essaie de me faire chanter, gare à vos fesses. »

Hagen écouta patiemment ce discours, mais il attendait mieux d'un personnage d'une telle envergure. Comment était-il possible qu'un homme capable de se comporter d'une façon aussi stupide ait pu devenir le chef d'une affaire qui valait plusieurs centaines de millions de dollars ? Cela donnait à réfléchir : Don Corleone cherchait à placer de l'argent dans des affaires encore inexplorées par lui. Si les grosses têtes de l'industrie du cinéma étaient à ce point obtuses, il y avait peut-être de grandes choses à faire de ce côté. Quant aux insultes de Woltz, elles le laissaient parfaitement indifférent. Hagen avait appris l'art de la négociation auprès de Don Corleone lui-même.

« Ne te mets jamais en colère, lui avait dit le Don. Ne profère jamais une menace. Raisonne les gens. » Accepter l'injure, dédaigner le défi, tendre la joue droite à qui vous frappe la joue gauche, Hagen avait compris la leçon. Il avait vu Don Corleone négociant pendant huit heures d'affilée assis devant une table, insensible à l'insulte, s'efforçant de convaincre un puissant rival, mégalomane invétéré, d'en user plus raisonnablement avec lui. À la fin de la huitième heure, Don Corleone avait levé les bras au ciel dans un geste d'impuissance et de résignation et s'était écrié : « Allons, il n'y a pas moyen de raisonner avec ce monsieur ! » Au milieu du silence général il était sorti d'un air très digne. Le mégalomane invétéré était devenu blanc de peur. Il avait envoyé ses amis aux trousses de Don Corleone pour le presser de revenir. L'impossible accord avait été conclu. Pourtant deux mois plus tard le récalcitrant avait quand même reçu une balle dans la nuque, chez son coiffeur, pendant qu'il se faisait raser.

De sa voix la plus naturelle, Hagen reprit : « Regardez ma carte. Je suis avocat. Croyez-vous que j'irais me passer volontairement la corde au cou ? Vous ai-je fait une seule menace ? Comprenez bien que je suis prêt à accepter toutes vos conditions, quelles qu'elles soient, si vous donnez le rôle à Johnny Fontane. J'estime que je vous ai déjà offert beaucoup pour une faveur aussi modeste. Un service qu'à mon avis, vous auriez tout intérêt à nous accorder. D'après Johnny, vous reconnaissiez vous-même qu'il est exactement fait pour ce rôle. Croyez bien que s'il n'en était pas ainsi, nous n'aurions jamais sollicité de vous cette faveur. D'ailleurs si vous avez des inquiétudes pour les sommes engagées, mon ami se fera un plaisir de financer votre film. Cela dit, je tiens à être parfaitement clair. Nous admettons fort bien que votre non soit un vrai non. Personne ne peut vous forcer la main, personne n'essaie de le faire. Permettez-moi d'ajouter que les relations amicales que vous entretenez avec M. Hoover ne nous étaient pas inconnues et que mon patron les considère comme une raison supplémentaire pour vous tenir en haute estime. Cette amitié lui inspire une vive considération. »

Tout en écoutant ce discours, Woltz jouait avec une immense plume rouge montée en stylo. En entendant parler d'argent, il leva le sourcil, interrompit ses manipulations et dit d'un ton protecteur : « Ce film coûte cinq millions de dollars. »

Hagen siffla doucement pour bien montrer qu'il était impressionné puis, comme quelqu'un qui pense à autre chose, il ajouta : « Mon patron a beaucoup d'amis qui soutiennent ses décisions. » Pour la première fois, Woltz sembla prendre l'affaire au sérieux. Il regarda la carte de Hagen. « Je connais la plupart des grands avocats de New York, et je n'ai jamais entendu parler de vous. Qui diable êtes-vous donc, au juste ? »

Hagen se leva brusquement. « Je ne vous dérangerai pas plus longtemps, monsieur Woltz », dit-il. Il serra la main de son interlocuteur et se dirigea vers la porte. Soudain, il fit demi-tour. « Il me semble, reprit-il, que vous avez généralement affaire à des gens qui se donnent plus d'importance qu'ils n'en ont. Tel n'est pas le cas de mon ami. Vous pouvez vous renseigner à son sujet, auprès d'amis communs. Si vous changez d'avis, vous pouvez me téléphoner à mon hôtel. » Il s'interrompit un instant. « Ce que je vais vous dire vous paraîtra sans doute une énormité, un sacrilège même, monsieur Woltz, mais mon client peut faire pour vous des choses que M. Hoover lui-même estimerait hors de sa portée. » Hagen vit se plisser les yeux de Woltz : avait-il enfin compris le message ? « Vous savez Woltz, reprit Hagen d'un ton flatteur, j'ai beaucoup d'admiration pour vos films. J'espère que vous pourrez continuer longtemps à faire un aussi bon travail. Le pays a besoin de vous. »

Dans l'après-midi, Hagen reçut enfin un coup de téléphone de la secrétaire de Woltz l'avisant qu'une voiture viendrait le chercher avant une heure pour le conduire à la villa de M. Woltz où il était invité à dîner, que le voyage durait à peu près trois heures mais que la voiture était équipée d'un bar garni de bouteilles et d'amuse-gueule. Hagen savait que Woltz rentrait chez lui dans son avion particulier et s'étonna de ne pas être invité à lui tenir compagnie. La secrétaire ajouta du ton le plus affable : « M. Woltz propose que vous apportiez vos effets de nuit. Il vous conduira demain matin à l'aéroport.

— Entendu », fit Hagen. Il y avait là nouvelle matière à réflexion. Comment Woltz savait-il que Hagen devait rentrer à New York par l'avion du matin ? Après un moment de perplexité, Hagen se dit que Woltz avait dû le faire pister par ses détectives privés afin de recueillir sur son compte le plus de renseignements possibles. Donc Woltz ne pouvait plus ignorer qu'il était l'émissaire de Don Corleone. Donc il devait commencer à comprendre quel homme était Don Corleone. Donc il était sans doute prêt à considérer l'affaire avec plus de sérieux. Tout n'était peut-être pas perdu. Et Woltz avait peut-être plus de jugeote qu'il ne le semblait.

La villa de Jack Woltz ressemblait à un invraisemblable décor de cinéma. Pavillon de style colonial, pelouses immenses bordées de larges allées cavalières, poudrées de sable noir, écuries, pâturages à chevaux. Les haies, les massifs de fleurs, le gazon semblaient avoir reçu les soins non pas d'un jardinier mais d'une manucure. Ils étaient aussi soignés, taillés, polis, vernis que des ongles de star. Woltz reçut Tom Hagen dans une véranda climatisée dont chaque paroi était faite d'une seule glace. Le magnat arborait une tenue champêtre : chemise de soie bleue ouverte sur le cou, pantalon moutarde, sandales de cuir souple. Au milieu de ce déploiement de couleurs et d'opulente richesse, son visage dur et comme rapiécé faisait une impression saisissante. Woltz tendit à Hagen un verre géant rempli de martini et en prit un pour lui sur le plateau garni de bouteilles. (Ses dispositions à l'égard de son hôte semblaient s'être améliorées depuis le matin.) Il posa la main sur l'épaule de Tom et dit : « Il nous reste un moment avant de passer à table. Allons voir mes chevaux. » Les deux hommes se dirigèrent vers les écuries. Chemin faisant, Woltz dit à son invité : « Je vous ai démasqué, Tom. Vous auriez dû me dire que vous travailliez pour Corleone. Je vous prenais pour un avocaillon de troisième catégorie que Johnny m'envoyait dans les pattes pour essayer de m'avoir au bluff. Moi, je ne bluffe pas. Ne croyez pas que je tienne à me faire des ennemis. Mais à vrai dire, je n'ai jamais pris ça au sérieux. Et maintenant, tâchons de passer ensemble un moment agréable. Nous reparlerons affaires après le dîner. »

À la surprise de Tom Hagen, Woltz se montra un hôte plein d'égards. Il expliqua à Tom les méthodes d'élevage qu'il pratiquait. Il espérait que ces innovations feraient bientôt de ses écuries les premières d'Amérique. Dotées des derniers perfectionnements de la technique sanitaire, les écuries étaient bâties avec des matériaux incombustibles, nettes comme des salles de bains et surveillées en permanence par une escouade de détectives privés. Sur la cloison extérieure de la dernière stalle, une énorme plaque de bronze portait gravé le nom de « Khartoum ». Même aux yeux d'un profane comme Tom Hagen, le cheval qui occupait cette stalle était une bête splendide. Khartoum avait la robe d'un noir de jais uniforme ; seule, une tache blanche en forme de losange éclairait son grand front comme un diamant lunaire. Ses yeux bruns scintillaient pareils à des fruits d'or ; la robe tendue sur les muscles nerveux brillait comme de la soie. « C'est le premier cheval de course du monde, dit Woltz avec une fierté enfantine. Je l'ai acheté l'année dernière, en Angleterre, pour six cent mille dollars. Je suis sûr que même les tsars de Russie n'ont jamais payé un cheval un prix aussi fabuleux. Mais je n'ai pas l'intention de le faire courir ; il sera *mon* étalon. Je vais monter la plus grande écurie de courses qu'on ait jamais vue en Amérique. » Woltz glissa la main sur la crinière du cheval en répétant doucement : « Khartoum, Khartoum, mon Khartoum. » C'était presque un roucoulement d'amour. Khartoum semblait le comprendre et répondre à cette tendresse. « Je suis bon cavalier, vous savez, reprit Woltz, et pourtant la première fois que je suis monté à cheval, j'avais cinquante ans bien tassés. » Il rit. « Peut-être qu'une de mes arrière-grand-mères, dans le temps, en Russie, s'est fait violer par un cosaque. J'ai sûrement une goutte de sang cosaque. » Il chatouilla le ventre de Khartoum et dit avec un accent d'admiration sincère : « Regardez-moi ce bel engin. C'est comme ça qu'il me le faudrait. »

Les deux hommes rentrèrent dans la maison ; il était l'heure de se mettre à table. Le dîner fut servi par trois domestiques opérant sous les ordres d'un maître d'hôtel. Le linge de table était damassé d'or, la vaisselle en argent massif, mais Hagen trouva la cuisine médiocre. On devinait que Woltz vivait en garçon et que les plaisirs de la table ne l'intéressaient aucunement. Le repas achevé, Woltz offrit à Hagen un énorme havane et se servit à son tour. C'est le moment que Hagen avait attendu pour demander : « Alors, c'est oui ou non, pour Johnny ? »

— Je ne peux pas, fit Woltz en tirant une bouffée. Même si je voulais, je ne pourrais pas donner ce rôle à Johnny, ils sont déjà distribués, les contrats signés. Le tournage commence la semaine prochaine. Je ne peux plus rien changer.

— Monsieur Woltz, répondit Hagen agacé, l'avantage, le très grand avantage de traiter avec un homme à qui tous obéissent, c'est qu'il ne peut pas se retrancher derrière une pareille excuse. Vous pouvez faire tout ce que vous voulez. Vous ne me croyez pas quand je vous dis que mon client est en mesure de tenir ses promesses ?

— Ce que je crois, ce que je sais, répondit sèchement Jack Woltz, c'est que je vais avoir des ennuis avec mon personnel. Cette canaille de Goff m'a téléphoné pour me prévenir. Il m'a parlé sur un ton... À l'entendre, vous n'auriez sûrement pas deviné que je lui glisse sous la table à peu près cent mille dollars par an. Je crois aussi que vous pouvez, si vous le voulez, priver de sa drogue mon poison de jeune premier. Mais tout ça m'est complètement égal, et j'ai les moyens de financer moi-même mes propres films. Comprenez-moi bien : Johnny Fontane est un salopard. Je le vomis. Dites à votre patron que je ne peux pas lui rendre ce service, mais qu'il me demande n'importe quoi d'autre. N'importe quoi, absolument, je le ferai. »

Espèce de faux jeton, pensa Hagen... Pourquoi m'avoir fait venir de si loin pour en arriver là ? Woltz semblait distrait. Il devait penser à autre chose. « Il me semble que la situation vous échappe, dit Hagen d'un air détaché. M. Corleone est le parrain de Johnny Fontane. Si vous avez de la religion, vous comprendrez qu'il s'agit là d'un lien sacré, inviolable, et qui crée les obligations les plus étroites. » Woltz inclina la tête pour marquer le respect que lui inspirait cette pieuse allusion. « Les Italiens, poursuivit Hagen, ont coutume de dire en plaisantant que l'existence en ce monde est si rude que tout homme a besoin de deux pères pour veiller sur lui. C'est pour ça qu'on a inventé les parrains. Depuis la mort du père de Johnny, M. Corleone se sent doublement responsable. Quant à vous demander de lui rendre un autre service, M. Corleone est trop susceptible pour accepter ce marchandage. Après un refus, M. Corleone ne sollicite jamais une deuxième fois. »

Woltz haussa les épaules. « Désolé mais c'est toujours non. À propos, puisque vous êtes ici, qu'est-ce que ça nous coûterait si vous arrangiez pour moi cette petite histoire de grève ? Je paie cash. »

Ces mots résolvaient une énigme : Hagen comprit pourquoi Woltz n'avait pas hésité à lui consacrer plusieurs heures de son précieux temps alors qu'il avait déjà décidé de ne pas donner le rôle à Johnny. Il comprit aussi qu'il n'avait aucune chance de faire revenir Woltz sur sa décision, du moins au cours de la soirée. Woltz était trop sûr de lui ; le pouvoir de Don

Corleone ne lui faisait pas peur. Ses hautes relations politiques, l'amitié du chef du FBI, sa fortune immense, l'autorité absolue dont il jouissait dans l'industrie du cinéma... comment se serait-il senti menacé par Don Corleone avec d'aussi belles cartes dans son jeu ? Tout homme sensé, et Tom Hagen lui-même, eût estimé inattaquable la position de Jack Woltz. S'il était prêt à subir le préjudice qu'allait lui causer la grève de son personnel, Don Corleone ne pouvait rien contre lui. Ce beau raisonnement ne péchait que par un point : Don Corleone avait promis à son filleul qu'il aurait le rôle, et jamais, à la connaissance de Tom Hagen, le parrain n'avait fait une promesse vaine. « Vous faites exprès de ne pas me comprendre, dit Hagen d'une voix tranquille. Vous essayez de faire de moi le complice d'une opération crapuleuse. M. Corleone ne vous promet qu'une chose : c'est d'intervenir en votre faveur si vos ouvriers vous donnent du souci ; il estimerait vous devoir cette preuve d'amitié en reconnaissance de ce que vous feriez pour son filleul. Il ne s'agirait là que d'un aimable échange d'influence, monsieur Woltz. Rien de plus. Mais je vois bien que vous ne me prenez pas au sérieux. Personnellement, je crois que c'est une erreur. »

Woltz éclata comme si, depuis le début de la soirée, il avait attendu le moment où les choses allaient prendre cette tournure. « Je vous comprends on ne peut mieux. C'est le style de la mafia, n'est-ce pas, cher monsieur ? On vous passe de la pommade, on vous endort avec des discours mielleux mais, en réalité, on vous menace. Permettez-moi donc d'être clair et précis. Johnny Fontane n'aura jamais ce rôle. Pourtant ce serait la chance de sa vie. Il colle exactement avec le personnage. Il pourrait devenir du jour au lendemain une très grande vedette. Mais il n'aura pas le rôle, cher monsieur, parce que je le déteste, ce petit gommeux, parce que je vais m'arranger pour qu'on ne voie plus jamais sa gueule au cinéma. Et je vais vous dire mes raisons. Il a bousillé une fille que j'avais trouvée, que j'avais faite, une fille à qui tous les espoirs étaient permis. Pendant cinq ans je lui ai payé des leçons. Elle a appris à chanter, à danser, à jouer la comédie. J'ai dépensé des centaines de milliers de dollars. J'allais faire d'elle une vraie star. Et puis, tenez, je vais tout vous dire, rien que pour vous montrer que je ne suis pas une brute, que tout ça n'est pas une question de gros sous. C'était une fille splendide, le plus beau cul qui me soit jamais passé entre les mains, et je m'y connais monsieur. J'en ai eu dans toutes les parties du monde, vous pouvez me croire. Elle vous pompait comme une machine pneumatique. Et puis Johnny est passé par là, avec ses petites chansons poisseuses, son charme de métèque, et elle est partie. Elle a tout laissé tomber, rien que pour me tourner en ridicule. Un homme dans ma position ne peut pas accepter qu'on se paie sa tête, monsieur Hagen. Absolument pas. Il est débarqué, le Johnny, comme un malpropre. »

Pour la première fois, Woltz était arrivé à étonner Hagen. Qu'un homme adulte, un homme de poids s'il en était, se laissât influencer dans ses jugements par d'aussi affligeantes niaiseries, alors qu'il s'agissait d'affaires de la plus haute importance, voilà qui semblait inconcevable au consigliori de Don Corleone. Dans le monde où évoluait Tom Hagen, le monde des Corleone, la beauté physique, l'attrait sensuel de la femme n'avaient aucune influence sur les « affaires sérieuses ». L'amour et ses à-côtés, c'était une question strictement personnelle, sauf bien sûr lorsqu'il s'agissait de mariage ou de l'honneur familial.

Hagen fit une dernière tentative : « Vous avez absolument raison, monsieur Woltz, mais vos griefs sont-ils aussi puissants que cela ? Je crois que vous n'avez pas compris quelle importance attache mon client à la très modeste faveur qu'il vous demande de lui accorder. M. Corleone a tenu Johnny sur les fonts baptismaux et quand Johnny a perdu son père, M. Corleone l'a considéré comme son propre fils. D'ailleurs il y a bien d'autres gens, il y en a même beaucoup, vous savez, beaucoup qui appellent M. Corleone "parrain" pour témoigner leur respect et leur gratitude à celui qui les a préservés des périls de l'existence. M. Corleone n'abandonne jamais ses amis. »

Woltz se leva brusquement. « Vous commencez à m'échauffer les oreilles, cher monsieur. Les fripouilles ne m'ont jamais dicté leur loi. C'est moi qui leur ai dicté la mienne. Si je décroche ce téléphone, préparez-vous à passer la nuit en prison. Et si votre nabab de la mafia essaie de me jouer un mauvais tour, il apprendra à ses dépens que je ne suis pas un chef de bande, moi. Je n'ai que trop écouté vos histoires. Dites à votre M. Corleone qu'on ne lui laissera pas le temps de reconnaître la main qui le frappe. S'il le faut, j'irai jusqu'à user de mon influence à la Maison-Blanche. »

Imbécile, triple imbécile de fils de garce, pensa Tom Hagen. Comment diable a-t-il pu s'y prendre pour devenir un pezzonovante ? Ça, un conseiller du président des États-Unis d'Amérique ? Ça le patron des plus grands studios du monde ? Ce pauvre type n'a compris que le sens premier des mots. Il est incapable de déchiffrer le message. Vrai, il faut absolument que Don Corleone s'intéresse au cinéma. « Merci pour le dîner et pour l'agréable soirée que nous venons de passer ensemble, monsieur Woltz. Pouvez-vous me faire conduire à l'aéroport ? Je ne crois pas que je passerai la nuit sous votre toit. » Sourire glacé à l'adresse de Woltz. « M. Corleone est un homme qui tient à être mis au courant des mauvaises nouvelles, heure par heure. » Comme il attendait sa voiture devant le péristyle illuminé, Hagen aperçut deux femmes qui se préparaient à monter dans une longue limousine arrêtée sur l'allée. Woltz reconnut la belle enfant aux cheveux d'or accompagnée de son dragon de mère. Mais la bouche à la forme exquise semblait s'être étalée sur le visage comme une tache sur un buvard et un voile glauque ternissait les prunelles d'azur. Quand la petite fille descendit les marches du perron, elle vacilla sur ses longues jambes : une pouliche blessée. Sa mère la prit par la taille et l'aida à monter en voiture en lui sifflant à l'oreille on ne sait quel ordre sec. Sans doute le paragraphe adéquat d'une leçon de maintien. Tournant la tête, elle lança à Tom Hagen un regard bref et dans son œil de rapace, Tom vit briller une lueur triomphante. Puis elle disparut à son tour dans la profonde limousine.

Maintenant, Hagen comprenait pourquoi il n'avait pas été invité à prendre l'avion de Woltz. Le vieux sagouin n'avait pas voyagé seul : la petite fille et sa mère l'accompagnaient. Hagen était arrivé quelques heures plus tard. Dans l'intervalle, Woltz avait eu le temps de s'envoyer la gosse et de se reposer un peu en attendant l'arrivée de son hôte. Et c'est dans ce monde-là que Johnny voulait vivre ? Bien du bonheur, Johnny, et bien du bonheur, Woltz !

Paulie Gatto détestait bâcler le travail, surtout le travail méchant. Il aimait bien combiner ses plans à l'avance.

Paulie était de service ce soir-là. Petite besogne de rien du tout, à première vue. Pourtant à la moindre fausse manœuvre, on risquait le coup de tabac. Tout en trempant la langue dans sa chope de bière, Paulie ouvrait l'œil, et le bon : il regardait les deux dragueurs chanter la sérénade à deux petites garces assises devant le bar. Il surveillait les progrès de la manœuvre. Paulie savait tout ce qu'il avait besoin de savoir sur le compte de ces deux salopards. L'un s'appelait Jerry Wagner, l'autre Kervin Moonan. Ils avaient environ vingt ans ; ils étaient grands, bien bâtis, le cheveu noir, la figure avenante. Ils allaient quitter New York dans une quinzaine pour retourner au collège. C'étaient des fils à papa. Des papas qui avaient des amis politiques haut placés. Ce dernier avantage joint à leur qualité d'étudiants leur avait épargné jusque-là les servitudes sans grandeur de l'apprentissage militaire. Ils avaient un autre point commun ; une condamnation, avec sursis, pour voies de fait sur la personne de Miss Bonasera, la fille d'Amerigo. Les petits salopards ! se disait à part soi Paulie Gatto. On se fait pistonner pour couper au service, on viole la promesse qu'on a faite à M. le juge de ne pas traîner dans les bars après minuit, on drague la gisquette. Paulie Gatto, lui aussi, avait coupé au service, en faisant faire par son médecin un certificat en règle attestant que son client, sexe masculin, race blanche, vingt-six ans, célibataire, avait fait sa cure d'électrochocs pour un grave dérangement cérébral. Rien de tout cela n'était vrai, comme de juste, mais Paulie n'en considérait pas moins qu'il méritait son exemption. C'est Clemenza qui avait tout arrangé, après que Paulie Gatto eut « fait ses os » au service des Corleone. Clemenza avait indiqué à Paulie que le petit travail de ce soir-là devait être exécuté d'urgence, avant que les deux jeunes gens ne soient repartis pour le collège. Pourquoi diable, se demandait Paulie, fallait-il opérer en plein New York ? Clemenza le chargeait toujours de missions délicates. Si les deux filles sortaient en même temps que les gars, c'était encore une soirée perdue. Paulie entendit l'une d'elles dire en riant : « T'es pas fou, Jerry ? tu t'imagines que je vais monter en voiture avec toi ? J'ai pas envie de me retrouver à l'hôpital comme la pauvre môme de l'autre fois. » Elle n'était pas peu fière de repousser l'invitation du nommé Jerry. Gatto n'en demandait pas davantage. Il finit sa bière et sortit dans la rue obscure. Parfait. À minuit passé, toutes les boutiques étaient fermées. On voyait seulement les lumières d'un bar, à l'autre bout de la rue. Clemenza s'occupait de la patrouille de nuit. Les cognes ne se montreraient pas dans les parages avant d'avoir reçu un appel par radio et, le moment venu, ils arriveraient sans se presser.

Paulie Gatto s'approcha de sa Chevrolet quatre places. Les deux hommes assis sur la banquette arrière – on ne les voyait quasiment pas – étaient des durs et des costauds. « Occupez-vous d'eux dès qu'ils sortiront », dit Paulie. Il continuait de penser que le coup avait été monté à la va-vite. Clemenza lui avait donné les photos des deux dragueurs, celles qui figuraient sur leurs fiches anthropométriques (il se les était procurées par ses amis de la police). Il avait montré à Paulie le petit bar où Wagner et Moonan allaient boire un coup tous les soirs pour ramasser des filles. Paulie avait convoqué deux costauds qui travaillaient pour la famille Corleone et leur avait donné ses instructions. Pas de coups sur le sommet du crâne, pas davantage sur l'occiput. Bref, pas de mise à mort. À ce détail près, les gars pouvaient cogner à cœur joie. Paulie ne leur avait fait qu'une menace : « Si les deux tordus quittent l'hôpital avant un mois, on vous renvoie garder les oies, mes cocos. »

Les deux costauds descendirent de voiture. C'étaient d'anciens boxeurs qui n'étaient jamais sortis des clubs de troisième ordre. Sonny Corleone les avait engagés à l'année pour un salaire modeste mais qui leur assurait une vie à peu près décente. Ils ne demandaient qu'à lui témoigner leur reconnaissance. Quand Jerry Wagner et Kervin Moonan sortirent du bistro, ils étaient mûrs pour la bagarre. Les sarcasmes des fillettes du bar avaient hérissé leur vanité de jeunes mâles. Paulie Gatto, appuyé au pare-chocs de la voiture, les interpella avec un rire moqueur : « Alors, les don Juans, elles vous ont bien virés, les pépées ! » Les deux jeunes gens se retournèrent goulûment sur Paulie

Gatto. Paulie semblait l'exutoire rêvé pour recevoir le trop-plein de leurs aigreurs. Il était petit, fluet, le visage étroit et pointu. Avec ça, il se permettait de faire le malin. À la première poussée qu'ils lui donnèrent, Wagner et Moonan furent saisis aux poignets par deux hommes qui venaient de surgir derrière eux. En même temps, Paulie glissait la dextre dans une sorte de gantelet garni de pointes de fer de deux millimètres de long. Sa cadence était bonne ; il allait au gymnase trois fois par semaine. Il frappa le jeune Wagner en plein nez. L'homme qui ceinturait Wagner le souleva de terre et le maintint à hauteur voulue pendant que Paulie, balançant le bras, lui assenait dans l'aine un coup formidable. Wagner devint tout mou ; le costaud lâcha ; Wagner s'aplatit sur l'asphalte ; le premier acte n'avait pas duré plus de six secondes. Maintenant, c'était au tour de Kervin Moonan, lequel avait manifestement l'intention d'appeler au secours. Le costaud qui s'occupait de lui était assez musclé pour le tenir ferme avec un seul bras. De sa main libre, il serra la gorge de Moonan, juste assez pour l'empêcher de crier.

Paulie Gatto sauta dans la voiture et mit le moteur en marche. Les deux costauds étaient déjà en train de réduire Moonan à l'état de marmelade. Ils opéraient sans hâte, avec une froideur délibérée qui faisait peur à voir, on aurait dit qu'ils prenaient tranquillement leur temps. Ils opéraient par vagues lentes, bien cadencées. Tout le poids de leur corps passait dans leurs poings. Chaque coup, en s'abattant, faisait un bruit de chairs qui éclatent. Paulie Gatto jeta un regard sur le visage de Moonan : il était méconnaissable. Les deux costauds le laissèrent allongé sur le trottoir et reportèrent leur attention sur son camarade Wagner, qui essayait de se relever et bêtement appelait « au secours ».

Quelqu'un sortit du bar. Les deux costauds furent obligés de presser le mouvement. Ils mirent Wagner sur les genoux. Un des hommes lui tordit le bras et lui allongea un formidable coup de pied à l'épine dorsale, entre les omoplates. On entendit craquer ses vertèbres. Le jeune Wagner poussa un cri si déchirant que les fenêtres s'allumèrent sur toutes les façades de la rue. À présent, les deux costauds opéraient à pleine vitesse. L'un mit Wagner debout et lui serra la tête entre ses mains, comme entre les mâchoires d'un étau. L'autre écrasa son énorme poing sur la cible. Plusieurs clients étaient sortis du bar, mais aucun n'essaya d'intervenir. Paulie Gatto cria : « Repos, les gars. Ça suffit. » Les deux costauds sautèrent dans la voiture et Paulie démarra en trombe. Les témoins de la scène pouvaient toujours noter le numéro de la voiture et la décrire en détail aux flics. Aucune importance. La plaque, volée, était celle d'une voiture immatriculée en Californie et il circulait à New York quelque cent mille Chevrolet noires du même modèle.

2.

Le jeudi matin, de retour à New York, Tom Hagen poussait la porte de son cabinet. Il voulait mettre ses papiers à jour, pour consacrer la journée du lendemain, libre de toute autre préoccupation, au rendez-vous qu'il avait pris avec Virgil Sollozzo. Un rendez-vous d'une si haute importance qu'il avait demandé à Don Corleone de lui réserver toute une soirée d'entretien pour fixer l'attitude qu'il convenait d'adopter devant la proposition qu'allait leur faire Sollozzo.

Hagen était rentré de Californie tard dans la soirée du mardi ; il avait aussitôt rapporté à Don Corleone le résultat décevant de sa mission auprès de Jack Woltz. Le Don ne manifesta aucun étonnement, mais insista pour que Hagen lui raconte sa journée par le menu. L'histoire de la belle enfant et de son dragon de mère le fit grimacer de dégoût. Il dit entre ses dents infamita. Dans le vocabulaire mesuré de Don Corleone, il n'y avait pas de marque de réprobation plus énergique. Pour finir, il posa à Hagen une simple question : « Est-ce que ce monsieur a des couilles au cul ? »

Hagen ne répondit pas immédiatement. Il s'interrogea sur le sens précis qu'il fallait attacher à ces mots. Au cours des ans, il avait appris que Don Corleone avait un sens des valeurs si différent de celui de la plupart des gens, que les mots eux-mêmes prenaient souvent dans sa bouche une signification toute particulière. Que demandait le Don ? Si Woltz avait du caractère ? de la volonté ? Il avait l'un et l'autre, sans aucun doute, mais ce n'est pas là ce que se demandait Corleone. Woltz était-il prêt à accepter les pertes d'argent considérables qu'entraînerait tout retard dans la réalisation de ses films, ou le scandale de voir sa plus grosse vedette dénoncée comme toxicomane ? La réponse était : oui. Mais encore une fois ce n'était pas à cela que pensait le Don. Hagen finit par trouver une traduction exacte de la question posée : Jack Woltz était-il homme à risquer de tout perdre pour une question de principe, une affaire d'honneur, une vengeance à assouvir ?

Hagen se permit un sourire. Il ne plaisantait qu'exceptionnellement avec Don Corleone, mais pour ce coup, il ne chercha pas à retenir le mot qui lui chatouillait la langue : « Tu veux savoir s'il est sicilien. » Don Corleone hocha la tête d'un air amusé. Il appréciait ce qu'il y avait de flatteur dans ce bon mot ; il en appréciait aussi la justesse. « En ce cas, dit Hagen, je te répondrai non. » Ce fut tout. Don Corleone médita le sujet jusqu'au lendemain. Le mercredi après-midi, il convoqua Tom et lui donna ses instructions. Leur exécution occupa le nouveau consigliori tout le reste de la journée et le laissa pantois d'admiration. Il ne doutait plus que le Don eût trouvé la solution du problème. Woltz allait lui téléphoner dans la matinée du jeudi pour lui annoncer qu'il donnait à Johnny Fontane le rôle convoité.

Le téléphone sonna, mais ce n'était qu'Amerigo Bonasera. Le croque-mort chevrotait de gratitude. Il pria Hagen d'assurer Don Corleone de son éternelle amitié. Le Don n'avait qu'à lui faire signe. Amerigo Bonasera était prêt à s'immoler pour son bienfaiteur mille fois béni. Hagen lui assura que le message serait transmis…

Le *Daily News* avait publié sur une demi-page la photo de Wagner et Moonan gisant sur l'asphalte de la rue. Cliché hideux à souhait. Les deux agresseurs de Miss Bonasera semblaient réduits à l'état de chair à pâté. Par miracle, expliquait le *News*, ils étaient tous deux en vie, mais ils resteraient certainement plusieurs mois à l'hôpital et devraient recourir à la chirurgie esthétique. Hagen écrivit une petite note à l'adresse de Clemenza pour lui dire qu'il faudrait faire quelque chose en faveur de Paulie Gatto. Il avait l'air de savoir son métier, Paulie.

Avec sa célérité et sa compétence coutumières, Hagen passa trois heures d'horloge à étudier les rapports financiers des deux firmes qui constituaient officiellement la source des revenus de Don Corleone : son affaire d'importation d'huile d'olive et son entreprise de construction. Ni l'une ni l'autre ne prospéraient mais la fin de la guerre allait certainement les renflouer. Hagen avait presque oublié l'affaire Johnny Fontane quand sa secrétaire lui annonça qu'on l'appelait de Californie. Il décrocha l'appareil avec un petit mouvement d'appréhension et dit : « Ici, Hagen. »

La voix qui lui répondit était celle d'un fou. La passion, la haine la rendaient méconnaissable. « Saloperie ! fumier ! s'égosillait Jack Woltz. Je vous ferai jeter en prison. Tous. Pour cent ans. Je dépenserai jusqu'à mon dernier centime pour vous casser les reins. Je lui ferai couper les couilles, à votre Johnny Fontane, vous m'entendez, foutu Rital de ma culotte ?

— Je suis germano-irlandais, monsieur Woltz », répondit Hagen avec grâce. Il y eut un long silence, puis le déclic de l'appareil qu'on raccroche. Hagen sourit. Woltz n'avait pas proféré une menace à l'adresse de Don Corleone : le génie était récompensé.

Jack Woltz couchait toujours seul. Son lit était assez grand pour contenir dix personnes et sa chambre assez vaste pour qu'on pût y tourner une scène de bal à la cour de Russie, mais Jack Woltz couchait seul depuis dix ans, depuis la mort de sa première femme. Il n'avait pas pour autant fait vœu de chasteté. Malgré son âge,

Jack Woltz ne dételait pas mais ne trottait plus qu'après de très jeunes filles, des fillettes même. Il savait aussi par expérience que sa virilité et sa patience ne lui permettaient guère plus d'une ou deux heures d'action militante en fin d'après-midi.

Ce jeudi matin, Jack Woltz s'éveilla de bonne heure. L'aube naissante plongeait l'immense chambre dans une clarté vaporeuse. Elle rappelait la brume qui flotte sur une prairie au petit jour. Là-bas, plus loin que le bout de son lit, Woltz entrevit une silhouette familière. S'appuyant sur un coude, il se redressa à demi pour mieux voir. Ça présentait l'aspect d'une tête de cheval. Encore ensommeillé, Woltz tendit le bras et chercha le bouton de sa lampe de chevet. Ce qu'il vit alors lui donna un coup de bélier en pleine poitrine, son cœur se mit à bondir comme une grenouille affolée, ses entrailles se soulevèrent, il vomit. Sa belle descente de lit en fut tout éclaboussée.

Tranchée à la base du cou, la tête noire soyeuse de Khartoum était plantée dans une flaque épaisse de sang coagulé. On voyait des tendons blanchâtres, rougeâtres. Les naseaux étaient couverts d'écume, et les yeux d'or, gros comme des pommes, étaient souillés de larmes de sang mort qui leur donnaient la couleur terne d'un fruit pourri. Une terreur viscérale s'empara de Jack Woltz. Il appela ses gens avec des cris de fou, il décrocha le téléphone, demanda Tom Hagen, à New York, le menaça comme un bouffon enragé. Le maître d'hôtel alarmé par cet accès de démence appela le médecin attitré de Jack Woltz et son collaborateur le plus proche. Quand ils arrivèrent, le nabab Woltz avait déjà recouvré ses esprits. Mais quel choc !

À quelle sorte d'homme fallait-il appartenir pour ordonner le massacre d'une bête valant six cent mille dollars ? Sans un mot d'avertissement. Sans tenter une dernière démarche, une dernière négociation. Tant de sauvagerie, tant de mépris pour les valeurs admises, c'était la signature d'un homme qui ne connaissait pas d'autre loi que la sienne, d'un dément qui se considérait lui-même comme son propre dieu. Ce monstre mettait au service de sa volonté assez de puissance et d'astuce pour neutraliser l'équipe de surveillance qui montait la garde nuit et jour autour des écuries du grand Woltz. On n'avait pas tardé à découvrir que Khartoum avait été endormi au moyen d'une drogue puissante ; son bourreau avait pu, tout à loisir, sectionner à la hache le long cou noir et soyeux. Les gardiens de service affirmaient n'avoir rien entendu. Woltz était certain qu'ils mentaient. Mais on pouvait les faire parler. Tous des vendus, les canailles ! Mais on pouvait les obliger à dire à qui.

Suprêmement égoïste, Woltz n'était pourtant pas un imbécile. Il avait surestimé son pouvoir. Il s'était cru plus puissant que Don Corleone. Il s'était trompé. Les faits s'étaient chargés de lui prouver son erreur. Il avait compris la leçon. Malgré sa richesse, malgré ses rapports avec le président des États-Unis, malgré l'amitié du chef du FBI – amitié qu'il ne laissait ignorer à personne – un obscur importateur italien d'huile d'olive pouvait, s'il lui plaisait, le faire assassiner. Oui, certes, il le pouvait. Pour la seule raison que lui, Jack Woltz, refusait de donner à Johnny Fontane un certain rôle dans un certain film ! C'était inconcevable. La société, le monde ne survivraient pas si des gens se permettaient d'agir de la sorte. C'était insensé. Cela voulait dire qu'on ne pouvait plus faire ce qu'on voulait de son propre argent, des affaires dont on était le maître, du droit qu'on avait conquis de commander aux autres. C'était encore pire que le communisme. Dix fois pire. On ne pouvait pas tolérer ça. Il fallait étouffer le monstre dans l'œuf.

Woltz se laissa administrer par son médecin un sédatif léger. Il s'en trouva mieux, se calma et raisonna avec plus de bon sens. Ce qui lui paraissait le plus scandaleux, c'était l'insouciance avec laquelle ce Corleone avait décrété la suppression d'un cheval universellement célèbre, un cheval que M. Woltz avait payé six cent mille dollars. Ça donnait le frisson. Il considéra la vie qu'il s'était faite. Il était riche. Il pouvait s'offrir les plus belles femmes du monde. Un clin d'œil, un signe du doigt, la promesse d'un engagement, il n'en fallait pas davantage. Les rois et les reines l'invitaient à leur table. Tout ce que peuvent donner la puissance et l'argent, il le possédait. Risquer de perdre tout cela, pour un caprice, n'était-ce pas folie ? Aller trouver Corleone ? Quelle était la peine prévue pour l'assassinat d'un cheval de course ? M. Woltz éclata de rire. Ses domestiques et son médecin le regardèrent avec inquiétude.

Une autre idée vint à Woltz. Un inconnu avait défié sa toute-puissance avec une effronterie sans exemple. Il allait être la risée de toute la Californie. C'est cela qui le décida. Et aussi l'idée que, peut-être, on n'avait pas l'intention de l'assassiner. Peut-être tenait-on en réserve un supplice plus raffiné, plus lent, plus insupportable.

Jack Woltz donna ses ordres. Ses collaborateurs les plus proches, ceux qu'il mettait dans sa confidence, entrèrent aussitôt en action. On fit jurer le secret aux domestiques et au médecin sous peine d'encourir l'hostilité définitive et combien redoutable de Woltz et de sa société. On communiqua à la presse la nouvelle que Khartoum venait de mourir d'une maladie contractée sur le bateau qui l'avait amené d'Angleterre. Ordre fut donné d'incinérer le cadavre dans un endroit secret des vastes domaines de Jack Woltz. Six heures plus tard, Johnny Fontane recevait un coup de téléphone du secrétaire de Woltz lui demandant de passer au studio, le lundi suivant, pour signer son contrat.

Le soir venu, Tom Hagen se rendit chez Don Corleone pour préparer l'importante entrevue du lendemain avec Virgil Sollozzo. Le Don avait prié son fils aîné d'assister à l'entretien. Sonny Corleone sirotait un verre d'eau fraîche. Sa grosse figure de Cupidon était tout alourdie de fatigue. « Il s'occupe de la demoiselle d'honneur », pensa Tom Hagen : autre sujet de préoccupation pour la Famille. Don Corleone calé dans un fauteuil fumait son cigare Di Nobili. Hagen veillait à ce qu'il y en eût toujours une boîte dans le bureau. Il avait bien essayé de convertir Don Corleone aux havanes, mais le Don prétendait qu'ils lui faisaient mal à la gorge.

« Savons-nous bien tout ce qu'il nous est nécessaire de savoir ? » demanda Don Corleone.

Hagen ouvrit la serviette qui contenait ses notes. Elles n'avaient rien de compromettant, c'étaient quelques petits cryptogrammes sibyllins destinés à lui éviter tout oubli. « Sollozzo a besoin de notre aide, dit Hagen. Il va demander à la Famille de lui avancer un million de dollars au bas mot et de lui garantir une sorte d'immunité vis-à-vis des autorités et de la loi. En échange on va nous proposer une part du gâteau. Personne ne sait jusqu'à quel point Sollozzo est cautionné par les Tattaglia. Ils ont peut-être une part dans l'affaire, eux aussi. Trafic de came. Sollozzo a des relations en Turquie. C'est là qu'on cultive le pavot. L'opium est expédié en Sicile. Aucune difficulté.

En Sicile, Sollozzo dispose des installations nécessaires pour fabriquer l'héroïne. Tout est prévu. En cas de besoin, on peut ramener l'héroïne à l'état de morphine, et vice versa. De toute façon, il semble que ses installations en Sicile soient très très bien camouflées. De ce côté, les risques sont nuls. Ce qui est difficile, c'est de faire entrer l'héroïne en Amérique. Et de la livrer aux clients. Il y a aussi le problème de la mise de fonds. Un million de dollars, cash, ça ne pousse pas sur les arbres. »

Don Corleone fit la grimace. Il détestait les commentaires inutiles. Hagen le savait, et se fit concis. « Sollozzo a un surnom. On l'appelle le Turc pour deux raisons. Primo, il a longtemps vécu en Turquie. On lui attribue une femme et des enfants turcs. Secundo, on dit qu'il est porté sur la lame ou du moins qu'il l'était dans son jeune temps, en affaires seulement. Dans sa partie, c'est un homme très compétent et qui n'a d'autre patron que lui-même. Il a un casier judiciaire. Deux séjours en prison. Une fois en Italie, une fois aux États-Unis. Il est fiché par la police. On sait qu'il est dans la came. Pour nous, ça pourrait être un avantage. Ça signifie, en effet, qu'il ne pourrait pas, le cas échéant, acquérir l'immunité en témoignant contre nous, puisqu'on sait qu'il est le chef, et surtout à cause de son casier judiciaire. Avec ça, il a épousé une Américaine qui lui a donné trois gosses, c'est un excellent père de famille. »

Don Corleone tira une bouffée de son cigare et demanda : « Santino, qu'en penses-tu ? » Hagen connaissait d'avance la réponse de Sonny. Sonny rongeait son frein. La tutelle de Don Corleone commençait à lui peser ; il avait envie de mener lui-même une opération de grande envergure. L'affaire Sollozzo lui aurait parfaitement convenu.

Sonny but une grande gorgée de scotch. « Il y a beaucoup d'argent à faire dans la came, dit-il. Mais c'est dangereux. J'en connais à qui ça pourrait coûter vingt ans. À mon avis, financer et couvrir sans se mouiller, surtout à la vente, pourrait être intéressant. »

Hagen regarda Sonny d'un œil approbateur. Il avait bien joué ses cartes. Il avait misé sur l'argument élémentaire sans chercher à raffiner ; pour lui, c'était la meilleure attitude à prendre.

Don Corleone lança un nuage de fumée. « Et toi, Tom, qu'est-ce que tu en penses ? » Hagen avait décidé d'être absolument sincère. Après avoir longuement réfléchi, il avait acquis la certitude que Don Corleone ne repousserait pas la proposition de Sollozzo. Ce qui l'inquiétait beaucoup, c'est que le Don semblait, pour la première fois peut-être de sa carrière, n'avoir pas pensé le problème « à fond ». Qu'il ne voyait pas assez loin. « Vas-y, Tom, dit le Don d'une voix bienveillante. Les consigliori siciliens eux-mêmes ne sont pas toujours d'accord avec le patron. » Ce mot fit rire les trois hommes.

« Je pense que tu devrais accepter pour bien des raisons, dit Hagen. Tu les connais mieux que moi. Mais le plus important me paraît ceci : il y a plus à gagner dans la drogue que dans toute autre affaire. Si nous laissons la place vide, d'autres la prendront : la famille Tattaglia par exemple. Avec l'argent que ces gens-là gagneront ils pourront acquérir de plus en plus d'influence dans la police et dans les milieux politiques. Ils deviendront plus forts que nous. Finalement, ils se retourneront contre nous, ils chercheront à nous déposséder de tout ce qui nous appartient. C'est de la politique internationale. Si le voisin arme, il faut armer aussi. S'il devient économiquement plus fort que nous, il constitue une menace. Nous avons les maisons de jeu et les syndicats ; pour le moment, c'est ce qu'il y a de mieux. Mais je suis presque certain que la drogue est la grande affaire de l'avenir. Nous ne pouvons pas rester à l'écart. Si les choses se font sans nous, nous risquons de tout perdre. Pas aujourd'hui, ni demain, mais dans une dizaine d'années, peut-être. »

Don Corleone semblait extrêmement impressionné. Il tira une bouffée de son cigare et dit à mi-voix : « C'est ce qu'il y a de plus important bien sûr. » Il se leva de sa chaise en soupirant : « À quelle heure devons-nous recevoir ce mécréant ? »

Hagen répondit avec une lueur d'espoir : « Il sera ici à dix heures demain matin. » Tout n'était peut-être pas perdu.

« Je voudrais que vous soyez tous les deux ici, dit le Don en prenant son fils par le bras. Santino, essaie de dormir cette nuit. Tu as une vraie tête de déterré. Fais attention à toi, tu ne seras pas toujours jeune. »

Encouragé par la sollicitude paternelle, Sonny posa la question que Hagen n'osait pas poser : « Qu'est-ce que tu vas lui répondre ?

— Comment veux-tu que je le sache ? dit en souriant Don Corleone. Comment me faire une opinion tant que j'ignore les pourcentages qu'on nous offre, et d'autres détails ? Il me faut aussi le temps de réfléchir aux avis que vous m'avez donnés ce soir. Je ne travaille pas à la va-vite. Vous le savez bien. » En passant la porte Don Corleone laissa négligemment tomber à l'adresse de Hagen : « As-tu inscrit dans tes notes que le Turc vivait de la prostitution avant la guerre, comme aujourd'hui la famille Tattaglia ? Note ça avant de l'oublier. »

Il n'y avait qu'un soupçon d'ironie dans la voix de Don Corleone mais Tom Hagen rougit violemment. C'est à dessein qu'il avait omis de mentionner le détail que lui rappelait le Don. Il s'était donné pour raison qu'il s'agissait d'un point négligeable. En réalité, il redoutait que la décision de Don Corleone n'en fût influencée dans un sens défavorable. Tout le monde savait que le Don était collet monté sur le chapitre de la chair.

Virgil Sollozzo, dit le Turc, était un homme de taille moyenne, solidement charpenté. Assez basané, il passait facilement pour un vrai Turc. Il avait le nez en forme de cimeterre, l'œil noir et cruel, un port d'une imposante dignité.

Sonny Corleone l'accueillit à la porte de la maison et le conduisit dans le bureau où Don Corleone et Hagen attendaient. En le voyant entrer, Hagen se dit qu'il n'avait jamais rencontré d'homme qui eût l'air aussi redoutable. Luca Brasi excepté.

On échangea des poignées de main cordiales. Quand le Don me demandera si cet homme a des couilles au cul, se dit Tom Hagen, je lui répondrai certainement oui. Jamais il n'avait décelé chez quiconque un tel rayonnement de puissance, pas même chez Don Corleone. À vrai dire, le Don ne semblait pas dans ces bons jours. Il y avait quelque chose d'un peu trop simple, d'un peu trop paysan dans la façon dont il accueillait Sollozzo. Le Turc en vint directement au fait. Affaire de drogue. Projet très au point. Tels champs de pavots, en Turquie, garantissaient tels revenus annuels. Sollozzo disposait en France d'installations bien camouflées pour l'extraction de la morphine. Pour l'héroïne, il avait un petit laboratoire en Sicile. En France et en Sicile, la contrebande offrait toutes les garanties de sécurité qu'on peut raisonnablement espérer dans ce genre d'opérations. Pour l'entrée aux États-Unis, il fallait compter environ cinq pour cent de pertes : Don Corleone devait savoir que le FBI ne se laissait pas acheter. Tout bien considéré, on pouvait espérer des bénéfices énormes pour un risque pratiquement nul.

« S'il en est ainsi, demanda Don Corleone, avec une exquise politesse, pourquoi vous adressez-vous à moi ? Qu'ai-je fait pour mériter votre aimable générosité ?

— J'ai besoin de deux millions de dollars cash, dit le Turc sans sourciller. Autre détail, tout aussi important, j'ai besoin d'un homme qui ait des amis en place, des amis puissants. Avec les années, certains de mes courriers et distributeurs se feront nécessairement épingler. C'est obligé. Il faut que je puisse leur promettre qu'ils auront des casiers judiciaires propres. En bonne logique, ils ne devraient être condamnés qu'à des peines légères. J'ai besoin d'un ami qui puisse me garantir que si mes hommes ont des ennuis, ils ne resteront pas plus d'un an ou deux en prison. Dans ce cas, ils se tairont. Mais s'ils attrapent dix ans, vingt ans, qui peut savoir ? Il y a beaucoup de petites natures en ce bas monde. Ça peut parler, ça peut compromettre ses supérieurs. Pour moi, la protection légale est une nécessité. Or on m'a dit, Don Corleone, que vous avez autant de juges dans votre poche qu'un cireur ambulant a de pièces de vingt-cinq cents.

— Quels pourcentages offre-t-on à ma Famille ? » demanda Don Corleone, sans prendre la peine de relever le compliment.

Les yeux de Sollozzo s'allumèrent. « Cinquante pour cent. » Il se tut un instant avant de reprendre d'une voix douce comme une caresse : « La première année vous toucherez trois ou quatre millions de dollars. Et davantage, dans la suite.

— Et quel est le pourcentage de la famille Tattaglia ? » demanda Don Corleone.

Pour la première fois, le Turc laissa paraître un peu de nervosité. « Ils seront servis sur ma part, dit-il, j'ai besoin de quelques appuis.

— Ainsi donc, reprit Don Corleone, je touche cinquante pour cent des bénéfices pour un simple financement et la promesse d'une protection légale ? Je n'ai pas à me soucier des opérations. C'est bien cela que vous me dites ? »

Sollozzo hocha la tête. « Si vous estimez que deux millions de dollars cash représentent un "simple financement", je vous tire mon chapeau, Don Corleone. »

Alors le Don dit d'une voix très tranquille : « J'ai accepté de vous rencontrer par considération pour la famille Tattaglia et par considération pour vous-même qui avez la réputation d'être un homme sérieux et de bon sens. Je suis obligé de vous répondre non, mais je tiens à vous donner mes raisons. Les bénéfices sont énormes dans vos affaires mais les risques aussi. L'opération que vous me proposez pourrait porter préjudice à mes autres intérêts. Il est vrai que j'ai beaucoup, beaucoup d'amis dans les milieux politiques, mais ils seraient moins mes amis si je travaillais dans la came au lieu de m'occuper des maisons de jeu. Pour eux, le jeu c'est un peu comme l'alcool, un vice relativement anodin. Mais la drogue, c'est autre chose. Ça passe pour un vilain travail. Non, non, ne protestez pas. Je vous dis ce qu'ils pensent, non ce que je pense, moi. La façon dont les gens gagnent leur vie ne me regarde pas. Je ne vous dis qu'une chose : l'affaire que vous me proposez comporte pour moi trop de risques. Depuis dix ans, les membres de ma Famille vivent d'une façon très satisfaisante, à l'abri du danger et des vicissitudes. Je ne puis compromettre leur sécurité ou leurs moyens d'existence par une cupidité inconsidérée, pour le plaisir d'amasser des trésors, par amour de l'argent. »

Sollozzo ne marqua pas autrement sa déconvenue qu'en jetant un regard furtif aux deux témoins, comme s'il espérait leur secours. Voyant que personne ne disait mot, il demanda : « Vous craignez, peut-être, pour le sort de vos deux millions ?

— Non », répondit Don Corleone avec un sourire glacé. Sollozzo revint à la charge : « La famille Tattaglia est prête à garantir votre mise de fonds. »

À ce moment, Sonny Corleone commit une impardonnable erreur de jugement et de stratégie. Avec un empressement des moins diplomatiques, et qui trahissait clairement son impatience, il demanda : « La famille Tattaglia garantit le remboursement de notre commandite sans demander de pourcentage ? »

Cette énorme bévue atterra Tom Hagen. Il vit Don Corleone poser sur son fils un regard chargé de malveillance. Pétrifié par ce regard, Sonny parut ne pas comprendre. Un éclair de satisfaction brilla dans les prunelles du Turc. Il avait découvert une brèche dans la forteresse Corleone. « La jeunesse est gourmande, monsieur », commença le Don. Sa voix s'était transformée ; il parlait avec une sécheresse qui n'admettait pas de réplique. Le Turc était congédié. « Oui, de nos jours, les jeunes ne savent plus la politesse. On interrompt ceux à qui l'on doit le respect. On se mêle de tout. Mais la tendresse me rend faible avec mes enfants. Je les ai gâtés. Vous pouvez vous en rendre compte. Mon refus est définitif, signor Sollozzo. Mais permettez-moi de vous souhaiter bonne chance. Vos affaires ne concurrencent pas les miennes. Je suis navré de me trouver contraint de vous décevoir. »

Sollozzo s'inclina et serra la main de Don Corleone. Hagen le raccompagna jusqu'à sa voiture. En prenant congé de Hagen, Sollozzo ne laissa paraître aucune émotion.

« Tom, qu'est-ce que tu penses de ce monsieur ? demanda Don Corleone quand Hagen fut revenu dans le bureau.

— C'est… un Sicilien », répondit Tom, sans autre commentaire.

Le Don hocha la tête d'un air pensif. Puis il s'adressa à Sonny. « Santino, dit-il sans hausser le ton, ne laisse jamais un étranger à la famille deviner ce que tu penses. La petite comédie que tu joues avec ta petite amie est en train de te ramollir le cerveau. Arrête ça, et fais un peu attention au travail. Tu m'as compris ? Et maintenant, hors de ma vue. »

Hagen vit l'expression de Sonny passer de la surprise à la colère. Comment Sonny avait-il pu s'imaginer que son père n'était pas au courant de son aventure ? Et comment ne comprenait-il pas quelle dangereuse bévue il venait de commettre. Hagen, consterné, se dit qu'il n'avait nulle envie de devenir un jour consigliori de Don Santino Corleone.

Don Corleone attendit que Sonny fût sorti de la pièce pour se laisser tomber dans son fauteuil de cuir. D'un geste impatient, il fit signe à Tom de lui verser à boire. Tom lui servit un verre d'anisette. Alors le Don, levant les yeux vers lui, dit seulement : « Fais venir Luca Brasi. »

Trois mois plus tard, quelques jours avant Noël, dans son bureau de New York, Tom Hagen se hâtait d'achever le travail du jour afin de sortir de bonne heure et de faire quelques achats pour sa femme et ses enfants.

Il fut interrompu par un coup de téléphone de Johnny Fontane, un Johnny Fontane bouillonnant de gaieté et d'optimisme. Le film était tourné ; les premières scènes projetées, tout simplement extraordinaires. Johnny envoyait à Don Corleone un cadeau de Noël époustouflant. Il avait espéré le lui apporter en personne, mais il restait encore quelques petites choses à faire au studio, pour le film. Bref, Johnny était retenu en Californie. Hagen ne réprima qu'à grand-peine son impatience. Le charme de Johnny Fontane avait toujours médiocrement opéré sur lui. Mais Johnny venait d'éveiller sa curiosité. « Qu'est-ce que c'est, ce cadeau ? demanda-t-il.

— Ça ne se dit pas, voyons, Tom. Un cadeau de Noël, ça doit être une surprise. » Le dialogue ne présentait plus le moindre intérêt pour Tom Hagen. Sans manquer à la courtoisie, il s'arrangea pour raccrocher au plus vite.

Dix minutes plus tard, sa secrétaire vint lui dire que Constanzia Corleone demandait à lui parler au téléphone. Hagen ne retint pas un soupir. Avant son mariage, Constanzia avait été une fille charmante. Mais depuis, mes amis, quelle emmerdeuse ! Elle ne cessait de se plaindre de l'époux qu'elle s'était choisi ; à tout propos, elle désertait le domicile conjugal pour venir passer deux ou trois jours auprès de sa maman. Quant à Carlo Rizzi, il tournait on ne peut plus mal. On lui avait fait cadeau d'une bonne petite affaire qu'il était en train de couler allégrement. Avec ça, il jouait, buvait, putassait, à l'occasion battait sa femme. Constanzia n'en avait encore rien dit à sa famille, mais Tom Hagen avait reçu ses confidences. Il se demandait quel nouveau mélodrame elle lui tenait en réserve.

Il découvrit avec soulagement que l'esprit de Noël semblait l'avoir touchée de sa grâce. Elle voulait seulement un conseil de son ami Tom au sujet du cadeau à Corleone. Et pour Sonny ? et pour Fredo ? et pour Mike ? Pour sa mère, elle avait déjà choisi. Hagen lui présenta quelques suggestions qu'elle trouva toutes très bêtes et qu'elle rejeta. Elle ne s'attarda guère. Bientôt libéré Tom Hagen se remit au travail.

Le téléphone sonna, pour la troisième fois. Pas moyen de travailler, aujourd'hui ! Hagen ramassa ses dossiers et les jeta dans un tiroir, décidé à sortir après avoir répondu (il ne lui arrivait jamais de ne pas répondre à un appel téléphonique). Sa secrétaire lui dit que l'appel était de Michael Corleone. Radouci, il décrocha l'appareil. Il avait toujours aimé le petit Mike.

« Tom, dit Michael, j'arrive demain en voiture à New York avec Kay. J'ai quelque chose d'important à dire au Vieux, avant Noël. Il sera à la maison demain soir ?

— Certainement, dit Hagen. Il ne bouge pas jusqu'à Noël. Je peux faire quelque chose pour toi ? »

Michael était aussi peu bavard que son père. « Non, merci, Tom, fit-il ; nous nous verrons pour Noël, n'est-ce pas ? Tout le monde sera à Long Beach. C'est entendu comme ça ?

— C'est entendu. » Michael raccrocha sans ajouter un mot. Ce laconisme congénital fit sourire Tom. Avant de sortir, il demanda à sa secrétaire d'appeler sa femme et de lui dire qu'il rentrerait un peu plus tard que d'habitude, mais qu'il dînerait chez lui. Il sortit de l'immeuble et se dirigea d'un pas alerte vers les grands magasins Macy. Un homme lui emboîta le pas. Il eut la désagréable surprise de reconnaître Virgil Sollozzo.

Le Turc prit Hagen par le bras et lui dit sans brusquerie : « N'ayez pas peur, Hagen. J'ai seulement besoin de vous parler. » Une voiture stationnait le long du trottoir ; une portière s'ouvrit. « Montez, dit Sollozzo d'une voix pressante, j'ai besoin de vous parler. »

Hagen dégagea son bras. Il n'avait pas encore peur, il était seulement agacé. « Je n'ai pas le temps », fit-il.

À ce moment, deux hommes surgirent derrière lui. Il sentit ses jambes mollir. Le Turc lui dit à l'oreille : « Allons, Hagen montez. Si j'avais l'intention de vous tuer, vous seriez déjà mort. Un peu de confiance. »

Avec aussi peu de confiance que possible, Tom Hagen monta dans la voiture.

Michael Corleone avait menti à Tom Hagen. Il se trouvait déjà à New York. Il avait appelé Tom de sa chambre de l'hôtel Pennsylvania, à moins de cinq cents mètres du bureau de Hagen. Quand il eut raccroché, Kay Adams posa sa cigarette et dit : « Quel menteur ! »

Michael s'assit sur le lit auprès d'elle. « C'est pour toi que je fais ça, mon petit ange. Si je prévenais la famille que nous sommes à New York, nous serions obligés d'aller tout de suite à la maison. Nous ne pourrions pas sortir tous les deux, ni dîner au restaurant ce soir, ni aller au théâtre, ni dormir ensemble. Dans la maison de mon père, avant le mariage ! Tu imagines ça, toi ? » Il la prit dans ses bras et l'embrassa légèrement sur la bouche. Les lèvres de Kay étaient tendres et savoureuses. Il s'allongea et l'attira doucement contre lui. Elle ferma les yeux, et attendit qu'il fasse l'amour. Michael se sentait immensément heureux. Pendant des années de guerre, dans le Pacifique et sur des îles maudites, il avait rêvé d'une fille qui ressemblerait à Kay Adams. Il avait imaginé une beauté pareille à la beauté de Kay. Un corps frêle, à la peau blanche comme le lait, un corps frémissant de passion. Elle ouvrit les yeux, prit la tête de Michael entre ses mains et l'attira vers elle. Ils firent l'amour jusqu'à l'heure du dîner.

En sortant du restaurant, ils s'en allèrent au long des vitrines illuminées des grands magasins remplis d'une foule de gens qui faisaient leurs achats pour les fêtes. Michael demanda à Kay : « Qu'est-ce que tu voudrais que je te donne pour Noël ? »

Elle se serra contre lui. « Toi, dit-elle. Seulement toi. Dis Mike, tu crois que ton père m'acceptera ?

— Le vrai problème n'est pas là, gentille Kay, dit Michael. Dis-moi plutôt si tes parents m'accepteront, moi.

— Je n'y pense pas, dit Kay en haussant les épaules.

— Tu sais, Kay, j'ai été jusqu'à me demander si je ne devrais pas changer légalement de nom. Au fond, ça ne servirait pas à grand-chose. Es-tu bien sûre d'avoir envie de devenir une Corleone ? » Il plaisantait à peine.

« Oui », dit Kay, sans sourire. Ils se serrèrent l'un contre l'autre. Ils avaient décidé de se marier pendant la semaine de Noël, un mariage civil on ne peut plus discret, à la mairie, avec seulement deux amis comme témoins. Mais Michael avait bien fait comprendre à Kay qu'il devait en aviser son père. Don Corleone ne s'opposerait en aucune façon au mariage, si Kay et Michael n'essayaient pas de le mettre devant le fait accompli. Kay était sceptique. Elle dit à Michael que ses parents à elle ne devraient être au courant qu'après. « Évidemment, ils croiront que je suis enceinte. »

Michael fit la grimace. « Mes parents le croiront aussi. »

Ce qu'ils n'osèrent dire ni l'un ni l'autre, c'est que Michael serait obligé de rompre les liens étroits qui l'attachaient à sa famille. Ils savaient fort bien tous les deux que Michael avait depuis longtemps commencé de prendre ses distances. Pourtant ils se sentaient coupables. Ils voulaient mener à leur terme leurs études universitaires ; jusque-là, ils se retrouveraient le samedi et le dimanche, ils passeraient ensemble les vacances d'été. Ça ressemblait presque au bonheur.

La pièce qu'ils allèrent voir au théâtre était une opérette, intitulée *Carrousel*, histoire très sentimentale d'un truand fanfaron. Pendant tout le spectacle ils échangèrent des sourires amusés. Il faisait très frais quand ils sortirent du théâtre. Kay se blottit contre Michael. « Tu me battras, toi aussi, quand nous serons mariés, et après tu voleras une étoile pour m'en faire cadeau ? demanda-t-elle.

— Moi, madame, quand je serai grand, je serai professeur de mathématiques », dit Michael, gamin ; puis il demanda : « Tu as envie de manger quelque chose avant de rentrer à l'hôtel ? »

Kay secoua la tête et leva vers Michael un regard éloquent. Michael fut ému, comme à chacune de leurs rencontres, de retrouver Kay aussi impatiente dans son désir, aussi avide de ses caresses. Il lui sourit et l'embrassa dans la rue glacée. Mais il avait faim, lui ; il décida de se faire monter des sandwiches dans sa chambre d'hôtel.

Dans le hall du Pennsylvania, Michael désigna l'éventaire des journaux et dit à Kay : « Je vais chercher la clé. Pendant ce temps, achète le journal. » Il dut prendre la file devant la réception. Bien que la guerre fût finie, l'hôtel Pennsylvania n'avait pas encore récupéré tout son personnel. Quand on lui remit sa clé, Kay n'était pas encore revenue. Il regarda autour de lui et l'aperçut debout au milieu du vestibule, les yeux fixés sur le journal qu'elle tenait dans ses mains. Il la rejoignit. Elle leva vers lui des yeux remplis de larmes. « Oh, Mike ! dit-elle. Oh, Mike ! » Il lui prit des mains le journal grand ouvert. La première chose qu'il vit fut une photo de son père gisant au milieu d'une rue, la tête dans une flaque de sang. Un homme était assis sur le bord du trottoir. Il avait l'air de sangloter comme un enfant. C'était Fredo, son frère. Michael eut l'impression que son corps se transformait en un bloc de glace. Il n'éprouva ni peine ni peur, rien qu'une colère froide et dure. Il dit à Kay : « Monte dans la chambre. » Mais il dut la prendre par le bras pour la conduire à l'ascenseur. Ils montèrent sans dire un mot. Quand ils furent dans leur chambre, Michael s'assit sur le lit et ouvrit le journal. Il lut un titre :

ATTENTAT CONTRE VITO CORLEONE – CHEF PRÉSUMÉ DU RACKET GRIÈVEMENT BLESSÉ – OPÉRÉ SOUS PROTECTION POLICE – RÈGLEMENTS COMPTES SANGLANTS À CRAINDRE – RÉVEIL GUERRE DES GANGS.

Michael sentit ses jambes mollir. Il dit à Kay : « Il n'est pas mort, les salauds n'ont pas réussi à le tuer. » Il relut l'article. Don Corleone avait été attaqué à cinq heures du soir. Alors, toute cette fin d'après-midi, pendant que son fils faisait l'amour, pendant qu'il dînait au restaurant avec Kay, pendant qu'ils s'amusaient au théâtre ensemble, pendant toutes ces longues heures, Don Corleone végétait entre la vie et la mort. Michael se sentait coupable jusqu'à l'écœurement.

« Nous allons tout de suite à l'hôpital ? » demanda Kay.

Michael secoua la tête. « J'appelle d'abord la maison. Les gens qui ont fait ça sont des cinglés. Quand ils sauront que le Vieux n'est pas mort, ils vont perdre la tête. Sait-on à qui ils s'en prendront alors ? »

Les deux lignes de la maison de Long Beach étaient occupées. Michael attendit la communication près de vingt minutes. Enfin, il entendit la voix de Sonny : « Oué.

— Allô ! Sonny, c'est moi, dit Michael.

— Jésus Marie, on s'est fait du mauvais sang pour toi, petit, dit Sonny dont la voix exprimait le soulagement. Où diable es-tu ? J'ai envoyé des gens dans ton espèce de bled pour savoir ce qui t'arrivait.

— Comment va le Vieux ? demanda Michael. Il est grièvement blessé ?

— Oui, plutôt. Cinq valdas dans la peau. Mais il est coriace. » Il y avait de la fierté dans la voix de Sonny. « Les médecins disent qu'il s'en tirera. Écoute, petit, j'ai affaire. Je ne peux pas te parler maintenant. Où es-tu ?

— À New York, dit Michael. Tom ne t'a pas prévenu que j'arrivais ? »

La voix de Sonny baissa d'un ton. « Ils ont enlevé Tom. C'est pour ça que je m'en faisais pour toi. La femme de Tom est ici. Elle ne sait pas. Les flics non plus. J'aime mieux ne rien leur dire. Les salopards qui ont fait le coup sont forcément des cinglés. Je te demande de venir ici tout de suite. Et motus, hein ? Mike. D'accord ?

— D'accord. Dis Sonny, tu sais d'où ça vient ?

— Pour sûr. Attends seulement que Luca Brasi s'en mêle. Ces sagouins ne seront plus que de la viande froide. Tu vas voir ça. Nous avons encore tous les atouts en main.

— Je saute dans un taxi, je serai là-bas dans une heure », dit Michael. Il raccrocha. Les journaux étaient sortis depuis plus de trois heures. La nouvelle avait dû passer à la radio. Il était presque impossible que Luca ne fût pas au courant. Michael, songeur, tournait et retournait la question. Où donc était Luca Brasi ? C'est la même question que Tom Hagen était en train de se poser. Et c'est la même question qui tourmentait Sonny Corleone, à Long Beach.

Cet après-midi-là à cinq heures moins le quart, Don Corleone acheva de feuilleter les documents que l'administrateur de la *Genco Pura Oil Compagny* avait préparés à son intention. Il remit son veston et cogna de son index replié sur le gros crâne de son fils Fredo qui depuis plus d'une heure n'avait pas levé le nez de son journal. « Dis à Gatto de sortir la voiture. Je serai prêt à rentrer à la maison dans cinq minutes.

— C'est moi qui suis de corvée, grogna Fredo. Paulie a téléphoné ce matin qu'il était malade. Il a encore pris froid. »

Don Corleone eut l'air songeur. « C'est la troisième fois depuis le début du mois, dit-il après un silence. Tu devrais chercher un garçon mieux portant pour s'occuper de la voiture. Parles-en à Tom.

— Paulie est un bon gars, protesta Fredo. S'il dit qu'il est malade, c'est vrai. Ça ne me dérange pas du tout d'aller chercher la voiture. »

Fredo sortit du bureau. Tourné vers la fenêtre, Don Corleone le regarda traverser la Cinquième Avenue et se diriger vers le parking. Il voulut appeler Hagen à son bureau, mais on ne répondait pas ; il essaya de téléphoner chez lui, à Long Beach. Personne. Agacé, Don Corleone leva les yeux vers la fenêtre. Sa voiture était arrêtée devant l'immeuble, le long du trottoir. Le pied sur le pare-chocs, les bras croisés sur la poitrine, Fredo regardait les gens entrer dans les boutiques pour faire leurs achats de Noël. L'administrateur de la *Genco Pura* aida Don Corleone à enfiler son pardessus. Le Don marmonna un mot de remerciement, sortit de son bureau et descendit les deux marches du perron.

On était au seuil de l'hiver et déjà le jour déclinait. Freddie était négligemment appuyé à la grosse Buick ; en voyant son père sortir de l'immeuble, il s'avança sur la chaussée pour s'asseoir à la place du chauffeur. Au moment de monter en voiture, Don Corleone hésita un instant puis se tourna vers l'étalage d'une fruiterie en plein vent qui occupait le coin de la rue. Depuis quelque temps, il s'y arrêtait chaque fois qu'il venait à son bureau. C'était devenu une habitude. Il aimait voir briller dans leurs caissettes vertes les fruits dorés qui rappellent une autre saison : les pêches juteuses, les oranges. Le marchand accourut vers lui pour le servir. Don Corleone ne touchait pas les fruits ; il les montrait du doigt. Une fois seulement le fruitier contesta son choix, ce fut pour lui montrer qu'un des fruits qu'il avait désignés était gâté en dessous. Don Corleone prit le sac en papier dans sa main gauche et tendit au fruitier un billet de cinq dollars. Le fruitier lui rendit la monnaie. Don Corleone se tourna pour regagner sa voiture. Il aperçut alors deux hommes qui venaient de surgir au coin de la rue et qui se dirigeaient vers lui. Le Don comprit immédiatement ce qui allait se passer.

Les deux hommes portaient des manteaux noirs et des chapeaux noirs qui leur cachaient presque les yeux, pour éviter d'être reconnus par des témoins. Ils ne s'attendaient pas à la rapidité de réaction de Don Corleone qui laissa tomber le sac de fruits et s'élança vers sa voiture, avec une vélocité surprenante pour un homme de son embonpoint, en criant « Fredo, Fredo ». Alors seulement, les deux hommes sortirent leurs revolvers et firent feu.

La première balle frappa Don Corleone dans le dos. Il ressentit le choc comme un coup de maillet mais parvint à s'approcher encore de la voiture. Les deux balles suivantes l'atteignirent aux fesses et le firent rouler au milieu de la chaussée. Les tueurs voulurent aller jusqu'à lui, mais il leur fallut éviter de glisser sur les pêches juteuses qui roulaient sur le trottoir. À ce moment, cinq secondes à peine après que Don Corleone eut appelé son fils, Frederico sortit de la voiture. Les tueurs tirèrent encore deux fois sur le Don qui gisait dans le caniveau, mais ils visèrent mal parce qu'ils étaient pressés. Une balle toucha Don Corleone dans la partie charnue du bras, une autre au mollet gauche. Ces dernières blessures étaient les moins dangereuses, mais elles saignèrent abondamment. De petites mares de sang se formèrent autour du blessé. À ce moment Don Corleone avait déjà perdu conscience.

Freddie entendit d'abord le cri de son père, puis les deux premiers coups de feu. Il sortit de la voiture hagard, affolé ; il ne pensa même pas à son revolver. Rien n'aurait été plus facile aux deux assassins que de l'abattre. Mais ils étaient à peine moins affolés que Freddie. Ils savaient nécessairement que le fils de Don Corleone était armé. De toute façon, ils avaient déjà perdu bien trop de temps. Ils tournèrent au coin de la rue et disparurent, laissant Freddie seul auprès du corps ensanglanté de son père. Bon nombre de passants s'étaient réfugiés dans les couloirs des immeubles, d'autres aplatis au sol, d'autres encore formaient de petits groupes apeurés.

Freddie n'avait toujours pas sorti son revolver. Il avait l'air anéanti, il fixait d'un regard imbécile le corps de son père gisant face contre terre au milieu d'un lac de sang noirâtre. Freddie chavirait : il ne comprenait plus rien. Comme un fleuve au dégel la foule se remit en mouvement. Quelqu'un voyant que Freddie allait tomber le conduisit jusqu'au bord du trottoir et l'aida à s'asseoir. Un attroupement s'était formé autour du corps de Don Corleone. Un premier car de police arriva dans un hurlement de sirène ; le cercle des curieux s'entrouvrit pour le laisser passer. La voiture-radio du *Daily News* suivait immédiatement celle de la police ; avant même qu'elle fût arrêtée, un photographe sautait sur la chaussée et enregistrait pour la postérité l'image de Don Corleone moribond. Quelques instants plus tard une ambulance arriva sur les lieux. Le photographe porta son attention sur Freddie Corleone qui maintenant sanglotait sans retenue. Cela faisait un tableau étrangement comique que ce dur visage d'homme aux traits de Cupidon vieilli, ce nez charnu, cette bouche épaisse tout barbouillés de larmes et de morve. Les policiers se mêlèrent à la foule, d'autres voitures arrivèrent. Un policier s'agenouilla à côté de Freddie pour le questionner, mais Freddie, prostré, était incapable de répondre. Le policier glissa la main dans le manteau de Freddie, prit son portefeuille et l'ouvrit. Aussitôt qu'il eut découvert l'identité du singulier personnage, il siffla son second. Quelques instants plus tard, un peloton d'agents en civil s'abattait sur Freddie et l'arrachait prestement de la foule. Le chef des policiers découvrit le revolver de Freddie dans la poche intérieure de son veston et le confisqua ; cela fait, on remit Freddie sur pied et on l'enfourna dans une voiture sans numéro qui démarra en trombe et qui fut prise aussitôt en chasse par la voiture-radio du *Daily News*. Le photographe continuait de photographier tout ce qui se présentait autour de lui : choses et gens.

Dans la demi-heure qui suivit l'attentat, on appela Sonny Corleone cinq fois au téléphone. La première fois, ce fut le détective John Philips (lequel était appointé par la Famille). Philips faisait partie des policiers en civil qui venaient de se rendre sur le lieu du crime. « Vous reconnaissez ma voix ? demanda-t-il en décrochant le téléphone.

— Ouais », dit Sonny. Sonny venait de faire un petit somme ; sa femme l'avait réveillé en lui disant qu'on le demandait au téléphone.

Sans préambule, Philips dit tout d'une traite : « On a tiré sur votre père devant son bureau, il y a un quart d'heure. Vivant, mais grièvement blessé. Transporté à l'Hôpital français. Freddie, votre frère, au commissariat de Chelsea. Vous ferez bien d'appeler un médecin quand on l'aura relâché. Il en a besoin. Je cours à l'hôpital questionner votre père s'il peut parler. Vous tiendrai au courant. »

Sandra, assise de l'autre côté de la table, remarqua la rougeur soudaine qui venait d'envahir le visage de son époux et l'éclat fiévreux de son regard. Elle dit à mi-voix : « Sonny, qu'est-ce qui se passe ? » D'un geste impatient, il lui enjoignit de se taire et se retourna pour lui dissimuler son visage. « Vous êtes sûr qu'il est vivant ?

— Sûr et certain, dit Philips. Il a perdu beaucoup de sang mais j'ai l'impression qu'il n'est pas aussi mal en point qu'il en a l'air.

— Merci, dit Sonny. Soyez ici demain matin à huit heures pile. Vous serez le bienvenu. »

Sonny raccrocha. Il ne conserva son calme qu'à grand-peine. Il savait qu'il n'était que trop enclin à la colère. C'était sa plus grande faiblesse. En cet instant, plus que jamais, la colère pouvait lui être fatale. Première chose à faire : toucher Tom Hagen. Mais le téléphone sonna avant qu'il eût le temps d'appeler Tom. Il reconnut la voix du book autorisé par la Famille à exercer dans le quartier où le Don avait son bureau. Le book appelait Sonny pour lui dire que son père venait d'être abattu en pleine rue et qu'il était mort. Sonny posa quelques questions qui lui permirent de s'assurer que l'informateur du book n'avait pas approché du corps de son père et conclut que le renseignement était inexact. Il s'en tenait à la version de Philips. Presque aussitôt le téléphone sonna pour la troisième fois. Un reporter du *Daily News*. Dès qu'il se fut présenté, Sonny raccrocha. Il put enfin téléphoner chez Tom Hagen et demanda à parler à sa femme. « Tom est déjà rentré ?

— Non… pas encore. » Mme Hagen n'attendait pas son mari avant une vingtaine de minutes, mais elle comptait bien qu'il rentrerait dîner.

« Dis-lui de m'appeler, demanda Sonny. N'oublie pas. »

Maintenant il s'agissait d'y voir clair. Sonny essaya d'imaginer ce qu'aurait été la réaction de son père dans une situation identique. Il savait depuis le premier instant que l'attaque avait été ourdie par le Turc. Mais Sollozzo n'aurait jamais osé s'attaquer à un chef aussi puissant que Don Corleone, s'il n'avait été soutenu par d'éminents personnages. Sonny fut interrompu dans le cours de ses pensées par la sonnerie du téléphone. Le quatrième appel. « Allô !… » La voix que Sonny entendait était très douce, très aimable : « Santino Corleone ?

— Ouais.

— Nous tenons Tom Hagen. Il sera relâché dans trois heures et vous fera connaître nos propositions. Ne faites rien d'irréparable avant d'avoir entendu ce qu'il doit vous dire. Vous ne feriez qu'aggraver considérablement les choses. Ce qui est fait est fait. À présent, il faut que chacun se montre raisonnable. Ne perdez pas ce fameux sang-froid qui vous caractérise. » La voix s'était faite ironique. On aurait dit celle du Turc, mais Sonny n'était pas certain que ce fût lui. Il assourdit le timbre de sa propre voix et dit, comme un homme accablé : « J'attendrai. » Il entendit le déclic du récepteur qu'on raccroche, regarda sa montre au lourd bracelet en or massif et nota sur un coin de nappe l'heure exacte du dernier appel.

Sonny s'assit devant la table de cuisine, sourcils froncés, mâchoires serrées. « Sonny, qu'est-ce qui ne va pas ? » lui demanda sa femme et il lui répondit très calmement : « On a descendu le Vieux. » Devant l'expression de terreur qui se peignit sur le visage de Sandra, il ajouta d'un ton bourru : « Ne t'inquiète pas, il n'est pas mort. Il ne nous arrivera aucun mal. » Il ne lui parla pas de Hagen. Le téléphone sonna pour la cinquième fois.

C'était Clemenza. La voix bourrue du gros caporegime était méconnaissable. C'était un grognement sourd entrecoupé de halètements asthmatiques. « Sonny. Tu sais ? Ton père ?

— Ouais, fit Sonny, mais il n'est pas mort. »

Un long silence puis de nouveau la voix de Clemenza, ruisselante d'émotion. « Dieu soit loué ! Dieu soit loué ! mais tu en es sûr, au moins ? On m'a dit qu'il était mort dans la rue.

— Il est vivant. » Sonny étudiait attentivement les moindres inflexions de la voix du gros bonhomme. Son émotion semblait sincère, mais bien jouer la comédie faisait partie de son métier.

« C'est toi qui prends la barre maintenant Sonny. Dis-moi ce que tu veux que je fasse.

— Viens chez mon père, et amène Paulie Gatto.

— C'est tout ? Tu ne veux pas que j'envoie des hommes sûrs à l'hôpital, ou chez toi, par exemple ?

— Non, j'ai besoin de toi et de Paulie Gatto, c'est tout. » Il y eut un long silence. Clemenza enregistrait le message. Pour mettre un peu de naturel, Sonny demanda : « D'ailleurs, où est-ce qu'il était, ce sacré Paulie ? Qu'est-ce qu'il était en train de foutre ? »

Tiens ! le gros Clemenza n'était plus asthmatique. Sonny le sentait sur ses gardes. D'une voix nette et claire, Clemenza déclara : « Paulie était malade. Il a pris froid, il a été obligé de rester chez lui. Il est patraque depuis le début de l'hiver. »

Sonny faisait très attention à tout ce qu'il entendait. « Combien de fois est-il resté chez lui, ces deux derniers mois ?

— Trois ou quatre, peut-être. J'ai demandé plusieurs fois à Freddie s'il voulait qu'on prenne un autre gars, mais il a toujours dit non. Il n'y avait pas de raison, Sonny. Depuis dix ans on jouait sur du velours, pas vrai Sonny ?

— Ouais. Je t'attends chez mon père. N'oublie surtout pas d'amener Paulie. Prends-le chez lui en passant. Malade ou pas, je m'en fous. Compris ? » Il raccrocha brutalement le téléphone, sans attendre la réponse de Clemenza.

Sandra pleurait en silence. Après l'avoir observée pendant quelques instants, Sonny lui dit d'un ton bourru : « Si quelqu'un des nôtres appelle, tu lui dis de me téléphoner chez mon père, à son numéro personnel. Si c'est quelqu'un d'autre, tu ne sais rien. Si c'est la femme de Tom, tu lui dis que Tom ne rentrera pas tout de suite, qu'il est occupé. »

Sonny réfléchit un instant. « Deux des nôtres vont venir habiter ici. » Voyant que Sandra paraissait effrayée, il dit, agacé : « Aucune raison d'avoir peur, j'ai besoin d'eux, c'est tout. Tu feras ce qu'ils te diront. Si tu veux me téléphoner, appelle-moi au numéro personnel de papa, mais seulement si tu as quelque chose de très important à me dire. T'en fais pas. »

Sonny sortit de chez lui. La nuit était tombée, le vent glacé de décembre fouettait les arbres du mail. Sonny ne craignait pas de s'aventurer dans la nuit : les huit maisons appartenaient à Don Corleone. Les deux premières, qui se faisaient vis-à-vis à l'entrée du mail, étaient louées par des acolytes de la famille Corleone. Des six autres qui formaient le reste de l'hémicycle, l'une était habitée par Tom Hagen et sa famille, l'autre par Santino. Don Corleone lui-même habitait la plus petite et la plus discrète. Les trois autres maisons étaient cédées gratuitement à des amis du Don qui s'étaient retirés des affaires. Mais il était entendu qu'ils feraient place nette si leur bienfaiteur les en priait. Le mail, que tout profane eût pris pour une oasis de paix et d'innocence, était en réalité une forteresse inexpugnable.

En cas de besoin, les puissants projecteurs des huit maisons illuminaient tous les terrains alentour et rendaient impossible à quiconque de se dissimuler sur le mail ou aux environs. Sonny traversa la chaussée et entra chez son père avec sa propre clé. « *Mama !* Où es-tu ? » La mama sortit de sa cuisine en traînant dans son sillage une appétissante odeur de poivrons frits. Avant qu'elle eût dit un mot, Sonny la prit par le bras et la fit asseoir à côté de lui. « Je viens de recevoir un coup de téléphone. Ne t'inquiète pas. Papa est à l'hôpital ; il est blessé. Habille-toi et prépare-toi pour aller le voir. Tu auras une voiture et un chauffeur dans un petit moment. D'accord ? »

Maman Corleone le regarda fixement pendant une minute, puis elle demanda en italien : « On a voulu le tuer ? »

Sonny hocha la tête. Elle ne dit rien, inclina le front et demeura un moment immobile, puis elle retourna à la cuisine. Sonny la suivit. Elle éteignit le gaz sous la poêlée de poivrons. Quand elle fut montée dans sa chambre, Sonny prit deux larges tranches de pain dans une corbeille posée sur la table et se prépara un sandwich aux poivrons copieusement arrosé d'huile d'olive et pendant qu'il mangeait, de grosses gouttes d'huile tiède tombèrent sur ses doigts. Après s'être restauré, il se rendit dans la grande pièce d'angle qui servait de bureau à son père et sortit d'un coffret cadenassé le téléphone spécial de Don Corleone. L'installation de cet appareil avait fait l'objet de précautions exceptionnelles : il était enregistré sous un nom et une adresse de fantaisie. Sonny commença par appeler Luca Brasi. Il n'obtint pas de réponse. Alors il appela à Brooklyn le caporegime de secours : Tessio, homme dont la fidélité à Don Corleone était au-dessus de tout soupçon. Sonny lui expliqua ce qui se passait et ce qu'il attendait de lui. Tessio devait lui fournir cinquante hommes auxquels on pût se fier sans réserve. Une partie d'entre eux serait envoyée à l'hôpital pour veiller sur Don Corleone, les autres viendraient travailler à Long Beach. « Ils ont pris Clemenza, aussi ? demanda Tessio.

— Je ne compte pas utiliser ses hommes pour le moment », dit Sonny.

Tessio comprit immédiatement. « Excuse-moi Sonny, dit-il après un silence, si je te dis ça, c'est parce que ton père le dirait comme moi. Ne va pas trop vite. Je n'arrive pas à croire que Clemenza puisse nous trahir.

— Merci, fit Sonny. Je ne le crois pas non plus, mais je suis obligé d'ouvrir l'œil. C'est juste ?

— C'est juste.

— Encore autre chose, dit Sonny. Mon petit frère Mike fait ses études à Hanovre, New Hampshire. Fais-le chercher par nos amis de Boston, et dis-leur de me l'amener ici. Ici même. Je veux qu'il reste dans cette maison jusqu'à ce que l'orage soit passé. Je vais le prévenir par téléphone. Peut-être que je cherche la petite bête, mais on n'est jamais trop prudent.

— OK, fit Tessio. Je mets la machine en route et je vais te rejoindre chez ton père. D'accord ? Tu connais mes gars, hein Sonny ?

— Ouais. » Sonny raccrocha. Il se dirigea vers un petit coffre scellé dans le mur, l'ouvrit et en sortit un agenda relié en cuir bleu. À la lettre T comme téléphone, il trouva ce qu'il cherchait : « Ray Farrell. 5 000 dollars. Noël. » Suivait un numéro de téléphone. Sonny décrocha l'appareil.

« Allô, Farrell ?

— Lui-même.

— Ici Santino Corleone. Il faut que vous me rendiez un service. Mais tout de suite, c'est urgent. Surveillez les lignes de deux abonnés et indiquez-moi tous les appels qu'ils ont faits ou reçus pendant les trois derniers mois. » Il donna à Farrell les numéros de Paulie Gatto et de Clemenza, puis il ajouta : « C'est très important. Appelez-moi avant minuit, et vous serez gâté pour votre petit Noël. »

Avant de reprendre ses méditations, Sonny appela une fois encore Luca Brasi. Peine perdue. Cette absence prolongée le contrariait, mais il s'efforça de n'y plus penser. Il savait que Luca viendrait le voir dès qu'il apprendrait la nouvelle. Assis sur une chaise tournante, devant le bureau de son père, Sonny se renversa en arrière et s'étira. Dans une heure, le personnel de la Famille envahirait la maison et Sonny devrait dire à chacun ce qu'il avait à faire. Les quelques instants de réflexion qu'il put enfin s'accorder lui permirent de réaliser toute la gravité de la situation. Pour la première fois depuis dix ans quelqu'un osait défier la puissante famille Corleone. Sollozzo était l'âme du complot, c'était clair, mais il ne se serait pas risqué à tenter un pareil coup d'audace s'il n'avait été soutenu par une au moins des cinq Familles de New York. Sonny était certain qu'il s'agissait de la famille Tattaglia. L'affaire ne pouvait avoir que deux issues : la guerre à outrance ou un accord immédiat aux conditions de Sollozzo. Sonny eut un sourire féroce. Le Turc était rusé, il avait bien conduit son affaire, mais il n'avait pas eu de chance : le Vieux vivait, donc c'était la guerre. Mais avec les ressources dont elle disposait, avec Luca Brasi surtout, la famille Corleone était invincible. Par un chemin détourné, Sonny se retrouvait devant la même question irritante : où donc était Luca Brasi ?

3.

En comptant le chauffeur, il y avait quatre hommes dans la voiture qui emportait Tom Hagen. On l'avait fait asseoir sur la banquette arrière entre les deux individus qui avaient surgi derrière lui dans la rue après que Sollozzo l'eut abordé. Le Turc était assis devant, à côté du chauffeur. L'homme qui était à la droite de Hagen étendit le bras, lui enfonça son chapeau sur les yeux pour l'empêcher de voir où on l'emmenait et lui dit : « T'avise pas de remuer le petit doigt. Compris ? »

La course fut brève. Vingt minutes peut-être. En descendant de voiture Hagen ne reconnut pas le quartier : il faisait déjà tout à fait nuit. On le conduisit dans un logement en sous-sol et on le fit asseoir sur une chaise de cuisine au dossier raide. Sollozzo s'assit vis-à-vis de lui, de l'autre côté de la table. Son visage brunâtre évoquait singulièrement le faciès du vautour.

« N'ayez pas peur, Hagen, dit-il à son prisonnier. Je sais bien que vous n'êtes pas un des caïds de la Famille. Je vous demande seulement de rendre service aux Corleone – et à moi aussi par la même occasion. »

Maladroitement, Hagen porta sa cigarette à ses lèvres : ses mains tremblaient ; un des gorilles posa sur la table une bouteille de whisky et lui en versa une rincette dans une tasse à café. Hagen but la liqueur de feu avec reconnaissance. Ses mains cessèrent de trembler et la faiblesse qui amollissait ses muscles se dissipa.

« Votre patron est mort », dit Sollozzo. Il s'interrompit un instant, assez étonné de voir les yeux de Tom Hagen se remplir de larmes, puis il reprit : « Ça s'est passé devant son bureau, dans la rue. Aussitôt que j'en ai été averti, je vous ai cueilli. Je compte sur vous pour faire la paix avec Sonny. »

Hagen ne répondit pas. Son chagrin le surprenait. Et à la peine qu'il ressentait se mêlait la peur de la mort. Sollozzo reprit la parole. « Sonny était emballé par ma proposition. Exact ? Toi aussi tu sais que c'est une bonne affaire. La drogue, c'est l'avenir. Il y a tant d'argent à y gagner que n'importe qui peut y faire fortune en deux ans tout juste. Le Don était un vrai Pierrot les Bacchantes. L'heure de ces vieilles barbes est passée. Il ne s'en rendait pas compte. Il est mort maintenant, rien ne le ressuscitera. Je suis prêt à m'arranger avec Sonny. Aide-moi. Conseille-le. C'est ton boulot.

— Aucun espoir, dit Hagen, Sonny ne te lâchera pas. Rien ne l'arrêtera.

— Ça c'est sa première réaction, dit Sollozzo agacé. À toi de le raisonner. Derrière moi, j'ai la Famille Tattaglia au grand complet. Les autres Familles de

New York accepteront tout pour éviter une guerre ouverte entre nous. Un conflit nuirait à leurs affaires et à leurs personnes. Si Sonny accepte le marché, les autres Familles du pays, y compris les plus vieux amis du Don, considéreront que ça ne les regarde pas. »

Hagen fixa ses mains sans répondre. Sollozzo poursuivit, persuasif : « Le Don était sur la pente. Autrefois, je n'aurais jamais pu l'avoir. Les autres Familles se méfiaient de lui parce qu'il avait fait de toi son consigliori, et tu n'es même pas italien, encore moins sicilien. Si l'on aboutit à une guerre totale, la Famille Corleone sera anéantie et tout le monde y perdra, moi y compris. Alors, parle à Sonny, parle aux caporegimes. Évitons le massacre. »

Hagen tendit sa tasse de porcelaine pour se faire servir du whisky. « J'essaierai, dit-il, mais Sonny a la tête dure. Et même lui sera incapable de faire revenir Luca sur sa décision. Méfie-toi de Luca. Je m'en inquiéterai, moi, si je soutiens ta proposition.

— Je m'occuperai de Luca, dit Sollozzo tranquillement. Occupe-toi de Sonny et des deux autres fils. Écoute, dis-leur que Freddie aurait eu son compte aujourd'hui en même temps que son Vieux, si mes hommes n'avaient eu l'ordre strict de l'épargner. Je ne voulais pas éveiller plus de rancune que nécessaire. Dis-leur que Freddie est vivant grâce à moi. »

Hagen retrouvait enfin ses esprits. Pour la première fois, il pensa vraiment que Sollozzo n'avait pas l'intention de le tuer ni de le garder en otage. Le soulagement soudain, qui envahissait son corps libéré de la peur, le fit rougir de honte. Sollozzo l'observa avec un sourire compréhensif. Hagen commença à réfléchir. S'il n'acceptait pas de soutenir la thèse de Sollozzo, il risquait sa peau. Sollozzo voulait qu'il présente sa proposition de façon convaincante, comme il était tenu de le faire en tant que consigliori. À la réflexion, il se rendait compte aussi que Sollozzo avait raison. Une guerre illimitée entre les Tattaglia et les Corleone devait être évitée à tout prix. Les Corleone devaient enterrer leur mort et oublier, conclure un pacte. Ils régleraient le compte de Sollozzo en temps opportun.

Hagen releva la tête et comprit que Sollozzo devinait exactement ses pensées.

Le Turc souriait. Une question se posa alors brusquement à Hagen. Qu'était-il arrivé à Luca Brasi pour que Sollozzo manifestât si peu d'inquiétude ? Luca avait-il conclu un marché avec lui ? Hagen se souvint que le soir où Don Corleone avait signifié son refus à Sollozzo, Luca avait été convoqué au bureau pour un entretien privé avec le Don. Mais ce n'était pas le moment de se préoccuper de tels détails. Hagen devait d'abord regagner la sécurité de la forteresse familiale des Corleone à Long Beach. « Je crois que tu as raison, dit-il à Sollozzo, que c'est même ce que le Don voudrait que nous fassions. »

Sollozzo hocha la tête d'un air grave. « Très bien, dit-il, je n'aime pas les effusions de sang. Je suis un homme d'affaires et le sang coûte trop cher. » Le téléphone sonna à cet instant et l'un des hommes assis derrière Hagen alla répondre. Il écouta et dit ensuite avec courtoisie : « OK. Je le lui dirai. » Il raccrocha, se dirigea vers Sollozzo et murmura quelques mots à l'oreille du Turc. Hagen vit le visage de Sollozzo pâlir et ses yeux briller de rage. Il eut lui-même un frisson de frayeur. Sollozzo le regardait d'un air pensif et Hagen comprit soudain qu'il n'allait pas recouvrer sa liberté, qu'un pépin imprévu signifiait peut-être son arrêt de mort.

« Le Vieux est toujours vivant, articula Sollozzo. Cinq balles dans sa peau de Sicilien et il vit encore. » Il eut un haussement d'épaules fataliste. « Pas de chance, dit-il à Hagen, pas de chance pour moi, pas de chance pour toi. »

4.

Lorsque Michael Corleone arriva devant la maison de son père, à Long Beach, il trouva l'étroite entrée du mail barrée par une chaîne. Le mail lui-même était illuminé par les flots de lumière que dispensaient les huit maisons et l'on distinguait dix voitures, au moins, en stationnement en bordure de la promenade cimentée.

Deux hommes que Michael ne connaissait pas étaient appuyés à la chaîne. « Qui êtes-vous ? » lui demanda l'un d'eux avec l'accent de Brooklyn.

Il le leur dit. Un autre homme surgit de la maison la plus proche et scruta son visage. « C'est le fils du Don, dit-il. Je vais le conduire. »

Mike suivit son guide jusqu'à la maison de son père où deux hommes, en faction devant la porte, les laissèrent passer.

La maison lui sembla pleine d'inconnus jusqu'à ce qu'il pénétrât dans la salle de séjour. Là, Michael reconnut la femme de Tom Hagen, Theresa, assise toute raide sur le divan, en train de fumer une cigarette. Sur la table basse, devant elle, était servi un verre de whisky. À l'autre extrémité du sofa se tenait l'encombrant Clemenza ; le visage du caporegime était impassible, mais il transpirait et le cigare qu'il tenait à la main brillait, englué de salive.

Clemenza vint serrer la main de Michael en manière de consolation. « Ta mère est à l'hôpital auprès de ton père, marmonna-t-il, tout ira bien. »

Paulie Gatto se leva à son tour. Michael le regarda avec curiosité. Il savait que Paulie était le garde du corps de son père mais il ignorait que, ce jour-là, Paulie, malade, était resté à la maison. Il perçut cependant combien était crispé ce mince et sombre visage. Il connaissait la réputation de Gatto, collaborateur éveillé et très rapide, capable d'exécuter des tâches délicates sans complications ; ce jour-là, il avait failli à son devoir. Michael remarqua plusieurs autres hommes dans les angles de la pièce mais il ne les reconnut pas. Ils n'appartenaient pas au *regime* de Clemenza. Michael relia les deux faits et comprit : Clemenza et Gatto étaient suspects. Pensant que Paulie avait assisté au drame, il demanda au jeune homme à visage de furet : « Comment va Freddie ? Bien ?

— Le docteur lui a fait une piqûre, répondit Clemenza. Il dort. »

Michael s'approcha de la femme de Hagen et se pencha pour lui baiser la joue. Ils avaient toujours eu de l'affection l'un pour l'autre. « Ne t'inquiète pas, murmura-t-il, tout s'arrangera pour Tom. As-tu déjà parlé à Sonny ? »

Theresa s'accrocha à lui un instant et secoua la tête. C'était une femme fine et jolie, plus américaine qu'italienne ; elle était très effrayée. Il lui prit la main et l'attira vers lui. Il la conduisit ensuite dans le bureau de son père.

Sonny était vautré dans le fauteuil, derrière le bureau, tenant un bloc jaune d'une main et un crayon de l'autre. Le seul autre homme présent dans la pièce était le caporegime Tessio ; Michael le reconnut et comprit immédiatement que les hommes présents dans la maison étaient ceux de Tessio ; ils constituaient la nouvelle garde du palais. Tessio, lui aussi, tenait un crayon et un bloc à la main.

Lorsque Sonny aperçut les nouveaux venus, il quitta son bureau, s'avança vers eux et prit la femme de Hagen dans ses bras.

« Ne t'inquiète pas, Theresa, dit-il. Tom n'a rien. Ils veulent simplement le charger de la négociation. Ils ont dit qu'ils le libéreraient. Il ne tient pas les leviers de commande, il n'est que notre conseiller juridique. Il n'y a aucune raison pour qu'on lui fasse du mal. »

Sonny lâcha Theresa. Michael fut surpris de constater qu'il avait droit lui aussi à une étreinte et à un baiser sur la joue. Repoussant Sonny, il lui demanda en souriant : « Maintenant que je me suis habitué à toujours avoir le dessous dans mes batailles avec toi, il faut que je m'accommode de ça ? » Les deux frères s'étaient souvent battus, en effet, lorsqu'ils étaient plus jeunes.

Sonny haussa les épaules. « Écoute, gamin, je commençais à m'inquiéter pour toi. Remarque que s'ils avaient eu ta peau, je n'en aurais pas fait une maladie, mais l'idée d'annoncer la nouvelle à la Vieille ne me plaisait pas. J'ai déjà dû l'affranchir au sujet de Papa.

— Comment a-t-elle pris ça ? demanda Michael.

— Bien, reprit Sonny. Elle en a vu d'autres. Moi aussi. Tu étais trop jeune pour t'en souvenir et les choses sont devenues drôlement faciles pendant que tu grandissais. » Il fit une pause et reprit : « Mama est allée à l'hôpital auprès du Vieux. Il va s'en tirer.

— Si nous y allions aussi ? » demanda Michael.

Sonny secoua la tête et déclara sèchement : « Je ne peux pas quitter cette maison avant que tout soit terminé. » Le téléphone sonna. Sonny prit l'appareil et écouta attentivement. Pendant ce temps, Michael se rapprocha du bureau et jeta un coup d'œil sur le bloc jaune de Sonny. Il y avait écrit sept noms. Les trois premiers étaient Sollozzo, Philips et John Tattaglia. Michael fut convaincu d'emblée qu'il avait interrompu Sonny et Tessio tandis qu'ils établissaient la liste des hommes à abattre.

En raccrochant le téléphone, Sonny dit à Theresa Hagen et à Michael : « Sortez, tous les deux. J'ai une affaire à finir avec Tessio.

— Au sujet de Tom, cet appel ? » demanda la jeune femme. Le ton était presque brutal mais elle pleurait de peur.

Sonny passa son bras autour des épaules de Theresa et la reconduisit jusqu'à la porte. « Je te jure que tout ira bien pour Tom, dit-il. Attends au salon. Je te rejoindrai dès que je saurai quelque chose. » Il referma la porte sur elle. Michael s'était assis dans un des grands fauteuils de cuir. Sonny lui jeta un regard aigu et rapide, puis il reprit sa place derrière le bureau. « Si tu restes ici, Mike, annonça-t-il, tu vas entendre des choses qui ne te plairont pas. »

Michael alluma une cigarette. « Je peux au moins donner un coup de main, dit-il.

— Non, répliqua Sonny, tu ne peux pas. Le Vieux serait dans une colère infernale si je te mêlais à tout ça.

— C'est mon père, non ? brailla Michael en se levant. J'ai voix au chapitre. Me prends pas pour une bille. Je ne vais pas me charger personnellement du poinçonnage, mais je suis capable de me rendre utile. Je ne suis pas un gamin. J'ai fait la guerre, j'ai été blessé, j'ai tué pas mal de Japs. Je m'évanouirai pas à la vue du sang. »

Sonny lui sourit. « D'ici peu tu vas me braquer, vieux ! Bon, reste ici si ça te chante et occupe-toi du téléphone. » Il se tourna vers Tessio. « L'appel que je viens de recevoir m'a fourni le renseignement dont nous avions besoin. » Il se tourna vers Michael. « Quelqu'un a trahi le Vieux, évidemment… Clemenza ou Paulie Gatto. Il se trouve que M. Gatto était malade aujourd'hui. Désormais je sais qui a vendu le Don.

Voyons si tu es malin, Mike, toi l'universitaire. Qui s'est vendu à Sollozzo ? »

Michael se rassit et s'enfonça dans le fauteuil de cuir. Il pesa chaque argument avec soin. Clemenza était caporegime dans l'organisation de la Famille. Don Corleone l'avait fait millionnaire et ils étaient tous deux amis intimes depuis vingt ans. Clemenza détenait un des postes les plus importants de l'organisation. Qu'aurait-il gagné à trahir le Don ? Davantage d'argent ? Il était suffisamment riche mais les hommes sont toujours avides. Plus de puissance ? Le désir de venger une insulte ou un affront imaginaire ? Le dépit d'avoir vu Hagen nommé consigliori ? Ou peut-être sa conviction d'homme d'affaires que Sollozzo l'emporterait ? Non, impossible que Clemenza fût un traître. Puis Michael pensa tristement qu'il cédait sans doute à sa sympathie pour le gros caporegime et ne voulait pas que Clemenza mourût. Ce vieil ami du père lui avait toujours apporté des petits cadeaux pendant son adolescence, il l'avait sorti parfois lorsque le Don était trop occupé. Michael ne pouvait croire que Clemenza fût coupable de trahison.

Mais, par ailleurs, Sollozzo souhaitait sûrement mettre Clemenza dans sa poche plus qu'aucun autre membre de la tribu Corleone.

Michael pensa à Paulie Gatto. Paulie n'était pas encore riche. À l'aise, oui, mais sa promotion dans l'organisation prendrait des années, comme celle de tous les autres. Il faisait probablement des rêves de puissance insensés comme bien des jeunes. Michael allait le condamner quand il se souvint qu'en terminale lui et Paulie étaient dans la même classe et il ne voulait pas non plus vouer Paulie à l'exécution.

Il secoua la tête. « Ni l'un ni l'autre », articula-t-il enfin, mais uniquement parce que Sonny l'avait prévenu qu'il avait la réponse. S'il avait dû voter, il aurait voté Paulie coupable.

Sonny lui souriait. « Ne t'inquiète pas, dit-il. Clemenza est OK. C'est Paulie. »

Michael se rendit compte que Tessio était soulagé. En tant que collègue du caporegime, sa sympathie allait à Clemenza. D'autre part, la situation présente serait moins catastrophique si la trahison ne s'était produite qu'à un niveau subalterne. « Alors je peux renvoyer mes hommes chez eux demain matin ? demanda prudemment Tessio.

— Après-demain, répondit Sonny. N'ébruitons rien jusque-là. Écoute, je voudrais parler à mon frère d'affaires de famille. Attends au salon. D'accord ? Nous finirons la liste plus tard. Tu y travailleras avec Clemenza.

— Bien sûr, dit Tessio qui sortit.

— Comment sais-tu avec certitude que c'est Paulie ? demanda Michael.

— Nous avons des gens à nous au central téléphonique. Ils ont noté tous les appels que Paulie a reçus ou donnés. Ceux de Clemenza également. Pendant les trois jours où Paulie était malade ce mois-ci, il a reçu un coup de téléphone en provenance d'une cabine publique située en face de l'immeuble du Vieux. Les autres vérifiaient si Paulie était de service ou si quelqu'un le remplaçait. Peut-être avaient-ils une autre raison. Peu importe. » Sonny haussa les épaules. « Dieu merci, c'était Paulie. Nous aurons grand besoin de Clemenza.

— Alors c'est la guerre totale ? » demanda Michael, hésitant.

Les yeux de Sonny avaient un éclat dur. « Tout juste et crois bien que je vais la faire. Dès que Tom sera là. Jusqu'à ce que le Vieux me dise d'opérer autrement.

— Alors pourquoi n'attends-tu pas que le Vieux soit en état de te le dire ? » interrogea Michael.

Sonny le considéra avec curiosité. « Comment diable as-tu gagné tes médailles pendant la guerre ? Nous sommes sur la ligne de feu, mon bonhomme. Il faut combattre. J'ai simplement peur qu'ils ne relâchent pas Tom.

— Pourquoi ? » Michael parut surpris.

Sonny reprit patiemment. « Ils ont kidnappé Tom parce qu'ils croyaient avoir la peau du Vieux et ils espéraient conclure un marché avec moi. Ils auraient discuté les préliminaires du contrat avec Tom qui m'aurait transmis leurs propositions. Le Vieux a survécu, ils savent qu'ils ne peuvent rien obtenir de moi et Tom ne sert donc plus à rien. Ils peuvent le libérer ou se débarrasser de lui, selon l'humeur de Sollozzo. S'ils le liquident, ce sera pour nous intimider.

— Qu'est-ce qui a pu donner à Sollozzo l'idée qu'il pourrait traiter avec toi ? » demanda Michael tranquillement.

Sonny rougit et ne répondit pas tout de suite. Puis il expliqua : « Nous avons discuté il y a quelque temps. Sollozzo est venu nous proposer une affaire de came. Le Vieux a refusé. Mais, pendant la réunion, j'ai eu la langue trop longue : Sollozzo a compris que sa proposition me plaisait. C'est exactement ce qu'il ne faut pas faire. Le Vieux m'a pourtant enfoncé dans la tête qu'il ne faut jamais laisser deviner aux autres les divergences d'opinions possibles au sein de la Famille… Maintenant voilà comment Sollozzo se représente la situation. En se débarrassant du Vieux, il s'associera avec moi pour la drogue, parce que, sans le Don, le pouvoir de la Famille est réduit au moins de la moitié et je lutterais donc en vain pour maintenir toutes les affaires du Vieux. La drogue, c'est l'avenir. Nous serions obligés d'y arriver. Aux yeux de Sollozzo l'exécution du Vieux relève purement des affaires et n'a rien de passionnel. En affaires, je m'associerais donc avec Sollozzo. Évidemment il ne me laisserait jamais l'occasion de le poinçonner. Mais il sait en outre que, lorsque j'aurais accepté le marché, les autres familles ne me laisseraient jamais commencer une guerre, même dans deux ans d'ici, rien que par vengeance. D'autre part, la famille Tattaglia le soutient aussi.

— S'ils avaient eu le Vieux, qu'aurais-tu fait ? demanda Michael.

— Sollozzo n'est déjà plus qu'un paquet de viande morte, dit tranquillement Sonny. Je me fiche de ce que ça coûtera. Je me fiche d'avoir à combattre les cinq Familles de New York. Les Tattaglia vont être balayés. Je me fiche que nous soyons tous descendus.

— Ce n'est pas ainsi que papa aurait joué la partie », remarqua Michael doucement.

Sonny fit un geste violent. « Je sais que je ne suis pas ce qu'il était. Mais je vais te dire une chose et il te la dira aussi. Dans l'action, je manœuvre aussi bien que n'importe qui, même au corps à corps. Sollozzo le sait, tout comme Clemenza et Tessio. J'ai fait mes premières armes à dix-neuf ans, pendant la guerre de 1 933, et j'ai beaucoup aidé le Vieux. Je ne suis donc pas pris au dépourvu. Notre Famille a tous les atouts dans une affaire comme celle-ci. Je voudrais seulement pouvoir contacter Luca.

— Il est donc si fort que ça, ce Luca ? Tellement efficace ? » demanda Michael intrigué.

Sonny acquiesça d'un hochement de tête. « Il vaut un regime à lui tout seul. Je vais le charger des trois Tattaglia. J'abattrai Sollozzo moi-même. »

Mal à l'aise, Michael se déplaça sur son siège et observa son frère aîné. Il se rappelait Sonny fortuitement brutal mais essentiellement généreux. Un gentil garçon. L'entendre parler de cette façon lui semblait incroyable, lui donnait froid dans le dos. La liste de noms qu'il avait griffonnée, la liste des hommes à exécuter comme s'il était quelque empereur romain nouvellement couronné l'effrayait. Michael était heureux de ne pas participer directement à ce massacre, de ne pas se trouver impliqué dans cette vengeance puisque son père était vivant. Il apporterait son aide, répondrait au téléphone, ferait des courses et porterait des messages. Sonny et le Vieux étaient capables de prendre soin de leur personne, en particulier avec Luca derrière eux.

À cet instant ils entendirent une femme crier dans le salon voisin. Oh, mon Dieu, pensa Michael, on dirait la femme de Tom. Il s'élança vers la porte et l'ouvrit. Dans l'autre pièce, tout le monde était debout. Et près du divan, Tom Hagen, l'air embarrassé, serrait Theresa contre lui. La jeune femme pleurait à courts sanglots et Michael comprit que le cri qu'il venait d'entendre était celui de Theresa folle de joie prononçant le nom de son mari. Tandis qu'il les regardait, Tom Hagen se libéra dwes bras de sa femme, puis l'étendit sur le divan.

Il eut un sourire sévère à l'adresse de Michael. « Heureux de te voir, Michael, vraiment heureux ! »

Puis il se dirigea vers le bureau sans un autre regard pour son épouse.

Il n'a pas vécu dix ans dans la Famille Corleone pour rien, pensa Michael avec une étrange bouffée d'orgueil. Au fil du temps, le vieil homme avait déteint sur Tom comme il l'avait fait sur Sonny et même, pensa Michael avec surprise, sur lui-même.

5.

Il était presque quatre heures du matin. Ils étaient tous assis dans le bureau à l'angle de la maison : Sonny, Michael, Tom Hagen, Clemenza et Tessio. Ils avaient persuadé Theresa Hagen de regagner sa demeure : la maison voisine. Paulie Gatto attendait toujours dans la salle de séjour. Il ignorait que les hommes de Tessio avaient ordre de le tenir à l'œil et surtout de l'empêcher de sortir.

Tom Hagen transmettait la proposition faite par Sollozzo. Il expliqua que, après avoir appris que le Don vivait encore, Sollozzo avait eu, de toute évidence, l'intention de le tuer. « S'il m'arrive de plaider un jour devant la Cour suprême, dit-il en souriant, je ne plaiderai jamais mieux que je ne l'ai fait ce soir devant ce salaud de Turc. Je lui ai dit que je convaincrai la Famille d'accepter le marché quoique le Don soit encore vivant. Je lui ai dit, Sonny, que je pouvais te retourner comme une crêpe, qu'enfants nous étions copains et, ne sois pas fâché, mais je lui ai laissé entendre que peut-être tu ne regrettais pas trop d'hériter de l'affaire de ton père, Dieu me pardonnera. » Il eut un sourire d'excuse à l'adresse de Sonny. Ce dernier fit un geste signifiant qu'il comprenait, que cela n'avait pas d'importance.

Michael, renversé dans son fauteuil, le téléphone à portée de la main droite, étudiait les deux hommes. Lorsque Hagen était entré dans le bureau, Sonny s'était élancé pour l'embrasser. Michael avait compris, avec une pointe de jalousie, qu'à bien des égards, Sonny et Tom Hagen étaient plus proches l'un de l'autre que lui-même ne le serait jamais de son propre frère.

« Au travail, dit Sonny. Préparons un plan de campagne. Jette un coup d'œil sur la liste que Tessio et moi avons établie. Tessio, donne ta feuille à Clemenza.

— Si nous faisons des plans, remarqua Michael, Freddie devrait être présent. »

Sonny déclara sévèrement : « Freddie ne nous est d'aucune utilité. Le docteur déclare la commotion si forte que le frangin doit rester au repos complet. Je ne comprends pas ça. Freddie a toujours été un gars solide. Je suppose que voir le Vieux par terre a été pour lui un trop rude coup. Le Don a toujours été son dieu. Il ne nous ressemble pas, ni à toi, ni à moi, Mike.

— Bon. Ne nous occupons pas de Freddie, reprit Hagen vivement. Laissons-le en dehors de tout, absolument de tout. Maintenant, Sonny, je pense que tu devrais rester à la maison jusqu'à ce que ce soit terminé. Je veux dire par là que tu ne devrais jamais sortir. Ici, tu es en sécurité. Ne sous-estime pas Sollozzo. Il tient à devenir un pezzonovante, un véritable double calibre. Est-ce que l'hôpital est protégé ? »

Sonny acquiesça d'un hochement de tête. « Les flics l'ont bouclé et j'ai des hommes qui veillent jour et nuit sur papa. Que penses-tu de cette liste, Tom ? »

Hagen fronça les sourcils en regardant les noms. « Bon Dieu, Sonny, tu en fais une question de personnes. Le Don ne verrait dans tout ça qu'une querelle d'affaires. Sollozzo en est la clé. Débarrasse-toi de ce Turc et tout s'écroule. Tu n'as pas à t'en prendre aux Tattaglia. »

Sonny regarda ses deux caporegimes. Tessio haussa les épaules. « C'est astucieux », dit-il. Clemenza ne répondit pas.

« Il y a une question à régler avant tout et sans discussion, reprit Sonny en s'adressant à Clemenza. Je ne veux plus voir Paulie. Mets-le en tête de liste. »

Le gros caporegime acquiesça.

« Et Luca ? demanda Hagen. Sollozzo ne semblait pas inquiet de Luca. Ça *m'inquiète*. Si Luca nous a vendus, nous sommes dans le pétrin et pour de bon. C'est la première chose qu'il nous faut savoir. Quelqu'un a-t-il réussi à entrer en contact avec lui ?

— Non, répondit Sonny. Je l'ai appelé toute la nuit. Peut-être est-il chez une gonzesse ?

— Non, dit Hagen. Il ne découche jamais. Il rentre toujours dormir chez lui. Mike, fais son numéro jusqu'à ce que tu obtiennes une réponse. » Docile, Michael prit le téléphone et composa l'indicatif. Il entendit la sonnerie mais personne ne répondit. « Continue tous les quarts d'heure », insista Hagen.

Sonny reprit avec impatience : « OK Tom, tu es le consigliori, quel conseil nous donnes-tu ? Qu'est-ce que nous devons faire ? »

Hagen prit la bouteille de whisky sur le bureau et se servit. « Nous négocions avec Sollozzo jusqu'à ce que ton père soit en forme pour reprendre les rênes. Nous concluons même un marché avec lui si c'est nécessaire. Dès que ton père sort du lit, il règle tout sans cérémonie et toutes les Familles le suivront.

— Tu crois que je ne fais pas le poids contre Sollozzo ? » demanda Sonny aigrement.

Tom Hagen le regarda droit dans les yeux. « Sonny tu peux certainement l'emporter. La Famille Corleone a la puissance. Tu as ici Clemenza et Tessio et ils peuvent rassembler un millier d'hommes si on fait la guerre à fond. Mais ce serait une boucherie sur toute la côte atlantique et les autres familles s'en prendront aux Corleone. Nous nous ferons énormément d'ennemis. C'est une chose dont ton père s'est toujours méfié. »

Michael, qui observait Sonny, pensa qu'il acceptait la contradiction de bon gré.

« Mais, reprit Sonny s'adressant toujours à Hagen, si le Vieux meurt, que conseilles-tu alors, consigliori ?

— Je sais que tu ne le feras pas, répondit calmement Hagen, mais je te conseillerais de conclure un véritable accord avec Sollozzo sur la drogue. Sans les contacts politiques de ton père et son influence personnelle, la Famille Corleone perd la moitié de sa puissance. Sans ton père, les autres Familles de New York peuvent se grouper et soutenir les Tattaglia et Sollozzo, rien que pour éviter une longue guerre qui nuirait à tous. Si ton père meurt, accepte le marché. Puis laisse venir. »

Le visage de Sonny était pâle de rage. « Facile à dire. Ce n'est pas ton père qu'ils ont voulu tuer.

— J'ai été pour lui un aussi bon fils que toi ou Mike, rétorqua Hagen promptement et fièrement. Je te donne une opinion de professionnel. Personnellement, je ne veux que massacrer ces canailles. » L'émotion qui faisait vibrer sa voix rendit Sonny honteux.

« Oh, mon Dieu, Tom, je ne voulais pas dire ça. »

Mais c'était bien ce qu'il avait dit : bon sang ne saurait mentir et rien n'égalait la voix du sang. Sonny réfléchit quelques instants d'un air sombre tandis que les autres attendaient dans un silence pesant. Puis il soupira :

« C'est bon, nous resterons tranquilles jusqu'à ce que le Vieux nous donne le feu vert. Mais, Tom, je ne veux pas que tu quittes le mail, toi non plus. Ne prends aucun risque. Mike, sois prudent. Je ne pense pas cependant que même Sollozzo s'en prenne à toi, rien que parce que tu es un Corleone. S'en prendre à ceux de la Famille qui ne sont pas dans le coup lui mettrait tout le monde à dos. Mais sois prudent. Tessio, tu gardes tes gens en réserve mais ils restent aux aguets partout en ville. Clemenza, quand tu auras réglé l'affaire Paulie Gatto, tu feras rentrer tes hommes dans les maisons et dans le mail pour remplacer les gens de Tessio. Tessio, tu maintiens tes gardes à l'hôpital. Tom, commence les négociations avec Sollozzo par téléphone ou envoie-lui un messager, dès la première heure, demain matin. Mike, demain, prends deux hommes de Clemenza et va chez Luca. Attends-le jusqu'à ce qu'il arrive ou trouve où diable il se cache. Ce dingue est capable d'aller descendre Sollozzo dès maintenant s'il a entendu les nouvelles à la radio ou à la télé. Je ne peux pas croire qu'il trahira jamais son Don, quelles que soient les propositions du Turc.

— Peut-être Mike ne devrait-il pas être mêlé à tout cela aussi directement, remarqua Hagen avec réticence.

— Exact, reprit Sonny. Laisse tomber, Mike. De toute façon, j'ai besoin de toi au téléphone, ici même, c'est plus important. »

Michael ne dit rien. Il se sentait gêné, presque honteux ; il remarqua les visages attentivement impassibles de Clemenza et de Tessio. Il eut la certitude que ces deux hommes dissimulaient leur mépris. Il prit le téléphone et composa le numéro de Luca Brasi tout en gardant l'écouteur à l'oreille. Sonnerie sans réponse, toujours.

6.

Peter Clemenza dormit mal cette nuit-là. Il se leva de grand matin et déjeuna d'un verre de grappa, d'une épaisse tranche de salami de Gênes et d'un morceau de pain italien, frais du jour. Tous les matins il trouvait son pain devant sa porte comme aux jours d'autrefois. Après avoir mangé, Clemenza but un grand bol de café brûlant, corsé d'un trait d'anisette, puis il se mit à errer de pièce en pièce, enveloppé dans sa vieille robe de chambre et chaussé de pantoufles en feutre rouge. Il pensait au travail qu'il avait à faire dans la journée. La veille au soir, Sonny Corleone lui avait clairement fait comprendre qu'il fallait s'occuper sans retard de Paulie Gatto. Le travail devait être exécuté le jour même.

Clemenza était bien ennuyé. Non que Paulie Gatto, son ancien protégé, eût trahi ; son flair de caporegime n'était pas compromis pour autant : après tout, les antécédents de Paulie étaient irréprochables. Il était né de père et mère siciliens, avait joué sur les mêmes trottoirs que les fils Corleone, et même été en classe avec l'un d'eux. Il avait gravi tous les échelons du métier sans un écart, sans un faux pas. Mis à l'épreuve, il n'avait jamais déçu. La famille Corleone lui avait assuré un revenu substantiel, plus une part sur les bénéfices d'un book de l'East Side. Clemenza n'ignorait pas que Paulie Gatto faisait un peu de hold-up en heures supplémentaires pour arrondir son magot. Ces coups de main en franc-tireur étaient strictement contraires aux règles de la Famille, mais de telles marques d'indépendance dénotaient du caractère : l'intrépidité d'un pur-sang impatient sous le harnais.

D'ailleurs Paulie n'avait jamais causé de scandale, ni en faisant main basse sur la paie d'un grand magasin de confection à Manhattan (trois mille dollars) ni en arnaquant celle d'une petite fabrique de porcelaine dans les slums de Brooklyn. Avec lui le travail était toujours méticuleusement préparé et discrètement exécuté. Jamais un cri, jamais une égratignure. Après tout, un jeune homme cherche toujours à se faire un peu d'argent de poche. Ce n'est pas bien méchant. Mais qui aurait jamais pensé que Paulie trahirait ?

Clemenza était tourmenté ce matin-là par un problème administratif. L'exécution de Paulie Gatto n'était qu'un petit travail de routine. Mais une question autrement grave se posait au caporegime de Don Corleone. Qui allait-il tirer du rang pour remplacer Paulie Gatto dans la Famille ? Il s'agissait d'une promotion d'importance. Le poste de poinçonneur ne pouvait être confié à n'importe qui. Le titulaire devait être à la fois un dur et un débrouillard, un gonze de toute confiance qui ne s'aviserait pas de raconter sa vie à la police au cas où il aurait des ennuis, un homme imprégné jusqu'à la fibre de la loi suprême des Siciliens, celle du silence, l'omerta. Mais, dans ses nouvelles fonctions, quel salaire l'élu recevrait-il de la famille Corleone ? Clemenza avait demandé plusieurs fois au Don d'augmenter les honoraires des poinçonneurs, personnages de haute importance, toujours en première ligne dans les coups durs. Mais le Don avait fait la sourde oreille. Si Paulie avait été mieux payé chez les Corleone, sans doute aurait-il mieux résisté aux avances du madré Turc.

Clemenza réduisit à trois noms la liste des candidats. Le premier, homme de main qui travaillait avec les banquiers de la loterie clandestine, si populaire à Harlem, était un vrai costaud qui s'entendait à charmer son monde. Il n'avait que des amis, mais en cas de besoin, il pouvait leur faire grand-peur. Pourtant après une demi-heure de réflexion, Clemenza le raya de sa liste. Le personnage frayait trop avec les Noirs. Ça suggérait le soupçon d'un vice de caractère sur lequel on ne pouvait fermer les yeux et qui laissait présager d'autres déconvenues. D'ailleurs on aurait trop de mal à le remplacer au poste qu'il occupait déjà.

Le deuxième nom qui retint l'attention du caporegime et sur lequel il fixa presque son choix était celui d'un type travailleur, efficace et loyal en besogne, chargé d'accélérer les rentrées des usuriers de Manhattan protégés par Don Corleone. Il avait débuté comme encaisseur d'un book. Clemenza jugea qu'il n'était pas encore fin prêt pour le poste important qu'il avait un moment songé à lui confier.

Finalement, c'est Rocco Lampone qui fut choisi. Lampone était entré depuis peu de temps au service de la Famille, mais il avait fait des débuts remarqués. Blessé durant la campagne d'Afrique, il avait été renvoyé dans ses foyers en 1943. Ses blessures le laissaient estropié : il boitait de façon marquée. Pourtant faute de mieux, Clemenza l'avait pris à son service : les jeunes hommes se faisaient rares ; presque tous étaient sous les drapeaux. Lampone fut employé comme intermédiaire dans des affaires de marché noir avec des fonctionnaires chargés de la distribution des tickets de rationnement. Il n'avait pas tardé à monter en grade. Clemenza appréciait surtout la sûreté de son jugement. Lampone avait compris qu'on ne gagne rien à jouer les durs dans des affaires qui peuvent coûter tout au plus une amende ou cinq ou six mois de prison : pas cher pour des profits considérables. Lampone avait le bon sens de comprendre que les affaires de cette sorte demandent à être traitées d'une main légère. Il fallait manier la menace avec délicatesse. Rocco Lampone menait ses opérations sur le mode mineur. C'était exactement ce qu'il fallait.

Clemenza se sentit soulagé, comme un administrateur consciencieux qui vient de résoudre un problème ardu. Oui, c'est Rocco Lampone qui serait son second. Clemenza avait l'intention de participer personnellement à la besogne du jour, non seulement pour aider un novice à se faire la main, mais aussi pour régler un compte personnel avec Paulie Gatto. Il avait pistonné Paulie ; pour accélérer son avancement, il avait écarté des hommes plus méritants et plus loyaux ; bref, il avait tout fait pour le favoriser. Paulie n'avait donc pas seulement trahi la Famille, il avait trahi son *padrone*, Peter Clemenza. Pareil manquement demandait une réparation exemplaire.

Pour le reste tout était arrangé. Paulie Gatto avait reçu pour consigne de passer prendre Clemenza à trois heures avec sa voiture. Clemenza décrocha le téléphone et composa le numéro de Rocco Lampone. Il ne dit pas son nom, mais seulement : « Passe à la maison. J'ai quelque chose pour toi. » Il nota avec satisfaction, qu'en dépit de l'heure matinale, Rocco Lampone lui répondit d'une voix parfaitement éveillée et qu'il ne sembla pas surpris. Il dit simplement « OK ». Bonne réponse. « Te presse pas, ajouta Clemenza. Prends ton petit déjeuner et ton déjeuner, avant de venir me voir… Mais n'arrive pas après deux heures. » Un autre OK à l'autre bout du fil. Sur cette réponse laconique, Clemenza raccrocha l'appareil. Il avait déjà donné des instructions à ses hommes pour faire remplacer ceux du caporegime Tessio en faction autour de la maison Corleone. Clemenza avait des subordonnés compétents ; quant à lui, il ne s'occupait jamais des détails accessoires.

Il décida de laver sa Cadillac. C'est qu'il l'aimait d'amour, sa Cadillac ; elle roulait si doux, si calme, sa garniture intérieure était si riche que parfois, quand il faisait beau, il s'installait sur la banquette arrière et restait là, pendant une petite heure ; il s'y sentait bien mieux que chez lui, dans ses meubles. Et puis, laver sa voiture stimulait son idéation. Ça lui rappelait son père exécutant jadis en Italie la même opération sur des bourricots.

Clemenza détestait le froid et bichonnait donc sa tire dans son garage. L'atmosphère y était torride à souhait. Le programme de la journée demandait à être minutieusement réglé. Il fallait faire bien attention avec Paulie ; le lascar était futé comme un rat ; il savait flairer le danger. En tout cas, pour l'instant, Paulie le dur devait être en train de salir sa culotte, vu que le Vieux était toujours de ce monde. Il serait aussi difficile à tenir qu'un âne avec des fourmis plein le cul. Mais Clemenza avait l'habitude de ce genre de situations : c'était le boulot. D'abord il lui fallait trouver un bon prétexte pour se faire accompagner par Rocco. Ensuite imaginer une mission vraisemblable dont on les aurait chargés tous les trois.

Tout cela n'était, certes, pas absolument nécessaire. On pouvait liquider Paulie Gatto sans fioriture. Il était sous clé et ne pouvait s'échapper. Mais Clemenza était absolument convaincu qu'il importait de ne déroger en aucune circonstance à ses bonnes habitudes de travail. Aucun détail, aussi insignifiant qu'il parût, ne devait être livré au hasard. On ne sait jamais ce qui peut arriver et, dans la profession, on risque sa peau chaque fois qu'on fait l'exercice.

Tout en lavant sa Cadillac bleu layette, Peter Clemenza préparait ses répliques, composait le visage qu'il présenterait tout à l'heure à Paulie Gatto. Il l'aborderait sèchement, pour manifester un rien de mécontentement : le moyen le plus sûr pour tromper la méfiance d'un compère aussi soupçonneux et aussi chatouilleux que Paulie ; une cordialité intempestive ne manquerait pas de le mettre sur ses gardes. Mais il fallait éviter aussi tout mouvement de colère. Une sorte d'agacement machinal, distrait suffirait ; tout était dans le ton. Et la présence de Lampone ? Comment Paulie ne la jugerait-il pas tout à fait inquiétante, d'autant plus que Lampone devait occuper le siège arrière ? Paulie apprécierait peu d'être assis au volant, les mains occupées, et de sentir, derrière lui, la présence de Lampone. Clemenza astiquait et fourbissait sans ménager sa peine les chromes de sa Cadillac. Ça n'allait pas être commode. Pas commode du tout. Il se demanda un instant s'il ne prendrait pas un aide supplémentaire. Il y renonça presque aussitôt par un raisonnement péremptoire (ce raisonnement était l'application d'un des principes fondamentaux de la profession). Un jour ou l'autre, on ne sait quand, les circonstances pourraient se présenter de façon telle qu'un de ses complices estimerait avantageux de témoigner contre lui. S'il n'avait qu'un complice, ce ne serait que parole de l'un contre parole de l'autre. Mais le témoignage d'un second complice ferait pencher la balance à son désavantage. Non, il s'en tiendrait à la stratégie réglementaire.

Ce qui contrariait Clemenza, c'est que l'exécution devait être « publique ». Autrement dit, il fallait que le corps fût découvert. Clemenza aurait préféré de beaucoup le faire disparaître. (Les cimetières les plus employés étaient l'Océan, tout proche, ou certains marécages du New Jersey dont les amis de la Famille étaient les propriétaires.) Il arrivait aussi qu'on recourût à des méthodes plus compliquées. Mais, aujourd'hui, on travaillait pour l'exemple. Il fallait un cadavre pour décourager les traîtres en puissance et faire entendre à l'ennemi que les Corleone n'étaient encore ni buses ni chapons. La promptitude avec laquelle avait été démasqué l'espion de Sollozzo rendrait ce dernier plus circonspect. La famille Corleone ridiculisée par le coup de main contre le Vieux retrouverait une partie de son prestige.

Clemenza poussa un soupir. Sa Cadillac reluisait comme un gros œuf d'acier bleu, mais il n'avait pas avancé d'un pas vers la solution de son problème. Et puis, comme un éclair, l'inspiration le visita : il conçut d'un seul coup une mission imaginaire, à la fois suffisamment importante pour justifier la triple présence de Clemenza, de Rocco Lampone et de Paulie, et en même temps secrète à souhait.

Il dirait au condamné que le travail du jour consistait à trouver un appartement pour le cas où la Famille déciderait d'aller aux matelas. Chaque fois que la lutte entre deux Familles tournait à la guerre totale, les adversaires transportaient leur quartier général dans des appartements dont les adresses étaient tenues rigoureusement secrètes ; les poinçonneurs dormaient sur des matelas jetés à même le parquet. Cette mesure n'était pas particulièrement destinée à mettre les non-combattants des grandes Familles à l'abri du danger. Jamais attaque n'avait été lancée contre les femmes et les petits enfants. Cela était hors de question : d'un côté comme de l'autre, on était trop vulnérable pour engager un jeu aussi risqué. Mais il n'en était pas moins sage de s'établir dans un lieu discret où les faits et gestes quotidiens échappaient à la surveillance de l'adversaire et à celle de la police qui poussait parfois l'arbitraire jusqu'à se mêler des affaires privées des citoyens. Quand on passait à l'offensive, l'appartement secret servait de base stratégique.

C'était ordinairement un caporegime de confiance qui était chargé de louer le local et de le garnir de matelas. La mission qu'allait s'attribuer Clemenza était donc parfaitement plausible. Rien de plus normal aussi qu'il priât Lampone et Paulie Gatto de l'accompagner et de régler avec lui tous les détails de l'opération, y compris l'ameublement des lieux. Et puis, Paulie avait donné la preuve de sa cupidité. La première question qu'il se posera, se dit Clemenza avec un mauvais sourire, sera celle-ci : combien le Turc paierait-il un aussi précieux renseignement ?

Rocco Lampone arriva de bonne heure. Clemenza lui annonça le programme de la journée et distribua les rôles. Le visage de Rocco rayonna une gratitude émerveillée ; il remercia cérémonieusement Clemenza pour l'honneur qu'il lui faisait en l'engageant au service de la Famille. Maintenant, Clemenza était certain d'avoir bien choisi. Il frappa sur l'épaule de Rocco Lampone en disant : « À partir d'aujourd'hui, mon cher, tes revenus vont augmenter. Nous en reparlerons. Pour l'instant, comme tu t'en doutes, la Famille a des préoccupations plus urgentes. » Lampone fit un geste qui annonçait des trésors de patience. Il savait de façon certaine que viendrait l'heure de la récompense.

Clemenza entra dans la petite pièce meublée en cabinet de travail et ouvrit son coffre-fort. Il prit un revolver qu'il tendit à Lampone. « Sers-toi de celui-là. Personne n'arrivera jamais à découvrir d'où il vient. Tu le laisseras dans la voiture, avec Paulie. Le travail fini, tu emmènes ta femme et tes enfants pour quelques jours de vacances en Floride, Prends sur ton argent, je te rembourserai plus tard. Repose-toi, ensoleille ton cœur et ta peau. Tu descendras à l'hôtel de la Famille, à Miami Beach, comme ça, je saurai où te joindre si j'ai besoin de toi. »

La femme de Clemenza frappa à la porte du cabinet de travail et dit que Paulie Gatto venait d'arriver. Sa voiture était arrêtée devant la maison. Clemenza passa par le garage. Lampone le suivit. Clemenza ouvrit la portière et s'assit à l'avant, à côté de Paulie, en grommelant une espèce de bonjour hargneux. Il avait l'air exaspéré. Il regarda sa montre-bracelet, comme s'il était certain que Paulie était arrivé en retard.

L'homme à la tête de fouine l'observait avec insistance, il cherchait un indice, un signe révélateur. Au moment où Rocco s'assit derrière lui, il tiqua un peu et dit : « Eh ! Rocco, mets-toi de l'autre côté. Avec un gabarit comme le tien, je ne vois plus rien dans mon rétroviseur. » Sans se faire prier, Lampone changea de place et s'assit derrière Clemenza comme si la remarque de Paulie était la chose la plus naturelle du monde.

Alors, Clemenza dit avec humeur à Paulie : « Ce sacré Sonny, voilà qu'il a les jetons. Il pense déjà à prendre les matelas. On est chargé de lui trouver un petit coin tranquille dans le West Side. Toi et Rocco, vous vous chargerez de l'installation en attendant que nos autres bonshommes viennent camper. Tu as une bonne adresse ? »

Comme Clemenza l'avait prévu, une lueur de convoitise s'alluma dans les prunelles de Paulie Gatto. Il avait mordu à l'hameçon ; déjà il pensait au prix qu'il pourrait faire payer ce renseignement à Sollozzo ; ça ne lui laissait plus le temps de se demander s'il était en danger. D'ailleurs Lampone jouait son rôle à merveille ; il regardait le paysage de l'air le plus détendu, le plus indifférent. Vrai, Clemenza se félicitait de son choix.

Gatto leva les épaules. « Faudrait que j'y pense, répondit-il.

— Alors pense en roulant, bougonna le caporegime. J'aimerais arriver à New York avant demain matin. »

Paulie conduisait en virtuose. D'ailleurs, à cette heure de l'après-midi la file des voitures qui se dirigeaient vers la ville était peu serrée : le précoce crépuscule hivernal commençait à peine à tomber quand les trois hommes entrèrent dans New York. Ils n'avaient presque pas desserré les dents. En arrivant en ville, Clemenza dit à Paulie de prendre le chemin de Washington Heights et nota en passant les numéros de plusieurs immeubles ; la voiture s'arrêta près d'Arthur Avenue. Clemenza descendit seul, et pria ses deux compagnons de l'attendre dans la voiture ; quelques minutes plus tard, il entrait au restaurant Vera Mario ; il salua en passant quelques amis et connaissances. On lui servit un léger dîner : veau froid et salade. Au bout d'une heure, Clemenza longea les quelques pâtés de maisons qui le séparaient de la voiture et reprit sa place auprès de Gatto et de Lampone qui attendaient, sagement. « Quelle chierie ! fit-il en remontant dans la voiture.

Voilà qu'on nous demande de retourner à Long Beach. Il y a du travail pour nous. À faire de suite. Sonny dit qu'on peut remettre à plus tard la tournée. Rocco tu habites en ville, tu veux qu'on te dépose ? »

Rocco répondit tranquillement : « J'ai laissé ma voiture devant chez toi. Ma vieille en a besoin demain matin à la première heure.

— Bon, dit Clemenza, alors tu es obligé de rentrer avec nous. »

On ne fut guère plus bavard au retour qu'à l'aller. Avant d'arriver à Long Beach, Clemenza dit à brûle-pourpoint : « Eh ! Paulie, arrête ici. J'ai besoin de pisser un coup. » Paulie avait assez longtemps travaillé avec Clemenza pour savoir que la vessie du gros caporegime était sujette à des impatiences capricieuses. Ce n'était pas la première fois qu'il lui demandait de s'arrêter sur le bord d'une route. La voiture ralentit, s'engagea sur l'accotement et stoppa sur la bande de terre molle qui s'étendait entre la route et le marais. Clemenza descendit et se dirigea vers un buisson. Il en profita pour se soulager tout de bon. En ouvrant la portière pour reprendre sa place à côté de Paulie, il jeta un regard rapide à droite, puis à gauche… Il n'aperçut aucune lumière ; des deux côtés la route était noire et déserte. « Vas-y », dit le caporegime. Une seconde plus tard, une détonation retentit à l'intérieur de la voiture. Paulie Gatto fit un bond en avant. Sa poitrine heurta le volant, il retomba en arrière et s'affala sur la banquette.

Clemenza avait reculé prestement pour éviter d'être touché par des fragments d'occiput souillés de cervelle et de sang.

Rocco Lampone se précipita hors de la voiture, le revolver à la main, et le jeta dans le marais. Ensuite Clemenza et lui se dirigèrent en hâte vers une voiture garée tout près de là. Lampone glissa la main sous la banquette et trouva la clé laissée à leur intention. Il mit le moteur en marche et reconduisit Clemenza jusqu'à son domicile. Mais, au lieu de revenir par la même route, il s'engagea sur la chaussée de Jones Beach, traversa Merrick et continua sur Meadowbrook Parkway jusqu'à la Northern State Parkway. Il emprunta cette dernière voie jusqu'à Long Island Expressway, continua par Whitestone Bridge et le Bronx, et regagna enfin son appartement de Manhattan.

7.

La nuit précédant l'attentat contre Don Corleone, son homme de main le plus loyal, le plus capable et le plus redouté s'apprêtait à rencontrer l'ennemi. Plusieurs mois auparavant, Luca Brasi avait pris contact avec des gens de Sollozzo sur ordre de Don Corleone en personne. Il y était parvenu en fréquentant les boîtes de nuit contrôlées par la famille Tattaglia et en se farcissant une de leurs entraîneuses les plus cotées. Confidences sur l'oreiller : j'en ai ras le bol des Corleone ; ils m'exploitent. Au bout d'une semaine de cette comédie, Luca fut pressenti par Bruno Tattaglia, directeur de la boîte. Bruno était le plus jeune des fils et, de toute évidence, il ne s'occupait pas des affaires de prostitution de la Famille. Mais son célèbre cabaret servait d'école de perfectionnement aux danseuses sveltes et souples qui bifurquaient ensuite vers un travail plus rémunérateur, au moins pour les Tattaglia.

À la première rencontre, Tattaglia offrit tout de go à Luca de travailler dans sa spécialité pour sa Famille. Ce flirt diplomatique dura un mois environ. Luca joua son rôle d'homme épris d'une jeune et belle fille ;

Bruno Tattaglia, celui de l'homme d'affaires essayant de soulever à son rival un chef capable. Au cours de l'un de leurs entretiens, Luca fit semblant d'être indécis. « Entendons-nous bien, dit-il. Je ne ferai jamais rien contre Don Corleone. C'est un homme que je respecte et je comprends que ses fils doivent passer avant moi dans les affaires de la Famille. »

Bruno Tattaglia appartenait à la jeune génération et ne cachait guère son mépris pour les Pierrot, les Bacchantes tels que Luca Brasi, Don Corleone et même son propre père. Dans ce cas particulier, il affecta quand même le plus grand respect. « Mon père ne te demandera jamais de faire quoi que ce soit contre les Corleone dit-il. Pourquoi le ferait-il ? On s'entend tous très bien maintenant, ce n'est pas comme autrefois. Seulement, si tu cherches une nouvelle coupure, j'en dirai deux mots à mon père. On a toujours besoin d'un homme comme toi dans nos affaires. Un rude boulot ! et il faut des hommes de ta trempe pour que ça marche au poil. Tiens-moi au courant si tu te décides. »

Luca haussa les épaules. « Ça ne va pas si mal où je suis », dit-il. Les choses en restèrent là.

D'une façon générale, il voulait laisser entendre aux Tattaglia qu'il était au courant de leur trafic de drogue et qu'il souhaitait en avoir sa part, en toute indépendance. De cette façon, il pourrait apprendre quelque chose sur les plans de Sollozzo pour autant que le Turc en eût, ou savoir s'il s'apprêtait à piétiner les plates-bandes de Don Corleone. Après deux mois d'attente, rien d'autre ne se produisant, Luca rapporta à Don que, de toute évidence, Sollozzo prenait sa défaite avec philosophie. Le Don lui répondit de maintenir le contact mais seulement à temps perdu, rien ne pressait.

Luca passa à la boîte de nuit le soir précédant l'attentat. Presque immédiatement, Bruno Tattaglia vint à sa table et s'y assit. « Un de mes potes voudrait te parler, dit-il.

— Qu'il vienne, répondit Luca. Tes amis sont mes amis.

— Non. Il veut te voir en privé.

— Qui est-ce ?

— Un pote, c'est tout, poursuivit Bruno Tattaglia. Il veut te faire une proposition. Veux-tu le rencontrer un peu plus tard ce soir ?

— Certainement. À quelle heure et où ? »

Tattaglia avait précisé doucement : « Nous fermons à quatre heures du matin. Reste ici et tu le verras pendant que les garçons rangeront la salle. »

Luca pensa qu'ils étaient au courant de ses habitudes : ils avaient dû le faire pister. Il se levait généralement à trois ou quatre heures de l'après-midi, prenait son petit déjeuner, s'amusait à parier avec des copains de la Famille ou s'envoyait une gonzesse. Il allait parfois au cinéma, à la dernière séance, et débarquait ensuite prendre un pot dans une boîte. Il ne se couchait jamais avant le lever du jour. Suggérer un rendez-vous à quatre heures du matin n'était par conséquent pas aussi bizarre qu'il paraissait. « Bien sûr, dit-il, bien sûr. Je reviendrai à quatre heures. »

Il partit et prit un taxi pour regagner son logement meublé de la Dixième Avenue. Il prenait pension dans une famille italienne à laquelle le liait une parenté lointaine. Il avait accès direct par une porte particulière à ses deux pièces. Cet arrangement lui plaisait parce qu'il lui laissait sa liberté tout en lui assurant une certaine vie de famille et une protection et le rendait moins vulnérable à l'attaque par surprise.

Le rusé renard Turc, pensa-t-il, allait maintenant montrer le bout de son nez pointu. Si les choses prenaient tournure, si Sollozzo s'engageait cette nuit, peut-être tout serait-il décidé et pourrait-il offrir cela au Don comme cadeau de Noël. Arrivé dans sa chambre, Luca déverrouilla la malle dissimulée sous son lit et il y prit son gilet pare-balles. Il était lourd. Luca se déshabilla et l'enfila sur son tricot de laine, puis il remit sa chemise et sa veste. Il pensa un instant à appeler la maison du Don, à Long Beach, pour le tenir au courant mais il savait que le Don ne parlait jamais à personne au téléphone. Ce dernier lui avait confié cette mission secrète, il ne désirait pas par conséquent en parler à qui que ce fût, pas même à Hagen ou au fils aîné.

Luca portait toujours un revolver sur lui. Il avait un port d'armes, le plus cher probablement qui eût jamais été accordé aux États-Unis : dix mille dollars, ça lui éviterait d'aller en prison s'il était fouillé par les flics. Étant l'un des exécutants du plus haut échelon dans la Famille, il méritait bien cette autorisation. Cette nuit, au cas où il aurait à achever sa besogne, il lui fallait une arme « sûre », autrement dit connue de personne et dont les empreintes ne seraient pas celles de son pistolet dont le numéro figurait sur le permis. À la réflexion, il décida qu'il écouterait seulement la proposition qui allait lui être faite et en référerait ensuite à Don Corleone.

Il reprit le chemin du cabaret mais il s'abstint de boire. Il flâna dans la 48e Rue, prit un souper tardif et sans hâte chez Patsy, son restaurant italien favori. À l'heure de son rendez-vous, il se présenta à l'entrée du club. Lorsqu'il y pénétra, le portier avait disparu. La préposée au vestiaire était partie. Il ne restait que Bruno Tattaglia pour l'accueillir et pour le conduire au bar désert situé sur le côté de la salle. Il avait devant les yeux les petites tables vides et, au milieu la piste de danse jaune et vernie dont le parquet brillait comme un diamant. Dans l'ombre, on distinguait l'estrade de l'orchestre d'où pointait le support métallique d'un microphone.

Luca s'assit au bar, Bruno Tattaglia en face de lui. Luca refusa le verre qu'il lui offrait et alluma une cigarette. Il se demanda si le Turc était vraiment dans le coup, et, soudain, il le vit émerger de l'ombre, à l'autre bout de la pièce.

Sollozzo lui serra la main et prit place à côté de lui. Tattaglia poussa un verre devant le Turc, qui hocha la tête pour remercier. « Savez-vous qui je suis ? » demanda-t-il.

Luca hocha la tête.

« Il y a gros à gagner dans la came, commença Sollozzo. Des millions pour ceux qui tiennent le bon bout. Je te garantis cinquante mille dollars à la première livraison. La drogue, c'est l'avenir.

— Qu'est-ce que je ferais dans ces trucs-là ? demanda Luca. Tu veux que j'en parle au Don ? »

Sollozzo fit une grimace. « C'est déjà fait, dit-il. Il ne veut pas y toucher. Tant pis, je peux me passer de lui. Mais j'ai besoin de quelqu'un de solide pour protéger physiquement l'opération. Je crois comprendre que tu n'es pas heureux dans ta Famille. Tu peux en changer. »

Luca haussa les épaules. « Si ça vaut le coup », dit-il.

Sollozzo l'avait observé avec une attention extrême et semblait avoir pris une décision. « Réfléchis à ma proposition pendant quelques jours et nous en reparlerons », dit-il.

Il tendit la main mais Luca fit semblant de ne pas la voir, reprit une cigarette et la porta à ses lèvres. Derrière le bar, Bruno Tattaglia, comme par magie, sortit un briquet et tendit la flamme vers la cigarette de Luca. Une chose étrange se produisit alors. Bruno laissa tomber le briquet sur le bar, saisit la main droite de Luca, et la serra.

La réaction de Luca fut instantanée. Il se laissa glisser du tabouret et essaya de se libérer d'une torsion. Mais Sollozzo avait saisi l'autre poignet. Luca, néanmoins, était trop fort pour les deux hommes et il leur aurait échappé si un troisième individu, surgi de l'ombre, derrière lui, ne lui avait passé une mince cordelette soyeuse autour du cou. Il serra, serra, Luca suffoqua. Son visage devint pourpre, ses bras perdirent leur force. Tattaglia et Sollozzo le maîtrisèrent facilement. Ils restèrent un moment à l'observer d'un air étrangement naïf, tandis que l'autre serrait encore. Le parquet devint soudain humide et glissant. Les sphincters de Luca se relâchaient et son corps se vidait. Ses forces l'abandonnèrent, ses jambes plièrent, son corps fléchit. Sollozzo et Tattaglia lâchèrent les mains. L'étrangleur resta seul auprès de sa victime et se laissa tomber à genoux pour suivre la chute du corps. Il tira si violemment sur la cordelette qu'elle pénétra dans la chair et disparut. Les yeux de Luca étaient exorbités comme sous le coup d'une extrême surprise et cette expression était le seul vestige humain qui demeurât en lui car il était mort.

« Embarquez-le, dit Sollozzo. Faites-le disparaître et surtout qu'on ne le retrouve pas d'ici longtemps. »

Il tourna les talons et disparut dans l'ombre.

8.

La Famille fut très occupée tout au long de la journée qui suivit l'attentat contre Don Corleone. Michael resta au téléphone, transmettant les messages à Sonny. Tom Hagen s'activa à trouver un médiateur acceptable par les deux partis afin d'organiser une réunion avec Sollozzo. Le Turc était tout à coup devenu prudent, peut-être savait-il que tous les hommes de Clemenza et de Tessio patrouillaient dans la ville et les environs pour retrouver sa trace. Mais Sollozzo se terrait dans sa cachette, comme tous les membres éminents de la famille Tattaglia. Sonny s'y attendait ; l'ennemi ne pouvait manquer de prendre une précaution aussi élémentaire ; il le savait.

Clemenza fut pris par l'exécution de Paulie Gatto. Tessio s'acharna à retrouver Luca Brasi ou à savoir au moins quelles allées et venues avaient précédé sa disparition. Luca n'était pas rentré chez lui depuis la nuit précédant l'attentat. Mauvais signe. Mais Sonny refusait de croire que Brasi l'eût trahi ou qu'il eût été tué par surprise.

Mama Corleone resta en ville, chez des amis de la Famille, à proximité de l'hôpital. Carlo Rizzi, le gendre, proposa ses services mais on lui répondit de s'occuper de son affaire, celle que Don Corleone avait créée pour lui : il était bookmaker dans le quartier italien de Manhattan. Connie s'installa auprès de sa mère afin de pouvoir, elle aussi, rendre visite à son père à l'hôpital.

Toujours sous l'effet des calmants, Freddie reposait dans sa chambre, chez ses parents. Sonny et Michael lui rendirent visite et s'étonnèrent de sa pâleur et de son mauvais état de santé évident.

« Bon sang, dit Sonny à Michael en quittant sa chambre, il a l'air plus touché que le Vieux. »

Michael haussa les épaules. Il avait vu des soldats dans le même état sur le champ de bataille. Mais il n'avait jamais pensé que cela pourrait arriver à Freddie. Il se souvenait du cadet comme étant, physiquement, l'un des plus forts de la famille lorsqu'ils n'étaient encore que des enfants. Mais Freddie avait aussi toujours été celui qui obéissait le mieux à son père. Cependant tout le monde savait que le Don avait renoncé à lui confier un poste de responsabilités dans ses affaires. Il n'était pas tout à fait assez intelligent et, à cause de cela, pas assez impitoyable. Bref, d'un naturel trop effacé, il n'avait pas assez de caractère.

En fin d'après-midi, Michael reçut un coup de téléphone de Johnny Fontane qui appelait d'Hollywood. Sonny prit l'appareil. « Non, Johnny, inutile de venir voir le Vieux, dit-il. Il est trop mal en point et ça te ferait une mauvaise publicité. Le Don n'aimerait pas ça. Attends qu'il aille mieux. Quand nous pourrons le ramener à la maison, tu pourras venir le voir ici. OK je lui ferai tes amitiés. » Sonny raccrocha. Il se tourna vers Michael et ajouta : « Papa sera content de savoir que Johnny voulait venir de Californie. »

Peu après, un des hommes de Clemenza appela Michael à la cuisine. Kay était sur l'autre ligne téléphonique, celle qui figurait dans l'annuaire. « Ton père ? Comment va-t-il ? » demanda-t-elle d'une voix inquiète qui semblait un peu irréelle. Michael savait qu'elle ne pouvait pas croire ce qui s'était passé : que son père était vraiment ce que les journaux appellent un gangster.

« Il s'en tirera, répondit-il.

— Je pourrais t'accompagner quand tu iras le voir à l'hôpital, non ? » interrogea Kay.

Michael éclata de rire. Elle se rappelait qu'il lui avait dit combien ce genre d'attentions importait aux vieux Italiens. « C'est un cas particulier, dit-il. Si les journalistes apprennent ton nom et tes antécédents, tu auras droit à la troisième page du *Daily News*. La fille d'une vieille famille yankee ne fréquente pas le fils d'un grand chef de la mafia. Tu crois que tes parents aimeraient ça ?

— Mes parents ne lisent pas le *Daily News* », répondit Kay sèchement. Il y eut de nouveau un silence gêné puis elle poursuivit : « Tout va bien pour toi, Mike, tu n'es pas en danger, n'est-ce pas ? »

Mike rit de nouveau. « Je passe pour la chiffe molle de la famille Corleone, presque la pédale. T'inquiète pas. Personne ne prendra la peine de me courir après. D'ailleurs, cette histoire est terminée, Kay. Il n'y aura plus de bobo. Considère ça comme une sorte d'accident. Je t'expliquerai quand je te verrai.

— Quand ? » demanda-t-elle.

Michael réfléchit. « Ce soir, tard, qu'est-ce que tu en dis ? Nous prendrons un verre, nous dînerons à ton hôtel et j'irai ensuite à l'hôpital voir le Vieux. Je commence à être fatigué de rester ici à répondre au téléphone. D'accord ? Mais ne dis rien à personne. Pas de photographes pour notre tête-à-tête. Je ne plaisante pas, Kay. C'est diablement embarrassant, surtout à cause de tes parents.

— D'accord, répondit Kay. Je t'attendrai. Puis-je faire des achats de Noël pour toi ? Ou autre chose ?

— Non, dit Michael. Sois là, c'est tout. »

Elle eut un petit rire nerveux. « J'y serai, bien sûr. Est-ce que je n'y suis pas toujours ?

— Oui, dit-il. C'est pourquoi tu es ma préférée.

— Je t'aime, dit-elle. Peux-tu m'en dire autant ? »

Michael considéra les quatre truands assis dans la cuisine. « Non, je ne peux pas, dit-il. À ce soir, d'accord ?

— D'accord », fit-elle. Et elle raccrocha.

Revenu de sa journée de labeur, Clemenza s'affairait dans la cuisine pour ouvrir une énorme boîte de sauce tomate. Michael lui fit un signe de tête et retourna dans le bureau où Hagen et Sonny l'attendaient avec impatience. « Clemenza est là ? » demanda Sonny.

Michael acquiesça. « Il est en train de faire cuire des spaghettis pour un régiment.

— Dis-lui de laisser tomber ça et de venir ici, dit Sonny agacé. J'ai des choses plus importantes pour lui que la bouffe. Fais venir Tessio aussi. »

Quelques minutes plus tard, ils étaient tous réunis dans le bureau. « Tu t'es occupé de lui ? demanda discrètement Sonny à Clemenza.

— Tu ne le reverras plus jamais », répondit Clemenza.

Comme s'il avait reçu une légère décharge électrique, Michael comprit qu'ils parlaient de Paulie Gatto et que le petit Paulie était mort, assassiné par Clemenza, ce joyeux drille qui dansait si gaillardement au mariage de Connie.

« As-tu découvert quelque chose au sujet de Sollozzo ? » demanda Sonny à Hagen.

Ce dernier secoua négativement la tête. « Il semble plus froid quant aux négociations. En tout cas, il ne paraît pas trop inquiet. Ou peut-être est-il simplement très prudent. Il doit penser à nos poinçonneurs. Peu importe. J'ai pas encore trouvé un intermédiaire de premier ordre qui lui inspirerait confiance. Mais il doit savoir qu'il est forcé de négocier maintenant. Il a raté son coup puisque le Vieux est encore vivant.

— C'est un malin, déclara Sonny. Notre Famille n'a encore jamais eu à combattre un gonze aussi intelligent. Il s'imagine peut-être que nous cherchons simplement à gagner du temps jusqu'à ce que le Vieux aille mieux. »

Hagen haussa les épaules. « C'est ce qu'il s'imagine, bien sûr. Mais il est quand même forcé de chercher un terrain d'entente. Il n'a pas le choix. Tout sera réglé demain. C'est certain. »

Un des hommes de Clemenza frappa à la porte du bureau, entra et déclara : « La radio vient de l'annoncer, dit-il. Les poulets ont trouvé Paulie Gatto mort dans sa voiture. »

Clemenza fit un signe de tête. « Ne t'inquiète pas de ça », dit-il. Le poinçonneur considéra son caporegime d'un air étonné, suivi bientôt d'un regard compréhensif, puis il retourna dans la cuisine.

La conférence reprit sans le moindre commentaire. « Un changement quelconque dans l'état de Don ? » demanda Sonny à Hagen.

Hagen secoua la tête. « Il va bien mais il sera incapable de parler avant deux ou trois jours. Absolument KO, le Padrino. Il se remet du choc opératoire. Ta mère a passé la plus grande partie de la journée auprès de lui. Connie aussi. Les flics cernent l'hôpital et les hommes de Tessio patrouillent également, par précaution. Dès qu'il sera sur pied nous saurons ce qu'il attend de nous. Pour l'instant il faut empêcher Sollozzo de commettre un acte irréfléchi. C'est pourquoi tu dois entamer les discussions avec lui.

— Jusque-là, grommela Sonny, Clemenza et Tessio le chercheront. Peut-être aurons-nous la chance de régler toute l'affaire d'un seul coup.

— Nous n'aurons pas cette chance, reprit Hagen, Sollozzo est trop intelligent. » Hagen fit une pause. « Il sait que lorsqu'il sera à table il devra accepter la plupart de nos conditions. C'est pour ça qu'il gagne du temps. Je parie qu'il essaie de s'assurer le soutien des autres Familles de New York pour qu'on ne lui règle pas son compte quand le Vieux nous donnera le feu vert. »

Sonny fronça les sourcils. « Pourquoi se mêleraient-elles de cette affaire ? demanda-t-il.

— Pour éviter une guerre à tout berzingue qui nuirait à tout le monde. La presse et le gouvernement finiraient par s'en mêler, expliqua Hagen patiemment. Tu sais le fric qu'il y a à gagner dans la drogue. La famille Corleone n'en a pas besoin, nous avons les jeux et c'est la bonne affaire tranquille. Mais les autres Familles ont les dents longues. Sollozzo a prouvé sa valeur, elles savent qu'il est capable de lancer le trafic sur une grande échelle. Vivant, il met de l'argent dans leurs poches. Mort, il leur attire des ennuis. »

Le visage de Sonny prit une expression que Michael ne lui avait jamais vue. Les lèvres épaisses et sensuelles, la peau bronzée paraissaient grises. « Je me tamponne de leurs histoires, s'exclama-t-il. Elles ont intérêt à se tenir à carreau. »

Clemenza et Tessio s'enfoncèrent dans leurs fauteuils, aussi mal à l'aise que des commandants d'infanterie dont le général, en proie au délire, ordonne de se lancer à l'assaut d'une colline imprenable à n'importe quel prix.

« Allons, Sonny, reprit Hagen avec une pointe d'impatience, ton père n'aimerait pas ça. Tu sais qu'il a horreur du gaspillage. Nous ne laisserons personne nous mettre des bâtons dans les roues. Si le Vieux nous dit de liquider Sollozzo, alors oui. Mais il ne s'agit pas d'une question de personne, il s'agit d'affaires. Si nous nous occupons du Turc et que les Familles interviennent, nous nous arrangerons avec elles. Si elles voient que nous sommes décidés à avoir la peau de Sollozzo, elles nous laisseront les mains libres. Le Don fera des concessions dans d'autres domaines pour arrondir les angles. Réclame pas un bain de sang pour un truc comme ça. Les affaires sont les affaires. Même l'attentat contre ton père est une question d'affaires. N'en fais pas un drame personnel. Tu devrais comprendre maintenant. »

Le regard de Sonny restait dur. « D'accord, dit-il. Je comprends dans la mesure où tu admets que personne ne doit se mettre en travers de notre route quand nous nous occuperons de Sollozzo. » Sonny se tourna vers Tessio. « Des nouvelles de Luca ? » demanda-t-il.

Tessio secoua la tête.

« Rien, dit-il. Sollozzo a dû le kidnapper.

— Sollozzo ne s'inquiétait pas de Luca, c'est mon impression, reprit Hagen tranquillement. Ça m'a semblé bizarre. Un type aussi rusé aurait dû se méfier d'un zigue aussi dangereux que Luca. J'en conclus qu'il l'a fait disparaître de la circulation, d'une façon ou d'une autre.

— Bon Dieu, marmonna Sonny, j'espère que Luca n'est pas contre nous. C'est la seule chose qui me ferait peur. Clemenza, Tessio, qu'est-ce que vous en pensez, tous les deux ?

— N'importe qui peut mal tourner, énonça lentement Clemenza. Pensez à Paulie ! Pourtant, à mon avis, Luca est trop borné pour quitter le droit chemin. Il ne croyait qu'au Parrain et il en avait peur. C'est pas tout : il respectait ton père comme personne et il padrino a pourtant conquis l'estime de tout le monde. Non, Luca ne nous a pas trahis. Je ne peux pas croire non plus qu'un caïd comme Sollozzo, tout marle qu'il est, ait coincé Luca par surprise. Notre Luca soupçonne tout et tout le monde. Il est toujours prêt au pire. Il a dû s'absenter pour quelques jours, tout simplement. Nous allons avoir de ses nouvelles d'un instant à l'autre. »

Sonny se tourna vers Tessio. Le caporegime de Brooklyn haussa les épaules. « N'importe qui peut trahir. Luca est très susceptible. Le Don l'a peut-être offensé sans le vouloir. Rien d'impossible à ça. D'après ce que dit le consigliori, je crois quand même que Sollozzo l'a eu par surprise. Attendons-nous au pire. »

Sonny reprit en s'adressant à tous : « Pour Paulie Gatto, Sollozzo sera bientôt au courant. Quel effet ça lui fera ?

— Ça lui donnera à réfléchir, répondit Clemenza sévèrement. Il saura que la famille Corleone n'est pas une famille d'idiots et qu'il a eu beaucoup de chance hier.

— Pas question de chance, coupa Sonny. Sollozzo a préparé son coup pendant des semaines. Ses poinçonneurs ont dû faire suivre le Vieux à son bureau tous les jours et surveiller ses habitudes. Ensuite, ils ont acheté Paulie et peut-être Luca. Ils ont enlevé Tom, juste au bon moment. Ils ont fait tout ce qu'ils voulaient. Ne dis pas qu'ils ont eu de la chance, ils n'en ont pas eu du tout. Quitte à payer des tueurs, il faut qu'ils soient bons tireurs ; et puis le Vieux a réagi trop vite. S'ils l'avaient tué, j'aurais été obligé de conclure un marché et Sollozzo aurait gagné. Au moins pour le moment. J'aurais peut-être attendu mais je l'aurais eu dans cinq ans, dans dix ans. Alors ne dis pas qu'il a eu de la chance, Pete. Ce serait le sous-estimer et nous l'avons trop fait ces derniers temps. »

L'un des poinçonneurs apporta de la cuisine un plat de spaghettis, quelques assiettes, des couverts et du vin. Ils causèrent tout en mangeant. Michael les observa avec stupéfaction. Il ne mangea pas, Tom non plus. Mais Sonny, Clemenza et Tessio bâfrèrent abondamment et torchèrent leurs assiettes avec des morceaux de pain. C'était presque comique. Ils poursuivaient leur discussion.

Tessio ne pensait pas que la perte de Paulie Gatto attristerait Sollozzo ; en fait, il pensait que le Turc l'avait probablement prévue et l'accueillerait même peut-être avec satisfaction. Une bouche inutile de moins à sa charge ! Il ne s'en effraierait pas. Les Corleone non plus n'auraient pas peur dans une situation identique !

Michael prit la parole sans grande assurance. « Je sais que je suis un amateur dans tout ça. Mais, d'après tout ce que vous m'avez dit de Sollozzo, outre le fait qu'il a relâché Tom, j'ai l'impression qu'il a encore un tour dans son sac. Il mijote peut-être une surprise de première qui le remettra en selle et en tête du peloton. Si nous savions ce que c'est, l'initiative serait à nous.

— Oui, j'y ai songé, reconnut Sonny avec réticence, et je ne peux penser qu'à Luca. J'ai déjà donné l'ordre de l'amener ici dès qu'on mettra la main dessus, sans tenir compte de ses anciens droits dans la Famille. La seule autre chose que je puisse envisager serait que Sollozzo a conclu un marché avec les Familles de New York. Dans ce cas nous apprendrons demain qu'elles sont prêtes à nous faire la guerre pour sauver le Turc et ses trafics. Alors il faudrait accepter ses conditions. C'est bien ça, Tom ? »

Hagen acquiesça. « C'est ainsi que je vois les choses moi aussi. Contre une coalition des Familles nous ne pourrions rien faire sans ton père. Lui seul serait capable de leur tenir tête. Il a les relations politiques dont elles ont besoin pour leur trafic. Oui s'il le veut vraiment, il peut les contrecarrer à bloc.

— Sollozzo n'approchera jamais de cette maison, Patron. T'as pas besoin de t'en inquiéter », affirma Clemenza avec un peu trop d'arrogance pour un homme dont le subordonné venait de les trahir.

Sonny le considéra pensivement pendant un instant. « Et l'hôpital, tes hommes en assurent la sécurité ? » demanda-t-il à Tessio.

Pour la première fois depuis le début de la réunion, Tessio parut absolument sûr de lui. « À l'intérieur comme à l'extérieur, répondit-il. Vingt-quatre heures par jour. Les flics ont l'œil, eux aussi. Les inspecteurs attendent à la porte de la chambre pour interroger le Vieux. Elle est bien bonne ! Le Don est toujours nourri par perfusions ; pas d'aliments, nous n'avons donc pas à nous inquiéter de la cuisine car il y aurait là une source de souci avec ces Turcs vachement portés sur le poison. Ils ne peuvent absolument pas arriver jusqu'au Don. »

Sonny se balança en faisant basculer sa chaise en arrière. « Ils ne chercheront pas à me buter parce qu'ils veulent traiter avec moi ; actuellement je suis le moteur de la famille. » Il sourit à Michael : « Je me demande si toi, tu es vraiment à couvert. Sollozzo pourrait penser à t'enlever et te garder en otage. »

Michael pensa tristement qu'il raterait son rendez-vous avec Kay, parce que Sonny ne le laisserait pas quitter la maison. Mais Hagen reprit d'un ton impatient : « Non, Sollozo aurait pu enlever Michael sans aucune difficulté quand il cherchait un garant. Tout le monde sait que Mike ne s'occupe pas des affaires de la Famille. C'est un simple civil. Si Sollozzo l'enlevait, il braquerait toutes les autres Familles de New York. Les Tattaglia, eux-mêmes, seraient obligés de le laisser tomber. Non, Sonny, ne complique pas les choses. Demain, un émissaire des cinq Familles nous signifiera que nous devons nous entendre avec le Turc, pour le bien de tous. Voilà à quoi il faut s'attendre. C'est l'atout qu'il tirera de sa manche. »

Michael poussa un soupir de soulagement. « Bien, dit-il, je dois descendre en ville ce soir.

— Pourquoi ? » demanda Sonny d'une voix coupante.

Michael sourit. « Je passerai sans doute à l'hôpital voir le Vieux, Maman et Connie, dit-il. Et j'ai autre chose à faire aussi. » Comme le Don, Michael ne révélait jamais exactement ses occupations. En fait, il ne voulait pas que Sonny sache qu'il allait voir Kay Adams. Il n'avait aucune raison de le lui dire. C'était chez lui une simple habitude.

Le murmure des voix s'amplifia dans la cuisine. Clemenza sortit pour voir ce qui se passait et revint en tenant à la main le gilet pare-balles de Luca Brasi. Enveloppé dans le gilet, il y avait un gros poisson mort. « Le Turc a appris la mort de son espion Paulie Gatto, articula Clemenza d'une voix sèche.

— Et nous savons ce qu'est devenu Luca Brasi », poursuivit Tessio sur le même ton.

Sonny alluma un cigare et se versa un whisky. Michael était effaré. « Que diable signifie ce poisson ? » demanda-t-il.

Ce fut Hagen, le consigliori irlandais, qui lui répondit : « Il signifie que Luca Brasi dort au fond de l'océan. C'est un message à la mode sicilienne de jadis. »

9.

Lorsque Michael Corleone descendit en ville, ce soir-là, il était déprimé. Il se sentait trop engagé à son gré dans les affaires de la Famille et il en voulait à Sonny de se servir de lui, même pour répondre au téléphone. Il éprouvait une impression de malaise à participer aux conseils de guerre. Il lui déplaisait qu'on lui fît totalement confiance pour garder des secrets tels que des meurtres. Et maintenant, en allant voir Kay, il se sentait aussi coupable envers elle. Il n'avait jamais été parfaitement honnête lorsqu'il lui avait parlé des siens. Il ne lui avait jamais raconté à leur sujet que des histoires drôles ou des anecdotes colorées. Ses parents y prenaient davantage l'aspect d'aventuriers d'un film en Technicolor que d'individus aussi louches qu'il les voyait lui-même. Et maintenant, son père venait d'être flingué en pleine rue et son frère aîné complotait un meurtre. Car telle était la situation, exposée clairement et simplement, mais ce n'est pas ainsi qu'il la présenterait à Kay. Il lui avait déjà dit au téléphone qu'il s'agissait plutôt d'un « accident » et qu'il n'y avait plus à s'inquiéter. Diable ! il semblait plutôt que la bagarre commençait à peine. Sonny et Tom étaient déboussolés par ce sagouin de Sollozzo ; ils le sous-estimaient encore, bien que Sonny fût assez intelligent pour se rendre compte du danger. Michael essaya de réfléchir à la surprise que le Turc pouvait encore leur réserver. C'était, de toute évidence, un homme hardi, intelligent, doué d'une audace extraordinaire. Avec ce type, il fallait s'attendre à une entourloupe étourdissante. Mais Sonny, Tom, Clemenza et Tessio étaient tous d'accord sur le fait qu'ils avaient la situation bien en main. Or ils avaient tous plus d'expérience que lui, Michael. Il était bien un « simple civil » dans cette guerre, pensa-t-il en ricanant. Il faudrait, en effet, qu'on lui donne d'autrement plus belles médailles que celles qu'il avait gagnées pendant la Seconde Guerre mondiale pour qu'il participe à ces tueries de gangsters.

À cette pensée, il se sentit coupable de ne pas éprouver plus de compassion pour son père. Son propre père avait eu le corps transpercé de cinq balles. Cependant – si étrange que cela paraisse – Michael comprenait Tom mieux qu'aucun autre lorsqu'il disait que ce n'était qu'une simple question d'affaires et pas une question de personne. Autrement dit, son père payait la puissance qu'il avait exercée toute sa vie, la considération qu'il avait extorquée à tous ceux qui l'entouraient.

Michael aspirait à autre chose, à une existence indépendante de toutes ces histoires. Il entendait vivre sa vie à sa guise. Mais il ne pouvait se libérer de la Famille avant que la crise fût dénouée. Il devait apporter l'aide dont il était capable en qualité de civil. Avec une acuité soudaine, il comprit qu'il était contrarié par le rôle qui lui était assigné, celui du non-combattant privilégié, de l'objecteur de conscience pardonné. C'est pour cela que le mot de « civil » cognait dans sa tête de façon si irritante.

Lorsqu'il arriva à l'hôtel, Kay était dans le hall. (Deux hommes de Clemenza avaient conduit Michael en ville et l'avaient laissé au coin du pâté d'immeubles voisins après s'être assurés qu'ils n'avaient pas été suivis.)

Ils dînèrent ensemble et prirent quelques rafraîchissements. « À quelle heure vas-tu voir ton père ? » demanda Kay.

Michael regarda sa montre. « Les visites finissent à huit heures trente, dit-il, mais je vais y aller lorsque tout le monde sera parti. On me laissera entrer. Papa est dans une chambre particulière et a ses infirmières personnelles. Je peux donc rester un moment auprès de lui. Je ne pense pas qu'il puisse encore parler ou même se rendre compte que je suis là. Mais je dois lui manifester mon respect.

— Je suis désolée pour ton père, reprit Kay, il m'avait paru si aimable au mariage. Je ne peux pas croire tout ce que les journaux impriment sur son compte. Je suis sûre que ce n'est pas vrai.

— Je ne le crois pas davantage », dit Michael poliment.

Il fut surpris de constater sa réserve auprès de Kay. Il l'aimait, il avait confiance en elle, mais il ne lui dirait jamais rien sur son père ou sa Famille. Elle restait une étrangère.

« Et toi ? demanda Kay. Vas-tu être mêlé à cette guerre de gangs dont les journaux parlent si allègrement ? »

Michael sourit, déboutonna sa veste et la maintint grande ouverte. « Regarde, pas de revolver », dit-il. Kay éclata de rire.

Il se faisait tard et ils montèrent dans leur chambre. Elle prépara un cocktail pour chacun d'eux et s'assit sur les genoux de Michael tandis qu'ils buvaient. Sous sa robe, elle n'était que soie jusqu'à ce que la main de Michael atteignît la peau brûlante des cuisses. Ils tombèrent à la renverse sur le lit et firent l'amour tout habillés, leurs bouches collées l'une à l'autre. Lorsqu'ils eurent terminé, ils restèrent étendus, immobiles, sentant la chaleur moite de leurs corps sous leurs vêtements.

« C'est ça l'amour à la sauvette, comme disent les soldats ? murmura Kay.

— Oui, dit Michael.

— Ce n'est pas désagréable », répondit Kay d'une voix énamourée.

Ils somnolèrent jusqu'à l'instant où Michael bondit soudain, anxieux, et regarda sa montre. « Bon sang, il est presque dix heures ! s'exclama-t-il. Il faut que j'aille à l'hôpital. »

Il alla dans la salle de bains pour se passer un peu d'eau sur la figure et se peigner. Kay le suivit et lui entoura la taille de ses bras.

« Quand nous marierons-nous ? demanda-t-elle.

— Quand tu voudras, répliqua Michael. Dès que cette histoire de Famille sera apaisée et que mon Vieux ira mieux. Je crois cependant qu'il vaut mieux que tu expliques la chose à tes parents.

— Que j'explique quoi ? » interrogea Kay tranquillement.

Michael passa le peigne dans ses cheveux. « Dis-leur simplement que tu as rencontré un brave et beau garçon d'ascendance italienne. Major à Dartmouth. Croix de guerre. Honnête. Travailleur. Mais son père est l'un des chefs de la mafia, il supprime des mauvais garçons, corrompt parfois les hauts fonctionnaires. Au cours de ses activités diverses, il vient de recevoir, incidemment, une rafale de mitraillette. Mais cela n'a rien à voir avec son fils, honnête et rude travailleur. Crois-tu que tu pourras te rappeler tout cela ? »

Kay le laissa parler, appuyée à la porte de la salle de bains. « C'est vraiment exact ? demanda-t-elle. Il fait tout ça ? Il tue des gens ? »

Michael finit de se peigner. « Au fond, je ne sais pas, dit-il. Personne ne sait au juste. Mais je n'en serais pas surpris. »

Avant qu'il ne partît, elle demanda : « Quand te reverrai-je ? »

Michael l'embrassa. « Je veux que tu rentres chez toi, dit-il, et que tu réfléchisses à tout cela dans ta petite ville rurale. En tout cas, je ne veux pas que tu sois mêlée à cette affaire. Après les vacances de Noël, je serai de retour au collège et nous irons ensemble à Hanovre, d'accord ?

— D'accord », dit-elle. Elle le regarda quitter la chambre, lui faire un geste d'adieu de la main avant de prendre l'ascenseur. Jamais elle ne s'était sentie aussi proche de lui, jamais elle ne l'avait autant aimé. Si quelqu'un lui avait dit qu'elle ne le reverrait pas avant trois ans, elle n'aurait pas été capable de supporter sa peine.

Lorsque Michael descendit du taxi qui l'avait conduit à l'Hôpital français, il fut surpris de constater que la rue était complètement déserte. En pénétrant dans l'établissement, il fut plus encore étonné de ne voir personne dans le vestibule. Bon Dieu, que faisaient donc Clemenza et Tessio ! Évidemment, ils n'avaient jamais été à West Point mais ils en savaient assez en matière de stratégie pour prévoir des avant-postes. Deux de leurs hommes auraient dû monter la garde dans l'entrée.

Les derniers visiteurs étaient partis, il était presque dix heures et demie du soir. L'esprit en alerte, les nerfs tendus, Michael ne prit pas la peine de s'arrêter au bureau de renseignements, il connaissait déjà le numéro de la chambre de son père, au quatrième étage. Il fit fonctionner lui-même l'ascenseur. Chose assez curieuse, personne ne l'arrêta jusqu'à ce qu'il eût atteint le bureau des infirmières au même étage. Il passa sans répondre à la question qu'on lui posa et poursuivit son chemin jusqu'à la chambre de son père. Personne devant la porte. Où diable étaient les deux détectives qui devaient attendre dans les parages pour garder et interroger le Vieux ? Où diable étaient les hommes de Tessio et de Clemenza ? Y avait-il quelqu'un à l'intérieur de la pièce ? Mais la porte était ouverte. Il entra. Le clair de lune de décembre éclairait la silhouette couchée dans le lit et Michael distingua le visage de son père. Même alors, il restait impassible, la poitrine à peine soulevée par son souffle irrégulier. Des tuyaux fixés sur des supports d'acier lui pénétraient dans le nez. Sur le sol, un grand bocal recevait les sécrétions que d'autres tuyaux déversaient de son estomac. Michael demeura là quelques instants pour s'assurer que son père était vivant, puis il sortit de la chambre.

« Je m'appelle Michael Corleone, dit-il à l'infirmière. Je veux rester un moment auprès de mon père. Qu'est-il arrivé aux inspecteurs qui devaient veiller sur sa sécurité ? »

L'infirmière était une très jeune femme, fort assurée de l'importance de ses fonctions. « Votre père avait précisément trop de visites, dit-elle. Ça gênait le service de l'hôpital. La police est venue et a évacué tout le monde il y a dix minutes. Cinq minutes plus tard, j'ai appelé les inspecteurs au téléphone car on les demandait d'urgence à leur quartier général, et ils sont partis eux aussi. Mais ne vous inquiétez pas, je veille sur votre père et j'entends tous les bruits venant de sa chambre. C'est pour cela que nous laissons la porte ouverte.

— Merci, dit Michael. Je vais m'asseoir près de lui un petit moment. D'accord ? »

Elle sourit. « Rien qu'un petit moment dit-elle. Ensuite, je crois qu'il faudra partir. C'est le règlement, vous le savez. »

Michael retourna dans la chambre de son père. Il prit le récepteur du téléphone placé dans une niche et demanda à la standardiste de l'hôpital le numéro secret du Don, celui de son bureau. Ce fut Sonny qui répondit. Michael murmura : « Sonny, je suis à l'hôpital, j'y suis arrivé tard. Sonny, il n'y a absolument personne ici. Pas un seul des gars de Tessio. Pas d'inspecteurs à la porte de la chambre. Le Vieux est absolument sans protection. » Sa voix tremblait.

Il y eut un long silence puis il entendit la voix de Sonny, basse et angoissée. « Voilà la surprise que nous préparait Sollozzo. Tu as vu juste.

— C'est ce que j'ai pensé. Mais comment a-t-il obtenu que les flics délogent tout le monde et où sont-ils allés ? Qu'est-il arrivé aux hommes de Tessio ? Nom de Dieu, est-ce que ce salaud de Sollozzo a aussi toute la police de New York dans sa poche ?

— Ne t'emballe pas, fiston, dit Sonny d'une voix rassurante. Nous avons encore eu de la chance que tu sois allé si tard à l'hôpital. Reste dans la chambre du Vieux. Boucle-toi à l'intérieur. J'aurai des hommes là-bas dans moins d'un quart d'heure, dès que j'aurai pu donner quelques coups de téléphone. Reste tranquille et ne t'affole pas. OK fiston ?

— Je ne m'affole pas », dit Michael. Pour la première fois depuis que tout avait commencé, il sentait monter en lui une rage furieuse, une haine mortelle contre les ennemis de son père.

Il raccrocha le téléphone et sonna l'infirmière. Il décida de se fier à son seul jugement et de ne pas tenir compte des ordres de Sonny. « Je ne veux pas vous effrayer, dit-il à l'infirmière lorsqu'elle entra, mais il nous faut déménager mon père immédiatement. Dans une autre chambre ou à un autre étage. Pouvez-vous débrancher tous ces tuyaux afin que nous puissions rouler son lit ?

— Mais c'est ridicule ! s'exclama l'infirmière. Il faut la permission du médecin.

— Vous avez lu ce que disent les journaux au sujet de mon père, dit vivement Michael. Vous avez constaté qu'il n'y a personne pour le garder ici ce soir. Je viens d'apprendre que des gangsters sont déjà en route pour venir l'assassiner ici même. Croyez-moi, je vous en prie, et aidez-moi. » Il était extraordinairement persuasif lorsqu'il le voulait.

« Inutile de débrancher ces tuyaux, dit l'infirmière. L'installation fait corps avec le lit.

— Avez-vous une chambre vide ? murmura Michael.

— Au bout du couloir », répondit l'infirmière. Le transport s'effectua en quelques minutes, très rapidement et très efficacement.

« Veillez sur lui jusqu'à l'arrivée des secours, dit Michael. Si vous restez dans votre bureau, vous risquez d'être blessée. »

À cet instant, il entendit la voix de son père, rauque mais pleine de vigueur. « Michael, c'est toi ? Qu'est-ce qui s'est passé ? Qu'est-ce qu'il y a ? »

Michael se pencha au-dessus du lit. Il prit la main de son père dans la sienne. « C'est bien moi, Mike, dit-il. N'aie pas peur. Écoute-moi, ne fais aucun bruit, surtout si tu entends crier ton nom. Des gens veulent te tuer. Compris ? Mais je suis là. Alors n'aie pas peur. »

Don Corleone, pas encore pleinement conscient de ce qui lui était arrivé la veille, souffrait terriblement. Il sourit cependant avec bienveillance à son plus jeune fils, comme s'il voulait lui dire : « Pourquoi aurais-je peur maintenant ? Bien des gens ont cherché à me tuer depuis que j'ai eu l'âge de douze ans. » Mais il n'eut pas la force de parler.

10.

Ce petit hôpital privé n'avait qu'une seule entrée. Michael regarda par la fenêtre ; il apercevait la rue. On accédait à l'hôpital par une cour incurvée, limitée par des marches ; Michael n'y distingua aucune voiture. Quiconque pénétrerait dans l'établissement devrait passer par cette entrée. Michael savait qu'il n'avait pas beaucoup de temps devant lui. Il dévala les quatre étages et franchit les grandes portes du rez-de-chaussée. Il aperçut sur le côté le parking réservé aux ambulances et constata qu'il n'y avait là non plus ni voitures ni ambulances.

Michael resta debout sur le trottoir devant l'hôpital et alluma une cigarette. Il déboutonna son veston et resta sous la lumière d'un lampadaire pour qu'on distinguât bien ses traits. Un jeune homme descendait la Neuvième Avenue d'un pas rapide, un paquet sous le bras. Il portait une vareuse de soldat et ses cheveux formaient une épaisse touffe noire. Lorsqu'il arriva dans la lumière, Michael eut l'impression de connaître ce visage mais il ne put le situer. Le jeune homme, cependant, s'arrêta à sa hauteur et lui tendit la main :

« Don Michael, dit-il avec un fort accent italien, vous souvenez-vous de moi ? Enzo, le mitron du boulanger, de Nazorine le *paniterro*, son gendre. Votre père a fait mon bonheur en obtenant du gouvernement que je reste en Amérique. »

Michael lui serra la main. Il se le rappelait maintenant. « Je suis venu présenter mes respects à votre père. Est-ce qu'on me laissera entrer si tard à l'hôpital ? »

Michael sourit et secoua la tête. « Non, dit-il. Mais merci quand même. Je dirai au Don que vous êtes venu. »

Le vrombrissement d'une voiture descendant la rue alerta aussitôt Michael. « Allez-vous-en vite. Il risque d'y avoir du grabuge. Vous pourriez avoir des ennuis avec la police. »

Michael vit la peur sur le visage du jeune Italien. Des ennuis avec la police, cela signifiait l'expulsion ou le refus de la nationalité américaine. Mais le jeune homme se ressaisit rapidement. « S'il y a du grabuge, je reste pour vous aider, dit-il. Je le dois au Padrino. »

Michael fut touché. Il s'apprêtait à répéter son conseil au jeune homme, puis il réfléchit. Pourquoi ne pas le laisser rester ? Deux hommes à la porte de l'hôpital pourraient inspirer des soupçons à n'importe quelle équipe envoyée par Sollozzo pour accomplir le travail. Un seul n'inquiéterait personne. Il offrit une cigarette à Enzo et lui tendit du feu. Tous deux se tenaient en plein dans la lumière, par la froide nuit de décembre. Les vitres jaunes de l'hôpital, égayées par les décorations vertes de Noël, se reflétaient sur eux. Ils avaient presque terminé leur cigarette lorsqu'une voiture noire, longue et basse, venant de la Neuvième Avenue, tourna dans la Trentième, et se dirigea vers eux, suivant étroitement la courbe du trottoir. Elle s'arrêta presque. Michael scruta les visages à l'intérieur du véhicule, fléchissant involontairement son corps. La voiture ralentit encore et, soudain, reprit de la vitesse. Quelqu'un avait reconnu Michael. Il offrit une autre cigarette à Enzo et remarqua que les mains du mitron tremblaient. Il constata, avec un certain étonnement, que les siennes restaient fermes.

Ils n'étaient certainement pas dans la rue depuis plus de dix minutes quand tout à coup une sirène de police déchira la paix nocturne. Une voiture de patrouille tourna dans la Neuvième Avenue sur les chapeaux de roues et stoppa devant l'hôpital. Deux cars de renfort suivirent immédiatement. En un instant, l'entrée de l'hôpital fut envahie par des agents en uniforme et des poulets en bourgeois. Michael poussa un soupir de soulagement. Le bon vieux Sonny n'avait pas perdu de temps. Le jeune homme s'avança à la rencontre des policiers.

Deux d'entre eux, grands et solidement bâtis, l'empoignèrent. Un autre le fouilla. Un capitaine de forte carrure, le képi galonné d'or, descendit les marches. Ses hommes s'écartèrent respectueusement pour lui céder le passage. Son tour de poitrine indiquait sa vigueur malgré les cheveux blancs qui débordaient de sa coiffure. Visage sanguin, tout rouge. Il s'approcha de Michael et vociféra : « Je croyais vous avoir tous bouclés, cochons de gangsters. Qui êtes-vous et que faites-vous ici ? »

L'un des flics, debout près de Michael, précisa alors : « Il n'est pas armé, capitaine. »

Michael ne répondit pas à la question qui lui était posée. Il étudiait le policier, examinant froidement son visage, ses yeux d'un bleu métallique.

« C'est Michael Corleone, le fils du vieux Don, dit un inspecteur en civil.

— Qu'est-il arrivé aux détectives qui étaient censés garder mon père ? demanda calmement Michael. Qui les a déchargés de leur mission ? »

L'officier de police fut pris d'une fureur colérique.

« Espèce de bandit ! Est-ce que tu te permettrais de me dire ce que j'ai à faire ? C'est moi qui ai renvoyé tout le monde. Je me fous comme de ma dernière merde du nombre de métèques qui se tuent entre eux. S'il ne tenait qu'à moi, je ne lèverais pas le petit doigt pour que ton vieux ne soit pas descendu. Maintenant, fous le camp d'ici. Quitte la rue, gueule de raie, et ne mets pas les pieds à l'hôpital en dehors des heures de visite. »

Michael l'examinait toujours intensément. Ce que disait le capitaine ne provoquait aucune colère en lui. Son esprit fonctionnait furieusement vite. Était-il possible que Sollozzo se fût trouvé dans la première voiture, celle d'où on l'avait vu debout devant l'hôpital ? Était-il possible que Sollozzo eût alors appelé le capitaine de police pour lui dire à peu près : « Comment les hommes de Corleone peuvent-ils être encore à l'hosto alors que je vous ai payé pour les boucler ? » Était-il possible que tout eût été soigneusement prémédité comme l'avait dit Sonny ? Tout se recoupait. Toujours maître de lui, Michael déclara : « Je ne quitterai pas cet hôpital avant que vous ayez fait garder la chambre de mon père. »

Le capitaine ne prit pas la peine de répondre. « Phil, dit-il à l'inspecteur qui se trouvait à ses côtés, bouclez-moi ce salaud.

— On ne peut retenir aucune charge contre lui, capitaine, commença l'inspecteur d'un ton hésitant. C'est un héros de guerre et il n'a jamais été mêlé au racket. Les journaux risquent d'en faire une sale histoire. »

Le capitaine se tourna vers l'inspecteur, le visage rouge de fureur. « Sacrebleu, je vous dis de le boucler. »

Michael, l'esprit toujours clair, sans colère, demanda alors avec une malice voulue : « Combien le Turc vous paie-t-il pour lui livrer mon père, capitaine ? »

Le capitaine lui fit face. « Tenez-le ! » ordonna-t-il à deux des policiers de la patrouille, deux colosses. Michael sentit ses bras cloués le long de son corps. Il distingua le poing massif dessinant un arc de cercle dans l'air. Il essaya de se dégager mais le poing l'atteignit au haut de la pommette. Une grenade explosa dans sa tête. Sa bouche s'emplit de sang et de petits os durs. Il comprit que c'étaient ses dents et sentit tout le côté de sa tête enfler comme un pneu que l'on gonfle au compresseur. Ses jambes étaient molles et il serait tombé si les deux policiers ne l'avaient soutenu. Mais il était toujours conscient. L'inspecteur en civil s'était placé devant lui pour éviter que le capitaine ne le frappe à nouveau. « Bon Dieu, capitaine, dit-il, vous l'avez trop amoché.

— Je ne l'ai pas touché, répliqua l'officier de police d'une voix forte. Il m'a attaqué et il est tombé. Compris ? Il a résisté lorsqu'on l'arrêtait. »

Dans une brume rouge, Michael aperçut d'autres voitures au bord du trottoir. Des hommes en descendirent. Il reconnut l'un d'eux : l'avocat de Clemenza. Ce dernier s'adressait au capitaine d'une voix assurée et d'un ton suave : « La famille Corleone a engagé une firme de détectives privés pour garder M. Corleone. Tous ces hommes possèdent une autorisation de port d'armes, capitaine. Si vous les arrêtez, vous devrez comparaître demain matin devant le tribunal et expliquer pourquoi. »

L'homme de loi considéra Michael : « Désirez-vous porter plainte contre celui qui vous a blessé de la sorte ? » demanda-t-il.

Michael éprouvait des difficultés pour parler. Ses mâchoires ne se rejoignaient plus mais il réussit à marmonner : « J'ai glissé, j'ai glissé et je suis tombé. »

Il vit le capitaine lui lancer un regard de triomphe et il s'efforça d'y répondre par un sourire. À tout prix, Michael voulait dissimuler la délicieuse fureur, une fureur glaciale, qui laissait à son esprit un contrôle absolu, le flot de haine froide qui envahissait son corps. Il voulait n'avertir personne au monde des sentiments qui l'animaient en cet instant. Comme l'eût fait le Don. Il sentit ensuite qu'on le transportait dans l'hôpital, puis il perdit conscience.

Lorsqu'il s'éveilla le lendemain matin, il constata que ses mâchoires avaient été remises en place et qu'il lui manquait quatre dents sur le côté gauche. Hagen était assis à son chevet.

« On m'a anesthésié ? demanda Michael.

— Oui, répondit Hagen. Il a fallu extraire des petits débris d'os de tes gencives et les toubibs ont pensé que ce serait trop douloureux sans anesthésie. Par ailleurs, tu étais déjà pratiquement inconscient avant qu'on t'endorme.

— Est-ce que j'ai autre chose de cassé ? poursuivit Michael.

— Non. Sonny veut que tu rentres à Long Beach. Tu penses en être capable ?

— Certainement, dit Michael. Le Don va bien ? »

Hagen rougit. « Ce problème est réglé maintenant, dit-il. Nous avons loué les services d'une firme de détectives privés et tout le quartier en est bourré. Je t'en dirai davantage dans la voiture. »

Clemenza était au volant, Michael et Hagen sur la banquette arrière. Michael ressentait une douleur lancinante à la tête. Il demanda : « Enfin, que s'est-il passé exactement hier soir ? Vous le savez, vous autres ?

— Il y avait justement un ami de la Famille parmi les flics : l'inspecteur Philips, celui qui a essayé de te protéger. Il nous a tout expliqué. Le capitaine de police, McCluskey, est un gars qu'on a toujours pu acheter au prix fort depuis qu'il n'était que simple agent de carrefour. Notre Famille lui a déjà versé un bon paquet. Il a les dents longues et on ne peut se fier à lui. Sollozzo a donc dû le payer très cher. McCluskey a fait arrêter tous les hommes de Tessio, qui étaient à l'hôpital ou dans les parages, immédiatement après les heures de visite. Cela n'a pas arrangé les choses que certains soient armés. McCluskey a ensuite rappelé les deux inspecteurs chargés officiellement de garder la porte du Don. Il a prétendu qu'il avait besoin d'eux et que d'autres flics allaient venir les remplacer mais ce second ordre a été annulé. Du bidon ! Il était payé pour livrer notre Vieux aux assassins. Philips prétend qu'il est capable de repiquer au truc. Sollozzo a dû lui donner une fortune pour commencer et lui promettre la lune en cas de réussite.

— Les journaux ont parlé de ma blessure ?

— Non, répondit Hagen. Nous l'avons bouclé. Personne n'a envie de publicité. Ni les flics ni nous.

— Bon, reprit Michael. Est-ce que le petit gars Enzo a pu se tailler ?

— Oui, dit Hagen. Il a été plus malin que toi. Dès que les flics sont arrivés, il a disparu. Il prétend qu'il était avec toi lorsque la voiture de Sollozzo est passée. C'est vrai ?

— Exact, confirma Michael. C'est un bon petit gars.

— On s'occupera de lui, dit Hagen. Tu te sens bien ? » Le visage d'Hagen exprima l'inquiétude. « Tu parais épuisé.

— Ça va, répondit Michael. Comment s'appelle ce capitaine ?

— McCluskey. À propos, tu te sentiras peut-être mieux en apprenant que la famille Corleone a finalement marqué un point : Bruno Tattaglia, à quatre heures ce matin. »

Michael se redressa. « Comment ? demanda-t-il. Je croyais que nous devions rester tranquilles. »

Hagen haussa les épaules. « Après ce qui s'était passé à l'hôpital, Sonny en a eu marre. Il a lâché tous nos poinçonneurs à travers New York et Jersey-City. Nous avons établi une liste la nuit dernière. J'essaie de retenir Sonny, Mike. Peut-être pourras-tu lui parler. Toute l'affaire pourrait se régler sans une guerre totale.

— Je lui parlerai, dit Michael. Il y a conférence ce matin ?

— Oui, dit Hagen. Sollozzo a finalement pris contact et veut discuter avec nous. Un intermédiaire met au point les détails. Cela signifie que nous tenons la victoire. Sollozzo sait qu'il a perdu et il veut sauver sa peau. » Hagen fit une pause et reprit : « Il nous a peut-être pris pour des ramollis prêts à nous vendre, parce que nous n'avons pas riposté illico. Maintenant qu'un des fils Tattaglia est mort, il sait comment nous traitons les affaires. Il a vraiment pris un risque terrible en essayant de buter le Don. À propos, nous sommes tout à fait renseignés au sujet de Luca. Ils l'ont tué la nuit qui a précédé l'attentat contre ton père. Dans la boîte de Bruno. Tu imagines ?

— Pas étonnant qu'ils l'aient eu par surprise », répondit Michael.

L'entrée du mail de Long Beach était barrée par une longue voiture noire arrêtée en travers de la chaussée. Deux solides gaillards s'appuyaient au capot. Michael remarqua que les fenêtres du rez-de-chaussée des deux premières maisons situées de chaque côté de l'entrée étaient ouvertes. Bon Dieu, Sonny jouait le grand jeu !

Clemenza arrêta la voiture à l'extérieur du mail et ils poursuivirent leur chemin à pied. Les deux hommes de garde étaient des subordonnés de Clemenza et en passant devant eux ce dernier fronça les sourcils, en guise de salut. Ils répondirent d'un signe de tête. Ni sourire ni salutations. Clemenza conduisit Hagen et Michael Corleone vers la maison du Don.

Un autre homme ouvrit la porte avant qu'ils aient sonné. De toute évidence, on les avait aperçus par la fenêtre. Ils se dirigèrent vers le bureau d'angle et y retrouvèrent Sonny et Tessio qui les attendaient. Sonny s'avança vers Michael, prit la tête de son jeune frère entre ses mains et déclara d'un ton taquin : « Magnifique, magnifique ! »

Michael lui lança une bourrade et se rapprocha du bureau pour se verser un scotch, espérant que cela apaiserait la douleur de sa mâchoire.

Les cinq hommes s'assirent en cercle dans la pièce mais l'atmosphère était différente de celle des précédentes réunions. Sonny était plus gai, plus joyeux et Michael comprit pourquoi : il n'existait plus aucun doute dans l'esprit de son aîné. Il était engagé et rien ne pourrait plus l'arrêter. La dernière tentative de Sollozzo, la nuit précédente, faisait déborder le vase. Désormais, plus question de trêve. « Nous venons de recevoir un coup de téléphone de l'intermédiaire pendant ton absence, dit Sonny à Hagen. Le Turc veut nous rencontrer maintenant. » Sonny éclata de rire. « Ce gredin n'a rien dans le caleçon. Après avoir raté son coup la nuit dernière, il se prétend pressé de discuter : aujourd'hui ou demain. En attendant, il espère que nous allons nous tourner les pouces et encaisser ses vacheries avec le sourire. Il a un drôle d'estomac.

— Qu'est-ce que tu as répondu ? demanda Tom prudemment.

— J'ai dit d'accord, pourquoi pas ? reprit Sonny. À l'heure qu'il voudra, je ne suis pas pressé. J'ai une centaine de poinçonneurs dans la rue vingt-quatre heures par jour. Si Sollozzo montre le bout de son nez, c'est un homme mort. Laissons-les prendre leur temps.

— Ils ont fait une proposition précise ? demanda Hagen.

— Oui, dit Sonny. Ils veulent que Mike aille écouter ses propositions. Le médiateur garantit la sécurité du frangin. Sollozzo ne nous demande pas de garantir la sienne, il sait qu'il ne peut pas le demander. C'est hors de question. La rencontre sera donc organisée par lui. Ses gens passeront prendre Mike et le conduiront au lieu de la rencontre. Mike écoutera Sollozzo et ils le libéreront ensuite. Mais le lieu du rendez-vous est secret. Sollozzo prétend que la proposition sera si alléchante que nous ne pourrons pas refuser.

— Et les Tattaglia ? demanda Hagen. Que vont-ils faire au sujet de Bruno ?

— Ce sera un des éléments de l'arrangement. Le médiateur assure que la famille Tattaglia est d'accord avec Sollozzo. Ils ne tiendront pas compte de Bruno. Il a payé pour ce qu'ils ont fait au Vieux. Un coup efface l'autre. » Sonny éclata de rire à nouveau. « Ces salopards ne doutent de rien.

— Voyons toujours ce qu'ils ont à proposer », suggéra prudemment Tom.

Sonny secoua la tête négativement. « Non, non, consigliori, pas cette fois. » Sa voix avait une légère trace d'accent italien. Il imitait son père volontairement, simplement pour s'amuser : « Plus de réunions. Plus de discussions. Plus de tours comme Sollozzo nous en a joué. Quand l'intermédiaire reprendra contact avec nous, je veux que vous lui transmettiez un message : la peau de Sollozzo ou la guerre à tout va. Nous irons aux matelas et nous lâcherons tous nos poinçonneurs dans la rue. Les affaires en souffriront, tant pis.

— Les autres Familles ne nous soutiendront pas. Une guerre ouverte, reprit Hagen, ça coûterait trop cher à tout le monde. »

Sonny haussa les épaules. « Facile ! Qu'elles me livrent le Turc, sinon elles devront combattre la famille Corleone. » Sonny fit une pause, puis il déclara rudement : « Tom, plus de conseils sur la façon de rafistoler les choses. Ma décision est prise. Ton devoir désormais : m'aider à vaincre. Compris ? »

Hagen inclina la tête. Il resta un moment plongé dans ses pensées puis il ajouta : « J'ai parlé à notre homme de liaison au commissariat. Il donne comme certain que le capitaine McCluskey est porté sur les feuilles de paie de Sollozzo, et pour une grosse somme. Et ce n'est pas tout : McCluskey va toucher le paquet sur les opérations de drogue. Il a accepté d'être le garde du corps de Sollozzo. Le Turc ne pointe pas le nez hors de son trou sans McCluskey. Lorsqu'il rencontrera Mike pour la conférence, McCluskey sera assis à ses côtés. En civil, mais enfouraillé. Maintenant, ce qu'il faut que tu comprennes, Sonny, c'est qu'aussi longtemps que Sollozzo est pareillement gardé, il reste invulnérable. Personne n'a jamais descendu impunément un capitaine de la police new-yorkaise. La presse, les polices, les Églises et tout le bataclan nous rendraient la vie intolérable. La catastrophe ! Les cinq Familles se lanceraient à nos trousses. Les Corleone ne seraient plus que des parias. Même les protecteurs politiques du Vieux ne chercheraient plus qu'à se dédouaner. Prends tout ça en considération. »

Sonny haussa les épaules.

« McCluskey ne peut pas rester collé au Turc à perpète. Nous attendrons. »

Tessio et Clemenza tiraient sur leur cigare avec une certaine nervosité, n'osant pas parler, mais transpirant.

C'est leur peau qui serait en jeu si la décision prise n'était pas la bonne.

Pour la première fois, Michael prit la parole. « Peut-on faire sortir le Vieux de l'hôpital et le ramener ici ? » demanda-t-il à Hagen.

Hagen secoua la tête. « Non, dit-il. C'est la première chose que j'ai demandée. Impossible ! Il est très mal en point. Il s'en tirera mais il a besoin de toutes sortes de soins, peut-être d'une autre intervention chirurgicale. Impossible.

— Alors, il faut avoir la peau de Sollozzo tout de suite, dit Michael. Nous ne pouvons pas attendre. Ce lascar est trop dangereux. Il trouvera autre chose. N'oubliez pas ceci : le fond de l'histoire, c'est qu'il veut se débarrasser du Vieux. Il sait que maintenant c'est très dangereux. Alors il est prêt à risquer sa vie même à cent mille contre un seul tout petit espoir de gagner la partie. Il est coriace. Même s'il n'espère plus du tout s'en tirer, il essaiera encore de tuer le Don. Et, avec ce capitaine de police dans sa manche, qui sait ce qui peut se passer. Nous ne pouvons pas accepter de risque. Nous devons nous débarrasser de Sollozzo immédiatement. »

Sonny se gratta le menton d'un air pensif. « Tu as raison, fiston, dit-il. Nous ne pouvons laisser Sollozzo remettre ça contre le Vieux.

— Et que faites-vous du capitaine McCluskey ? » demanda Hagen.

Sonny se tourna vers Michael avec un petit sourire bizarre : « Oui, fiston, que fais-tu de ton ami le capitaine ?

— OK, répondit Michael lentement, c'est une mesure extrême, mais il est des cas où les pires extrêmes sont justifiés. Admettons que nous devons supprimer McCluskey. La meilleure façon de s'y prendre serait de le mettre dans le bain par-dessus la tête. Montrer que ce n'est pas un honnête officier de police soucieux de son devoir mais un fonctionnaire véreux mêlé au racket, qui paie parce qu'il le mérite comme tous les truands. Nous graissons des journalistes et nous pouvons les mettre au parfum avec assez de preuves pour que leurs articles tiennent debout. Nous serions déjà moins traqués. Qu'en pensez-vous ? » Michael regarda autour de lui avec déférence. Tessio et Clemenza avaient l'air sombre et se refusaient à parler.

Sonny dit avec le même curieux sourire :

« Vas-y, fiston, tu parles d'or. De la bouche des enfants… c'est ce que le Don avait l'habitude de dire. Continue, Mike. Nous voulons en savoir davantage… »

Hagen souriait un peu lui aussi et détournait la tête. Michael rougit. « Eh bien ! voilà, dit-il. Ils veulent que je participe à une conférence avec Sollozzo. Nous serons tout seuls : Sollozzo, McCluskey et moi. Organise la rencontre pour après-demain. Débrouille-toi pour que nos indicateurs découvrent où elle aura lieu. Exige que ce soit dans un lieu public. Je ne me laisserai pas embarquer dans un appartement ou dans une maison quelconque. Que ce soit dans un restaurant ou un bar aux heures de pointe, pendant le repas, quelque chose dans ce genre-là, pour que je me sente vraiment en sécurité. Ils se sentiront à l'abri, eux aussi. Même Sollozzo n'imaginera pas que nous oserons descendre le capitaine. Ils me fouilleront à l'arrivée au rendez-vous. Je ne serai pas armé. À toi de trouver, mais trouve un moyen pour que je mette la main sur une arme pendant la réunion. Alors je leur règle leur compte à tous les deux. »

Les quatre têtes se tournèrent vers Michael et restèrent fixées sur lui. Clemenza et Tessio étaient abasourdis. Hagen paraissait un peu triste mais pas surpris. Il allait parler mais se reprit parce que Sonny, son épais visage de Cupidon tordu par la gaieté, éclata soudain en bruyants éclats de rire. Rire profond qui venait du ventre, rire honnête et sincère : il éclatait vraiment. Il pointa un doigt vers Michael, essayant de parler entre ses accès de rire. « Toi, fiston, à ta cinquième année d'études supérieures, toi qui n'as jamais voulu être mêlé aux affaires de la Famille, tu veux tuer un capitaine de la police et le Turc. Et tout ça parce que McCluskey t'a foutu sur la gueule ! Tu en fais une question personnelle. Il s'agit d'affaires, de choses sérieuses et tu joues au drame ! Tu veux tuer ces deux gonzes parce que tu as reçu une gifle. Ce n'était que du bluff ; toutes ces dernières années n'ont été qu'un immense bluff. »

Clemenza et Tessio, se méprirent totalement. Pensant que Sonny riait de la témérité de son jeune frère, ils se tournèrent vers Michael, le visage fendu par un large sourire un peu protecteur. Seul Hagen restait prudemment impassible.

Michael les regarda les uns après les autres puis fixa Sonny, qui ne pouvait s'arrêter de rire.

« Tu les descends tous les deux ? dit Sonny. Dis-donc, fiston, cette fois on ne va pas te décorer, mais t'asseoir sur la chaise électrique. Tu le sais ? Des coups comme ça, c'est pas pour les héros. On ne tire pas à un kilomètre de l'ennemi. On tire quand on lui voit le blanc des yeux, comme on nous l'a appris à l'école. Tu te souviens ? Tu dois être debout, à côté d'eux et leur faire sauter la tête. Leur cervelle giclera sur ton beau complet d'étudiant rupin. Qu'est-ce que tu en penses, fiston ? Et tu te lancerais dans un coup comme ça parce qu'un flic imbécile t'a cogné en pleine figure ? » Sonny riait encore.

Michael se leva. « Cesse de rigoler », dit-il. Sa transfiguration fut tellement extraordinaire que le sourire disparut des visages de Clemenza et de Tessio. Michael n'était ni grand ni d'une carrure impressionnante mais sa personne semblait rayonner un danger. À cet instant, il réincarna Don Corleone lui-même. Ses yeux pâlirent et son visage perdit ses couleurs. On l'aurait cru prêt à se jeter d'un instant à l'autre sur son frère aîné, beaucoup plus vigoureux que lui. Aucun doute : s'il avait eu une arme entre les mains, Sonny eût été en danger. Sonny cessa de rire et Michael lui lança d'une voix glaciale : « Tu m'en crois incapable, gros connard ? »

Sonny se remit de son fou rire. « Je sais que tu en es capable, dit-il. Je ne me moque pas de toi. Pas du tout. Je riais de la drôle de tournure que prennent les événements. J'ai toujours dit que tu étais le plus coriace de la Famille, plus coriace que le Don lui-même. Tu étais le seul à tenir tête au Vieux. Je me rappelle quand tu étais haut comme ça. Une vraie teigne ! pour un oui ou un non tu me fonçais dessus, comme un fauve. J'étais assez costaud pour te tenir à distance. Mais Freddie était obligé de te foutre des raclées, tellement tu lui menais la vie dure. Marrant : aujourd'hui Sollozzo s'imagine que tu es l'agneau de la Famille parce que tu n'as pas riposté à McCluskey devant dix ou vingt poulets et parce que tu ne voulais pas être mêlé aux affaires de la Famille. Il croit qu'il n'a rien à craindre s'il te rencontre seul à seul. McCluskey aussi t'a pris pour un poltron. » Sonny marqua une pause avant de reprendre doucement : « Mais, tu es un Corleone après tout, petit conneau ! Et j'étais le seul à le soupçonner. Ces trois derniers jours, je suis resté là, assis, attendant que tu laisses tomber ton masque d'universitaire aristocrate, de glorieux militaire. J'ai attendu que tu deviennes mon bras droit pour que nous nous y mettions sérieusement. Attends un peu mon petit pote. On va les massacrer tous les salauds qui veulent tuer notre père et détruire notre Famille. Il t'a suffi d'un gnon sur la mâchoire. Qu'est-ce que vous dites de ça ? » Sonny esquissa un coup de poing, d'un geste comique et répéta : « Qu'est-ce que vous dites de ça ? »

L'atmosphère s'était un peu détendue dans la pièce. Mike secoua la tête : « Sonny, c'est la seule chose à faire. Je ne peux pas laisser à Sollozzo une autre occasion d'abattre le Vieux. Je suis le seul qui puisse l'approcher d'assez près. J'ai réfléchi. Tu ne trouveras personne d'autre pour descendre un capitaine de police. Toi, tu serais peut-être prêt à le faire, Sonny. Mais tu as une femme et des gosses et il faut que tu mènes les affaires de la Famille jusqu'à ce que le Vieux se requinque. Il reste donc Freddie et moi. Freddie est commotionné et hors jeu. Finalement, il ne reste que moi. Tout ça n'est que pure logique. Le gnon sur la mâchoire n'a rien à y voir. »

Sonny s'approcha de Michael et l'embrassa. « Je me fous de tes raisons, dit-il. Tu es avec nous. Voilà ce qui compte. Et je vais te dire autre chose : tu as tout à fait raison. Tom, qu'en dis-tu ? »

Hagen haussa les épaules. « Raisonnement solide, dit-il. Je dis ça parce qu'à mon avis le Turc n'est pas sincère. Il nous endort avec ses propositions d'accord. Je suis convaincu qu'il essaiera encore d'arriver jusqu'au padrino. Étant donné ce qu'il a fait, on ne peut pas envisager les choses autrement. Donc Michael a raison :

il faut descendre Sollozzo sur-le-champ. Maintenant, il y a le capitaine de police. Celui qui lui fera la peau, à celui-là, sera traqué comme personne. Faut-il que ce soit Mike ?

— Je pourrais m'en charger », dit Sonny d'une voix douce.

Hagen secoua la tête avec impatience. « Sollozzo ne te laisserait pas approcher à moins d'un kilomètre de lui, même s'il avait dix capitaines de police à ses côtés. En outre, tu es le chef de la Famille. Tes responsabilités t'interdisent de risquer ta vie. » Hagen s'arrêta, puis demanda à Clemenza et Tessio : « L'un de vous deux a-t-il un poinçonneur de classe, quelqu'un de vraiment exceptionnel, qui accepterait le travail ? Il n'aurait pas à s'inquiéter des problèmes d'argent pour le restant de ses jours. »

Clemenza parla le premier. « Sollozzo connaît tous mes meilleurs soldats. Il flairerait le coup immédiatement. Il comprendrait aussi si moi ou Tessio y allions.

— Et un vrai petit dur qui n'aurait pas encore eu sa chance, un bon débutant ? »

Les deux caporegimes secouèrent la tête. Tessio sourit pour atténuer l'ironie de sa réponse : « Autant envoyer un nourrisson à la chasse au lion. »

Sonny intervint avec bonhomie : « C'est Mike et nul autre pour des tas de raisons diverses. La plus importante, c'est qu'ils l'ont classé comme minus et qu'il est capable de faire le boulot. Ça je le garantis. C'est important parce que nous n'aurons aucune autre occasion de ratatiner cet enfoiré de Turc. Reste à mettre au point la meilleure façon d'aider Mike. Tom, Clemenza, Tessio, trouvez où Sollozzo l'emmènera pour cette conférence. Je me moque de ce que ça coûtera. Quand nous aurons ce renseignement, nous verrons comment lui faire passer un soufflant au bon moment. Clemenza, je veux que tu lui trouves dans ta collection un revolver vraiment "sûr", le plus anonyme que tu possèdes : impossible à identifier. Barillet court et gros calibre. Un truc qui pète le feu, pour de bon. Peu importe la précision : Mike tirera à bout portant et même touchant si possible. Toi, Mike, dès que tu auras utilisé le revolver, laisse-le tomber par terre. Ne te fais épingler à aucun prix avec cet outil à la main. Clemenza, garnis crosse et détente de ce ruban collant qui évite toute empreinte digitale. Maintenant, Mike, n'oublie pas ceci : nous pouvons tout arranger, les témoins et le reste, mais si tu es arrêté l'arme à la main, tu es cuit. L'affaire faite, nous assurerons ton transport et ta protection. Tu disparaîtras pour un long et agréable congé jusqu'à ce que les choses s'apaisent. Tu seras absent longtemps, Mike, mais je ne veux pas que tu dises au revoir à ton amie ou même que tu lui téléphones. Quand tout sera terminé et que tu auras quitté le pays, je lui enverrai un mot pour lui dire que tout va bien. Ce sont des ordres. » Sonny sourit à son frère. « Et maintenant, reste avec Clemenza et entraîne-toi à tenir le revolver qu'il va te choisir. Entraîne-toi peut-être un peu même à tirer. Nous nous occuperons de tout le reste. De tout. OK fiston ? »

Michael Corleone sentit de nouveau un délicieux frisson glacial parcourir son corps. « Tu n'avais pas besoin de me dire cette foutaise au sujet de ma petite amie, dit-il à son frère. Que diable croyais-tu que j'allais faire ? l'appeler pour lui dire au revoir ?

— OK, s'empressa de répondre Sonny. Mais tu es encore un débutant. C'est pourquoi je te mâche la besogne. Oublie ce détail.

— Qu'appelles-tu un débutant ? reprit Michael avec un petit sourire. J'ai écouté le Vieux aussi attentivement que toi. Comment crois-tu que je sois devenu si intelligent ? »

Tous deux éclatèrent de rire.

Hagen versa à boire à tout le monde. Il semblait un peu renfrogné : l'homme d'État forcé d'aller à la guerre, le légiste forcé d'avoir recours à la loi. « Eh bien, dit-il, de toute façon, maintenant, nous savons ce que nous allons faire. »

11.

Assis à son bureau, le capitaine Mark McCluskey tripotait trois enveloppes gonflées de bordereaux de paris. Les sourcils froncés, il cherchait à déchiffrer les notations portées sur ces bordereaux. Il lui importait beaucoup de réussir. La nuit précédente, au cours d'une descente chez les books de la famille Corleone, ses agents avaient saisi ces enveloppes. Le book devait maintenant racheter les bordereaux sinon les joueurs prétendraient tous avoir misé sur les chevaux gagnants. Pour quelques-uns, ce serait vrai et, s'il ne les payait pas, ils penseraient à le buter. Le capitaine McCluskey tenait à déchiffrer les bordereaux parce qu'il ne voulait pas être blousé lorsqu'il les revendrait au book. S'il y en avait pour cinquante mille dollars, il pourrait peut-être en demander cinq mille. Mais s'il y avait beaucoup de gros paris et que les bordereaux représentent cent mille dollars ou peut-être même deux cent mille, alors le prix s'en trouverait considérablement augmenté. McCluskey s'amusa avec l'une des enveloppes puis donna sa langue au chat et décida de laisser le book mariner dans sa frousse et lui faire une première proposition. Ça donnerait une indication sur la valeur réelle des bordereaux.

McCluskey jeta un coup d'œil sur la pendule fixée au mur de son bureau. L'heure était venue de passer prendre le Turc, ce rasta, et de le conduire où il devait rencontrer un émissaire de la famille Corleone. McCluskey traversa la pièce jusqu'à son vestiaire métallique mural et revêtit un complet civil. Lorsqu'il eut terminé, il appela sa femme au téléphone et l'avertit qu'il ne rentrerait pas dîner ce soir-là parce que son travail le retiendrait très tard. Il ne confiait jamais rien à sa femme. Elle pensait qu'ils vivaient largement sur son salaire de policier. McCluskey émit un petit grognement amusé : sa mère pensait la même chose jadis mais il avait été très tôt à bonne école : son père lui avait montré les ficelles.

Ce père était sergent de la police et chaque semaine le père et le fils se promenaient dans le quartier. McCluskey senior présentait son fils de six ans aux boutiquiers en disant : « Voilà mon petit garçon. »

Les boutiquiers lui serraient la main, le complimentaient de façon excessive et ouvraient leur tiroir-caisse qui tintait. Ils offraient au petit garçon un cadeau de cinq ou dix dollars. À la fin de la journée le petit Mark McCluskey avait toutes les poches de son costume bourrées de billets. Penser que les amis de son père l'aimaient au point de lui faire un cadeau chaque mois, voilà qui le rendait très fier. Bien entendu, son père plaçait l'argent à la banque pour que le petit Mark pût faire des études supérieures plus tard et ne lui laissait guère que cinquante cents par mois.

Quand, à la maison, ses oncles – tous flics, comme papa – lui demandaient ce qu'il voulait faire lorsqu'il serait grand, il répondait gentiment : « Ze serait azent de police », et tous éclataient de rire. Bien entendu, plus tard, malgré le désir de son père de le voir aller à l'université d'abord, Mark entra à l'école de police dès qu'il eut fini ses études secondaires.

Il fut un bon flic, un flic courageux. Les pires jeunes voyous qui terrorisaient les passants au coin des rues s'enfuyaient éperdus dès qu'ils le voyaient, même de loin, et finirent par disparaître complètement de son secteur. Il était très dur et très équitable. Il ne conduisit jamais son fils chez les boutiquiers pour percevoir des présents en numéraire, en échange desquels il tolérait les infractions aux règlements sur les ordures ménagères et le stationnement ; il prenait l'argent directement dans sa propre main, parce qu'il avait le sentiment qu'il le méritait bien. Il ne s'était jamais engouffré dans un cinéma ou reposé dans un restaurant aux heures de service, comme le faisaient tant d'autres flics, surtout durant les nuits d'hiver. Il effectuait toujours ses rondes recta d'un bout à l'autre, à grands pas réguliers. Il assurait aux magasins du quartier un maximum de protection et de service. Lorsque les poivrots et les ivrognes filtraient de la Bowery pour mendigoter dans son secteur, il s'occupait d'eux avec une telle rudesse qu'ils n'y remettaient jamais les pieds. Les commerçants de son arrondissement appréciaient ça et le lui montraient.

Il respectait le « système ». Les books de son arrondissement savaient qu'il ne leur créerait jamais d'ennuis pour leur soutirer un petit rabiot personnel mais qu'il se contenterait de sa part sur la masse réservée au commissariat. Son nom figurait sur la liste avec celui des collègues et il n'essayait jamais d'arrondir sa part. Flic juste, il n'acceptait que les pots-de-vin qui ne salissent pas les mains et sa promotion dans les services de police fut régulière sinon spectaculaire.

Cependant il élevait une famille nombreuse de quatre fils, dont aucun ne devint policier. Tous allèrent à l'université Fordham. Mark McCluskey étant passé du grade de sergent à celui de lieutenant puis de capitaine, ils ne manquaient de rien. C'est à cette époque que McCluskey se fit une réputation d'âpreté au gain. Les books de son secteur versèrent plus d'argent pour leur protection que tous ceux de tous les autres quartiers. Peut-être était-ce parce que les études universitaires de quatre garçons coûtent cher.

McCluskey personnellement ne voyait rien de répréhensible à ces honnêtes pots-de-vin. Pourquoi diable ses gosses devraient-ils aller dans une faculté bon marché du Sud ? Parce que les services de police ne payaient pas assez leur personnel pour permettre aux poulets de vivre et d'entretenir décemment leur famille ? McCluskey protégeait les gens paisibles en risquant sa vie. Son dossier contenait des citations pour duels au pistolet avec des auteurs de hold-up, des gars toujours prêts à la violence, ou avec des proxénètes. Il les avait impitoyablement cloués au sol. Il avait maintenu la sécurité des gens comme il faut dans son petit coin de la ville et il avait conscience de mériter plus que son billet de cent dollars hebdomadaire. Mais il ne s'indignait pas de son maigre salaire, il comprenait que dans la vie chacun doit s'occuper de ses affaires et veiller à ses intérêts.

Bruno Tattaglia était un de ses vieux amis. Bruno était allé à Fordham avec l'un de ses fils. Puis Bruno avait ouvert son cabaret. Lorsque la famille McCluskey passait une soirée en ville – événement rare – elle dînait, buvait, dansait et soupait au cabaret aux frais de la maison. Pour la Saint-Sylvestre, les McCluskey recevaient des invitations gravées de la direction de l'établissement, et l'une des meilleures tables leur était toujours réservée. Bruno ne manquait jamais de leur présenter les célébrités qui passaient dans son établissement : chanteurs les plus célèbres ou vedettes d'Hollywood. Évidemment, il demandait de temps à autre une petite faveur, notamment de blanchir le casier judiciaire (la feuille jaune) d'un ami ou d'une amie pour lui permettre de travailler au cabaret ; il s'agissait en général d'une jolie fille, fichée par la police ou déjà condamnée pour racolage, entôlage ou tout simplement pour prostitution notoire. Le capitaine McCluskey aimait à rendre de tels services.

Sa politique consistait à ne jamais montrer qu'il comprenait ce dont les autres étaient capables. Lorsque Sollozzo l'avait contacté pour lui demander de laisser le vieux Corleone sans protection à l'hôpital, McCluskey n'avait pas demandé « pourquoi ? » mais « combien ? ». Lorsque Sollozo lui répondit dix mille dollars, McCluskey devina pourquoi. Il n'hésita pas. Corleone était l'un des hommes les plus importants de la mafia et il avait plus de relations politiques que n'en avait jamais eu Capone. Quiconque le descendrait rendrait un grand service au pays. McCluskey prit l'argent d'avance et fit ce qu'on lui demandait. Lorsque Sollozzo lui téléphona qu'il y avait encore deux hommes de Corleone devant l'hôpital, le capitaine piqua une crise de fureur. Il avait cependant bouclé tous les hommes de Tessio, il avait retiré les inspecteurs qui veillaient à la porte de Corleone à l'hôpital. Et maintenant, parce qu'il avait des principes, il allait être obligé de rendre les dix mille dollars, ce bon argent déjà mis de côté pour les études de ses petits enfants ! C'est dans cet accès de rage qu'il partit pour l'hôpital et qu'il frappa Michael Corleone.

Mais tout s'était terminé au mieux. Il revit Sollozzo au cabaret des Tattaglia et il conclut un meilleur arrangement. Cette fois encore McCluskey ne posa pas de question, parce qu'il devinait toutes les réponses. Il s'assura du prix, c'est tout. Il ne lui vint jamais à l'esprit que lui-même pût être en danger. Que quelqu'un envisageât, ne serait-ce qu'un instant, de tuer un capitaine de la police new-yorkaise était trop fantastique. Le plus grand bandit de la mafia n'oserait jamais se rebiffer si le moins gradé des flics décidait de le gifler. Nul n'a absolument aucun intérêt à tuer un flic parce que aussitôt les gangsters se font descendre – un peu partout et sous tous les prétextes imaginables : menace ou violence à agent, tentative de fuite et Dieu sait quoi. Et qui diable trouverait à y redire ?

McCluskey soupira et se prépara à quitter le commissariat. Des problèmes, toujours des problèmes ! La sœur de sa femme venait de mourir en Irlande d'un cancer contre lequel elle luttait depuis des années et qui avait coûté une somme rondelette au capitaine. Les funérailles allaient maintenant lui coûter encore plus. Ses oncles et ses tantes à lui, au pays, avaient besoin d'une petite assistance financière de temps en temps pour entretenir leur champ de pommes de terre ; il envoyait un peu d'argent et le tour était joué. Il ne le donnait pas à contrecœur. Lorsque sa femme et lui retournaient au pays, ils étaient traités comme roi et reine. Peut-être feraient-ils de nouveau ce voyage l'été venu puisque la guerre était terminée et compte tenu de quelques bonnes rentrées d'argent imprévues.

McCluskey dit au secrétaire où il se trouverait au cas où l'on aurait besoin de lui. Il ne jugeait pas nécessaire de prendre des précautions exceptionnelles. Le cas échéant, il prétendrait que Sollozzo était un indicateur. Quoi de plus naturel ? Il s'éloigna à pied du commissariat, traversa plusieurs carrefours et prit un taxi pour se faire conduire à l'endroit où il devait rejoindre Sollozzo.

Tom Hagen avait fait le nécessaire pour assurer la fuite à l'étranger de Michael : faux passeport, carte d'inscrit maritime, inscription sur le rôle d'un cargo italien qui mouillerait dans un port de Sicile. Ce même jour, des émissaires prirent l'avion à destination de l'île des ancêtres afin de préparer, avec un chef de la mafia, une cachette pour le fugitif dans ce pays montagneux.

Sonny s'occupa de la voiture et d'un chauffeur absolument digne de confiance qui attendrait Michael à la sortie du restaurant où aurait eu lieu la rencontre avec Sollozzo. Le conducteur serait Tessio en personne, qui s'était porté volontaire. La voiture aurait un aspect usagé mais le moteur serait excellent, les plaques d'immatriculation seraient fausses. Cette bagnole, évidemment, ne pourrait fournir aucun indice. Elle avait été mise en réserve depuis longtemps en prévision de quelque mission spéciale demandant le maximum d'atouts.

Michael passa la journée en compagnie de Clemenza à s'entraîner avec le petit revolver qui lui serait fourni : un 5,5 millimètres. Les balles à pointe arrondie feraient des trous de poinçon à l'entrée et des ravages épouvantables à l'intérieur du corps et à la sortie. Michael constata que l'arme gardait toute sa précision à un mètre cinquante de la cible. Au-delà les balles s'égaillaient un peu partout. La détente était dure mais Clemenza fit le nécessaire avec ses outils pour la rendre plus docile. Ils décidèrent que le bruit importait peu. Mieux encore : des déflagrations assourdissantes renseigneraient utilement quiconque se trouverait dans les parages. (Mieux vaut éviter qu'un passant innocent, se méprenant sur la situation, ne vienne s'interposer, n'écoutant que son courage.) Le bruit du revolver maintiendrait donc tout le monde à bonne distance.

Pendant toute cette séance d'entraînement, Clemenza ne cessa de lui répéter : « Laisse tomber ton soufflant dès que tu as fini. Laisse simplement tomber ton bras sur le côté, et ouvre la main. Le calibre tombe de si peu qu'on n'entend rien. Personne ne s'en apercevra. Tout le monde pensera que tu es toujours armé. On fixera ton visage. Quitte les lieux très rapidement mais ne cours pas. Ne regarde personne droit dans les yeux mais ne perds personne de vue. Souviens-toi qu'on aura peur de toi ; crois-moi, on aura peur. Personne ne s'interposera. Tessio t'attendra à la sortie. Embarque dans sa tire et t'occupe plus du reste. N'aie pas peur de l'imprévu. Tu seras surpris de constater à quel point ces affaires marchent bien. Maintenant, essaie ce bitos pour voir de quoi tu as l'air. » Il coiffa son élève d'un feutre gris. Michael, qui ne portait jamais de chapeau, fit la grimace. Clemenza le rassura : « Ça rend l'identification plus difficile : simple précaution. Et surtout ça donne aux témoins une excuse pour changer de signalement quand nous leur ouvrons les yeux. Ne t'inquiète pas des empreintes. La crosse et la détente sont protégées par un ruban spécial. Ne touche à aucune autre partie du pétard. Ça, fais gaffe !

— Sonny sait où Sollozzo va m'emmener ? » demanda Michael.

Clemenza haussa les épaules. « Pas encore, dit-il. Sollozzo est très prudent. Mais t'inquiète pas : tu risques rien de ce côté. Le médiateur restera entre nos mains tant que tu ne seras pas revenu sain et sauf. S'il t'arrivait quoi que ce soit, le négociateur paierait pour toi.

— Pourquoi ce type risquerait-il sa peau pour ma pomme ?

— Parce qu'il touche un gros paquet : une petite fortune. C'est un type qui compte dans les Familles. Il sait que Sollozzo ne peut se permettre de le faire buter. Pour Sollozzo, ta vie ne vaut pas celle du négociateur. C'est très simple. Il ne t'arrivera rien. C'est nous qui serons en enfer aussitôt après.

— Oui ? Qu'est-ce qui va se passer ?

— Le pire, répondit Clemenza. Ce sera la guerre à tout-va entre les familles Tattaglia et Corleone. La plupart des autres s'aligneront sur les Tattaglia. La voirie va récolter du cadavre cet hiver. » Clemenza haussa les épaules. « Que veux-tu ? Ça doit arriver tous les dix ans à peu près. Ça purge le mauvais sang. Et puis si nous les laissons piétiner nos bégonias pour les petits bidules, ils voudront tout nous piquer. Faut les mettre au pas dès le commencement, comme on aurait dû arrêter Hitler dès Munich ; jamais on aurait dû lui laisser les mains libres. C'était filer tout droit vers la grande bagarre. »

Michael avait entendu son père dire la même chose autrefois, et, en 1939, la guerre avait effectivement éclaté. Si les Familles avaient eu le portefeuille des Affaires étrangères, il n'y aurait jamais eu de Seconde Guerre mondiale, pensa-t-il avec un sourire.

Ils revinrent en voiture au mail et à la maison du Don, où Sonny tenait encore son poste de commandement. Michael se demanda combien de temps son aîné pourrait rester cloîtré dans la forteresse familiale. Finalement, il lui faudrait se risquer à en sortir. Les deux hommes trouvèrent Sonny en train de faire un somme sur le canapé. Les reliefs de son déjeuner traînaient sur la table roulante : bribes de steak, miettes de pain, demi-bouteille de whisky.

Le bureau de son père, habituellement si net, prenait l'aspect d'une chambre meublée mal entretenue. Michael secoua son frère pour le réveiller : « Tu as fini de faire le clochard, dit-il. Lève-toi et nettoie cette pièce. »

Sonny bâilla. « Tu te prends pour qui ? Tu te crois en train d'inspecter les chambrées ? Mike, nous ne savons pas encore où ces canailles de Sollozzo et de McCluskey ont l'intention de t'emmener. Si nous ne trouvons pas, comment pourrons-nous te passer un outil ?

— Le prendre sur moi, c'est vraiment pas possible ? demanda Michael. Rien ne prouve qu'ils me fouilleront. Et même s'ils me fouillent, ils ne trouveront pas forcément un calibre bien planqué. Et même s'ils le trouvent, qu'est-ce qui se passe ? Ils le piqueront, et c'est tout. »

Sonny secoua la tête. « Non, dit-il. Faut être absolument sûrs de notre coup avec ce salaud de Sollozzo. Autant que possible, le Turc d'abord et du premier coup. McCluskey est plus lent et plus bête. Avec lui tu pourras prendre tout ton temps. Clemenza t'a bien dit de laisser tomber ton calibre le plus tôt possible.

— Plus de mille fois, qu'il l'a dit. »

Sonny se leva et s'étira. « Comment va ta mâchoire, fiston ? demanda-t-il.

— Mal », dit Michael. Tout le côté gauche de son visage le faisait souffrir à l'exception de la partie recousue qui restait engourdie par l'anesthésie. Il prit la bouteille de whisky sur la table et porta le goulot directement à ses lèvres. La douleur s'atténua.

« Doucement Mike, recommanda Sonny. C'est pas le moment.

— Assez joué les grands frères, coupa Michael. Je me suis battu contre des types plus coriaces que Sollozzo et dans des conditions plus difficiles. Où diable sont ses mortiers ? Est-il couvert par l'aviation ? A-t-il de l'artillerie lourde ? des mines ? Ce n'est qu'un fils de pute avisé avec un gros bonnet de flic à ses côtés. Pour celui qui est décidé à les avoir, il n'y a pas de problème matériel. Le seul, c'est la décision. Je l'ai prise. Ils n'auront même pas le temps de comprendre ce qui se passe. »

Tom Hagen entra dans la pièce, salua les deux frères d'un bref signe de tête et se dirigea tout droit vers le téléphone secret. Il composa plusieurs numéros puis secoua la tête en regardant Sonny. « Pas un souffle, dit-il. Sollozzo garde le secret aussi longtemps qu'il peut. »

Le téléphone sonna. Sonny répondit et il leva la main comme pour demander le silence bien que personne ne parlât. Il gribouilla quelques notes sur un bloc. « OK, dit-il, il y sera. » Il raccrocha, rit et reprit : « Ce fils de pute, c'est vraiment quelqu'un ! Voici le rendez-vous : à huit heures ce soir, Sollozzo et le capitaine McCluskey prennent Mike devant le bar de Jack Dempsey à Broadway. Ils vont quelque part pour parler et, écoutez ça : Mike et Sollozzo parlent italien pour que le flic irlandais n'entrave que dalle.

Il m'a même dit : “Ne vous inquiétez pas, ce poulaga ne pige qu'un seul mot d'italien : *soldi*, le fric.” Il est à la coule, crois-moi, le Sollozzo. Il sait même que tu comprends le patois sicilien.

— Je suis assez rouillé mais nous ne discuterons pas longtemps, dit Mike sèchement.

— Nous ne laisserons pas partir Michael avant d'avoir bouclé le médiateur pour qu'il serve de garant, dit Tom Hagen.

— C'est fait, dit Clemenza. Le gonze est chez moi, bien au chaud, en train de taper le carton avec trois de mes hommes. Ils attendent mon coup de téléphone pour le laisser partir. »

Sonny se renversa dans son fauteuil de cuir. « Maintenant, comment diable savoir le lieu de la conversation, Tom ? Nous avons des indicateurs chez les Tattaglia. Ils mouftent pas. Pourquoi ? »

Hagen haussa les épaules. « Sollozzo est vraiment intelligent, dit-il. Il joue serré. Plutôt que de mettre qui que ce soit au parfum, il préfère se passer de garde du corps. Il s'imagine que le capitaine suffira et que cette sécurité vaut plus que des revolvers. Faute de mieux, lançons un gars prendre Mike en filature et espérons que tout se passera bien. »

Sonny secoua la tête. « Non. N'importe qui peut échapper à une filature. Suffit d'un rien de chou. D'ailleurs un marle comme le Turc vérifiera sûrement s'il est pisté. »

À cinq heures de l'après-midi, Sonny remarqua, inquiet : « Finalement, Mike n'aura qu'à envoyer une giclée à ceux qui viendront le prendre en voiture. »

Hagen secoua la tête. « Et si Sollozzo ne s'y trouve pas ? dit-il. Mike se mouillerait pour rien. Sacré nom ! il faut découvrir où Sollozzo l'emmène.

— Affaire de gamberge, dit Clemenza. Tâchons de savoir pourquoi le Turc fait tant de mystères.

— Parce que c'est son intérêt, coupa Michael impatient. Moins il en dit, mieux ça vaut pour lui. En outre, il flaire le danger. Futé et prudent, le Sollozzo ; c'est évident. Il se tient à carreau même à l'ombre du capitaine de police. »

Hagen fit claquer ses doigts. « Une idée. L'inspecteur… le nommé Philips. Passe-lui un coup de fil, Sonny. Il sait peut-être où joindre le capitaine. Ça vaut la peine d'essayer. McCluskey n'a sûrement pas peur de dire où il va. »

Sonny prit le téléphone et composa un numéro. Il parla doucement dans le récepteur puis raccrocha. « Il va nous rappeler », dit-il.

Ils attendirent une demi-heure puis la sonnerie du téléphone retentit. C'était le détective Philips. Sonny se leva et décrocha fébrilement. Tous attendirent en silence. Sonny inscrivit quelque chose sur son bloc-notes. Ses traits étaient tendus. « C'est dans la fouille, les gars. Le capitaine McCluskey doit toujours laisser l'adresse où l'on peut le joindre. De huit heures à dix heures ce soir il sera au Luna Azure, au Bronx. Vous connaissez ? »

Tessio répondit avec assurance : « Oui. Ça fait notre affaire au poil. Un petit restaurant des familles avec des box où l'on peut discuter en toute tranquillité. Bonne bouffe. Clientèle tout ce qu'il y a de peinard. Le coin rêvé. » Il se pencha sur le bureau de Sonny et fit un plan avec des cigarettes éteintes : « Voici l'entrée. Mike, ton affaire faite, sors, tourne à gauche devant la porte et encore à gauche au coin de la rue. Je te repérerai, j'allumerai les phares et je te cueillerai au vol. Si ça tourne de travers, gueule et j'essaierai de couvrir ta fuite. Clemenza, il est temps de se manier le train pour planquer le soufflant. Je vois très bien les toilettes du restau : installation d'autrefois avec beaucoup d'espace entre le réservoir d'eau et le mur. C'est là qu'il faut cacher l'arme. Mike, quand ils t'auront fouillé dans la voiture et qu'ils n'auront rien trouvé, ils n'auront plus peur. Commence par t'asseoir et même à briffer. Ensuite va tranquillement chercher l'outil. Non, mieux encore, demande la permission d'y aller, en prenant l'air du cave gêné ; ça fera très naturel. À ton retour, perds pas de temps, te rassois même pas, tire tout de suite. Mais de tout près. Pas de risque surtout. À bout portant. En plein dans le cigare. Deux valdas à chacun, et dehors, fissa. »

Sonny avait écouté d'un air docte. « Attention Clemenza, dit-il. Je veux quelqu'un de très doué, de très sûr, pour planquer ce revolver. Tu vois pas le frangin sortir des gogues les mains vides.

— Le revolver y sera, dit solennellement le caporegime.

— OK, répliqua Sonny. Alors, au boulot, tout le monde. »

Tessio et Clemenza partirent.

« Je conduis Mike à New York ? demanda Hagen.

— Non, répondit Sonny, j'ai besoin de toi ici. Quand Mike aura fini, nous en aurons plein les bras, tous les deux. Tu t'es occupé des types de la presse ? »

Hagen hocha la tête d'un air affirmatif. « Je leur passerai des informations dès que ça démarrera. »

Sonny se leva et vint se planter devant Michael. « Alors fiston, dit-il, à toi de jouer. Je m'arrangerai avec la Mama puisque tu pars sans l'avoir vue. J'enverrai un mot à ta petite amie en temps voulu. D'accord ?

— D'accord, répondit Mike. Dans combien de temps crois-tu que je pourrais revenir ?

— Un an minimum », dit Sonny.

Tom Hagen intervint : « Le Don pourra peut-être faire aller les choses plus vite que ça Mike, mais n'y compte pas trop. Ça dépendra de tant de facteurs ! Du succès de nos histoires avec les journalistes. De l'attitude des services de police. De la violence avec laquelle réagiront les autres Familles. Sois sûr d'une chose : ça va faire des bulles. À part ça, on ne peut rien prévoir. »

Michael serra la main de Hagen.

« Faites de votre mieux, dit-il. Je ne veux pas passer encore trois ans loin d'ici. »

Hagen reprit gentiment : « Il n'est pas trop tard pour faire marche arrière, Mike. Nous pouvons trouver quelqu'un d'autre, nous pouvons revenir sur notre décision. Peut-être n'est-il pas nécessaire de liquider Sollozzo. »

Michael éclata de rire. « Nous pouvons ci, nous pouvons ça, nous pouvons surtout raconter toutes sortes d'histoires, dit-il. Nous avons pris notre décision après mûre réflexion. Elle est prise. J'ai eu le bon filon toute ma vie, il est temps que je paie ce que je dois.

— Te laisse pas influencer par le jeton à ta mâchoire, reprit Hagen. McCluskey est un con. Il cogne par habitude et par principe. N'en fais pas une affaire passionnelle. »

Pour la seconde fois, il vit le visage de Michael Corleone se figer en un masque qui ressemblait d'une manière étrange à celui du Don. « Pas de sornettes, dit Mike. Tout est passionnel : l'huile d'olive, les coups dans la gueule, les souris, le racket, tout. On appelle cela les affaires. D'accord. Mais elles sont aussi personnelles que l'enfer. Sais-tu de qui j'ai appris cela ? Du Don, de mon Vieux. Il padrino. Si la foudre frappe un de ses amis le Vieux en fait une affaire personnelle et passionnelle. C'est comme ça qu'il a considéré mon engagement dans les marines. Voilà pourquoi c'est un grand bonhomme : le grand Don. Pour lui, tout est une question personnelle, comme pour Dieu ; toujours au courant de chaque plume qui tombe de la queue d'un moineau, il sait comment va l'oiseau. Exact ? Il n'arrive jamais d'accidents à ceux qui les considèrent comme un outrage personnel. Je suis venu tard à la Famille. D'accord, mais j'y viens complètement. Tu as diablement raison : j'ai pris cette mâchoire cassée pour une affaire personnelle et, sacré nom ! je considère le fait que Sollozzo veuille tuer mon père comme une affaire personnelle et diantrement passionnelle. » Il rit. « Dis au Vieux que c'est lui qui m'a appris tout ça. Dis lui aussi qu'à mes yeux c'est une occasion de rendre un tout petit peu de ce qu'il a fait pour moi, et j'en suis heureux. Il a été un bon père et je deviens bon fils. » Il se tut puis reprit d'un ton pensif, s'adressant à Hagen : « Tu sais, je ne peux pas me souvenir qu'il m'ait frappé. Ni qu'il ait frappé Sonny ou Freddie, encore moins Connie. Il ne lui criait même pas après. Dis-moi la vérité, Tom, combien d'hommes crois-tu que le Don ait tués ? »

Tom Hagen se détourna. « Je vais te dire une chose qu'il ne t'a pas apprise puisque tu parles ainsi maintenant. Certaines choses qu'il faut faire, on les fait, mais on n'en parle jamais. On n'essaie pas de les justifier. On les fait, c'est tout. Puis on les oublie. »

Michael Corleone fronça les sourcils. « En tant que consigliori, dit-il calmement, tu reconnais qu'il est dangereux pour le Don et sa famille de laisser vivre Sollozzo ?

— Oui, répondit Hagen.

— Bien, dit Michael, alors je dois le supprimer. »

Debout devant le restaurant de Jack Dempsey, à Broadway, Michael Corleone attendait qu'on passât le prendre. Il regarda sa montre. Elle marquait huit heures moins cinq. Sollozzo serait ponctuel. Michael était volontairement arrivé en avance. Il attendait déjà depuis un quart d'heure.

Pendant le trajet de Long Beach à la ville, il avait essayé d'oublier ce qu'il venait de dire à Hagen. S'il y croyait, en effet, sa vie venait de prendre un cours irréversible. S'il n'y croyait pas, d'ailleurs, comment reprendrait-il son existence d'autrefois après ce qu'il aurait fait ce soir-là ? Puis il se dit tristement que des préoccupations aussi oiseuses le mèneraient trop loin, voire au suicide. Désormais, il ne devait plus penser qu'à sa mission de ce soir-là. Sollozzo n'avait rien d'un imbécile et McCluskey était un immonde sagouin. Il ressentit la douleur de sa mâchoire recousue et il la bénit : elle le maintiendrait en alerte.

La circulation dans Broadway n'était pas très dense par cette froide nuit d'hiver, quoiqu'il se fît tard : presque l'heure des théâtres. Michael tressaillit lorsqu'une longue voiture noire s'arrêta au ras du trottoir et que le chauffeur, se pencha pour ouvrir la portière en disant : « Montez, Mike. » Michael ne connaissait pas ce jeune voyou, aux cheveux noirs luisants et à la chemise ouverte. Il embarqua quand même. Le capitaine McCluskey et Sollozzo étaient assis à l'arrière.

Sollozzo tendit la main par-dessus le siège et Michael la serra. La main était ferme, chaude et sèche.

« Je suis heureux que vous soyez venu, Mike, dit le Turc. J'espère que nous pourrons clarifier les choses. Elles ont pris une tournure terrible. Je n'aurais pas voulu que ça se passe ainsi. Tout ça n'aurait jamais dû arriver.

— J'espère moi aussi que nous pourrons tout régler ce soir, dit Michael Corleone tranquillement. Je désire que mon père n'ait plus d'ennuis.

— Il n'en aura plus, affirma Sollozzo vivement pour paraître sincère. Je vous jure sur la tête de mes enfants que c'est fini, ces trucs-là. Efforcez-vous de rester calme pendant la discussion. J'espère que vous n'êtes pas aussi emporté que votre frère Sonny. Impossible de parler affaires avec lui.

— Celui-ci, c'est un bon petit gars, un type bien », grommela le capitaine McCluskey. Il se pencha pour donner une tape affectueuse sur l'épaule de Michael. « Désolé pour l'autre nuit, Mike. Je deviens trop vieux pour un boulot comme le mien, trop irritable. Je ne vais pas tarder à prendre ma retraite. Je ne peux plus supporter les contrariétés et j'en ai toute la journée. Vous savez ce que c'est. » Poussant un soupir douloureux, il fouilla Michael avec une remarquable dextérité pour voir s'il n'avait pas d'arme.

Michael distingua un léger sourire sur les lèvres du conducteur. La voiture prenait la direction ouest sans tenter apparemment d'esquiver des suiveurs. Elle suivit West Side Highway, accélérant et ralentissant dans le trafic. Quiconque l'aurait prise en chasse devrait faire de même. Puis, à la stupéfaction de Michael, elle quitta la ville par le pont George Washington : ils allaient à Jersey. Celui qui avait indiqué le lieu de la conférence avait trompé Sonny ou s'était trompé lui-même de bonne foi.

La voiture s'engagea dans les rampes menant au pont et se trouva bientôt en train de le franchir en laissant derrière elle la ville illuminée. Le visage de Michael demeurait impassible. Allaient-ils le jeter dans les marais ou était-ce simplement un changement de dernière minute imaginé par l'astucieux Sollozzo ? Mais lorsqu'ils arrivèrent presque au milieu du pont, le chauffeur donna un brusque coup de volant. La lourde voiture fit une embardée du tonnerre et sauta pardessus le terre-plein central, comme un pur-sang. Elle retomba sur la voie inverse conduisant à New York. McCluskey et Sollozzo regardèrent tous deux si un autre véhicule en faisait autant. Le chauffeur continua dans la direction de New York, ils quittèrent le pont et filèrent sur East Bronx. Ils empruntèrent des petites rues. Aucune voiture ne les suivait. Il était alors près de neuf heures. Sollozzo alluma une cigarette après avoir tendu son paquet à McCluskey et à Michael. L'un et l'autre refusèrent.

« Joli travail, dit Sollozzo au chauffeur. Je m'en souviendrai. »

Dix minutes plus tard, la voiture s'arrêtait devant un restaurant décoré à l'italienne. Plus personne dans les rues et, en raison de l'heure tardive, il restait très peu de monde à table. Michael craignit que le chauffeur n'entrât avec eux mais il resta à l'extérieur dans la voiture. Le médiateur n'avait d'ailleurs pas parlé du chauffeur ; il n'en avait jamais été question. Techniquement, Sollozzo aurait rompu l'accord en le mêlant aux pourparlers. Sa présence dans la rue, à proximité était déjà sujette à caution. Mais Michael décida de n'en pas parler : il savait que les deux sagouins l'accuseraient de chercher la petite bête soit par peur, soit pour saboter leur entretien.

Sollozzo refusa un box et les trois hommes s'assirent à une table ronde au milieu de la salle. Il n'y avait que deux autres dîneurs dans le restaurant. Michael se demanda s'ils étaient en cheville avec le Turc et jugea que ça n'avait pas d'importance : tout serait terminé si vite que personne n'aurait le temps d'intervenir.

McCluskey interrogea avec un intérêt non feint : « La cuisine italienne est-elle bonne ici ? »

Sollozzo le rassura. « Essayez leur veau, c'est le meilleur de New York. » L'unique serveur apporta une bouteille de vin, la déboucha et emplit les trois verres. Phénomène étonnant : McCluskey ne but pas. « Je dois être le seul Irlandais à ne pas boire d'alcool, dit-il. J'ai vu tant de gens comme il faut avoir des ennuis à cause de l'alcool que je n'en prends jamais. »

Sollozzo annonça d'un air conciliant au capitaine : « Je vais parler italien à Mike, pas par manque de confiance en vous mais parce que je m'explique trop mal en anglais. Or je tiens à convaincre Michael que nous gagnerons tous autant que nous sommes à nous mettre d'accord ce soir. Ne prenez pas ça pour une offense. J'ai toute confiance en vous, mais c'est plus pratique. »

Le capitaine McCluskey leur adressa à tous deux un petit sourire ironique. « Bien sûr, répondit-il. Allez-y. Je me concentrerai sur mon veau et mes spaghettis. »

Sollozzo s'adressa à Michael en patois sicilien. Il parla vite. « Vous devez comprendre, lui dit-il, que ce qui s'est passé entre votre père et moi est strictement du domaine des affaires. J'éprouve le plus grand respect pour Don Corleone. Je souhaiterais même avoir l'occasion d'entrer à son service. Mais vous devez reconnaître que votre père est trop vieux jeu. Il fait obstacle au progrès. Les affaires qui m'intéressent sont celles de l'avenir, de notre essor vers le monde de demain. Impossible d'imaginer les montagnes de millions de dollars qu'elles nous rapporteront, à nous tous. Mais votre père y est hostile en vertu de certains scrupules dénués de réalisme. Ce faisant, il impose sa volonté à des hommes comme moi. Oui, oui, je sais, il me dit : allez de l'avant, c'est votre affaire. Mais nous savons l'un et l'autre que c'est tout à fait illusoire. En réalité, il écrase mes cors au pied. Ce qu'il entend en vérité, c'est que je suis incapable de gérer mes affaires. J'ai un certain amour-propre et je ne peux tolérer qu'un autre m'impose sa volonté. Or c'est bien ce qu'il faisait. Alors ce qui devait arriver est arrivé. Laissez-moi vous dire que j'ai l'approbation de toutes les Familles de New York. Approbation tacite, d'accord, mais très bienveillante. La famille Tattaglia est même mon associée à la vie et à la mort. Si la querelle continue, la famille Corleone ne tardera pas à se trouver toute seule contre toutes les autres. Si votre père était en bonne santé, peut-être pourriez-vous faire face. Mais le fils aîné n'est pas l'homme qu'est il padrino, sans vouloir vous offenser. Le consigliori Hagen n'est pas non plus l'homme qu'était Genco Abbandando, que Dieu ait son âme, c'est un Irlandais ! Je propose donc une paix, une trêve. Cessons les hostilités jusqu'à ce que votre père soit rétabli et puisse participer aux discussions. À force de persuasion et en payant de ma poche une indemnité pour la mort de Bruno, j'ai obtenu le consentement des Tattaglia. Nous aurons la paix. Pendant ce temps, il faut vivre. Je ferai donc quelques affaires. Je ne vous demande pas votre collaboration mais je vous demande, à vous, famille Corleone, de ne pas me gêner. Telles sont mes propositions. Je présume que vous avez l'autorité voulue pour donner votre accord, pour conclure un marché.

— Expliquez-moi plus clairement comment vous vous proposez de démarrer vos affaires, répondit Michael en sicilien. Quel rôle exact ma Famille aurait-elle à jouer et quel profit pourrions-nous en tirer ?

— Vous désirez toute la proposition en détail ? demanda Sollozzo.

— Le point le plus important pour moi, reprit gravement Michael, c'est d'être certain que l'on n'attentera plus à la vie de mon père. Il me faut des garanties. »

Sollozzo leva la main d'un geste expressif. « Quelles garanties puis-je vous donner ? C'est moi qui suis traqué. J'ai raté mon coup. Vous avez une trop haute opinion de moi, mon ami. Je ne suis pas aussi intelligent que vous semblez le croire. »

À cet instant Michael ne douta plus : le Turc ne cherchait qu'à gagner quelques jours et ferait une nouvelle tentative pour assassiner le Don. Et le plus beau, c'est que Sollozzo le sous-estimait, lui Michael, et le prenait même pour un minet. L'étrange et délicieux frisson envahit le corps de Michael. Il fit en sorte que son visage exprimât la désolation.

« Qu'est-ce qu'il y a ? » demanda Sollozzo sèchement.

Michael prit un air embarrassé pour répondre : « Le vin m'est tombé tout droit dans la vessie. Je me suis retenu. Voyez-vous un inconvénient à ce que j'aille aux toilettes ? »

De ses yeux noirs Sollozzo scrutait intensément son visage. Il tendit la main et la passa brutalement dans l'entrejambe de Michael, cherchant une arme dans la région périnéo-pubienne. Michael prit une expression d'homme indigné. « Je l'ai fouillé, intervint McCluskey courtoisement. J'ai fouillé des milliers de jeunes voyous. Je connais mon métier. Il n'a pas d'arme. »

Cela ne plaisait pas à Sollozzo. Sans raison valable, cela ne lui plaisait pas du tout. Il jeta un coup d'œil à un quidam assis à la table qui leur faisait vis-à-vis, releva les sourcils et, d'un signe du menton, lui indiqua la porte des toilettes. L'autre répondit par un léger hochement de tête indiquant qu'il avait vérifié, qu'il n'y avait personne à l'intérieur. « N'y restez pas trop longtemps », dit Sollozzo de mauvais gré. Il avait d'excellentes antennes et pressentait visiblement un danger imprécis.

Michael se leva et gagna les toilettes. Il y avait un désodorisant rose dans l'urinal, retenu par un filet métallique. Michael entra dans les cabinets. Il avait vraiment besoin d'y aller. Ses entrailles réagissaient pour leur propre compte. Il ne perdit pas de temps. Ensuite il glissa la main derrière la chasse d'eau émaillée jusqu'à ce qu'il rencontrât le petit revolver à canon court collé au mur par du sparadrap. Il libéra l'arme, se rappelant que Clemenza lui avait dit de ne pas s'inquiéter des empreintes laissées sur le ruban adhésif. Il enfonça l'arme dans sa ceinture et boutonna son veston par-dessus. Il se lava les mains et passa un peu d'eau sur ses cheveux. Il effaça ses empreintes sur le robinet avec son mouchoir. Puis il quitta les lieux.

Sollozzo était assis face à la porte des toilettes, les yeux brillants de méfiance. Michael lui sourit. « Maintenant, je peux parler », dit-il avec un soupir de soulagement.

Le capitaine McCluskey était en train de manger le veau aux spaghettis qu'on venait de lui apporter. Le quidam, du côté opposé, que l'attention avait raidi, se détendait visiblement lui aussi.

Michael se rassit. Il se souvint que Tessio le lui avait déconseillé. Il aurait dû exécuter les deux sagouins dès son retour. Pourquoi retardait-il l'instant décisif ? Par une sorte de pressentiment ? ou bien par simple frousse ? Il avait eu l'impression qu'au moindre geste suspect, il était un homme mort. Aussitôt assis, il se sentit en sécurité. Il avait dû avoir peur car il était heureux de ne plus se tenir sur ses jambes. Elles étaient devenues faibles et tremblantes.

Sollozzo se pencha vers lui. Michael, le ventre dissimulé par la table, déboutonna son veston et écouta intensément. Il ne comprit d'ailleurs pas un seul mot de ce que le Turc lui disait. Ce n'était pour lui que baragouin. Le sang martelait ses tempes à tel point que son esprit n'enregistrait plus rien. Sa main droite se rapprocha sous la table du revolver coincé dans sa ceinture et le libéra. À cet instant, le serveur vint prendre commande du deuxième plat. Sollozzo tourna la tête pour lui parler. Michael repoussa la table de la main gauche et, de la droite, pressa le revolver presque contre la tête de Sollozzo. D'instinct, le Turc eut un mouvement de recul dès le premier mouvement de Michael. Mais Michael, plus jeune, avait des réflexes plus rapides : il appuya juste à temps sur la détente. La balle pénétra entre l'œil et l'oreille de Sollozzo. Sa sortie, de l'autre côté, fit jaillir un énorme jet de sang et des morceaux d'os qui éclaboussèrent la veste du serveur pétrifié. Michael sut aussitôt qu'une balle suffisait. Sollozzo avait tourné la tête en ce dernier instant et Michael avait vu la lueur de la vie disparaître dans ses yeux aussi nettement que l'on voit s'éteindre une bougie.

Une seconde seulement s'était écoulée. Michael pivota pour braquer son arme sur McCluskey. Le capitaine de la police fixait Sollozzo avec une surprise flegmatique, comme si l'incident ne le concernait pas. Il ne semblait pas avoir conscience du danger. Il tenait encore sa fourchette à laquelle était piqué un morceau de veau quand il se tourna vers Michael. Et l'expression de son visage et de ses yeux traduisait un tel sentiment d'outrage et de confiance – comme s'il s'attendait à voir maintenant Michael se rendre ou s'enfuir – que ce dernier lui sourit en tirant. Coup raté puisque pas mortel. Touché en plein dans la gorge, le capitaine toussa comme si une bouchée de veau lui restait en travers du gosier et chaque toux vaporisa une buée de sang et des débris menus de poumons déchirés. Très froidement, très délibérément, Michael tira une seconde balle, cette fois à la verticale sur le sommet du crâne couvert de cheveux blancs.

La buée rose se répandit, envahissante comme un brouillard. Michael pivota vers le quidam assis près du mur et le vit figé dans une immobilité totale. Depuis le début de la tuerie, il avait posé soigneusement ses mains sur la table. Quand Michael se tourna vers lui, il regarda ailleurs. Le serveur reculait pas à pas vers la cuisine, une expression d'horreur sur son visage, fixant Michael sans en croire ses yeux, Sollozzo était toujours sur sa chaise, un côté de son corps maintenu par la table. Entraîné par son poids, McCluskey était tombé à terre. Michael laissa glisser l'arme le long de sa jambe. Elle ne fit aucun bruit en atteignant le sol. Il constata que ni le quidam ni le serveur n'avaient remarqué ce geste. Il atteignit la porte en quelques pas rapides et sortit. La voiture de Sollozzo était toujours stationnée au tournant mais il n'y avait aucune trace du chauffeur. Michael tourna à gauche puis encore à gauche au coin. Des phares s'allumèrent et une conduite intérieure s'avança vers lui, la porte grande ouverte. Il sauta dedans et la voiture démarra dans un violent vrombissement. Il vit Tessio au volant. Son visage sec et net était aussi dur que le marbre. « Sollozzo, tu l'as possédé ? » demanda-t-il.

Michael fut frappé à cet instant par l'expression qu'employa Tessio : celle qui désignait d'ordinaire la possession sexuelle. Il trouva cette confusion cocasse et répondit, amusé : « Baisés, tous les deux.

— Sûr ?

— J'ai vu leur cervelle », déclara Michael d'un ton sans réplique.

Des vêtements de rechange étaient prévus pour Michael dans la voiture. Vingt minutes plus tard, il était à bord d'un cargo italien en partance pour la Sicile. Deux heures après, le cargo prenait la mer. Par le hublot du poste d'équipage il regarda les lumières de New York flamboyer comme les feux de l'enfer. Il éprouva un immense soulagement. Maintenant, il s'en était tiré. Ce sentiment ne lui était pas inconnu. Il se souvint d'une île du Pacifique. Sa division de marines avait débarqué. La bataille faisait rage. On le déposait sur un bac, légèrement blessé. Le combat continuait dans un tohu-bohu affolant mais le bac s'éloignait vers un navire-hôpital. Il avait ressenti alors le même soulagement intense qu'en quittant New York. L'enfer se déchaînerait peut-être mais il n'y serait pas.

Le lendemain du meurtre de Sollozzo et du capitaine McCluskey, les capitaines et les lieutenants de police de tous les commissariats de la ville de New York diffusèrent un avis : il n'y aurait plus ni jeu, ni prostitution, ni tolérance d'aucune sorte aussi longtemps que le meurtrier du capitaine McCluskey ne serait pas arrêté. On entreprit des rafles massives dans toute la ville. Toutes les activités illégales se figèrent au point mort.

Plus tard, au cours de cette même journée, un émissaire des Familles demanda à la famille Corleone si elle était disposée à livrer le coupable. On lui répondit que cette affaire ne concernait pas les Corleone le moins du monde. Tard dans la soirée une bombe explosa sur le mail de Long Beach. Des inconnus l'avaient lancée d'une voiture qui s'était arrêtée à la hauteur de la chaîne barrant l'entrée de la chaussée puis avait démarré en trombe. Cette nuit-là également, deux poinçonneurs de la famille Corleone furent abattus tandis qu'ils dînaient tranquillement dans un petit restaurant italien de Greenwich Village. La guerre de

1946, entre les cinq Familles et les Corleone, avait commencé.

Livre II

12.

Johnny Fontane congédia son valet d'un geste négligent : « À demain Billy », dit-il.

Le maître d'hôtel noir s'inclina en quittant l'immense salle à manger-salon qui donnait sur l'océan Pacifique. Son salut était plus du genre amical qu'ancillaire. Il ne l'avait fait que parce que Johnny Fontane dînait en compagnie.

La compagne de Johnny Fontane était ce soir-là une jeune femme, Sharon Moore, originaire de Greenwich Village, à New York, arrivée à Hollywood pour faire un bout d'essai dans un petit rôle. Le film était produit par un de ses anciens soupirants qui menait la grande vie. Elle avait visité le plateau pendant que Johnny jouait le film de Woltz. Johnny l'avait trouvée jeune, fraîche et charmante en même temps que pleine d'esprit et il l'avait invitée à dîner chez lui le soir même. Ses invitations à dîner étaient déjà célèbres et faisaient autorité. Bien entendu, elle avait accepté.

Connaissant sa réputation, Sharon Moore s'attendait de toute évidence à une vigoureuse attaque, mais Johnny détestait la façon hollywoodienne d'aborder une femme comme un morceau de viande. Il ne couchait jamais avec une fille si quelque chose ne lui plaisait pas vraiment en elle. Excepté évidemment, les quelques fois où il était tellement ivre qu'il se retrouvait dans le lit d'une femme qu'il ne se rappelait pas avoir rencontrée ou aperçue auparavant. Mais à trente-cinq ans, divorcé de sa première femme, brouillé avec la seconde, fort d'un millier de scalps pubiens accrochés à sa ceinture, il n'était plus aussi passionné. Mais Sharon Moore avait quelque chose qui suscitait en lui un sentiment affectueux et il l'avait donc invitée à dîner.

Il ne mangeait jamais beaucoup mais il savait que les jeunes et jolies filles se privent volontiers de nourriture pour acheter des vêtements à la dernière mode et mangent comme des ogresses quand elles sont invitées. Il y avait donc abondance de nourriture sur la table. Et aussi beaucoup d'alcools : champagne dans un seau à glace, scotch, whisky américain, cognac et liqueurs diverses sur la desserte. Johnny servit les boissons et les plats tout préparés. Lorsqu'ils eurent terminé, il conduisit la jeune femme dans son immense salle de séjour dont le mur de verre laissait voir le Pacifique. Il mit plusieurs disques d'Ella Fitzgerald sur son électrophone haute fidélité et s'installa sur le divan à côté de Sharon. Il lui fit un brin de causette, s'enquit du genre d'enfant qu'elle avait été : garçon manqué ou éprise des petits garçons ? Laide ou jolie ? Solitaire ou joyeuse ? Il trouvait ces détails touchants ;

ils provoquaient toujours la tendresse indispensable avant l'amour.

Ils se nichèrent tous deux sur le divan, très amicalement, très confortablement. Il l'embrassa sur les lèvres – un baiser franchement amical. Voyant qu'elle en restait là, il n'insista pas. De l'autre côté de l'immense baie il voyait la nappe bleu sombre du Pacifique, immobile sous le clair de lune.

« Comment se fait-il que vous ne jouez aucun de vos disques ? » lui demanda Sharon. Sa voix était taquine.

Johnny lui sourit. Cette taquinerie l'amusait. « Je ne suis pas prétentieux à ce point, dit-il.

— Passez-en un au moins, pour me faire plaisir, reprit-elle. Ou chantez pour moi. Vous savez, comme dans vos films. Je perdrai la tête et toute retenue comme les héroïnes de l'écran. »

Johnny partit d'un franc éclat de rire. Lorsqu'il était plus jeune, il usait volontiers de son talent à cette fin et obtenait des résultats spectaculaires : les nanas devenaient provocantes et tendres, roulaient des yeux pleins de désir devant une caméra imaginaire. Il n'oserait certes pas chanter devant une fille ; d'abord, parce qu'il ne chantait plus depuis plusieurs mois, et n'avait pas confiance dans sa voix ; ensuite, parce que les amateurs ne saisissent pas à quel point les professionnels dépendent de l'assistance technique de la sonorisation pour paraître au meilleur de leur forme. Il aurait pu passer ses disques, mais il éprouvait la même hésitation à écouter sa voix jeune et passionnée, qu'un monsieur vieillissant et chauve, ayant une tendance précoce à l'obésité, à montrer ses photos d'adolescent ou de son plein épanouissement à l'âge viril.

« Ma voix ne vaut rien en ce moment, répondit-il. À vrai dire, j'en ai plus qu'assez de m'entendre chanter. »

Tous deux dégustèrent leur cognac à petites gorgées.

« Il paraît que vous êtes formidable dans ce film, reprit-elle. Est-ce vrai que vous le tournez pour rien ?

— Pour un cachet symbolique seulement », précisa Johnny.

Il se leva pour servir de nouveau la jeune femme, lui offrit une cigarette à monogramme doré et alluma son briquet pour lui présenter du feu. Elle tira une bouffée, et but une gorgée de cognac. Il reprit sa place auprès d'elle. Son verre était beaucoup plus rempli que celui de sa compagne, il en avait besoin pour se donner quelque chaleur, pour être plus gai, pour recharger ses batteries. Il se trouvait dans la situation inverse de celle d'un amoureux normal. C'était lui qu'il devait enivrer et non la fille. Habituellement, elle était plus consentante que lui. Depuis deux ans Johnny menait une vie d'enfer. Mais il utilisait de temps en temps ce moyen fort simple pour se remonter le moral : coucher avec une fille jeune et fraîche une nuit, l'emmener dîner quelquefois, lui faire un cadeau coûteux et puis rompre de la façon la plus amicale possible afin de ne pas la blesser. Ensuite elles pouvaient toujours raconter qu'elles avaient eu une aventure avec le grand Johnny Fontane. Ce n'était pas le grand amour mais un divertissement fort acceptable si la fille était jolie et réellement gentille. Il détestait les garces, celles qui lui sautaient dessus comme des goules et s'empressaient d'aller raconter à leurs amies qu'elles s'étaient farci le célèbre Johnny Fontane, ajoutant toujours qu'au fond, ce n'était pas extra. Ce qui l'avait le plus stupéfié au cours de sa carrière, c'étaient les maris complaisants. Ces saligauds avouaient presque carrément qu'ils pardonnaient à leur femme, car ils jugeaient permis, même à la plus vertueuse mère de famille, d'être infidèle avec un grand chanteur et un célèbre artiste comme Johnny Fontane. Ça le renversait vraiment.

Il raffolait des disques d'Ella Fitzgerald. Il aimait ce chant clair, cette articulation précise. C'était la seule chose au monde qu'il comprît parfaitement et il savait qu'il la comprenait mieux que personne. Maintenant, étendu sur le divan, le cognac réchauffant sa gorge, il éprouvait le désir, non de chanter, mais de fredonner en même temps que le disque mais c'eût été incongru en présence d'une étrangère. Il posa sa main restée libre sur les genoux de Sharon, savourant en même temps son cognac. Sans aucune sournoiserie, mais avec la volupté d'un enfant cherchant la chaleur, la main releva la robe soyeuse pour faire apparaître des cuisses d'un blanc de lait au-dessus des mailles transparentes des bas. Comme toujours, malgré toutes les femmes qu'il avait eues, malgré tant d'années de succès, Johnny ressentit à cette vue la même vague d'excitation inonder son corps. Le miracle se produisait encore, mais que ferait-il lorsqu'il perdrait cela comme il avait perdu sa voix ?

Maintenant, il était prêt. Il reposa son verre sur la longue table basse en marqueterie et se tourna vers Sharon. Il était très sûr de lui, agissait sans hâte mais avec délicatesse. Il n'y avait ni ruse ni lascivité dans ses caresses. Il l'embrassa sur les lèvres tandis que ses mains remontaient vers ses seins. Mais l'une d'elles se posa à nouveau sur les cuisses tièdes dont la peau était si satinée au toucher. Elle lui rendit un baiser affectueux mais sans passion et il préféra qu'il en fût ainsi à ce stade. Il détestait les filles dont le corps est secoué par des pulsations plus galvaniques qu'érotiques, comme si on les mettait en train rien qu'en appuyant sur un contacteur.

Il fit alors ce qu'il faisait toujours, une chose qui lui avait toujours réussi. Délicatement, et aussi légèrement que possible tout en conservant une sensation, l'extrémité de son majeur effleura aussi loin qu'il put entre les cuisses. Certaines femmes ne réalisaient pas ce qu'il faisait mais ce prélude rendait folles celles qui n'étaient pas sûres qu'il s'agît d'un attouchement sexuel car il les embrassait simultanément sur la bouche. D'autres paraissaient aspirer son doigt ou l'absorber par une poussée pelvienne. Et, bien entendu, avant qu'il ne devînt célèbre, certaines l'avaient giflé. C'était là toute sa technique et elle le servait généralement assez bien.

Sharon réagit d'une façon inhabituelle. Elle accepta tout, l'attouchement et le baiser, puis elle détourna la tête et s'écarta très légèrement en arrière sur le divan. Elle prit son verre. C'était un refus froid et définitif. Cela arrivait quelquefois. Rarement, mais cela arrivait. Johnny reprit son cognac et alluma une cigarette.

Elle lui parlait très doucement, avec une grande gentillesse. « Ce n'est pas parce que vous ne me plaisez pas, Johnny. Vous êtes beaucoup plus gentil que je ne l'avais pensé. Je ne vous dirai pas non plus : "Hélas, je ne suis pas ce que vous croyez." C'est simplement parce que j'ai besoin d'être mise en train pour faire ça avec un garçon. Vous comprenez ce que je veux dire ? »

Johnny Fontane lui sourit. Il n'était nullement vexé. « Et je ne vous mets pas en train ? » demanda-t-il.

Elle parut un peu embarrassée. « Eh bien, vous savez, lorsque vous étiez un grand chanteur et tout, je n'étais encore qu'une petite fille. En quelque sorte, je vous ai raté, je fais partie de la génération suivante. Honnêtement, ce n'est pas parce que je suis une oie blanche. Si vous étiez James Dean ou quelqu'un de mon âge, j'aurais retiré mon slip en une seconde. »

Elle lui plaisait un peu moins désormais. Elle était charmante, elle avait de l'esprit, elle était intelligente. Elle n'était pas tombée dans ses bras et n'avait pas essayé de précipiter les événements en espérant qu'une liaison l'aiderait dans sa carrière. C'était vraiment une honnête gamine. Mais il y avait en elle autre chose qu'il reconnut parce qu'il en avait déjà rencontré du même genre. La fille venait à un rendez-vous bien décidée à ne pas coucher avec lui, même s'il lui plaisait, simplement pour pouvoir dire à ses amies, et plus encore à elle-même, qu'elle avait laissé tomber l'occasion qui lui était offerte de se taper Johnny Fontane. Il comprenait ça depuis qu'il était plus âgé et il n'en ressentait aucune amertume. Simplement, il n'aimait plus tout à fait autant Sharon alors qu'elle lui avait vraiment beaucoup plu un instant plus tôt. Puisqu'il ne l'aimait plus tout à fait autant, il se détendit davantage. Il savoura son cognac en contemplant le Pacifique.

« J'espère que vous n'êtes pas fâché, Johnny. Je pense que je joue franc jeu. Je suppose qu'à Hollywood les filles s'abandonnent sur les divans aussi facilement qu'elles acceptent un baiser d'adieu en fin de soirée. Je ne suis pas ici depuis assez longtemps. »

Johnny lui sourit et lui caressa la joue. Sa main redescendit sur la cuisse pour rabattre discrètement la jupe sur les genoux soyeux et ronds. « Je ne suis pas fâché, dit-il, un tête-à-tête du bon vieux temps de vertu n'est pas désagréable. » Il ne lui dit pas ce qu'il ressentait : un grand soulagement parce qu'il ne serait pas obligé d'accomplir des exploits de faune pour rivaliser avec l'image déifiée du personnage qu'il était à l'écran. Il n'aurait pas besoin non plus d'écouter la cavette quand elle réagirait comme s'il avait été à la hauteur de cette image, et ferait beaucoup plus d'histoires que n'en mérite une banale partie de polochon.

Ils prirent un autre cognac, échangèrent quelques autres baisers distants puis elle décida de s'en aller. « Puis-je vous inviter à dîner un soir ? » demanda Johnny par politesse.

Elle joua franc jeu jusqu'au bout. « Je sais que vous n'avez pas de temps à perdre avec des filles aussi décevantes que moi, répondit-elle. Merci pour cette merveilleuse soirée. Un jour, je raconterai à mes enfants que j'ai dîné seule à seul avec le célèbre Johnny Fontane, dans son appartement. »

Il lui sourit et dit : « Et que vous n'avez pas cédé. »

Ils éclatèrent de rire l'un et l'autre. « Ils ne me croiront pas, reprit-elle.

— Je vais vous signer un certificat si vous voulez », répliqua Johnny blaguant à son tour. Elle secoua la tête. Il continua : « Si quelqu'un a des doutes, donnez-moi un coup de fil, je le détromperai tout de suite. Je raconterai que je vous ai pourchassée de pièce en pièce, comme un satyre, et que vous avez sauvé votre honneur. D'accord ? »

En fin de compte, cette plaisanterie était trop brutale et il fut peiné de voir sur le visage de Sharon qu'il l'avait vexée. Il venait de lui faire remarquer qu'il n'avait pas fait trop d'efforts et elle le comprenait ainsi.

Il la privait du doux plaisir de sa victoire. Elle aurait désormais le souvenir d'une défaite due à son manque de charme ou de séduction. Compte tenu du caractère de cette fille, quand elle raconterait comment elle avait résisté à l'illustre Johnny Fontane, elle ajouterait toujours avec un petit sourire forcé : « Évidemment, il ne s'est pas donné beaucoup de mal. » Aussi, prenant maintenant pitié d'elle, il ajouta : « Si jamais vous avez le cafard, donnez-moi un coup de téléphone. OK ? Je n'exige pas de coucher avec toutes les filles que je connais.

— Entendu », acquiesça-t-elle. Et elle gagna la porte.

Il lui restait une longue soirée devant lui. Il aurait pu utiliser ce que Jack Woltz dénommait « l'usine à viande », l'écurie des starlettes consentantes, mais il avait besoin d'une véritable compagnie, celle d'un être humain à qui parler. Il pensa à sa première femme, Virginia. Maintenant qu'il avait achevé le film, il pourrait consacrer plus de temps à ses filles. Il voulait à nouveau partager leur vie. Il s'inquiétait aussi pour Virginia. Elle n'était pas armée pour tenir tête aux gommeux d'Hollywood qui pourraient lui courir après, simplement pour se targuer d'avoir couché avec la première femme de Johnny Fontane. Pour autant qu'il le sût, personne ne pouvait s'en vanter. Tout le monde, par contre, pouvait le dire de la seconde, pensa-t-il en faisant une grimace. Il décrocha son téléphone.

Il reconnut immédiatement la voix de Virginia et cela n'avait rien de surprenant. Il l'avait entendue pour la première fois lorsqu'il avait dix ans et ils avaient grandi ensemble. « Allô, Ginny, dit-il, tu es occupée, ce soir ? Est-ce que je peux passer un petit moment chez toi ?

— D'accord, dit-elle. Mais les gosses sont endormies, je ne veux pas que tu les réveilles.

— C'est entendu, dit-il, je voudrais seulement te parler. »

Il perçut une légère hésitation dans sa voix puis elle demanda : « Tu as quelque chose d'important à me dire ?

— Non, répondit Johnny. J'ai fini mon film aujourd'hui et je pensais que je pourrais aller te voir et bavarder un peu avec toi. Peut-être pourrais-je jeter un coup d'œil sur mes mignonnes sans les réveiller.

— OK, répondit-elle, je suis contente que tu aies obtenu le rôle que tu désirais.

— Merci. Je serai chez toi dans une demi-heure. »

Lorsqu'il arriva à Beverly Hills, devant la demeure qui avait été la sienne, Johnny Fontane resta assis quelques instants, au volant de sa voiture, les yeux fixés sur la maison. Il se rappelait ce que lui avait dit son parrain : « Tu peux faire ce que tu veux de ta vie. » D'accord, encore faut-il savoir ce qu'on veut en faire.

Sa première femme l'attendait sur le seuil de la porte. Elle était jolie, petite et brune ; la gentille

Italienne, la fille qui n'irait jamais s'amuser avec un autre homme ; cela avait eu de l'importance pour lui. La désirait-il encore ? Il se posa la question et y répondit négativement. D'abord, parce qu'il ne pouvait plus faire l'amour avec elle : leur affection était trop ancienne. Et il y avait certaines choses – pas des affaires de lit – qu'elle ne pourrait jamais lui pardonner. Toutefois ils avaient cessé d'être ennemis.

Elle lui fit du café qu'elle lui servit dans la salle de séjour avec des biscuits faits maison. « Étends-toi sur le divan, dit-elle, tu as l'air fatigué. »

Il enleva sa veste et ses chaussures, défit sa cravate tandis qu'elle s'asseyait dans le fauteuil en face de lui avec un petit sourire grave. « C'est drôle, dit-elle.

— Qu'est-ce qui est drôle ? » lui demanda-t-il en buvant son café à petites gorgées. Il en laissa tomber quelques gouttes sur sa chemise.

« L'illustre Johnny Fontane sans rendez-vous galant.

— L'illustre Johnny Fontane a de la chance de pouvoir encore faire l'amour. »

Habituellement, il n'était pas aussi direct. « Tu as vraiment des ennuis ? » lui demanda-t-elle.

Johnny lui fit un petit sourire. « J'avais rendez-vous avec une fille dans mon appartement et elle n'a pas marché. Eh bien ! j'en ai été soulagé. Le croirais-tu ? »

Surpris, il distingua un éclair de colère dans les yeux de Ginny. « Ne t'inquiète pas de ces petites traînées, dit-elle. Elles croient se rendre intéressantes en refusant. Un truc pour ferrer le poisson, tout simplement. »

Johnny constata avec amusement que Ginny était effectivement furieuse contre la fille qui l'avait évincé. « Qu'est-ce que ça peut faire ! reprit-il. J'en ai marre de tout ça. Il faut bien que je finisse par devenir adulte. Et maintenant que je ne peux plus chanter, je vais sans doute avoir des jours difficiles avec les nanas. Je n'ai jamais eu confiance en mon physique, tu sais.

— Tu as toujours été mieux au naturel qu'en photo », répondit-elle loyalement.

Johnny secoua la tête : « Je deviens gros et je deviens chauve. Diable ! Si je ne deviens pas une grande vedette grâce à ce film, je n'aurai plus qu'à cuisiner des pizzas. À moins que je te lance dans le cinéma. Tu parais en pleine forme. »

Ginny paraissait trente-cinq ans. Trente-cinq ans bien portés mais trente-cinq ans tout de même. À Hollywood, trente-cinq ans en valent cent. Les filles jeunes et belles affluent dans la ville comme des rats en temps de peste, elles durent un an, parfois deux. Certaines sont si belles que le cœur d'un homme s'arrête de battre en leur présence jusqu'à ce qu'elles ouvrent la bouche, jusqu'à ce que leur avidité de succès mette un nuage sur le charme de leurs yeux. Les femmes ordinaires ne sauraient rivaliser avec ces phénomènes sur le plan physique. On peut raconter tout ce qu'on veut sur le charme, l'intelligence, le chic, la démarche d'une épouse ; la beauté étourdissante de ces filles surclasse tout. Si elles n'avaient pas été aussi nombreuses, peut-être y aurait-il eu une chance de succès pour une belle femme ordinaire. Or Johnny Fontane pouvait les avoir toutes, ou presque toutes. Ginny comprit donc qu'il disait cela uniquement pour la flatter. Il avait toujours été gentil avec elle à cet égard. Il avait toujours été poli avec les femmes, même à l'apogée de sa gloire ; il les comblait de compliments, leur donnait du feu pour allumer leur cigarette, leur ouvrait les portes. Mais il ne faisait pas tout cela pour elle ; c'était un truc *à lui*, pour impressionner toutes les filles, même celles d'une seule nuit, dont il ne savait pas le nom.

Ginny lui sourit, d'un sourire amical. « Tu m'as déjà eue, Johnny, dit-elle. Et même pendant douze ans. Alors, inutile de m'appâter avec des promesses de cinéma. »

Il soupira et s'étira sur le divan. « Je ne plaisante pas, Ginny, tu as l'air en forme. Je voudrais bien avoir aussi bonne allure que toi. »

Elle comprit qu'il avait le cafard et, au lieu de répondre, elle lui demanda : « Penses-tu que ton film sera bon ? Est-ce qu'il sera intéressant pour toi ? »

Johnny hocha la tête. « Oui, dit-il. Il pourrait me faire remonter complètement la pente. Si je décroche l'oscar de l'Académie et si je joue bien mon jeu, je peux redevenir une grande vedette, même sans chanter.

Peut-être alors pourrai-je te donner plus de fric pour toi et les gosses.

— Nous en avons plus qu'assez, dit Ginny.

— Je veux aussi voir davantage mes filles, reprit Johnny. Je souhaite me stabiliser un peu. Pourquoi ne viendrais-je pas dîner ici le vendredi soir ? Je fais le serment de ne jamais manquer un vendredi, aussi loin et aussi occupé que je sois. Ensuite, chaque fois que je pourrai, je passerai ici mes week-ends et les enfants pourront peut-être venir avec moi pendant une partie de leurs vacances. »

Ginny lui posa un cendrier sur la poitrine. « Je n'y vois aucun inconvénient, répondit-elle. Je ne me suis jamais remariée parce que je voulais que tu restes leur seul père. » Elle prononça ces paroles sans aucune espèce de passion. Mais Johnny, les yeux fixés au plafond, comprit qu'elle les disait pour en effacer d'autres, celles qu'elle avait proférées jadis quand leur mariage s'était brisé, lorsque le déclin de sa carrière avait commencé.

— À propos, devine qui m'a téléphoné », dit-elle.

Johnny ne voulut pas chercher, il ne le voulait jamais. « Qui ? demanda-t-il.

— Tu pourrais au moins avancer un malheureux nom, remarqua-t-elle. Ton parrain. »

Johnny fut réellement surpris. « Pourtant il ne parle jamais à personne au téléphone. Qu'est-ce qu'il a dit ?

— Il m'a conseillé de ne pas t'abandonner tout à fait. Il croit que tu pourrais redevenir la grande vedette que tu étais mais que tu as besoin d'être encouragé par ceux qui croient en toi. Je lui ai demandé : Pourquoi serait-ce moi ? Parce qu'il est le père de vos enfants, m'a-t-il répondu. C'est un type tellement délicieux. C'est odieux qu'on raconte tellement d'histoires abominables sur son compte. »

Virginia détestait le téléphone. Elle avait fait enlever tous les postes supplémentaires, et n'en gardait qu'un dans sa chambre et un autre dans la cuisine. À cet instant, elle entendit la sonnerie et alla répondre. Lorsqu'elle revint, son visage exprimait la surprise. « C'est pour toi, Johnny, dit-elle. C'est Tom Hagen. Il prétend que c'est important. »

Johnny alla dans la cuisine et prit l'appareil. « Oui, Tom ? » commença-t-il.

Tom Hagen lui dit d'une voix sèche : « Johnny, le parrain veut que j'aille te voir et que j'organise quelque chose qui puisse t'être utile maintenant que le film est terminé. Il veut que je prenne l'avion demain matin. Peux-tu venir me chercher à Los Angeles ? Je dois rentrer à New York le soir même, tu n'auras donc pas à te rendre libre pour la soirée à cause de moi.

— Bien sûr que je peux, Tom, répondit Johnny. Et ne t'en fais pas pour ma soirée perdue. Reste et reposetoi un peu. J'inviterai des amis et tu feras connaissance avec des gens de cinéma. » Il faisait toujours cette proposition, pour que les copains d'autrefois ne le soupçonnent pas d'avoir honte d'eux.

« Merci, dit Hagen, mais il me faut vraiment prendre l'avion qui me ramènera ici le lendemain dès la première heure. Attends-moi à l'arrivée de celui qui quitte New York à onze heures trente du matin. D'accord ?

— D'accord, assura Johnny.

— Reste dans ta voiture, précisa Hagen. Envoie quelqu'un à ma rencontre à la descente de l'appareil et fais-moi conduire jusqu'à toi.

— Entendu. »

Johnny revint dans la salle de séjour où Ginny l'interrogea du regard. « Il padrino fait des projets pour améliorer mon sort, dit-il. C'est lui qui m'a obtenu le rôle dans le film, je ne sais comment. Mais j'aurais souhaité qu'il ne s'occupe plus de mes affaires. »

Il reprit sa place sur le divan. Il se sentait fatigué. « Reste donc pour la nuit. Tu peux coucher dans la chambre d'amis, dit Ginny. Tu pourrais prendre ton petit déjeuner avec les enfants et tu n'aurais pas à conduire si tard. De toute façon j'ai horreur de te savoir tout seul chez toi. Tu ne te sens pas trop esseulé ?

— Je n'y suis pas souvent », remarqua Johnny.

Elle rit et poursuivit : « Alors tu n'as pas beaucoup changé. » Elle fit une pause avant de continuer : « Veux-tu que je prépare la chambre ?

— À quoi bon ? Je serais mieux dans la tienne.

— Non », répondit-elle en rougissant. Elle lui sourit et il lui rendit son sourire. L'amour mort, ils restaient amis.

Lorsque Johnny s'éveilla le lendemain matin, il était tard. Il s'en rendit compte à la lumière du soleil filtrant à travers les rideaux fermés. Leur intensité indiquait qu'il était plus de midi. « Hé, Ginny ! cria-t-il. Est-ce que j'ai encore droit au petit déjeuner ? »

Et il entendit sa voix lui répondre au loin. « Une seconde. »

Elle n'en eut pas pour plus longtemps. Sans doute avait-elle tenu son déjeuner au chaud dans le four. Il eut à peine le temps d'allumer la première cigarette de la journée que déjà la porte de sa chambre s'ouvrait et que ses deux petites filles entraient en poussant la table roulante.

Elles étaient si belles que son cœur se serra. Leur visage lumineux et clair, leurs yeux brillants de curiosité et du vif désir de s'élancer vers lui ! Leurs cheveux étaient noués en longues queues-de-cheval comme autrefois. Elles portaient des robes à l'ancienne mode et des chaussures de cuir verni blanc. Elles restèrent debout près de la table tandis qu'il éteignait sa cigarette attendant qu'il leur ouvrît tout grands ses bras. Alors, elles s'élancèrent. Il pressa son visage contre leurs deux joues fraîches et parfumées, mais sa barbe les piqua et elles se mirent à crier. Ginny parut à la porte de la chambre et acheva de pousser la table roulante afin qu'il pût déjeuner. Elle s'assit près de lui, au bord du lit, lui versa son café et lui beurra ses tartines. Les deux petites filles, assises aussi sur le lit, le regardaient. Elles étaient trop vieilles maintenant pour des batailles d'oreillers ou pour qu'on les fasse sauter en l'air. Elles pensaient déjà à relever en chignon leurs cheveux flous. Seigneur ! songea-t-il, bientôt elles seront grandes et les voyous d'Hollywood leur courront après.

Il partagea ses tartines et son jambon avec elles, leur donna des gorgées de café. Il avait pris cette habitude à l'époque où il chantait avec l'orchestre. Il mangeait alors rarement avec elles, il avait de bizarres heures de repas : le petit déjeuner au milieu de l'après-midi par exemple ou le souper au petit matin. Elles aimaient alors grignoter avec lui. Ces changements d'horaire les enchantaient : manger un steak et des pommes de terre frites à sept heures du matin, du lard et des œufs au milieu de l'après-midi !

Seuls Ginny et quelques amis intimes savaient à quel point il adorait ses filles. C'est ce qui lui rendait le plus pénible son divorce et son départ de la maison conjugale. Il ne s'était démené que pour rester leur père. D'une façon très adroite, il avait fait comprendre à Ginny qu'il ne souhaitait pas la voir se remarier, non par jalousie à son sujet mais parce qu'il était jaloux de son rôle de père. Il avait veillé à ce que la pension qui lui serait versée présentât des avantages financiers considérables si elle ne se remariait pas. Il était sous-entendu qu'elle pouvait prendre des amants à condition qu'ils n'intervinssent pas dans sa vie familiale. À ce point de vue il avait une foi absolue en elle. Ginny avait toujours été étonnamment timide et démodée en amour. Les gigolos d'Hollywood en étaient pour leurs frais quand ils tournaient autour d'elle, alléchés par sa situation financière et les avantages qu'ils comptaient tirer de son célèbre mari.

Il ne craignait pas non plus qu'elle désirât se réconcilier avec lui parce qu'il avait voulu coucher avec elle la nuit précédente. Ni l'un ni l'autre n'avait envie de renouer les liens de leur mariage passé. Elle comprenait sa soif de beauté, son irrésistible élan vers des jeunes femmes beaucoup plus jolies qu'elle. On savait qu'il couchait toujours au moins une fois avec la vedette féminine de ses films. Elles ne résistaient pas plus à son charme enfantin que lui, à leur beauté.

« Il ne faut pas tarder à t'habiller, dit Ginny. L'avion de Tom va arriver. » Elle renvoya ses filles.

« Oui, répondit Johnny. À propos, Ginny, tu sais que je divorce. Je vais redevenir un homme libre. »

Elle l'observa pendant qu'il s'habillait. Il laissait toujours chez elle un costume de rechange depuis qu'ils étaient parvenus à un nouvel arrangement après le mariage de la fille de Don Corleone. « Dans deux semaines, ce sera Noël, dit-elle. Dois-je prévoir ta visite à ce moment-là ? »

C'était la première fois qu'il pensait aux vacances. Lorsque sa voix était encore belle, la période des fêtes était celle du plein travail, et le plus payé. Mais, même alors, la journée de Noël était sacrée. S'il ne la passait pas avec ses filles cette année-là, ce serait la seconde fois. L'année précédente, il faisait la cour à sa seconde femme en Espagne et la pressait de l'épouser.

« Oui, dit-il, la veille et le jour de Noël. » Il ne parla pas du jour de l'an. Ce serait l'une de ces folles nuits qu'il lui fallait s'offrir de temps en temps, où il s'enivrait rien qu'avec ses amis, sans aucune compagnie féminine. Ça ne lui donnait aucun complexe de culpabilité.

Elle l'aida à enfiler son veston et le lui brossa sur le dos. Il était toujours extrêmement soigné. Elle le vit froncer les sourcils parce que la chemise qu'il avait mise n'était pas repassée à son goût. Les boutons de manchettes étaient en outre un peu trop voyants pour le genre qu'il adoptait ces derniers temps. Ginny rit tout bas. « Tom ne s'y intéressera sûrement pas », dit-elle.

Les trois femmes de la famille l'accompagnèrent à la porte puis jusqu'à l'avenue où était rangée sa voiture. Les petites filles lui tenaient la main, une de chaque côté. Sa femme marchait un peu en arrière. Johnny constata avec plaisir qu'il était heureux. Lorsqu'il se trouva devant la voiture, il virevolta et fit balancer chacune des enfants très haut en l'air, puis il se pencha et les embrassa en les reposant à terre. Il embrassa ensuite sa femme et prit place au volant. Il n'aimait jamais prolonger les adieux.

Les dispositions nécessaires avaient été prises par le secrétaire principal et l'adjoint chargé des relations publiques. Une voiture louée avec un chauffeur attendait Johnny devant chez lui. Les deux hommes et le chauffeur se trouvaient à l'intérieur. Johnny rangea sa voiture, monta auprès des autres et ils prirent la direction de l'aéroport. Ce fut l'attaché aux relations publiques qui alla à la rencontre de Tom Hagen à sa descente d'avion. Lorsque celui-ci eut pris place dans la voiture, Johnny et lui se serrèrent la main et ils prirent le chemin du retour. Ambiance peu cordiale. Johnny n'avait jamais pardonné à Hagen d'avoir dressé une barrière entre le Don et lui lorsque il padrino était mécontent de lui peu avant le mariage de Connie. Hagen ne lui avait jamais présenté ses excuses pour la façon dont il avait agi en ce temps-là. Il ne le pouvait pas. Servir de paratonnerre faisait partie de son travail ; les gens trop respectueux du Don pour éprouver quelque ressentiment envers lui – ressentiment qu'il eût mérité – reportaient leur rancune sur Hagen.

« Ton parrain m'envoie te donner un coup de main, dit Hagen. Je voulais régler ça avant Noël. »

Johnny Fontane haussa les épaules. « Le film est terminé. Le metteur en scène était un type bien et il m'a traité honnêtement. Mes scènes sont trop importantes pour rester sur le plancher de la salle de montage et pour que Woltz me donne mon compte. Il ne peut pas se permettre de gâcher un film qui lui revient à dix millions de dollars. Tout dépend donc maintenant de l'opinion des spectateurs à mon sujet. »

Hagen demanda prudemment : « L'oscar, c'est vraiment très important pour la carrière d'un acteur ? Ou bien est-ce un simple bluff publicitaire sans intérêt ? » Il s'arrêta puis reprit précipitamment : « La gloire mise à part, bien entendu ; tout le monde est avide de gloire. »

Johnny Fontane lui fit un petit sourire. « Sauf le parrain, dit-il. Et toi aussi, discret Tommy. Eh bien ! non. Ce n'est pas du bidon. L'oscar peut assurer dix années de carrière. Il permet à l'acteur de choisir ses rôles. Le public va au cinéma pour voir la vedette primée comme il achète sa viande chez le boucher qui a découpé le bœuf gras. Pour un artiste c'est la récompense qui compte le plus. J'espère l'avoir. Pas pour mes qualités exceptionnelles mais parce que je suis déjà connu comme chanteur et que le rôle est bon. Et j'y suis aussi très bon, plaisanterie mise à part. »

Tom Hagen haussa les épaules. « D'après il padrino, au point où en sont les choses tu n'as aucune chance de remporter l'oscar. »

Johnny s'emporta. « Qu'est-ce que tu racontes-là ? Le film n'est même pas encore monté, encore moins projeté. Le Don ne connaît rien à l'industrie du cinéma. Tu as fait trois mille kilomètres pour dire des conneries ? ou quoi ? » Il était si indigné qu'il en pleurait presque.

« Johnny, reprit précipitamment Tom, je ne connais rien à ces affaires-là. Rappelle-toi que je suis le messager du Don, et c'est tout. Mais nous avons discuté de toute cette histoire bien souvent. Il est inquiet pour toi. Ton avenir le préoccupe. Il lui semble que tu as encore besoin de son aide et il veut régler tes problèmes une fois pour toutes. C'est pourquoi je suis ici en ce moment, pour mettre les choses au point. Il est temps de te conduire en homme, Johnny. Il ne faut plus que tu rêves d'être chanteur ou acteur. Le Don estime que tu dois te lancer dans des entreprises sérieuses. Il voudrait que tu sois un animateur d'affaires, un caïd. »

Johnny Fontane éclata de rire et remplit son verre.

— Si je ne remporte pas cet oscar, je serai aussi caïd que mes filles. Je n'ai plus de voix ; si elle revenait je pourrais encore me défendre. Et puis merde ! Comment le parrain sait-il que je n'aurai pas l'oscar ? Bon, ça va, j'admets qu'il soit au courant. Il ne s'est jamais trompé. »

Hagen alluma une cigarette. « Nous avons appris que Jack Woltz ne dépense pas un fifrelin pour soutenir ta candidature. En fait, il a passé le mot à tous les membres du jury : il ne veut pas que tu aies cet oscar. Il lui suffit d'ailleurs d'économiser sur son budget de publicité. Ça suffit. En outre, il est en train de faire campagne pour qu'un autre gars obtienne le maximum de voix. Il se sert de tout pour corrompre les jurés : situations, argent, poules, tout. Il s'acharne à t'esquinter, toi, sans démolir le film ou du moins en le démolissant le moins possible. »

Johnny Fontane haussa les épaules. Il emplit son verre de whisky et l'avala d'un trait. « Alors, je suis fait ! » s'exclama-t-il, écœuré.

Hagen le considéra, les commissures des lèvres relevées par un rictus sans indulgence. « C'est pas en biberonnant que tu amélioreras ta voix, dit-il.

— Va te faire foutre ! » rétorqua Johnny.

Le visage d'Hagen devint aussitôt d'une impassibilité de pierre. « Je m'en tiendrai strictement aux affaires », dit-il.

Johnny Fontane reposa son verre et vint se planter devant Hagen. « Je regrette de t'avoir dit ça, Tom, déclara-t-il. Bon Dieu, je regrette vraiment. Je m'en prends à toi parce que je voudrais exterminer ce salaud de Jack Woltz et que je n'ose pas dire au Don de me ficher la paix. Alors je me console en t'engueulant. » Il y avait des larmes dans ses yeux. Il lança son verre vide de whisky contre le mur, mais si mollement que le verre, qui était épais, ne se brisa même pas, roula sur le parquet et revint à ses pieds. Johnny le considéra avec une colère d'homme frustré. Puis il éclata de rire. « Bon Dieu, que je suis bête ! » conclut-il.

Il traversa la pièce et s'assit en face de Hagen. « Vois-tu, tout a bien marché pendant longtemps. Puis j'ai divorcé d'avec Ginny, alors la débâcle a commencé. J'ai perdu ma voix. Mes disques ont fait des bides. Plus de boulot au cinéma. Et puis il padrino m'a pris en grippe et n'a même plus voulu me répondre au téléphone ni me recevoir quand je suis allé à New York. Tu étais toujours en travers du chemin et je t'en ai voulu. Pourtant je savais bien que tu obéissais aux ordres du Don. Mais on ne peut pas plus se fâcher avec lui qu'avec le bon Dieu. En fin de compte je t'ai maudit parce que je suis un con et tu as toujours eu raison. Pour te prouver mon humilité, j'accepte ton conseil. Plus d'alcool jusqu'à ce que je retrouve ma voix. OK ? »

Ses excuses étaient sincères. Hagen oublia sa colère. Il pensa que ce garçon de trente-cinq ans devait avoir quelque chose dans le ventre, sinon le Don ne l'aimerait pas autant.

« Oublions tout ça, Johnny », dit-il. Il lui revint un doute sur la sincérité des sentiments de Johnny ; il les soupçonna d'être inspirés par la crainte de dresser le Don contre lui. Bien entendu, personne ne pouvait envoyer promener le Don pour quelque raison que ce fût. Lui seul avait le droit de disposer de son amitié. Il l'accordait et la retirait à son seul gré.

« Ça ne va pas si mal que tu le crois, dit Hagen. Le Don affirme qu'il peut contrer tout ce que Woltz fait contre toi et que tu l'auras presque certainement, ton oscar. Mais à son avis ce n'est pas la solution de tes problèmes. Il veut savoir si tu es capable de devenir producteur, de réaliser tes propres films du début jusqu'à la fin ?

— Comment diable me ferait-il décerner l'oscar ? demanda Johnny, incrédule.

— Alors tu t'imagines que M. Woltz dispose des oscars et pas il padrino. Quelle erreur ! Étant donné que tu vas faire des affaires avec le Don, il faut que tu aies foi en lui. Alors je vais te dire une chose sérieuse. Seulement garde-la pour toi. Le parrain est beaucoup plus puissant que Jack Woltz. Il l'est même dans des secteurs beaucoup plus délicats. Comment peut-il faire modifier l'attribution de l'oscar ? Il contrôle, ou plutôt contrôle les gens qui contrôlent, tous les syndicats de l'industrie du cinéma et il a barre sur tous les gros messieurs qui votent pour décerner ce prix. Évidemment, il faut que tu sois à la hauteur, que tu fasses preuve de mérite et de talent. Ton parrain est aussi plus intelligent que Jack Woltz. Il ne va pas aller voir ces gens et leur braquer un revolver sur le crâne en leur disant : "Votez pour Johnny Fontane ou je vous descends." Il n'utilise pas la manière forte dans les affaires où elle ne paie pas ni là où elle laisse trop de ressentiment. Il fera en sorte que ces gens votent pour toi parce qu'ils auront envie de le faire. Mais ils n'en auront pas envie s'il ne leur fait pas savoir l'intérêt qu'il te porte. Je te donne ma parole qu'il peut te décrocher cet oscar.

Mais tu ne le devras qu'à lui. S'il ne s'en occupe pas, tu ne l'auras pas.

— C'est bon, dit Johnny, je te crois. J'ai assez de matière grise pour faire un producteur mais je n'ai pas d'argent. Aucune banque n'acceptera de me financer. Il faut des millions pour faire un film.

— En attendant d'avoir ton oscar, prépare-toi à produire toi-même trois films. Engage les meilleurs acteurs, les meilleurs techniciens, ce qu'il y a de mieux dans le monde du cinéma. Prévois même quatre à cinq films au total.

— Tu es tombé sur la tête ! s'exclama Johnny. Par les temps qui courent quatre ou cinq films, cela pourrait monter à une vingtaine de millions de dollars !

— Pour l'argent, prends contact avec moi le moment venu. Je t'indiquerai le nom de la banque californienne à laquelle tu t'adresseras pour ton financement. Ne t'inquiète pas, cette banque ne fait presque rien d'autre. Demande simplement l'argent selon la voie normale, avec les justifications appropriées, comme un contrat d'affaires régulier. Les messieurs de la banque te donneront leur accord. Mais tu devras me voir d'abord pour me communiquer tes projets chiffrés. OK ? »

Johnny demeura un long moment silencieux. « Et c'est tout ? Rien d'autre ? » demanda-t-il enfin calmement.

Hagen sourit. « Tu me demandes si tu auras des obligations en échange du prêt de vingt millions de dollars ? Bien certainement. » Il attendit en vain une réponse et reprit. « Rien d'inavouable, mon cher Johnny. Tout ce que le Don pourrait te demander, tu le ferais sans ça.

— Le Don devra me le demander lui-même s'il s'agit d'une chose grave. Tu vois ce que je veux dire ? Je n'aurais foi ni en ta parole ni en celle de Sonny, pour une chose capitale. »

Hagen fut surpris par ce bon sens. Fontane, après tout, n'était pas bête. Il comprenait que le Don l'aimait trop, qu'il était trop intelligent, pour lui demander de faire quelque chose de follement dangereux, tandis que Sonny en était capable. « Permets-moi de préciser quelque chose qui te rassurera, dit-il. Ton parrain nous a donné, à Sonny et à moi-même, des instructions très strictes pour que nous ne te mêlions jamais, d'aucune façon à quoi que ce soit qui puisse par notre faute nuire à ta réputation. Et il ne le fera jamais lui-même. Je te garantis que toutes les faveurs qu'il te demandera, tu es prêt à les lui offrir toi-même avant qu'il ait eu le temps de t'en parler. D'accord ? »

Johnny sourit. « D'accord, dit-il.

— Et puis, il a confiance en toi, reprit Hagen. Il pense que tu as quelque chose dans la tête. Il prévoit que cet investissement sera fructueux pour la banque et par conséquent pour lui. C'est donc une affaire commerciale, ne l'oublie jamais. Ne t'avise pas de dilapider le grisbi. Tu es peut-être son filleul préféré mais vingt millions de dollars c'est une somme. Le Don court des risques en te les faisant prêter.

— Qu'il ne s'en fasse pas. Dis-le-lui, répondit Johnny. Si un cave comme Jack Woltz peut être un producteur de génie, c'est à la portée de tout le monde.

— C'est exactement ce qu'a conclu il padrino. Tu peux me faire reconduire à l'aéroport ? J'ai dit tout ce que j'avais à te dire. Lorsque tu te mettras à signer des contrats, choisis ton propre conseiller juridique. Ne compte pas sur moi parce que mon nom ne doit pas figurer sur les documents de ton bizness. Toutefois j'aimerais y jeter un coup d'œil, si tu es d'accord. Tu n'auras jamais d'ennuis avec les syndicats. Ça diminuera dans une certaine mesure le prix de revient de tes films. Si les comptables essaient de te faire raquer pour des frais de ce genre, n'en tiens aucun compte.

— Est-ce qu'il faudra te demander ton accord sur d'autres points ? demanda prudemment Johnny. Sur les scénarios, les vedettes ou autre chose ? »

Hagen secoua la tête. « Non, répondit-il. Si le Don désapprouve quoi que ce soit, il présentera ses objections lui-même. Mais je ne vois pas à quel sujet ça pourrait arriver. Le cinéma ne l'intéresse pas. Tout ce que tu pourrais faire lui sera donc assez indifférent. En outre, je peux te dire par expérience que c'est l'homme le moins tracassier, le moins tatillon du monde.

— Bien, dit Johnny. Je vais te conduire moi-même à l'aéroport. Et remercie il padrino pour moi. Je lui téléphonerais volontiers mais il ne répond jamais au téléphone.

« Et pourquoi ? »

Hagen haussa les épaules. « Il ne parle pratiquement jamais au téléphone. Il ne veut pas que sa voix soit enregistrée, même lorsqu'il prononce des phrases parfaitement innocentes. Il craint qu'on réussisse à mettre bout à bout certaines phrases pour l'accuser d'avoir dit ce qu'il n'a pas dit. Je pense que c'est pour ça. De toute façon ce qu'il redoute le plus, c'est de se faire coincer un jour par la justice à cause de faux témoignages. Il ne veut donc pas leur donner prise. »

Ils montèrent dans la voiture de Johnny et prirent la direction de l'aéroport. Songeur, Hagen pensait que Johnny valait mieux qu'il ne l'avait imaginé. L'entretien avait déjà porté ses fruits. Le fait qu'il l'accompagnât lui-même à l'aéroport le prouvait. La courtoisie était une qualité en laquelle croyait le Don en personne. Les excuses spontanées aussi. Celles de Johnny étaient visiblement sincères. Hagen le connaissait depuis longtemps et il savait que la crainte ne l'aurait jamais poussé à s'excuser. Johnny avait toujours eu du cœur au ventre. C'est pourquoi il avait toujours eu des ennuis avec ses patrons et avec les femmes. Il était aussi l'une des rares personnes à qui le Don ne faisait pas peur. Fontane et Michael étaient peut-être les deux seuls individus dont on pût dire cela. Les excuses étaient donc sincères. Tom les acceptait comme telles. Lui et Johnny se rencontreraient souvent au cours des prochaines années. Johnny devrait passer le second test avec succès. On verrait alors le degré de son intelligence. Un jour viendrait où il aurait l'occasion de rendre service à son parrain. Le Don ne le lui demanderait probablement pas. S'il le faisait, ce serait par allusions et sans aucune insistance. Il ne présentait sûrement pas ça comme un marché donnant donnant. Hagen se demanda si Johnny Fontane était assez intelligent pour avoir pensé à cet aspect de leur accord.

Après avoir laissé Hagen à l'aéroport (Tom ne voulait pas qu'on l'accompagne jusqu'à l'avion), Johnny revint en voiture chez Ginny. Elle en fut surprise. Mais il tenait à passer un moment chez elle afin de réfléchir et de préciser ses projets. Il saisissait l'importance de son entretien avec Hagen : toute sa vie allait changer. Ancienne grande vedette et jeune encore, il était lessivé à trente-cinq ans. Il ne se faisait pas d'illusions là-dessus. Même s'il remportait l'oscar du meilleur interprète, que diable cela pouvait-il signifier ? Rien, s'il ne retrouvait pas sa voix. Il ne serait qu'un acteur de second ordre, sans vrai prestige, sans valeur réelle. Et même cette fille qui l'avait envoyé promener, qui avait été gentille et chic, aurait-elle été aussi sage quand il était encore au sommet de la gloire ? Maintenant, soutenu par l'argent du Don, il pouvait redevenir aussi célèbre que n'importe qui à Hollywood. Il pouvait être un roi. Johnny sourit. Diable ! Il pouvait même être un Don !

Vivre à nouveau quelques semaines avec Ginny, peut-être plus, serait agréable. Il promènerait les gosses tous les jours, inviterait peut-être quelques amis. Il cesserait de boire et de fumer, prendrait vraiment soin de sa santé. Peut-être recouvrerait-il sa voix ? Si cela arrivait, il serait invincible avec l'argent du Don en plus. Sa position serait réellement aussi proche de celle d'un roi ou d'un empereur d'autrefois dans la mesure où c'est possible en Amérique. Et elle ne dépendrait pas seulement de sa voix ou du succès qu'il aurait en tant qu'acteur. Son empire serait fondé sur l'argent, sur la puissance la plus convoitée.

Ginny mit la chambre d'amis à sa disposition. Il fut entendu qu'il ne partagerait pas son lit, qu'ils ne vivraient pas comme mari et femme. Ils ne pourraient plus jamais avoir ce genre de relations. Le monde extérieur, les échotiers des potins mondains et les « fans » l'avaient blâmé, lui seul, de l'échec de leur mariage, mais ils savaient l'un et l'autre, d'étrange façon, qu'elle était encore plus responsable que lui de leur divorce.

Lorsque Johnny Fontane était devenu le chanteur et la vedette la plus en vogue des films et des comédies musicales, il n'avait jamais songé à abandonner sa femme et ses enfants. Il était trop italien, trop fidèle à la tradition. Évidemment, il était volage. Impossible de résister à toutes les tentations auxquelles il était continuellement exposé. Et, bien qu'il fût mince et d'aspect délicat, il avait la robustesse nerveuse d'un grand nombre de Latins, malgré un petit squelette. Et puis les femmes l'enchantaient par leur imprévu. Il aimait sortir avec une fille au visage doux et modeste, à l'aspect virginal, puis découvrir ses seins et les trouver étonnamment volumineux et riches, impudiquement lourds, contrastant avec le visage de camée. Il aimait aussi constater la timidité et la réserve sexuelles chez des filles d'aspect provocant, dont les gestes étaient aussi feints que ceux d'un joueur de basket roublard. L'amusaient aussi celles qui jouent les vamps comme si elles avaient couché avec des centaines de gars, et qui, seule à seul, l'obligeait à batailler pendant des heures ; parfois même elles étaient vierges.

Tout Hollywood raillait son penchant pour les pucelles. On y voyait un goût de vieux Rital pas à la page. Quand on sait le temps qu'il faut pour déflorer une cavette, et tout le boulot que ça représente, sans compter les complications et tracas divers, on se demande : à quoi bon ? Et le pire c'est que la nana n'est pas forcément une bonne affaire : souvent une très décevante tordue. Pourtant Johnny aimait les jeunes filles et croyait savoir y faire avec elles. Qu'y avait-il de plus formidable qu'une fille goûtant pour la première fois au plaisir de la chair et l'appréciant ? Tout l'émerveillait dans cette révélation : l'élan avec lequel elles referment leurs jambes autour du mâle, le galbe si varié des cuisses ; leur bijou, jamais pareil à celui d'une autre ; le grain de la peau, sa saveur, son odeur, les jeux de couleur ; le clair des secrets, le doré de ce que ne cache pas le bikini. Cette jeune Noire de Detroit, par exemple : charmante enfant, pas du tout putain, fille d'un chanteur de jazz au même programme que lui dans la boîte où il chantait ; elle s'était révélée l'une des créatures les plus exquises qu'il eût jamais connues. Ses lèvres avaient vraiment le goût du miel tiède avec une pointe de poivre, sa peau d'un brun sombre était riche et douce. Femme la plus délicieuse que Dieu ait jamais créée, elle était vierge.

Les autres gars vantaient volontiers les plaisirs compliqués, positions et procédés extravagants. Johnny n'appréciait pas tellement ça. Une fille ne lui plaisait plus autant lorsqu'ils avaient joué à de tels jeux ensemble et il n'en était jamais tout à fait satisfait. Sa deuxième femme et lui ne s'entendaient pas parce que cette garce de Margot était une enragée des jeux de bouche, au point de ne rien vouloir d'autre, si bien qu'il était obligé de la violer. Elle se moquait de lui, l'accusait de pratiques honteusement désuètes. Parce qu'il faisait honnêtement l'amour à la papa, la rumeur publique, propagée par Margot, prétendait qu'il s'y prenait comme un adolescent. Peut-être était-ce pour ça que la petite Sharon l'avait laissé tomber la nuit dernière ? Eh bien, qu'elle aille au diable !

Elle n'aurait d'ailleurs pas valu grand-chose au lit. Il repérait à première vue les filles qui aimaient l'amour, et c'étaient toujours les meilleures, surtout celles qui n'avaient pas trop d'expérience. Celles qu'il détestait véritablement, c'étaient les filles qui avaient commencé à forniquer à douze ans et qui en avaient perdu le goût à vingt. Elles ne se livraient plus qu'à un piteux simulacre. Hélas ! c'étaient parfois les plus jolies.

Ginny apporta le café et les biscuits dans sa chambre et les posa sur la longue table du coin salon. Il lui révéla que, grâce à Hagen, il disposerait des fonds nécessaires à la production de films. Elle s'enthousiasma pour ce projet. Il retrouverait son importance passée. Mais elle n'avait aucune idée de la puissance de Don Corleone et elle ne comprenait pas pourquoi Hagen était venu de New York. Il lui précisa que Hagen lui donnerait également des conseils pour les détails des contrats.

Lorsqu'ils eurent pris leur café, il l'avertit qu'il allait travailler toute la nuit, donner des coups de téléphone et tirer des plans pour l'avenir. « La moitié de l'affaire sera au nom des enfants », lui dit-il. Elle lui adressa un sourire reconnaissant et, avant de quitter la chambre, l'embrassa en lui souhaitant une bonne nuit.

Sur un plateau de verre, il y avait ses cigarettes favorites à monogramme d'or et, sur son bureau, une boîte de cigares de Cuba, noirs et minces comme des crayons. Johnny se renversa dans son fauteuil et commença ses appels téléphoniques. Son esprit ronronnait comme un chat heureux.

Il appela l'auteur du roman à succès, d'après lequel il ferait son premier film. C'était un homme de son âge, qui avait mangé de la vache enragée avant d'atteindre à la célébrité dans le monde littéraire. Il était arrivé à Hollywood en espérant y être accueilli avec la considération due à un grand personnage et, comme de la plupart des écrivains, on n'avait fait aucun cas de lui. Johnny avait été témoin de son humiliation un soir au Brown Derby. Le malheureux avait rendez-vous en ville avec une starlette bien connue et la soirée au lit semblait dans la poche. Mais pendant le dîner, la fille l'avait plaqué parce qu'un comique de l'écran, zigoto à face de rat, l'avait appelée du doigt. L'écrivain s'était ainsi fait une idée exacte de la hiérarchie dans la société hollywoodienne. Peu importait que son livre l'eût rendu célèbre dans le monde. Une starlette lui préférait l'acteur de cinéma le plus moche, le plus décrépit, le plus contrefait.

Johnny appela l'écrivain à son domicile de New York pour le remercier du rôle important qu'il lui avait ménagé dans son livre. Il ne lésina pas sur la pommade. Puis, mine de rien, il lui demanda où il en était de son prochain roman et quel en était le sujet. Il alluma un cigare pendant que l'auteur lui exposait un chapitre particulièrement intéressant et, lorsque l'autre eut terminé, il s'exclama : « Bigre ! Je veux le lire dès que vous l'aurez fini. Envoyez-m'en un des tout premiers exemplaires. Je vous aurai peut-être une adaptation à des conditions intéressantes, plus intéressantes que celles de Woltz. »

L'empressement que traduisit la voix de son interlocuteur lui indiqua qu'il avait deviné juste. Le gars avait été filouté par Woltz. Ce salopard ne lui avait lâché que des clopinettes. Johnny lui dit qu'il irait peut-être à New York tout de suite après les vacances de Noël. « Dîner ensemble, avec quelques amis, qu'en dites-vous ? Je connais des souris croquignolettes », conclut Johnny en riant. L'écrivain éclata de rire et donna son accord.

Johnny appela ensuite le metteur en scène et l'opérateur du film qu'il venait tout juste de terminer, pour les remercier de l'avoir aidé sur le plateau. Il leur confia qu'il savait que Woltz lui avait été hostile et qu'il avait doublement apprécié leur concours. S'il pouvait faire quoi que ce soit pour eux, ils n'avaient qu'à lui téléphoner.

Il eut ensuite la conversation la plus difficile de toutes : il appela Jack Woltz. Il le remercia du rôle qu'il lui avait donné dans son film et l'assura qu'il serait très heureux de travailler de nouveau pour lui. Il fit cela uniquement pour brouiller les pistes. Il avait toujours été très honnête, très droit. Dans quelques jours, Woltz découvrirait sa manœuvre et serait confondu par la duplicité de cet appel ; c'était précisément cela que désirait Johnny.

Il s'assit ensuite à son bureau et tira sur son cigare. Il y avait du whisky sur la table voisine mais il s'était en quelque sorte promis à lui-même – et il l'avait promis à Hagen – de ne plus boire. Il ne devrait même pas fumer. C'était stupide ! cesser de boire ou de fumer ne lui rendrait probablement pas sa voix. Il ne fallait pas exagérer, que diable ! Un stimulant ne ferait aucun mal. Il voulait mettre toutes les chances de son côté maintenant qu'il avait l'occasion de combattre.

Dans la maison endormie, où reposaient sa femme divorcée et ses filles adorées, il repensait aux jours terribles de sa vie où il les avait abandonnées. Et pour une traînée, une prostituée perverse. Pourtant il sourit en pensant à elle. Une putain, oui, mais une putain exquise à bien des égards. De plus, si une date comptait dans sa vie c'était celle du jour où il avait décidé de ne jamais haïr une femme ou, plus particulièrement, le jour où il avait décidé qu'il ne pouvait haïr ni sa première femme, ni ses filles, ni ses petites amies d'autrefois, et ni sa seconde femme, ni ses futures petites amies, y compris Sharon Moore qui l'avait évincé et pourrait ainsi se vanter d'avoir repoussé les avances du grand Johnny Fontane.

Chanteur, il avait suivi un orchestre en tournée. Ensuite il était devenu vedette de la radio, puis vedette d'intermèdes présentés aux entractes et finalement vedette de cinéma. Pendant tout ce temps, il avait vécu à sa guise, il s'était envoyé les femmes qu'il avait désirées mais sans que cela affectât sa vie personnelle. Il était alors tombé amoureux de celle qui allait bientôt être sa seconde épouse, Margot Ashton. Il était devenu absolument fou d'elle. Il avait ruiné sa carrière, il avait ruiné sa voix, il avait détruit sa vie familiale. Et le jour était venu où il s'était retrouvé sans rien.

Il fallait reconnaître qu'il avait toujours été généreux et honnête. Il avait donné à sa première femme tout ce qu'il possédait lorsqu'ils avaient divorcé. Il s'était assuré que ses filles auraient leur part de tout ce qu'il ferait, de chacun de ses disques, de chacun de ses films, de chacun de ses cachets. Auparavant déjà, quand il était riche et célèbre, il n'avait rien refusé à sa femme. Il avait aidé ses beaux-frères et belles-sœurs, son beau-père et sa belle-mère, les camarades d'enfance et d'école de Ginny, sans oublier leur famille. Il n'avait jamais été bêcheur dans la réussite. Il avait chanté au mariage des deux sœurs cadettes de sa femme, ce qu'il détestait. Il ne lui avait jamais rien refusé sinon la reddition complète de sa personnalité.

Quand il avait touché le fond, quand il n'avait plus trouvé de contrat, quand il avait cessé de pouvoir chanter, quand sa seconde femme l'avait trahi, il était parti passer quelques jours auprès de Ginny et des enfants. Il s'était livré plus ou moins à merci tant il se sentait déprimé. Un jour il avait entendu un de ses disques. Sa voix lui avait paru tellement abominable qu'il avait accusé les techniciens d'avoir saboté l'enregistrement. Enfin, il comprit que c'était réellement sa voix telle qu'elle s'était éraillée. Il avait brisé le disque et refusé de chanter davantage. Il était si honteux qu'il n'avait plus chanté une seule note, sauf avec Nino au mariage de Connie.

Il n'avait jamais oublié l'expression du visage de Ginny lorsqu'elle avait appris tous ses malheurs. Une seconde avait suffi pour que Johnny n'oubliât jamais cette étincelle de joie fantastique. Il aurait pu en conclure qu'elle n'avait éprouvé pour lui que haine et mépris depuis des années. Elle s'était vite reprise et lui avait manifesté une sympathie froide et distante. Il avait fait semblant d'accepter ça. Au cours des jours qui avaient suivi, il avait rendu visite à trois des filles avec lesquelles il avait couché et couchait encore en camarade, des filles qu'il avait aidées par tous les moyens en son pouvoir, auxquelles il avait donné l'équivalent de centaines de milliers de dollars en cadeaux ou en piston. Sur leurs visages, il avait retrouvé la même satisfaction fugitive.

Alors il avait compris qu'il devait prendre une décision. Il pouvait devenir semblable à beaucoup d'hommes célèbres d'Hollywood, aux producteurs à succès, aux scénaristes, aux metteurs en scène et aux acteurs, qui, animés d'une hargne libidineuse, considéraient toutes les femmes comme des proies. Il pourrait utiliser son influence ou son argent à contrecœur, toujours prêt à la trahison, toujours prêt à croire que les femmes le duperaient et l'abandonneraient, qu'elles étaient des adversaires contre lesquelles il fallait lutter. Ou bien, il pouvait se refuser à haïr les femmes et continuer à croire en elles.

Il savait qu'il lui était impossible de ne *pas* les désirer, qu'un peu de son esprit mourrait s'il ne continuait pas à aimer les femmes, si perfides et si infidèles fussent-elles. Que celles qu'il avait le plus aimées en ce monde fussent secrètement heureuses de le voir écrasé, humilié par les caprices du destin, cela importait peu. Qu'elles lui aient été infidèles de la façon la plus odieuse, et pas seulement dans le domaine sexuel, n'avait pas d'importance. Il devait les accepter telles. Il n'avait pas le choix. Il fit donc l'amour avec toutes, leur fit des cadeaux, cacha la blessure que lui avait infligée leur joie devant ses malheurs. Il leur pardonna sachant que sa déception compensait la liberté totale dont il avait joui avec elles. Mais désormais il ne se sentait pas coupable quand il leur mentait. Il n'éprouvait aucun remords au sujet de son attitude envers Ginny. Pourtant, il était d'une exigence tyrannique : pour demeurer le seul père de ses enfants, il lui interdisait de se remarier, sans envisager de l'épouser à nouveau un jour, et sans le lui cacher.

Peut-être n'avait-il sauvé que ça dans sa déconfiture. Désormais il avait la peau trop dure pour se soucier du mal qu'il lui arrivait de faire aux femmes.

Il était fatigué et prêt à se mettre au lit lorsqu'une idée lui passa par la tête : chanter avec Nino Valenti. Il comprit soudain tout le plaisir que cela ferait à Don Corleone. Il prit le téléphone et demanda à l'opératrice de lui passer New York. Il appela Sonny Corleone et lui demanda le numéro de téléphone de Nino. Ensuite il appela Nino qui lui sembla un peu ivre comme d'habitude.

« Allô, Nino ? Venir travailler ici, pour moi, qu'est-ce que ça te dit ? J'ai besoin d'un gars à qui je puisse me fier.

— Diable, je ne sais pas, Johnny, répondit Nino en plaisantant. J'ai un bon boulot avec le camion. Je me fais cent cinquante dollars net par semaine et je baise d'aimables ménagères sur mon itinéraire. Tu peux m'offrir mieux ?

— Cinq cents dollars pour commencer et des rendez-vous avec des stars de cinéma, qu'en dis-tu ?

— Ouais. Laisse-moi le temps de réfléchir, répondit Nino. Laisse-moi en parler à mon conseiller juridique, à mon comptable et à mon collègue sur le camion.

— Rigole pas, Nino, reprit Johnny. J'ai besoin de toi ici. Prends l'avion demain matin, rapplique ici et signe un contrat personnel de cinq cents dollars par semaine pendant un an. Ensuite, si tu me piques une de mes poules et que je te flanque à la porte, tu touches un an de salaire au minimum, comme indemnité. D'accord ? »

Il y eut un long silence. La voix de Nino resta calme. « Eh ! Johnny, tu plaisantes ?

— Pas du tout, fiston, répondit Johnny. Va voir mon agent à New York. Il te remettra ton billet d'avion et des espèces. Je lui donnerai mes instructions à la première heure demain matin. Vas-y dans l'après-midi. D'accord ? Quelqu'un t'attendra à l'aéroport et te conduira chez moi. »

Il y eut de nouveau un long silence puis la voix de Nino, très basse, incertaine, répondit : « OK Johnny. » Il ne paraissait plus ivre du tout.

Johnny raccrocha et se prépara à se coucher. Depuis qu'il avait brisé son disque, il ne s'était jamais senti aussi bien.

13.

Johnny Fontane prit place dans l'immense studio de synchronisation et estima ses dépenses sur un bloc de papier jaune. Les musiciens entraient un à un. Tous étaient ses amis, il les avait connus lorsqu'il était tout jeune chanteur dans des orchestres. Eddie Neils, le chef d'orchestre, éminent expert en musique pop, qui s'était montré secourable aux jours difficiles, distribua des partitions et des instructions verbales. Il avait accepté cet enregistrement pour rendre service à Johnny, bien que son emploi du temps fût surchargé.

Nino Valenti était assis au piano ; ses doigts parcouraient nerveusement le clavier. Il buvait aussi à très petites gorgées un grand verre de whisky. Johnny n'avait rien à redire à cela. Il savait que Nino chantait aussi juste, qu'il fût ivre ou à jeun, et ce qu'ils allaient faire ce jour-là ne demandait pas de la part de Nino des qualités particulières de musicien.

Eddie Neils avait mis au point des arrangements spéciaux d'après quelques vieux airs italiens et siciliens, ainsi que le duo comique exécuté par Nino et Johnny au mariage de Connie Corleone. Johnny enregistrait ce disque avant tout parce qu'il savait que le Don aimait ces chants-là et que cela ferait pour lui un parfait cadeau de Noël. Il soupçonnait aussi que ce disque serait un tube. Pas jusqu'au million évidemment. Il pensait qu'aider Nino était la façon de régler son ardoise. Après tout, Nino était aussi un filleul du padrino.

Johnny posa son bloc-notes jaune sur la chaise pliante à côté de lui et se leva pour gagner le piano. « Eh ! paisan ! » dit-il. Nino leva la tête et essaya de sourire. Il semblait légèrement malade. Johnny se pencha et lui tapa dans le dos. « Détends-toi, fiston. Si tu travailles bien, je te prends un rendez-vous avec le plus chouette et plus célèbre petit cul d'Hollywood. »

Nino but une gorgée de whisky. « Qui ? Lassie ? » demanda-t-il.

Johnny éclata de rire. « Non, dit-il, Deanna Dunn. Je garantis la marchandise. »

Quoique impressionné Nino ne put s'empêcher de demander avec une moue d'enfant gâté : « Pour Lassie, pas possible ? »

L'orchestre entama l'ouverture de la mélodie. Johnny Fontane écouta intensément. Eddie Neils allait jouer tous les airs dans leurs arrangements spéciaux. Ensuite seulement on enregistrerait le chant avec accompagnement. En écoutant, Johnny pensa à la façon dont il interpréterait chaque phrase musicale, comment il interviendrait dans chaque chant. Sa voix, il le savait, ne supporterait pas un long effort mais c'est Nino qui aurait le premier rôle et Johnny se contenterait de l'accompagner. Excepté évidemment dans le duo pour lequel il devait se réserver.

Il fit lever Nino d'une bourrade et tous deux, debout, restèrent devant leur microphone. Nino manqua le départ et le rata une seconde fois. « Eh ! tu traînes pour te faire des heures supplémentaires ? demanda Johnny.

— Je ne me sens pas à l'aise sans ma mandoline », répondit Nino.

Johnny réfléchit un instant. « Prends ce verre d'alcool à la main », dit-il.

Cela sembla faire l'affaire. Nino continua à boire tout en chantant mais il s'en tira fort bien. Johnny chanta avec aisance, sans effort, et sans trop dévier du thème interprété par Nino. Il n'éprouvait aucune satisfaction affective dans ce genre de mélodie mais la perfection de sa technique le stupéfia : dix ans de vocalises lui avaient quand même appris quelque chose.

Lorsqu'ils arrivèrent au duo qui terminait l'enregistrement, Johnny déploya toute l'ampleur de sa voix. Quand ils eurent terminé, ses cordes vocales étaient douloureuses. Les musiciens avaient été transportés par le dernier chant, chose rare chez ces vétérans. Ils martelèrent leurs instruments de musique et tapèrent des pieds en guise d'applaudissements. Le batteur fit entendre un roulement de grosse caisse.

Ils travaillèrent quatre longues heures, entrecoupées de pauses et de discussions. Eddie Neils vint trouver Johnny et lui dit simplement : « C'était très bon, fiston. Si vous avez envie de faire un disque, j'ai une nouvelle chanson qui vous conviendrait parfaitement. »

Johnny secoua la tête. « Allons, Eddie, dit-il. Ne me racontez pas d'histoires. De plus, dans deux heures, je serai trop enroué pour pouvoir parler. Croyez-vous qu'il faudra beaucoup arranger ce que nous avons fait aujourd'hui ?

— Il faudra que Nino vienne au studio demain, répondit Eddie, pensif. Il y a quelques loups dans son interprétation. Mais il est bien meilleur que je ne l'aurais cru. Quant à vous, je dirai aux ingénieurs du son d'arranger tout ce qui ne me plaît pas. D'accord ?

— D'accord, répondit Johnny. Quand pourrais-je entendre ça ?

— Demain soir, répliqua Eddie Neils. Chez vous ?

— Entendu, dit Johnny. Merci Eddie. À demain. »

Il prit Nino par le bras et ils quittèrent le studio. Ils allèrent chez lui et non chez Ginny.

C'était la fin de l'après-midi. Nino était plus qu'à demi ivre. Johnny lui dit de passer sous la douche avant de faire un somme. Ils avaient une grande réception à onze heures, ce même soir.

Lorsque Nino s'éveilla, Johnny le mit au courant : « C'est la soirée d'un Club des cœurs solitaires dont ne font partie que des vedettes de l'écran. Ce soir, tu verras des ménesses que le cinéma fait passer pour reines du sex-appeal. Des millions de gars donneraient leur bras droit pour se les farcir. Elles viendront au club dans le seul but de se faire sauter ou s'offrir une fantaisie à leur goût. Sais-tu pourquoi ? Elles en ont envie mais sont déjà un tout petit peu trop vieilles. Comme toutes les dames, elles veulent en général qu'on mette un petit peu de fleurs autour.

— Et ta voix, qu'est-ce qu'elle a ? » demanda Nino.

Johnny chuchotait à peine. « C'est pareil chaque fois que je chante un peu trop longtemps. Je ne pourrai pas chanter avant un mois maintenant. Mais, dans un ou deux jours, je pourrai parler normalement.

— Vache de truc ! » remarqua Nino, pensif.

Johnny haussa les épaules. « Écoute, Nino, dit-il. Picole pas trop ce soir. Tu dois montrer aux rombières d'Hollywood que mon paisan, c'est un vrai jules. Et pas que ça. Quelques-unes ont le bras long dans le monde du cinéma et peuvent te dégoter des contrats. Les prive de rien et, même après, un peu de charme fait chaud à leur vieux cœur. »

Nino se versait déjà à boire. « Mon pote, je suis toujours charmant », dit-il. Il vida son verre. Souriant, il demanda : « Tu peux vraiment me faire rencontrer Deanna Dunn ? C'est pas du bidon ?

— T'inquiète pas, dit Johnny. » Il éclata d'un rire rauque et conclut : « Rien ne se passera comme tu l'imagines. »

Le Club des cœurs solitaires des vedettes de cinéma d'Hollywood (ainsi nommé par les jeunes premiers dont la présence s'imposait comme une obligation inéluctable) se réunissait tous les vendredis soir dans le magnifique studio de Roy McElroy, attaché de presse ou plutôt conseil en relations publiques de la Woltz International Film Corporation. En fait, bien que ce fût une réception de McElroy à laquelle tous pouvaient assister, l'idée en avait germé dans l'esprit pratique de Jack Woltz en personne. Certaines de ses vedettes commerciales prenaient de l'âge. Sans le secours de projecteurs spéciaux et de maquilleurs de génie, ça se voyait trop. Elles avaient des problèmes. Dans une certaine mesure, le succès les avait désensibilisées physiquement et mentalement. Il leur était impossible de « tomber amoureuses ». Elles ne pouvaient plus jouer le rôle de femmes traquées par les hommes ; l'argent, la célébrité, leur ancienne beauté les avaient rendues trop hautaines. Woltz leur offrait ces soirées comme terrain de chasse à l'amant d'une nuit ; si le gonze avait de l'étoffe, il pouvait être promu au rang de partenaire à plein temps, ce qui facilitait sa carrière. Comme l'événement dégénérait parfois en orgies tapageuses avec intervention de la police, Woltz ne recevait plus chez lui mais chez son conseiller en relations publiques. Étant sur place, il arrangeait les choses, en graissant la patte des journalistes et des flics pour qu'ils écrasent le coup.

Pour certains acteurs jeunes et virils, qui émargeaient déjà sur la feuille de paie du studio mais qui n'avaient pas encore un rôle de premier plan, la présence aux soirées du vendredi n'était pas toujours un devoir agréable. La projection d'un film en avant-première servait de prétexte à cette mondanité d'un genre particulier. Les hypocrites disaient : « Allons voir tel nouveau film. » Ça leur suffisait car l'affaire prenait une tournure professionnelle.

Inutile de préciser que les jeunes starlettes étaient bannies de ces réunions. Pas d'affiches à la porte, bien sûr, mais on les traitait en intruses avec une telle insistance qu'elles n'y revenaient jamais et se passaient le mot.

La projection des nouveaux films avait lieu à minuit. Johnny et Nino arrivèrent à onze heures. Soigné et bien vêtu, Roy McElroy semblait, à première vue, extrêmement aimable. Il accueillit Johnny Fontane avec une exclamation de surprise ravie. « Que diable faites-vous là ? » dit-il avec un étonnement qui ne semblait pas feint.

Johnny lui serra la main : « Je pilote mon cousin de province », dit-il, et il fit les présentations.

McElroy serra la main de Nino et le considéra en connaisseur. « Elles vont le croquer tout cru », dit-il à Johnny. Il les conduisit vers le patio arrière.

C'était seulement une suite d'immenses pièces dont les portes vitrées ouvraient sur un jardin et une piscine. Une centaine de personnes environ y flânaient, verre en main. Artistement agencé, l'éclairage flattait visage et teint des femmes. C'étaient celles que Nino avait vues pendant son adolescence sur les écrans des cinémas plongés dans l'obscurité. Elles avaient eu leur place dans ses rêves érotiques de jeune homme. Mais en chair et en os elles lui semblèrent maquillées pour un film d'épouvante. Rien ne pouvait dissimuler l'épuisement physique et spirituel de tout leur être ; le temps avait râpé leurs attraits de demi-déesses. Elles prenaient des attitudes et se déplaçaient avec autant de grâce qu'il se rappelait leur en avoir vue mais tout cela parut tellement artificiel à Nino qu'il eut l'impression d'être frappé d'impuissance. Il but, erra au hasard et atterrit à une table proche d'une réserve de bouteilles. Johnny le suivit. Ils burent jusqu'à l'instant où tinta derrière eux la voix magique de Deanna Dunn.

Cette voix était gravée à jamais dans la mémoire de Nino, comme dans celle de millions d'autres hommes. Deanna Dunn avait reçu deux oscars, elle avait fait les plus grosses recettes d'Hollywood. À l'écran, son charme félin la rendait irrésistible à tous. Mais les paroles qu'elle prononça n'avaient jamais retenti sur l'écran argenté. « Johnny, espèce de canaille, il a fallu que j'aille chez mon psychiatre encore une fois parce que tu m'as plaquée après la première nuit. Alors, pas de match retour ? »

Johnny baisa la joue qu'elle lui offrait. « Tu m'as épuisé pour un mois, répondit-il. Permets-moi de te présenter mon cousin Nino. Un solide gaillard d'Italie qui sera peut-être à la hauteur. »

Deanna Dunn toisa Nino d'un regard hautain.

« Est-ce qu'il aime regarder les avant-premières ?

— Je ne crois pas qu'il en ait jamais vu, répondit Johnny en riant. À toi de l'initier à cette nouveauté. »

Nino fut obligé de se servir un grand verre lorsqu'il fut seul avec Deanna Dunn. Il essaya de rester désinvolte mais c'était difficile. Deanna Dunn avait le nez retroussé, les traits classiques et nets de la beauté anglo-saxonne, et il la connaissait si bien ! Il l'avait vue seule dans sa chambre, le cœur brisé, pleurant la mort d'un mari aviateur qui la laissait avec deux orphelins. Il l'avait vue en colère, blessée, humiliée et conservant cependant une dignité insigne lorsque ce voyou de Clark Gable l'avait violée puis abandonnée pour une prostituée (Deanna Dunn n'interprétait jamais les prostituées à l'écran). Il avait vu un aveu d'amour empourprer son visage. Sous ses yeux, elle s'était tordue de fièvre dans les bras de l'homme qu'elle adorait. Il l'avait même vue mourir avec grâce une bonne demi-douzaine de fois. Il l'avait admirée, il l'avait entendue et il avait rêvé d'elle, mais jamais il ne se serait attendu à la manière dont elle engagea la conversation.

« Johnny est un des rares gonzes d'Hollywood qui ait ses couilles au cul. Les autres c'est tous des pédales ou des débiles mentaux. Pour les faire bander avec une gonzesse il faudrait leur pomper un plein camion de cantharide dans le cul. Et encore ça ne marcherait sans doute pas. » Elle prit Nino par la main et l'entraîna dans un coin de la pièce, loin de la foule et de la concurrence.

Puis, toujours charmante et nullement démontée, elle lui posa des questions sur lui-même. Il comprit d'emblée qu'elle jouait encore un rôle : celui de la riche fille du meilleur monde, aimable, qui condescend à s'entretenir avec le valet d'écurie ou le chauffeur. Dans le film, elle aurait su décourager cet amoureux sentimental (si le rôle était interprété par Spencer Tracy) ou tout envoyé promener par désir passionné de partager sa vie (si le rôle était joué par Clark Gable). Mais peu importait à Nino. Il se surprit en train de lui raconter comment Johnny et lui avaient été élevés ensemble à New York, comment ils avaient chanté ensemble à des petites fêtes d'écoles, de clubs. Elle feignit de s'intéresser avec une compréhension enivrante de bonne grâce et lui demanda incidemment : « Savez-vous comment Johnny a obtenu son rôle de cette canaille de Jack Woltz ? » Nino fronça les sourcils et secoua la tête. Elle n'insista pas.

Enfin ce fut l'heure de la projection en avant-première du nouveau film de Woltz. Deanna Dunn conduisit Nino, sa main tiède emprisonnant celle du jeune Italien, dans une pièce de la maison, dépourvue de fenêtre, mais garnie d'une cinquantaine de petits divans pour deux personnes, dispersés de façon à assurer à chacun un petit îlot de quasi-intimité.

Nino constata qu'il y avait une petite table à côté du divan et, sur cette table, un seau de glace, des verres et des bouteilles d'alcool ainsi qu'un plateau de cigarettes. Il en donna une à Deanna Dunn, l'alluma puis lui servit à boire et emplit aussi un verre pour lui. Ils ne se parlèrent pas. Quelques minutes plus tard, les lumières s'éteignirent.

Nino s'était attendu à quelque chose de scandaleux. Il connaissait les rumeurs et légendes sur la dépravation régnant à Hollywood. Mais il n'avait pas prévu ce qui lui arriva : sans le moindre préambule, Deanna Dunn plongea sur son membre sexuel avec une voracité d'affamée. Il continua à boire et à regarder le film mais sans rien goûter, sans rien voir. Jamais il n'avait atteint un éréthisme aussi aigu, mais c'était dû au fait que la femme acharnée à le satisfaire dans l'obscurité avait naguère fait l'objet de ses rêves d'adolescent.

Il se sentit pourtant outragé dans sa virilité. Aussi, quand la très célèbre Deanna Dunn eut apaisé ses ardeurs et lui eut reboutonné la braguette, il lui présenta sans nulle gêne un nouveau verre dans la pénombre, lui alluma une autre cigarette et lui dit de la voix la plus détendue qui soit : « Pas mal ce film, hein ? »

Il la sentit se crisper sur le divan à côté de lui. S'attendait-elle à quelque compliment ? Nino se versa un plein verre de la bouteille la plus à portée de sa main. Au diable tout cela ! Elle l'avait traité comme le dernier des prostitués. Sans motif intelligible, il sentit alors monter en lui une colère froide contre toutes ces femmes. Ils regardèrent le film pendant quinze minutes encore. Il se pencha pour s'écarter d'elle et éviter le contact de ce corps jadis admiré.

« Joue pas les caves. Ça t'a plu, dit-elle enfin dans un murmure rauque. Tu triquais comme un âne. »

Nino but une gorgée et répondit avec sa désinvolture habituelle : « Elle est *toujours* comme ça. Faut la voir quand je bande. »

Après un bref éclat de rire, elle se mura dans le silence jusqu'à la fin du film. La lumière ne tarda pas à se rallumer. Nino jeta un coup d'œil autour de lui. Il réalisa que dans le silence et l'ombre avait dû se jouer un ballet aux figures infiniment variées. Certaines de ces dames avaient l'œil dur et brillant des femmes qui viennent d'être assidûment besognées. Elles quittèrent la salle de projection sans se presser. Deanna Dunn partit immédiatement pour aller rejoindre un homme plus âgé et bavarder avec lui. Nino reconnut un acteur célèbre. Alors seulement, quand il le vit en chair et en os, il comprit que c'était un pédéraste. Nino but par petites gorgées, pensivement.

Johnny Fontane le rejoignit. « Alors, vieux pote, tu prends du bon temps ? » demanda-t-il.

Avec un rictus dubitatif Nino répondit : « Je ne sais pas. C'est différent. De retour chez moi, je pourrai dire que Deanna Dunn m'a possédé. »

Johnny éclata de rire. « Elle est capable de faire mieux chez elle. Est-ce qu'elle t'a invité. »

Nino secoua la tête. « Le film m'a trop intéressé », répondit-il.

Johnny cessa de rire. « Fais pas le con, dit-il. Une rombière comme celle-là peut faire beaucoup pour toi. Autrefois tu prenais le tout-venant. Bon sang ! j'ai encore des cauchemars en me rappelant les effroyables grognasses que tu te tapais. »

Avec la maladresse d'un homme ivre, Nino se saisit de son verre. « Ouais, tonitrua-t-il. Des mochetés, d'accord, mais c'étaient des *femmes* ! » À l'autre extrémité de la pièce, Deanna Dunn tourna la tête vers lui. Nino leva son verre dans sa direction en guise de salut.

Johnny Fontane soupira.

« D'accord, dit-il. Tu n'es qu'un pauvre Rital de la cambrousse.

— Et j'ai pas l'intention de changer », répondit Nino avec un charmant sourire d'ivrogne.

Johnny le comprenait parfaitement. Il savait Nino moins ivre qu'il le prétendait à seule fin de dire des choses qu'il jugeait être trop incongrues pour les débiter à jeun à son nouveau padrone d'Hollywood. Il prit Nino par le cou et lui dit affectueusement : « Tu sais trop bien que tu as un contrat à toute épreuve pour une durée d'un an. Tu peux dire et faire tout ce qui te passe par ta tête de filou bon à rien et moi je ne peux même pas te virer.

— Tu ne peux pas me fiche à la porte ? demanda Nino avec une malice d'ivrogne.

— Non, répondit Johnny.

— Alors, va te faire foutre ! »

Johnny eut un bref sursaut de colère. Puis il remarqua le sourire je-m'en-foutiste de Nino. Les dernières années le rendaient sans doute plus sensé (ou sa déconfiture, plus sensible) car il comprit mieux Nino. Il réalisa pourquoi son vieux copain d'enfance n'avait jamais eu de succès, pourquoi il s'acharnait volontairement à gâcher toutes ses chances de réussite. Il devina que Nino réagissait contre les conséquences prévisibles du succès et qu'en un certain sens, il se sentait insulté par ce qu'on faisait pour lui.

Johnny prit Nino par le bras et le conduisit chez lui. Nino marchait très difficilement. Johnny lui parla avec douceur. « Ça va, petit pote, dit-il. Tu chanteras seulement pour moi. Je veux faire du fric avec toi. Je n'essaierai pas de te régenter. Tu feras tout ce que tu voudras. D'accord, paisan ? Tu n'auras qu'à chanter pour moi et me gagner de l'argent maintenant que je ne peux plus chanter. Compris, vieux pote ? »

Nino se redressa. « Je chanterai pour toi, Johnny, dit-il en bredouillant à tel point qu'on le comprenait à peine. Je suis meilleur chanteur que toi maintenant. J'ai toujours chanté mieux que toi. Pas vrai ? »

Johnny s'arrêta pensif. Ainsi, Nino en était là. Johnny savait pourtant que, lorsque sa voix était au mieux de sa forme, Nino était à cent coudées au-dessous de lui. Il en était déjà ainsi au cours de ces années de jeunesse où ils avaient chanté ensemble. Il se rendit compte que, ivre et vacillant au clair de lune, Nino attendait une réponse. « Va te faire foutre ! » lui dit-il gentiment à son tour. Ils éclatèrent de rire comme au bon vieux temps.

Lorsque Johnny Fontane apprit l'attentat dont avait été victime Don Corleone, il se fit un souci du diable pour son padrino et se demanda aussi si le financement de son film tenait toujours. Il eut envie de filer à New York pour présenter ses respects au Don à l'hôpital mais on lui répondit de ne pas risquer sa réputation, qu'une mauvaise publicité de ce genre déplairait plus que tout au Vieux. Il attendit donc.

Une semaine plus tard, Tom Hagen lui dépêcha un messager : le financement tenait toujours mais pour un seul film à la fois.

Pendant ce temps, Johnny laissa Nino aller à sa guise dans Hollywood et en Californie. Nino s'entendit fort bien avec les jeunes starlettes. Parfois, Johnny l'appelait pour passer une soirée avec lui mais sans insister. Au sujet de l'attentat contre le Don, Nino dit à Johnny : « Tu sais, j'ai demandé une fois au Don un boulot dans son organisation et il n'a pas voulu. J'en avais assez de conduire un camion et je voulais me faire du fric. Sais-tu ce qu'il m'a dit ? Qu'un homme n'a qu'une destinée et que la mienne c'était d'être artiste. J'étais donc inapte au racket. »

Johnny réfléchit à cette conversation. Son parrain lui parut alors tout simplement le type le plus intelligent du monde. Il avait décelé que Nino ne ferait jamais un bon gangster, qu'il ne s'attirerait que des ennuis ou qu'il se ferait descendre rien que pour un bon mot. Mais comment le Don savait-il que Nino serait un artiste ? Parce que, nom de Dieu ! il avait deviné qu'un jour j'aiderais Nino. Et comment avait-il deviné ça ? Parce qu'il m'en glisserait un mot et que j'essaierais de lui prouver ma gratitude. Évidemment, il ne m'a jamais demandé de le faire. Il m'a seulement fait savoir qu'il serait heureux que je le fasse. Johnny Fontane soupira. Maintenant, son parrain était blessé, en difficulté, et lui, avec l'animosité de Woltz contre lui et personne pour l'aider, pouvait dire au revoir à l'oscar. Seul le Don avait les contacts personnels qui faisaient le poids. Mais la Famille avait alors d'autres chats à fouetter. Johnny offrit son aide, Hagen le remercia poliment.

Johnny fut fort occupé par la mise en route de son film. L'auteur du livre dont il avait été la vedette à l'écran avait fini son nouveau roman. Il vint en Californie sur l'invitation de Johnny pour en discuter à l'insu des agents littéraires et des studios. Le second livre répondait parfaitement à ce que désirait Johnny. Il n'aurait pas à chanter ; l'histoire était bonne avec beaucoup de femmes et d'épisodes croustillants. Johnny repéra immédiatement un rôle taillé sur mesure pour Nino. Le personnage parlait comme Nino, agissait comme lui, lui ressemblait même. C'était étrange. Nino n'aurait rien d'autre à faire que de paraître sur l'écran et être lui-même.

Johnny alla vite en besogne. Il s'aperçut qu'il en connaissait beaucoup plus qu'il ne pensait sur la production. Il engagea quand même un directeur de production qui connaissait son affaire mais avait des difficultés à trouver du travail parce qu'il était inscrit sur la liste noire des patrons. Johnny n'en profita pas et conclut avec lui un contrat honnête. « J'espère que vous m'épargnerez plus d'argent de cette façon », dit-il franchement à son collaborateur.

Il fut donc surpris lorsque son directeur de production lui déclara qu'il fallait verser au délégué du syndicat la bagatelle de cinquante mille dollars. Les heures supplémentaires et les engagements soulevaient pas mal de problèmes et les cinquante mille dollars seraient dépensés utilement. Johnny se demanda si son directeur le faisait à l'esbroufe. « Envoyez-moi ce représentant du syndicat », dit-il.

Le type du syndicat s'appelait Billy Goff. « Je croyais que ces questions étaient réglées par mes amis, lui dit Johnny. On m'a recommandé de ne pas m'en occuper du tout.

— Qui vous a dit cela ? demanda Goff.

— Vous le savez aussi bien que moi. Je ne prononcerai pas son nom, mais quand il me dit quelque chose, c'est sûr.

— Les temps ont changé, dit Goff. Votre ami a des ennuis et ses ordres ne parviennent plus jusqu'en Californie. »

Johnny haussa les épaules. « Revenez me voir dans deux jours, dit-il. D'accord ? »

Goff sourit. « Bien sûr, Johnny, dit-il, mais appeler New York ne vous servira à rien. »

Appeler New York servit cependant à quelque chose. Johnny parla à Hagen qui était à son bureau. Hagen lui dit sans ambages de ne pas payer. « Ton parrain serait furieux si tu versais un centime à cette canaille, précisa-t-il. Le Don perdrait la face. En ce moment surtout il ne peut pas se permettre ça.

— Est-ce que je peux lui parler ? demanda Johnny.

— Non. Il est toujours à l'hôpital.

— Alors explique-lui où j'en suis. Il faut que mon film démarre.

— J'en parlerai à Sonny. Il mettra les choses au point, j'en fais mon affaire. Ne verse pas un liard à ce rusé salaud. Je te tiendrai au courant s'il le faut. »

Johnny raccrocha, fort inquiet.

Des ennuis avec les syndicats pouvaient coûter une fortune, augmenter le prix de revient du film et bloquer le travail. Pendant un moment, Johnny se demanda s'il n'allait pas refiler ces foutus cinquante raides à Goff sans piper mot. Après tout, ce que disait le Don et ce que disait Hagen, les ordres qu'ils donnaient, étaient deux choses différentes. Mais il décida d'attendre quelques jours.

Cette attente lui économisa cinquante mille dollars. Deux nuits plus tard, Goff fut trouvé tué dans sa maison de Glendale. Personne ne parla plus à Johnny de difficultés avec le syndicat. Johnny fut un peu ému par l'assassinat. C'était la première fois que le long bras du Don frappait un coup mortel aussi près de lui.

Au fur et à mesure que les semaines passèrent, Johnny fut de plus en plus occupé à mettre le scénario au point, à distribuer les rôles, à régler les détails de la production. Johnny Fontane oublia les soucis que lui donnait sa voix, l'impossibilité qu'il éprouvait à chanter. Néanmoins, lorsque parurent les candidatures pour l'oscar et qu'il se trouva au nombre des postulants agréés, il se sentit déprimé de ne pas avoir été pressenti pour chanter à la cérémonie qui serait diffusée par une chaîne nationale de la télévision. Mais il haussa les épaules et continua à travailler. Il n'avait plus l'espoir de remporter la récompense de l'Académie puisque son parrain n'était plus à même d'exercer son influence. L'investiture était déjà une bonne consolation.

Le disque que Nino et lui avaient enregistré, celui des chansons italiennes, se vendait beaucoup mieux que tout ce qu'il avait fait dernièrement, il savait cependant que c'était plus le succès de Nino que le sien. Il admit lui-même qu'il ne serait plus jamais capable de chanter en professionnel.

Une fois par semaine, il allait dîner avec Ginny et les enfants. Si trépidantes que fussent ses activités, il ne manquait jamais à ce devoir. Entre-temps, sa seconde femme avait mijoté un divorce mexicain et il se trouvait de nouveau célibataire. Assez curieusement, il ne se souciait guère de culbuter des starlettes qui auraient été des proies faciles. Il avait vraiment trop d'amour-propre pour profiter de ses avantages de patron. Quant aux jeunes stars et aux actrices encore en pleine gloire, elles ne lui offraient jamais leurs faveurs. Il en était peiné mais pas trop car le travail suffisait à l'occuper. La plupart des nuits, il les passait seul chez lui. Il écoutait d'anciens disques, en fredonnant quelques mesures, verre en main. Il avait été un bon, un très bon chanteur. Il ne s'était pas rendu compte à ce point de ses qualités. Mise à part une voix hors série – mais dont n'importe qui peut être doué sans aucun mérite – il avait cultivé un véritable talent sans même s'en rendre compte : il n'avait jamais su à quel point il aimait pratiquer son art. Et puis, il avait gâché sa voix avec l'alcool, le tabac et les poules, lorsqu'il s'était senti au sommet de sa profession.

Nino venait parfois prendre un verre et l'écouter. Johnny lui disait avec dédain : « Dis donc salaud de Rital, tu n'as jamais chanté comme ça dans ta vie. »

Et Nino lui répondait par son sourire étrangement séduisant et secouait la tête. « Non, répondait-il, et je n'y arriverai jamais. »

Finalement, une semaine avant le début du nouveau film, eut lieu la nuit de l'oscar. Johnny y invita Nino qui refusa. « Mon petit pote, dit Johnny, je ne t'ai jamais demandé de service. Pas vrai ? Alors ce soir sois chic, et viens avec moi. Tu es le seul gars qui partagera ma déception. »

Un instant, Nino parut surpris. Puis il répondit : « Bien sûr, mon vieux. J'irai. » Il y eut un silence puis il poursuivit : « Si tu ne l'as pas, ton oscar, te fais pas de mouron, soûle-toi un sacré bon coup et je veillerai sur toi. Tiens ! pour être sûr que tu t'accroches à un solide poteau, je boirai pas une goutte de toute la soirée.

— Mon vieux, s'exclama Johnny, t'es un vrai pote ! »

La nuit de l'oscar arriva et Nino tint sa promesse. Il vint chercher Johnny parfaitement à jeun et ils partirent ensemble pour le théâtre. Nino se demandait pourquoi Johnny n'avait pas invité une de ses poules ou une de ses ex-épouses au dîner de l'Académie. En particulier Ginny. Pensait-il que Ginny ne l'encouragerait pas ? Nino aurait aimé boire un verre, un seul. Ça s'annonçait comme une longue et morne nuit.

Nino trouva, en effet, tout ce tralala extrêmement fastidieux jusqu'à l'instant où fut proclamé le nom du meilleur interprète masculin. Quand il entendit « Johnny Fontane » il bondit de joie et applaudit à tout rompre. Johnny lui tendit la main. Nino la serra de tout son cœur. Il devinait que son copain avait besoin d'un contact humain avec quelqu'un en qui il eût confiance. Il s'affligea en pensant que le grand Johnny Fontane méritait un compagnon plus reluisant que lui à cet instant de gloire.

S'ensuivit un véritable cauchemar. Le film de Jack Woltz avait raflé les principales récompenses. À la fête du studio, les journalistes pullulèrent au coude à coude avec des fripouilles et racoleurs appartenant aux deux sexes ou à d'autres. Nino tint sa promesse ; il ne but pas une goutte et ne perdait de vue son copain que lorsque des nanas surexcitées entraînaient Johnny Fontane dans les coins propices à une petite causette. Et Johnny était de plus en plus ivre.

Pendant ce temps, l'actrice qui avait remporté l'oscar de la meilleure interprétation féminine subissait le même sort mais y prenait visiblement plus de plaisir et sans cesser un seul instant de dominer la situation. Seul de tous ceux qu'elle racola, Nino l'envoya promener.

Finalement, quelqu'un eut une idée de génie : l'accouplement des deux vainqueurs sous les yeux de toute l'assistance. On dénuda l'actrice. D'autres femmes entreprirent de déshabiller Johnny Fontane. Alors Nino, seule personne qui ne fût pas ivre, empoigna Johnny à demi dévêtu, le jeta en travers de son épaule et se fraya un chemin vers la porte puis jusqu'à leur voiture. Tout en conduisant Johnny chez lui, Nino pensa que si c'était ça le succès, il n'en avait pas envie.

Livre III

14.

Dès l'âge de douze ans, le Don était un vrai petit homme. Il s'appelait alors Vito Andolini et vivait dans un village de Sicile à l'aspect étrangement mauresque. Il était très brun et svelte. C'est alors que son père fut assassiné. Peu après, ceux qui l'avaient tué se mirent en quête du petit Vito pour lui faire subir le même sort. Sa mère l'envoya en Amérique, chez des amis. Arrivé dans ce pays neuf, il adopta le nom de Corleone pour conserver un lien avec son pays d'origine. Telle fut une de ses rares manifestations de sentimentalité.

Au début de notre siècle, la mafia exerçait en Sicile un gouvernement parallèle, beaucoup plus puissant que celui de Rome. Le père de Vito Andolini avait eu un différend avec un autre habitant de son village, qui recourut à la mafia. M. Andolini refusa de se soumettre et, au cours d'une discussion en public, qui dégénéra en querelle, il tua le chef local de cette organisation secrète. Une semaine plus tard, on retrouva son corps déchiqueté par plusieurs décharges de *lupara*. Un mois après l'enterrement, des tueurs de la mafia vinrent se renseigner au sujet du gamin. Ils décidèrent qu'en raison de son âge il ne tarderait pas à vouloir venger son père, c'est pourquoi ils décidèrent de le liquider lui aussi. Des parents le cachèrent et l'envoyèrent en Amérique où il prit pension chez les Abbandando dont le fils Genco devait plus tard devenir le consigliori du Don.

Le jeune Vito travailla dans l'épicerie des Abbandando sur la Neuvième Avenue, dans le quartier de New York qui s'appelait alors la Cuisine de l'Enfer. À l'âge de dix-huit ans Vito épousa une jeune fille qui venait d'arriver de Sicile. Elle n'avait que seize ans mais faisait très bien la cuisine et elle était déjà capable de tenir son ménage. Le jeune couple s'installa dans un appartement d'un immeuble d'habitations à bon marché sur la Dixième Avenue, près de la 35ᵉ Rue, à proximité de l'épicerie où travaillait Vito. Deux ans plus tard leur union fut bénie par la naissance d'un premier enfant, Santino, que tous ses amis appelèrent Sonny (Fiston) tant il adorait son père.

Un certain Fanucci vivait dans le même quartier. C'était un solide gaillard d'Italien à l'air farouche, qui portait des complets clairs et un feutre de couleur crème. Il passait pour être membre de la Main noire, filiale de la mafia, qui extorquait de l'argent aux familles et aux commerçants en les menaçant de violences physiques. Étant donné que dans les parages habitaient surtout des gens assez violents eux-mêmes, les menaces de Fanucci n'effrayaient que les vieux ménages sans enfants mâles en âge de les défendre. Quelques boutiquiers lui versaient un peu d'argent pour simplifier les choses. Fanucci imposait plus aisément ceux qui se livraient à des trafics illicites : marchands de billets pour la loterie italienne, tenanciers de petits tripots à domicile. L'épicerie Abbandando lui payait un petit tribut. Le jeune Genco ne trouvait pas ça à son goût. Il aurait volontiers remis Fanucci à la raison mais son père le lui interdisait. Vito Corleone observait tout cela sans se sentir concerné.

Un beau jour, trois jeunes durs sautèrent sur Fanucci et lui entaillèrent la gorge d'une oreille à l'autre, sans intention de le tuer, mais en appuyant assez pour le faire saigner abondamment et l'effrayer. Vito vit Fanucci s'enfuir la gorge en sang. Il n'oublia jamais l'allure du gros homme penché en avant et tenant son feutre crème sous la gorge pour recueillir le sang pendant sa fuite. Peut-être voulait-il épargner ainsi son beau complet clair ? Ou bien répugnait-il à laisser sur ses pas des traces cramoisies ?

Il se trouve que l'affaire tourna à merveille pour Fanucci. Ses trois assaillants n'étaient pas des assassins, mais seulement des jeunes gens assez résolus pour lui rabattre le caquet. Quant à Fanucci, lui, c'était un vrai criminel. Quelques semaines plus tard, celui qui avait manié le couteau fut abattu à coups de pistolet. Les familles des deux autres payèrent une indemnité à Fanucci pour qu'il ne poursuive pas sa vengeance.

Dès lors, Fanucci devint plus gourmand et, au lieu de se contenter d'une menue dîme, il s'associa avec ceux qui tenaient des tripots clandestins dans les parages. Quant à Vito Corleone, ça ne le regardait pas. Il oublia immédiatement cette histoire.

Pendant la Première Guerre mondiale, quand l'huile d'olive d'importation se fit rare, Fanucci se débrouilla pour fournir à l'épicerie Abbandando non seulement de l'huile, mais aussi du salami, du jambon et des fromages italiens. Grâce à cela il s'associa avec le patron et installa un de ses neveux dans la boutique. C'est ainsi que Vito Corleone fut réduit au chômage.

En ce temps-là, un second fils, Frederico, était né et Vito Corleone avait quatre bouches à nourrir. Jusqu'alors, il avait vécu tranquillement en jeune homme discret qui ne se confiait à personne. Le fils de l'épicier, le jeune Genco Abbandando, était son ami le plus intime. À leur grande surprise à tous deux, Vito reprocha à Genco le tort que lui faisait son père. Genco rougit de honte et promit à Vito qu'il n'aurait pas à se soucier de sa nourriture. Lui, Genco, déroberait dans l'épicerie ce qu'il faudrait à son ami. Vito refusa sévèrement car l'idée d'un fils volant son père lui semblait abominable.

Néanmoins, Vito se mit à nourrir une fureur glaciale contre le redoutable Fanucci. Il n'en manifesta rien et attendit son heure. Pendant quelques mois, il travailla au chemin de fer. À la fin de la guerre, les affaires ralentirent ; chaque mois Vito ne toucha plus que la paye de quelques jours. En outre, la plupart des chefs d'équipe étaient Irlandais ou Américains et usaient d'un langage extrêmement grossier avec les manœuvres italiens. Vito subissait ces affronts avec une impassibilité de pierre, comme s'il ne les comprenait pas. Pourtant il savait fort bien l'anglais quoiqu'il le parlât avec l'accent de son pays.

Un soir, alors que Vito dînait avec les siens à la cuisine, on frappa à la fenêtre qui ouvrait sur une étroite courette, plutôt un puits d'aération. Vito écarta le rideau et vit avec étonnement un jeune homme du voisinage, Peter Clemenza, penché à la fenêtre d'en face, qui lui tendait un paquet enveloppé dans un linge blanc.

« Hé ! paisan, dit Clemenza. Garde ça pour moi pendant quelque temps. Fais vite. »

Vito prit machinalement le paquet. Clemenza semblait inquiet et pressé. Il était visiblement dans l'embarras et Vito le secourut d'instinct. Quand il ouvrit le paquet dans sa cuisine, il y trouva cinq pistolets dont la graisse souillait la toile blanche. Il cacha le paquet dans le placard de sa chambre et attendit. Il apprit que la police avait arrêté Clemenza. Les flics frappaient sans doute à sa porte lorsqu'il s'était débarrassé des pistolets par la fenêtre de la cour.

Vito n'en souffla mot à personne et sa femme terrifiée se garda bien de cancaner à ce sujet, par crainte de faire arrêter son mari. Deux jours plus tard, Peter Clemenza reparut dans le quartier et demanda d'un air presque distrait à Vito : « Tu as mes affaires ? »

Vito hocha la tête. Il parlait peu. Clemenza vint à son appartement. Vito lui offrit un verre de vin et alla chercher le paquet dans le placard de la chambre. Clemenza but. C'était un gros gars à l'air bon garçon. Il observa attentivement Vito. « T'as regardé ce que c'est ? » demanda-t-il.

Impassible, Vito secoua la tête. « Je ne m'occupe pas de ce qui ne me regarde pas », dit-il.

Ils passèrent le reste de la soirée à boire ensemble et se plurent. Clemenza racontait volontiers et Vito écoutait tout aussi volontiers. Ils se lièrent, mais pas intimement.

Quelques jours plus tard, Clemenza demanda à la femme de Vito Corleone si elle avait envie d'un beau tapis pour son salon, et il pria Vito de l'accompagner pour l'aider à le porter.

Clemenza le conduisit jusqu'à un immeuble dont l'entrée s'ornait de deux piliers de marbre au sommet d'un perron aux marches de marbre également. Il avait la clé d'un appartement somptueux et s'y introduisit sans plus de façon. Puis il dit à son ami : « Va à l'autre bout de la pièce et aide-moi à rouler ça. »

C'était un beau tapis de laine rouge, épaisse. La générosité de Clemenza étonna Vito. Ils le roulèrent ensemble. Clemenza en prit une extrémité et Vito l'autre. Ils le soulevèrent et le portèrent à la porte de l'appartement.

À cet instant on sonna à cette porte. Aussitôt Clemenza lâcha le tapis et se dirigea vers la fenêtre. Il écarta légèrement les rideaux. Ce qu'il vit lui fit saisir un pistolet dissimulé sous son veston. Alors seulement l'innocent Corleone réalisa qu'il était en train de voler un tapis chez quelqu'un où il n'avait aucune raison de se trouver.

La sonnette retentit de nouveau. Vito s'approcha de Clemenza pour voir, lui aussi, ce qui se passait. Un flic en uniforme se tenait devant la porte. Ils le virent appuyer encore une fois sur le bouton de la sonnette, hausser les épaules, descendre les marches du perron et s'en aller.

Clemenza grogna de satisfaction et dit : « Allons-y ! » Il souleva une extrémité du tapis, Vito prit l'autre. L'agent avait à peine disparu au coin de la rue qu'ils franchissaient la lourde porte cochère en chêne et s'engageaient sur le trottoir, séparés par le tapis enroulé. Une demi-heure plus tard, ils coupaient ce tapis pour l'adapter aux dimensions du salon. Il leur en resta assez pour la chambre à coucher. Clemenza était un tapissier adroit et il avait dans ses poches les outils de son métier. Quoiqu'il ne fût pas encore le gros bonhomme qu'il devint, il était déjà bien en chair et portait en outre des vêtements un peu trop amples parce que, disait-il, il se trouvait plus à l'aise ainsi.

Le temps passa et les choses ne s'arrangèrent pas. La famille Corleone ne pouvait manger son beau tapis. Pas de travail, alors sa femme et ses enfants allaient souffrir de la faim. Faute de mieux, Vito accepta les vivres que lui offrait Genco, tout en cherchant comment se débrouiller. Enfin Clemenza et Tessio – un autre jeune dur du quartier – lui firent une proposition. Ils avaient bonne opinion de lui parce qu'il s'était bien conduit avec eux et ils le savaient dans la panade. En ce temps-là ils s'étaient spécialisés dans la piraterie sur les camions de livraison. Ils s'en prenaient en particulier aux véhicules chargés devant une maison de confection de la 31e Rue. Aucun risque, disaient-ils. Gens sensés, les chauffeurs sautaient sur le trottoir avec une grâce angélique dès qu'ils voyaient un pistolet. Les pirates allaient décharger le camion dans l'entrepôt d'un ami. Ils vendaient une partie de la marchandise à un grossiste italien et colportaient le reste dans les quartiers italiens : Arthur Avenue, au Bronx ; Mulberry Street et les environs de Chelsea à Manhattan. Les familles italiennes pauvres profitaient volontiers de l'occasion parce que leurs filles n'auraient pas pu s'offrir de jolies robes au prix des magasins. Clemenza et Tessio avaient besoin de Vito qui avait conduit la camionnette de l'épicerie Abbandando. En 1919 les bons chauffeurs faisaient prime sur le marché du travail.

Faute de mieux, Vito Corleone accepta la proposition de ses voisins. La perspective de se faire au moins un millier de dollars dans cette affaire l'y décida mais les procédés de ses jeunes compagnons lui paraissaient désordonnés, trop livrés au hasard dès le départ et d'une hardiesse insensée quant à la revente. Tout cela n'était pas assez au point pour son goût. Néanmoins les deux gaillards lui faisaient bonne impression à lui aussi. Déjà grassouillet, Peter Clemenza inspirait confiance de même que le maigre et taciturne Tessio.

Le vol du camion se déroula sans le moindre pépin. Vito Corleone s'étonna de n'éprouver aucune crainte quand il vit ses camarades brandir leurs pistolets et il prit le volant sans encombre. Le calme de Clemenza et de Tessio l'impressionnèrent. Ils ne s'énervèrent pas, plaisantèrent avec le chauffeur, le félicitèrent d'être accommodant et promirent de lui envoyer quelques robes pour sa femme. Vito jugea qu'il serait trop stupide de colporter personnellement des robes volées et céda sa part du butin au receleur. L'affaire ne lui rapporta ainsi que sept cents dollars mais en 1919 c'était une belle somme.

Le lendemain Fanucci, toujours vêtu de clair et coiffé de son feutre crème, aborda Vito Corleone dans la rue. Cette grosse brute n'avait rien fait pour dissimuler la cicatrice en demi-lune qui marquait sa gorge d'une oreille à l'autre. Il avait des sourcils broussailleux et des traits épais, qui lui donnaient quand même un air sympathique lorsqu'il souriait.

Il parlait avec un fort accent sicilien. « Dis donc, mon jeune gars, dit-il à Vito. On me raconte que vous êtes riches, toi et tes deux amis. Mais tu ne trouves pas que vous m'avez traité un peu à la légère ? Après tout, c'est mon quartier et tu devrais me laisser me mouiller le bec. » Il prononça cette dernière phrase en sicilien en usant d'une formule de la mafia : « *Fari vagnari a pizzu.* » *Pizzu* signifie le bec d'un petit oiseau tel que le canari. Bref Fanucci demandait sa part du butin.

Vito Corleone ne répondit pas, car telle était son habitude. Il comprit fort bien mais attendit une demande précise.

Fanucci sourit en exhibant ses dents d'or et le sourire élargit la cicatrice sous son visage. Il s'essuya la figure avec son mouchoir et déboutonna son veston, comme s'il souhaitait se rafraîchir, mais en réalité pour montrer la crosse du pistolet glissé sous la ceinture qui tenait son large pantalon. Puis il soupira et dit : « Donne-moi cinq cents dollars et je te pardonnerai cet affront. Il faut enseigner aux jeunes gens la courtoisie qui est due à un homme de mon importance. »

Vito Corleone lui sourit. Quoiqu'il fût encore jeune et innocent, son sourire était tellement glacial que Fanucci hésita un instant avant de poursuivre : « Sinon la police te rendra visite. Ta femme et tes enfants seront plongés dans la honte et la misère. Évidemment, si je suis mal renseigné sur tes bénéfices, je plongerai moins le bec. Mais pas moins de trois cents dollars. Ne cherche pas à me rouler. »

Vito Corleone se décida enfin à parler. Sa voix de garçon raisonnable ne manifesta pas la moindre colère. Il s'exprima poliment comme il sied à un jeune homme s'adressant à un homme d'âge mûr aussi considérable que Fanucci. « J'ai confié mon argent à mes amis. Il faudra que je leur en parle. »

Fanucci fut rassuré. « Dis-leur que j'en attends autant d'eux. Ne crains pas de leur parler. Clemenza et moi, nous nous connaissons très bien et il comprend ce genre de choses. Suis ses conseils. Il a plus d'expérience que toi pour des affaires de ce genre. »

Vito Corleone haussa les épaules et s'ingénia à paraître confus.

« Bien sûr, dit-il. Mais vous comprenez que, pour moi, tout ça, c'est nouveau. Merci de me parler comme un padrino.

— Tu es un bons gars », dit Fanucci satisfait. Il serra la main de Vito entre ses deux poignes velues. « Tu as une bonne mentalité. Ça fait plaisir de voir des jeunes comme toi. Mais la prochaine fois, pense à moi d'abord. Hein ? Je pourrais peut-être te donner de bons conseils. »

Plus tard, Vito Corleone comprit pourquoi il avait usé d'une tactique aussi subtile avec Fanucci : la mafia avait tué son père parce qu'il avait la tête trop chaude. Mais, sur le coup, il n'éprouva qu'une rage froide contre ce gros bonhomme qui voulait le priver de l'argent gagné au risque de sa vie et de sa liberté. Il n'avait pas du tout peur et, dès le premier instant, il considéra Fanucci comme un pauvre imbécile. D'après ce qu'il savait de Clemenza, ce solide Sicilien préférerait se faire tuer plutôt que d'abandonner un sou de son butin. Ne l'avait-il pas vu prêt à tuer un agent de police rien que pour voler un tapis ? Quant au menu Tessio, il semblait aussi dangereux qu'une vipère.

Le soir même, dans l'appartement de Clemenza, de l'autre côté de la courette d'aération, Corleone prit une autre leçon dans la matière qu'il commençait à étudier. Clemenza sacra, Tessio fronça les sourcils, mais tous deux discutèrent aussitôt pour savoir si Fanucci se contenterait de deux cents dollars par part. Tessio le croyait.

Clemenza déclara catégoriquement : « Non. Ce salaud de balafré a dû apprendre à quel prix le receleur nous a acheté les robes. Il n'acceptera pas moins de trois cents dollars chacun. Il faudra payer. »

Vito s'étonna mais s'appliqua à paraître naïf en demandant : « Pourquoi le payer ? Que pourrait-il nous faire à tous les trois ? Nous sommes plus forts que lui, nous avons des pistolets. Pourquoi faudrait-il lui donner l'argent que nous avons gagné ? »

Clemenza expliqua avec patience : « Fanucci a des amis, de vraies brutes. Il est en cheville avec les flics. Il t'a dit de lui parler d'abord pour connaître nos projets, les donner aux flics et s'assurer ainsi leur reconnaissance. C'est comme ça qu'il opère. En plus, Maranzalla en personne lui a concédé ce quartier. » Souvent cité dans les journaux de l'époque, le gangster Maranzalla passait pour le chef d'une bande qui pratiquait l'extorsion, le vol à main armée et le chantage à la protection sur les jeux.

Clemenza servit du vin qu'il avait fait lui-même. Après avoir posé sur la table une assiette de salami et d'olives ainsi qu'une miche de pain italien, sa femme descendit en emportant une chaise pour s'asseoir à l'entrée de l'immeuble et bavarder avec les autres commères. Italienne elle aussi, elle n'était arrivée que depuis quelques années aux États-Unis et ne comprenait pas encore l'anglais.

Vito Corleone resta à boire avec ses deux amis. Il réfléchit. Jamais jusqu'alors il n'en avait tant demandé à son intelligence et la clarté de ses raisonnements l'étonna. Il récapitula tout ce qu'il savait au sujet de Fanucci. Il revit ce butor, la gorge tailladée, courant sur le trottoir, penché en avant, son feutre sous le menton pour recueillir le sang. Il se rappela l'assassinat de celui qui avait tenu le couteau et la grâce accordée par Fanucci aux deux autres en échange d'une indemnité. Tout à coup, Vito Corleone fut certain que Fanucci n'avait pas de relations importantes et ne pouvait pas en avoir. Non, pas un indicateur en contact avec la police. Non, pas un homme qui se prive de sa vengeance moyennant paiement. Non. Fanucci avait tué un de ses trois agresseurs par un coup de chance. Mais il avait compris qu'il n'aurait pas la peau des deux autres parce que la première exécution les mettait sur leur garde. Alors, il s'était contenté d'une consolation en espèces. Ce bonhomme prélevait, du seul fait de sa force brutale, un tribut sur les commerçants et ceux qui tenaient les plus misérables tripots en appartement. Mais Vito savait qu'un de ces tripots n'avait jamais versé un centime à Fanucci et qu'il ne s'y était pourtant jamais rien passé.

Fanucci était donc un solitaire qui, peut-être, parfois, recourait aux services de tueurs à gages en les payant à la pièce. Cette conclusion amena Vito Corleone au seuil d'une décision : Comment allait-il orienter sa vie ?

C'est depuis cet instant-là qu'il répétait souvent que chaque homme n'a qu'un destin. À cette occasion il aurait pu payer Fanucci, retourner travailler dans une épicerie et peut-être, à longueur d'année et à force de travail, s'acheter sa propre boutique. Mais le destin avait décidé qu'il deviendrait un Don. Et ce même destin se servait de Fanucci pour le mettre sur sa voie.

Quand les trois camarades eurent vidé la bouteille de vin, Vito dit prudemment à Clemenza et Tessio : « Si vous voulez, donnez-moi chacun deux cents dollars et je paierai Fanucci. Je vous assure que si c'est moi qui le paie, il s'en contentera. Alors laissez-moi régler cette affaire et vous serez satisfaits. »

Une lueur de soupçon apparut dans les yeux de Clemenza et Vito lui dit froidement : « Je ne mens jamais à ceux que j'ai adoptés comme amis. Parle à Fanucci demain. Il te demandera de l'argent. Ne le paie pas, mais ne te dispute pas avec lui. Dis-lui que tu n'as pas l'argent sur toi et que tu me le donneras à moi pour que je le paie. Laisse-lui entendre que tu es prêt à verser ce qu'il demande. Ne marchande pas. C'est moi qui discuterai avec lui. S'il est aussi dangereux que tu le dis, inutile de l'irriter. »

Les deux autres adoptèrent le projet de Vito. Le lendemain Clemenza s'entretint avec Fanucci pour s'assurer que Corleone n'avait pas inventé cette histoire. Puis il alla porter les deux cents dollars à Vito. En le regardant droit dans les yeux, il lui demanda : « Comment vas-tu lui faire accepter deux cents dollars ? Il m'a dit trois cents, pas un cent de moins.

— Ne t'occupe donc pas de ça, répondit Vito avec une assurance raisonnable. Contente-toi de te rappeler le service que je te rends dans cette affaire. »

Tessio vint plus tard apporter la même somme. Plus réservé et plus astucieux que Clemenza, il était aussi moins énergique. Il sentait bien quelque chose de louche dans le projet de Vito et s'en inquiétait. « Sois prudent avec ce salaud de la Main noire. Il est plus rusé qu'un cureton. Veux-tu que je sois présent quand tu le paieras, rien que comme témoin ? »

Vito Corleone secoua la tête et ne prit même pas la peine de répondre. Il se contenta de dire : « Préviens Fanucci que je lui donnerai l'argent ici, chez moi, aujourd'hui, à neuf heures du soir. Je lui offrirai un verre de vin et je le raisonnerai pour qu'il accepte un rabais.

— Je ne crois pas que tu y parviennes, dit Tessio en secouant la tête. Fanucci n'est pas homme à faire des concessions.

— Je le raisonnerai. » Cette formule devint légendaire par la suite. Elle servit d'avertissement avant les règlements de comptes mortels. Quand Vito devint un Don et offrit à ses interlocuteurs de « raisonner », ils comprirent qu'il leur offrait ainsi de régler l'affaire sans assassinat ni même violence.

Ce soir-là Vito Corleone dit à sa femme d'emmener leurs deux enfants – Sonny et Fredo – dans la rue avec elle après dîner et de ne les laisser remonter sous aucun prétexte à l'appartement avant qu'il en donne la permission. Comme à l'accoutumée, elle devait s'asseoir devant la porte et bavarder avec les voisines. Il devait régler une affaire confidentielle avec Fanucci et ne voulait pas être dérangé. L'expression de frayeur de sa femme l'indigna, mais il lui dit avec calme : « Crois-tu avoir épousé un imbécile ? » Elle ne répondit pas parce qu'elle avait peur. Ce n'est pas Fanucci mais son mari qu'elle redoutait. Elle le voyait changer d'heure en heure sous ses yeux et sentait une vigueur effrayante rayonner de lui. Jusqu'alors Vito n'était qu'un homme tranquille, toujours doux, qui parlait peu, toujours raisonnable, ce qui est exceptionnel chez un jeune Sicilien. Elle le voyait se dépouiller de la banalité qui faisait de lui un rien du tout inoffensif. Ce phénomène avait commencé à l'instant où il s'était décidé à suivre sa destinée. Il s'y mettait tard : à vingt-cinq ans. Mais il débuterait par un coup d'éclat.

Vito Corleone était résolu à tuer Fanucci, ce qui augmenterait sa fortune de sept cents dollars : les trois cents qu'il aurait dû payer au terroriste de la Main noire et les quatre cents que lui avaient remis ses amis Tessio et Clemenza. S'il ne se débarrassait pas de Fanucci, il lui faudrait verser ces sept cents dollars en bons billets. Or la vie de cet homme ne valait pas, aux yeux de Vito, une aussi grosse somme. Il n'aurait certes pas dépensé sept cents dollars pour sauver la vie de Fanucci, pas plus qu'il ne les lui aurait avancés pour payer un chirurgien en cas de besoin. Ils n'étaient pas parents, il ne l'aimait pas et n'était pas son obligé. Alors, pourquoi donnerait-il sept cents dollars à Fanucci ?

De fil en aiguille, il raisonnait ainsi : puisque Fanucci entendait lui ravir ces sept cents dollars par la force, pourquoi se priverait-il de tuer ce butor ? La terre continuerait sûrement à tourner après la mort d'un individu aussi peu intéressant. Vito ne négligeait pas l'aspect pratique de l'affaire. Fanucci pourrait avoir des amis puissants qui chercheraient à le venger. Fanucci était un individu dangereux, pas facile à tuer. Et puis il y avait la police et la chaise électrique. Mais depuis l'âge de douze ans, à la mort de son père, Vito Corleone survivait à une sentence de mort. Il avait fui ses assassins, traversé l'océan et changé de nom pour vivre dans un pays étranger avant le début de son adolescence. Des années d'observation silencieuse l'avaient convaincu qu'il était plus intelligent et plus courageux que les autres quoiqu'il n'eût encore jamais eu l'occasion de manifester son intelligence et son courage.

Pourtant il hésita avant de franchir le premier pas sur la route de sa destinée. Il fit une liasse de sept cents dollars qu'il glissa dans une poche aisément accessible de son pantalon : celle du côté gauche. Mais il mit aussi dans la poche du côté droit le revolver que Clemenza lui avait remis le soir où ils avaient volé un camion de confection.

Fanucci se présenta à neuf heures précises. Vito Corleone posa sur la table la cruche de vin maison que lui avait donné Clemenza.

Fanucci posa son feutre crème sur la table, à côté de la cruche. Il desserra sa cravate dont les couleurs chamarrées camouflaient les taches de jus de tomate. C'était par une chaude soirée d'été. La lumière du gaz éclairait à peine la pièce. Aucun bruit dans l'appartement. Avec un calme glacial, Vito Corleone remit la liasse de sept cents dollars à Fanucci pour prouver sa bonne foi. Le gros butor compta attentivement les billets, tira de sa poche un portefeuille de cuir et y mit l'argent. Il but une ou deux gorgées de vin et dit : « Tu me dois encore deux cents dollars. » Sous leurs sourcils broussailleux ses yeux n'exprimaient rien de précis.

D'un ton raisonnable, Vito lui répondit : « Voilà un moment que je suis au chômage. Je te paierai le reste dans quelques semaines. »

C'était une proposition admissible. Rassuré par ce qu'il avait déjà en poche, Fanucci attendrait. Peut-être même se laisserait-il persuader de ne pas en demander plus ou d'attendre un peu plus longtemps. Verre en main, le gros bonhomme ricana et dit : « Tu es un malin. Comment se fait-il que je ne t'aie pas encore remarqué ? Tu es trop discret. Ça te fait du tort. Je pourrais t'indiquer des coups qui te rapporteraient gros. »

Vito manifesta son intérêt en hochant poliment la tête et remplit de nouveau le verre de son interlocuteur. Fanucci parut sur le point d'en dire plus mais se reprit, se leva en buvant et serra la main de Vito. « Bonsoir, mon gars, dit-il. Pas de rancune, j'espère. Si jamais je peux te rendre service, n'hésite pas à me le demander. Tu t'es bien débrouillé ce soir. »

Vito Corleone conduisit son visiteur jusqu'au palier et le laissa descendre l'escalier tout seul. Il savait qu'à cette heure-là il y aurait foule sur le trottoir et même sur la chaussée et que, par la suite, bien des gens pourraient témoigner qu'ils avaient vu Fanucci quitter sain et sauf l'immeuble où habitait Corleone. Vito regarda par la fenêtre. Il vit Fanucci se diriger vers le carrefour de la Onzième Avenue et devina qu'il s'en allait chez lui, probablement pour y mettre son butin en lieu sûr avant de ressortir. Peut-être aussi pour se débarrasser du pistolet dont il s'était sans doute muni.

Vito Corleone sortit de chez lui, mais grimpa quatre à quatre l'escalier conduisant au toit en terrasse. Passant d'un immeuble à l'autre, toujours par les toits, il alla jusqu'à l'extrémité du pâté de maisons. Il se glissa dans un grenier vide, prit l'escalier de secours en cas d'incendie et descendit jusqu'à une arrière-cour. D'un coup de pied, il ouvrit la porte, traversa le vestibule et atteignit le trottoir juste en face de l'immeuble où habitait Fanucci.

L'ensemble immobilier à usage d'habitation ne s'étendait en direction de l'ouest que jusqu'à la Dixième Avenue. Sur la Onzième on ne trouvait guère que des entrepôts loués par des entreprises qui expédiaient leurs marchandises par le chemin de fer de la New York Central et avaient ainsi un accès facile aux voies qui rayonnaient en tous sens depuis la Onzième Avenue jusqu'à l'Hudson. L'immeuble de Fanucci était un des derniers habités dans ce désert. Y vivaient surtout des cheminots célibataires et des prostituées minables. Ces gens-là ne s'assoient pas sur le trottoir pour bavarder comme d'honnêtes Italiens : ils dilapident leur fric dans des tavernes. Vito Corleone traversa donc inaperçu l'avenue et pénétra sans encombre dans le vestibule d'en face. Il tira de sa poche le revolver dont il ne s'était jamais servi et attendit Fanucci.

La porte vitrée lui permettait d'observer l'extérieur. Il savait que Fanucci arriverait par la Dixième Avenue. Clemenza lui avait montré comment fonctionnait l'arme, comment relever le cran de sûreté et appuyer sur la détente. Dès l'âge de neuf ans, en Sicile, Vito avait souvent accompagné son père à la chasse et savait déjà se servir du lourd fusil de chasse qui, en sicilien, s'appelle lupara. C'est précisément son habileté précoce au tir à la lupara qui l'avait fait condamner à mort par les assassins de son père.

Dans l'obscurité du vestibule, il vit la silhouette blanchâtre de Fanucci traverser la chaussée et se diriger vers lui. Vito recula et s'adossa à la porte ouvrant sur l'escalier. Il braqua son arme vers la porte vitrée qui s'ouvrit. Tout blanc, large, empestant la sueur, Fanucci s'encadra entre les deux montants. Vito Corleone tira.

La porte étant ouverte, la déflagration dut s'entendre dans la rue. Mais le bruit retentit bien plus violemment dans l'immeuble. Fanucci s'accrocha d'une main à la porte pour rester debout et tendit l'autre main vers la crosse de son pistolet, d'un mouvement si brusque qu'il arracha les boutons de son veston. La crosse de l'arme apparut, mais aussi une traînée rouge qui coulait sur sa chemise blanche, depuis la hauteur de l'estomac. Très attentivement, comme s'il plongeait l'aiguille d'une seringue dans une veine, Vito Corleone tira une seconde balle un peu au-dessus de ce point.

Fanucci tomba à genoux en cherchant encore à se retenir à la porte. Il poussa un effroyable grognement : celui d'un homme en proie à une grande détresse physique. Il grogna ainsi plusieurs fois, ce qui devint comique. Par la suite, Vito se rappela avoir entendu trois gémissements avant d'appuyer le canon de son arme sur la tempe couverte de sueur et de lui tirer une balle dans la tête. Il ne s'écoula pas plus de cinq secondes au total entre l'instant où Fanucci ouvrit la porte et celui où il s'étala sur le seuil.

D'un geste précis, Vito prit tranquillement le portefeuille dans le veston du mort et le glissa sous sa chemise. Puis il sortit du vestibule, traversa la rue, repassa à travers le rez-de-chaussée de l'immeuble d'en face pour atteindre la cour et grimpa par l'escalier de secours jusqu'au toit. Arrivé là, il se pencha pour regarder ce qui se passait dans la rue. Le cadavre restait étendu sur le seuil, mais il n'y avait personne d'autre en vue. Deux fenêtres s'étaient allumées dans l'immeuble. Vito vit des têtes à contre-jour. Comme il ne distinguait pas les traits, il fut certain que personne n'avait pu le reconnaître lui non plus. Les gens qui habitaient là n'auraient d'ailleurs pas renseigné la police. Fanucci pouvait bien rester allongé jusqu'au lendemain matin, à moins qu'un policier en patrouille n'avise son cadavre. Aucun habitant de l'immeuble n'irait s'exposer délibérément aux soupçons et aux interrogatoires des flics. Chacun resterait chez soi et soutiendrait ensuite qu'il n'avait rien entendu.

Nullement pressé, Vito retourna de toit en toit jusqu'à son immeuble et descendit dans son appartement où il s'enferma à clé. Il vida le portefeuille de sa victime et n'y trouva, outre les sept cents dollars qu'il lui avait donnés, qu'un seul billet de cinq et deux ou trois d'un dollar.

Dans la plus petite pochette, il y avait une pièce d'or de cinq dollars : sans doute un porte-bonheur. Si Fanucci était un riche gangster, il ne portait pas sa fortune sur lui : cela confirmait certains soupçons de Vito.

Le futur Don savait déjà qu'il devait se débarrasser de tout : portefeuille, pistolet, et même la petite pièce d'or. Il remonta sur le toit, jeta le portefeuille dans une bouche d'aération, vida le magasin du revolver, jeta les balles dans une autre bouche puis cogna l'arme contre le bord du toit. Le barillet ne se brisa pas. Vito prit le revolver par le canon et cogna la crosse sur l'angle d'une cheminée. Elle se fendit en deux. Il frappa de nouveau. Le barillet se sépara du canon. L'arme était divisée en trois pièces. Vito les jeta dans trois bouches d'aération différentes et tendit l'oreille pour s'assurer qu'elles ne faisaient pas de bruit en atteignant le sol. Elles n'en firent aucun car elles atterrirent sur des ordures et des déchets accumulés par la paresse des locataires. Le lendemain matin, d'autres détritus les recouvriraient. La chance aidant, tout disparaîtrait ainsi. Vito retourna chez lui.

Il tremblait un peu mais gardait la tête froide. Il retira ses vêtements et, craignant quelque tache de sang, il les jeta dans la lessiveuse de sa femme, l'emplit d'eau, y ajouta du cristaux les savonna sans ménager sa peine. Puis il prit la planche à laver sous l'évier et frotta ses vêtements. Après les avoir rincés il les remit à tremper dans de l'eau claire, les rinça de nouveau et les tordit pour les essorer. Il passa dans la chambre à coucher et mit les vêtements fraîchement lavés dans un sac qui contenait déjà du linge humide que sa femme repasserait sans doute le lendemain. Alors Vito Corleone mit une chemise propre, un autre pantalon et descendit rejoindre femme, enfants et voisins sur le trottoir de l'immeuble.

La suite des événements révéla que tant de précautions n'étaient pas nécessaires. La police découvrit le cadavre le lendemain matin et n'interrogea jamais Vito Corleone. Apparemment, elle ignora même que Fanucci lui avait rendu visite le soir où on l'avait tué. Il comptait évidemment que, Fanucci étant sorti de chez lui sain et sauf, il arguerait d'un alibi parfait. Plus tard seulement il apprit que la mort de Fanucci n'avait fait aucune peine aux policiers qui ne s'étaient pas trop souciés de poursuivre ses assassins. Ils avaient cru qu'il s'agissait d'un règlement de comptes entre gangsters et s'étaient contentés d'interroger les repris de justice qui avaient été en contact avec Fanucci, ou qui se livraient comme lui à l'extorsion de fonds par la menace. Le nom de Corleone, homme rangé, inconnu de la police ne fut même pas mentionné dans cette affaire.

Mais, s'il avait roulé les flics, ses associés ne furent pas dupes. Clemenza et Tessio l'évitèrent pendant une semaine puis une seconde semaine et se décidèrent enfin à lui rendre visite un soir. Ils se présentèrent avec une déférence évidente. Vito Corleone les reçut avec la même impassibilité courtoise que d'ordinaire et leur offrit du vin.

Clemenza se décida le premier à parler. « Personne ne "protège" plus les boutiquiers de la Neuvième Avenue. Les tripots clandestins du quartier ne paient plus la dîme à personne. »

Vito regarda ses deux amis sans rien dire. Tessio intervint : « Nous pourrions prendre la succession de Fanucci. Ses clients nous paieraient. »

Vito haussa les épaules. « Faites donc. Mais pourquoi vous adresser à moi ? Des trucs comme ça ne m'intéressent pas. »

Clemenza éclata de rire. Même dans sa jeunesse, avant d'avoir une panse énorme, il riait déjà comme un homme gras. « Le pétard que je t'ai donné pour l'affaire du camion… puisque tu n'en auras plus besoin, tu pourrais me le rendre. »

Très lentement, Vito Corleone tira une liasse de billets hors de sa poche et en compta cinq de dix dollars. « J'ai jeté ce pistolet dès que nous avons fini notre affaire. J'espère qu'il ne valait pas plus de cinquante dollars ? » Il sourit à ses amis.

En ce temps-là, Vito ne connaissait pas l'effet de son sourire : d'autant plus effrayant qu'il n'avouait aucune menace. Il semblait s'amuser d'une plaisanterie qu'il gardait pour lui parce que personne d'autre n'aurait pu en apprécier le sel. Mais, étant donné qu'il ne souriait de cette façon qu'au sujet d'affaires d'une importance capitale où la vie et la mort étaient en jeu, étant donné aussi qu'au fond il ne gardait pas la plaisanterie pour lui et que son regard n'avait rien de souriant, étant donné enfin qu'il était d'habitude tellement raisonnable et calme, ce rictus révélait le fond de son caractère. Il effrayait.

Clemenza secoua la tête. « Je ne veux pas de cet argent », dit-il. Vito rempocha ses billets. Ils se comprenaient parfaitement tous les deux. Ses camarades savaient qu'il avait tué Fanucci. Ils n'en soufflèrent mot à personne. Pourtant, en quelques semaines tout le quartier fut au courant et chacun traita M. Corleone avec déférence. Il ne se soucia nullement cependant de prendre la succession de Fanucci.

Ce qui suivit était inévitable. Un soir, la jeune Mme Corleone amena une voisine chez elle : une Italienne qui menait une existence irréprochable.

Elle travaillait dur pour élever ses enfants, orphelins de père. Son fils aîné, âgé de seize ans, lui apportait chaque semaine sa paye dans l'enveloppe qu'il cachetait aussitôt après avoir compté ce qu'elle contenait, tout à fait comme au vieux pays. Sa fille, couturière de dix-sept ans, agissait de même. Le soir et même assez avant dans la nuit, tous trois cousaient des boutons sur des cartons pour un salaire de famine. Cette femme était *Signora* Colombo.

« Madame a des ennuis, dit Mme Corleone à son mari. Tu pourrais lui rendre service. »

Vito supposa qu'on allait lui demander de l'argent. Il était prêt à en donner. Mais c'était une histoire plus compliquée. Mme Colombo avait un chien dont raffolaient ses enfants mais qui aboyait la nuit. Des voisins s'étaient plaints au propriétaire qui avait enjoint à Mme Colombo de se débarrasser de l'animal. Elle avait promis de le faire, puis soutenu qu'elle l'avait fait. Le propriétaire avait découvert qu'elle le trompait et l'avait sommée de déguerpir. Elle avait encore promis de se défaire du chien et cette fois s'était exécutée. Mais le propriétaire était tellement furieux qu'il entendait l'expulser quand même. Elle était obligée de s'en aller, sinon il s'adresserait à la police. Son pauvre petit gars avait tellement pleuré quand ils avaient conduit le chien chez des parents qui habitaient Long Island, et tout ça pour rien ! On allait les jeter à la rue.

Vito Corleone lui demanda gentiment : « Pourquoi vous adressez-vous à moi ? »

Mme Colombo lui désigna sa femme d'un signe du menton et dit : « Elle me l'a conseillé. »

Il en fut étonné. Sa femme ne l'avait jamais interrogé au sujet des vêtements qu'il avait lavés le soir où Fanucci était mort. Elle ne lui avait jamais demandé non plus d'où lui venait tout l'argent dont il disposait depuis qu'il ne travaillait plus. Même à cet instant, elle restait impassible. Vito dit à Mme Colombo : « Je peux vous donner un peu d'argent pour vous permettre de déménager si c'est ce que vous souhaitez. »

Elle secoua la tête et se mit à pleurer. « Toutes mes amies habitent ici, toutes les filles avec qui j'ai grandi en Italie. Je ne veux pas aller vivre dans un autre quartier parmi des étrangers. Je voudrais que vous parliez au propriétaire pour qu'il me permette de rester chez moi. »

Vito hocha la tête. « Alors, c'est fait. Vous n'aurez pas besoin de déménager. Je lui parlerai dès demain matin. »

Sa femme lui sourit. Il feignit de ne pas s'en apercevoir mais en fut heureux. Mme Colombo ne paraissait pas tout à fait rassurée. « Êtes-vous sûr qu'il dira oui, ce propriétaire ?

— *Signor* Roberto ! dit Vito. Mais certainement madame. Il a bon cœur. Quand je lui expliquerai votre situation, il en tiendra compte. Ne vous tracassez plus. Vous avez besoin de rester en bonne santé pour vos enfants. »

Le propriétaire, signor Roberto, passait tous les jours dans les cinq immeubles de rapport qu'il possédait. C'était un padrone : il vendait des ouvriers italiens qu'il cueillait sur les quais, au débarquement. Ce que lui payaient les grandes entreprises de la région lui avait permis d'acheter un par un ces immeubles. Italien du Nord, instruit, il méprisait ses compatriotes du Sud, Siciliens et Napolitains, qui grouillaient comme de la vermine dans ses maisons, jetaient des ordures dans les bouches d'aération, laissaient blattes et rats ronger les murs sans lever le petit doigt pour protéger ses biens. Ce n'était pas un mauvais diable. Bon époux, bon père, il tenait à préserver le patrimoine de sa famille. L'argent qu'il gagnait, les dépenses auxquelles l'obligeait la propriété des immeubles lui donnaient des soucis et lui usaient les nerfs à tel point qu'il était constamment irrité. Quand Vito Corleone l'aborda dans la rue et demanda à lui parler, M. Roberto lui fit grise mine. Mais il se garda de toute grossièreté car ces gens du Sud sont capables de brandir un couteau pour peu qu'on les prenne à rebrousse-poil. Pourtant ce jeune homme avait l'air bien tranquille.

« Signor Roberto, dit Vito, une amie de ma femme, une pauvre veuve qui n'a plus de mari pour la protéger, me dit que vous lui avez ordonné d'évacuer un appartement dans un de vos immeubles. Elle est au désespoir. Elle n'a pas d'argent, ni d'amis, hormis ceux qui vivent ici. Je lui ai promis que je m'adresserais à vous, que vous êtes un homme raisonnable, et qu'il doit s'agir d'un malentendu. Cette malheureuse s'est débarrassée de l'animal qui est à l'origine de ses ennuis. Alors, pourquoi ne resterait-elle pas ? Je vous parle d'Italien à Italien et je vous demande ça comme un service. »

Signor Roberto toisa le jeune homme : individu de petite taille mais solidement bâti, un paysan, mais pas un bandit. Une seule chose cocasse : il avait le toupet de se prétendre Italien ! Roberto haussa les épaules. « J'ai déjà loué l'appartement à une autre famille pour plus cher. Je ne peux pas décevoir ces gens-là pour faire plaisir à votre amie. »

Vito Corleone acquiesça d'un signe de tête indiquant qu'il comprenait. « Combien de plus par mois ? demanda-t-il.

— Cinq dollars. » M. Roberto mentait. Ce logement de quatre pièces obscures ne valait pas plus des douze dollars que payait la veuve et les futurs locataires refusaient de payer un décime de plus.

Vito Corleone tira de sa poche des billets roulés ensemble et en éplucha trois de dix. « Voilà six mois d'augmentation payés d'avance. Inutile d'en parler à cette dame. Ça blesserait sa fierté. Nous nous reverrons dans six mois. Mais évidemment vous lui permettez de garder son chien.

— Allez vous faire foutre ! s'exclama M. Roberto. Et pour qui vous prenez-vous ? Voilà que vous me donnez des ordres, maintenant ? Faites attention à ce que vous dites, sinon je vous envoie dinguer sur votre cul de Sicilien au milieu de la chaussée. »

Surpris et peiné Vito Corleone leva les deux mains. « Je vous demande un service, c'est tout. Nul ne sait jamais s'il n'aura besoin d'un ami un jour ou l'autre. Allons, acceptez cet argent que je vous offre en signe de bonne volonté et vous prendrez votre décision à tête reposée. Je n'oserais sûrement pas me quereller avec vous. » Il mit les billets dans la main de M. Roberto. « Accordez-moi cette faveur. Prenez ça et réfléchissez. Demain matin, si vous avez envie de me le rendre, n'hésitez pas. Si vous chassez cette femme de votre immeuble, comment vous en empêcherais-je ? Vous êtes le propriétaire. Si vous ne voulez pas de chiens dans vos appartements, je vous comprends. Je n'aime pas les animaux, moi non plus. »

Il tapota l'épaule du signor Roberto. « En acceptant, vous m'obligez. Je n'oublierai pas. Interrogez à mon sujet les amis que vous avez dans le quartier. Ils vous diront que je suis un homme reconnaissant et que je sais le prouver. »

M. Roberto commençait à comprendre. Il se renseigna le jour même au sujet de Vito Corleone et n'attendit pas au lendemain matin : le soir même, il frappait à la porte du jeune Sicilien. Il s'excusa d'abord de se présenter aussi tard et accepta le verre de vin que lui offrait Mme Corleone. Il assura Vito que toute cette affaire n'était qu'un épouvantable malentendu, qu'évidemment la signora Colombo pouvait rester dans son appartement et, tout aussi évidemment, garder son chien. Ils en avaient du culot ces misérables locataires qui se plaignaient du bruit que faisait ce pauvre animal alors qu'ils payaient des loyers aussi miteux ! Pour conclure, il posa sur la table les trente dollars que lui avait donnés Vito Corleone le matin même et dit, on ne peut plus sincèrement : « Le bon cœur que vous manifestez en aidant cette pauvre veuve m'a fait honte et j'entends vous prouver que moi aussi je pratique la charité chrétienne. Elle paiera le même loyer qu'avant. »

Chaque personnage joua parfaitement son rôle dans cette comédie. Vito versa à boire et demanda à sa femme de servir des gâteaux. Il serra vigoureusement la main de M. Roberto et le félicita de sa générosité. Le propriétaire soupira et dit qu'il reprenait confiance dans la nature humaine depuis qu'il avait fait la connaissance de M. Corleone. Enfin, ils s'arrachèrent l'un à l'autre. M. Roberto s'en alla, les os réduits à l'état de gelée, tant il avait eu peur. Il sauta dans le tramway pour rentrer chez lui au Bronx et se coucha immédiatement. On ne le revit pas dans le quartier pendant trois jours.

Vito Corleone devenait de plus en plus un « homme à respecter » dans son quartier. On chuchotait qu'il appartenait à la mafia sicilienne. Un jour, le tenancier d'un tapis en chambre meublée l'aborda et lui remit vingt dollars en promettant de lui en donner autant chaque semaine en échange de « son amitié ». S'il avait la bonté de passer une ou deux fois par semaine quelques minutes au tripot, les pontes comprendraient qu'il les protégeait.

Des boutiquiers que tracassaient des jeunes voyous lui demandèrent d'intervenir. Il le fit et en fut récompensé. En peu de temps ses revenus s'élevèrent à cent dollars par semaine, somme colossale en ce temps-là dans ce quartier. Étant donné que Clemenza et Tessio étaient ses amis et ses alliés, il leur donna une part du butin, sans attendre qu'ils le sollicitent. Puis il décida de monter une entreprise d'importation d'huile d'olive en association avec son copain d'enfance, Genco Abbandando. Genco se chargerait d'acheter l'huile en Italie au meilleur prix et de l'entreposer dans le magasin de son père. Il avait l'expérience des affaires de ce genre. Clemenza et Tessio feraient la vente en gros. Ils rendraient visite à tous les épiciers italiens de Manhattan, puis de Brooklyn, puis du Bronx pour leur vanter les qualités de l'huile d'olive *Genco Pura*, et les prier d'en acheter une bonne quantité. (Exemple typique de sa modestie, Vito Corleone refusa d'user de son propre nom comme marque commerciale.) Comme c'est lui qui fournissait le gros du capital, Vito dirigeait l'affaire. Il interviendrait auprès des détaillants qui comprendraient mal les propos de Clemenza et de Tessio et leur parlerait un langage prodigieusement persuasif.

Pendant les quelques années suivantes, Vito Corleone mena l'existence tout à fait satisfaisante du petit homme d'affaires qui consacre tout son temps et son énergie à lancer une entreprise commerciale dans une économie en pleine expansion. Excellent époux et père, il avait pourtant tant à faire qu'il lui restait peu de temps pour les siens. *Genco Pura* s'imposa sur le marché et ne tarda pas à surclasser toutes les autres marques d'huile d'olive importée d'Italie. On en vendit d'un bout à l'autre des États-Unis et l'affaire poussa comme un champignon. Comme tous les hommes d'affaires, Vito n'hésita pas à casser les prix de ses concurrents et à les éliminer du marché en dissuadant les détaillants d'acheter leur marchandise. Toujours comme tous les autres hommes d'affaires, il visait au monopole en obligeant ses rivaux à lui abandonner le marché ou à le prendre comme associé. Mais étant donné qu'il était parti de rien, qu'il ne croyait pas à la publicité, qu'il se fiait seulement à la réclame de bouche à oreille et qu'enfin son huile d'olive ne valait pas mieux que les autres, il ne pouvait user des mêmes moyens que les autres hommes d'affaires. Il comptait donc surtout sur la puissance de sa personnalité et sur sa réputation d'« homme à respecter ».

Depuis son adolescence, Vito avait aussi la réputation d'être « raisonnable ». Il ne proférait jamais la moindre menace et n'usait que d'une logique qui se révélait irrésistible. Il tenait à ce que son interlocuteur ait aussi sa part de bénéfice. Personne ne perdait avec lui. Il se servait de moyens d'une simplicité évidente. Comme tous ceux qui sont doués du génie des affaires, il considérait la libre concurrence comme un gâchis et visait au monopole, beaucoup plus efficace. Il entreprit de s'assurer celui de l'huile d'olive. Quelques grossistes ou demi-grossistes de Brooklyn – gens emportés, opiniâtres, inaccessibles à la raison – refusèrent de partager les vues économiques du signor Corleone. Dieu sait pourtant s'il prit la peine de les exposer en détail et patiemment. Quand il constatait la vanité de ses efforts, Vito Corleone levait les mains d'un geste de désespoir et envoyait Tessio à Brooklyn régler la question. Des entrepôts brûlèrent. On vit des mares d'huile d'olive sur les pavés des quais. Un Milanais à la tête particulièrement dure, et insolent en plus !, avait plus de confiance en la police qu'un saint n'a de foi en la divinité du Christ. Il alla jusqu'à porter plainte contre ses compatriotes italiens, enfreignant ainsi dix siècles d'omerta. L'enquête était à peine entamée que ce grossiste disparut. On ne le revit plus jamais. Il abandonnait une femme fidèle et trois enfants. Dieu merci, ces derniers avaient déjà atteint l'âge de raison, ce qui leur permit de prendre la succession du père et de passer un accord raisonnable avec la *Genco Pura Oil Company*.

Mais les grands hommes ne naissent pas dans la grandeur : ils grandissent. Ainsi fit Vito Corleone. Quand la distillation et la vente de l'alcool furent interdites par la Constitution, Vito franchit le dernier pas. Jusqu'alors il n'était qu'un homme d'affaires, implacable certes, mais d'un type banal. À partir de ce moment-là, il devint un Don dans le monde où l'on ne respecte pas la loi. Ce ne fut pas l'affaire d'un jour ni même d'un an. C'est pendant toute la durée de la Prohibition et de la grande crise économique que Vito Corleone devint Il Padrino, le grand Don. Bref, Don Corleone.

On croirait que le hasard intervint au début. En ce temps-là, la *Genco Pura Oil Company* possédait déjà un parc de six camions de livraison. Des Italiens qui introduisaient de l'alcool et du whisky canadiens en contrebande aux États-Unis prirent contact avec Corleone par l'intermédiaire de Clemenza. Ils avaient besoin de camions et de chauffeurs-livreurs pour distribuer leur marchandise dans la ville de New York. Ces chauffeurs devaient être des hommes sûrs, discrets, vigoureux et résolus, évidemment. Les contrebandiers étaient prêts à payer un bon prix camions et hommes. L'offre était tellement énorme que Vito réduisit ses affaires d'huile pour mettre ses véhicules et son personnel presque exclusivement au service des contrebandiers. Cependant ces messieurs avaient assorti leur offre d'une menace voilée. Mais, dès cette époque-là, Vito était un homme déjà assez mûr pour ne pas considérer cela comme un outrage et refuser une affaire fructueuse pour une raison aussi futile. Il réfléchit à cette menace, constata qu'elle manquait de consistance et jugea ses nouveaux associés peu intelligents. Pourquoi diable menaçaient-ils alors qu'il n'était nullement utile de le faire ? Il garda pour lui cette conclusion en se réservant d'y revenir plus tard.

Sa prospérité s'accrut. Mais surtout il acquit des connaissances, de l'expérience et se fit des relations. Il entassa les bienfaits comme un banquier accumule des valeurs mobilières. Durant les années suivantes, il apparut clairement que Vito Corleone n'était pas seulement un homme de talent, mais une sorte de génie, au moins dans son domaine.

Il étendit sa protection sur toutes les familles italiennes qui montaient des petits débits d'alcool clandestins dans leur logement et vendaient du whisky à quinze cents le verre. Quand le plus jeune fils de Mme Colombo fut confirmé, Vito fut son parrain de confirmation et offrit à son filleul un beau cadeau : une pièce d'or de vingt dollars. Cependant il advenait que la police arrêtât quelques-uns de ses camions. C'était inévitable. Genco Abbandando s'entendit avec un excellent avocat qui entretenait de bonnes relations avec la police et la magistrature. Ce juriste négocia un système de pots-de-vin. Très vite, une « feuille » de première importance s'ajouta à la comptabilité de l'entreprise Corleone. C'était tout simplement la liste des personnalités qui touchaient une rente mensuelle. Quand l'avocat s'efforçait de la réduire et s'excusait d'être en partie responsable de telles dépenses, Vito Corleone apaisait ses scrupules de bon gré. « Non, non, disait-il. Inscrivez-y le plus de gens possible, même ceux qui ne peuvent pas nous être utiles actuellement. Je crois à l'amitié. Je suis prêt à faire les premiers pas et à donner des gages. »

À longueur de temps l'empire de Don Corleone s'étendait, son parc de camions augmentait et la « feuille » s'allongeait. Tessio et Clemenza eurent de plus en plus d'auxiliaires sous leurs ordres. Il en résulta une certaine confusion. Vito modifia son organisation. Il accorda à Clemenza et Tessio le titre de caporegime et à leurs subordonnés le rang de soldat. Genco Abbandando devint consigliori, autrement dit : son conseiller. Il interposa des tampons successifs entre ses exécutants et lui en ne donnant jamais d'ordres qu'à Genco ou à l'un des caporegimes et toujours sans témoin. Puis il mit le groupe de Tessio à l'écart en le chargeant des affaires de Brooklyn. Il sépara aussi Tessio de Clemenza et leur fit comprendre clairement mais patiemment qu'ils ne devaient pas se rencontrer, même à titre amical, sauf en cas de nécessité absolue. Il s'en expliqua surtout auprès de Tessio, le plus intelligent des deux, qui comprit immédiatement pourquoi il padrino agissait ainsi. Selon Vito il s'agissait évidemment d'une protection contre la police et la justice. Tessio saisit pourtant que le Don voulait supprimer toute occasion de conspirer contre lui. Mais que c'était seulement par précaution tactique et sans aucune méfiance pour l'immédiat. Par contre, Vito laissa le champ libre à Tessio dans le quartier de Brooklyn, tout en gardant Clemenza à portée de sa main, dans son fief du Bronx. Malgré sa jovialité apparente, Clemenza était le plus courageux, le plus hardi, mais aussi le plus cruel et il fallait le tenir plus serré.

La grande crise économique accrut la puissance de Vito. C'est même à cette époque qu'on en vint à l'appeler : Don Corleone. D'un bout à l'autre de la ville, des gens honnêtes mendiaient en vain un travail honnête. Des gens jusqu'alors fiers d'eux s'abaissaient, eux et leur famille, en acceptant les aumônes que distribuaient des fonctionnaires méprisants. Mais les hommes de Don Corleone arpentaient les rues le menton haut, comme il sied à ceux qui ont des billets de banque et des pièces d'argent dans leurs poches. Ils ne craignaient pas, eux, d'être réduits au chômage. Malgré toute sa modestie, Don Corleone ne put s'empêcher d'éprouver un sentiment de fierté. Il veillait au bien-être de ses gens. Il ne manquait jamais à ceux qui dépendaient de lui, qui lui donnaient la sueur de leur front et qui risquaient leur liberté, voire leur vie, à son service. Quand l'un de ses salariés était arrêté et envoyé en prison par quelque extraordinaire malheur, la famille de l'infortuné touchait une pension, pas une pitance misérable accordée à regret par un avare, mais la totalité du salaire qu'aurait perçu le parent s'il était resté libre.

Ce n'était pas seulement une affaire de charité chrétienne, évidemment. Même ses meilleurs amis ne prenaient pas Don Corleone pour un saint du paradis. Sa générosité était fondée sur un sens précis de ses intérêts. Il suffisait au détenu de rester bouche cousue pour assurer la subsistance de sa femme et de ses enfants. Il savait en outre que, s'il refusait de renseigner la police, il serait accueilli chaleureusement à sa sortie de prison. Amis et parents se réuniraient chez lui pour fêter sa libération en dégustant des mets de choix, des raviolis maison, de la pâtisserie et du bon vin. Au cours de la soirée, le consigliori, Genco Abbandando, et peut-être le Don en personne, passeraient saluer le héros de la fête, trinqueraient à sa santé et lui glisseraient dans la main de quoi prendre huit à quinze jours de vacances avec sa famille avant de reprendre sa tâche quotidienne.

Ainsi s'exprimaient les exquises sympathie et compréhension de Don Corleone.

À cette époque le Don conçut une idée : il gouvernait son petit monde beaucoup mieux que ne le faisaient ses ennemis, ceux qui administraient la société tout entière, à laquelle il se heurtait à chaque pas. Les pauvres gens du voisinage qui, à tout instant, lui demandaient son aide le confirmèrent dans cette idée. Il intervenait pour faire inscrire celui-ci sur une liste municipale de secours, pour trouver un emploi à tel jeune homme et tirer tel autre de prison. Il prêtait volontiers la petite somme dont une famille avait le plus urgent besoin, car les propriétaires, en dépit de toute raison, exigeaient que les chômeurs continuent à payer leur loyer.

Don Vito Corleone les aidait tous. Mieux encore, pour que son secours n'ait pas un caractère cuisant, il l'offrait avec une extrême bienveillance, l'assortissait de paroles encourageantes. Alors n'était-il pas normal que ces Italiens, incapables de savoir qui élire à la chambre ou au sénat de l'État, aux offices municipaux, au Congrès des États-Unis, demandent conseil à leur ami Don Corleone, leur padrino ? Il devint ainsi une puissance politique. Par réalisme, les chefs de parti le consultèrent. Il consolida ce nouveau pouvoir en prenant des mesures qui dénotaient la largeur de vue propre aux véritables hommes d'État, en aidant notamment les jeunes Italiens les plus doués à poursuivre leurs études même quand leur famille ne pouvait pas les leur offrir. Ces jeunes gens deviendraient avocats, substituts de procureurs, procureurs, juges même. Il travaillait à assurer l'avenir de son empire avec un sens de la prévision que n'ont pas tous les politiciens.

Quand on abrogea la Prohibition, ce fut un coup dur pour Don Vito Corleone. Mais il avait pris ses précautions. En 1 933 il envoya une ambassade au gangster qui avait la haute main sur tous les tripots de Manhattan, depuis les cercles clandestins jusqu'au plus minable tapis de dés, sur les docks. Ce même gangster protégeait aussi les usuriers qui pullulent, autant que les marchands de hot dogs, sur les stades de base-ball et les hippodromes, comme autour des tripots où l'on joue au poker et des officines de Harlem où l'on vend des billets de loterie quotidienne. Cet homme s'appelait Salvatore Maranzano. C'était le caïd du milieu new-yorkais, le grand pezzonovante de double calibre. Les émissaires de Corleone lui proposèrent une association profitable aux deux parties. Grâce à son organisation, ses relations avec la police et le monde politique, Vito Corleone fournirait un solide parapluie aux opérations illicites de Maranzano et lui permettrait de les étendre à Brooklyn et au Bronx. Homme de courte vue, Maranzano repoussa cette offre avec dédain. Le grand Al Capone était un ami de Maranzano qui s'en vantait ainsi que de son organisation, de son armée et d'un énorme trésor de guerre. Il n'allait pas favoriser les débuts d'un intrigant qui, à ses yeux, avait plutôt la réputation d'un débatteur de parlement que d'un véritable mafioso. Le refus de Maranzano déclencha la grande guerre de 1 933 qui bouleversa du tout au tout le milieu new-yorkais.

À première vue, ce n'était pas un combat à armes égales. L'organisation de Maranzano comportait une nuée de poinçonneurs résolus. Acoquiné avec Capone, il pouvait l'appeler à l'aide. Il était aussi en cheville avec la famille Tattaglia qui contrôlait la prostitution à New York ainsi que les minces ruisselets de drogue coulant à cette époque. Pis encore, il était en relation avec de puissantes personnalités du monde des affaires qui se servaient de ses poinçonneurs pour terroriser les syndicalistes juifs de la confection et les militants anarchistes italiens des organisations ouvrières du bâtiment.

Don Corleone ne pouvait lui opposer que ses deux regimes commandés par Clemenza et Tessio. Ses relations avec la police et les politiciens étaient contrebalancées par celles de Maranzano avec les hommes d'affaires. Mais, d'autre part, l'ennemi manquait de renseignements sur son organisation. Personne dans le milieu n'était capable d'évaluer le nombre de ses soldats. On croyait même, en général, que Tessio dirigeait à Brooklyn des opérations entièrement indépendantes.

Corleone sembla le plus faible jusqu'au moment où il égalisa les chances par un coup de maître.

Maranzano demanda à Capone de lui envoyer ses deux meilleurs tueurs à gages pour éliminer le nouveau venu. La famille Corleone avait déjà des amis à Chicago qui signalèrent le départ des tueurs et indiquèrent même par quel train ils arriveraient. Vito Corleone dépêcha Luca Brasi pour les accueillir en lui donnant des instructions propres à libérer les instincts les plus sauvages de cet étrange individu.

Brasi organisa l'accueil avec trois de ses hommes. L'un d'eux se « procura » un taxi et marauda autour de la gare. Le porteur, qui faisait partie de l'équipe, conduisit les tueurs précisément vers ce taxi sur lequel il chargea leurs bagages. À peine y étaient-ils entrés que Brasi et un de ses acolytes y pénétrèrent à leur tour, revolver au poing, et obligèrent les deux hommes à s'allonger sur le plancher de la voiture. Le taxi roula jusqu'à un entrepôt proche des docks, que Brasi avait fait préparer à leur intention.

On ligota les deux hommes de Capone et on leur fourra une petite serviette dans la bouche pour les empêcher de brailler. Puis Brasi prit une hache posée contre un mur et se mit à découper un des deux. D'abord, il sectionna les chevilles, puis il coupa les jambes à hauteur des genoux, et enfin les cuisses à l'aine. Brasi était un homme extrêmement robuste et ne ménagea pas ses efforts pour accomplir cet exploit. Sa victime rendit l'âme avant la fin de l'opération. Brasi piétinait dans le sang et les débris de chair. Quand il se tourna vers l'autre, il constata que celui-là ne lui donnerait plus aucun souci. Affolé par la peur, l'homme de Capone avait littéralement avalé la petite serviette-éponge. On la retrouva dans son estomac à l'autopsie.

Quelques jours plus tard, Al Capone reçut à Chicago un message de Vito Corleone disant en substance : « Tu sais désormais comment je traite mes ennemis. Pourquoi un Napolitain interviendrait-il dans une querelle entre Siciliens ? Si tu souhaites que je te considère comme un ami, je te rendrai service quand tu le demanderas. Un homme comme toi doit savoir qu'un ami capable de veiller à ses propres affaires et de se dresser à tes côtés en cas de besoin vaut mieux que celui qui t'appelle à son secours. Mais si tu ne veux pas de mon amitié, qu'il en soit ainsi. Dans ce cas-là, je dois t'avertir que le climat de New York est humide, malsain pour les Napolitains et que tu ferais bien de ne jamais y mettre les pieds. »

Le Don avait rédigé ce message avec une arrogance calculée parce qu'il tenait les Capone en piètre estime. Il les considérait même comme de stupides égorgeurs. Bien renseigné, il savait qu'en faisant étalage de sa fortune mal acquise, et en vexant les puissants, Capone avait perdu toute influence politique. Or il n'ignorait pas que, sans appui politique, une organisation comme celle de Capone pouvait aisément être écrasée. Tout lui indiquait que Capone courait à sa ruine. Il avait aussi évalué ceci : quoique formidable à Chicago, l'influence du Napolitain ne dépassait pas les limites de cette ville.

La tactique donna de bons résultats, moins par sa férocité que par la terrible rapidité avec laquelle le Don avait réagi. S'il était aussi bien renseigné, toute autre tentative contre lui risquait fort de coûter cher. Mieux valait donc accepter son amitié et l'aide qu'il offrait. Les Capone répondirent qu'ils n'interviendraient pas.

Désormais les deux adversaires combattaient à armes égales. Vito s'était en outre assuré le « respect » de tout le milieu américain en humiliant les Capone. Pendant six mois, il harcela Maranzano. Ses hommes firent des descentes dans tous les tripots protégés par son ennemi. Ils soulagèrent le plus important usurier clandestin de Harlem, non seulement de son trésor, mais aussi de ses archives. Il engagea ses ennemis sur tous les fronts. Il envoya Clemenza et son regime combattre à côté des syndicalistes de la confection, contre les truands de Maranzano et les patrons. La supériorité de ses renseignements et de ses relations lui assura partout la victoire. La joyeuse férocité de Clemenza, que Corleone employait judicieusement, contribua aussi à renverser la marée de cette bataille. Ensuite seulement, Don Corleone déchaîna contre Maranzano lui-même le regime de Tessio, qu'il avait gardé en réserve.

Maranzano avait déjà fait des ouvertures de paix. Vito Corleone refusait sous divers prétextes de recevoir ses émissaires. Les hommes à la solde de Maranzano se mirent à trahir leur chef parce qu'ils n'avaient aucune envie de mourir pour une cause perdue. Usuriers et books payèrent la dîme de protection à Corleone.

Enfin, à la Saint-Sylvestre de 1 933, Tessio atteignit personnellement l'ennemi. Les lieutenants de Maranzano ne demandaient qu'à traiter. Ils consentirent à livrer leur chef à ses meurtriers. Ils lui promirent de le conduire à un rendez-vous avec Corleone dans un restaurant de Brooklyn et l'y accompagnèrent pour lui servir de garde du corps. Ils le laissèrent devant une table sur laquelle s'étalait une nappe à damier. Maranzano mâchait tristement une bouchée de pain quand ils quittèrent le restaurant en trombe ; et Tessio y pénétra avec quatre hommes tout aussi vivement. Exécution rapide et sûre. La bouche pleine de pain à moitié mâché, Maranzano fut criblé de balles. La guerre était terminée.

Don Corleone annexa purement et simplement l'empire de Maranzano. Il eut l'habileté de laisser chacun à sa place en se contentant de prélever un tribut. En outre, cette guerre lui avait permis de prendre pied dans les syndicats de la confection, ce qui lui fut fort utile dans les années suivantes.

Mais lorsqu'il eut réglé ces affaires, le Don eut des ennuis dans sa famille. Santino Corleone, dit Sonny, avait alors seize ans et atteignait une taille étonnante pour un jeune Sicilien : un mètre quatre-vingts ! Les épaules larges, les traits marqués et sensuels, il n'avait rien d'efféminé. Mais alors que Fredo était un garçon tranquille et Michael encore un bambin, Santino avait toujours des ennuis. Il se battait, travaillait mal à l'école. Enfin, Clemenza, qui, en qualité de parrain, assumait certaines responsabilités au sujet du gamin, vint un soir annoncer à Don Corleone que son fils avait participé à un vol à main armée, une affaire stupide qui aurait pu très mal tourner. Pis encore, c'est Sonny qui avait organisé l'affaire et les deux autres n'étaient que ses comparses.

Ce fut une des rares fois où Vito Corleone s'emporta. Tom Hagen vivait à son foyer depuis trois ans. Le Don demanda d'abord à Clemenza si l'orphelin était dans le coup. Le caporegime secoua la tête. Don Corleone envoya un chauffeur chercher Santino en voiture pour l'amener à son bureau de la *Genco Pura Olive Oil Company*.

Ce fut la première défaite du Don. Seul avec son fils, il laissa libre cours à sa rage et injuria le gaillard en dialecte sicilien qui permet beaucoup mieux que l'anglais d'exprimer la fureur. Il termina par ces questions : « Qu'est-ce qui t'a permis d'agir ainsi ? Qu'est-ce qui t'a incité à commettre cet acte ? »

Buté, Sonny ne répondit pas. Le Don dit avec mépris : « Un coup stupide ! Qu'est-ce que vous avez gagné pendant cette nuit-là ? Cinquante dollars chacun ? Vingt dollars ? Vous avez risqué vos vies pour vingt dollars ? »

Comme s'il n'avait pas entendu ces derniers mots, Sonny répondit avec un regard de défi : « Je t'ai vu tuer Fanucci.

— Ahhh ! souffla le Don en retombant dans son fauteuil.

— Oui, continua Sonny. Quand Fanucci est sorti de l'immeuble, maman m'a permis de monter. Je t'ai vu grimper sur le toit et je t'ai suivi. J'ai assisté à tout ce que tu as fait. Je suis resté là-haut et je t'ai vu ensuite jeter le portefeuille et te débarrasser du revolver. »

Le père soupira. « Alors, je ne peux évidemment pas te faire la morale, dit-il. Tu ne veux pas continuer tes études ? Tu ne veux pas devenir avocat ? Un avocat habile vole bien plus d'argent avec son porte-documents qu'un millier de brigands avec leurs pistolets et leurs cagoules. »

Sonny sourit et dit habilement : « Je voudrais travailler avec toi aux affaires de la famille, papa. » Voyant que son père restait impassible et ne riait pas à cette plaisanterie, il se hâta d'ajouter : « Je suis capable d'apprendre à vendre de l'huile d'olive. »

Après un long silence, le Don haussa les épaules et dit : « Chaque homme n'a qu'une destinée. » Il n'ajouta pas que l'assassinat de Fanucci avait décidé du destin de Sonny. Il se contenta de tourner la tête et de dire tranquillement : « Viens ici à neuf heures demain matin. Genco te dira ce que tu dois faire. »

Avec l'intuition dont doit faire preuve tout consigliori, Genco Abbandando devina quel était le vrai désir du Don. Il utilisa presque toujours Sonny en qualité de garde du corps de son père, ce qui devait lui permettre d'apprendre les subtilités du métier de Don. Le père se découvrit alors une vocation de pédagogue et donna souvent des leçons à son fils sur l'art et la manière de réussir en bien des domaines.

Tout en s'en tenant à la théorie selon laquelle chaque individu n'a qu'une destinée, il reprochait constamment à Sonny son manque de calme. Le Don considérait la menace comme la pire intrépidité et les manifestations involontaires de colère comme les plus dangereuses faiblesses. Nul n'avait jamais entendu le Don proférer une menace précise. Personne ne l'avait jamais vu perdre la tête. Il s'efforça donc d'inculquer son propre sang-froid à Sonny. Il lui répétait que dans la vie il faut toujours inciter l'ennemi à surestimer nos défauts et nos amis, nos qualités.

Le caporegime Clemenza se chargea d'instruire Sonny en d'autres matières : tir au pistolet et maniement du garrot. Trop américanisé, Sonny appréciait mal les avantages de la cordelette italienne. Au grand regret de son mentor, il préférait le pistolet, simple, direct, anonyme, anglo-saxon. Mais Sonny devint un compagnon presque constant et agréable pour son père. Il conduisait sa voiture, l'aidait pour des broutilles. Pendant les deux années suivantes il donna l'impression banale du fils qui entre dans l'affaire familiale sans être ni très brillant, ni très appliqué et se contente d'un travail assuré et facile.

Cependant, son copain d'enfance et frère quasi adoptif, Tom Hagen, entrait à l'université. Fredo était encore au collège ; Michael, le plus jeune des trois frères, à l'école primaire et leur petite sœur Connie, une bambine de quatre ans. Voilà longtemps que la famille s'était installée dans un bon appartement du Bronx. Don Corleone envisageait d'acheter une maison à Long Island, mais ce projet s'intégrait dans un plan d'ensemble qu'il méditait encore.

Vito Corleone avait le sens de l'avenir. Les guerres du milieu ravageaient toutes les grandes villes des États-Unis. Des combats éclataient par douzaines. Le moindre débutant cherchait à se tailler un fief. Des chevronnés du métier, comme Corleone lui-même, veillaient à grand-peine aux frontières de leur empire pour assurer la sécurité de leurs ressources. Il remarqua que les journaux et les milieux officiels se servaient du désordre pour réclamer des lois plus sévères et des méthodes policières plus dures. Il craignit que l'indignation publique ne provoquât la suspension des procédures démocratiques, ce qui eût porté un coup fatal à ses semblables et à lui-même. Quoiqu'il n'eût pas tellement à redouter pour ses propres affaires, il décida d'imposer la paix aux diverses factions new-yorkaises, puis de la propager dans tout le pays.

Il savait le danger que comportait la mission dont il se chargeait ainsi. Il consacra une année à conférer avec divers chefs de gang new-yorkais, pour les sonder, leur proposer un partage de sphères d'influence et jeter les fondations d'une espèce de confédération assez libre. Mais les factions étaient trop nombreuses et trop d'intérêts divers les séparaient. Un accord général se révélant impossible, Don Corleone prit la même décision que tous les grands législateurs de l'histoire : établir l'ordre en diminuant le nombre des parties en cause.

Cinq ou six Familles étaient trop puissantes pour qu'il songeât à les éliminer, mais les autres, les terroristes de quartier, les prétendus membres de la Main noire, les usuriers indépendants, les books malhonnêtes ou incapables de s'assurer la protection de la police, tous ces gens-là devaient être mis au pas ou disparaître. Il se lança dans une espèce d'expédition coloniale contre eux en engageant toutes les ressources de son organisation.

La pacification de la région new-yorkaise lui prit trois ans et provoqua des réactions inattendues. D'abord la chance fut contre lui. Un groupe d'Irlandais enragés, experts en attaques à main armée, destinés à l'extermination par le Don, faillit emporter la victoire. Servi par le hasard et surtout la bravoure suicidaire des enfants de l'île d'émeraude, l'un d'eux franchit le cordon de gardes du corps et poinçonna la poitrine du Don d'une balle de 9 mm. Inutile de dire qu'il fut immédiatement réduit en passoire. Mais le mal était fait.

Ce malheur servit Santino Corleone. Son père étant hors jeu, il prit le commandement d'un groupe de soldats, son propre regime, se conféra le grade de caporegime, et révéla un génie de la guerre de rues, moins tapageur mais aussi efficace que celui de Napoléon en Vendémiaire. D'une violence inouïe, il manifesta une brutalité inexorable dont son père avait manqué jusqu'alors et qui semble indispensable aux grands conquérants.

De 1935 à 1937, Sonny Corleone acquit la réputation de l'exécuteur le plus rusé et le plus infatigable que le milieu eût connu jusqu'alors. Pourtant un individu épouvantable nommé Luca Brasi l'éclipsait en fait de terrorisme.

C'est Luca Brasi qui se lança aux trousses des survivants du gang irlandais et les liquida à lui tout seul. L'une des six puissantes Familles tenta d'intervenir en faveur des indépendants ; toujours tout seul, Brasi la ramena à la raison en assassinant son Don à titre d'avertissement. Peu après, Vito Corleone se remit de sa blessure et fit la paix avec cette Famille.

À partir de 1937, une paix harmonieuse régna à New York, entrecoupée épisodiquement d'incidents mineurs, de malentendus parfois meurtriers évidemment.

Comme les maîtres des cités antiques tenaient autrefois à l'œil les tribus barbares errant autour de leurs murailles, Don Corleone suivait attentivement l'évolution du monde étranger à son empire. Il remarqua l'avènement de Hitler, la chute de la république espagnole, les méthodes d'extorsion employées par Hitler à Munich. Il vit clairement approcher une guerre mondiale et saisit aussitôt quelles en seraient les conséquences. Son empire serait encore mieux isolé et défendu qu'avant. En outre, les gens habiles, alertes et capables de voir plus loin que le bout de leur nez, auraient l'occasion d'accumuler de grosses fortunes. Mais tout cela ne serait possible que si le milieu vivait en paix quand le monde extérieur serait en guerre.

Don Corleone alla livrer son message à tous ses collègues des États-Unis. Il s'entretint avec les Siciliens de Los Angeles, San Francisco, Cleveland, Chicago, Philadelphie, Miami et Boston. Cet apôtre de la paix du milieu réussit mieux que les papes ne l'avaient fait et, dès 1939, il parvint à établir un modus vivendi entre les gangs les plus puissants des États-Unis. Comme la Constitution fédérale, cet accord respectait la souveraineté absolue de chacun de ses membres sur son État ou sa ville. Il délimitait simplement les sphères d'influence et prévoyait un système d'arbitrage pour assurer la bonne entente.

C'est ainsi que, lorsque la Seconde Guerre mondiale éclata en 1939, et quand les États-Unis y furent entraînés en 1941, le monde de Don Vito Corleone jouissait de l'ordre et de la paix qui le rendaient apte à récolter sa part de la corne d'abondance sur un pied d'égalité avec toutes les autres industries d'un pays en pleine expansion économique. Grâce à ses relations, la famille Corleone était à même de fournir au marché noir des cartes de vivres, des timbres d'essence et même des priorités de déplacement. Elle facilitait l'obtention de contrats de fournitures de guerre, puis fournissait les matières premières aux entreprises de confection qui n'en recevaient pas assez pour tenir leurs contrats ou n'y avaient pas droit du tout parce qu'elles ne travaillaient pas pour l'État. Elle parvint même à éviter la mobilisation à tous les jeunes gens qui travaillaient pour elle. Don Vito Corleone demanda aux médecins des conseils sur les drogues à prendre avant les visites médicales ou plaça ses protégés dans l'industrie de guerre, à titre d'affectés spéciaux.

Cette fois encore le Don pouvait s'enorgueillir de son organisation. Ceux qui lui avaient prêté serment d'allégeance étaient à l'abri alors que les autres – ceux qui croyaient à la loi, la justice et la police – mouraient par milliers sur les champs de bataille. Il y eut toutefois une punaise dans la vaseline : Michael Corleone, son plus jeune fils, refusa d'être sauvé et tint absolument à s'engager comme volontaire pour défendre sa patrie. Au grand étonnement du Don, quelques autres jeunes gens de son organisation firent de même. L'un d'eux s'en expliqua en ces termes à son caporegime : « Ce pays a été bon pour moi. » Quand on lui répéta cette phrase, Don Corleone s'exclama indigné : « Et moi, je n'ai pas été bon pour lui, peut-être ? » Sans doute eût-il sévèrement réprimé ces désertions s'il n'avait pas pardonné celle de son fils Michael. Alors il passa l'éponge pour tous les jeunes gens qui comprenaient aussi mal leur devoir envers leur parrain et envers eux-mêmes.

Quand la Seconde Guerre mondiale toucha à sa fin, Don Corleone devina qu'il lui faudrait changer d'activité pour intégrer plus étroitement son petit monde à la société de tous. Mais il savait qu'il n'y perdrait rien. Son expérience lui permettait d'en être sûr.

Deux menus épisodes de ses débuts le mettaient sur la voie. Au début de sa carrière, Nazorine – alors jeune et simple ouvrier boulanger sur le point de se marier – lui avait demandé son aide. Sa future épouse et lui avaient économisé et versé l'énorme somme de trois cents dollars à un marchand de meubles en gros qu'on leur avait recommandé. Ce grossiste leur avait fait visiter ses entrepôts et leur avait permis de choisir à leur gré tout ce qu'ils souhaitaient pour meubler leur petit logement : une solide chambre à coucher avec deux tables de chevet et des lampes ; un salon au sofa et aux fauteuils bien capitonnés ; le tout tapissé de riche tissu à fils d'or. Nazorine et sa fiancée – une bonne fille née en Italie – avaient passé une excellente journée à choisir le décor de leur avenir dans l'immense entrepôt regorgeant de mobilier. Le grossiste promit de livrer les meubles dans la semaine à l'appartement déjà loué et prit leur argent : les trois cents dollars épargnés et gagnés en suant sang et eau.

La semaine suivante le grossiste fit faillite. On mit les scellés sur l'entrepôt pour garantir le paiement des créances. Le failli disparut pendant le temps qu'il fallait à ses créanciers pour exprimer leur colère à vide. Nazorine alla consulter un avocat. Il apprit alors qu'il n'y avait rien à faire tant que le tribunal n'aurait pas réglé l'affaire à la satisfaction de tous les créanciers. Il faudrait peut-être trois ans et Nazorine aurait bien de la chance s'il récupérait dix pour cent de ce qu'il avait versé.

En apprenant cette histoire, Vito Corleone n'en crut pas ses oreilles. La loi pouvait-elle vraiment permettre un vol aussi évident ? Le grossiste en question vivait dans une résidence princière de Long Island, possédait une automobile de luxe et entretenait ses enfants à l'université. Comment pouvait-il conserver les trois cents dollars du pauvre ouvrier boulanger Nazorine et lui refuser les meubles qu'il avait payés. C'était trop invraisemblable ! Vito demanda à Genco Abbandando de consulter les avocats conseils de la *Genco Pura.* Ils confirmèrent l'histoire de Nazorine. Le grossiste avait placé toute sa fortune au nom de sa femme. Son affaire de mobilier était une société anonyme pour laquelle il n'était pas personnellement responsable. Certes, en acceptant l'argent de Nazorine alors qu'il se savait déjà sur le point de déposer son bilan, il avait fait preuve de mauvaise foi. Mais c'était une pratique courante, que la loi ne sanctionnait pas.

Don Corleone arrangea évidemment l'affaire avec élégance. Il envoya son consigliori, Genco Abbandando, parler au grossiste. Comme on pouvait s'y attendre, l'adroit homme d'affaires saisit immédiatement et se débrouilla pour que Nazorine ait ses meubles. Ce fut pourtant une leçon intéressante pour le jeune Vito Corleone. Ce qui l'avait scandalisé l'intéressa et même l'amusa.

Le second incident eut des conséquences à plus longue échéance. En 1939, Don Corleone installa sa famille hors de la ville. Comme tous les autres bons parents, il souhaitait que ses enfants fréquentent les meilleures écoles et se lient d'amitié avec des enfants de familles aisées. En ce qui le concernait personnellement, il aspirait à l'anonymat d'une banlieue où personne ne connaissait sa réputation. Il acheta à Long Beach un domaine traversé par un mail. À cette époque il n'y avait que quatre maisons bâties sur ce mail mais on pourrait en construire beaucoup plus. Officiellement fiancé à Sandra, Sonny ne tarderait pas à se marier et vivrait dans une de ces maisons. Le Don installerait ses pénates dans une autre ; Genco Abbandando et sa famille, dans une troisième. La quatrième resterait provisoirement disponible.

La famille Corleone avait emménagé depuis une semaine quand trois ouvriers descendirent innocemment d'un camion devant la maison. Ils se présentèrent en tant qu'inspecteurs municipaux des installations de chauffage central. Un jeune gorille du Don leur ouvrit la porte alors que la famille se prélassait au jardin et jouissait de l'air marin. Cet imprudent les conduisit au sous-sol où se trouvait la chaudière du chauffage central.

Un peu plus tard, le garde du corps vint chercher le Don pour le conduire à son tour au sous-sol. Les trois ouvriers, tous de solides gaillards, avaient démonté la chaudière et le foyer dont les pièces gisaient sur le sol cimenté. Leur chef dit d'un ton sans réplique au Don : « Votre installation est dans un état minable. Si vous voulez que nous la remontions vous en aurez pour cent cinquante dollars, main-d'œuvre et pièces. Ensuite seulement nous procéderons à l'inspection. » Il tira de sa poche un carton rouge. « Nous mettrons un coup de tampon là-dessus et vous serez en règle avec l'administration du comté. »

Le Don venait de passer une semaine ennuyeuse. Il avait dû négliger ses affaires pour s'occuper de tous les détails du déménagement. Les prétentions de ces inspecteurs l'amusèrent. S'appliquant à parler un mauvais anglais, il demanda timidement : « Et si je ne paie pas, que devient mon installation ? »

Le chef des trois hommes haussa les épaules. « Nous la laissons dans cet état », dit-il en montrant les morceaux de métal éparpillés par terre.

Toujours timidement, le Don répondit : « Attendez, je vais chercher l'argent. » Il retourna au jardin et dit à son fils Sonny : « Il y a des gens qui sont en train de trafiquer le chauffage central. Je ne comprends pas ce qu'ils veulent. Va t'occuper d'eux. » Ce n'était pas seulement une plaisanterie. Le père pensait alors faire de Sonny son bras droit. Les fils des grands capitaines d'industrie doivent faire leurs preuves.

La solution de Sonny ne fut pas tout à fait au goût du Don. Trop directe, elle manquait de subtilité sicilienne. Ce garçon travaillait à la masse d'arme et pas à la dague. Dès que Sonny eut entendu l'ultimatum de l'inspecteur en chef, il tira un pistolet de sa poche et fit bâtonner les trois intrus par ses gardes du corps. Puis il les obligea à remonter foyer et chaudière et à remettre de l'ordre au sous-sol. Il les fouilla et constata qu'en réalité ces gens travaillaient pour une entreprise d'installation de chauffage central ayant son siège social dans le comté de Suffolk. Il nota le nom du patron, puis reconduisit les trois hommes à coups de pied dans les fesses jusqu'à leur camion. « Si je vous revois à Long Beach, vous en repartirez avec les burnes accrochées aux oreilles ! »

Tel était le caractère du jeune Santino, bien avant que l'âge le rendît plus cruel, qu'il étendît sa protection sur toute l'agglomération où il vivait. Il rendit personnellement visite au patron de l'entreprise de chauffage central pour lui recommander de ne plus jamais envoyer ses hommes à Long Beach. Dès que la famille Corleone eut établi avec la police locale ses relations d'affaires habituelles, elle fut tenue au courant des plaintes concernant des délits de ce genre et aussi des méfaits commis par les professionnels du crime et du délit. En moins d'un an, Long Beach devint l'agglomération la plus paisible et la plus sûre des États-Unis. Artistes en fait d'agression à main armée, maîtres chanteurs divers reçurent un avertissement unique. On ne leur toléra qu'un seul méfait. Après le second, ils disparurent tout simplement. Les inspecteurs municipaux et cantonaux de chauffage central et d'électricité, les petits escrocs du porte-à-porte apprirent qu'ils étaient indésirables à Long Beach. Les optimistes qui dédaignèrent la mise en garde furent si congrûment rossés qu'ils faillirent y laisser leur peau. Les jeunes voyous du cru qui manifestaient trop d'indépendance envers la loi et les autorités constituées eurent droit à une admonestation paternelle : pour persévérer sur la mauvaise voie, il leur fallait fuir leur foyer. Long Beach devint une ville modèle.

Toutes ces escroqueries émerveillaient le Don parce qu'elles étaient tolérées par la loi. Il constata alors que ses talents lui auraient permis de se faire une place dans l'autre monde si, au cours de sa jeunesse honnête, il n'avait pas mené une vie trop isolée. Il prit des mesures pour rattraper ce retard.

La famille Corleone vécut heureuse sur le mail de Long Beach et le Don consolida son empire jusqu'après la fin de la guerre. C'est alors seulement que le Turc Sollozzo rompit cette paix, précipita le monde du Don dans les tourments de la guerre et envoya Vito Corleone en personne à l'hôpital.

Livre IV

15.

Dans ce village du New Hampshire, les ménagères qui ont toujours l'œil à la fenêtre et les boutiquiers, souvent adossés à leur porte, repèrent immédiatement l'arrivée d'un étranger, comme s'il s'agissait d'un phénomène. Quand une automobile noire immatriculée à New York s'arrêta devant la maison des Adams, tout le monde l'apprit en quelques minutes.

Malgré son instruction universitaire Kay Adams était restée une fille du pays. Tout en préparant son examen dans sa chambre, peu avant de descendre déjeuner, elle jetait de temps en temps un coup d'œil par la fenêtre. Dès qu'elle vit la voiture s'engager dans sa rue, elle sentit d'instinct quelque chose d'insolite et ne s'étonna pas de la voir s'arrêter devant le jardinet de ses parents. Deux hommes en descendirent : des gaillards aussi patibulaires à ses yeux que des gangsters de cinéma. Elle dévala l'escalier pour arriver la première à la porte car elle était convaincue qu'ils venaient de la part de Michael ou de sa famille et elle ne voulait pas qu'ils parlent à son père ou à sa mère hors de sa présence. Certes elle n'avait pas honte de Michael ni de ses amis. Tout au moins elle le croyait. Mais elle considérait ses parents comme des Yankees de Nouvelle-Angleterre, trop vieux jeu pour comprendre qu'elle fréquentât des gens de cette sorte.

Elle atteignit la porte à l'instant même où la sonnette retentit et cria à sa mère : « J'y vais ! » Elle ouvrit et se trouva en face des deux gros bonshommes. L'un plongea la main dans la poche intérieure de son veston comme pour y prendre un pistolet sous son bras. Ce geste surprit tellement Kay qu'elle poussa un petit cri. Mais il exhibait un porte-cartes de cuir noir qu'il ouvrit pour montrer une pièce d'identité. « Je suis le détective John Philips de la police new-yorkaise », dit-il. Il désigna son compagnon, un homme au teint très foncé, aux sourcils épais et très noirs. « Voici mon collègue, le détective Siriani, ajouta Philips. Vous êtes bien miss Kay Adams ? »

Kay acquiesça d'un hochement de tête et le détective lui dit : « Pourrions-nous entrer pour nous entretenir quelques minutes avec vous au sujet de Michael Corleone ? »

Elle s'écarta pour les laisser passer. À cet instant son père apparut sur le seuil de son cabinet de travail. « De quoi s'agit-il, Kay ? » dit-il.

Homme svelte à l'air distingué avec ses cheveux poivre et sel, M. Adams n'était pas seulement le pasteur de l'église baptiste de la petite ville, mais sa réputation d'érudit s'étendait aux cercles religieux de toute la région. Sa fille ne le connaissait guère. Il l'intriguait. Elle savait pourtant qu'il l'aimait quoiqu'il donnât l'impression de ne pas la juger intéressante. Elle se fiait donc à lui malgré leur manque d'intimité. Elle lui répondit simplement : « Ces messieurs sont des détectives new-yorkais qui veulent m'interroger au sujet d'un jeune homme que je connais.

— Allons dans mon cabinet, proposa le pasteur Adams, sans manifester la moindre surprise.

— Nous préférons parler à votre fille seuls à seule, dit doucement le détective Philips.

— Ça dépend de Kay, rétorqua poliment M. Adams. Tout au moins je le crois. Ma chère, préfères-tu t'entretenir avec ces messieurs toute seule ou bien en ma présence ? À moins que tu ne préfères celle de ta mère ? »

Kay secoua la tête. « Toute seule », dit-elle.

M. Adams dit à Philips : « Vous serez plus à l'aise dans mon bureau. Resterez-vous à déjeuner ? »

Les deux détectives secouèrent la tête. Kay les conduisit dans le cabinet de son père. Ils s'assirent discrètement sur le bord du canapé et elle prit place dans le grand fauteuil de cuir cher à M. Adams. Le détective Philips engagea la conversation. « Avez-vous vu Michael Corleone durant les trois dernières semaines ? Ou, au moins, avez-vous eu de ses nouvelles ? » Ces mots suffisaient pour mettre Kay sur ses gardes. Trois semaines plus tôt les journaux de Boston avaient annoncé sous des titres tapageurs l'assassinat d'un capitaine de police new-yorkais et d'un certain Virgil Sollozzo, trafiquant de drogue. L'article liait ce crime à une guerre de gangs à laquelle la famille Corleone aurait été mêlée.

Kay répondit donc : « Non. Je crois que je ne l'ai pas revu depuis un mois. Quand nous nous sommes quittés, il allait voir son père à l'hôpital.

— Nous sommes au courant de votre rencontre ce jour-là, dit Siriani d'une voix dure. L'avez-vous vu depuis ou avez-vous eu de ses nouvelles ?

— Non », répondit Kay.

Philips intervint d'une voix amène. « S'il reprend contact avec vous, nous souhaitons que vous nous en avisiez. Il nous importe beaucoup de nous entretenir avec lui. Mon devoir m'oblige à vous avertir de ceci : vos relations avec ce jeune homme pourraient vous précipiter dans une situation extrêmement épineuse. Si vous lui prêtiez assistance d'une manière quelconque, vous auriez les plus graves ennuis. »

Kay se redressa dans son fauteuil. « Pourquoi ne l'aiderais-je pas ? demanda-t-elle. Nous allons nous marier. Les époux se doivent affection et assistance. »

C'est le détective Siriani qui lui répondit : « En l'aidant vous deviendriez complice d'un crime. Nous cherchons votre ami parce qu'il a tué un capitaine de police à New York et un indicateur qui renseignait ce dernier. Nous *savons* qu'il a abattu ces deux hommes. »

Kay éclata de rire avec tant de franchise et d'incrédulité qu'elle impressionna les deux détectives. « Mike ne ferait jamais une chose pareille ! Il ne s'est jamais mêlé aux affaires de sa famille. Quand nous sommes allés au mariage de sa sœur, j'ai vu de mes propres yeux que les siens le traitaient comme un étranger, presque en intrus, comme moi. S'il se cache actuellement, c'est tout simplement pour éviter que son nom soit mêlé à un scandale. Mike n'est pas un gangster. Je le connais mieux que vous et même mieux que tout le monde. C'est un jeune homme bien trop gentil pour commettre un acte aussi méprisable qu'un assassinat. Je ne connais personne qui respecte autant la loi et je ne l'ai jamais surpris à mentir.

— Depuis combien de temps le connaissez-vous ? demanda doucement Philips.

— Plus d'un an », répondit Kay. Elle s'étonna de voir sourire ses deux interlocuteurs.

« Je me sens obligé de vous mettre au courant de quelques détails, dit Philips. Le soir dont vous nous avez parlé, quand il vous a quittée pour aller voir son père à l'hôpital, il s'est querellé avec un capitaine de police que son devoir appelait à ce même hôpital. Michael Corleone s'est livré à une agression sur ce fonctionnaire de la police mais n'a pas eu le dessus. Je préciserai qu'il s'en est tiré avec une fracture de la mâchoire et quelques dents en moins. Ses amis l'ont conduit chez les Corleone à Long Beach. Le lendemain soir, le capitaine de police avec qui il s'était battu fut tué à coups de pistolet et Michael Corleone disparut. Oui, il a disparu. Nous avons des relations et des indicateurs. Tous désignent Michael Corleone comme le meurtrier. Mais nous n'avons pas encore de preuves pour le traduire en justice. Le garçon de restaurant qui assista à l'assassinat ne reconnaît pas Mike en photo, mais pourrait le reconnaître s'il le voyait en chair et en os. Le chauffeur de Sollozzo refuse de parler, mais il pourrait devenir plus loquace si nous mettions la main sur Michael Corleone. Toute la police de New York le recherche donc et tous les agents du FBI aussi. Il est traqué. Jusqu'à présent nous n'avons pas eu de chance, mais nous espérions que vous pourriez nous mettre sur sa piste.

— Je ne crois pas un mot de toute cette histoire », répondit froidement Kay. Pourtant son cœur s'était serré quand on lui avait appris que Mike avait eu la mâchoire fracturée. Mais elle était convaincue qu'il n'aurait pas assassiné pour si peu.

« Consentez-vous à nous prévenir si Mike prend contact avec vous ? » demanda Philips.

Kay secoua la tête.

L'autre détective, Siriani, dit d'une voix dure : « Nous savons que vous couchez ensemble tous les deux. Nous avons des registres d'hôtel et des témoins. Si les journaux l'apprennent, et les fuites sont toujours possibles, votre père et votre mère seront très mal à l'aise. Des gens aussi respectables ne seraient pas fiers d'une fille qui fricote avec un gangster. Si vous ne videz pas votre sac tout de suite, j'appelle votre vieux et je l'affranchis. »

Kay le considéra d'un air ahuri puis elle se leva, alla à la porte et l'ouvrit. Elle vit son père en train de suçoter sa pipe devant la fenêtre du salon et l'appela. « Peux-tu venir avec nous, papa ? »

Il lui sourit et les rejoignit. En franchissant le seuil de la porte, il posa la main sur la taille de sa fille, fit face aux détectives et dit : « Oui, messieurs ? »

Comme ils ne répondaient ni l'un ni l'autre, Kay dit froidement à Siriani : « Affranchissez, monsieur. »

Le policier rougit. « Monsieur Adams, dit-il, je vous parle dans l'intérêt de votre fille. Elle s'est compromise avec un voyou qui, d'après nos renseignements, a commis un assassinat sur la personne d'un fonctionnaire de la police. Je lui dis qu'en refusant de collaborer avec nous elle pourrait avoir de graves ennuis. Mais elle ne semble pas réaliser que c'est sérieux. Peut-être pourriez-vous la convaincre.

— Voilà qui me paraît incroyable », dit poliment M. Adams.

La mâchoire inférieure de Siriani pointa en avant. « Votre fille et Michael Corleone sortent ensemble depuis plus d'un an. Ils ont passé plusieurs nuits dans des hôtels en s'y inscrivant comme mari et femme. On recherche Michael Corleone pour l'assassinat d'un gradé de la police. Votre fille refuse de nous donner tout renseignement qui pourrait nous être utile. Voilà les faits ; libre à vous de les croire invraisemblables, mais nous pouvons vous les prouver.

— Je ne doute pas de votre parole, monsieur, dit doucement M. Adams. Ce qui me paraît incroyable, c'est que ma fille puisse avoir de graves ennuis. Ou alors suggérez-vous qu'elle serait une… (par son expression le père avoua alors un manque d'érudition en fait de terminologie)… une gangstérine ? Ou peut-être existe-t-il un autre mot ? »

Kay observait son père, médusée. Elle devinait qu'il se moquait des policiers à sa façon, mais elle n'aurait jamais imaginé qu'il prendrait une affaire aussi grave avec tant de légèreté.

M. Adams reprit d'une voix ferme : « Quoi qu'il en soit, soyez assuré que si ce jeune homme montre le bout de son nez par ici, j'en aviserai immédiatement les autorités. Ma fille en fera autant. Maintenant, j'espère que vous voudrez bien nous excuser parce que notre déjeuner refroidit. »

Il conduisit les deux policiers à la porte avec sa courtoisie habituelle et la ferma discrètement mais fermement au loquet. Puis il prit Kay par le bras pour aller à la cuisine, à l'autre extrémité du vestibule. « Viens, ma chérie. Ta mère nous attend. »

Quand elle entra dans la cuisine, Kay pleurait sans bruit, tant l'affection et la discrétion de son père la soulageaient. Mme Adams parut ne pas remarquer les larmes de sa fille. Kay en conclut que son père l'avait mise au courant de la visite des détectives. Elle s'assit et sa mère la servit sans rien dire. Quand tous trois furent à table, son père joignit les mains et baissa les yeux pour réciter le *Benedicite*.

Petite et grassouillette, Mme Adams était toujours bien coiffée et bien pomponnée. Kay n'avait jamais constaté la moindre négligence dans sa tenue. Il lui semblait aussi que sa mère ne s'intéressait guère à elle et la tenait même à distance. « Inutile d'en faire un drame, Kay, dit Mme Adams. Ça doit encore être beaucoup de bruit pour rien. Ce jeune homme a fait ses études à Dartmouth et ne peut donc pas être mêlé à une affaire aussi sordide. »

Kay sursauta. « Dartmouth ! Qui t'a dit que Mike y est allé ? »

Sa mère répondit avec une tranquillité presque narquoise : « Vous, les jeunes, vous vous croyez malins en faisant des mystères. Nous étions au courant depuis le début et nous n'en avons rien dit parce que nous n'avions pas l'intention d'en parler avant toi.

— Mais comment le savez-vous ? » demanda Kay.

Depuis qu'il avait appris en sa présence qu'elle couchait avec Mike, elle n'osait plus regarder son père. Elle ne le vit donc pas sourire en disant : « Nous ouvrons ton courrier, évidemment. »

Kay trouva cela horrible. Ce qu'il avait fait là était encore plus honteux que son propre péché. Furieuse, elle osa lui faire face. Pourtant elle n'y croyait pas tout à fait. « Non, tu n'as pas fait ça, père, c'est impossible ! »

M. Adams lui sourit. « Je n'ai pas agi à la légère, crois-moi. Tel était notre dilemme : ouvrir ton courrier ou ne rien savoir des risques que pouvait courir notre fille unique. Nous avons fait un choix simple et vertueux. »

Entre deux bouchées de poulet bouilli Mme Adams dit : « Tout compte fait, ma chère, tu es terriblement innocente pour ton âge. Il fallait que nous nous tenions au courant. Et tu ne nous parlais jamais de lui. »

Innocente ! Kay se rappela alors combien Michael était discret dans ses lettres. Heureusement que ses parents n'avaient pas ouvert celles qu'elle lui écrivait. À quelles folies ne s'était-elle pas laissé aller !… « Je ne vous parlais pas de lui parce que je craignais que sa famille vous fasse horreur.

— Peur, au moins, crois-nous, dit M. Adams joyeusement. En fin de compte, est-ce que Michael a pris contact avec toi ?

— Non. Mais je suis convaincue qu'il n'est absolument pas coupable, de quoi que ce soit. »

Elle vit ses parents échanger un coup d'œil qu'elle ne comprit pas. Puis le père lui dit tendrement : « S'il n'est pas coupable et qu'il ait disparu, il lui est peut-être arrivé autre chose. »

Kay ne comprit pas immédiatement puis elle se leva de table et courut se réfugier dans sa chambre.

Trois jours plus tard Kay débarqua d'un taxi à l'entrée du mail des Corleone à Long Beach. Elle avait téléphoné, on l'attendait. C'est Tom Hagen qui l'accueillit à la porte et elle en fut déçue car elle devina aussitôt qu'il ne lui dirait rien.

Il la conduisit au salon et lui offrit à boire. Elle avait remarqué deux ou trois autres hommes dans les parages, mais pas Sonny. Elle demanda tout de go à Tom : « Savez-vous où est Mike ? Comment pourrais-je prendre contact avec lui ?

— Nous savons seulement qu'il va bien, mais nous ignorons où il se trouve actuellement. Dès qu'il a appris l'assassinat du capitaine, il a craint d'en être accusé, c'est pourquoi il a décidé de disparaître. Il m'a promis de me donner de ses nouvelles d'ici quelques mois. »

Cette version n'était pas seulement mensongère, mais Hagen entendait délibérément lui indiquer qu'il ne lui en dirait pas plus. « Est-ce que ce capitaine lui a vraiment cassé la mâchoire ? demanda Kay.

— Je crains que ce soit vrai. Mais Mike n'a jamais été vindicatif et cette bagarre n'a aucun rapport avec ce qui s'est passé par la suite, j'en suis sûr. »

Kay ouvrit son sac à main et en tira une enveloppe. « Voulez-vous lui faire tenir cette lettre dès que vous saurez où l'atteindre ? »

Hagen secoua la tête. « Si je l'acceptais et que vous le répétiez devant un jury, on en conclurait que je suis au courant de ses allées et venues. Attendez donc plutôt un peu. Je suis certain qu'il donnera signe de vie. »

Kay vida son verre et se leva. Hagen la conduisit à la porte. Au moment où il l'ouvrit, une femme entra. Petite et dodue, elle était vêtue de noir. Kay reconnut la mère de Michael, tendit la main et dit : « Bonjour madame Corleone, comment allez-vous ? »

Les petits yeux noirs de Mme Corleone l'observèrent pendant un moment puis un demi-sourire rida son visage dont la peau avait l'aspect du cuir frotté à l'huile d'olive. Quoique discret, ce sourire ne manquait pas de chaleur. « Vous petite jeune fille à Michael, dit-elle avec un si fort accent italien que Kay comprit à peine. Vous manger quelque chose ? » Kay répondit non pour indiquer qu'elle n'avait envie de rien, mais Mme Corleone tempêta contre Tom en italien et termina en son anglais : « Toi, pas à donner à café à c'te pauvre fille, *disgrazia*. » Elle prit Kay par la main avec une vivacité étonnante et la conduisit à la cuisine. « Vous prendre à café, manger quelque chose, puis quelqu'un ramène chez vous. Gentille fille comme vous prendre pas train. » Elle fit asseoir Kay, posa son manteau et son chapeau sur le dossier d'une chaise et s'affaira. En quelques secondes elle disposa assiette, couverts, pain, fromage, salami sur la table et posa une cafetière au coin du fourneau.

Kay dit timidement : « Je suis venue demander des nouvelles de Mike. Je ne sais pas ce qu'il est devenu. M. Hagen me dit que personne ne sait ou il est mais qu'il reparaîtra dans quelque temps. »

Tom Hagen intervint aussitôt. « Nous ne pouvons pas en dire plus, Mama. »

Mme Corleone le foudroya d'un regard plein de mépris. « Toi vas dire moi quoi faire, maintenant ? Mon mari dit pas quoi faire à moi. Dieu ait pitié de lui. » Elle se signa.

« Comment va M. Corleone ? demanda Kay.

— Bien, très bien, mais il a vieilli, devient distrait et lui arrive malheur. » Elle se tapota le front sans aucun respect, servit le café et obligea Kay à manger du pain et du fromage.

Quand elles eurent bu le café, Mme Corleone prit les mains de Kay entre ses deux mains brunes et ridées et lui dit : « Mike va pas écrire. Vous aura pas nouvelles de lui. Lui cacher deux, trois ans. Peut-être plus, bien plus. Vous aller chez famille, trouver bon jeune homme et marier. »

De nouveau Kay tira la lettre de son sac à main. « Voulez-vous lui envoyer ceci ? »

La vieille dame prit la lettre et tapota la joue de Kay. « Sûr, sûr », dit-elle. Hagen voulut protester, mais elle le rabroua en italien. Puis elle reconduisit Kay jusqu'à la porte, lui donna un petit baiser sur la joue et dit : « Vous oublier Mikey. Plus mari pour vous. »

Une voiture l'attendait avec deux hommes sur le siège avant. Ils la conduisirent jusque devant son hôtel à New York sans dire un mot. Kay resta silencieuse. Elle cherchait à s'habituer au fait qu'elle était amoureuse d'un homme capable d'assassiner de sang-froid. Et elle l'avait appris de la source la moins discutable qui fût : la mère de Michael.

16.

Carlo Rizzi ruminait une rancœur généralisée contre le monde entier : la vraie rancœur du cave. À peine marié avec une fille de la maison Corleone, il s'était vu éliminé sur une voie de garage : une miteuse affaire de book, à Manhattan, quartier est. Il avait compté sur une maison du mail, à Long Beach, car il savait que le Don pouvait en faire déguerpir les habitants à son gré. Il s'était imaginé qu'une fois installé là, il pénétrerait tous les secrets de la Famille. Mais le parrain lui refusait son dû. Le grand Don ne lui semblait plus grand du tout. Il ne voyait plus en lui qu'une vieille barbe, un Pierrot les Bacchantes qui s'était fait poinçonner en pleine rue, comme le dernier des hotus. Il espérait que le vieux sagouin en claquerait. Sonny était son copain autrefois et, s'il devenait le chef de la Famille, sans doute favoriserait-il l'avancement de Carlo.

Il regarda sa femme verser le café. Quel désastre cette gonzesse ! Après cinq mois de mariage seulement elle grossissait à en éclater. La vraie Ritale de l'Est, quoi !

Il tendit la main et tâta l'opulente fesse de Connie. Elle lui sourit et il lui dit avec mépris : « Tu es plus grasse qu'une truie. » Il se réjouit en constatant combien il la peinait : des larmes coulèrent sur les joues de sa femme. Toute fille du grand Don qu'elle fût, elle n'en était pas moins sa femme, son bien. Il pouvait la traiter au gré de sa fantaisie. Piétiner une Corleone comme un paillasson lui donnait un sentiment de puissance.

Il l'avait prise en main dès le début et même dès la nuit de noces. Elle avait voulu garder pour elle l'aumônière qui contenait les présents en espèces des invités au mariage. Pour s'en emparer il avait dû lui pocher un œil. Il ne lui avoua jamais ce qu'il avait fait de cet argent. Ça aurait pu lui causer des ennuis. Pourtant, même cinq mois plus tard, il n'en éprouvait aucun remords. Il avait claqué près de quinze mille dollars sur le turf et des petits culs de figurantes.

Sentant que Connie l'observait, il fit saillir ses muscles en tendant le bras vers l'assiette de brioches qui se trouvait de l'autre côté de la table. Il venait de torcher son assiette d'œufs au jambon mais c'était un solide gaillard et il lui fallait un déjeuner plantureux. Carlo Rizzi avait conscience d'offrir à sa femme une silhouette exceptionnelle : pas celle d'un Rital à peau grasse et brune mais d'un blond à cheveux dorés, coupés en brosse, aux bras velus, aux épaules larges et à la taille mince. Il se savait physiquement beaucoup plus vigoureux que tous les prétendus costauds qui travaillaient pour la famille : des lascars comme Clemenza, Tessio, Rocco Lampone et ce tordu de Paulie qui s'était fait descendre. Il se demanda quel était le fin mot de cette histoire. Puis, sans aucune raison intelligible, il pensa à Sonny. D'homme à homme, Sonny ne lui faisait pas peur bien qu'il fût un peu plus grand et plus lourd. Ce qui l'effrayait, c'était la réputation de son beau-frère. Pourtant il l'avait toujours vu folâtre et de bonne humeur. Oui, c'était son pote. Avec la mort du Don, les affaires s'arrangeraient peut-être.

Carlo sirota son café à loisir. Son appartement lui répugnait. Il était habitué aux logements plus vastes de l'Ouest. Dans un instant il serait obligé de traverser la ville pour aller tenir son book à midi, moment du coup de feu. C'était un dimanche. On parierait surtout sur le base-ball. Mais il y aurait aussi les mordus du basket et les premiers amateurs de trot attelé en nocturne. Il prit petit à petit conscience des allées et venues de Connie derrière lui et tourna la tête pour voir ce qu'elle faisait.

Elle s'habillait à la manière des Ritalo-New-Yorkaises, qui l'écœurait : robe de soierie à grands ramages, serrée à la taille par une ceinture, avec des manches bouffantes. Elle portait aussi bracelets et boucles d'oreilles trop voyants. Tout ça la vieillissait de vingt ans. « Où comptes-tu aller ? lui demanda-t-il.

— Voir mon père à Long Beach, répondit-elle froidement. Il ne peut pas encore se lever et il a besoin de compagnie.

— C'est toujours Sonny qui dirige le spectacle ? demanda-t-il intrigué.

— Quel spectacle ? » répondit-elle en affectant un air ahuri.

Fou de colère, il s'exclama : « Petite putain pouilleuse, ne me parle pas comme ça ou je te fais avorter à coups de tatanes dans la bidouille. »

Elle prit peur et il enragea encore plus. Il se leva d'un bond, la gifla. Le premier coup laissa une trace rouge sur la joue. Précis et rapide, il lui donna encore trois gifles. Il vit la lèvre supérieure fendue gonfler et saigner. Ça le calma. Il ne voulait pas la marquer. Elle se précipita dans sa chambre, claqua la porte et il entendit tourner la clé. Il éclata de rire et se rassit pour finir son café.

Il fuma jusqu'à l'heure de s'habiller. Alors il frappa à la porte et cria : « Ouvre ou je défonce. » Pas de réponse. « Allez, ouvre. Il faut que je m'habille », cria-t-il plus fort. Il l'entendit se lever, venir vers la porte et tourner la clé. Quand il entra elle lui tournait le dos. Elle retourna sur le lit et s'allongea, le visage tourné vers le mur.

Il se vêtit rapidement et remarqua alors qu'elle ne portait plus que sa culotte. Il tenait à ce qu'elle allât voir son père, dans l'espoir qu'elle lui rapporterait quelques renseignements de Long Beach. « Qu'est-ce qui te prend ? Une petite claque t'a tout de même pas tuée, feignasse ?

— Je veux pas sortir. » Elle avait la voix larmoyante. Agacé, il la saisit par l'épaule et l'obligea à se retourner. Il comprit alors pourquoi elle ne voulait pas sortir et pensa que ça valait mieux.

Sans doute avait-il frappé plus fort qu'il ne l'avait cru. Elle avait la joue gauche marbrée et la lèvre gonflée et blanchâtre, ce qui lui donnait une physionomie grotesque. « Ça va, dit-il. Mais je rentrerai tard. J'ai du boulot le dimanche. »

Il descendit l'escalier, trouva un papillon de contravention à quinze dollars entre l'essuie-glace et le pare-brise de sa voiture et le mit avec beaucoup d'autres dans le coffre à gants. Il était de bonne humeur. Gifler cette petite tordue d'enfant gâtée lui faisait toujours du bien. Ça effaçait en partie la frustration qu'il ressentait à être si mal traité par les Corleone.

La première fois qu'il l'avait marquée, il s'était inquiété. Elle avait filé tout droit sur Long Beach pour aller montrer son œil au beurre noir à papa et maman et il n'en menait pas large. À son retour, elle se montra d'une douceur étonnante : la parfaite petite épouse italienne. Pendant les quelques semaines suivantes il s'était appliqué, lui aussi, à être le parfait époux, à bien la traiter de toute manière, la câliner, la dorloter, la baiser matin et soir. Enfin, croyant qu'il était devenu raisonnable, elle lui avoua ce qui s'était passé avec ses parents.

Ils ne lui avaient manifesté aucune sympathie et ses malheurs avaient même paru les amuser. Après l'avoir raillée, sa mère avait eu pitié et même demandé au père de raisonner Carlo Rizzi. Il avait refusé en disant : « C'est ma fille, bien sûr, mais désormais elle est mariée et son mari connaît ses devoirs. Au pays, même le roi ne se permettrait pas d'intervenir dans les relations entre mari et femme. Retourne chez toi, ma fille, et tâche de bien te conduire pour qu'il n'ait plus de raisons de te battre. »

Indignée, Connie avait demandé à son père : « Est-ce que tu as jamais frappé ta femme ? » Elle était l'enfant préférée du Don et elle seule se permettait de telles audaces.

« Non, parce qu'elle ne m'a jamais donné aucun motif de la corriger », répondit-il. Et la mère acquiesça en souriant.

Connie révéla à ses parents que Carlo lui avait pris les cadeaux des invités au mariage et refusé de lui dire ce qu'il faisait de cet argent. Le père haussa les épaules et dit : « Si ma femme s'était montrée aussi présomptueuse que toi, j'en aurais fait autant. »

Elle retourna chez elle un peu déconcertée et effrayée. Pourquoi le père était-il aussi froid avec son enfant chérie ?

Mais le Don n'avait pas pris l'affaire aussi à la légère qu'il l'avait laissé croire à sa fille. Il se renseigna et apprit ce que Carlo Rizzi faisait des milliers de dollars offerts au jeune ménage. Il avait chargé deux de ses hommes affectés au book de Carlo Rizzi de tenir Hagen au courant des faits et gestes de son gendre. Mais il n'intervint pas, convaincu qu'il ne pourrait jamais modifier l'attitude d'un mari qui redouterait sa belle-famille. La situation étant insaisissable, il préféra s'abstenir. Quand il apprit que Connie était enceinte, il se félicita de sa discrétion car désormais il n'y avait vraiment plus rien à faire. Connie se plaignit encore à sa mère de quelques autres raclées. Mme Corleone finit par s'inquiéter au point de s'en ouvrir à son mari. Connie parla même de divorcer. Pour la première fois il se fâcha avec sa fille. « Carlo est le père de ton enfant. Que deviendrait ce petit sur terre s'il n'a pas de père ? »

En apprenant tout cela, Carlo reprit confiance. Il n'avait rien à craindre. Il se vanta même volontiers aux deux « écrivains » de son book – Sally Rags et Coach – des tisanes qu'il passait à sa femme quand elle levait vers lui un nez trop impertinent. Leur air effaré à l'idée qu'il osait maltraiter la fille du grand Don Corleone le mettait aux anges.

Rizzi en aurait mené moins large s'il avait appris la crise de fureur de Sonny Corleone quand ce dernier avait appris ces histoires. Son beau-frère l'aurait traité à sa façon si le Don ne le lui avait pas interdit avec une sévérité que même Sonny redoutait. Toutefois, Sonny évitait Rizzi depuis lors par crainte de perdre son sang-froid. En tout cas, par ce beau dimanche matin, Carlo Rizzi traversa de bonne humeur la ville jusqu'à la 96e Rue, dans East Side. Il ne remarqua pas la voiture de Sonny roulant dans la direction opposée à la sienne, vers son domicile.

Sonny Corleone avait quitté la protection du mail la veille au soir et passé la nuit en ville avec Lucy Mancini. Il circulait alors sous la protection de quatre gardes du corps : deux dans une voiture qui roulait devant la sienne et deux autres dans une troisième auto qui le suivait. Il n'avait besoin de personne à côté de lui parce qu'il pouvait faire face à lui seul à un adversaire isolé. Des hommes à lui logeaient dans deux des appartements situés sur le même palier que celui de Lucy. Il ne risquait donc pas grand-chose à lui rendre visite, à condition de ne pas y aller trop souvent. Quand il se trouva en auto, ce dimanche matin-là, il pensa à aller chercher sa sœur Connie pour la conduire à Long Beach. Il savait que Carlo serait à son book et que ce pouilleux n'avait pas offert de voiture à son épouse. Il se chargerait donc de la transporter.

Il donna le temps aux deux hommes de la voiture de tête de pénétrer dans l'immeuble et y entra après eux. Il vit ceux de la troisième auto s'arrêter derrière la sienne et observer les parages. Lui-même ouvrait l'œil. Il n'y avait pas une chance sur un million pour que ses ennemis sussent qu'il était en ville, mais on n'est jamais assez prudent. La guerre de 1 933 le lui avait appris.

Il ne prenait jamais l'ascenseur qu'il considérait comme piège à massacre. Il gravit donc huit volées d'escalier à toute vitesse et frappa à la porte de sa sœur. Il avait vu Carlo partir en voiture et savait qu'elle serait seule. Pas de réponse. Il frappa de nouveau et entendit alors sa sœur demander craintivement : « Qui c'est ? »

Ce ton le stupéfia. La jeune Corleone s'était toujours montrée jusqu'alors aussi dure que tous les autres membres de la famille. Que pouvait-il donc lui être arrivé ? « C'est Sonny », dit-il. Le verrou glissa dans la serrure, la porte s'ouvrit et Connie lui tomba dans les bras en sanglotant. La surprise le paralysa un moment puis il l'écarta de lui, vit son visage tuméfié et comprit aussitôt.

La rage lui crispa le visage. Il allait immédiatement dévaler l'escalier pour rattraper le mari, mais Connie s'accrocha à lui et l'obligea à entrer dans l'appartement. Désormais elle ne pleurait plus de chagrin mais de crainte. Elle connaissait le caractère de son frère aîné et il la terrifiait. C'est pour cela qu'elle ne s'était jamais plainte à lui de Carlo. Mais cette fois, il savait tout.

« C'est ma faute, dit-elle. J'ai commencé à lui faire des reproches, j'ai crié, j'ai essayé de le frapper. Il n'avait pas l'intention de me corriger comme ça, mais je me suis trop démenée. »

La lourde tête faunesque de Sonny prit une expression plus normale. « Tu vas voir le Vieux aujourd'hui ? » demanda-t-il. Elle ne répondit pas, aussi ajouta-t-il : « Je croyais que tu y allais et je passais te prendre, j'étais déjà en ville.

— Je ne veux pas que papa et maman me voient dans cet état, dit-elle en secouant la tête. J'irai la semaine prochaine.

— D'accord, dit Sonny. Il décrocha le téléphone de la cuisine et fit un numéro. J'appelle un médecin. Il va t'examiner et te soigner. Dans ton état il faut être prudente. Il va naître dans combien de temps, ton môme ?

— Deux mois. Mais je t'en supplie, Sonny, ne fais pas de bêtises. »

Sonny éclata de rire. La cruauté déformait ses traits quand il répondit : « T'en fais pas, ton gosse ne sera pas orphelin par ma faute avant de naître. » Il baisa la joue indemne de sa sœur et s'en alla.

À l'est de la 112e Rue, les voitures étaient garées en double file devant la confiserie où Carlo Rizzi tenait son book. Les pères jouaient à chat avec les bambins qu'ils avaient amenés avec eux ce dimanche matin. En voyant arriver Carlo Rizzi ils cessèrent de s'amuser et achetèrent des crèmes glacées pour faire tenir leur marmaille tranquille. Puis ils se mirent à étudier les journaux dans l'espoir de repérer les équipes qui gagneraient les matches de base-ball de la journée.

Carlo traversa le magasin pour aller dans l'arrière-boutique. Ses deux « écrivains », un petit bonhomme nerveux, Sally Rags, et un gros gaillard, Coach, étaient déjà prêts au travail. Ils avaient disposé leurs grands registres devant eux pour inscrire les paris. Les noms des seize principales équipes de base-ball qui jouaient ce jour-là figuraient au tableau noir posé sur un chevalet. Les listes des joueurs indiquaient qui jouerait contre qui. Un espace libre permettrait un instant plus tard d'indiquer les cotes.

« Le téléphone est branché à la table d'écoute aujourd'hui ? demanda Carlo à Coach.

— Non, pas aujourd'hui », dit Coach en secouant la tête.

Carlo alla à l'appareil mural et composa un numéro. Sally Rags et Coach l'observèrent, impassibles, cependant qu'il notait les cotes de base-ball pour la journée. Ils l'observèrent encore quand il alla les inscrire au tableau. Carlo ne le savait pas, mais ils avaient déjà noté les cotes et se contentaient alors de le surveiller. La première semaine où il avait pris ce book, Carlo avait commis une erreur en reportant les probabilités sur le tableau noir et avait ainsi offert aux joueurs la « moitié » dont ils rêvent. Une « moitié » permet à l'amateur de parier à coup sûr à condition de se couvrir en faisant la mise inverse chez un autre book. Seul celui qui a commis l'erreur peut y perdre. Cette fois-là, Carlo en fut de six mille dollars. Cette bévue confirma le jugement pessimiste porté par le Don sur son gendre. Depuis lors, il avait donné l'ordre de surveiller tout ce que faisait Carlo.

Normalement les membres de la famille Corleone ne se souciaient pas de détails aussi futiles. Cinq tampons superposés les séparaient du terrain d'opérations. Mais étant donné que ce book servait de terrain d'essai pour le gendre, Tom Hagen l'avait pris sous sa surveillance directe et les deux « écrivains » lui faisaient un rapport quotidien.

Les cotes étant inscrites, les joueurs affluèrent dans l'arrière-boutique de la confiserie pour les noter sur leurs journaux en soulignant les noms des premiers lanceurs probables. Quelques-uns tenaient leur enfant par la main en consultant le tableau noir. L'un d'eux, qui pariait gros, demanda à sa petite fille : « Qui préfères-tu aujourd'hui, chérie, les Géants ou les Pirates ? » Impressionnée par des noms aussi hauts en couleur, la fillette répondit : « Est-ce que les Géants sont plus forts que les Pirates ? » Et le père de rire.

La file d'attente se forma devant les écrivains. Quand l'un d'eux avait rempli une page, il l'arrachait, enveloppait dedans l'argent qu'il avait reçu et la remettait à Carlo qui sortait par la cour et grimpait à l'étage au-dessus jusqu'à l'appartement du confiseur. Il téléphonait les paris au bureau central de compensation et rangeait l'argent dans un petit coffre dissimulé derrière les rideaux de la fenêtre. Il descendait ensuite dans l'arrière-boutique après avoir brûlé la feuille de paris et fait disparaître les cendres dans les cabinets.

Les matches du dimanche ne commençaient pas avant deux heures de l'après-midi. Après la foule des pères de famille, qui pariaient de bonne heure pour avoir le temps d'emmener ensuite leurs enfants aux plages, on vit arriver un par un les célibataires et les vrais mordus qui, par passion du jeu, condamnent leur famille à passer le dimanche en ville. Ceux-là pariaient plus gros et nombre d'entre eux revenaient vers quatre heures pour miser de nouveau sur les matches de retour qui ont lieu en fin d'après-midi. Certes quelques bons époux téléphonaient des plages pour essayer de compenser leurs pertes, mais c'est surtout les célibataires qui donnaient du travail à Carlo le dimanche.

Vers une heure et demie les affaires ralentirent suffisamment pour que Carlo et Sally Rags sortent prendre l'air, assis sur les marches du perron de l'immeuble, à côté du magasin de confiserie. Ils regardèrent les enfants jouer au jokari. Une voiture de police passa. Ils n'en firent pas cas. Leur book jouissait de la protection du commissariat et ne risquait rien des gens du quartier. Une descente de police n'était possible que sur ordre très supérieur et, même dans ce cas, la confiserie serait prévenue à temps.

Coach sortit à son tour. Tous trois bavardèrent un moment au sujet de base-ball et de femmes. Carlo dit joyeusement : « Il a encore fallu que je corrige ma régulière aujourd'hui pour lui montrer qui est le patron.

— Elle doit déjà être assez grosse, maintenant, remarqua discrètement Coach.

— Bah, je ne lui ai donné que quelques claques, sans l'abîmer », dit Carlo. Il bouda un moment et ajouta : « Elle s'imagine qu'elle va me mener par le bout du nez. Ça ne marche pas avec moi. »

Quelques joueurs traînaient encore dans les parages. Ils arpentaient le trottoir en échangeant des idées sur le base-ball. D'autres s'étaient assis sur les marches du perron au-dessus de Carlo et de ses écrivains. Tout à coup, les gosses qui jouaient sur la chaussée se précipitèrent vers le trottoir. Une voiture arrivait en trombe et stoppa si brusquement devant la confiserie que ses pneus hurlèrent. Elle était à peine arrêtée qu'un homme en jaillit. C'était Sonny Corleone.

Son gros visage de Cupidon à la bouche habituellement sensuelle n'était plus qu'un masque de fureur. En une seconde, il saisit Carlo Rizzi à la gorge, le souleva et chercha à le traîner jusqu'à la rue. Mais Carlo passa ses deux bras musclés autour de la rampe du perron et s'y accrocha en enfonçant sa tête entre ses épaules relevées. La moitié de sa chemise resta entre les doigts de Sonny.

S'ensuivit un spectacle écœurant. Sonny se mit à marteler la tête de Carlo de ses deux poings en l'injuriant d'une voix que la rage rendait rauque. Malgré sa vigueur physique prodigieuse, Carlo ne tenta pas le moindre mouvement de résistance et ne poussa aucun cri de protestation, pas même pour demander grâce. Coach et Sally Rags se gardèrent bien d'intervenir. Convaincus que Sonny allait tuer son beau-frère, ils n'avaient pas envie de partager son sort. Les marmots accourus pour injurier l'automobiliste qui les avait terrifiés restèrent médusés. C'étaient des petits durs, mais le visage furieux de Sonny les réduisit au silence. Cependant une autre voiture s'était arrêtée derrière celle de Sonny et deux gorilles en sortirent. Voyant ce qui se passait, ils n'osèrent intervenir, mais restèrent sur le qui-vive pour protéger leur chef si quelque quidam venait au secours de Carlo.

C'est la soumission complète de Carlo qui rendait l'affaire répugnante. C'est aussi probablement ce qui lui sauva la vie. Accroché à la rampe du perron, il empêchait Sonny de le traîner jusqu'à la rue et de le frapper de face. Il ne se défendait pas quoiqu'il fût à peu près aussi fort que Sonny et laissait les coups pleuvoir sur son crâne et sa nuque, en espérant que son bourreau finirait par se calmer. Enfin, époumoné,

Sonny se pencha vers son beau-frère et dit : « Si jamais tu bats encore ma frangine, je te bute, sale porc. »

À ces mots, tout le monde se détendit car, si Sonny avait vraiment eu l'intention de tuer, il n'aurait pas proféré de menaces. Il parlait ainsi par dépit de ne pouvoir liquider son beau-frère. Carlo ne bougea pas. Toujours accroché à la rampe par les deux bras, il resta immobile jusqu'à ce que rugisse la voiture de Sonny et que Coach lui dise d'une voix bizarrement paternelle : « Ça va, Carlo, viens dans la boutique. Ne restons pas en vue. »

Alors seulement Carlo lâcha prise et se redressa. Il vit les enfants le regarder avec l'air douloureux de ceux qui viennent d'assister à la dégradation d'un frère humain. Il avait un peu le vertige, mais c'était plutôt le choc et la frayeur que les coups qui en étaient la cause. Il n'était pas gravement blessé. Coach le conduisit par le bras jusqu'à l'arrière-boutique et lui posa de la glace sur le front. Ni le cuir chevelu ni la nuque n'étaient entaillés. Mais il avait de grosses bosses partout. La crainte s'atténuant, Carlo prit conscience de son humiliation et en eut la nausée. Coach lui soutint la tête au-dessus de l'évier et l'aida à monter jusqu'à l'appartement, comme s'il était ivre. Il le fit s'allonger dans une des chambres à coucher. Carlo ne remarqua pas la disparition de Sally Rags.

L'autre écrivain avait filé jusqu'à la Troisième Avenue pour téléphoner ce qui venait de se passer à Rocco

Lampone. Rocco ne manifesta aucun étonnement et transmit la nouvelle à son caporegime, Peter Clemenza, qui grogna : « Ce Sonny et son foutu caractère ! » Mais il avait déjà posé le doigt sur le berceau du combiné, si bien que Rocco n'entendit pas cette réflexion.

Clemenza appela Hagen à Long Beach. Tom réfléchit un instant puis dit : « Envoie quelques-uns de tes hommes et le plus de voitures possible sur la route de Long Beach, en vitesse, pour le cas où Sonny serait retardé par la circulation ou un accident. Quand il est dans cet état-là, il ne sait plus ce qu'il fait. Quelques-uns de nos amis d'en face pourraient apprendre sa présence en ville. On ne sait jamais. »

Clemenza répondit, dubitatif : « Sonny sera arrivé avant que mes gars prennent la route. Pareil pour les Tattaglia.

— Je sais, dit Hagen sans s'énerver. Mais s'il se passait quelque chose d'exceptionnel, Sonny serait en retard. Fais de ton mieux, Pete. »

Clemenza appela de mauvais gré Rocco Lampone et lui dit d'envoyer des hommes en voiture pour patrouiller sur la route de Long Beach. Quant à lui, il embarqua dans sa chère Cadillac avec trois de ses gorilles qui tenaient désormais garnison chez lui. Il partit pour New York en passant par le pont d'Atlantic Beach.

Un des petits parieurs qui traînaillaient autour de la confiserie était indicateur appointé de la famille Tattaglia. Il appela celui avec qui il était en contact, mais les Tattaglia n'avaient pas su se mettre sur le pied de guerre. L'homme qui apprit la nouvelle dut franchir successivement tous les tampons avant d'atteindre le caporegime qui annonça la nouvelle au chef de Famille. À ce moment-là, Sonny Corleone était déjà chez son père, à Long Beach, et n'en menait pas large car le Don prendrait sans doute très mal cette escapade.

17.

La guerre de 1947 entre les Corleone et les cinq Familles associées contre eux se révéla coûteuse pour les deux camps. La police aggravait et compliquait les choses en raison de l'assassinat du capitaine McCluskey. En général les hauts fonctionnaires de la police acceptaient volontiers les « conseils » des politiciens qui protégeaient jeux et proxénétisme. Mais, dans ce cas particulier, ces mêmes politiciens se trouvèrent aussi désemparés que les officiers d'un grand état-major dont l'armée déchaînée pille à gogo avec la bénédiction des officiers subalternes.

L'absence de protection atteignit moins durement la famille Corleone que ses adversaires. Certes le gros de ses revenus lui venait des tripots et des books ainsi que des loteries clandestines. Les marchands de billets à la sauvette ou de porte en porte furent raflés par les policiers, passés à tabac et inculpés. Les flics repérèrent même quelques lieux de tirage de loterie appelés « banques » et y firent des descentes ruineuses. Les « banquiers », qui se prenaient volontiers pour des doubles calibres, se plaignirent aux caporegimes.

L'affaire fut débattue au conseil de Famille. Il n'y avait pas de remède. On conseilla donc aux banquiers de cesser leur activité en attendant des jours meilleurs. Quelques Noirs prirent la succession pour leur propre compte à Harlem, le quartier qui rapportait le plus en ce qui concerne les loteries. Ils opérèrent en ordre tellement dispersé que la police ne parvint que difficilement à les épingler.

Après la mort du capitaine McCluskey, quelques journaux publièrent des articles l'accusant d'avoir été en cheville avec Sollozzo. Ils allèrent jusqu'à affirmer, preuves à l'appui, que ce McCluskey avait touché de gros pots-de-vin, en espèces, peu avant sa mort. C'est Tom Hagen qui fournissait en sous-main ces informations à la presse. La direction de la police refusa de confirmer ou de nier, mais ces accusations firent de l'effet. Les indicateurs et les policiers à la solde de la Famille répétèrent à qui mieux mieux que McCluskey était une fripouille. Les fonctionnaires de la police, dans leur ensemble, auraient trouvé à peu près normal que l'un d'eux acceptât de se faire graisser la patte pourvu que l'argent n'eût pas d'odeur. Mais McCluskey semblait avoir touché du très sale argent : celui qui provient de la drogue ou de l'assassinat. Selon la moralité courante des policiers, c'était impardonnable.

Hagen comprenait la mentalité policière. Le flic respecte la loi mais avec une curieuse naïveté. Il lui attache plus d'importance que le public en général car la loi, après tout, est à la source de son pouvoir. Or tout individu tient à préserver son pouvoir personnel. D'autre part, le flic est au service du public et nourrit des rancœurs envers celui qui l'emploie. Le public est à la fois son patron et sa proie. En tant que patron, il est ingrat et en demande trop. En tant que proie, il est dangereux, perfide, fuyant. Dès que l'agent ou le détective met en route le mécanisme que la société lui confie pour défendre le public, ce dernier mobilise toutes ses ressources pour le priver de sa victoire. Il y a des politiciens corrompus et des juges qui appliquent la peine minimale et accordent le sursis aux pires fripouilles. Les gouverneurs d'État et le président des États-Unis lui-même signent la grâce de ceux que les meilleurs avocats n'ont pas pu faire acquitter.

Au bout d'un certain temps de réflexion sur les difficultés du métier, le flic se pose des questions. Pourquoi ne toucherait-il pas sa part des tributs que paie la pègre ? Il en a plus besoin que les politiciens et les magistrats. Pourquoi ses gosses n'iraient-ils pas à l'université ? Pourquoi sa femme ne ferait-elle pas ses achats dans les meilleurs magasins ? Pourquoi n'irait-il pas se dorer la peau en Floride quand on crève de froid à New York ? Il en a plus besoin et aussi il court plus de risques. Sa vie est en jeu. Ce n'est pas une plaisanterie.

D'ordinaire pourtant, le flic établit une ligne de démarcation précise entre le pot-de-vin tolérable et la conclusion immonde. Il acceptera l'argent d'un book. Il acceptera aussi celui d'un individu qui a horreur de payer des contraventions pour stationnement interdit ou excès de vitesse. En échange d'une petite faveur occasionnelle il laissera les prostituées faire leurs petites affaires sur les trottoirs, dans les boîtes de nuit ou par rendez-vous téléphonique. Ce ne sont que vices véniels qui font partie de la nature humaine. Mais en général il ne se compromettra pas dans des affaires de drogue, vol à main armée, viol, assassinat ou perversions en tous genres. Dans son esprit ces forfaits minent son autorité personnelle et ne peuvent donc être tolérés.

L'assassinat d'un capitaine de police prend à ses yeux la gravité d'un régicide. Mais quand on apprit que McCluskey se trouvait en compagnie d'un trafiquant de drogue notoire au moment de son assassinat, qu'il était soupçonné de complicité dans une tentative de meurtre, l'appétit de vengeance tomba chez les policiers. Et puis la situation n'avait pas changé. Il fallait encore payer des annuités d'hypothèques, des traites de voiture, et lancer les enfants dans le monde. Sans l'argent de leur « feuille », les flics ne joignaient les deux bouts qu'à grand-peine. Les petits contrevenants ne rapportaient jamais que du billon. Alors les agents qui se trouvaient le plus pris à la gorge se mirent à faire les portefeuilles des suspects enfermés au violon (homosexuels, voyous surpris en train de se livrer à des violences). Enfin, les chefs eux-mêmes commencèrent à passer la main. Mais ils augmentèrent leurs tarifs pour laisser opérer les Familles. De nouveau, on dactylographia la « feuille » du commissariat. Le préposé à cette tâche inscrivit chaque jour les versements de ceux qui souhaitaient être protégés et chaque flic put calculer ainsi ce qu'il toucherait à la fin du mois. Bref, on en revint à un semblant d'ordre social.

C'est Hagen qui avait eu l'idée de recourir à des détectives privés pour assurer la sécurité du Don dans sa chambre d'hôpital. Les plus redoutables sicaires du regime de Tessio leur prêtèrent évidemment la main. Mais ça ne suffisait pas à Sonny. Dès qu'il fut possible de transporter le Don, vers la mi-février, une ambulance le ramena chez lui, au mail. On avait réaménagé la maison. Tout le matériel nécessaire pour une intervention d'urgence se trouvait désormais dans la chambre à coucher transformée en chambre d'hôpital. Embauchées après une enquête serrée, des infirmières assureraient un service de vingt-quatre heures sur vingt-quatre. Contre gros honoraires, le docteur Kennedy acceptait le titre de médecin personnel résident du Don, au moins jusqu'à ce que ce dernier entre en convalescence.

Sonny avait rendu le mail imprenable. Les occupants de toutes les maisons étaient partis en vacances vers leur Italie natale, tous frais payés, et laissant la place à des poinçonneurs.

On avait envoyé Freddie Corleone se remettre à Las Vegas et aussi reconnaître le terrain pour les opérations que la Famille comptait entreprendre dans les hôtels-casinos de luxe qui commençaient à y pulluler. Las Vegas faisait partie de l'empire de la côte ouest qui était encore neutre. Le Don de cet empire avait garanti la sécurité de Freddie. Les cinq Familles new-yorkaises ne se seraient pas mis un ennemi de plus à dos en poursuivant Freddie jusqu'à Las Vegas. Elles avaient assez de pain sur la planche à New York.

Le docteur Kennedy interdit toute discussion d'affaires en présence du Don qui n'en tint aucun compte et décréta que les conseils de guerre se tiendraient dans sa chambre. Dès le tout premier soir de son retour, Sonny, Tom Hagen, Clemenza et Tessio se réunirent à son chevet.

Don Corleone était encore trop faible pour parler, mais il voulait écouter et imposer au besoin son veto. Lorsqu'il apprit que Freddie était parti pour Las Vegas afin de s'initier aux secrets des hôtels-casinos, il approuva d'un hochement de tête. Mais quand on lui révéla que Bruno Tattaglia avait été exécuté par un poinçonneur de la famille Corleone, il secoua la tête et soupira. Ce qui le toucha le plus, c'est que Michael avait descendu Sollozzo et le capitaine McCluskey, et depuis, se terrait en Sicile. Alors, d'un geste il chassa tout le monde de sa chambre. La conférence se poursuivit dans son cabinet de travail abondamment garni d'ouvrages de droit.

Sonny Corleone s'affala dans le gros fauteuil, derrière le bureau de son père. « À mon avis, dit-il, nous devons laisser le Vieux se reposer pendant une quinzaine, jusqu'à ce que le toubib décide qu'il est d'attaque. » Une pause. « Je voudrais remettre les affaires en route avant qu'il se rétablisse. Les flics nous donnent le feu vert. Premier objectif : remettre les banques de loterie en opération à Harlem. Les négros ont eu leur bon temps. À nous de jouer. Ils ont tout bousillé, comme toujours quand ils s'occupent de quelque chose. Bien des distributeurs n'ont pas payé les gagnants. On les voit rouler en Cadillac et raconter aux joueurs qu'ils toucheront leur argent plus tard, ou bien ils ne versent que la moitié du gain. Je ne veux pas que nos racoleurs aient l'air trop riches. Je ne veux pas qu'ils s'habillent trop bien, ni qu'ils aient des voitures neuves. Je veux qu'ils paient rubis sur l'ongle. Je veux surtout éliminer les francs-tireurs dont la malhonnêteté nuit à notre réputation. Tom, mets-toi au boulot. Dès que tu feras savoir que les flics nous lâchent la bride, tout rentrera dans l'ordre.

— Il y a quelques vrais durs à Harlem, dit Hagen. Ils ont goûté à la grosse galette, ils n'accepteront plus des clopinettes.

— Donne leur nom à Clemenza, dit tranquillement Sonny. Il les mettra au pas, c'est son rayon.

— Pas de problème », dit Clemenza à Hagen.

C'est Tessio qui souleva la question la plus importante. « Dès que nous nous remettrons en route, les cinq Familles nous jetteront des bâtons dans les roues. Leurs hommes pilleront nos banques à Harlem et nos books dans l'East Side. Peut-être même nous mèneront-ils la vie dure dans les syndicats de confection que nous protégeons. Cette guerre va coûter gros.

— Peut-être pas, dit Sonny. L'ennemi sait que nous rendrons coup pour coup. J'ai fait des ouvertures de paix. Peut-être pourrons-nous arranger les choses en versant une indemnité pour la mort du gars Tattaglia. »

Hagen intervint. « Les négociations n'ont pas encore commencé. Ces messieurs le prennent de haut avec nos émissaires. Ils ont perdu beaucoup d'argent pendant les quelques derniers mois et nous rendent responsables, non sans quelque raison. À mon avis, ils veulent que nous participions au trafic de came pour se servir de notre influence politique. En d'autres mots, ils voudraient que nous acceptions la proposition de Sollozzo, sans Sollozzo. Mais ils n'annonceront pas la couleur avant de nous avoir infligé quelques défaites.

Ils espèrent que nous serons plus raisonnables quand nous aurons été ramollis par des coups durs.

— Rien à faire pour la drogue, dit sèchement Sonny. Le Don a dit non et c'est non jusqu'à ce qu'il change d'avis lui-même.

— Alors nous devons faire face à un grave problème tactique, rétorqua Hagen. Nos sources de revenus sont vulnérables : books et loteries. La famille Tattaglia vit de la prostitution et des syndicats de dockers. Comment l'attaquer sur ces terrains ? Les autres Familles ont des affaires de jeu mais pompent surtout le fric dans les syndicats, l'usure et le courtage en commandes des administrations. Bref, leurs ressources sont inaccessibles et les nôtres exposées en pleine rue. La boîte de nuit des Tattaglia est trop connue pour qu'on y touche. Ça sentirait trop mauvais. Tant que le Don est hors jeu, l'influence politique des adversaires vaut la nôtre. Voilà le problème et il est grave.

— Mais c'est mon problème à moi, Tom, dit Sonny. Je trouverai la solution. Continue à tâter le terrain pour une conférence de paix, et remets les affaires en route. Nous verrons alors ce qui se passe et nous réagirons selon les circonstances. Clemenza et Tessio ont assez de soldats pour opposer pétard contre pétard aux cinq Familles. S'ils veulent la bagarre, nous irons aux matelas. »

Remettre au pas les francs-tireurs noirs de la loterie ne présenta aucune difficulté. Il suffit de les désigner à la police qui s'occupa d'eux. En ce temps-là, un Noir ne pouvait soudoyer un policier de haut rang ou un politicien pour s'assurer sa protection. Ce phénomène était dû au préjugé de race et à la méfiance entre races. Mais de toute façon on ne s'était jamais fait beaucoup de souci au sujet de Harlem.

Les cinq Familles frappèrent sur un terrain imprévu. Deux puissants dirigeants des syndicats de la confection au service de la famille Corleone furent assassinés. Books et usuriers de la Famille furent chassés du quartier des docks. Les syndicats de dockers avaient déserté les Corleone pour passer aux cinq Familles. Partout en ville les books des Corleone furent harcelés de menaces pour les forcer à changer de camp. Le plus gros banquier de Harlem, vieil ami et allié des Corleone, fut assassiné lui aussi. Il n'y avait plus de choix. Sonny ordonna à ses caporegimes d'aller aux matelas.

Clemenza et Tessio louèrent chacun un appartement qu'ils meublèrent seulement de matelas et d'un frigo pour conserver les vivres. Ces logements furent aussi abondamment pourvus d'armes et de munitions. Les poinçonneurs y prirent garnison. Chaque book de la Famille fut protégé par une équipe de gorilles, mais pour les loteries de Harlem, il était trop tard : les banquiers étaient passés à l'ennemi et il fallait attendre que le vent tourne pour récupérer ce territoire.

Toutes ces mesures coûtaient cher à la famille Corleone et il rentrait peu d'argent. Au bout de quelques mois on y vit plus clair sur bien des choses. Il apparut surtout que les Corleone jouaient trop gros jeu.

Il y avait à cela plusieurs raisons. Le Don étant encore trop faible pour s'occuper des affaires, une bonne part de l'influence politique de la Famille était neutralisée. Dix années de vie paisible affectaient sérieusement les qualités combattantes de Clemenza et de Tessio. Clemenza restait administrateur et exécutant de premier ordre, mais il n'avait plus le mordant juvénile qui faisait merveille autrefois à la tête de ses troupes. Diminué lui aussi par l'âge, Tessio n'était plus aussi implacable. Malgré ses capacités, Tom Hagen n'était pas un consigliori pour le temps de guerre et, surtout, il n'était pas sicilien.

Sonny Corleone se rendait compte des faiblesses de la Famille. Mais, malgré l'état de guerre, il ne pouvait pas y remédier. Ne faisant fonction de Don que par intérim, il n'avait pas le droit de remplacer les caporegimes ni le consigliori. Un limogeage eût d'ailleurs été extrêmement dangereux car la rancœur pousse parfois à la trahison. D'abord Sonny avait pensé à mener un combat d'arrière-garde pour ralentir l'avance ennemie jusqu'à ce que le Don pût reprendre le commandement. Mais la défection des banquiers de Harlem et la terreur qui pesait sur les books de toute la ville rendaient la situation précaire. Il décida de frapper un grand coup.

En fait de grand coup, le plus efficace consistait à atteindre l'ennemi en pleine tête. Il ourdit une opération complexe pour abattre au même moment les chefs des cinq Familles. À cet effet, il les fit pister et surveiller. L'ennemi s'en rendit compte. Les chefs de Famille plongèrent dans la clandestinité et on ne les revit plus en public.

La guerre entre les cinq Familles et l'empire des Corleone s'était enfoncée dans une impasse.

18.

Amerigo Bonasera vivait à proximité de son entreprise de pompes funèbres, sur la Mulberry Street. Il rentrait toujours dîner chez lui. Puis il retournait à son établissement pour participer à la veillée mortuaire des défunts gisant dans les chapelles ardentes de ses salons funéraires.

Les plaisanteries qu'il entendait au sujet de sa profession, surtout sur les détails techniques si peu importants, l'exaspéraient. Aucun de ses amis, des membres de sa famille, de ses voisins ne se permettait évidemment de telles libertés avec lui. Il n'est pas de sot métier et toutes les professions qui, depuis des siècles, assurent le pain quotidien à la sueur du front méritent le respect.

Nous retrouvons Bonasera dans son appartement cossu, bien meublé et garni de statues de la Vierge Marie sous des cloches de verre et devant lesquelles brûlent sans cesse de petits cierges. Bonasera allume une Camel et se détend en buvant un verre de whisky américain. Sa femme apporte une soupière fumante et la pose sur la table. Ils sont seuls désormais. Leur fille est allée vivre chez sa tante, à Boston. Elle y oubliera plus facilement son épouvantable mésaventure et les blessures que lui infligèrent deux voyous. Corleone les a bien punis.

Tout en mangeant la soupe, sa femme lui demanda : « Tu retournes travailler ce soir ?

— Oui », répondit Amerigo.

Mme Bonasera respectait la profession de son mari mais la comprenait mal. Elle ne parvenait pas notamment à concevoir que les opérations techniques comptaient le moins. Comme la plupart des profanes, elle s'imaginait qu'on payait son mari pour l'habileté avec laquelle il faisait paraître les cadavres tellement vivants dans leur bière. Son talent était en effet légendaire à ce sujet. Mais sa présence en chair et en os à la veillée comptait beaucoup plus. Quand la famille endeuillée s'installait le soir dans la chapelle ardente pour recevoir parents et amis auprès de la dépouille mortelle, elle avait besoin d'Amerigo Bonasera.

Il chaperonnait la mort avec sévérité. Toujours grave, son visage reflétait quand même une vigueur réconfortante. À voix basse, mais autoritaire, il dirigeait les rites funéraires. Il apaisait adroitement les douleurs trop bruyantes, remettait à la raison les galopins que les parents n'avaient pas le cœur de châtier. Il n'insistait jamais lourdement en fait de condoléances, mais se gardait encore plus de toute désinvolture. Lorsque Bonasera avait dépêché un défunt, la famille revenait toujours à lui pour les suivants. Il n'abandonnait jamais ses clients durant leur terrible dernière nuit sur terre.

En général il s'accordait un petit somme après dîner. Puis il faisait sa toilette, se rasait de près et se talquait abondamment pour faire disparaître les traces noires de sa barbe. Il se rinçait la bouche. Toujours il changeait de linge : chemise d'un blanc brillant, cravate noire, chaussettes noires. Puis il endossait un complet repassé de frais et mettait des souliers d'un noir mat. Cette tenue paraît assez sinistre, mais elle était apaisante. Bonasera se faisait teindre les cheveux en noir : frivolité inouïe pour un Italien de sa génération. Mais ce n'était pas par vanité. Avec l'âge, sa chevelure avait pris une coloration poivre et sel trop cocasse pour la profession.

Après la soupe, sa femme lui servit un petit steak avec quelques cuillerées d'épinards baignant dans une huile dorée. Il mangait légèrement. Le repas terminé, il but une tasse de café et fuma une autre Camel, tout en pensant à sa malheureuse enfant. Elle ne serait plus jamais la même. D'habiles chirurgiens lui avaient rendu sa beauté. Mais elle avait gardé un regard d'animal traqué qui était insupportable à son père. Ses parents l'avaient donc envoyée à Boston pour quelque temps et puis, en fin de compte, elle finirait par se rétablir. Bonasera était bien placé pour savoir que la douleur et la terreur sont moins redoutables que la mort. Son métier le rendait optimiste.

Il venait de terminer sa dernière tasse de café quand le téléphone sonna au salon. Sa femme ne répondait jamais quand il était à la maison. Il se leva en écrasant sa cigarette. En allant au téléphone il desserra sa cravate et commença à déboutonner sa chemise en vue de son petit somme quotidien. Il décrocha et prononça poliment : « Allô ! »

La voix, à l'autre bout du fil, était dure : « Ici Tom Hagen. J'appelle de la part de Don Corleone. »

Amerigo Bonasera sentit son café tourner à l'aigre dans son estomac et en eut presque la nausée. Voilà près d'un an qu'il s'était endetté d'une vengeance envers le padrino. Depuis, il oubliait cette dette. Quand il avait vu la tête ensanglantée des deux jeunes sagouins, il aurait fait n'importe quoi pour le Don. Mais l'érosion du temps est plus rapide sur la gratitude que sur la beauté. À cet instant Bonasera éprouva le malaise d'un individu menacé par un désastre et il bredouilla : « Oui, je comprends, j'écoute. »

Le ton glacial de Hagen l'étonna. Le consigliori s'était toujours montré parfaitement courtois quoiqu'il ne fût pas italien. Mais voilà qu'il s'exprimait avec rudesse. « Vous devez un service au Don. Il ne doute pas que vous le lui rendrez, que vous serez heureux d'en avoir l'occasion. Dans une heure, pas avant, peut-être plus, il sera à votre entreprise et vous demandera votre aide. Soyez-y pour l'accueillir. Soyez-y seul. Éliminez tous ceux qui travaillent pour vous. Renvoyez-les chez eux. Si vous avez quelque objection à présenter, faites-le tout de suite, j'en rendrai compte à Don Corleone. D'autres amis lui rendraient ce service. »

Amerigo Bonasera faillit hurler de peur. « Mais comment pouvez-vous penser que je manquerais au parrain ? Je ferais évidemment n'importe quoi pour lui. Je n'ai pas oublié ma dette. Je retourne immédiatement à mon siège social. »

Hagen parla plus doucement mais d'une manière bizarre quand même. « Merci, dit-il. Le Don n'a jamais douté de vous. Obligez-le ce soir et, en cas d'ennui, vous pourrez toujours vous adresser à moi, vous aurez acquis mon amitié personnelle. »

Ces propos terrifièrent encore plus Bonasera. Il bredouilla : « C'est bien le Don qui viendra me voir en personne ce soir ?

— Oui.

— Alors, il est complètement rétabli de ses blessures ? Dieu soit loué. » C'était une question plus qu'une affirmation.

Au bout d'un moment Hagen dit tranquillement : « Oui. » Déclic. Il avait raccroché.

Bonasera suait à grosses gouttes. Il passa dans sa chambre, changea de chemise et se rinça la bouche. Mais il ne se rasa pas et ne mit pas une autre cravate. Celle qu'il avait portée ce jour-là lui parut suffisante. Il appela son assistant pour lui ordonner de rester avec la famille en deuil et d'installer la chapelle ardente dans le salon de devant parce qu'il aurait à faire au laboratoire et voulait y être tranquille. L'assistant posa des questions. Bonasera lui rabattit le caquet vertement et lui enjoignit d'exécuter ses ordres.

Il enfila son veston et retourna à la salle à manger. Sa femme était encore en train de dîner. Elle parut surprise. « J'ai à faire », dit-il, d'un air tellement sinistre qu'elle n'osa pas l'interroger. Bonasera sortit et se rendit à pied à son entreprise de pompes funèbres.

Le bâtiment se dressait tout seul au milieu d'un terrain entouré d'une grille peinte en blanc. Une étroite chaussée conduisait de la rue jusqu'à l'arrière de l'immeuble. Elle était tout juste assez large pour les ambulances et les corbillards. Bonasera ouvrit le portail et le laissa ouvert. Puis il contourna l'immeuble pour entrer par la large porte qui donnait accès aux véhicules. Il vit les membres d'une famille en deuil entrer par-devant pour rendre hommage au client de la journée.

Bonasera avait acheté, bien des années plus tôt, cette installation à un entrepreneur qui voulait prendre sa retraite. En ce temps-là, on accédait à l'entrée d'apparat par un perron de plusieurs marches. Ça posait un problème. Vieillards et estropiés ne gravissaient ces marches qu'à grand-peine. Le prédécesseur de Bonasera avait résolu le problème en leur faisant emprunter le monte-charge : une petite plate-forme métallique qui s'élevait jusqu'au plancher de la chapelle ardente. D'ordinaire, évidemment, cet engin servait à monter cercueils et corps. À la fin de la veillée mortuaire l'estropié ou le vieillard reprenait place sur la plate-forme et disparaissait de nouveau au-dessous du plancher ciré.

Amerigo Bonasera trouvait incongrues ces apparitions et disparitions évoquant le film d'horreur ou la prestidigitation de music-hall. Et tout ça pour économiser un peu d'argent ! Il fit donc supprimer les degrés du perron pour les remplacer par un plan incliné s'étendant plus en avant de l'immeuble afin d'obtenir une pente douce. Mais le monte-charge servait encore pour les cercueils.

Sur l'arrière du bâtiment, le bureau, la salle d'embaumement et les magasins de cercueils étaient séparés des chapelles ardentes par des portes insonores. Produits chimiques et horribles instruments de travail se trouvaient au laboratoire dans un placard soigneusement fermé à clé. Bonasera alla directement à son bureau, s'assit dans son fauteuil et alluma une Camel quoiqu'il ne fumât presque jamais au travail. Ensuite il attendit Don Corleone.

Dès le début de l'attente, il se plongea dans un abîme de désespoir. Il devinait le service qu'on allait lui demander. Depuis un an les Corleone guerroyaient contre les cinq grandes Familles criminelles de New York. Le carnage occupait une grande place dans les quotidiens. Bien des combattants étaient tombés dans les deux camps. À coup sûr les Corleone venaient d'abattre quelqu'un de si important qu'ils souhaitaient cacher le cadavre, le faire disparaître. Et quoi de plus simple que de le faire enterrer officiellement sous une fausse identité par un entrepreneur patenté de pompes funèbres ? Amerigo Bonasera ne se faisait aucune illusion sur la gravité de l'acte qu'il allait commettre et qui le rendrait « complice après le fait » d'un assassinat. Si l'on découvrait le pot aux roses, il passerait des années en prison. Sa fille et sa femme seraient réduites à la misère et le nom respectable d'Amerigo Bonasera traînerait dans la boue sanglante des guerres entre mafiosi.

Il se laissa aller jusqu'à fumer une autre Camel. Puis il pensa à quelque chose de plus terrifiant encore. Si les autres Familles apprenaient qu'il avait prêté assistance à Corleone, elles le traiteraient en ennemi. Bonasera se vit déjà assassiné. Il maudit le jour où il était allé pleurer vengeance chez le padrino. Il maudit celui où sa femme et celle de Vito Corleone s'étaient liées d'amitié. Il maudit sa fille, l'Amérique tout entière et sa propre réussite. Puis, l'esprit lavé par toute ces malédictions, il retrouva son optimisme. Ça pouvait très bien finir en fin de compte. Don Corleone était un homme astucieux et prendrait sûrement des dispositions efficaces pour garder le secret. Il suffisait de conserver son sang-froid. En tout cas, le pire qui pût lui arriver, c'était d'encourir la colère du Don.

Il entendit des pneus écraser le gravier de la chaussée. Il prêta l'oreille et comprit qu'une voiture allait se garer derrière l'immeuble. Il ouvrit la porte du garage.

Un énorme pansu entra, suivi par deux jeunes lascars à mine patibulaire qui fouillèrent toutes les pièces de l'arrière sans dire un mot. Puis le gros bonhomme – Clemenza – s'en alla et les deux jeunes restèrent avec le croque-mort.

Quelque temps plus tard, Bonasera reconnut le crissement d'un véhicule plus lourd sur le gravier de la chaussée. C'était sûrement une ambulance. Clemenza reparut, suivi par deux autres hommes qui portaient une civière. Les pires prévisions d'Amerigo Bonasera se réalisaient : sur cette civière, un corps enveloppé dans une couverture grise ; les pieds jaunâtres, tout nus, pointaient à l'extrémité.

Clemenza conduisit les brancardiers au laboratoire d'embaumement, puis un autre personnage quitta l'ombre de la cour pour entrer en pleine lumière. C'était Don Corleone.

Il Padrino avait perdu du poids et se déplaçait avec une étrange raideur. Il tenait son chapeau à la main et sa chevelure semblait clairsemée sur son crâne massif. Il paraissait plus vieux – presque ratatiné – que lorsque Bonasera l'avait vu au mariage, mais il rayonnait encore la puissance. En appliquant son chapeau à plat contre sa poitrine, il demanda à Bonasera : « Alors, mon vieil ami, es-tu prêt à me rendre service ? »

Bonasera acquiesça d'un hochement de tête.

Le Don rejoignit les brancardiers dans le laboratoire d'embaumement et Bonasera le suivit, les jambes molles. On avait déjà placé le corps sur une table de dissection. Don Corleone fit un signe à peine perceptible avec son chapeau. Tous les autres s'en allèrent.

« Que voulez-vous de moi ? » chuchota Bonasera.

Le Don regardait fixement la table. « Je veux que tu fasses appel à tout ton talent, tout ton art, toute ton adresse, avec toute ton amitié pour moi. Je ne veux pas que sa mère le voie dans l'état où il est. »

Il alla vers la table et écarta la couverture grise. Quoiqu'il en eût beaucoup vu depuis des années dans son métier, Bonasera étouffa un cri d'horreur. Le Don venait de dévoiler le visage de Sonny Corleone, ou plutôt ce qu'il en restait. Une balle ressortie par l'œil gauche avait craquelé en étoile os et chair de la face. L'arête du nez et la pommette gauche étaient réduites en pâte.

Le Don tendit la main pour s'appuyer un instant à Bonasera. « Vois comme ils ont massacré mon fils », dit-il.

19.

Peut-être pour tirer la guerre de l'impasse, Sonny Corleone se lança à corps perdu dans le bain de sang qui se termina par sa propre mort. Peut-être aussi agit-il ainsi pour libérer ce qu'il y avait de plus noir et de plus violent dans son caractère. En tout cas, durant le printemps et l'été, il organisa des coups de main insensés contre les auxiliaires des ennemis. Ce fut le massacre des harengs protégés par la famille Tattaglia, particulièrement à Harlem, et de ses hommes de main sur les docks. Les responsables syndicaux en cheville avec l'une quelconque des cinq Familles furent menacés des représailles les plus épouvantables s'ils n'observaient pas une stricte neutralité. Puisque l'ennemi interdisait les docks aux books et aux usuriers de la Famille, Sonny envoya Clemenza et son regime mettre à sac le front de mer.

Cette effusion de sang n'avait ni queue ni tête parce qu'elle ne pouvait assurer le succès. Grâce à ses qualités de brillant tacticien, Sonny remportait victoire sur victoire mais il aurait fallu le génie stratégique de Don Corleone pour l'emporter définitivement. De meurtre en meurtre, l'affaire dégénéra en une guérilla sauvage dans laquelle les deux camps engloutirent une bonne part de leurs ressources et trop de vies humaines, sans aucun résultat. Enfin les Corleone furent obligés de fermer quelques-uns de leurs books les plus fructueux, y compris celui dont vivait Carlo Rizzi qui se mit à boire, à courir les figurantes et à mener la vie encore plus dure à Connie. Depuis la correction que lui avait infligée Sonny, il n'avait plus osé toucher à sa femme, mais pour se venger, il n'y touchait plus du tout. Connie s'était traînée à ses pieds. Il l'avait repoussée dédaigneusement, avec des gestes qu'il croyait empruntés aux patriciens romains de jadis. « Va te plaindre à ton frère ! Va lui dire que je ne te baise plus ! Peut-être qu'il me rouera de coups pour me mettre en train. »

Mais il craignait quand même Sonny. C'est à peine s'ils s'adressaient la parole tous les deux lorsqu'ils se rencontraient, et toujours avec une politesse glaciale. Carlo était assez intelligent pour savoir Sonny capable de le tuer parce qu'il massacrait aussi facilement un homme qu'un animal, alors que lui, Carlo, n'aurait pu se résoudre à l'assassinat qu'en faisant appel à tout son courage. Il ne lui vint jamais à l'esprit qu'à ce titre il était meilleur que Sonny. Au contraire, il jalousait son beau-frère et regrettait de ne pas être doué d'une sauvagerie aussi terrifiante. À ce moment-là, cette sauvagerie devenait légendaire.

Le consigliori Tom Hagen réprouvait les agissements de Sonny. Mais il ne s'était pas encore décidé à en faire part au Don parce que la tactique du fils aîné finissait quand même par donner des résultats. Les cinq Familles semblaient plier l'échine sous les coups meurtriers de Sonny. Leurs ripostes s'affaiblirent puis cessèrent complètement. D'abord Hagen ne se fia pas à ce semblant d'armistice mais Sonny jubilait. « Je vais encore les arroser, disait-il à Hagen. Ces salopiots viendront me demander grâce en rampant. »

Sonny avait d'ailleurs d'autres soucis. Sa femme avait entendu dire que Lucy Mancini l'avait ensorcelé. Quoiqu'elle raillât volontiers les avantages naturels de Sonny et son manque de savoir-faire, il la négligeait depuis trop longtemps et, aigrie par le manque d'affection, elle le tracassait à tout instant.

En outre, Sonny se savait sous le coup d'une sentence de mort, ce qui finissait par agir sur ses nerfs. Il s'entourait de précautions extraordinaires. Il savait que l'ennemi avait appris ses visites à Lucy Mancini. Il prit encore plus de précautions à ce sujet car c'est souvent là que les hommes sont le plus vulnérables. Des soldats du regime de Santino ne perdaient pas de vue Lucy quoiqu'elle n'en sût absolument rien. Il s'en installait petit à petit dans tous les appartements devenus vacants de l'immeuble et même dans ceux d'en face, pour veiller aux fenêtres. Les hommes de ce regime étaient triés sur le volet.

Cependant le Don se remettait de ses blessures et serait bientôt à même de reprendre le commandement. Il fallait qu'à ce moment-là la famille Corleone eût solidement pris le dessus. Sonny était certain d'y parvenir. Il aurait donc ainsi sauvé l'empire familial et acquis la considération de son père, ce qui lui importait beaucoup car, dans une entreprise de ce genre, la succession n'est pas forcément héréditaire. Le fils aîné tenait donc à faire ses preuves pour justifier ses prétentions.

Mais, s'il ne bougeait plus, l'ennemi dressait des plans. Les chefs des autres Familles avaient, eux aussi, analysé la situation, ce qui les amenait à cette conclusion : pour éviter une défaite totale, il leur fallait supprimer Sonny Corleone. Ils étaient convaincus qu'ils pourraient négocier avec le Don en raison de son esprit réaliste. Ils en étaient venus à détester Sonny pour sa barbarie sanguinaire et son manque évident du sens des affaires. Tous aspiraient à voir se terminer les désordres et le tohu-bohu ruineux.

Un beau soir le téléphone sonna chez Connie Corleone. Une voix de femme demanda Carlo. « De la part de qui ? » dit Connie.

La souris ricana à l'autre bout du fil et répondit : « Je suis une amie de Carlo et je voulais seulement lui dire que ce n'est pas possible ce soir parce que je dois aller en ville.

— Putain pouilleuse ! » s'exclama Connie et elle brailla de nouveau dans le micro : « Putain de quat' sous couverte de poux ! » L'autre raccrocha.

Carlo était allé aux courses cet après-midi-là et quand il revint, le soir, il était furieux parce qu'il avait perdu, et à moitié soûl d'avoir trop biberonné au flacon qu'il portait toujours sur lui. Dès qu'il entra, Connie lui cria des injures. Il les dédaigna et alla prendre une douche. Puis il sécha son corps nu devant elle et commença à s'habiller.

Les poings sur les hanches, le visage livide et crispé par la colère, Connie lui cria : « Tu ne sors pas ce soir. Ta tordue a téléphoné qu'elle n'est pas libre. Malheureux salaud qui a le culot de donner mon numéro de téléphone à ses putains. Je te tuerai ! » Elle fonça sur lui, griffes en avant et lui donna en outre quelques coups de pied.

Il l'écarta d'un bras musculeux. « Tu es folle, non ? » dit-il froidement.

Mais elle vit qu'il avait l'air inquiet comme s'il savait que sa nana du moment était capable d'une indiscrétion de ce genre. « C'est peut-être une fille que je connais à peine et que je me rappelle pas. Une toquée qui aurait fait une blague. »

Connie plongea sous son bras et lui griffa le visage. Elle eut la joie de lui arracher un morceau de peau avec l'ongle. Avec une patience surprenante, il la repoussa. Elle en conclut qu'il était prudent parce qu'elle était enceinte. Ça lui donna du courage et elle laissa libre cours à sa fureur. Elle perdait aussi la tête pour une autre raison : bientôt elle ne serait plus disponible parce que le médecin lui avait défendu de faire l'amour pendant les deux derniers mois de sa grossesse. La date fatidique approchait et elle craignait de rester sur ses envies. D'autre part, elle éprouvait un besoin farouche de le meurtrir physiquement.

Il alla dans la chambre, elle l'y suivit. Constatant qu'il avait peur, elle éprouva un mépris exquis. « Tu restes à la maison, tu sors pas, dit-elle.

— Ça va, d'accord », dit-il en enfilant un slip. Il ne mit rien d'autre. Il aimait circuler chez lui dans cette tenue parce qu'il était fier de sa silhouette en V et de sa peau dorée. Connie le regardait d'un air affamé. Il essaya de plaisanter et lui dit : « Tu me donnes à manger, au moins ? »

Qu'il la rappelât au devoir – au moins à un de ses devoirs conjugaux – la calma un peu. Elle était bonne cuisinière, grâce aux leçons de sa mère. Elle fit sauter du veau avec des poivrons et revenir quelques croûtons dans la poêle pour les mêler à la salade. Cependant Carlo, allongé sur son lit, lisait le programme des courses du lendemain. Il avait posé un énorme verre de whisky à portée de sa main et en buvait sans se priver.

Connie apparut sur le seuil de la porte et se joua une petite comédie à elle-même en feignant de ne pas oser approcher du lit sans y être invitée. « Monsieur est servi, dit-elle.

— Je n'ai pas encore faim, répondit-il sans lever les yeux de son journal.

— Le repas est sur la table.

— Carre-toi-le dans le train », dit-il. Il vida son verre et pencha la bouteille pour le remplir de nouveau sans daigner jeter un coup d'œil à sa femme.

Connie retourna à la cuisine, ramassa le plat sur la table et le fracassa dans l'évier. Le bruit attira Carlo devant la porte. Il vit le veau et les poivrons qui éclaboussaient les murs, et en fut outragé dans son amour de la propreté. « Saleté de petite Ritale gâtée ! siffla-t-il d'une voix venimeuse. Nettoie ça tout de suite ou tu auras affaire à moi.

— Tu peux courir ! » répliqua-t-elle, les mains en avant, les doigts crispés comme des griffes, prête à découper des rubans sur sa poitrine nue.

Carlo retourna dans la chambre et en revint aussitôt avec sa ceinture pliée en deux. « Nettoie ça », ordonna-t-il, d'une voix menaçante. Mais Connie s'entêta. Il lui cingla les hanches avec sa ceinture, sans lui faire grand mal d'ailleurs. Elle recula vers le buffet de la cuisine, plongea la main dans un tiroir et brandit le couteau à pain.

Carlo éclata de rire. « Alors, maintenant même les femmes assassinent dans la famille Corleone ? » Il posa sa ceinture sur la table et avança vers sa femme.

Elle se fendit, le couteau pointé vers l'aine. Mais la maternité alourdissait son corps et il la désarma aisément. Alors il se mit à la gifler méthodiquement, en prenant bien garde de ne pas la marquer. Elle battit en retraite tout autour de la table et voulut se réfugier dans la chambre à coucher, mais il la poursuivit. Elle essaya de lui mordre la main. Il la saisit par les cheveux pour lui relever la tête et la gifla jusqu'à ce qu'elle pleure comme une petite fille, de douleur et d'humiliation. Il la jeta d'un geste méprisant sur le lit et but au goulot de la bouteille qui se trouvait encore sur la table de nuit. Il semblait alors très ivre. Il y avait des lueurs de folie dans ses yeux. Connie prit peur.

Carlo écarta les jambes, rejeta la tête en arrière et but encore. Puis il lui pinça la cuisse et tordit jusqu'à ce qu'elle demande grâce. « Grosse cochonne », dit-il d'un air dégoûté. Et il quitta la chambre à coucher.

Connie resta sur le lit, paralysée par la peur. Elle n'osait même pas aller voir ce qu'il faisait dans l'autre pièce. Enfin elle se leva et avança jusqu'à la porte à pas de loup. Carlo avait débouché une autre bouteille de whisky et s'était allongé sur le sofa. Avant longtemps il serait ivre mort et elle espéra qu'elle pourrait alors se glisser dans la cuisine pour téléphoner à sa famille à Long Beach. Elle dirait à sa mère d'envoyer quelqu'un la chercher. Elle espérait que ce ne serait pas Sonny qui répondrait au téléphone et souhaitait parler à Tom Hagen ou à sa mère.

Il était déjà près de neuf heures du soir quand le téléphone sonna dans la cuisine de Don Corleone. Un garde du corps décrocha et remit respectueusement le combiné à la Mama. Mais cette dernière comprit à peine ce que lui disait sa fille, à la fois trop énervée pour s'exprimer clairement et obligée de parler tout bas pour ne pas réveiller son mari qui dormait dans la pièce voisine. En outre, Carlo avait frappé trop fort à la fin et elle avait les lèvres enflées, ce qui épaississait son élocution. La Mama fit signe au gorille d'aller chercher Sonny qui se trouvait dans la bibliothèque avec Tom Hagen.

Sonny rejoignit aussitôt sa mère à la cuisine, prit l'appareil et dit : « Oui, allô Connie ? »

Elle se mit à bafouiller encore plus, aussi effrayée par les réactions possibles de son frère que par son mari. « Sonny, dit-elle, envoie une voiture me chercher, c'est tout. Je t'expliquerai à la maison. C'est rien, Sonny. Ne viens pas. Envoie Tom, je t'en prie. Ce n'est rien. Je veux seulement aller à la maison. »

Hagen était venu aussi à la cuisine. Le Don dormait sous anesthésie dans sa chambre, et Tom ne quittait pas Sonny des yeux, surtout en ses moments de crise. Deux gardes du corps se trouvaient dans la même pièce. Tout le monde observait Sonny, l'écouteur à l'oreille.

La violence de Sonny montait indiscutablement de quelque mystérieux puits enfoncé dans son âme. Ils virent de leurs propres yeux le sang affluer au visage, les nerfs du cou se dilater, les traits se crisper et une pellicule grisâtre lui brouiller le regard. Il prit alors l'aspect morbide d'un agonisant. Un flux d'adrénaline charrié par le sang lui fit trembler les mains. Mais il parvint à contrôler sa voix et dit tout bas à sa sœur : « Attends, ne bouge pas. On y va. » Il raccrocha.

Il resta un instant paralysé par sa propre rage, comme si elle l'étonnait. Puis il fonça hors de la maison en braillant : « L'enfant de putain ! Le salopard ! »

Hagen était trop habitué aux changements d'expression de Sonny pour ne pas comprendre qu'à cet instant il était impossible de le raisonner. Dans cet état, Sonny était capable de tout. Tom savait aussi que le trajet jusqu'à la ville apaiserait le furieux, lui rendrait un peu de sa raison. Ce n'était d'ailleurs pas plus rassurant parce que, plus il serait lucide, plus il deviendrait redoutable, avec ce correctif cependant : le retour de la raison le rendrait apte à se protéger contre les conséquences de sa rage. Hagen entendit vrombir le moteur d'une voiture et dit aux deux gorilles : « Suivez-le. »

Puis il alla au téléphone et lança plusieurs appels. Il envoya quelques hommes du regime de Sonny qui habitaient en ville chercher Carlo à son appartement pour qu'il ne tombe pas entre les mains de son beau-frère. D'autres resteraient avec Connie jusqu'à l'arrivée de Sonny. Il acceptait évidemment certains risques en contrecarrant Sonny. Mais il savait que le Don l'approuverait. Sa pire crainte c'était que l'aîné tue Carlo en présence de tiers. Il ne pensa pas aux ennemis parce que les cinq Familles se tenaient tranquilles depuis trop longtemps et aspiraient selon toute évidence à un arrangement quelconque.

Avant d'arriver au bout du mail dans sa Buik, Sonny avait déjà repris conscience. Il remarqua que deux gardes du corps montaient en voiture pour le suivre et en fut satisfait. Il ne pensait pourtant pas au danger parce que les cinq Familles avaient cessé de riposter et ne combattaient plus sérieusement. Il y avait un pistolet dans un coffre à gants secret de la voiture immatriculée d'ailleurs au nom d'un membre de son regime, de telle sorte qu'il n'avait pas à craindre personnellement d'ennuis avec la police au sujet de cette arme. D'ailleurs il ne savait même pas s'il en aurait besoin parce qu'il n'avait aucune idée de ce qu'il allait faire de Carlo Rizzi.

Dès qu'il fut capable de réfléchir un tant soit peu, Sonny décida qu'il ne pouvait pas tuer le père d'un enfant pas encore né, surtout le mari de sa sœur. En tout cas pas pour une querelle de ménage. Pourtant, ce n'était pas seulement ça. Carlo était un sale type ; et le plus cuisant, c'est qu'il avait fait la connaissance de Connie par son intermédiaire.

Il y avait quelque chose de paradoxal chez Sonny. Cette brute meurtrière était absolument incapable de frapper une femme et ne l'avait jamais fait. Il ne pouvait pas non plus faire de mal à un enfant ou à n'importe quel être sans défense. Quand Sonny l'avait rossé, Carlo avait sauvé sa peau en ne se défendant pas : sa soumission complète avait désarmé l'adversaire. Il est vrai qu'en son enfance Sonny était un petit garçon au cœur tendre. C'est la destinée qui en avait fait un meurtrier.

« Je vais régler cette question une fois pour toutes », pensa Santino en engageant sa Buik sur la chaussée qui passait au-dessus de l'eau entre Long Beach et l'autre côté de Jones Beach. Il suivait toujours cet itinéraire pour aller à New York parce que c'était moins encombré.

Il résolut d'envoyer Connie chez ses parents avec les gardes du corps et de s'entretenir entre quatre yeux avec son beau-frère. Ce qui se passerait alors, il n'en savait rien. Si le salaud avait vraiment blessé Connie, il l'estropierait. Pourtant déjà la brise marine qui balayait la chaussée apaisait sa fureur. Il abaissa complètement la vitre de la portière.

Il pouvait filer à toute vitesse jusqu'au moment où il atteindrait les autoroutes de l'autre côté. Même à cet endroit-là il y aurait peu de circulation. En conduisant très vite, il se détendrait et il s'en réjouissait parce qu'il savait combien son état de tension était dangereux. Il avait largement semé la voiture de ses gardes du corps.

Pas un seul véhicule sur la chaussée mal éclairée. Sonny vit de très loin le cône blanc d'une guérite de péage. Il y en avait plusieurs sur la chaussée, mais occupées seulement aux heures de circulation intense. Sonny freina tout en fouillant ses poches à la recherche de monnaie. Il n'en avait pas. Il ouvrit son portefeuille d'une seule main et en tira un billet. En arrivant dans la zone éclairée proche du péage, il s'étonna un peu de trouver une voiture qui barrait la route devant la seule guérite en service. Probablement le chauffeur demandait-il sa direction au receveur. Sonny klaxonna. La voiture démarra pour lui laisser la place entre deux guérites.

Sonny tendit son billet d'un dollar au receveur et attendit sa monnaie. Il avait hâte de fermer la vitre. Le vent de l'Atlantique avait glacé l'intérieur de la voiture. Mais le receveur n'arrivait pas à compter la monnaie et voilà cette andouille qui la laissait tomber ! Tout son corps disparut au-dessous du guichet, sans doute pour tâter le sol à la recherche des pièces.

À ce moment-là, Sonny remarqua que l'autre voiture n'avait pas continué à rouler. Arrêtée à quelques pas devant lui, elle lui barrait encore la route. Au même instant il entrevit la silhouette d'un homme dans la guérite non éclairée à sa droite. Il n'eut même pas le temps de se retourner parce que deux autres hommes descendaient de la voiture et se dirigeaient vers lui. Le receveur n'avait toujours pas reparu. Avant qu'il ne se fût rien passé, Santino Corleone comprit en une fraction de seconde qu'il était déjà mort. Alors, l'esprit absolument lucide, il fut débarrassé de toute idée de violence, comme si une crainte refoulée, mais toujours présente, le terrifiait.

Néanmoins, son formidable corps eut un dernier réflexe de conservation. Il se précipita contre la portière, si violemment que la serrure céda. Le tueur dissimulé dans la guérite obscure ouvrit le feu. Les balles frappèrent Sonny à la nuque et derrière le cou, à l'instant où il tombait de la voiture. Le tireur releva son arme. Les deux autres arrivaient, revolver au poing. Le corps de Sonny s'étalait sur l'asphalte, les pieds encore accrochés au plancher de la voiture. Chacun des deux tueurs tira une balle dans la tête de Sonny. Puis ils lui écrasèrent la face à coups de talon pour le défigurer encore et aussi pour laisser des marques plus « humaines » que celles des balles.

Quelques secondes après, les trois assassins et le faux receveur filaient dans leur voiture vers Meadowbrook Parkway, de l'autre côté de Jones Beach. La voiture et le cadavre de Sonny barraient le seul portail de péage encore ouvert. Les assassins ne risquaient donc guère d'être poursuivis. D'ailleurs, quand les gardes du corps de Sonny arrivèrent quelques minutes plus tard, ils n'eurent aucune envie de se lancer à la poursuite des assassins. Ils firent demi-tour sur la chaussée et reprirent la route de Long Beach. Ils s'arrêtèrent au premier téléphone public. L'un d'eux descendit pour appeler Tom Hagen auquel il dit simplement et sèchement : « Sonny est mort. Ils l'ont eu au péage de Jones Beach. »

Hagen répondit d'une voix parfaitement calme. « Allez tous les deux chez Clemenza et dites-lui de venir ici immédiatement. Il vous dira quoi faire. »

Hagen avait pris l'appel dans la cuisine où Mama Corleone s'affairait à préparer un en-cas pour sa fille. Il avait si bien gardé son calme que la vieille dame ne remarqua rien. Si elle l'avait voulu, elle aurait compris. Mais, après avoir longtemps vécu avec le Don, elle savait qu'il vaut toujours mieux ne pas savoir car, s'il lui fallait apprendre quelque chose de pénible, on le lui dirait assez tôt, mais si on pouvait lui épargner cette peine, elle s'en passerait volontiers. Pourquoi aurait-elle partagé les tourments des hommes qui ne partagent pas ceux des femmes ? Elle passa tranquillement le café, mit la table et y disposa pain, fromage et salami. Elle savait par expérience que la douleur et la peur n'apaisent pas la faim et qu'au contraire manger atténue la douleur. Elle n'aurait pas accepté qu'un médecin lui donne un calmant. Mais une croûte de pain et une tasse de café, c'est tout autre chose.

Elle laissa Hagen s'en aller vers le bureau de son mari à l'angle de la maison. Arrivé là, Tom se mit à trembler si violemment qu'il dut s'asseoir, serrer les genoux l'un contre l'autre, enfoncer sa tête entre ses épaules relevées et presser ses mains entre ses cuisses, comme s'il priait le diable.

Non, désormais il n'en doutait plus, il n'était pas un bon consigliori de guerre. On l'avait roulé. Il s'était laissé tromper par le manque de réaction des cinq Familles. L'ennemi ne bougeait plus, ne contre-attaquait plus mais ourdissait sournoisement son embuscade. Il attendait en préparant son coup. Ses mains ensanglantées ne bougeaient plus en dépit de toutes les provocations jusqu'au moment où elles pourraient frapper un coup terrible. Et elles l'avaient fait. Le vieux Genco Abbandando ne serait pas tombé dans le panneau, il aurait flairé le rat et l'aurait enfumé. Il aurait triplé ses précautions. Tout en raisonnant ainsi, Hagen éprouvait un profond chagrin. Sonny avait été son véritable frère, son sauveur, son héros quand il était gamin. Sonny n'avait jamais cherché à le dominer ou le tracasser, l'avait toujours traité affectueusement, l'avait serré dans ses bras quand les hommes de Sollozzo lui avaient rendu la liberté. À cet instant la joie de Sonny était sincère. Bien sûr, en vieillissant, ce diable de Sonny était devenu violent, cruel, sanguinaire, mais cela comptait pour rien aux yeux de Hagen.

Il avait fui la cuisine parce qu'il se savait incapable d'annoncer à Mama Corleone que son fils était mort. Il ne l'avait jamais considérée comme une mère alors qu'à ses yeux le Don était son vrai père et Sonny son vrai frère. Il éprouvait pour elle la même affection que pour Freddie, Michael ou Connie, celle que l'on voue à des gens qui ont toujours été aimables mais pas aimants. Pourtant, il ne pouvait pas lui dire une chose pareille. En quelques mois, cette pauvre mère perdait ses trois fils : Freddie exilé au Nevada, Michael, en grand danger, réfugié tout là-bas, en Sicile. Et maintenant, Santino, mort. Lequel des trois aimait-elle le plus ? Elle n'en avait jamais rien laissé paraître.

L'état de choc dura quelques minutes. Hagen se reprit, décrocha le téléphone et composa le numéro de Connie. La sonnerie dura longtemps.

Quand elle répondit en chuchotant, il lui dit doucement : « Connie, ici Tom. Réveille ton mari. Il faut que je lui parle.

— Tom ! Est-ce que Sonny vient ici ? demanda-t-elle effrayée.

— Non. Sonny n'y va pas. Ne t'inquiète pas de ça. Réveille Carlo et dis-lui que je dois lui parler, que c'est très important. »

Connie pleurnicha : « Tom, il m'a battue. J'ai peur qu'il me fasse encore mal s'il apprend que j'ai appelé la maison.

— Il n'en saura rien. Je lui parlerai et j'arrangerai les choses. Tout marchera bien. Dis-lui que c'est important, très, très important. Il faut que je lui parle. D'accord ? »

Il s'écoula près de cinq minutes avant que la voix de Carlo retentisse dans l'écouteur. Whisky et sommeil la rendaient pâteuse. Hagen parla sèchement pour éveiller son attention.

« Écoute, Carlo, dit-il. Je vais te dire quelque chose de terrible. Prépare-toi à l'entendre parce que je veux que tu me répondes d'une manière très normale. J'ai dit à Connie que j'avais quelque chose de très important à te dire, alors il faut que tu lui racontes une histoire. Dis-lui que la Famille a décidé de vous installer tous les deux dans une maison du mail et de te confier une situation de premier plan. Dis-lui que le Don a enfin décidé de t'accorder ta chance pour que votre ménage marche mieux. Compris ?

— Oui. Très bien, répondit Carlo d'une voix où tintait une note d'espérance.

— Dans quelques minutes deux de mes hommes vont frapper à ta porte et te demanderont de les suivre. Dis-leur de m'appeler immédiatement. Ne leur explique rien. Pas un mot. Je leur ordonnerai de te laisser là-bas avec Connie. D'accord ?

— Oui, oui, compris », dit Carlo avec une certaine excitation. La voix de Hagen semblait l'avoir mis en état d'alerte et lui indiquer aussi qu'il allait apprendre quelque chose d'important.

Hagen ne prit pas de gants. « Maintenant, pas un mot. Ils ont tué Sonny ce soir. Connie l'a appelé quand tu t'es endormi et il est parti pour aller la chercher. Mais je ne veux pas qu'elle le sache. Si elle le devine, ne dis rien, ne fais rien pour le confirmer. Elle s'imaginerait que c'est de sa faute. Je tiens à ce que tu restes avec elle cette nuit, que tu ne lui dises rien et que tu te réconcilies avec elle. J'exige que tu sois un époux parfait et amoureux. Tu continueras jusqu'à la naissance du bébé au moins. Demain matin, quelqu'un, toi peut-être, ou son père, ou sa mère, apprendra à Connie que son frère a été assassiné. Je veux qu'à ce moment-là tu sois auprès d'elle. Rends-moi ce service et je m'occuperai de toi à l'avenir. Compris ? »

Carlo répondit d'une voix un peu chevrotante : « Bien sûr, Tom. Bien sûr. Écoute. Nous nous sommes toujours bien entendus tous les deux. Je te suis reconnaissant. Tu comprends ?

— Oui, dit Hagen. Personne ne te reprochera ta querelle avec Connie. On ne t'accusera pas d'être responsable de ce qui vient de se passer. Ne t'en fais pas pour ça. Je m'en occupe. » Il se tut un instant et conclut d'une voix encourageante. « Maintenant, vas-y. Sois gentil avec Connie. »

Hagen avait appris à ne jamais menacer. C'était une des règles du Don. Mais Carlo avait compris l'essentiel : sa vie ne tenait plus qu'à un cheveu.

Tom Hagen appela Tessio et lui ordonna de rallier le mail immédiatement. Il ne lui donna aucune explication et Tessio n'en demanda pas. Restait à faire le pire. Il était obligé de réveiller le Don, de l'arracher au sommeil artificiel. Il lui fallait dire à l'homme qu'il aimait le plus au monde qu'il n'avait pas été à la hauteur de sa tâche, qu'il n'avait pas été capable de préserver son empire et surtout la vie de son fils aîné. Il devait dire au Don que tout était perdu s'il ne pouvait pas se lever immédiatement pour reprendre la bataille. Hagen, en effet, ne se faisait aucune illusion. Seul le grand Don en personne pourrait au moins sauver les restes après une aussi terrible défaite. Il ne prit même pas la peine de consulter le médecin. C'eût été inutile. Même s'il interdisait au Don de se lever, sous peine de mort, lui, il devait dire la vérité à son père adoptif et lui obéir ensuite. Le Don n'en ferait sûrement qu'à sa tête. L'opinion des médecins n'aurait aucune importance à ses yeux. D'ailleurs plus grand-chose ne comptait. Coûte que coûte, il fallait s'en remettre au Don. Alors, de deux choses l'une, ou bien il reprendrait le commandement ou bien il ordonnerait à Hagen d'abandonner aux cinq Familles le pouvoir des Corleone.

En dépit de tant de certitudes et bien qu'il fût convaincu de faire son devoir, Hagen appréhendait l'heure suivante. Il pensa à la manière de s'y prendre. D'abord il ne dirait rien de ses remords. Les étaler ne ferait qu'ajouter au fardeau du Don. Manifester son propre chagrin rendrait plus aigu celui du père. Insister sur son incapacité comme consigliori de guerre amènerait le Don à se reprocher à lui-même d'avoir fait un mauvais choix pour ce poste capital.

Bref Hagen décida d'annoncer la nouvelle, de présenter son opinion sur la manière de redresser la situation et rien de plus. Ensuite il réagirait en fonction des réactions du Don. Si ce dernier lui reprochait ses fautes, il s'avouerait coupable. Si le Don laissait éclater son chagrin, Tom en ferait autant.

Hagen leva la tête en entendant des voitures sur le mail. C'étaient les caporegimes qui arrivaient. Il décida de les mettre au courant avant d'aller réveiller le Don. Il se leva, alla au bar proche du bureau, y prit une bouteille et un verre. Mais il resta un moment paralysé, trop énervé pour verser le liquide dans le verre. Il entendit une porte se refermer derrière lui, pivota sur lui-même et vit le Don, vêtu de la tête aux pieds pour la première fois depuis le jour où on l'avait attaqué dans la rue.

Don Corleone traversa la pièce pour aller s'asseoir dans son grand fauteuil de cuir. Sa démarche était un peu raide, ses vêtements un peu trop amples, mais aux yeux de Hagen il sembla pareil à ce qu'il avait toujours été, comme si, par la seule force de sa volonté, le Don faisait disparaître toute trace de sa faiblesse. Son visage était calme, sévère et rayonnait sa puissance habituelle. Il se redressa dans son fauteuil et dit à Hagen : « Donne-moi une goutte d'anisette. »

Hagen changea de bouteille et emplit pour chacun un petit verre de cet alcool liquoreux et brûlant. C'était de l'anisette faite à la manière paysanne et beaucoup plus forte que celle des magasins. Un vieil ami en envoyait chaque année un petit camion au Don.

« Ma femme pleurait avant de s'endormir, dit Don Corleone. J'ai vu par la fenêtre arriver les voitures des caporegimes. Il est tard. Alors, mon consigliori, dis-moi ce que tout le monde sait déjà.

— Je n'ai rien révélé à Mama, répondit tranquillement Hagen. J'allais te réveiller pour t'annoncer la nouvelle moi-même. J'y serais allé dans un instant :

— Tu avais besoin de boire un coup avant ? dit Don Corleone impassible.

— Oui.

— Maintenant tu as bu, parle. »

Il n'y avait qu'une très faible trace de reproche pour la faiblesse de Hagen dans le ton du vieil homme.

« Sonny a été assassiné sur la chaussée de Jones Beach. Il est mort », dit Hagen.

Don Corleone cligna des paupières. Pendant un instant fugace les murailles de sa volonté s'effondrèrent. L'épuisement physique apparut sur son visage, mais il se reprit.

Il joignit les mains devant lui sur le bureau, regarda Hagen droit dans les yeux et lui dit : « Dis-moi tout ce qui est arrivé. » Il leva la main. « Non, attends que

Clemenza et Tessio soient là, comme ça, tu n'auras pas besoin de te répéter. »

Un instant plus tard, un garde du corps introduisit les deux caporegimes. En voyant le Don se lever pour les recevoir, ils comprirent qu'il était au courant de la mort du fils. Ils l'embrassèrent comme il est permis à de vieux camarades. Puis ils burent l'anisette que Hagen leur servit avant de raconter l'histoire de cette nuit.

À la fin, Don Corleone ne posa qu'une seule question : « Est-on sûr que mon fils soit mort ?

— Oui, répondit Clemenza. Les gardes du corps appartenaient au regime de Santino, mais c'est moi qui les avais choisis. Je les ai interrogés quand ils sont arrivés chez moi. Ils ont examiné son corps à la lumière du péage. Sonny ne pouvait pas être vivant avec les blessures qu'ils ont vues. Ils l'affirment sur leur vie. »

Don Corleone accepta ce verdict définitif sans autre signe d'émotion qu'un instant de silence. Puis il déclara : « Qu'aucun de vous ne se mêle de cette affaire. Qu'aucun de vous ne commette un acte de vengeance. Qu'aucun de vous ne fasse la moindre enquête pour retrouver les meurtriers de mon fils, sauf ordre exprès de ma part. Si je n'en donne pas l'ordre personnellement j'interdis tout acte de violence contre les cinq Familles. Notre Famille cesse toutes ses opérations et ne protège plus personne ni rien jusqu'après l'enterrement de mon fils. Alors, nous nous réunirons de nouveau pour décider ce qu'il faut faire. Ce soir, il ne nous reste plus qu'à prendre nos dispositions pour que Santino soit enterré en chrétien. Des amis à moi arrangeront les choses avec la police et les autorités. Clemenza, tu resteras auprès de moi à tout instant en qualité de garde du corps avec les hommes de ton regime. Tessio et tes soldats, vous veillerez sur les autres membres de ma famille. Tom, appelle Amerigo Bonasera et dis-lui que j'aurai besoin de ses services dans le courant de la nuit. Qu'il m'attende à son entreprise. Il y en a pour une heure, deux heures, ou trois. Vous avez tous compris ? »

Ses trois interlocuteurs hochèrent la tête. Don Corleone reprit : « Clemenza, rassemble voitures et hommes et attends-moi. Je serai prêt dans quelques minutes. Tom, tu as bien agi. Je veux que Constanzia soit auprès de sa mère dès demain matin. Débrouille-toi pour que son mari et elle s'installent sur le mail. Convoque les amies de Sandra pour qu'elles restent auprès d'elle. Ma femme s'y rendra aussi quand je lui aurai parlé. C'est elle qui lui annoncera ce malheur. Elles s'arrangeront avec l'Église pour la messe et les prières. » Le Don se leva de son fauteuil. Les autres en firent autant. Clemenza et Tessio l'embrassèrent de nouveau. Hagen ouvrit la porte pour le Don qui s'arrêta et le regarda un moment. Puis le vieil homme prit Hagen par une joue et l'attira pour lui donner un baiser. « Tu t'es conduit en bon fils. Tu me réconfortes », dit-il en italien.

Hagen n'en crut pas ses oreilles car il avait conscience de ne pas avoir bien agi. Le Don monta à sa chambre à coucher pour parler à sa femme. C'est alors que Hagen appela Amerigo Bonasera pour lui rappeler le service qu'il devait aux Corleone.

20.

La mort de Santino Corleone provoqua un raz de marée qui déferla sur le milieu d'une côte à l'autre du pays. Quand on apprit que Don Corleone s'était levé de son lit de souffrance pour reprendre en main les affaires de la Famille, quand les espions envoyés aux funérailles rapportèrent que le Don semblait complètement remis, les chefs des cinq Familles se démenèrent comme des diables pour préparer leur défense contre les représailles qui devaient s'ensuivre à coup sûr. Personne ne commit l'erreur de supposer que Don Corleone pourrait être pris à la légère en raison de ses malheurs récents. Il n'avait commis que bien peu de fautes durant sa carrière et chacune lui avait servi de leçon.

Seul Hagen devina les intentions véritables du Don et ne s'étonna pas quand on envoya des émissaires proposer la paix aux cinq Familles. La proposition de rencontre n'était pas adressée aux seules Familles new-yorkaises, mais à celles de tous les États-Unis. Étant donné que celles de New York étaient les plus puissantes, on comprenait que leur bien-être influait sur celui de tout le milieu.

D'abord cette démarche éveilla des soupçons. Don Corleone ne tendait-il pas un piège ? Ne cherchait-il pas à prendre ses ennemis par surprise ? Peut-être aussi préparait-il un massacre général pour venger son fils. Mais Vito Corleone ne tarda pas à donner des preuves évidentes de sincérité. Non seulement il invitait toutes les autres Familles du pays aux pourparlers de paix mais encore il ne prenait aucune mesure pour mettre ses gens sur le pied de guerre ni pour rallier des alliés. Puis il fit un pas de plus, irrévocable celui-là, pour prouver la pureté de ses intentions et assurer la sécurité du grand conseil qu'il convoquait : il demanda les services de la famille Bocchicchio.

La famille Bocchicchio présentait une caractéristique unique : autrefois membre exceptionnellement farouche de la mafia en Sicile, elle était devenue un instrument de paix en Amérique. Après avoir gagné sa vie par sa férocité, elle subsistait désormais presque saintement. L'actif principal de la Famille résidait en d'étroites relations entre tous les parents du même sang et une loyauté familiale inflexible, même par comparaison avec les sociétés siciliennes où la loyauté entre agnats et cognats l'emporte sur celle que se doivent femme et mari.

En comptant les cousins jusqu'au troisième degré, la famille Bocchicchio groupait jadis deux cents hommes qui dominaient la vie économique d'un canton du sud de la Sicile. Ses revenus lui étaient assurés par quatre ou cinq moulins à farine qui n'appartenaient pas aux communes mais fournissaient travail, pain et un minimum de sécurité à tous les membres de la Famille. Ces biens, garantis par des mariages consanguins, leur permettaient de faire front à leurs ennemis.

Aux ressources que leur assuraient les moulins s'ajoutait la vente de l'eau captée pour faire tourner leurs roues. Ils ne permettaient à personne de construire un moulin ni de barrer un cours d'eau dans leur région. Il était arrivé qu'un puissant propriétaire foncier – un seigneur – essaie de bâtir un moulin pour son seul usage personnel. La bâtisse brûla. Le baron en appela aux carabiniers et aux autorités supérieures qui arrêtèrent trois Bocchicchio. Le jugement n'avait pas encore été rendu que le manoir du seigneur flambait. Le parquet abandonna l'accusation et fit relâcher les trois détenus. Quelques mois plus tard, un des plus hauts fonctionnaires du gouvernement italien arriva en Sicile pour étudier les moyens de pallier la pénurie chronique d'eau dont souffrait l'île. Il proposa d'ériger un énorme barrage. Ingénieurs et techniciens arrivèrent de Rome pour procéder à des relevés topographiques et des recherches sur place. Les gens du pays, membres du clan Bocchicchio, les surveillèrent de près. La police envahit la région. On y construisit même des baraquements sur place pour la loger.

Il semblait que rien n'empêcherait la construction du barrage. Machines, outils, matériaux, fournitures débarquaient sur les quais de Palerme. L'affaire n'alla pas plus loin. Les Bocchicchio prirent contact avec d'autres chefs de la mafia pour s'assurer leur concours. Le matériel lourd fut saboté au port et le reste volé. Les députés de la mafia au Parlement italien lancèrent une attaque bureaucratique et juridique contre les partisans du barrage. Les hostilités traînèrent pendant des années puis Mussolini prit le pouvoir en Italie. Le dictateur décréta qu'il fallait construire le barrage. L'affaire n'avança pas plus. Considérant que la mafia menaçait son régime parce qu'elle constituait un État dans l'État, il donna carte blanche à un haut fonctionnaire de la police qui résolut rapidement le problème en emprisonnant ou déportant à peu près tout le monde aux travaux forcés sur des petites îles bien gardées. En quelques années il cassa les reins de la mafia en mettant à l'ombre quiconque était simplement suspecté d'appartenir à cette société secrète. Il apporta ainsi ruine et désolation dans bien des familles innocentes.

Les Bocchicchio furent assez intrépides pour s'attaquer ouvertement à un pouvoir qui les surclassait de beaucoup. La moitié des membres de la Famille périrent les armes à la main, l'autre moitié fut déportée vers des îles pénitentiaires. Il n'en resta qu'une poignée qui parvint à passer en Amérique par des filières clandestines, via le Canada. Ils étaient une vingtaine qui s'installèrent dans une petite ville au nord de New York, sur le cours de l'Hudson. Ils partirent de zéro dans le balayage municipal, parvinrent à acheter des bennes et finirent par monopoliser le service de voirie. Nul n'osa les concurrencer car les véhicules de leurs rivaux brûlaient ou étaient sabotés infailliblement. Un opiniâtre qui cassait les prix disparut. On retrouva les débris de son corps coupé en morceaux sous les ordures qu'il avait enlevées pendant son dernier jour de travail.

Les Bocchicchio épousant des Siciliennes, inutile de dire qu'il leur naquit beaucoup d'enfants. La voirie ne suffit qu'à peine à faire vivre chichement la Famille, mais ne lui permit pas de bénéficier des agréments de la vie américaine. Obligés de diversifier leurs activités, comme tous les grands trusts, les Bocchicchio devinrent négociateurs et otages professionnels au cours des pourparlers de paix entre les diverses Familles siciliennes.

Les Bocchicchio transmettaient à leurs descendants des gènes de stupidité ou peut-être n'étaient-ce que des primitifs. En tout cas, ils avaient conscience de leurs limites et savaient qu'ils ne pouvaient concurrencer les autres Familles de la mafia dans leurs combats pour organiser ou dominer des structures d'affaires beaucoup plus complexes telles que prostitution, jeux, drogue et fraudes diverses. Gens simples et droits, ils étaient capables de donner la pièce à un flic de carrefour mais n'auraient su comment prendre contact avec un politicien, même le plus corrompu. Ils ne possédaient pour tout bien que leur honneur et leur férocité.

Un Bocchicchio ne mentait ni ne trichait jamais, parce que c'était trop compliqué pour lui. Mais il n'oubliait jamais non plus un affront et en tirait vengeance coûte que coûte. C'est ainsi que le hasard les engagea dans ce qui devait devenir leur activité la plus lucrative.

Lorsque quelque Famille en guerre souhaitait faire la paix et engageait des pourpalers à cet effet, elle s'adressait aux Bocchicchio dont le chef prenait les dispositions préliminaires et offrait des otages. Voici un exemple : quand Michael était allé s'entretenir avec Sollozzo, la famille Bocchicchio avait confié un de ses membres en guise d'otage à la famille Corleone pour assurer la sécurité de Michael et c'est Sollozzo qui avait payé ce service. Si Sollozzo avait tué Michael, l'otage détenu par les Corleone aurait été exécuté immédiatement. Mais, dans ce cas, les Bocchicchio se seraient vengés sur Sollozzo, responsable de la perte d'un membre du clan. La mentalité primitive des Bocchicchio leur imposait de ne jamais faillir à l'exécution d'une vengeance, sans se soucier du châtiment. Ils y auraient engagé leur vie par douzaines. Ceux qui trahissaient leur confiance ne pouvaient donc jamais se mettre à l'abri de leurs coups. Un otage fourni par les Bocchicchio représentait une assurance de sécurité.

Lorsque Don Corleone s'adressa aux Bocchicchio et leur demanda de fournir un otage à chacune des Familles qui devaient assister aux pourparlers de paix, nul ne douta plus de sa sincérité. Il ne pouvait être question de tricherie et la réunion serait aussi paisible qu'un mariage.

Cette question d'otages réglée, le milieu tint assemblée dans la salle de conférences d'une petite banque commerciale dont le président était redevable à Don Corleone qui possédait d'ailleurs un certain nombre d'actions de cet établissement de crédit, quoique les titres fussent au nom du président-directeur général. Ce financier se rappelait toujours avec émotion l'instant où il avait offert à Don Corleone un document indiquant à qui appartenaient les actions et qui aurait rendu toute fraude impossible entre eux. Le Don en avait été horrifié. « Mais mon cher, je vous confierais ma fortune tout entière ! avait-il dit. Je m'en remettrais à vous pour mon existence et le bien-être de mes enfants. Il me semble inconcevable que vous puissiez jamais tricher ou me trahir. Ma conception du monde, ma confiance en moi-même, dans la manière dont je juge le caractère humain, tout s'effondrerait. Évidemment, j'ai mes archives écrites de telle sorte que s'il m'arrivait malheur mes héritiers sauraient que vous détenez une partie de mon avoir, mais de toute façon je sais que, même si je n'étais plus sur terre pour veiller aux intérêts des miens, vous me resteriez fidèle et veilleriez à leurs besoins. »

Quoiqu'il ne fût pas sicilien, le président de la banque était doué d'une sensibilité subtile. Il comprit parfaitement le Don. Désormais, les désirs de ce dernier étaient des ordres. Le bureau directorial de la banque, la salle de conférences, à l'abri de toute indiscrétion, furent donc mis à la disposition des Familles, un samedi après-midi.

La sécurité fut assurée par un corps d'élite dont les membres portèrent l'uniforme des gardiens habituels de l'établissement. À dix heures du matin, les chefs de Famille commencèrent à arriver avec leur chef d'état-major. Outre ceux des cinq Familles de New York, il y avait ceux de dix autres Familles des États-Unis, mais pas ceux de Chicago : les brebis galeuses du milieu. On désespérait de civiliser ces gens-là et il n'y avait aucune raison de les faire participer à une conférence aussi importante.

On avait installé un bar et un petit buffet. Chaque participant n'avait droit qu'à un seul assistant. La plupart avaient amené leur consigliori, c'est pourquoi il y avait quelques hommes assez jeunes dans la salle, notamment Tom Hagen, le seul qui ne fût pas sicilien. On le considérait donc avec curiosité, presque comme un phénomène de foire.

Hagen savait se conduire. Il ne pipa mot, ne sourit même pas, se tint à la disposition de son patron en lui manifestant tout le respect d'un page favori veillant au bien-être de son roi. Il lui apporta à boire, alluma son cigare, mit un cendrier en bonne place, le tout avec déférence, mais sans obséquiosité. Hagen seul aussi savait qui représentaient les portraits accrochés aux murs lambrissés de chêne foncé : ceux de personnages fabuleux qui avaient fait fortune dans la finance ou le pétrole. Y figurait même le secrétaire au Trésor Hamilton. Hagen ne put s'empêcher de penser que cet ancien secrétaire de Washington aurait trouvé bon qu'une conférence de paix se tînt au siège d'une banque car rien n'est plus apaisant que l'argent et rien n'incline mieux à la raison pure.

Le programme prévoyait des arrivées échelonnées de neuf heures et demie à dix heures. Puisque c'était lui qui avait eu l'initiative de la rencontre et qu'il jouait en quelque sorte le rôle d'hôte, Don Corleone se présenta le premier ; la ponctualité était une de ses nombreuses vertus.

Vint ensuite Carlo Tramonti qui avait établi son empire sur le sud des États-Unis. Homme entre deux âges, d'une stature et d'une physionomie impressionnantes, rasé de près, grand pour un Sicilien, très hâlé, il portait un complet coupé à merveille. Il n'avait guère l'air d'un Italien et donnait plutôt l'impression d'un de ces millionnaires qu'on voit dans les magazines en train de pêcher en mer sur leur yacht. La famille Tramonti tirait ses ressources du jeu. En voyant son Don, nul n'aurait soupçonné avec quelle férocité il avait conquis son empire.

Arrivé de Sicile en son jeune âge, il s'était installé en Floride et avait travaillé durant sa jeunesse pour un syndicat de politiciens locaux du Sud qui prélevait des dîmes sur les jeux. Il s'agissait de gens sans scrupules, appuyés sur une police impitoyable. Ni les uns ni les autres n'auraient soupçonné qu'un immigrant falot renverserait leur pouvoir et s'en emparerait. Ils ne s'attendaient surtout pas à subir des assauts aussi furieux et meurtriers. S'ils ne réagirent pas, d'ailleurs, c'est parce qu'à leurs yeux les revenus que leur fournissaient les jeux ne valaient pas des effusions de sang généralisées. Tramonti s'assura la complicité de la police en lui accordant une plus grosse part du gâteau. Les politiciens éliminés, il extermina les truands sans imagination qui dirigeaient les salles de jeux concurrentes. Ensuite Tramonti se fit des relations à Cuba, avec les gens du régime Batista. Finalement il investit de grosses sommes dans les lieux de plaisir de La Havane : casinos, maisons de prostitution, bref, tout ce qui pouvait attirer les joueurs des États-Unis. Tramonti était après la Seconde Guerre mondiale multimillionnaire et possédait entre autres un des plus luxueux hôtels de Miami Beach.

En entrant dans la salle de conférences, suivi de son consigliori, aussi hâlé que lui, Tramonti donna l'accolade à Don Corleone, puis exprima par une moue de chagrin ses condoléances pour la mort de Santino.

Les autres Dons arrivèrent successivement. Ils se connaissaient tous les uns les autres parce qu'ils s'étaient parfois rencontrés, au cours des années, soit à titre amical, soit pour raison d'affaires. Ils s'étaient toujours traités mutuellement avec une courtoisie professionnelle et, en leur jeune temps, ils s'étaient rendu des petits services. Le second qui arriva fut Joseph Zaluchi, de Detroit.

Par hommes de paille interposés et sous diverses couvertures, la famille Zaluchi était propriétaire d'un hippodrome proche de Detroit et avait des intérêts dans presque tous les tripots de la région. Le visage rond, l'air affable, Zaluchi vivait dans une maison de cent mille dollars sise à Grosse Pointe, quartier chic de Detroit. Un de ses fils avait épousé la fille d'une famille américaine célèbre et ancienne. Comme Don Corleone, Joseph Zaluchi était un homme intelligent. Parmi toutes les villes dominées par les Familles, c'est à Detroit qu'on comptait le moins de violences : deux exécutions seulement au cours des trois dernières années. Il réprouvait le trafic de la drogue.

Zaluchi était accompagné de son consigliori et tous deux embrassèrent Don Corleone. Le maître de Detroit avait la voix claironnante d'un Américain et parlait avec une trace infime d'accent. Sobrement vêtu, comme un homme d'affaires, il était aussi animé d'une bonne volonté cordiale. « Seule ta voix pouvait m'amener ici », dit-il à Don Corleone qui inclina la tête en signe de remerciement. Il savait qu'il pouvait compter sur le soutien de Zaluchi.

Venus dans la même voiture de la côte du Pacifique, les deux suivants travaillaient en tandem. C'étaient les plus jeunes chefs de Famille présents : moins de cinquante ans. Tous deux, Frank Falcone et Anthony Molinari, étaient vêtus avec moins de discrétion que les autres et manifestaient une exubérance qui détonnait un peu. Frank Falcone était maître des syndicats de l'industrie du cinéma ainsi que des tripots clandestins installés jusque dans les studios. Il dirigeait en outre des chaînes de prostitution qui fournissaient des filles à tous les clandés de l'Extrême-Occident. Pour la plupart des Dons, entrer dans le « show biz » semblait hors du domaine des possibilités, mais Falcone était doué d'un certain savoir-faire. En conséquence de quoi, les autres Don se méfiaient de lui.

Anthony Molinari avait la haute main sur les docks de San Francisco et exerçait son hégémonie sur les paris concernant les sports de plein air. Issu d'une famille de pêcheurs siciliens, il possédait le restaurant de San Francisco où l'on servait le meilleur poisson et les meilleurs fruits de mer. Il en était si fier que, d'après les on-dit, il perdait de l'argent en servant à trop bon marché des mets de trop grande valeur. Son visage avait l'impassibilité propre à celui des joueurs professionnels. On savait qu'il avait la main sur la contrebande de drogue à travers la frontière du Mexique et par les bateaux des lignes reliant San Francisco aux pays orientaux. Leurs consiglioris, jeunes, solidement charpentés, étaient plus des gorilles que des conseillers, mais ils n'auraient évidemment pas osé venir en armes à cette réunion. On savait que ces gardes du corps pratiquaient le karaté. Les autres Don s'en amusaient d'ailleurs, mais ne s'en inquiétaient pas plus que si leurs collègues de Californie avaient porté des amulettes bénites par le pape. Notons toutefois que certains de ces messieurs croyaient en Dieu et pratiquaient leur religion.

Arriva ensuite Domenick Panza, représentant la Famille de Boston. Ses confrères ne le respectaient guère. On savait qu'il exploitait « ses gens » sans pitié, mais on lui pardonnait car il faut juger chacun en fonction de ses appétits. On lui reprochait surtout d'être incapable de maintenir l'ordre dans son empire. Il y avait trop d'assassinats, de petites guerres de clans, de rivalités meurtrières, d'activités illégales non contrôlées par la mafia, à Boston. On y défiait la loi trop ouvertement. Les gens de Boston n'étaient donc que des *gavoones*, truands incongrus et ruffians. Quant à Domenick Panza, c'était un gros homme, de petite taille et, comme le dit un autre Don, il avait l'air d'un voleur.

Le syndicat de Cleveland était peut-être le plus puissamment incrusté dans tous les tripots des États-Unis. Grand, mince, le visage allongé, l'air doux, les cheveux d'un blanc de neige, le Don de cette ville était surnommé le Juif, parce qu'il était entouré de plus de Juifs que de Siciliens. On chuchotait même qu'il aurait donné la charge de consigliori à un Juif s'il l'avait osé. En tout cas, de même que la famille Corleone passait pour le gang irlandais parce que Hagen en faisait partie, celle de Don Vincent Forlenza passait pour la Famille juive, à plus juste titre. Mais il dirigeait une organisation extrêmement efficace et, malgré son air de grande sensibilité, nul n'aurait prétendu qu'il s'était évanoui à la vue du sang. Il régnait avec une main de fer dans un gant politique de velours.

Les représentants des cinq Familles new-yorkaises arrivèrent les derniers. C'étaient des hommes beaucoup plus impressionnants et imposants que les provinciaux. Hagen le remarqua aussitôt et en fut frappé. D'abord les Dons new-yorkais avaient visiblement de l'estomac selon la vieille tradition sicilienne et, sur leur île natale, on dit aussi au figuré « hommes à ventre », ce qui signifie : puissants, courageux et, littéralement, doués d'une chair ferme, comme s'il y avait un rapport quelconque entre le tonus et le succès. Les chefs de Famille new-yorkais étaient donc des hommes solides, corpulents, aux têtes massives, léonines même, avec nez épais du genre impérial, les traits lourds, la bouche charnue et les joues ridées de traits profonds. Aucune recherche dans leur tenue tant en ce qui concerne les vêtements que le rasage. Ils avaient l'aspect d'hommes occupés, peu soucieux de vétilles et de vanité.

Il y avait Anthony Stracci, maître du New Jersey et des docks situés du côté ouest de Manhattan. Fermement établi dans l'appareil du parti démocrate, il avait la haute main sur tous les tripots de Jersey City. Il possédait entre autres une nuée de camions qui faisaient sa fortune, notamment parce que ces véhicules n'étaient jamais arrêtés par les contrôleurs des routes et roulaient donc en surcharge, détruisant les chaussées. Étant donné que Stracci tirait aussi des revenus des entreprises de travaux publics, il gagnait sur les deux tableaux. Voilà un cas où les affaires créent de nouvelles affaires, ce qui est de nature à réchauffer le cœur de tout homme d'affaires. Imbu de traditions anciennes, il ne se mêlait jamais de prostitution. Mais, étant donné que son empire s'étendait sur les deux berges de l'Hudson, il ne pouvait s'empêcher de tâter à la contrebande de drogue. Sur les cinq Familles new-yorkaises hostiles aux Corleone, la sienne était la moins puissante, mais aussi la mieux disposée envers l'adversaire.

La Famille qui dominait le nord de l'État de New York étendait son pouvoir sur tous les tripots des petites villes et aussi la contrebande d'immigrants italiens par le Canada. Son chef, Ottilio Cuneo, exerçait un droit de veto sur la distribution des licences aux propriétaires d'hippodromes. Son visage rond et jovial de boulanger rural lui donnait un aspect tout à fait désarmant. En fait de couverture, il possédait une grosse affaire de laiterie. Cuneo raffolait des enfants. Ses poches étaient toujours bourrées de bonbons. Les distribuer à ses nombreux petits-enfants ou aux rejetons de ses proches, tel était son plus grand bonheur. Il arborait un feutre rond au bord rabattu tout autour de la tête, comme celui d'une coiffure que les femmes portent pour se protéger du soleil. Ce chapeau auréolait sa face de lune et en faisait le masque de la jovialité. Cas rare parmi les Dons, il n'avait jamais été arrêté et la police ne soupçonnait même pas ses activités essentielles. Il avait même fait partie de comités civiques et la chambre de commerce l'avait élu « homme d'affaires de l'année pour l'État de New York ».

L'allié le plus intime de la famille Tattaglia était Don Emilio Barzini, propriétaire de tripots à Brooklyn et à Queens. Il dominait entièrement Staten Island. En outre il était mêlé à toutes les activités illégales imaginables : prostitution, chantage à la protection, trafic de drogue. Des relations étroites avec le gang de la côte ouest élargissaient son horizon. Il comptait parmi les quelques hommes assez astucieux pour s'intéresser à Las Vegas et Reno : villes ouvertes du Nevada. Ses intérêts s'étendaient jusqu'à Miami Beach et Cuba. Après la famille Corleone, la sienne était peut-être la plus puissante de New York, donc de tout le pays. Il exerçait son influence jusqu'en Sicile. Il avait une part dans tous les gâteaux clandestins. On chuchotait même qu'il aurait pris pied à Wall Street. Dès le début de la « guerre », il avait soutenu la famille Tattaglia avec son argent et son influence. Don Barzini nourrissait l'ambition de supplanter Don Corleone en tant que chef le plus puissant et le plus respecté de la mafia sur tout le territoire des États-Unis et de conquérir l'empire des Corleone. Il avait beaucoup de ressemblances avec Don Corleone, mais en plus moderne, plus sophistiqué, plus homme d'affaires. On n'aurait certainement pas pu le traiter de vieille barbe. La jeune génération, plus ambitieuse et moins sage, le considérait comme son chef. Homme très puissant, glacial, il n'avait pas la cordialité de Don Corleone et, au moment où s'ouvrent les pourparlers, c'était peut-être l'homme le plus « craint » du milieu.

Arriva le dernier, Don Philip Tattaglia, chef de la Famille qui avait défié Don Corleone en soutenant Sollozzo et avait failli de peu venir à bout du vieux Don. Si bizarre que cela paraisse, les autres le méprisaient un peu. D'abord parce qu'il s'était laissé dominer par l'astucieux Turc Sollozzo qui l'avait même mené par le bout du nez, tous le savaient. Ensuite, parce qu'il était responsable des chocs et désordres dont les affaires quotidiennes de ces messieurs pâtissaient depuis le début de la guerre entre gangs. Enfin, à plus de soixante ans, il jouait les dandys et c'était un coureur de jupons.

Sa spécialité lui fournissait de larges possibilités de satisfaire cette faiblesse car la famille Tattaglia vivait de la traite des femmes. Elle contrôlait aussi la plupart des boîtes de nuit du pays et était à même de placer n'importe quel talent n'importe où. Philip Tattaglia n'hésitait pas à user de l'intimidation, voire de la violence, pour mettre la main sur des chanteurs et comiques débutants mais prometteurs ou pour s'imposer chez des éditeurs de disques. Mais sa Famille vivait surtout de la prostitution sous toutes ses formes : du bitume au clandé.

Le caractère de Philip Tattaglia déplaisait aux gens sérieux. C'était un pleurnicheur qui se plaignait sans cesse des frais généraux. Les factures de blanchissage – nappes, serviettes de table, de toilette, draps – dévoraient ses bénéfices. Mais il était propriétaire en tout ou partie des blanchisseries qui exécutaient le travail. Il accusait les filles de paresse, instabilité, goût de la fugue. Et ces garces allaient même jusqu'à se suicider ! Quant aux macs, ils ne valaient pas mieux à ses yeux. Tous des tricheurs, malhonnêtes, dénués de loyauté. Impossible de se faire servir. Les jeunes Siciliens faisaient la fine bouche. Ils trouvaient déshonorant de vendre et de dégrader des femmes. Et pourtant, ces voyous n'hésitaient pas à trancher la gorge de leurs ennemis, le sourire aux lèvres, presque en chantant, avec un scapulaire sur la poitrine, voire une croix de Pâques au revers de leur veston. Tels étaient les radotages de Philip Tattaglia ; ses interlocuteurs le trouvaient antipathique et même méprisable. Il braillait surtout contre les autorités qui accordent ou annulent les licences de vente d'alcool dans les boîtes de nuit et les cabarets. Il jurait avoir fait plus de millionnaires que Wall Street tant il avait distribué de pots-de-vin aux gardiens malhonnêtes des sceaux officiels.

Qu'il eût failli l'emporter sur la famille Corleone n'augmentait pas son prestige. Ses confrères savaient qu'il s'était d'abord appuyé sur Sollozzo puis sur la famille Barzini. En outre, malgré l'avantage de la surprise, il n'avait pas été capable de remporter une victoire définitive et c'était un mauvais point contre lui : quitte à se lancer dans une entreprise aussi hardie, autant le faire efficacement, ce qui aurait évité des tracas à tout le monde. La mort de Don Corleone aurait mis fin à la guerre dès la première effusion de sang.

Étant donné que Don Corleone et Don Tattaglia avaient chacun perdu un fils dans cette guerre, ils ne pouvaient évidemment se serrer la main, encore moins s'embrasser, aussi se contentèrent-ils d'échanger un hochement de tête solennel. Tous les autres observèrent attentivement le chef de la famille Corleone pour voir si ses blessures et revers laissaient des marques de faiblesse. Ils se demandaient surtout pourquoi cet homme réclamait la paix après la mort de son fils préféré. Il reconnaissait ainsi sa défaite et subirait donc à peu près sûrement une diminution de sa puissance. Pourtant ils n'étaient encore sûrs de rien.

Il y eut des félicitations, des congratulations, on but et c'est seulement au bout d'une demi-heure que Don Corleone s'assit à l'extrémité de la longue table en noyer ciré. Hagen prit place à sa gauche, légèrement en retrait. Le vieux Don indiquait ainsi que le moment était venu de commencer les pourparlers. Tous s'assirent à leur tour, leur consigliori derrière eux mais assez près pour donner un conseil si nécessaire.

Don Corleone prit la parole le premier d'un ton aussi banal que s'il ne s'était rien passé. On aurait cru à l'entendre qu'il n'avait pas été grièvement blessé, que son aîné n'avait pas péri, que son empire n'était pas en ruine, ni ses fils dispersés : Freddie à l'Ouest, sous la protection de la Famille Molinari, et Michael planqué sur les terres désolées de Sicile. Il s'exprima, évidemment, en dialecte sicilien.

« Je veux d'abord vous remercier tous d'être venus. Je considère votre présence comme un service que vous me rendez à moi personnellement et j'en suis redevable à chacun d'entre vous. Je dirai aussi dès le début que je ne suis pas ici pour me quereller ou convaincre qui que ce soit, mais pour raisonner en homme raisonnable et faire tout mon possible afin que nous nous séparions bons amis. Je vous en donne ma parole. Ceux d'entre vous qui me connaissent savent que je ne me suis jamais engagé à la légère. Cela dit, entrons dans le vif du sujet. Nous sommes tous des gens honorables et nous n'avons pas besoin de nous donner mutuellement des assurances comme si nous étions avocats. »

Il marqua une pause. Personne ne pipa mot. Certains fumaient le cigare, d'autres sirotaient leur boisson. Tous étaient habitués à écouter attentivement et patiemment. Ils avaient encore un autre trait commun : ils avaient refusé d'accepter les règles de la société organisée, de se laisser dominer par d'autres hommes, ce qui est rare chez l'être humain. Aucune force, aucun mortel n'était capable d'infléchir leur volonté dans un sens qui leur déplût. Ils étaient tous décidés à préserver leur liberté d'action par tous les moyens, y compris le meurtre. Seule la mort ou une raison majeure pouvait faire céder leur détermination.

Don Corleone soupira. « Comment se fait-il que les choses soient allées aussi loin ? demanda-t-il éloquemment. Peu importe. Nous avons commis bien des folies inutiles et c'est regrettable. Néanmoins, permettez-moi de vous rendre compte des événements tels que je les vois. » Il marqua encore une pause pour permettre éventuellement à l'un des Dons de présenter des objections à ce projet.

« Dieu merci j'ai recouvré la santé et je pourrai peut-être ainsi contribuer à ramener bon ordre et entente. Mon fils était peut-être trop violent et trop têtu. Je ne le nie pas. Néanmoins je tiens à préciser que Sollozzo est venu me proposer une affaire pour laquelle il me demandait mon argent et mon influence. Il me déclara qu'il représentait aussi les intérêts de la famille Tattaglia. Cette affaire portait sur de la drogue qui ne m'intéresse pas. Je suis un homme tranquille et les entreprises de ce genre sont trop mouvementées à mon goût. Je l'ai expliqué à Sollozzo avec toute la déférence que je lui devais, à lui et à la famille Tattaglia. Je lui ai donné mon "non" on ne peut plus courtoisement. J'ai ajouté que ces affaires ne concurrenceraient pas les miennes et que je ne voyais donc aucun inconvénient à ce qu'il gagne sa vie de cette façon. Après m'avoir entendu, il a déchaîné le malheur sur nous tous. Ma foi, c'est la vie, messieurs. Chacun de nous, ici présent, pourrait raconter l'histoire de ses malheurs et chagrins. Ce n'est pas ce que j'ai l'intention de faire. »

Don Corleone fit signe à Hagen de lui apporter une boisson fraîche et le consigliori le servit prestement. Le Don s'humecta la bouche et reprit : « Je veux faire la paix. Tattaglia a perdu un fils et j'ai perdu un fils. Nous sommes quittes. Que deviendrait le monde si les gens entretenaient des rancunes en dépit de toute raison ? Ce fut le malheur de la Sicile où les hommes consacrent tellement de temps à la vendetta qu'ils n'en ont plus pour gagner le pain de leur famille. C'est une folie. Voilà pourquoi je vous dis maintenant : revenons-en à la situation dans laquelle nous étions avant. Je n'ai pris aucune mesure pour apprendre qui a trahi, qui a tué mon fils. Si on m'accorde la paix, je n'en ferai rien. J'ai un autre fils qui ne peut plus vivre actuellement chez moi. J'ai besoin d'assurances à son sujet. Quand j'aurai arrangé les choses pour qu'il puisse revenir en sécurité, je veux que personne ne s'en mêle et ne rende les autorités dangereuses pour lui. Quand nous aurons réglé ça, nous pourrons nous entretenir d'autres choses intéressantes et ainsi nous rendrons-nous à tous aujourd'hui un service profitable. » Corleone fit à deux mains un geste expressif de résignation. « Je n'en demande pas plus. »

Voilà qui était habilement dit. On retrouvait le Don Corleone d'autrefois : raisonnable, souple, calme en son maintien, direct et discret en ses propos. Mais tous ses auditeurs avaient remarqué ceci : il se déclarait en bonne santé, cela signifiait qu'il ne fallait pas le prendre à la légère en dépit des revers subis par la famille Corleone ; la discussion d'autres affaires serait inutile tant qu'il n'aurait pas obtenu la paix qu'il demandait ; il demandait le retour au *statu quo ante*, c'est-à-dire qu'il ne perdrait rien malgré les défaites subies durant la dernière année.

Emilio Barzini lui répondit à la place de Tattaglia. Il parla sèchement, s'en tenant au sujet, sans grossièreté ni insultes.

« Tout cela est vrai, dit-il. Mais ce n'est pas toute la vérité. Don Corleone est trop modeste. En réalité

Sollozzo et Tattaglia ne pouvaient pas s'engager dans l'affaire projetée sans l'assistance de Don Corleone. En les désapprouvant, il leur nuisait donc. Ce n'est évidemment pas de sa faute. Mais les choses se présentent ainsi : magistrats et politiciens qui accepteraient des présents de Don Corleone, même pour des affaires de drogue, ne se laisseraient influencer par personne d'autre à ce sujet. Sans être certain que ses gens seraient traités avec clémence, Sollozzo ne pouvait agir, nous le savons tous, sinon nous serions de pauvres gens. Maintenant que les peines infligées pour le trafic de drogue ont augmenté, juges et procureurs sont beaucoup plus gourmands quand un des nôtres est coincé. Condamné à vingt ans de détention, même un Sicilien pourrait rompre l'omerta et vider son sac. Ça peut arriver. C'est Don Corleone qui est en contact avec l'appareil judiciaire. En nous refusant de mettre ses relations à notre disposition, il n'agit pas en ami, il arrache le pain de la bouche de nos Familles. Les temps ont changé. Désormais aucun ne peut plus se débrouiller par ses propres moyens. Puisque Don Corleone a mis dans sa poche la magistrature de New York, il doit partager cette ressource avec nous. Certes, il lui est loisible de nous présenter sa facture pour de tels services. Nous ne sommes pas communistes, après tout. Mais il doit nous laisser puiser l'eau dans le puits. C'est aussi simple que ça. »

L'assistance resta silencieuse quand Barzini eut terminé. Désormais les camps étaient faits et il n'était plus question d'en revenir à l'état de choses antérieur. Mais, plus important encore, en prenant la parole, Barzini signifiait que, faute de compromis, il s'allierait ouvertement aux Tattaglia dans leur guerre contre les Corleone. En outre, il liait le sort de tous les autres au sien en montrant que leurs vies et leurs biens dépendaient des services qu'ils devaient se rendre mutuellement. Et, d'après lui, désormais refuser un service à un ami équivalait à un acte d'agression. On ne demande pas des faveurs à la légère et on ne doit donc pas non plus les refuser légèrement.

Don Corleone prit son temps avant de répondre. « Mes amis, je n'ai pas refusé la proposition de Sollozzo par mépris, ni dépit. Vous me connaissez tous. Quand me serait-il jamais arrivé de refuser un arrangement ? Ce serait contraire à ma nature. Mais cette fois, j'étais obligé de refuser. Pourquoi ? Parce que je crois que ces affaires de drogue nous démoliront d'ici quelques années. L'opinion publique du pays est trop hostile à ces poisons. Ce n'est pas comme pour le whisky, le jeu ou même les femmes dont presque tout le monde a envie en dépit de l'interdiction imposée par les pezzonovantes de l'Église et de l'État. Les drogues sont un péril pour tous ceux qui y touchent. En trafiquer pourrait ruiner toutes nos autres affaires. Permettez-moi de vous dire que vous me flattez en imaginant que j'exerce une puissance aussi considérable sur les juges et les parquets. Je souhaiterais que ce soit vrai. Il se peut que j'aie quelque influence, mais bien des gens qui tiennent compte de mes conseils cesseraient de me respecter si je mêlais la drogue à nos relations. Ces gens-là redoutent d'être impliqués, ne serait-ce que de loin, dans des affaires de ce genre. Et ils sont très montés à ce sujet. Même les policiers qui nous donnent de sérieux coups de main au sujet des jeux et de bien d'autres choses nous les refuseraient au sujet de la drogue. Me demander mes services dans ce domaine, c'est exiger que je me nuise à moi-même. Néanmoins, je suis prêt à le faire si vous estimez que c'est nécessaire pour nous entendre à d'autres sujets. »

Après cette deuxième intervention de Don Corleone, l'atmosphère se détendit. On chuchota, il y eut des apartés. Il avait fait une concession capitale : il irait jusqu'à accorder sa protection aux entreprises de trafic de drogue. En d'autres termes, il acceptait complètement la proposition initiale de Sollozzo, comme si elle lui était présentée désormais par l'ensemble des Dons réunis devant lui. Il était entendu qu'il ne participerait pas aux opérations, qu'il n'engagerait pas son argent, qu'il n'userait que de son influence protectrice sur l'appareil légal. Mais c'était quand même formidable.

Le Don de Los Angeles, Frank Falcone, lui répondit : « Il n'y a pas moyen d'empêcher nos gens de s'engager dans ces affaires-là. Ils le font pour leur propre compte et se mettent dans le pétrin. La drogue rapporte trop pour qu'on lui résiste. Il serait donc plus dangereux de ne pas nous en mêler. Si nous prenons ce trafic en main, nous le dissimulerons mieux, nous le couvrirons mieux, nous l'organiserons mieux et nous nous assurerons donc qu'il provoquera moins de désordres. Nous y engager n'est pas tellement mauvais. Il faut le contrôler, le protéger, y mettre de l'ordre. Nous ne pouvons pas laisser tout le monde tirer à hue et à dia au gré de sa fantaisie, comme dans une bande d'anarchistes. »

Le Don de Detroit, celui qui était le plus favorable à Corleone, intervint à son tour contre son ami, dans l'intérêt de la raison, dit-il. « Je me méfie de la drogue. Depuis des années, je paie des suppléments de salaire à mes gens pour qu'ils ne s'en mêlent pas. Ça ne sert à rien. Quelqu'un vient les trouver et leur dit : "J'ai des poudres. Si tu m'avances trois quatre mille dollars, nous pouvons en tirer cinquante mille au détail." Qui est capable de résister à une telle perspective ? Alors, mes propres hommes s'occupent tant de ce petit supplément qu'ils négligent les tâches pour lesquelles je les paie. La drogue rapporte trop et le trafic augmente de jour en jour. Impossible de l'arrêter. Nous devons donc le prendre en main et le rendre décent. Je ne veux pas en voir autour des écoles. J'interdis qu'on en vende aux enfants. Ce serait une infamita ! Dans ma ville je m'efforcerai de limiter la distribution aux gens de couleur. Ce sont les meilleurs clients, les moins tracassiers, et puis, de toute façon, ce sont des animaux qui ne respectent ni leur femme, ni leur famille, ni eux-mêmes. Alors, qu'ils perdent leur âme dans la drogue ! Mais il faut nous en occuper. Nous ne pouvons pas laisser chacun agir à sa fantaisie et provoquer des désordres qui nuiraient à tout le monde. »

Les propos du Don de Detroit furent accueillis par un murmure d'approbation. Il avait tapé en plein sur la tête du clou. Même en payant, on ne peut empêcher personne de trafiquer de la drogue. Quant à ses remarques au sujet des écoles et des enfants, il fallait mettre ça sur le compte de sa sensibilité. Il n'y a pas besoin d'avoir le cœur aussi tendre que lui pour savoir combien il serait vain d'essayer de vendre de la drogue aux enfants. Où trouveraient-ils de l'argent pour la payer ? Ce qu'il disait des gens de couleur ne présentait pas plus d'intérêt. Le milieu considérait les nègres comme absolument dénués d'importance parce qu'ils sont dénués de puissance. Qu'ils aient permis à la société de les broyer au point de les pulvériser prouvait combien c'étaient des gens sans intérêt. En faisant allusion à ces ilotes, le Don de Detroit montrait qu'il avait l'esprit enclin aux futilités.

Tous les Dons prirent la parole. Tous déplorèrent et dénoncèrent même le trafic de drogue comme une cause de tracas, mais tous convinrent qu'il était impossible d'y mettre un terme. Ce trafic rapportait tout simplement trop d'argent. Il s'ensuivait forcément que les gens assez hardis s'en occuperaient, car telle est la nature humaine.

On finit par se mettre d'accord. Dorénavant le trafic de drogue serait autorisé par le milieu. Don Corleone lui donnerait sa protection dans la région de l'Est. Les Barzini et les Tattaglia se chargeraient des opérations à grande échelle. Cela réglé, la conférence aborda des sujets d'intérêt plus général car il y avait des problèmes très compliqués à résoudre. On décida que Las Vegas et Miami seraient considérées comme des villes ouvertes aux affaires de toutes les Familles. Tous reconnaissaient l'intérêt que présentait l'avenir de ces villes. On convint aussi de n'y tolérer aucune violence, d'en éliminer les petits criminels de toute espèce. Il fut entendu que pour les affaires capitales, notamment les exécutions indispensables mais qui pouvaient irriter l'opinion publique, nul n'agirait sans l'approbation du conseil tel qu'il s'était réuni ce jour-là. On s'entendit encore sur ce point : poinçonneurs et autres troupiers s'abstiendraient de crimes violents et d'actes de vengeance les uns contre les autres sur des questions personnelles. Les Familles s'assisteraient mutuellement à l'avenir en se fournissant l'une à l'autre des exécuteurs, l'assistance technique dans certains domaines tels que subornation de juré. En certains cas, ce sont des nécessités vitales.

Les entretiens sur ces sujets furent conduits à la bonne franquette quoique avec le plus grand sérieux aussi. Ils prirent du temps et furent interrompus par un déjeuner froid fourni par le buffet. Enfin Don Barzini chercha à obtenir la levée de la séance. « Tout est donc réglé, dit-il. Nous sommes en paix. Permettez-moi de présenter mes respects à Don Corleone que nous connaissons tous depuis des années comme homme de parole. S'il se présentait de nouveaux différends entre nous, nous pourrions nous réunir de nouveau et nous ne devons surtout pas retomber dans les mêmes folies que ces temps derniers. En ce qui me concerne, je m'engage sur une nouvelle voie et je suis parfaitement satisfait de nos accords. »

Seul Philip Tattaglia s'inquiétait encore. L'assassinat de Santino Corleone faisait de lui l'homme le plus menacé de l'assistance pour le cas où la guerre éclaterait de nouveau. Il s'exprima à loisir pour la première fois.

« J'accepte tout ce que nous venons de convenir et je suis prêt à oublier mes propres malheurs mais je voudrais obtenir des assurances précises de la part de Corleone. Cherchera-t-il une vengeance personnelle ? Quand, le temps passant, il deviendra peut-être plus fort, oubliera-t-il que nous nous sommes juré amitié ?

Comment savoir si dans trois ou quatre ans il n'aura pas l'impression d'avoir été dupé, obligé d'accepter par force nos accords ? Et ne se croirait-il pas alors libre de les rompre ? Faudra-t-il que nous restions à perpétuité sur nos gardes ? Ou bien pouvons-nous vraiment mener une vie paisible, l'esprit en paix ? Corleone est-il prêt à nous donner cette assurance à tous comme je vous donne la mienne ? »

C'est alors que Don Corleone prononça le discours dont on devait se souvenir longtemps, et confirma ses qualités d'homme d'État capable de voir au-delà de l'horizon du moment. Il se montra en effet supérieur à tous par le bon sens, par sa manière de parler du fond du cœur sur le nœud de la question. C'est aussi à ce moment qu'il lança un néologisme aussi célèbre que le « rideau de fer » de Churchill. Mais le grand public ne connut le sien que dix ans plus tard, même plus.

Pour la première fois il se leva afin de s'adresser au conseil. Sa « maladie » l'avait un peu amaigri et ses soixante ans étaient un peu plus marqués. Mais nul ne douta que ce petit homme avait recouvré toute sa vigueur physique et mentale.

« Quel genre d'individus serions-nous si nous ne pouvions pas obéir à la raison ? Nous ne vaudrions pas plus que les bêtes de la jungle, s'il en était ainsi. Mais nous sommes raisonnables, nous pouvons raisonner les uns avec les autres et nous raisonner nous-mêmes. Dans quel but déchaînerais-je tous ces tracas, ces violences, ce chaos ? Mon fils est mort et c'est un malheur. Mais je dois l'endurer sans en faire pâtir le monde innocent qui m'entoure. Je vous donne donc ma parole d'honneur que je ne chercherai pas à me venger. Je ne chercherai jamais à en apprendre plus sur les événements qui viennent de se dérouler et je quitterai cette salle le cœur pur.

« Je tiens à vous dire que nous devons toujours nous soucier de nos intérêts. Nous avons tous refusé d'être les jouets, les marionnettes dansant au gré des gros personnages qui tirent les ficelles. La fortune nous a souri dans ce pays. Déjà la plupart de nos enfants mènent une vie meilleure. Certains d'entre vous ont des fils professeurs, savants, musiciens. Vous avez de la chance ! Nos petits-enfants sont peut-être destinés à devenir les pezzonovantes de l'avenir. Aucun d'entre nous n'a envie de voir ses enfants mener la même vie que nous. Elle est trop dure. Ils pourront vivre comme les autres Américains parce que notre courage aura assuré leur situation et leur sécurité. J'ai des petits-enfants et j'espère que leurs enfants seront peut-être – qui sait ? – gouverneurs, voire Président ! Rien n'est impossible ici, en Amérique. Mais il faut suivre les progrès de notre temps. Celui des pistolets, des meurtres et des massacres est révolu. Désormais nous devons être aussi astucieux que les gens d'affaires. Nous y gagnerons plus d'argent et ça vaudra mieux pour nos descendants.

« Au sujet de ce que nous avons fait ?… Nous n'avons pas à rendre compte aux gros calibres, aux pezzonovantes qui se permettent de décider ce que nous devrions faire de notre vie, qui déclarent la guerre à leur fantaisie et voudraient que nous combattions pour protéger leurs biens. Qui oserait prétendre que nous devons obéir à des lois faites dans leur intérêt et à notre détriment ? À quel titre oseraient-ils nous empêcher de veiller à nos propres intérêts ? *Sonna cosa nostra.* » Don Corleone disait : « *Ce sont nos affaires.* » Nous régirons notre monde pour nous-mêmes parce que c'est notre monde : *cosa nostra.* Il importe donc avant tout que nous nous tenions les coudes pour nous défendre contre les intrus. Sinon, ils nous passeront un anneau dans le nez comme ils l'ont fait à des millions de Napolitains et autres Italiens de ce pays.

« Voilà la raison pour laquelle j'abandonne toute idée de venger mon fils mort. J'agis ainsi pour le bien commun. Je jure à cet instant que nous ne lèverons pas un petit doigt contre aucun de ceux qui sont présents dans cette salle, sauf provocation évidente, tant que je serai responsable des actes de ma Famille. Je vais même jusqu'à mettre en jeu les intérêts de ma Famille pour les besoins de tous. Je vous en donne ma parole. J'en fais un point d'honneur. Il y en a parmi vous qui savent que je n'ai jamais trahi ni l'un ni l'autre.

« Mais j'ai aussi un intérêt égoïste. Accusé du meurtre de Sollozzo et d'un capitaine de police, mon plus jeune fils a été obligé de s'enfuir. Je dois maintenant prendre des dispositions pour qu'il rentre sain et sauf au sein de sa Famille, lavé de cette accusation fallacieuse. J'en fais mon affaire et c'est moi qui prendrai ces mesures. Peut-être devrais-je trouver les vrais coupables, peut-être pourrais-je convaincre les autorités de son innocence, peut-être témoins et indicateurs reviendront-ils sur leurs mensonges, mais je vous répète que ça me regarde et je crois que je m'en débrouillerai.

« Pourtant, permettez-moi de vous dire ceci : je suis superstitieux. C'est un travers ridicule, mais je dois vous l'avouer. Par conséquent, s'il advenait quelque accident malheureux à mon plus jeune fils, si un quelconque policier l'abattait, même involontairement, s'il se pendait dans sa cellule, s'il se présentait de nouveau quelqu'un pour témoigner contre lui, ma superstition me suggérerait que cet inconvénient est dû à la malveillance de quelqu'un qui se trouve ici dans cette pièce. J'irai plus loin : si la foudre frappait mon fils, je m'en prendrais à l'un de vous. Si son avion tombait dans la mer, si son bateau coulait au-dessous des vagues de l'océan, s'il contractait quelque fièvre mortelle, si un train écrasait son automobile, je suis tellement superstitieux que j'en rendrais responsable l'un de vous. Messieurs, cette malchance, cette malveillance, je ne les pardonnerais jamais. Ayant précisé cela, je jure sur l'âme de mes petits-enfants que je ne romprai jamais la paix que nous venons de conclure. Après tout, sommes-nous ou ne sommes-nous pas meilleurs que les pezzonovantes responsables du massacre de millions d'êtres humains au cours de notre existence ? »

Sur ce, Don Corleone se leva et se dirigea vers Don Philip Tattaglia qui se leva aussi pour l'accueillir. Ils se donnèrent l'accolade en se baisant les joues. Les autres Dons applaudirent et se levèrent à leur tour pour serrer des mains à la ronde et féliciter Corleone et Tattaglia de leur nouvelle amitié. Peut-être n'était-elle pas la plus chaleureuse du monde, sans doute ne s'enverraient-ils pas des cadeaux à la Noël, mais, au moins, ils ne s'entretueraient pas. En ce bas monde cela suffit comme amitié et ils n'en demandaient pas plus.

Étant donné que son fils Freddie vivait dans l'Ouest, sous la protection de la famille Molinari, Don Corleone resta un moment après l'assemblée avec le Don de San Francisco pour le remercier. Molinari en dit assez pour que Don Corleone comprenne que Freddie avait fait son trou là-bas, qu'il vivait heureux et devenait une espèce de don Juan. Il était doué du génie de l'hôtellerie, semblait-il. Don Corleone secoua la tête, émerveillé, comme bien des pères à qui on révèle les talents imprévus de ses enfants. N'est-il pas vrai que parfois le plus grand malheur apporte une part de bonheur. Tous deux convinrent qu'il en était bien ainsi. Corleone exposa clairement à Molinari qu'il se sentait son obligé pour le grand service qu'il lui rendait en protégeant Freddie. Il lui indiqua qu'il userait de toute son influence pour que les lignes télégraphiques soient toujours à la disposition de ses gens, quelque changement qu'il se produisît dans la structure politique du pays à l'avenir. C'était fort important car l'usage du télégraphe était une plaie pour les books et la lourde main des truands de Chicago aggravait les difficultés. Mais Don Corleone n'était pas sans quelque influence, même sur ces barbares. Sa promesse valait donc de l'or.

Le soir tombait quand Don Corleone, Tom Hagen et le chauffeur-garde du corps arrivèrent au mail de Long Beach. En entrant chez lui, le Don dit à Tom : « Notre chauffeur, ce Lampone, tiens-le à l'œil. Il me semble qu'il vaut mieux que ce qu'il fait actuellement. » Cette remarque étonna Hagen. Lampone n'avait pas dit un mot de la journée, ni même jeté un coup d'œil vers les deux hommes assis sur la banquette arrière. Il avait ouvert la portière pour le Don et s'était trouvé au volant devant la banque, à la fin de la réunion. Bref, il avait tout fait correctement mais pas mieux que n'importe quel chauffeur sachant son métier. L'œil du Don avait donc remarqué quelque chose que n'avait pas vu Hagen.

Don Corleone congédia Hagen et lui demanda de revenir chez lui après dîner, mais de prendre son temps et de se reposer un peu car leur entretien pourrait durer une partie de la nuit. Il lui dit aussi de convoquer Clemenza et Tessio pour dix heures du soir, pas avant. Hagen devait en outre mettre Tessio et Clemenza au courant de ce qui s'était passé l'après-midi.

À dix heures le Don attendit donc ses trois lieutenants dans son bureau, la pièce située à l'angle de la maison, autrement dit la bibliothèque riche en livres de droit. C'est là aussi que se trouvait son téléphone particulier. Des bouteilles de whisky, de la glace et de l'eau de Seltz étaient disposées sur un plateau. Le Don donna ses instructions.

« Nous avons fait la paix cet après-midi, dit-il. J'ai donné ma parole d'honneur que l'affaire est terminée pour nous tous. Mais nous ne pouvons pas trop nous fier à nos amis. Alors, restons sur nos gardes. Nous ne voulons plus de vilaines petites surprises. » Le Don se tourna vers Hagen. « As-tu libéré notre otage ?

— J'ai téléphoné à Clemenza dès que je suis arrivé chez moi. »

Corleone s'adressa au gros Clemenza qui hocha la tête. « Je lui ai rendu sa liberté. Dis-moi, parrain, est-il vraiment possible qu'un Sicilien soit aussi stupide que les Bocchicchio feignent de l'être ?

— Ils sont assez intelligents pour gagner convenablement leur vie. Pourquoi faudrait-il l'être plus ? Ce ne sont pas les Bocchicchio qui sèment le désordre. Pourtant, c'est vrai, ils n'ont pas la tête sicilienne. » Le vieux Don sourit.

Ils étaient tous d'humeur détendue depuis que la guerre avait pris fin. Don Corleone prépara les breuvages de ses propres mains et servit chacun de ses hommes. Il dégusta à petites gorgées puis alluma un cigare.

« Je veux qu'on n'entreprenne rien pour découvrir ce qui est arrivé à Sonny. C'est une affaire finie, il faut l'oublier. J'entends que nous collaborions avec les autres Familles, même si elles deviennent un peu gourmandes et ne nous laissent pas notre juste part des choses. Tant que nous n'aurons pas trouvé le moyen de ramener Michael ici, je veux maintenir la paix, en dépit de toute provocation. J'entends que ce soit votre pensée constante. N'oubliez pas qu'il doit revenir en toute sécurité, non seulement à l'abri des malices des familles Tattaglia et Barzini, mais surtout de la police. Bien sûr nous pouvons éliminer les preuves qui jouent contre lui. Le garçon de restaurant ne témoignera pas. Ni ce quidam ou poinçonneur, ou je ne sais pas ce qu'il était au juste. Les vraies preuves sont celles qui m'inquiètent le moins parce que nous les connaissons. Nous devons nous soucier des fausses preuves que pourrait forger la police parce que ses indicateurs l'assurent que Michael a tué leur capitaine. Très bien. Nous devons demander aux cinq Familles de mettre en jeu tous leurs moyens pour rectifier l'opinion de la police. Tous leurs indicateurs doivent présenter une nouvelle version du crime aux flics. Après ce que j'ai dit cet après-midi, nos amis comprendront qu'ils ont tout intérêt à le faire. Mais ça ne suffit pas. Nous aussi nous devons trouver quelque chose qui permette à Michael de ne plus se soucier de cette histoire, sinon son retour serait inutile. Pensez-y tous comme j'y réfléchis. C'est ce qui importe le plus.

« Il faut que chacun ait le droit de commettre une folie au cours de sa vie. Voilà la mienne. J'entends acheter toutes les maisons environnant le mail. Je veux que personne ne puisse voir ce qui se passe dans mon jardin, même pas de quinze cents mètres à la ronde. Tout le mail sera clos par une grille et gardé à tout instant. La grille ne comportera qu'un portail où veilleront des hommes à nous. Bref, j'entends vivre désormais dans une forteresse. Sachez en outre que je n'irai plus travailler en ville. Je prends une demi-retraite. J'éprouve le besoin de jardiner et de faire un peu de vin quand mes raisins seront mûrs. J'ai envie de vivre chez moi. Je ne sortirai que pour de courtes vacances ou pour traiter des affaires de première importance. Et ce sera en m'entourant de toutes les précautions. N'interprétez pas ça de travers. Je ne suis pas en train de préparer quoi que ce soit, mais je suis prudent comme je l'ai toujours été. Rien n'est moins à mon goût que l'insouciance. Femmes et enfants peuvent seuls se la permettre. Faites tout cela à loisir. Pas de préparatifs fiévreux qui alarmeraient nos amis. On peut s'arranger pour que ça paraisse naturel.

« Désormais je m'en remettrai de plus en plus à chacun de vous. Le regime de Santino sera dissous et ses hommes incorporés aux vôtres. Ça devrait rassurer nos amis en leur montrant que je pense vraiment à la paix. Tom, je veux que tu choisisses des hommes qui t'accompagneront à Las Vegas et que tu me fasses un rapport complet sur ce qui s'y passe. Tu me renseigneras sur Fredo et ce qu'il devient réellement là-bas. On m'a dit que je ne reconnaîtrais pas mon propre fils. Apparemment il s'est fait cuisinier et s'amuse avec les filles plus qu'il ne convient à un adulte. Ma foi, il était trop sérieux dans sa jeunesse et n'a jamais été fait pour les affaires de la Famille. Bref, essayons de savoir ce que nous pourrions faire là-bas.

— Pourquoi pas y envoyer ton gendre ? demanda Hagen. N'oublions pas que Carlo est né au Nevada et qu'il connaît le pays. »

Don Corleone secoua la tête. « Non. Ma femme s'ennuie sans ses enfants. Je veux que Constanzia et son mari s'installent dans une maison du mail et qu'on donne un poste de responsabilité à Carlo. J'ai peut-être été trop dur avec lui. » Don Corleone fit la grimace. « Et je manque de fils. On va le retirer des affaires de jeu pour l'affecter aux syndicats. Il est capable de faire du travail de bureau et de beaucoup parler. C'est un beau parleur. » La voix du Don exprimait une nuance infime de mépris.

« OK, dit Hagen. Clemenza et moi, nous allons consulter la liste de nos gens pour constituer le groupe qui ira à Las Vegas. Veux-tu que je t'envoie Freddie en vacances pour quelques jours ? »

Le Don secoua la tête et répondit sans pitié : « Pourquoi faire ? Ma femme est encore très bonne cuisinière. Qu'il reste donc là-bas. »

Ses trois interlocuteurs remuèrent avec gêne sur leurs sièges. Ils n'avaient pas réalisé que Freddie était à ce point en disgrâce et ils soupçonnèrent à cela une raison qui leur échappait.

Don Corleone soupira. « Je compte cultiver des tomates et de bons piments verts dans mon jardin cette année. Plus qu'il ne m'en faut et je vous en offrirai. J'ai besoin de paix, de calme et de tranquillité pour mes vieux jours. Ma foi c'est tout. Prenez un autre verre si ça vous chante. »

C'était un congé. Les trois hommes se levèrent. Hagen accompagna Clemenza et Tessio jusqu'à leurs voitures et prit rendez-vous avec eux pour mettre au point les détails de ce qu'ils allaient exécuter selon les vœux du Don. Puis il retourna à la maison où le patron devait l'attendre.

Don Corleone avait retiré veston et cravate et s'était allongé sur le canapé. Quoique détendu, son visage sévère exprimait la fatigue. Il indiqua une chaise à

Hagen et lui demanda : « Alors, consigliori, est-ce que tu désapprouves ce que j'ai fait aujourd'hui ? »

Tom prit son temps pour répondre. « Non. Mais ça ne cadre pas avec ton caractère. Tu dis que tu ne veux pas savoir comment Santino a été exécuté et tu refuses de le venger. Je ne le crois pas. Tu t'es engagé à la paix et tu as donné ta parole. Donc, tu la tiendras. Pourtant je ne peux m'imaginer que tu accorderas à tes ennemis la victoire qu'ils semblent avoir remportée aujourd'hui. Tu as conçu une devinette magnifique dont je ne trouve pas la solution. Alors, comment approuver ou désapprouver ? »

Le visage du Don exprima la satisfaction. « Eh bien, tu me connais mieux que personne. Quoique tu ne sois pas né Sicilien, tu l'es devenu auprès de moi. Tout ce que tu dis est vrai et cette devinette a une solution que tu trouveras avant que l'affaire touche à sa fin. En tout cas, je veux qu'on obéisse strictement à mes ordres. Mais je te le répète, Tom, le plus important c'est que nous ramenions Michael ici le plus tôt possible. Que ce soit tes principales occupation et préoccupation. Explore tous les moyens légaux. Le prix ne compte pas pour moi. Mon fils doit être à l'abri de toute accusation. Consulte les meilleurs avocats spécialisés dans les affaires criminelles. Je te donnerai les noms de quelques juges qui t'accorderont audience en privé. En attendant, gardons-nous contre toute trahison.

— Comme toi, je m'inquiète moins des véritables preuves que de celles qui pourraient être forgées. Je crains aussi qu'on assassine Michael après son arrestation. Un policier pourrait le tuer dans sa cellule ou le faire exécuter par un autre détenu. À bien y réfléchir, nous ne pouvons pas nous permettre de le laisser inculper ou arrêter.

— Je le sais, soupira Don Corleone. Je le sais. C'est même la principale difficulté. Et il faut faire vite. Il y a des désordres en Sicile. Les jeunes gars, là-bas, n'écoutent plus leurs aînés et tout un tas de truands déportés d'Amérique rendent la vie impossible aux vieux Dons. Michael pourrait être coincé entre les deux camps. J'ai pris des précautions à ce sujet. Il est encore à l'abri. Mais pour un certain temps seulement. C'est une des raisons pour lesquelles j'ai été obligé de faire la paix avec Barzini qui a des amis en Sicile et ils commençaient à flairer la piste de Michael. Voilà déjà un commencement de réponse à ta devinette. J'ai fait la paix pour assurer la sécurité de mon fils et je n'avais pas d'autre solution. »

Hagen ne prit même pas la peine de demander au Don d'où il tenait ses renseignements. Le commencement de réponse à la devinette lui parut exact et ne l'étonna pas.

« Quand je prendrai contact avec les gens de Tattaglia pour mettre au point les détails, devrai-je insister pour que tous ses distributeurs de drogue soient des gens irréprochables ? demanda-t-il. Les juges seront pointilleux au sujet de ces affaires et ils n'accorderont pas facilement des peines légères à des repris de justice. »

Corleone haussa les épaules. « Nos amis devraient être assez malins pour s'en rendre compte. Tu peux le dire, mais sans insister. Nous ferons de notre mieux, mais s'ils utilisent des tricards et qu'ils se fassent pincer, nous ne lèverons pas le petit doigt. Nous nous contenterons de dire qu'il n'y a rien à faire. Mais Barzini le saura de lui-même. Remarque qu'il ne s'est jamais engagé. On ne se serait pas douté qu'il était en cause. Voilà un homme qui ne se laisse pas coincer dans le camp des perdants.

— D'après toi, Barzini était derrière Sollozzo et Tattaglia depuis le début ? demanda Hagen stupéfait.

— Bien sûr. Tattaglia n'est qu'un hareng. Il ne serait jamais venu à bout de Santino. Voilà pourquoi je n'ai pas besoin d'en savoir plus au sujet de ce qui est arrivé. Il me suffit de savoir que Barzini était dans le coup. »

Hagen enregistra cette réponse. Le Don lui donnait des éléments de solution, mais il en manquait encore un très important. Hagen savait lequel, mais il se garda d'interroger. Il souhaita bonne nuit au Parrain. Il allait le quitter quand le Don lui fit une dernière recommandation.

« Use de toute ton intelligence pour trouver un moyen de ramener Michael. Autre chose. Arrange-toi avec notre téléphoniste pour qu'il me donne tous les mois la liste des communications reçues ou demandées par Clemenza et Tessio. Je ne les soupçonne de rien. Je suis prêt à jurer que ni l'un ni l'autre ne me trahira jamais. Mais il vaut toujours mieux ne pas négliger les petites choses utiles avant qu'il ne soit trop tard. »

Hagen hocha la tête et s'en alla. Il se demanda si le Don ne le faisait pas surveiller lui aussi. Puis il eut honte de ce soupçon. En tout cas il était certain que l'esprit subtil et tortueux du Parrain avait conçu un plan d'action à longue échéance, qu'il le mettait déjà en œuvre et que les événements de la journée pouvaient être considérés comme une retraite tactique. Restait un fait auquel personne n'avait fait allusion, au sujet duquel il n'avait pas osé interroger le Don et que le Padrino ne savait peut-être pas encore avec certitude. Tout indiquait qu'un jour sonnerait l'heure d'un règlement de comptes impitoyable.

21.

Près d'une année s'écoula encore avant que Don Corleone pût faire revenir discrètement Michael aux États-Unis. Cependant toute la famille Corleone s'était creusé les méninges pour trouver un moyen acceptable. Depuis qu'il vivait sur le mail avec Connie, on écoutait même les conseils de Carlo Rizzi. (Entre-temps il leur était né un second enfant : un fils.) Mais le Don n'approuvait aucun de ces projets.

Enfin, un malheur de la famille Bocchicchio fournit la solution du problème. Il se trouvait qu'à ce moment-là un jeune cousin des Bocchicchio, nommé Félix, né aux États-Unis, et qui n'avait pas encore vingt-cinq ans, était doué de plus d'esprit que n'en avait encore jamais eu aucun membre du clan. Il avait refusé de se laisser entraîner dans les histoires de ramassage d'ordures et avait épousé une gentille fille d'origine anglaise pour marquer encore mieux sa rupture avec la Famille. Il fit des études de droit aux cours du soir tout en travaillant dans la journée comme petit fonctionnaire. Il eut trois enfants. Ménagère avisée, sa femme parvint à faire vivre la maisonnée avec son salaire jusqu'à ce que Félix obtînt son diplôme de droit.

Comme bien des jeunes gens qui se sont instruits à grand-peine, Félix Bocchicchio croyait que, ayant appris à maîtriser ses instruments de travail professionnels, il verrait son mérite récompensé immédiatement et gagnerait convenablement sa vie. Les choses ne tournèrent pas ainsi. Par fierté il refusa l'aide de son clan. Mais un confrère de ses amis, jeune homme aux nombreuses relations et qui devait sa carrière à des amitiés dans un gros cabinet de contentieux, demanda un petit service à Félix. C'était une chose très compliquée et, en apparence, légale, en rapport avec une banqueroute frauduleuse. Il y avait à peine une chance sur un million pour que Félix fût pincé. Il accepta ce risque. Étant donné que dans cette affaire il se servait de ce qu'il avait appris à l'université, elle ne lui semblait pas tellement délictueuse ni même répréhensible.

Pour abréger cette folle histoire, disons qu'on découvrit le pot aux roses. L'avocat qui avait entraîné Félix dans cette manigance refusa de l'aider en quoi que ce soit et ne répondit même pas à ses appels téléphoniques. Les deux principaux coupables de la fraude étaient des hommes d'affaires rusés et assez âgés. Ils reprochèrent furieusement à Félix Bocchicchio d'avoir provoqué leur échec par sa maladresse. Ils plaidèrent coupable et coopérèrent avec le parquet pour accabler

Félix qu'ils firent passer pour l'instigateur du délit. Ils allèrent même jusqu'à l'accuser de les avoir menacés de violences afin de mettre la main sur leurs affaires et de les obliger à accepter son projet de fraude. Des témoignages soulignèrent les liens de parenté entre Félix et divers oncles et cousins Bocchicchio condamnés pour menaces et violences. Pour l'inculpé, ce fut la catastrophe. Les deux hommes d'affaires bénéficièrent du sursis. Félix écopa de cinq ans de prison ferme. Le clan ne demanda l'aide d'aucune des cinq Familles ni de Don Corleone parce que Félix ne s'était pas adressé à ses parents et il fallait lui donner une leçon : le salut ne vient que de la Famille car la Famille est toujours plus loyale que la société et c'est à elle qu'il faut se fier.

Félix Bocchicchio fut libéré après trois ans de prison, retourna chez lui, embrassa sa femme et ses trois enfants, et vécut paisiblement pendant un an. Puis il prouva qu'en fin de compte il appartenait bien au clan Bocchicchio.

Sans se cacher le moins du monde, il se procura un pistolet, tua son ami l'avocat, puis se mit en quête des deux hommes d'affaires et leur brûla la cervelle à tous les deux alors qu'ils sortaient d'un restaurant où ils avaient déjeuné. Il laissa les corps sur le trottoir, entra dans le restaurant et commanda une tasse de café qu'il but en attendant que la police vienne l'arrêter.

Jugement rapide et impitoyable. Un membre du milieu avait assassiné de sang-froid les témoins à charge qui l'avaient fait condamner à une peine largement méritée ! C'était défier la société avec une arrogance flagrante. Pour une fois le public, la presse, la hiérarchie sociale, et même les humanitaires à tête faible et cœur tendre, unirent leurs voix pour réclamer le passage de Félix Bocchicchio sur la chaise électrique. Le gouverneur de l'État ne pensa pas plus à accorder sa grâce que le gardien d'une fourrière ne songe à épargner un chien enragé. Tels furent les propos d'un assistant du gouverneur. Les Bocchicchio dépensèrent des sommes folles pour en appeler d'instance en instance. Depuis que Félix avait prouvé qu'il appartenait bien au clan, ces primitifs étaient fiers de son instruction. Mais tous leurs efforts furent vains. Félix était voué à la chaise électrique en dépit de toutes les chinoiseries juridiques qui lui permettraient tout juste de gagner un peu de temps.

Un des Bocchicchio demanda à Hagen d'attirer l'attention du Don sur cette affaire afin qu'il intervienne en faveur du jeune homme. Don Corleone refusa immédiatement. Il n'était pas magicien et on lui demandait l'impossible. Mais le lendemain le Don convoqua Hagen dans son bureau et lui fit étudier l'affaire jusque dans ses plus minimes détails. Quand Tom eut fini, Don Corleone lui demanda de convoquer le chef du clan Bocchicchio au mail afin de conférer avec lui.

La suite fut d'une simplicité géniale. Don Corleone assura le chef des Bocchicchio que la femme et les enfants de Félix jouiraient d'une belle pension. Le capital à cet effet serait remis immédiatement au clan. En échange, Félix s'avouerait coupable du meurtre de Sollozzo et du capitaine de police McCluskey.

Il fallut mettre au point bien des détails. Les aveux de Félix Bocchicchio devaient être convaincants, c'est-à-dire qu'il lui faudrait connaître certains détails authentiques pour pouvoir les avouer. Il devait aussi accuser le policier de trafic de drogue. Ensuite, le garçon du restaurant Luna devait consentir à reconnaître Félix et à le désigner comme meurtrier. Il lui faudrait du courage car le signalement n'était pas du tout le même, maître Bocchicchio étant beaucoup plus trapu et beaucoup plus gros que l'individu décrit depuis le jour du crime par le garçon. Mais Don Corleone en faisait son affaire.

Étant donné que le condamné croyait à l'instruction supérieure, il souhaitait évidemment que ses enfants fréquentent plus tard l'université. La somme payée par les Corleone leur permettrait de pousser leurs études aussi loin qu'ils le souhaiteraient. Restait à convaincre les Bocchicchio que Félix ne pouvait espérer aucune clémence pour les trois assassinats qu'il avait commis et que, par conséquent, les nouveaux aveux ne changeraient rien au destin déjà fatal du jeune avocat.

Tout s'arrangea. L'argent fut versé et on prit contact avec le détenu dans sa prison pour l'instruire et le conseiller. Enfin l'affaire éclata au grand jour et eut droit à des manchettes en gros caractères dans les journaux. Tout réussit à merveille. Toutefois, toujours aussi prudent, Don Corleone attendit l'exécution de Félix, qui eut lieu quatre mois plus tard, avant de donner l'ordre de ramener Michael Corleone au pays.

22.

Un an après sa mort, Sonny manquait encore à Lucy Mancini. Elle le regrettait plus qu'aucune héroïne de roman regretta jamais son amant. Son tourment n'avait rien de commun avec les rêves insipides de gamines, ni avec les chagrins d'une épouse fidèle. Elle ne pleurait pas la perte du « compagnon de sa vie » ni d'un personnage doué de vertus exceptionnelles. Elle ne chérissait pas les souvenirs d'un amour sentimental, d'une exaltation d'adolescente et se rappelait à peine les sourires de Sonny, la lueur d'amusement dans son regard quand elle lui disait quelque chose de tendre ou de comique.

Non, il lui manquait pour une raison plus importante. C'est avec lui seul que son corps avait été comblé dans l'acte d'amour. L'innocence de sa jeunesse l'incitait à croire qu'aucun homme n'en serait plus jamais capable.

Et la voilà, un an plus tard, en train de se bronzer au souffle d'une brise balsamique, dans le Nevada. Un jeune homme blond, svelte, allongé à ses pieds, joue avec ses orteils. Ils sont auprès de la piscine, à l'hôtel, un dimanche après-midi. Malgré la présence de bien des gens autour d'eux, la main du jeune homme glisse le long des cuisses.

« Oh, Jules, cessez ça ! dit Lucy. Je pensais que les docteurs étaient moins bêtes que les autres hommes.

— Je suis un médecin de Las Vegas », répondit Jules en souriant. Il lui chatouilla la peau lisse à l'intérieur des cuisses. En constatant à quel point une caresse aussi minime excitait Lucy, il fut stupéfait. Elle s'efforçait de le dissimuler, mais c'était visible à son expression. Il la jugea très primitive et innocente. Mais alors, pourquoi ne cédait-elle pas ? Voilà un moment qu'il s'interrogeait à ce sujet. L'histoire d'un amant mort et inoubliable lui paraissait absurde. C'est un tissu vivant qu'il sentait sous sa main et ce tissu vivant avait besoin d'un autre tissu vivant. Le docteur Jules Segal décida de tenter le grand jeu le soir même chez lui. Il entendait venir à bout de cette belle fille sans tricher. Mais s'il fallait tricher, il était prêt à le faire quand même. Dans l'intérêt de la science, évidemment ! En outre, la malheureuse en mourait d'envie.

« Assez, Jules ! Je vous en prie, assez », chevrota Lucy.

Aussitôt Jules parut confus. « Ça va, mignonne », dit-il. Il posa la nuque sur les cuisses de la jeune femme pour faire un petit somme sur cet oreiller. Elle s'agita un peu et la chaleur qui rayonnait de l'aine l'amusa. Elle allongea la main pour lui caresser les cheveux. Il lui saisit le poignet, comme pour jouer, et le retint, comme l'aurait fait un amoureux, mais en réalité pour lui tâter le pouls. Il galopait. Décidément oui, il l'aurait ce soir-là et éluciderait l'énigme, quelle qu'elle fût. Le docteur Jules Segal s'endormit, sûr de lui.

Lucy regarda les baigneurs autour d'elle. Elle n'aurait jamais imaginé que sa vie pût changer à ce point-là en moins de deux ans. Elle n'avait jamais regretté la folie qu'elle avait commise au mariage de Connie Corleone. Il ne lui était jamais arrivé rien de plus merveilleux et elle revivait sans cesse cet instant dans ses rêves depuis des mois.

Après ce premier bonheur, Sonny lui avait rendu visite une fois par semaine, quelquefois plus souvent, mais jamais moins. La veille de ces retrouvailles, elle avait tout le corps en tourment. Leur passion réciproque était absolument élémentaire, dénuée de toute poésie et de tout aspect intellectuel. C'était l'amour de l'espèce la plus crue, l'amour charnel, l'attrait d'un tissu organique pour un autre tissu, comme le pensait le docteur Segal.

Quand Sonny lui téléphonait qu'il allait la voir, elle vérifiait si elle était suffisamment pourvue en boissons et en vivres pour le dîner et le petit déjeuner parce qu'il la quittait d'ordinaire le lendemain matin. Il en voulait tout son soûl et elle voulait aussi se rassasier. Il avait la clé de l'appartement. Dès qu'elle l'entendait entrer elle volait jusqu'à la porte et tombait entre ses bras puissants. Ils étaient aussi brutalement directs et primitifs l'un que l'autre. Dès le premier baiser ils se déboutonnaient et dégrafaient mutuellement. Il la soulevait et elle lui serrait les cuisses entre les siennes. Ils faisaient l'amour debout, dans le vestibule, comme si une répétition générale leur était nécessaire, puis il l'emportait dans la chambre à coucher.

Ensuite ils vivaient côte à côte dans cet appartement, complètement nus, parfois pendant seize heures consécutives, la plupart du temps au lit. Elle lui préparait aussi d'énormes repas. Parfois on lui téléphonait pour affaires. Elle n'écoutait pas ce qu'il disait, trop occupée qu'elle était à s'amuser avec le corps de Sonny, à le tripoter, le caresser et à s'en enfoncer de grands morceaux dans la bouche. Quand il se levait pour servir à boire et passait près d'elle, elle ne pouvait s'empêcher de toucher son corps nu, le tenir et l'aimer. Elle s'en prenait surtout à certaines parties du corps en particulier, comme si c'étaient des jouets compliqués mais innocents dans lesquels elle cherchait le secret d'extases qui la surprenaient encore. D'abord elle avait rougi de tels excès, mais elle n'avait pas tardé à constater qu'ils plaisaient à son amant, flatté de la voir aussi complètement asservie par la passion. Tout cela avait l'innocence parfaite de la vie animale. Ils étaient heureux ensemble.

Quand le père de Sonny reçut cinq balles de pistolets, en pleine rue, elle comprit que son amant était peut-être en danger, lui aussi. Seule dans son appartement, elle ne pleura pas, mais brailla comme une bête. En cette circonstance, Sonny n'alla pas la voir pendant près de trois semaines. Elle ne vécut alors que d'alcool, d'angoisse et de somnifères. Elle éprouvait une véritable douleur physique. Tout son corps lui faisait mal. Quand il reparut enfin, elle resta accrochée à lui depuis son arrivée jusqu'à son départ. Par la suite, il revint régulièrement toutes les semaines, comme auparavant, et cela jusqu'à sa mort.

Elle apprit l'assassinat par le journal et, le soir même, elle prit une dose massive de somnifère, insuffisante toutefois pour être mortelle. À demi inconsciente, elle sortit sur le palier de son appartement et s'évanouit devant la porte de l'ascenseur. C'est là qu'on la trouva et on l'emporta à l'hôpital. Presque personne n'était au courant de sa liaison avec Sonny. Son cas n'eut droit qu'à quelques lignes dans les journaux.

Avant qu'elle ne quitte l'hôpital, Thomas Hagen alla la voir pour la consoler. C'est Tom qui lui trouva du travail à Las Vegas dans un hôtel dirigé par Freddie, frère de Sonny. Tom lui dit également que la famille Corleone lui servirait une rente parce que Sonny avait pris des dispositions à cette fin. Tom lui demanda si elle était enceinte et si ce n'était pas pour cela qu'elle avait tenté de s'empoisonner. Elle le rassura. Il lui demanda aussi si Sonny lui avait rendu visite la nuit du crime ou s'il avait téléphoné pour annoncer son arrivée. Elle lui répondit non : Sonny n'avait pas donné signe de vie ce soir-là. Dès qu'elle quittait son travail, elle se précipitait chez elle pour l'attendre. Elle dit la vérité à Hagen : « C'est le seul homme que je pourrai jamais aimer. Je n'en aimerai jamais d'autre. » Elle vit sur ses lèvres un léger sourire et, dans ses yeux, une lueur d'étonnement. « Ça vous paraît incroyable ? C'est pourtant bien lui qui vous a recueilli dans sa famille quand vous étiez gosse ?

— Oui. Mais ce n'était plus le même homme. Il a changé en vieillissant.

— Pas pour moi, dit Lucy. Pour les autres peut-être, mais pas pour moi. » Elle était encore trop faible pour expliquer combien Sonny avait toujours été charmant avec elle : jamais fâché, toujours de bonne humeur, sans la moindre irritabilité ni nervosité.

Hagen se chargea de son installation à Las Vegas, y loua un appartement pour elle, la conduisit à l'aéroport et lui fit promettre que, si elle se sentait esseulée ou malheureuse, ou si quelque chose ne tournait pas rond, elle s'adresserait à lui. Il l'aiderait autant qu'il le pourrait.

Avant de monter en avion elle lui demanda d'une voix hésitante : « Est-ce que le père de Sonny sait ce que vous faites pour moi ?

— J'agis en son nom autant qu'en mon propre nom. Vous savez qu'il est assez vieux jeu pour les choses de ce genre et que pour lui seule devrait compter la femme légitime de son fils. Pourtant il estime que vous êtes bien jeune et que Sonny n'aurait donc pas dû abuser de vous. En outre, en prenant tant de somnifère vous avez bouleversé tout le monde. » Il n'expliqua pas que, pour un homme comme le Don, le suicide était une chose absolument inconcevable.

Après avoir passé dix-huit mois à Las Vegas, Lucy s'étonnait d'être à peu près heureuse. Elle rêvait encore souvent de Sonny la nuit et, quand elle se réveillait avant le lever du jour, elle poursuivait son rêve en se caressant, ce qui la rendormait. Elle n'avait pas connu d'hommes depuis, mais sa vie à Las Vegas lui convenait. Elle nageait dans les piscines de l'hôtel, faisait de la voile sur le lac Mead et parcourait le désert en voiture les jours de congé. Elle mincit et sa silhouette devint plus attrayante. Son aspect restait voluptueux mais plus à la manière américaine qu'italienne. Elle travaillait comme réceptionniste aux relations publiques de l'hôtel et n'avait pas de contacts professionnels avec Freddie. Quand ils se rencontraient ils bavardaient un peu, amicalement. La transformation de Freddie l'étonnait. C'était devenu un don Juan, très soucieux de sa tenue et il semblait être né pour diriger un hôtel de ce genre. Il ne s'occupait pas des jeux, mais seulement de l'hôtel-restaurant, ce que ne font pas, en général, les propriétaires d'établissements de ce genre. Les étés, plus longs et plus chauds, du Nevada, plus d'activité professionnelle et une plus grande agitation sexuelle l'avaient minci lui aussi. Les tailleurs d'Hollywood en faisaient une sorte de Brummel très porté sur la souris.

Au bout de six mois, Tom Hagen alla se rendre compte sur place de la vie qu'elle menait. Elle avait reçu régulièrement six cents dollars par mois en plus de son salaire. Hagen lui expliqua que jusqu'alors il avait fallu se livrer à des tours de passe-passe comptables pour lui servir cette pension. Afin d'éviter ces difficultés il lui demanda de signer une procuration. Il lui indiqua aussi que, pour la forme, elle figurerait, sur la liste des propriétaires de l'hôtel, comme détentrice de dix actions. Cela exigerait des formalités légales conformément aux lois du Nevada, mais il se chargerait de toutes les démarches et elle n'aurait guère à s'en soucier. Il lui recommanda en outre de n'en rien dire à qui que ce soit, sans sa permission. Il lui assurerait une protection légale complète et une rente mensuelle aussi régulière qu'avant. Si une autorité quelconque l'inquiétait, elle se retrancherait derrière son avocat et n'aurait aucun ennui.

Lucy accepta. Elle comprenait qu'on se servait d'elle mais n'y voyait aucun inconvénient. Tout compte fait, c'était même avantageux pour elle. Mais lorsque Hagen lui demanda de surveiller ce qui se passait à l'hôtel et d'avoir l'œil sur Freddie ainsi que sur le patron de ce dernier, c'est-à-dire le propriétaire en titre de l'hôtel, en raison du nombre d'actions inscrites à son nom, elle s'exclama : « Comment Tom ! vous voulez que j'espionne Freddie ?

— Son père s'inquiète, dit Hagen en souriant. Moe Greene est un type assez dangereux et nous voulons nous assurer qu'il n'entraînera pas Freddie dans des histoires désagréables. »

Il ne prit pas la peine de révéler à Lucy que le Don avait financé la construction de l'hôtel dans le désert de Las Vegas, non seulement pour assurer un abri à son aîné, mais aussi pour prendre pied dans la région en vue d'y conduire par la suite des opérations plus importantes.

Peu après cette conversation entre Lucy et Tom, le docteur Jules Segal vint travailler à l'hôtel en qualité de médecin. Svelte, beau garçon, charmant, il semblait jeune pour un médecin, au moins aux yeux de Lucy. Elle fit connaissance avec lui lorsqu'il lui poussa une espèce de bosse au-dessus du poignet. Cette bizarrerie la tracassa durant quelques jours puis, un beau matin, elle se présenta au cabinet du docteur à l'hôtel. Deux danseuses de l'établissement bavardaient dans la salle d'attente. Blondes, les joues aussi roses que des pêches, elles étaient d'une joliesse que Lucy avait toujours jalousée. Elles lui semblèrent angéliques jusqu'à l'instant où l'une dit à l'autre : « Si j'ai encore une "chtouille", je laisse tomber ce turbin. »

Quand le docteur Jules Segal ouvrit la porte et fit signe à une des danseuses d'entrer, Lucy eut envie de s'en aller. Elle l'aurait même fait si elle avait été affligée d'un mal plus intime ou plus grave. Le docteur portait un pantalon de toile et une chemise à col ouvert. Malgré ses lunettes cerclées d'écaille et son air distingué, il paraissait tout de même trop négligé. Comme bien des gens foncièrement vieux jeu, Lucy estimait que la pratique de la médecine imposait une certaine solennité dans la tenue.

Quand il la reçut enfin dans son cabinet de consultation, ce préjugé s'évanouit, tant il la rassura par son attitude. Il ne parlait guère mais n'était pas brusque et prenait son temps. Quand elle lui demanda pourquoi elle avait cette bosse, il lui expliqua patiemment que c'était une excroissance fibreuse banale, dénuée de toute malignité et dont elle n'avait pas à se soucier. Il se saisit d'un lourd ouvrage de médecine et lui dit : « Tendez le bras. »

Elle obéit timidement.

« Je vais me priver de mes honoraires de chirurgien, lui dit-il en souriant pour la première fois. Je vais écraser votre bosse avec ce livre et ça la fera disparaître. Elle reparaîtra peut-être, mais si je procédais à une ablation chirurgicale vous n'auriez pas assez d'argent ; il vous faudrait porter des bandages, subir des soins, etc. D'accord ? »

Elle lui sourit. Sans qu'elle sût pourquoi, elle se fiait déjà entièrement à lui. « D'accord », dit-elle. Aussitôt après elle poussa un hurlement. Il avait laissé tomber le gros livre de médecine sur son avant-bras et la bosse avait presque disparu.

« Je vous ai fait tellement mal ? demanda-t-il.

— Non. » Elle le regarda achever de remplir la fiche de consultation et demanda : « C'est tout ? » Il hocha la tête sans lui prêter attention. Elle s'en alla.

Une semaine plus tard elle prenait un café au bar, il s'assit auprès d'elle. « Et votre bras, ça va ? demanda-t-il.

— Très bien, répondit-elle en souriant. Vous avez des méthodes assez bizarres, mais elles sont efficaces.

— Vous ne savez pas combien je suis bizarre et efficace. Et moi, je ne savais pas que vous étiez si riche. Le *Sun* de Vegas vient de publier la liste des propriétaires de l'hôtel. J'ai constaté que Lucy Mancini possède un paquet de dix actions. Si j'avais su ça, votre petite bosse m'aurait rapporté une fortune. »

Se rappelant les recommandations de Hagen, elle ne répondit rien. « Ne vous inquiétez pas, reprit-il. Je connais la musique. Vous êtes un prête-nom, comme il y en a tant d'autres à Vegas. Si nous allions au spectacle ensemble ce soir ? Je vous offre à dîner et je vous offrirai même quelques jetons pour jouer à la roulette. »

Elle n'avait guère envie d'accepter. Il insista. Elle finit par lui dire : « Ça me ferait plaisir, mais je crains de vous décevoir. Je ne suis pas aussi émancipée que les filles de Las Vegas et la soirée ne finira pas comme vous pourriez l'espérer.

— C'est précisément pour ça que je vous invite, dit-il gaiement. Je me suis ordonné une nuit de sommeil. »

Lucy sourit et lui demanda un peu tristement : « Ça se voit tellement ? » Il secoua la tête et elle ajouta : « Spectacle et dîner oui, mais je paierai mes jetons de roulette. »

La soirée se passa comme prévu. Jules l'amusa en usant de termes médicaux pour décrire cuisses et seins nus du spectacle, le tout avec bonne humeur et sans sarcasmes. Ensuite ils jouèrent à la même roulette et gagnèrent plus de cent dollars. Après cela ils firent un tour au clair de lune jusqu'au Boulder Dam. Il entreprit de la caresser mais au bout de quelques baisers elle résista. Voyant qu'elle était sincère, il cessa et prit sa défaite avec bonne humeur.

« Je vous avais prévenu, dit Lucy, se sentant presque coupable.

— Mais vous auriez été terriblement vexée si je n'avais pas essayé », dit-il.

Elle éclata de rire parce que c'était vrai.

Pendant les quelques mois qui suivirent, ils devinrent d'excellents amis. Pas question d'amour parce qu'ils ne le faisaient pas. Lucy refusait. Elle voyait que Jules en était intrigué, mais nullement vexé comme l'auraient été la plupart des autres hommes. Ça la rendit encore plus confiante. Elle découvrit que derrière le médecin, féru de sa profession, il y avait un joyeux drille, casse-cou et porté à se divertir. Les week-ends il conduisait une voiture MG hors série dans des courses d'amateurs en Californie. Il prenait ses vacances au fin fond du Mexique, en pleine campagne. À son retour il lui racontait qu'on y menait une vie extrêmement primitive comme un millier d'années plus tôt et que les gens du pays n'auraient pas hésité à faire la peau d'un étranger, rien que pour lui voler ses chaussures. Elle apprit tout à fait par hasard que Jules était chirurgien et qu'il avait opéré dans un des hôpitaux les plus célèbres de New York.

Tous ces détails l'intriguèrent à son tour. Un jour elle lui demanda pourquoi il avait accepté la place de médecin d'hôtel. Il lui répondit « Quand vous me révélerez les noirs secrets de votre cœur, je vous livrerai les miens. »

Elle rougit et n'insista pas. Jules fut aussi discret et leurs relations continuèrent sur le même pied de camaraderie chaleureuse. Il comptait plus pour elle qu'elle ne s'en rendait compte.

Et nous les retrouvons auprès de la piscine, la tête blonde de Jules sur les cuisses brunes de Lucy. Elle éprouve soudain une vive bouffée de tendresse. La tête pèse sur les cuisses et ça lui fait mal. Sans s'en rendre compte elle éprouve un plaisir charnel à lui caresser la nuque. Il semble dormir et ne pas le remarquer. Rien que de le sentir sur elle, elle est en proie à une vive excitation.

Tout à coup il se leva, la prit par la main, l'aida à se remettre sur pied et la conduisit au-delà de la pelouse sur l'allée cimentée. Elle le suivit docilement jusqu'à un des cottages où il avait son appartement privé. Il lui servit à boire et but aussi. Après un long moment au soleil et un instant de rêverie sensuelle, l'alcool lui monta à la tête et lui donna le vertige. Alors Jules la prit dans ses bras. Leurs corps à peine vêtus se serrèrent l'un contre l'autre. Lucy murmura non, non, mais avec si peu de conviction que Jules n'en tint pas compte. Il lui enleva habilement le soutien-gorge de son bikini pour lui caresser et baiser les seins puis il acheva de la dévêtir, baisa son ventre rond et l'intérieur des cuisses. Il retira son propre caleçon d'une main, tout en continuant à la serrer contre lui avec l'autre bras et ils tombèrent allongés sur le lit. Elle se sentit pénétrée et ce contact suffit à la porter au paroxysme. Un instant plus tard, les mouvements de Jules lui révélèrent son étonnement. Comme avant d'avoir connu Sonny, elle éprouva une honte terrible. Mais Jules lui pliait le corps au bord du lit et lui relevait les jambes. Elle se laissa faire, lui livrant corps et membres. Il la pénétra de nouveau en l'embrassant. Cette fois elle le sentit mieux et surtout elle fut heureuse de constater qu'il ressentait leur contact et parvenait lui aussi au paroxysme.

Quand il roula sur le côté, Lucy se blottit dans un coin du lit et se mit à pleurer. Dieu qu'elle avait honte ! Elle fut choquée de l'entendre rire tout bas et lui dire : « Pauvre Ritale ignorante ! c'est pour ça que tu refuses depuis des mois ? Quelle gourde ! » Il prononça « gourde » avec tant d'affection qu'elle se tourna vers lui. Il attira son corps nu contre le sien. « Petite brute arriérée, tu es littéralement médiévale. » Il avait la voix si douce qu'elle ne pleurait plus ni de honte ni de chagrin, mais de tendresse.

Jules alluma une cigarette et la lui glissa entre les lèvres. Elle avala la fumée de travers, toussa, étouffa et cessa de pleurer. « Mais maintenant, écoute-moi, dit-il. Si tu avais été élevée dans une famille plus évoluée, intégrée au XXe siècle, ta petite singularité serait oubliée depuis des années. Ce n'est pas un problème grave comme si tu étais laide ou si tu avais une vilaine peau, ou que tu louchais, enfin n'importe quel truc que la chirurgie ne peut réparer. Ce que tu as n'est pas plus grave que des végétations, un grain de beauté sur le menton ou une oreille mal ourlée. Cesse d'en faire une question sexuelle. Cesse surtout de te faire croire à toi-même qu'aucun homme ne voudra de toi parce que tu es trop ouverte pour lui donner du plaisir. Tu es tout simplement affligée d'une malformation bénigne que les chirurgiens appellent affaissement du périnée. En général cela ne vient qu'après un accouchement ou bien c'est dû à une malformation du squelette. Mais je t'assure que c'est banal. Bien des femmes mènent une vie misérable à cause de ça, alors qu'une opération de rien du tout les remettrait en bon état. Il y en a qui vont même jusqu'au suicide. Je n'aurais jamais soupçonné ça à ton sujet parce que tu as un corps parfait. Je pensais à quelque chose de psychique, et d'autant plus normalement que tu m'as souvent parlé de tes regrets au sujet de Sonny. Permets-moi un examen médical complet et je te dirai exactement l'importance de l'opération qu'il te faudrait subir. Allez, va prendre une douche. »

Lucy obéit. Ensuite elle protesta quand il lui demanda de s'allonger et d'écarter les cuisses. Mais il n'en tint pas compte. Il y avait une trousse dans son appartement et une petite table à dessus de verre près de son lit, sur laquelle se trouvaient d'autres instruments. À ce moment-là, il se conduisit strictement en médecin. Il regarda, procéda à un toucher, remua les doigts dans son corps. Elle commençait à en être humiliée quand il lui baisa le nombril et dit presque distraitement : « C'est bien la première fois que ce travail m'amuse. » Puis il la retourna et lui plongea un doigt dans le rectum qu'il fouilla, mais de l'autre main il lui caressait gentiment la nuque. Quand il eut terminé, il la remit sur le dos, lui baisa tendrement les lèvres et dit : « Ma poulette, je m'en vais te faire arranger ça aux petits oignons. Ensuite je t'essaierai personnellement. Ce sera une grande première médicale, ma chère et j'écrirai une communication pour les journaux de mon métier. »

Jules faisait tout cela avec tant d'affection et de bonne humeur que Lucy se sentait aimée, ce qui apaisait sa honte et son embarras. Il alla jusqu'à prendre un livre de médecine sur une étagère pour lui lire l'étude d'un cas pareil au sien ainsi que le compte rendu de l'opération correctrice, ce qui l'intéressa.

« C'est aussi une question de santé, dit-il. Si tu ne te fais pas opérer tu vas avoir des ennuis du diable avec toute ta plomberie. Cette faiblesse s'aggravera. C'est vraiment honteux qu'une pruderie désuète empêche bien des médecins de diagnostiquer et corriger des cas comme le tien et empêche aussi tant de femmes de s'en plaindre.

— N'en parle plus. Je t'en prie, tais-toi ! »

Il constata qu'elle avait encore honte de son secret et qu'elle le considérait comme un « vilain défaut ». Étant donné sa formation médicale, Jules Segal considérait cela comme le comble de la sottise, mais il était assez sensible aussi pour comprendre Lucy.

Pour la rasséréner, il lui dit : « Maintenant, je connais ton secret, alors je vais te dire le mien. Tu m'as demandé ce que je fais ici, moi jeune chirurgien plein d'avenir, qui a fait de brillants débuts à New

York ? » Il répétait ainsi en s'en moquant des articles parus autrefois à son sujet. « Voici la vérité. Je suis un avorteur. Ce n'est pas grave. La moitié des médecins pratique l'avortement. Mais moi, je me suis fait pincer. Heureusement qu'un de mes camarades d'internat, un médecin nommé Kennedy, type parfaitement réglo, m'offrit son aide. Je crois avoir compris ceci : Tom Hagen lui aurait dit auparavant qu'il était à sa disposition s'il avait besoin de quoi que ce soit, parce que la famille Corleone se considérait comme son obligée. Kennedy s'adressa donc à Hagen. Je n'étais pas au courant de sa démarche et j'appris tout à coup que le parquet abandonnait les poursuites contre moi. Malheureusement mes confrères et surtout les gros bonnets de l'Est m'inscrivirent sur la liste noire. Alors la famille Corleone m'offrit le travail que je fais maintenant. De toute façon quelqu'un devait le faire. Les filles du spectacle se font engrosser plusieurs fois par an et je les tire d'affaire. C'est très facile si elles s'adressent à moi dès qu'elles s'en aperçoivent. Je les travaille à la curette, comme tu grattes ta poêle à frire. Ma terreur, c'est Freddie Corleone. À ma connaissance, il a mis en cloque quinze filles depuis que je suis ici. Je pense sérieusement à lui faire une conférence sur les questions sexuelles comme un père à son fils, et d'autant plus que je l'ai soigné trois fois pour blennorragie et une fois pour syphilis. Freddie ne se prive de rien. Il monte à poil et à cru. »

Jules commettait cette indiscrétion délibérément, ce qui ne lui arrivait jamais. Mais il tenait à montrer à Lucy que d'autres gens, y compris ceux qu'elle connaissait et redoutait, comme Freddie Corleone, avaient des secrets « honteux ».

« En ce qui te concerne, reprit-il, pense qu'une pièce élastique de ton corps a perdu son élasticité. Il suffit d'en couper un morceau pour la rendre plus serrée et plus ferme.

— J'y penserai », dit Lucy. Elle savait qu'elle s'y déciderait parce qu'elle avait entièrement confiance en Jules. Puis elle pensa à autre chose. « Qu'est-ce que ça coûtera ? »

Jules fronça les sourcils. « Je ne suis pas équipé ici pour des opérations de ce genre et je ne suis pas expert à ce sujet, mais j'ai un ami à Los Angeles qui est un as dans ce domaine et il opère dans le meilleur hôpital. Quand les grandes vedettes comprennent qu'un ravalement de la face et de la poitrine ne suffit pas au bonheur de ceux qu'elles aiment, il les resserre. Je lui ai rendu quelques services et ça ne te coûtera rien du tout. C'est moi qui fais ses avortements. Écoute, chérie, si ce n'était pas enfreindre le secret professionnel, je te dirais les noms des vedettes les plus célèbres du genre sexy qui ont subi cette opération.

— Dis-le-moi, dis-le-moi ! s'exclama-t-elle. Allez, dis-le. Ce serait un charmant cancan. » Un des agréments de Jules, c'est qu'il ne se moquait jamais de sa tendance féminine au cancanage.

« Si tu dînes et passes la nuit avec moi, je te le dirai. Ta sottise nous a fait perdre du temps, il faut le rattraper. »

Lucy fut bouleversée par l'affection qu'il lui inspirait. Il lui fallut un moment avant de répondre à tant de gentillesse : « C'est inutile, Jules. Dans l'état où je suis, ça ne te fera pas plaisir.

— Quelle sotte ! dit-il en éclatant de rire. Il n'est pas permis d'être aussi gourde. Tu n'as jamais entendu parler d'une autre manière de faire l'amour, pratiquée depuis l'Antiquité et beaucoup plus civilisée ? Es-tu vraiment aussi naïve ?

— Oh ça ! dit-elle.

— Oh ça ! répéta-t-il railleur. Les gentilles filles ne font pas ça. Les hommes virils ne font pas ça. Même en 1948 ! Eh bien ma jolie, je peux te conduire chez une vieille petite dame, ici à Las Vegas, qui fut la plus jeune tenancière du bordel le plus populaire de l'Ouest aux temps héroïques, vers 1880, je crois. Elle aime à parler de ses débuts. Sais-tu ce qu'elle m'a raconté ? Les types terribles de ce temps-là, les cow-boys tout ce qu'il y a de plus virils, des vrais gorilles, prompts à dégainer leurs gros pistolets, demandaient toujours aux filles une gâterie à la française que les médecins appellent fellation et toi "oh ça !" Tu n'as jamais pensé à faire oh ça, avec ton cher Sonny ? »

Pour la première fois, elle l'étonna réellement. Elle lui offrit un sourire à la Mona Lisa (son esprit scientifique prit immédiatement la tangente et il se demanda si ce n'était pas le fin mot d'une énigme plusieurs fois centenaire) et elle lui dit tranquillement : « Avec Sonny, j'ai fait tout ! » Elle n'en avait jamais révélé autant à qui que ce fût.

Quinze jours plus tard, Jules Segal était à côté du docteur Frédéric Kellner dans une salle d'opération à Los Angeles. Kellner travaillait dans sa spécialité. Avant que l'anesthésiste applique un masque sur le visage de Lucy, Jules lui murmura à l'oreille : « Je lui ai dit que tu es ma favorite et il va te soigner pour mon bonheur. » Mais les pilules de tranquillisants l'avaient déjà à moitié assoupie ; elle ne rit pas et ne sourit pas. Toutefois, elle entendit et cette taquinerie atténua son appréhension.

Kellner pratiqua l'incision avec la confiance tranquille d'un professionnel du jeu qui lance les dés. L'opération en question visait deux objectifs : reconstitution chirurgicale du périnée et résection longitudinale du vagin, tout en le ramenant vers l'avant ; autrement dit : périnéorraphie, colporraphie et presque une colpoplastie.

Jules admira l'adresse du docteur Kellner qui travailla avec la plus grande attention quand il arriva à l'instant le plus périlleux. Une incision trop profonde risquait d'entamer le rectum. Dans l'ensemble toutefois, l'intervention n'était pas compliquée. Jules avait étudié les radiographies et le résultat des tests. Normalement tout devait se passer pour le mieux, à ceci près qu'en chirurgie quelque chose peut toujours clocher.

Un forceps écartait l'ouverture du vagin. L'incision révélait le fourreau qui entoure le sphincter anal. De ses doigts couverts de gaze, le chirurgien écartait les tissus conjonctifs détachés par l'incision. Jules ne perdait pas de vue le fond de la plaie, redoutant de voir apparaître une veine qui aurait manifesté une trop grande proximité du rectum. Mais le brave Kellner connaissait son affaire. Il remettait le vagin à neuf aussi facilement qu'un charpentier assemble les éléments d'un toit. Puis Kellner sutura à points serrés pour fermer étroitement l'incision, afin d'éviter la formation d'excroissances qui auraient été tracassières en ces lieux. Ensuite il essaya d'insérer trois doigts dans la vulve rétrécie, mais n'y parvint pas. C'est à peine s'il en introduisit deux. Il les plongea profondément puis leva vers Jules ses yeux bleu de porcelaine, qui brillaient au-dessus du masque de gaze. Il parut lui demander si la demoiselle était désormais assez étroite à son goût.

C'était fini. On roula Lucy jusqu'à la chambre de réanimation et Jules parla à Kellner. Ce dernier était de bonne humeur : signe que tout s'était bien passé. « Aucune complication, mon gars, dit-il. Il ne s'agissait absolument pas d'une dystrophie quelconque. Cas étonnant quand même. Cette femme est douée d'un tonus magnifique et elle était affligée d'une malformation dénotant habituellement un manque de vigueur. En tout cas, maintenant, ce sera une compagne idéale pour les jeux et les ris. Je t'envie, mon garçon. Évidemment, il faudra attendre un moment, mais je te garantis le résultat.

— Tu es un vrai Pygmalion. Je t'ai vu opérer. C'était merveilleux.

— Jeu d'enfant, mon ami, comme tes avortements. Dans une société plus réaliste, des gens comme toi et moi, qui sommes vraiment doués de talent, nous ferions des choses sérieuses et nous pourrions laisser aux débutants des petites opérations comme ça. Tiens, je t'envoie une patiente la semaine prochaine : une très gentille fille. C'est toujours celles-là qui se mettent dans le pétrin. Comme ça, nous serons quittes. »

Jules lui serra la main. « Merci. Viens nous voir un de ces jours. Je veillerai à ce que la maison t'offre tout ce qu'il y a de mieux. »

Avec un sourire en biais, Kellner répondit : « Je joue assez gros jeu ici, sans roulette ni dés. Chaque jour je donne du front contre la destinée. Mais toi, Jules, tu vas perdre la main là-bas. D'ici deux ans il te faudra oublier la chirurgie sérieuse. Tu n'en seras plus capable. » Il pivota sur lui-même et s'en alla.

Jules ne prit pas sa dernière remarque pour un reproche mais l'avertissement le désespéra. Lucy ne devait pas quitter la salle de réanimation avant douze heures. Il alla donc en ville et se soûla, moins pour oublier que pour se détendre car la réussite de l'opération le soulageait.

Le lendemain matin, quand il alla la voir à l'hôpital, il s'étonna de trouver la chambre pleine de fleurs et deux hommes auprès du lit. Adossée aux oreillers, Lucy était radieuse. Jules s'étonna parce qu'elle avait rompu avec sa famille et lui avait demandé de ne prévenir personne sauf en cas de catastrophe. Freddie Corleone savait évidemment qu'elle allait subir une opération mineure dans cet hôpital. Il avait bien fallu le lui dire pour que tous deux puissent s'absenter en même temps et Freddie avait dit à Jules d'envoyer les notes à l'hôtel.

Lucy fit les présentations et Jules reconnut un des visiteurs immédiatement : le célèbre Johnny Fontane. L'autre était un gros Italien, musclé, au visage de suie, nommé Nino Valenti. Après un échange de poignées de main, Jules ne leur prêta plus guère attention. Ils taquinaient Lucy et surtout lui parlaient du quartier où ils avaient passé leur enfance à New York, de gens et d'événements dont le docteur ne savait rien. Il finit par dire à Lucy : « Je reviendrai plus tard. Il faut que je voie le docteur Kellner. »

Mais Johnny Fontane se récria en déployant tout son charme. « Holà camarade, dit-il. Nous sommes obligés de partir nous-mêmes. Tenez compagnie à Lucy, et surtout prenez bien soin d'elle, docteur. »

Jules remarqua que Fontane avait la voix étrangement enrouée. Il se rappela tout à coup que cet artiste n'avait pas chanté en public depuis plus d'un an et qu'il avait gagné un oscar pour un rôle de vedette dans un film. Sa voix pouvait-elle avoir changé à un tel âge ? Pourtant les journaux n'en avaient rien dit, personne n'en parlait, c'était un secret. Jules aimait les cancans sur les célébrités. Il écouta attentivement Fontane et chercha à diagnostiquer la cause de cette bizarrerie vocale. Il pouvait s'agir de fatigue, de cigarettes, d'alcool et même de femmes. En tout cas, le timbre n'avait plus rien d'agréable et on ne pouvait plus considérer Fontane comme un doux crooner.

« Il me semble que vous avez un rhume », dit Jules.

Fontane répondit poliment : « Non, de la fatigue seulement. J'ai essayé de chanter hier soir et j'ai forcé ma voix. » Il ajouta avec un sourire résigné : « Ma voix a changé avec l'âge et je ne parviens pas à me faire une raison.

— Avez-vous consulté un médecin ? demanda Jules. Ça pourrait peut-être se soigner. »

Le célèbre acteur perdit son charme et considéra Jules d'un œil glacial. « Il y a bientôt deux ans que j'ai vu les meilleurs spécialistes. Mon médecin habituel a la réputation d'être le meilleur de toute la Californie. Tous me conseillent du repos, beaucoup de repos. Je n'ai rien, sauf que je vieillis. La voix change avec l'âge. »

Cela dit, Fontane se détourna de lui et sembla l'ignorer délibérément. Il s'ingénia à charmer Lucy comme il le faisait avec toutes les femmes. Jules continua à écouter sa voix. Il avait sûrement des excroissances sur les cordes vocales. Mais pourquoi les spécialistes ne les avaient-ils pas repérées ? Était-ce une tumeur maligne ou inopérable ? Et puis, il pouvait sans doute y avoir d'autres raisons.

Il interrompit Fontane en lui demandant : « Quand avez-vous vu un spécialiste pour la dernière fois ? »

Fontane prit mal cette question mais s'efforça de rester poli par considération pour Lucy. « Il y a à peu près dix-huit mois.

— Et votre docteur vous examine de temps en temps ?

— Bien sûr, répondit Fontane agacé. Il me vaporise à la codéine et c'est tout. Il me répète que ma voix vieillit, que je bois et fume trop. Et d'autres excès. Vous vous y connaissez peut-être mieux que lui ?

— Comment s'appelle-t-il ? »

Fontane répondit avec un soupçon de vanité : « Tucker, docteur James Tucker. Qu'est-ce que vous en dites ? »

Nom connu et souvent cité avec celui des vedettes de cinéma, mâles ou femelles, et aussi en rapport avec une espèce de clinique champêtre, extrêmement coûteuse.

« Il s'habille avec beaucoup de goût », ricana Jules.

Fontane ne cacha pas sa mauvaise humeur. « Vous vous croyez plus capable que lui ? demanda-t-il.

— Et vous chantez mieux que Carmen Lombardo ? »

La réaction de Nino Valenti l'étonna. Il se cogna la nuque contre le dossier de son fauteuil, se cassa en deux avec des éclats de rire exagérés. La plaisanterie n'en valait pas tant. Puis Jules perçut une odeur de bourbon et comprit que ce M. Valenti – s'il s'appelait ainsi – était déjà à moitié ivre à une heure aussi matinale.

Fontane sourit à son ami et lui dit gaiement : « Dis donc, c'est à mes plaisanteries à moi que tu ris, pas aux siennes ! »

Cependant, Lucy saisit la main de Jules et l'attira à son chevet. « Il a l'air d'une cloche, dit-elle aux deux autres, mais c'est un brillant chirurgien. S'il se dit plus capable que le docteur Tucker, il l'est. N'en doute pas, Johnny et écoute-le. »

Une infirmière entra et leur dit que l'interne allait donner des soins à Lucy et qu'ils devaient donc s'en aller. Jules remarqua que Lucy tourna la tête quand Johnny et Nino se penchèrent pour l'embrasser. Elle ne leur offrit que la joue alors que visiblement ils comptaient lui baiser les lèvres, mais elle tendit sa bouche à Jules et chuchota : « Reviens tantôt, hein ? » Il hocha la tête.

Dans le couloir, Valenti lui demanda : « Qu'est-ce que c'était cette opération ? Rien de grave ?

— Une petite affaire de plomberie féminine, répondit Jules en secouant la tête. Quelque chose de très banal, croyez-moi. Ça m'intéresse plus que vous parce que j'espère l'épouser. » Ils le considérèrent avec plus d'attention comme s'ils cherchaient à évaluer s'il était digne d'épouser Lucy. « Comment avez-vous appris qu'elle était ici ?

— Freddie nous a téléphoné, dit Fontane. Nous avons tous grandi dans le même quartier. Lucy fut demoiselle d'honneur au mariage de la sœur de Freddie.

— Je vois », dit Jules. Il n'ajouta pas qu'il était au courant de toute l'histoire puisqu'elle avait abouti à la liaison entre Sonny et Lucy, et il avait l'impression que ces Ritals considéraient cela comme une espèce de secret d'État.

Tout en marchant dans le couloir, Jules dit à Fontane : « Cet hôpital m'accorde le privilège d'utiliser ses salles d'examen. Laissez-moi donc examiner votre gorge.

— Je n'ai pas le temps, répondit Johnny.

— Hé dites donc, sa gorge vaut un million de dollars. Il ne va pas la montrer à un médecin de quatre sous, dit Nino Valenti, avec un sourire en biais indiquant qu'il ne doutait pas de Jules, mais se moquait des prétentions de Fontane.

— Je ne suis pas un docteur de quatre sous. J'étais même un des plus brillants chirurgiens et diagnosticiens de la côte est avant qu'on me pince dans une affaire d'avortement. »

Comme il l'avait prévu, cet aveu le fit prendre au sérieux. Reconnaître un méfait, c'était justifier ses prétentions à la compétence. Valenti fut le premier à se remettre de son étonnement. « Si Johnny ne veut pas de vous, moi j'ai une copine que vous pourriez examiner. Mais pas à la gorge.

— Ça prendrait combien de temps ? demanda Fontane indécis.

— Dix minutes », dit Jules. C'était un mensonge. Mais il mentait volontiers aux patients. À ses yeux, médecine et vérité ne s'accordent pas, sauf dans les cas extrêmes et encore…

« Alors, d'accord », dit Fontane. La peur rendait sa voix encore plus rauque.

Jules s'assura une infirmière et une salle de consultations. Cette dernière n'était pas prévue pour la laryngologie, mais suffisait quand même. En moins de dix minutes, il repéra des excroissances sur les cordes vocales. C'était d'ailleurs facile. Mais ce Tucker ? cet enfant de salaud sans aucune compétence qui s'habillait si bien ? ce médecin de cinéma, pourquoi n'avait-il pas fait un diagnostic aussi facile ? Peut-être n'avait-il même pas fait d'études de médecine ? Et s'il en avait fait, il fallait lui retirer d'urgence son diplôme. Sans se soucier des deux Italiens, Jules décrocha le téléphone et demanda au spécialiste de l'hôpital de les rejoindre. Puis il se tourna vers Nino Valenti et lui dit : « Ce sera peut-être long, vous pouvez vous en aller. »

Fontane sursauta et s'exclama scandalisé : « Mais dites donc, carabin de mes fesses ! Vous vous imaginez que vous allez me garder ici pour vous amuser avec ma gorge ? »

Avec plus de plaisir qu'il ne l'aurait cru possible, Jules lui cassa le morceau sans mettre de gants : « Faites donc ce qui vous plaira. Vous avez des excroissances sur les cordes vocales. C'est dans le larynx. Si vous restez ici quelques heures, nous saurons s'il s'agit d'une tumeur maligne ou non et nous pourrons prendre une décision : chirurgie ou traitement. Vous saurez où vous en êtes. Je peux vous donner le nom du meilleur spécialiste des États-Unis et le faire venir ici ce soir même par avion. À vos frais, bien entendu. C'est lui qui décidera. Mais si vous préférez vous en aller revoir votre charlatan d'Hollywood ou consulter un autre médecin qui vous enverra à une autre incompétence… comme vous voudrez. S'il s'agit d'une tumeur maligne, la question se posera autrement : l'ablation complète du larynx ou la mort. Restez avec moi et l'affaire sera réglée en quelques heures. Avez-vous quelque chose de plus important à faire ? »

Valenti intervint. « Restons, Johnny, que diable ! Je vais téléphoner aux studios. Je dirai seulement que nous sommes retenus, sans autre explication et je reviendrai te tenir compagnie. »

L'après-midi mit longtemps à passer, mais ils ne le regrettèrent pas. Le spécialiste de l'hôpital procéda à un diagnostic préliminaire que Jules accepta après étude des radiographies et des mucosités prélevées dans la gorge. Vers trois heures, la bouche badigeonnée d'iode et en proie à la nausée, Johnny Fontane ferma la bouche et voulut s'en aller. Nino Valenti le saisit par les épaules et le força à se rasseoir. Quand ce fut fini, Jules sourit à Fontane et lui dit : « Excroissances banales. »

Fontane ne comprit pas.

Jules reprit : « C'est comme des végétations, rien de plus. Nous les enlèverons aussi facilement que la peau d'un saucisson. Dans quelques mois, vous serez complètement guéri. »

Valenti poussa un cri de joie, mais Fontane avait encore le front soucieux. « Et le chant, après ça ? Est-ce que je pourrai chanter ? »

Jules haussa les épaules. « Aucune garantie. Étant donné que vous ne chantez plus, qu'est-ce que ça peut vous faire ? »

Fontane le regarda avec dégoût. « Vous ne savez pas de quoi vous parlez, galopin. Vous croyez me donner une bonne nouvelle, mais vous ajoutez que je ne pourrai peut-être plus chanter. C'est bien ce que vous dites ? que je ne pourrai peut-être plus chanter ? »

À son tour, Jules fut écœuré. Il s'était conduit en bon médecin et en avait éprouvé du plaisir. Il rendait un service à cette andouille qui se permettait de récriminer comme si on lui avait joué un sale tour. « Écoutez-moi, monsieur Fontane, dit-il froidement. Je suis docteur en médecine. Vous m'appellerez donc docteur et pas galopin. Je vous ai donné une très bonne nouvelle. En descendant dans cette salle, je craignais une tumeur maligne du larynx. Il aurait fallu vous enlever toute votre boîte à musique ou vous laisser mourir. En disant le mot "végétations" j'étais aux anges, parce que j'aimais vos chansons. Elles m'ont aidé à séduire des filles quand j'étais plus jeune. Et vous êtes un véritable artiste. Mais vous êtes aussi un type insupportable, un enfant gâté. Croyez-vous que le célèbre Johnny Fontane soit inaccessible au cancer ? à une tumeur inopérable du cerveau ? à un arrêt du cœur ? Croyez-vous que vous ne mourrez jamais ? La vie n'est pas que douce musique. Si vous voulez savoir ce qui nous guette tous, promenez-vous dans cet hôpital et vous chanterez les louanges des végétations. Alors, assez de sottises, et faites ce que vous avez à faire. Votre Adolphe Menjou de médecin vous trouvera peut-être un bon chirurgien. Mais s'il entre dans la salle d'opération, je vous conseille de le faire arrêter pour tentative de meurtre. »

Jules avait déjà la main sur le bouton de la porte quand Valenti s'écria : « Bravo, doc ! voilà comment il faut lui parler ! »

Jules pivota sur ses talons et demanda : « Vous êtes toujours bourré avant le déjeuner ?

— Bien sûr ! » dit Valenti avec tant de bonne humeur que Jules lui parla plus gentiment qu'il ne l'aurait souhaité.

« Alors, il faut vous faire une raison. Vous serez mort dans cinq ans si vous continuez. »

Valenti zigzagua en dansottant vers le médecin et l'étreignit à pleins bras. Il empestait le bourbon. « Cinq ans ? demanda-t-il en riant. Ça va durer si longtemps ? »

Un mois après l'opération, Lucy Mancini était de nouveau assise auprès de la piscine de l'hôtel, à Las Vegas, un verre de cocktail dans une main et l'autre dans les cheveux de Jules dont la tête reposait sur ses genoux.

« Inutile de boire ça pour te donner du courage, dit-il, taquin. J'ai du champagne chez moi.

— Tu ne crois pas que c'est trop tôt ?

— Le docteur, c'est moi. L'opération finale aura lieu ce soir. Je suis le premier chirurgien de l'histoire médicale qui ait jamais essayé personnellement *in vivo* les résultats d'une telle opération. Je vais écrire une communication à l'usage de la presse professionnelle selon le modèle des publicités : Avant et Après. Quelque chose dans ce genre-là : Quoique l'Avant fût très agréable pour des raisons psychologiques et compte tenu de la perversité du chirurgien instructeur, le coït postopératoire se révéla extrêmement fructueux au point de vue neurologique… Aïe ! ouille ! » Lucy lui tirait les cheveux.

Elle lui releva la tête et dit en souriant : « Après tout ça, si tu n'es pas satisfait ce soir, ce sera de ta faute.

— Je suis sûr de mon fait. Quoique j'aie laissé les tâches manuelles à mon vieux Kellner, c'est moi qui ai fait le projet détaillé de l'opération. Maintenant, reposons-nous car nous avons une longue nuit de recherches devant nous. »

En arrivant à l'appartement où ils vivaient déjà ensemble, Lucy y trouva une surprise : un dîner de gourmets était servi et il y avait un écrin de joaillier à côté de sa coupe de champagne. Il contenait une superbe bague de fiançailles.

« Ça te prouve que j'ai confiance dans mon travail, dit Jules. Nous verrons si tu la mérites. »

Il fut très tendre, très doux avec elle. D'abord elle eut un peu peur et résista à de brusques impulsions de fuite comme si elle redoutait cette épreuve plus qu'une pucelle. Puis, rassurée, elle sentit monter en elle une passion nouvelle comme elle n'en avait jamais connu. Après la première fois, Jules lui chuchota : « J'ai bien travaillé ?

— Ah oui, alors ! Oui, oui », lui répondit-elle aussi bas.

En s'enlaçant de nouveau, ils riaient.

Livre V

23.

Après cinq mois de séjour en Sicile, Michael Corleone finit par comprendre le caractère et le destin de son père. Il comprit aussi des gens comme Luca Brasi, l'implacable caporegime Clemenza, la résignation avec laquelle sa mère acceptait son rôle. En Sicile il vit en effet ce que tous seraient devenus s'ils n'avaient pas décidé de se rebeller contre le sort. Il comprit pourquoi le Don répétait volontiers : « Chacun n'a qu'un destin. » Le mépris de l'autorité, du gouvernement légal, la haine contre ceux qui rompent l'omerta, la loi du silence, lui devinrent intelligibles.

On avait transporté Michael du quai de Palerme jusqu'au centre de la Sicile dans sa tenue de voyage : vieille défroque et casquette à longue visière. Il s'installa ainsi dans une région dominée par la mafia et dont le *capo-mafioso* avait contracté une lourde dette de reconnaissance envers son père. C'est dans cette province que se trouvait Corleone, localité dont le Don avait pris le nom en arrivant aux États-Unis, bien des années plus tôt. Il n'y subsistait plus aucun parent vivant. Les femmes étaient mortes de vieillesse, les hommes avaient péri dans des vendettas ou émigré vers les États-Unis, le Brésil, voire d'autres régions d'Italie. Michael apprit plus tard que le misérable village de Corleone avait un taux d'assassinat plus élevé que n'importe quelle autre agglomération petite ou grande du monde entier.

Michael fut l'hôte d'un médecin âgé de soixante-dix ans passés, oncle célibataire du capo-mafioso. Quant à ce dernier, qui frisait la soixantaine et s'appelait Don Tommasino, il dirigeait l'exploitation d'un grand domaine rural appartenant à une famille sicilienne de la plus ancienne noblesse. Ce régisseur – *gabbelloto* dans le dialecte local – ne se contentait pas de veiller à la bonne marche du travail sur le domaine et empêchait surtout les paysans sans terre ou insuffisamment pourvus d'empiéter sur les propriétés du seigneur et de les cultiver en squatters. En d'autres termes, le gabbelloto était un mafioso qui, pour une certaine somme d'argent, protégeait les biens du riche contre toute revendication légale ou illégale du pauvre. Si quelque paysan besogneux invoquait la loi qui l'autorisait à acheter des terres laissées en friche, le gabbelloto le terrorisait en le menaçant de mort ou de mutilation. Pas plus compliqué que ça.

Don Tommasino avait aussi la haute main sur l'irrigation de la région et il opposait son veto à la construction de barrages par le gouvernement romain. Ces travaux auraient ruiné le commerce lucratif de l'eau des puits artésiens. Depuis des centaines d'années, l'économie locale était fondée sur la cherté de l'eau et la baisse de son prix aurait provoqué un effondrement économique. Toutefois, Don Tommasino restait fidèle aux traditions de la mafia en ce sens que le trafic de la drogue et des femmes lui répugnait. Ses scrupules le mettaient en difficulté avec les mafiosos de la nouvelle génération qui commençaient à s'agiter dans les grandes villes, telles que Palerme, sous l'influence de la vie moderne et surtout des gangsters américains d'origine italienne renvoyés dans leur pays.

Ce chef de la mafia était un homme extrêmement corpulent, un « homme à ventre », littéralement et figurativement, c'est-à-dire un homme à la fois ventripotent et capable d'inspirer la crainte à son prochain. Sous sa protection, Michael n'avait rien à craindre, cependant on jugeait bon de garder le secret sur son identité. Le fils Corleone ne quitta donc pas, au début, le domaine entouré de murs du docteur Taza, oncle du Don.

Grand pour un Sicilien, le docteur Taza mesurait près d'un mètre quatre-vingts. Il avait le teint coloré et les cheveux d'un blanc de neige. Malgré son grand âge, il allait chaque semaine rendre hommage aux plus jeunes prostituées de Palerme. Comme autre vice, il avait la lecture. Il lisait tout, parlait de tout ce qu'il avait lu à ses voisins et aux patients, tous paysans illettrés, ainsi qu'aux bergers, pas plus instruits. Cela lui valait une réputation locale de folie. En quoi ces histoires de livres les concernaient-ils ?

Le soir, Don Tommasino, le docteur Taza et Michael bavardaient paisiblement dans le vaste jardin peuplé de statues de marbre qui semblent pousser en Sicile avec la même vigueur magique que les raisins noirs au suc enivrant. Le vieux médecin aimait à raconter des histoires sur la mafia dont les exploits remontent à plusieurs siècles. Il trouvait en Michael un auditeur attentif. Parfois, entraîné par les fragrances du jardin ou bien le vin fruité, voire tout simplement par l'âge, Don Tommasino se laissait aller jusqu'à raconter une de ses aventures personnelles. Le docteur s'en tenait à la légende et le Don à la réalité.

Dans ce jardin, datant de l'Antiquité, Michael Corleone apprit quelles étaient les racines de ses aïeux. À l'origine « mafia » signifiait asile ou refuge. Puis les organisations secrètes, qui se constituèrent spontanément pour lutter contre les maîtres du pays, adoptèrent ce nom. Ces maîtres avaient souvent changé au cours de l'histoire. L'Inquisition avait torturé riches et pauvres indifféremment. Les barons maîtres de la terre et les princes de l'Église catholique exerçaient un pouvoir absolu sur les bergers et les cultivateurs. La police était l'instrument de leur puissance et s'identifiait tellement aux maîtres qu'il n'est pas en Sicile de pire injure que le mot « policier ».

Accablé par des maîtres sans pitié, le peuple apprit à ne jamais manifester sa colère ou sa haine par crainte de représailles. Il apprit aussi que la moindre menace rend vulnérable parce qu'elle met l'adversaire en garde et provoque des représailles anticipées. La structure sociale leur étant hostile les Siciliens ne s'adressaient jamais à la justice et lorsqu'ils subissaient quelque tort, c'est à la mafia rebelle et clandestine qu'ils portaient leurs doléances. La mafia consolida son pouvoir en imposant la loi du silence : l'omerta. Dans la campagne sicilienne, l'étranger qui demande la direction de la ville la plus proche n'aura même pas droit à une réponse polie. Le pire crime qu'un membre de la mafia puisse commettre serait de dire à la police le nom de l'ennemi qui vient de lui tirer dessus ou l'a blessé d'une manière quelconque. L'omerta est devenue une religion populaire. La femme dont on a tué le mari ne donne pas le nom du meurtrier à la police, de même s'il a assassiné son enfant ou violé sa fille.

Toujours parce que les autorités ne rendaient pas la justice honnêtement, les Siciliens s'en remettaient aux hors-la-loi de la mafia comme jadis en Angleterre les paysans saxons et danois à Robin des Bois. La mafia continuait à jouer ce rôle, dans une certaine mesure. En cas de besoin, les Siciliens s'adressaient encore aux capo-mafiosos de leur région. Ses activités très diverses équivalaient dans un certain sens à celles d'un commissaire de police, d'une assistante sociale, prêts à offrir un panier de vivres ou du travail. Bref, c'était le protecteur.

Mais le docteur Taza n'avouait pas ce que Michael apprit par lui-même plus tard : la mafia était devenue l'arme illégale du riche et même la police auxiliaire des dirigeants politiques et judiciaires. En dégénérant, elle soutenait le capitalisme, combattait le communisme et même les idées libérales. Elle prélevait ses propres impôts sur toute forme d'activité économique, même la plus minime. Michael Corleone comprit enfin pourquoi des hommes comme son père étaient devenus voleurs, brigands et assassins plutôt que de s'intégrer dans la société légale. La dégradation provoquée par la misère et la crainte atteignait en Sicile un degré trop intolérable pour un homme de cœur. Arrivés en Amérique, les émigrants siciliens supposaient normalement qu'ils y seraient en butte à des autorités aussi injustes et cruelles.

Le docteur Taza offrit à Michael de l'emmener avec lui lors de ses visites hebdomadaires aux bordels de Palerme. Mais Michael refusa. Sa fuite vers la Sicile l'avait empêché de faire soigner sa mâchoire brisée et son visage portait encore la trace qu'y avait laissée le poing du capitaine McCluskey. Les os s'étaient ressoudés de travers, ce qui donnait un air de dépravation à son profil gauche. Comme il s'était toujours enorgueilli de sa belle allure, il en souffrait plus qu'il ne l'aurait cru possible. Il souffrait aussi physiquement de cette blessure mais ne s'en souciait guère, car le docteur Taza lui donnait des pilules pour apaiser la douleur.

Taza lui offrit de l'opérer, mais Michael refusa cela aussi. Il vivait en Sicile depuis assez longtemps pour savoir que Taza était peut-être le pire médecin du pays. Le vieillard, en effet, lisait tout sauf des ouvrages et revues de médecine. Il avouait n'y rien comprendre. Il devait son succès aux examens de l'école de médecine à l'entremise d'un des principaux chefs de la mafia sicilienne, qui était allé exprès à Palerme pour indiquer aux professeurs quelles notes ils devaient lui donner. Ce détail aussi montrait combien la mafia était pernicieuse à la Sicile qu'elle rongeait comme un cancer. Ni mérite, ni talent, ni efforts ne valaient rien. Il padrino de la mafia accordait à chacun une profession en cadeau.

Oisif, Michael eut largement le temps d'observer, réfléchir et comprendre. Au bout d'un certain temps il se promena durant la journée à travers la campagne, toujours escorté par deux bergers attachés au domaine de Don Tommasino. Les bergers de l'île sont souvent recrutés comme tueurs à gages par la mafia et exécutent ces tâches uniquement pour gagner leur vie. À la réflexion Michael conclut que l'organisation de son père pourrait devenir aussi maligne aux États-Unis, si elle y prospérait, que la mafia en Sicile. L'île était déjà une terre de fantômes. Pour mener une vie normale, ses habitants émigraient vers tous les pays du monde, ainsi espéraient-ils gagner leur pain sans risquer d'être assassinés s'ils se prévalaient de leurs libertés politiques et économiques.

Ce qui frappa le plus Michael au cours de ses longues promenades, c'est l'exubérante beauté du pays. Il lui arrivait de traverser des orangeraies luxuriantes où l'ombre était aussi fraîche que dans des cavernes. Des conduits d'eau centenaires aux gueules ouvragées sillonnaient le pays. Certaines avaient été sculptées avant l'ère chrétienne. D'anciennes villas romaines aux superbes portiques de marbre et aux vastes salles voûtées tombaient en ruines ou bien servaient de refuges aux brebis égarées. Les collines desséchées, qui barraient l'horizon, brillaient comme des tas de crânes blanchis, empilés les uns sur les autres au soleil. Jardins, prairies et champs tachaient de vert le paysage désertique comme les pierres d'un collier d'émeraude sur une peau nue. Parfois Michael allait jusqu'à Corleone. Ses mille huit cents habitants gîtaient dans des maisons adossées au roc d'une montagne dénudée, et construites avec des pierres arrachées à cette même montagne. Au cours de l'année précédente, on avait compté plus de soixante meurtres à Corleone et l'ombre de la mort semblait planer sur cette agglomération. Au-delà s'étendait le bois de Ficuzza qui rompait l'alternance monotone de plaines arables et de roche nue.

Les deux bergers qui lui servaient de garde du corps portaient toujours leurs luparas quand ils l'accompagnaient. C'est l'arme favorite de la mafia : un simple fusil de chasse. Le chef de la police envoyé par Mussolini pour chasser la mafia de Sicile avait fait abattre toutes les murailles d'une hauteur supérieure à trois mètres, pour empêcher les assassins de s'embusquer derrière avec leurs luparas. Ça n'avait pas servi à grand-chose et ce fonctionnaire avait fini par simplifier le problème en déportant vers des colonies pénitentiaires tous les Siciliens mâles soupçonnés d'appartenir à la mafia.

Quand les armées alliées envahirent la Sicile, les fonctionnaires de l'administration militaire américaine s'imaginaient que quiconque avait été emprisonné sous le régime fasciste ne pouvait être qu'un bon démocrate. Ils nommèrent donc maires de villages ou interprètes du gouvernement militaire bon nombre de mafiosos. Grâce à cet heureux coup du sort, la mafia se reconstitua et devint encore plus puissante qu'elle ne l'avait jamais été.

Les longues promenades, une bouteille de vin fort le soir avec une grande assiettée de pâtes et de viande, assuraient un bon sommeil à Michael. La bibliothèque du docteur Taza contenait des livres en italien. Quoiqu'il parlât depuis son enfance le dialecte sicilien et qu'il eût suivi des cours d'italien à l'université, Michael ne lisait ces ouvrages qu'à grand-peine.

Au bout de quelques mois il parla presque sans accent, mais il n'aurait quand même pas pu passer pour un natif de la région. On l'aurait plutôt pris pour un de ces étranges Italiens du Nord, qui vivent près de la frontière suisse ou autrichienne.

L'aspect de sa joue gauche lui donnait plus l'apparence d'un indigène. Les Siciliens défigurés sont légion, car ils soignent peu les blessures, même minimes. Bien des enfants et des hommes portaient des cicatrices ou des déformations qu'on aurait fait disparaître aux États-Unis par une opération banale, voire un traitement médical approprié.

Michael pensait souvent à Kay, à son sourire, à son corps. Il éprouvait alors toujours un sentiment de remords pour l'avoir quittée aussi brusquement, sans un mot d'adieu. Mais il n'éprouvait jamais le moindre trouble de conscience en pensant aux deux hommes qu'il avait assassinés. Sollozzo n'avait-il pas essayé de tuer son père ? Le capitaine McCluskey ne l'avait-il pas défiguré pour la vie ?

Le docteur Taza ne cessait de le harceler pour qu'il se fasse opérer la mâchoire afin de reprendre son aspect normal. Il insistait surtout quand Michael lui demandait des analgésiques. La douleur, en effet, s'aggravait et les crises étaient plus fréquentes. Taza lui expliquait que les os mal soudés comprimaient un nerf facial au-dessous de l'œil d'où rayonne tout un réseau d'autres nerfs. Les tortionnaires de la mafia eux-mêmes connaissaient fort bien ce nerf. Il leur arrivait de le piquer à l'aiguille ou au pic à glace, sous la joue de leur victime. Taza suggérait que les os le comprimaient ou qu'une esquille s'était fichée dedans. Une opération à l'hôpital de Palerme supprimerait définitivement la douleur.

Michael refusait obstinément. Quand le docteur lui demanda pourquoi, il répondit en souriant : « C'est un souvenir du pays. »

La douleur ne lui importait d'ailleurs pas trop. La plupart du temps sourde, elle ne devenait lancinante que de temps en temps.

C'est seulement au bout de sept mois que Michael commença à se lasser de cette oisiveté bucolique. Vers la même époque Don Tommasino eut beaucoup à faire et ne parut plus que rarement à la villa. Il avait des ennuis avec la nouvelle mafia qui se constituait à Palerme. La ruée sur la construction, aussitôt après la guerre, avait permis à des jeunes gens de faire fortune. Grâce à leur argent, ils cherchaient à empiéter sur les territoires ruraux des vieux chefs de la mafia, qu'ils traitaient avec mépris de Pierrot les Bacchantes, autrement dit de vieilles barbes. Don Tommasino entendait défendre son empire. Michael fut donc privé de sa compagnie et dut se contenter des histoires du docteur Taza qui commençait à se répéter.

Un matin Michael décida de faire une longue promenade jusqu'aux montagnes au-delà de Corleone. Ses deux bergers gardes du corps l'accompagnèrent évidemment. En réalité ce n'était pas pour le protéger contre les ennemis de la famille Corleone mais simplement parce qu'il est dangereux d'errer seul dans la campagne, même pour un indigène. Les bandits grouillaient dans la région et les batailles entre les diverses branches de la mafia mettaient tout le monde en danger. On aurait aussi pu le prendre pour un pillard de *pagliaio*.

Le « pagliaio » est une hutte couverte de chaume, bâtie au milieu des champs pour abriter les outils ou les travailleurs agricoles afin de leur éviter de faire trop souvent le trajet entre le lieu du travail et leur domicile. En Sicile le cultivateur ne vit pas sur la terre qu'il cultive. L'isolement serait trop dangereux. Il réside donc au village et se rend à son travail, souvent très loin, dès le lever du soleil, comme le banlieusard va en ville. Mais le paysan sicilien fait le trajet à pied. Quand il arrive au travail, s'il trouve son pagliaio pillé, il subit un grave dommage qui lui arrache le pain de la bouche pour la journée. L'impuissance des autorités amena la mafia à prendre le pagliaio sous sa protection et à régler ce problème à sa façon. Elle traqua et massacra tous ceux qui les pillaient, et quelques innocents par surcroît. Si, en errant par la campagne, Michael avait été surpris près d'un pagliaio qui venait d'être pillé, on aurait pu l'abattre sur place. Les deux bergers étaient prêts à se porter garants pour lui.

Il partit donc à travers champs par un matin ensoleillé, suivi par les deux bergers. L'un était un type simple, taciturne, presque idiot, aussi silencieux qu'un mort et impassible qu'un Peau-Rouge. Petit et sec, comme presque tous les Siciliens avant de prendre du ventre à l'âge mûr, il s'appelait Calo.

L'autre berger était plus jeune, plus ouvert et plus déluré car il avait un peu parcouru le monde. Mobilisé dans la marine de guerre, il avait tout juste eu le temps de se faire tatouer avant que son bâtiment fût coulé par les Britanniques qui le recueillirent et le capturèrent. Son tatouage le rendait célèbre au village car on trouve peu de Siciliens tatoués soit par manque de goût pour cela, soit parce qu'ils n'en ont pas l'occasion. (Ce berger, Fabrizzio, avait subi cette opération pour dissimuler une envie rouge sur son ventre.) Pourtant les charrettes qui servent aux paysans à porter leurs produits au marché sont généralement fort joliment peinturlurées de miniatures enluminées avec amour.

En tout cas, de retour à son village, Fabrizzio n'était pas très fier de cette particularité quoiqu'elle représentât une scène illustrant la conception que les Siciliens se font de leur honneur. Du sommet de la poitrine jusqu'au bas velu de son abdomen, on voyait un mari transpercer de son poignard un couple dénudé. Fabrizzio plaisantait volontiers avec Michael et l'interrogeait sur les États-Unis. On n'avait pas pu, en effet, leur cacher la nationalité du réfugié, mais les bergers savaient qu'il se cachait et qu'il ne fallait pas bavarder à son sujet. De temps en temps Fabrizzio offrait à Michael un fromage frais qui exsudait encore le lait.

Ils marchèrent longtemps sur des sentiers poudreux, croisèrent des charrettes peintes, traînées par de petits ânes. Partout autour d'eux ils voyaient des touffes de fleurs roses, des orangeraies, des oliveraies, des vergers d'amandiers et tous ces arbres étaient en fleurs.

La richesse du décor étonnait Michael qui, en arrivant en Sicile, s'attendait à trouver une terre nue car il connaissait la pauvreté légendaire des Siciliens. Il avait trouvé un pays d'abondance, tapissé de fleurs odorantes et certaines enivrantes, comme les boutons de citronniers. Devant une telle richesse il se demandait comment ses parents en étaient venus à s'enfuir. La cruauté de l'homme envers son semblable lui apparut dans le contraste entre ce jardin d'Éden et l'exode massif des Siciliens.

Il s'était proposé d'aller à pied jusqu'au village côtier de Mazara puis d'en revenir par car jusqu'à Corleone dans la soirée. Cette longue marche l'aurait assez fatigué pour lui assurer une bonne nuit de sommeil. Les bergers portaient des sacs à dos contenant pain et fromage à manger en route. Ils ne dissimulaient pas plus leurs luparas que s'ils étaient allés à la chasse.

C'était une matinée superbe. Michael retrouvait la même euphorie que, lorsqu'en son enfance, il sortait de bonne heure, l'été, pour aller jouer au ballon. En ce temps-là déjà, le monde tout entier lui semblait repeint à neuf chaque matin. Et il eut la même impression ce jour-là devant les tapis de fleurs qui embaumaient l'oranger, le citronnier tellement odorants qu'il les sentait malgré son infirmité faciale qui comprimait ses sinus.

La fracture de la mâchoire gauche était complètement réduite, mais la mauvaise soudure des os comprimait ses sinus, le faisait souffrir de l'œil gauche et l'affligeait d'un catarrhe permanent. Il salissait des quantités de mouchoirs. Après des mois de vie rustique en Sicile, il en était arrivé à se moucher avec les doigts comme les paysans. Autrefois, les vieux Italiens l'écœuraient qui, dédaignant les mouchoirs comme une frivolité anglaise, se mouchaient au-dessus des caniveaux, en pleine rue.

Il avait en général la tête lourde. Le docteur Taza lui avait dit que c'était dû à la pression de l'os mal rafistolé sur les sinus. Le médecin appelait ça une fracture en coquille d'œuf de l'apophyse zygomatique. S'il s'était fait traiter avant la soudure, il aurait évité cet inconvénient. Une intervention minime avec un instrument en forme de cuillère aurait permis de remettre l'os en place. Mais désormais, disait le docteur, il lui faudrait subir une opération plus importante de chirurgie maxillo-faciale, à l'hôpital de Palerme. Le chirurgien commencerait par briser l'os au même endroit. Cette perspective suffit à Michael. Il refusa. Pourtant l'impression de lourdeur du visage le gênait encore plus que la douleur à l'œil et l'écoulement nasal.

Ce jour-là, il n'atteignit pas la côte. Après avoir parcouru quelque vingt-cinq kilomètres, il s'arrêta avec les bergers à l'ombre fraîche d'une orangeraie pour casser la croûte et boire du vin. Fabrizzio caqueta au sujet de son départ pour l'Amérique. Après avoir mangé et bu, ils se reposèrent. Fabrizzio déboutonna sa chemise et contracta son estomac pour animer son tatouage. L'homme et la femme nus se tordirent dans les affres de l'amour et le coutelas du mari parut se lever et s'abaisser pour les exterminer. C'est pendant ce spectacle que Michael fut frappé par un coup de foudre, événement qui prend une importance capitale chez les Siciliens. Au-delà de l'orangeraie, s'étendait un champ verdoyant qui faisait partie d'un domaine seigneurial. Au bord de la route qui partait du bosquet, se dressait une villa romaine pareille à celles que l'on trouve dans les ruines de Pompéi : un petit palais au portique de marbre orné de sveltes colonnes grecques. Un essaim de villageoises apparut entre ces colonnes, escorté par deux solides matrones vêtues de noir. Selon toute apparence elles étaient venues du village voisin pour accomplir une espèce de corvée banale chez le baron du cru : soit faire le ménage dans la villa, soit la préparer autrement pour son séjour hivernal. À cet instant elles se répandaient dans le champ pour y cueillir des fleurs afin d'égayer les pièces. Elles glanaient des *sulla*, des glycines mauves qu'elles mêlaient aux boutons d'oranger et de citronnier. Ignorant la présence des hommes sous les orangers, elles s'en approchèrent de plus en plus.

Elles portaient des petites robes à bon marché mais à grands ramages de couleurs vives, qui leur collaient au corps. Ce n'étaient que des adolescentes, mais elles avaient déjà mûri au chaud soleil de Sicile et leur chair avait acquis une plénitude féminine. Trois ou quatre d'entre elles en pourchassèrent une vers l'orangeraie. Celle-ci portait une grosse grappe de raisin mauve dans la main gauche et, de la main droite, elle en arrachait des grains qu'elle jetait aux poursuivantes. Ses cheveux peignés en bandeaux étaient d'un noir presque aussi mauve que les raisins et son corps semblait prêt à éclater hors de sa peau.

Elle s'arrêta net à l'orée de l'orangeraie, stupéfaite car elle avait distingué la couleur insolite des chemises d'homme. Elle se dressa sur la pointe des pieds comme une biche en alerte. Elle était alors tout près et ils distinguèrent les traits de son visage.

Tout était d'un ovale parfait : la face, les yeux, les pommettes mêmes et le contour du front. Sa peau avait un teint crémeux exquis. Ses yeux, très grands, étaient marron foncé ou d'un violet profond. De très longs cils les ombrageaient. Elle avait une bouche généreuse mais pas trop, douce sans être faible. Le jus du raisin teignait les lèvres en noir.

Bref, elle était si adorable que Fabrizzio murmura en plaisantant : « Seigneur Dieu, prenez mon âme, je me meurs. » Il parla d'une voix trop rauque. Comme si elle l'avait entendu, la jeune fille reposa les talons par terre, pivota sur elle-même et s'enfuit vers celles qui la poursuivaient. Sous la robe étroite, son corps avait des mouvements d'une innocence et d'une lascivité païennes. Arrivée auprès de ses camarades elle se retourna. Son visage apparut alors comme une tache noire sur le vert du champ. Elle tendit vers l'orangeraie le bras qui tenait la grappe de raisin et aussitôt toutes s'enfuirent en riant, grondées par les grosses matrones.

Michael Corleone se leva sans s'en rendre compte. Son cœur battait à grands coups dans sa poitrine et il fut pris de vertige. Il sentit son sang battre à toutes les extrémités de son corps : le bout des doigts et des orteils. Tous les parfums de l'île l'entourèrent comme un tourbillon : orange, citron, fleurs. Il lui sembla que son corps aussi s'envolait hors de sa peau. Puis il entendit rire les deux bergers.

« C'est le coup de foudre, hein ? » dit Fabrizzio en lui donnant une tape sur l'épaule. Même Calo manifesta de la sympathie en lui tapotant le bras. « Doucement, mon vieux, doucement », dit-il. On aurait cru que Michael venait d'être victime d'un accident, par exemple heurté par une voiture. Fabrizzio lui tendit sa gourde de vin. Michael but une longue gorgée à la régalade, ce qui apaisa son vertige.

« De quoi parlez-vous, bergers boulgres ? » demanda-t-il.

Les deux autres éclatèrent de rire. Avec le plus grand sérieux, l'honnête Calo lui dit : « C'est le coup de foudre. Qui le reçoit ne peut le dissimuler. Tout le monde le remarque. Il n'y a pas de quoi avoir honte. J'en connais qui prient pour que ça leur arrive. Vous avez de la chance. »

Il déplut à Michael qu'on ait pu remarquer son émotion. Mais c'était la première fois de sa vie qu'il lui arrivait une chose pareille. Ça ne ressemblait en rien aux bouffées de désir d'un adolescent ni à l'amour qu'il avait éprouvé pour Kay, sa grâce, son intelligence, sa douceur et l'attrait de la blonde sur le brun. Il était en proie à un désir incoercible de posséder cette fille dont l'image restait marquée de manière indélébile dans son esprit. Il savait déjà que s'il ne la possédait pas elle hanterait sa mémoire jusqu'à la fin de ses jours. Cet événement lui simplifiait la vie qui s'orientait désormais sur une seule direction et plus rien d'autre ne retenait son attention. Depuis le début de son exil, il pensait sans cesse à Kay tout en croyant qu'il ne serait plus jamais son amant et que même l'amitié n'était plus possible entre eux. Après tout, il n'était plus qu'un assassin, un mafioso qui a « fait ses os ». Et voilà que depuis un instant Kay avait complètement disparu de ses souvenirs.

« Je vais aller au village, dit vivement Fabrizzio. Nous saurons de qui il s'agit. Peut-être est-elle plus accessible qu'on ne le croirait. Sait-on jamais ? En tout cas, il n'y a qu'un seul remède au coup de foudre. Pas vrai, Calo ? »

L'autre berger hocha gravement la tête. Michael ne dit rien et suivit ses gardes du corps quand ils se dirigèrent vers le village où les jeunes filles avaient disparu.

Toutes les maisons étaient groupées autour de la place avec une fontaine au milieu. Mais l'agglomération était située sur une route. Il y avait donc quelques magasins, des marchands de vin et un petit café avec trois tables à la terrasse. Les bergers s'assirent à l'une d'elles et Michael se joignit à eux. Plus aucune fille en vue, ni la moindre trace de leur présence. Le village semblait désert, sauf la présence d'un gamin et d'un âne errant.

Le propriétaire du café vint les servir. C'était un petit homme rondouillard au visage ratatiné comme celui d'un nain. Il les salua joyeusement et posa une assiette de pois chiches sur la table. « Vous n'êtes pas du pays, dit-il. Alors, permettez-moi de vous conseiller. Goûtez mon vin. Mes fils le font eux-mêmes avec les raisins de ma propre vigne. Ils y ajoutent du jus d'orange et de citron. C'est le meilleur vin d'Italie. »

Ils suivirent le conseil. Le bonhomme apporta le vin dans une cruche. Ils le trouvèrent encore meilleur qu'il ne l'avait dit et aussi enivrant que du cognac. Fabrizzio dit au cafetier : « Vous connaissez toutes les filles du village, j'en suis sûr. Nous avons vu quelques jeunes beautés sur la route. L'une d'elles a donné le coup de foudre à notre ami. » Il montra Michael.

Le propriétaire du bistrot considéra Michael avec plus d'intérêt. À première vue il n'avait pas prêté beaucoup d'attention à la joue cabossée qui lui paraissait tout à fait banale. Mais un homme atteint par le coup de foudre, c'est une autre affaire. « Emportez quelques bouteilles de vin chez vous, mon ami, vous en aurez besoin pour dormir cette nuit », dit-il.

Michael lui demanda : « Connaissez-vous une jeune fille aux cheveux peignés en bandeaux, à la peau crémeuse. Elle a de très grands yeux très foncés. Est-ce que vous voyez qui c'est ? »

L'autre répondit sèchement : « Non, je ne connais aucune fille de ce genre au village. » Il quitta la terrasse et disparut dans le café.

Les trois promeneurs burent lentement leur vin, vidèrent la cruche et appelèrent pour se faire resservir. Le bistrot ne reparut pas. Fabrizzio entra dans la salle et revint en faisant la grimace. « Comme je m'en doutais, c'est sa fille. Maintenant il est en train de se monter la tête dans l'arrière-boutique en se demandant quelle vacherie il pourrait nous faire. Nous ferions bien de nous en aller. »

Malgré les longs mois qu'il avait déjà passés sur l'île, Michael n'arrivait pas à assimiler la susceptibilité des Siciliens dans ce domaine. Ce cas était d'ailleurs excessif, même dans ce pays, mais les deux bergers semblaient le trouver normal. Ils attendaient que Michael se lève. Fabrizzio lui dit : « Le vieux sagouin m'a dit qu'il a deux fils, deux grands gaillards qui accourront au premier appel. Filons d'ici. »

Michael le regarda d'un œil glacial. Jusqu'alors il s'était montré calme et doux, tout à fait le jeune Américain poli. Toutefois, réfugié en Sicile, il devait se conduire de manière virile. Les bergers n'avaient encore jamais vu l'œil farouche d'un Corleone. Connaissant sa véritable identité, et son exploit, Don Tommasino s'était toujours méfié de lui et le traitait en « homme à respecter ». Quant aux bergers dénués de malice, ils s'étaient formé leur propre opinion au sujet de Michael et se trompaient complètement. Le regard glacial, le visage livide et impassible, la colère qui semblait émaner de lui comme la vapeur d'un bloc de glace, tout fit taire leurs rires et mit un terme à leur familiarité.

Quand il vit qu'il avait obtenu leur attention respectueuse, Michael leur dit : « Allez me chercher cet homme. »

Sans hésitation ils entrèrent dans la salle fraîche, leur lupara sous le bras. Un instant plus tard, ils ramenèrent le propriétaire du café entre eux. Le petit homme trapu ne paraissait nullement effrayé, mais sa colère se manifestait de manière plus prudente.

Michael s'adossa sur sa chaise et observa son interlocuteur puis il dit avec beaucoup de calme : « J'apprends que je vous aurais offensé en parlant de votre fille. Je vous présente mes excuses. Je suis étranger dans ce pays et je ne connais pas assez vos coutumes. Permettez-moi de vous dire ceci : je n'entendais manquer de respect ni à vous ni à elle. »

Les deux bergers-gardes du corps en furent impressionnés. Michael ne leur avait jamais parlé sur un tel ton. Il présentait des excuses mieux qu'avec dignité, avec autorité. Le propriétaire du café haussa les épaules. Voyant qu'il n'avait pas affaire à un paysan du cru, il répondit encore plus prudemment : « Qui êtes-vous ? Pourquoi vous intéressez-vous à ma fille ? »

Sans hésiter, Michael répondit : « Je suis un Américain réfugié en Sicile parce que recherché par la police de mon pays. Je m'appelle Michael. Vous pouvez me dénoncer à la police et votre fortune est faite. Mais au lieu d'y gagner un mari, votre fille y perdra son père. Quoi qu'il en soit, je veux faire connaissance avec votre fille. Avec votre permission, bien entendu et sous la surveillance de votre famille, en tout respect et tout honneur car je suis un homme honorable et n'ai aucune intention de déshonorer votre fille. Je veux la voir, lui parler, et si nous nous plaisons, nous nous marierons. Dans le cas contraire vous ne me reverrez plus jamais. Elle pourrait me trouver antipathique et, à ça, il n'y a pas de remède. Mais si je lui plais, je vous dirai en temps voulu tout ce que le père de mon épouse doit savoir à mon sujet. »

Les trois Siciliens en furent éberlués. Fabrizzio murmura presque craintivement : « C'est vraiment le coup de foudre. » Le propriétaire du café parut moins sûr de lui et de sa colère. Enfin il demanda : « Êtes-vous un ami des amis ? »

Étant donné que les Siciliens ne prononcent jamais le mot mafia, le propriétaire du café ne pouvait employer de formule plus claire pour demander à Michael s'il en faisait partie. C'est ainsi que les habitants de l'île s'interrogent à ce sujet, mais en général ils ne posent pas la question directement à celui qu'elle concerne.

« Non, dit Michael. Je suis étranger dans ce pays. »

Le propriétaire du café considéra la joue blessée et les longues jambes qui ne sont pas courantes en Sicile. Il jeta un coup d'œil aux deux bergers qui portaient ouvertement leurs luparas et se rappela comment ils étaient entrés chez lui pour lui dire que leur padrone voulait lui parler. Il avait alors répondu avec mépris qu'il ne voulait pas de cet enfant de salaud sur sa terrasse. L'un des bergers lui avait répondu : « Crois-moi, tu ferais bien de sortir et de lui parler personnellement. » Il ne savait pas au juste pourquoi il s'était exécuté et il ne comprit pas non plus tout à fait pourquoi il jugea bon de traiter cet étranger avec courtoisie. Il lui dit donc de mauvais gré : « Revenez dimanche après-midi. Je m'appelle Vitelli et j'habite là-haut sur la colline au-dessus du village. Mais venez ici et je vous y conduirai. »

Fabrizzio commençait à parler, mais Michael le regarda d'un œil si sévère que la langue du berger se figea dans sa bouche. Vitelli le remarqua. Aussi, quand Michael se leva et lui tendit la main, il la serra en souriant. Il allait se renseigner. Si ce qu'il apprenait ne lui convenait pas, il pourrait toujours accueillir Michael en compagnie de ses deux fils, lupara au poing. Le propriétaire du café ne manquait pas de contacts avec les « amis des amis ». Mais quelque chose lui disait que cet étranger représentait un de ces heureux coups du sort auquel croient toujours les Siciliens. Il espérait que la beauté de sa fille lui assurerait la fortune à elle et la sécurité de sa famille. C'était d'ailleurs fort bien ainsi car quelques gaillards du village commençaient à bourdonner autour de la gamine. Ce Michael à gueule cassée les tiendrait à distance. Pour prouver sa bonne volonté, Vitelli offrit aux trois étrangers une bouteille bien fraîche de son meilleur vin. Il remarqua qu'un des bergers payait les consommations. Ça l'impressionna encore plus : Michael était bien le supérieur de ses deux compagnons.

La promenade n'intéressait plus Michael. Ses bergers trouvèrent un garage où ils louèrent une voiture avec chauffeur pour les reconduire à Corleone. Un peu avant dîner, Taza apprit par les bergers ce qui s'était passé. Le soir, quand le docteur Taza, Don Tommasino et le jeune Américain se trouvèrent assis au jardin, le médecin dit au Don : « Notre ami a été frappé par la foudre aujourd'hui. »

Don Tommasino n'en parut pas étonné. Il grogna : « Si un de ces jeunes lascars à Palerme était frappé d'un coup de foudre, j'aurais peut-être la paix. » Il parlait évidemment des *mafiosos* de la nouvelle école, dont les chefs commençaient dans les grandes villes comme Palerme à mettre en cause le pouvoir des vieux durs à cuire comme lui.

Michael dit à Tommasino : « Je veux que les deux bergers me laissent tranquille dimanche. Dites-le-leur. Je vais dîner chez cette jeune fille et je ne veux pas qu'ils traînaillent autour de moi. »

Don Tommasino secoua la tête. « Je dois répondre de vous à votre père. Alors, ne me demandez pas ça. En outre, j'ai appris que vous avez déjà parlé de mariage. Je ne peux pas vous permettre ça jusqu'à ce que j'aie envoyé quelqu'un en parler à votre père. »

Michael Corleone s'exprima très prudemment car il avait affaire à un homme respectable. « Vous connaissez mon père, Don Tommasino. Il devient sourd quand quelqu'un lui dit non et ne recouvre l'ouïe que lorsqu'il entend oui. Pourtant il m'a souvent entendu lui répondre non. Au sujet des deux gardes du corps, j'accepte ; je ne veux pas vous causer d'ennuis ; alors qu'ils viennent avec moi dimanche. Mais si je décide de me marier, je me marierai. Comprenez-moi bien Don Tommasino : puisque je ne permets pas à mon propre père d'intervenir dans ma vie privée, vous le permettre serait injurieux pour lui. »

Le capo-mafioso soupira : « Alors, ce sera le mariage. Il le faudra bien, vous avez reçu le coup de foudre et c'est une bonne fille de famille respectable. Si vous la déshonoriez, le père chercherait à vous tuer et ce serait une effusion de sang. D'ailleurs je connais bien la famille et je ne peux pas laisser les choses aller jusque-là.

— Je lui ferai peut-être horreur. Elle est très jeune et me trouvera peut-être vieux. » Il vit que les deux hommes lui souriaient. « Il me faudra de l'argent pour lui faire des cadeaux et j'aurai besoin d'une voiture. »

Le Don hocha la tête. « Fabrizzio s'en occupera. Il est malin ce gars-là et on lui a enseigné la mécanique dans la marine. Je vous donnerai de l'argent demain matin et je ferai savoir à votre père ce qui se passe. Ça, je suis obligé de le faire. »

Michael demanda au docteur Taza. « Vous n'auriez pas un remède pour m'assécher le nez ? Je ne veux pas que cette jeune fille me voie tout le temps en train de me moucher.

— Je vous donnerai un onguent pour vos narines. Vous vous en servirez avant d'aller la voir. Votre visage deviendra insensible. Mais ne vous inquiétez pas, vous ne l'embrasserez pas avant longtemps. » Le médecin et le Don sourirent à cette plaisanterie.

Le dimanche, Michael disposa d'une Alfa Romeo visiblement usagée, mais utilisable. Il avait fait l'aller et retour de Palerme par le car pour acheter des cadeaux à l'intention de la jeune fille et de la famille. Il savait désormais son nom : Apollonia. Il le trouvait charmant et en rêvait tous les soirs ainsi que du visage ravissant de la jeune fille. Il lui fallait beaucoup boire pour s'endormir. Les vieilles servantes de la maison eurent pour consigne de poser tous les soirs une bouteille de vin frais au chevet de son lit. Au matin, elle était vide.

Le dimanche, alors que les cloches de toutes les églises de Sicile carillonnaient, il arrêta son Alfa Romeo devant la terrasse du café. Calo et Fabrizzio étaient assis sur la banquette arrière avec leurs luparas. Michael leur ordonna de l'attendre au village et ne pas l'accompagner sur la colline. Le café était fermé mais Vitelli l'attendait accoudé à la rambarde de la terrasse vide.

Ils se serrèrent la main. Michael prit les trois paquets de cadeaux et suivit Vitelli sur le sentier conduisant à son domicile. La maison était plus vaste que la plupart des masures siciliennes. Les Vitelli n'étaient pas des miséreux.

À l'intérieur, Michael avisa les statues de la Madone sous leurs cloches de verre, avec des bougies votives qui brûlaient à leurs pieds. Les deux fils étaient là, endimanchés, tout en noir. C'étaient deux jeunes gens solides, qui n'avaient guère plus de vingt ans mais semblaient plus vieux car le travail est dur sur la terre de Sicile. La mère était une femme vigoureuse, aussi solide que son époux. Mais la jeune fille n'était pas en vue.

Après les présentations, au cours desquelles Michael entendit à peine les noms, ils s'assirent dans une pièce qui pouvait être le salon ou une salle à manger d'apparat. Elle était trop meublée et pas très grande. Mais pour la Sicile, c'était le comble de la splendeur à laquelle rêvent les gens de classe moyenne.

Michael présenta ses cadeaux au signor Vitelli et à la signora Vitelli : pour le père, un coupe-cigare en or, et pour la mère, un coupon de la toile la plus fine qu'on trouvait à Palerme. Il lui restait un petit paquet pour la jeune fille. On le remercia sans effusion car ces présents étaient un peu prématurés. Il n'aurait rien dû offrir avant sa seconde visite.

Le père lui dit tout de go, avec une franchise paysanne : « Ne vous imaginez pas que nous accueillons si facilement les étrangers à notre foyer. Mais Don Tommasino s'est porté personnellement garant pour vous.

Dans notre province nul ne met en doute la parole de cet excellent homme. Soyez donc le bienvenu. Mais je dois vous prévenir que si vous avez des intentions sérieuses au sujet de ma fille, nous voudrons en savoir un peu plus à votre sujet et au sujet de votre famille. Vous comprenez ça puisque vos parents sont originaires du pays.

— Je vous raconterai ce qu'il vous plaira, quand il vous plaira », répondit poliment Michael.

Signor Vitelli leva la main. « Je ne suis pas indiscret. Voyons d'abord si c'est nécessaire. Actuellement vous êtes le bienvenu chez moi comme ami de Don Tommasino. »

Malgré l'onguent qui tapissait ses narines, Michael sentit littéralement la présence d'Apollonia dans la pièce. Il se retourna. Elle se tenait sur le seuil de la porte voûtée donnant sur l'arrière de la maison. Elle embaumait la fleur fraîche et le bouton de citronnier. Pourtant elle ne portait rien dans sa chevelure d'un noir de jais, coiffée ce jour-là en longues tresses tombantes. Elle n'avait rien non plus sur sa robe noire d'une simplicité sévère : selon toute évidence, celle du dimanche. Elle lui jeta un coup d'œil fugace et sourit à peine puis baissa les yeux d'un air grave et s'assit auprès de sa mère.

De nouveau, Michael en eut le souffle coupé. Il éprouva une bouffée de désir ou plutôt un besoin insensé de possession. Il comprit pour la première fois la jalousie des Italiens. À cet instant il était prêt à tuer quiconque aurait touché à cette jeune fille, se serait permis d'émettre des prétentions à son sujet, de la lui ravir. Le besoin de la posséder était aussi farouche chez lui que l'âpreté de l'avare pour ses pièces d'or, aussi impérieux que l'amour de la terre chez un paysan. Rien ne l'empêcherait de prendre cette jeune fille, de la posséder, de l'enfermer dans une maison, de l'y tenir en captivité, pour son seul usage. Il ne tolérerait même pas que quelqu'un d'autre la voie. Quand elle sourit à un de ses frères, Michael le regarda d'un air féroce sans même s'en rendre compte. La famille ne s'en alarma pas : c'était un des symptômes classiques du coup de foudre. Jusqu'au mariage ce jeune homme resterait d'une docilité absolue entre les mains de leur fille. Ensuite, ça changerait, mais peu importerait.

Michael s'était vêtu à neuf lors de son voyage à Palerme et n'avait plus rien du paysan. La famille reconnut en lui un Don d'un genre inconnu. La difformité de son visage ne lui donnait pas mauvais genre quoi qu'il en crût. Le côté droit était si beau que la dissymétrie le rendait même intéressant. D'ailleurs dans ce pays tant d'hommes sont tellement défigurés que son cas semblait bénin.

Michael regarda la jeune fille et admira l'adorable ovale de son visage. Le sang qui coulait en elle était si foncé qu'elle avait les lèvres presque noires. Sans oser prononcer son nom il lui dit : « Je vous ai vue près de l'orangeraie l'autre jour. Vous vous êtes enfuie. J'espère que je ne vous ai pas fait peur ? »

La jeune fille leva à peine les paupières et secoua la tête. Elle avait les yeux si beaux que Michael ne put soutenir leur regard. La mère intervint avec malice. « Apollonia, parle à ce pauvre jeune homme. Il a fait des kilomètres pour te voir. » Mais les longs cils retombèrent sur les joues, plus doux que des ailes de colombe. Michael lui tendit son cadeau enveloppé de papier doré. Elle le posa sur ses genoux. « Ouvre-le, fillette », dit le père. Mais les mains restèrent immobiles. Elles étaient petites et brunes comme celles d'un gamin. La mère s'empara du paquet avec un mouvement d'impatience et l'ouvrit, en prenant bien soin pourtant de ne pas déchirer le précieux papier. L'écrin de velours rouge la paralysa. Elle n'avait jamais tenu quelque chose d'aussi beau dans sa main et ne savait pas comment l'ouvrir. Mais elle trouva d'instinct l'endroit où appuyer. La petite boîte s'ouvrit et elle en sortit le cadeau.

C'était une lourde chaîne d'or à porter en collier. La famille l'admira non seulement en raison de sa grande valeur mais surtout parce que, selon les usages, un présent en or affirme les intentions les plus sérieuses. C'était presque une demande en mariage ou plutôt le prélude à une telle demande. Désormais on ne doutait plus que cet étranger s'intéressât à la jeune fille pour le bon motif. Et on savait avoir affaire à quelqu'un qui a des moyens.

Apollonia n'avait toujours pas touché le cadeau. La mère le brandit devant son visage. Elle souleva ses longs cils et regarda Michael de ses yeux marron aussi graves que ceux d'une biche. « *Grazia.* » Il entendait enfin sa voix.

Elle avait la douceur veloutée et la timidité de la jeunesse. Michael en fut abasourdi. Il regarda tantôt le père, tantôt la mère parce qu'il n'osait pas porter les yeux sur elle, si grande était sa confusion. Il remarqua pourtant que, malgré sa sobriété, la robe de la jeune fille soulignait ses appas, d'une extrême sensualité. Il remarqua aussi que la peau crémeuse devenait de plus en plus foncée sous l'afflux du sang.

Enfin Michael se leva pour prendre congé et toute la famille en fit autant. Ils échangèrent des salutations solennelles. La jeune fille le regarda droit dans les yeux en lui tendant la main. Il la saisit et éprouva un choc : leurs peaux se touchaient. Celle d'Apollonia était chaude mais rêche : la paume d'une paysanne. Le père le raccompagna jusqu'à sa voiture en bas de la colline et l'invita à dîner pour le dimanche suivant. Michael acquiesça tout en sachant qu'il ne pourrait attendre toute une semaine pour revoir la jeune fille.

Il n'attendit pas. Dès le lendemain, il retourna au village en voiture sans ses bergers et s'assit à la terrasse du café pour bavarder avec le père. Pris de pitié, le signor Vitelli envoya dire à sa femme et à sa fille de descendre les rejoindre. Cette rencontre fut moins guindée. Apollonia se montra moins timide et parla un peu. Elle portait sa robe de tous les jours en tissu imprimé qui convenait mieux à son teint.

Le lendemain, tout se passa de la même façon, sauf que cette fois Apollonia portait le collier d'or qu'il lui avait donné. Il lui sourit en y voyant un message secret. Ils gravirent ensemble la colline, suivis de près par la mère. Malgré cette surveillance, leurs corps ne pouvaient s'empêcher de se frôler. Il arriva même à Apollonia de buter contre une pierre, chanceler et tomber contre Michael qui dut la retenir à pleins bras. En étreignant ce corps chaud et vivant, il sentit un raz de marée soulever son sang des pieds à la tête. Ils ne virent pas la mère sourire derrière eux : Apollonia était une chèvre des collines et elle ne titubait pas sur ce sentier depuis qu'elle ne portait plus de layette. Elle souriait parce que le jeune homme n'aurait pas d'autre occasion de toucher sa fille jusqu'au mariage.

Cela dura deux semaines. Michael lui apporta des cadeaux à chaque visite. Petit à petit, elle devint moins timide. Mais on ne les laissa jamais sans chaperon. Apollonia n'était qu'une petite paysanne qui savait à peine lire et écrire. Michael et elle se comprenaient difficilement mais il remarquait surtout sa fraîcheur, sa joie de vivre. Tout se passa très rapidement comme le souhaitait Michael. Quant à elle, son futur époux la fascinait et elle devinait qu'il était probablement fort riche. On fixa la date du mariage à un dimanche, quinze jours à l'avance.

Alors Don Tommasino prit les choses en main. Un message d'Amérique lui avait appris que Michael pouvait se marier à son gré mais qu'il fallait rester prudent. Don Tommasino décida de son propre chef qu'il conduirait le jeune époux à l'autel, ce qui exigeait sa présence aux cérémonies et aussi celle de ses gardes du corps. Calo et Fabrizzio furent invités au mariage, de même que le docteur Taza. Il fut entendu que les jeunes mariés vivraient d'abord dans la villa du médecin entourée de murs.

Le mariage eut lieu selon les usages du pays. Du seuil de leur porte les villageois jetèrent des fleurs sur le cortège nuptial qui alla à pied de la maison d'Apollonia à l'église. Les gens du cortège répondaient à ces hommages en lançant des amandes enrobées de sucre, bonbons traditionnels des mariages siciliens. Après la noce, les invités font une montagne de ces dragées primitives sur le lit du jeune couple. Cette fois on n'exécuta ce rite qu'à titre symbolique sur le lit d'Apollonia qui passa sa nuit de noces à la villa hors de Corleone. Le banquet dura jusqu'à minuit mais le jeune couple s'esquiva plus tôt dans l'Alfa Romeo. Au moment de partir, Michael constata avec étonnement que Mme Vitelli partait avec eux, à la demande de la jeune épousée. Le père expliqua : la petite était fort jeune et vierge, donc un peu effrayée. Il lui faudrait quelqu'un à qui se confier le lendemain matin pour la remettre sur la bonne voie si ça n'allait pas. Ces choses-là réservent parfois des surprises. À cet instant Michael vit qu'Apollonia l'observait, l'air inquiet, de ses grands yeux marron aussi timides que ceux d'une biche. Il lui sourit et hocha la tête.

C'est ainsi qu'ils partirent en voiture jusqu'à la villa, avec la belle-mère sur la banquette arrière. Aussitôt arrivée la vieille dame étreignit sa fille, lui baisa les joues et prit contact avec les domestiques du docteur Taza. Michael et Apollonia pénétrèrent seuls dans la grande chambre à coucher.

Elle portait encore sa robe de mariée, avec une pèlerine par-dessus. Les domestiques avaient déjà apporté la malle et la valise amenées en voiture. Sur une petite table on avait disposé une bouteille de vin et des tranches du gâteau de noces. Le grand lit à colonnes était sous leurs yeux. Debout au milieu de la chambre Apollonia attendait que Michael fasse le premier pas.

Mais depuis qu'ils étaient seuls, qu'elle lui appartenait légalement, que rien ne l'empêchait plus de jouir du corps et du visage dont il avait rêvé pendant tant de nuits, Michael n'osait plus l'approcher. Il la vit poser sa pèlerine et son voile de mariée sur le dossier d'une chaise puis retirer sa couronne de fleurs d'oranger et la mettre sur une petite table sur laquelle se trouvait déjà un grand arroi de parfums et produits de beauté qu'il avait fait envoyer de Palerme. La jeune fille en fit l'inventaire des yeux sans oser y toucher. Pensant qu'elle hésitait à se déshabiller en pleine lumière, Michael éteignit. Mais la lune de Sicile pénétra par la fenêtre, brillante comme l'or. Michael ferma les volets, mais pas complètement parce que la chambre eût été trop chaude.

Voyant qu'Apollonia restait debout immobile près de la table, Michael quitta la chambre et s'en alla à la salle de bains au bout du couloir. Il but un verre de vin au jardin avec le docteur Taza et Don Tommasino. Quand il retourna dans la chambre nuptiale, il espérait que la mère ou les servantes auraient aidé sa femme à se déshabiller et à se glisser dans le lit. Peut-être Apollonia avait-elle souhaité qu'il s'en chargeât lui-même, mais il en doutait parce qu'elle était trop timide, trop innocente pour avoir des idées pareilles.

À son retour, la chambre était plongée dans une obscurité complète. Quelqu'un avait fini de fermer les volets. Il alla à tâtons jusqu'au lit, distingua confusément la présence d'Apollonia sous la couverture. En tâtant il constata qu'elle lui tournait le dos et qu'elle était recroquevillée. Il se déshabilla et se glissa tout nu entre les draps. Il tendit la main et toucha la peau soyeuse de la jeune fille. Elle n'avait pas mis sa chemise de nuit. Cette hardiesse l'enchanta. Lentement, prudemment, il lui posa la main sur l'épaule et tira doucement pour qu'elle se retourne. Elle obéit, lentement elle aussi. Il toucha ses seins, doux, gonflés. Il les caressa et, tout à coup, elle se jeta dans ses bras. Leurs corps se confondirent en un éclair soyeux. Il l'étreignit, il lui dévora la bouche, lui écrasa les seins contre sa poitrine et roula sur elle.

Apollonia se livra avec la frénésie farouche d'une jeune vierge. Quand il la pénétra, elle poussa un bref soupir étouffé, s'immobilisa pendant un instant puis, d'un sursaut puissant, elle serra les jambes autour des cuisses de son mari. Un moment plus tard ils étaient si farouchement unis, se serraient si intensément après s'être combattus qu'en se séparant ils eurent l'impression de mourir.

Cette nuit-là et pendant les semaines qui suivirent, Michael commença à comprendre l'importance que les sociétés primitives accordent à la virginité. Il vécut une période de sensualité comme il n'en avait jamais connu, et éprouva pleinement le sentiment de sa puissance virile. Durant ces premiers jours, Apollonia fut presque son esclave. Grâce à la confiance et l'affection qu'il lui accordait, cette vierge devint une femme dont l'appétit érotique offrait les mêmes délices qu'un fruit bien à point.

Sa présence ensoleillait l'atmosphère généralement sinistre de la villa où jusqu'alors seuls les hommes avaient compté. Elle renvoya sa mère chez elle dès le lendemain matin de la nuit de noces et présida avec une grâce exquise la table commune. Don Tommasino dînait tous les soirs avec eux et le docteur Taza racontait ses histoires du temps jadis. Puis les soirées se passaient fort agréablement au jardin, à boire un dernier verre de vin rouge. Dans la chambre à coucher, les jeunes mariés passaient des heures en proie à une passion fébrile. Michael ne se rassasiait pas du corps sculptural d'Apollonia, de sa peau couleur de miel, de ses grands yeux marron qui désormais brillaient de désir. Il émanait d'elle un parfum de fraîcheur, parfum charnel, et même sexuel, et pourtant doux, intolérablement aphrodisiaque. Son enthousiasme virginal allait de pair avec la concupiscence de Michael et souvent ils ne s'endormaient, épuisés, qu'au lever du jour. Parfois, harassé, mais refusant de dormir, Michael s'asseyait sur le bord de la fenêtre et admirait le corps nu d'Apollonia déjà endormie. Au repos, son visage était trop enchanteur : exactement celui qu'il avait déjà vu dans des livres d'art : des madones italiennes que malgré tout leur talent les artistes ne peuvent pas faire passer pour des vierges.

La première semaine après leur mariage, ils circulèrent en voiture dans la région et pique-niquèrent de-ci, de-là. Mais Don Tommasino prit Michael à part pour lui expliquer que son mariage avait attiré l'attention de tous les gens de la région. On savait déjà qu'il était américain et en fuite. Il fallait donc prendre des précautions contre les ennemis de la famille Corleone, dont le long bras s'allongeait jusqu'à la Sicile. Don Tommasino fit patrouiller des gardes armés autour de la villa. Calo et Fabrizzio ne quittèrent pas plus la maison que s'ils s'étaient transformés en pièces de mobilier. Michael et sa femme ne sortirent plus du domaine. Il passa son temps à enseigner l'anglais oral et écrit à sa jeune épouse et lui apprit aussi à conduire la voiture sur les sentiers du parc. À cette époque Don Tommasino était peu bavard. Il avait encore des tracas avec la nouvelle mafia de Palerme, d'après ce qu'en disait le docteur Taza.

Un soir, au jardin, une vieille femme qui travaillait comme servante à la villa apporta une assiette d'olives fraîchement cueillies et demanda à Michael : « Est-ce vrai ce que tout le monde raconte : que vous seriez le fils de Don Corleone de New York, le Parrain ? » Michael vit Don Tommasino secouer la tête avec dégoût parce que le secret s'était trop ébruité. Mais la vieille le regardait avec une telle curiosité qu'elle semblait avoir des raisons personnelles de savoir la vérité. Michael lui dit donc : « C'est vrai. Connaissez-vous mon père ? »

Cette femme, Filomena, avait le visage aussi ridé et foncé qu'une noix. Ses lèvres collaient sur ses dents noircies. Pour la première fois depuis qu'il était là, Michael la vit sourire. « Autrefois, le parrain m'a sauvé la vie, dit-elle et m'a empêchée de devenir folle. » Elle se tapota le front du bout des doigts.

Elle voulait en dire plus et Michael lui sourit pour l'encourager. Elle demanda timidement : « C'est vrai que Luca Brasi est mort ? »

Michael hocha la tête et s'étonna de voir que Filomena paraissait soulagée. Elle se signa et dit : « Dieu me pardonne, mais que l'âme de cet homme rôtisse au feu de l'enfer pour toute l'éternité. »

Michael se rappela combien Brasi l'avait intrigué. Tout à coup il eut une intuition : cette femme connaissait l'histoire que Hagen et Sonny avaient toujours refusé de lui raconter. Il servit un verre de vin à la servante et l'invita à s'asseoir. « Parlez-moi de mon père et de Luca Brasi, dit-il doucement. Je sais pas mal de choses à ce sujet, mais dites-moi comment ils sont devenus amis et pourquoi Brasi était si devoué à mon père. Ne craignez rien, parlez. »

Le visage ridé de Filomena se rida encore plus. Ses yeux noirs comme des raisins de Corinthe interrogèrent Don Tommasino. Il dut lui donner une permission d'une manière qui échappa au jeune Américain. C'est ainsi que Filomena passa la soirée à raconter son histoire.

Trente ans plus tôt, elle était sage-femme à New York, sur la Dixième Avenue et accouchait les femmes de la colonie italienne. Elles sont fécondes et Filomena prospérait. Quand on appelait un médecin pour un cas difficile, il arrivait souvent qu'elle lui enseignât quelque chose. Son mari – défunt depuis lors, que Dieu ait son âme ! – était propriétaire d'une épicerie et faisait de bonnes affaires quoiqu'il aimât trop jouer aux cartes et que, prodigue, il ne pensât jamais à mettre un sou de côté pour les mauvais jours.

Toujours est-il que, par une nuit maudite, il y avait trente ans, à l'heure où les honnêtes gens sont au lit depuis longtemps, on frappa à la porte de Filomena. Elle ne s'en effraya pas car c'est à ces mêmes heures-là que, par prudence, les petits enfants préfèrent entrer dans notre monde de péché. Elle s'habilla et ouvrit la porte. Elle trouva devant elle Luca Brasi dont la réputation était déjà effrayante. Elle savait aussi qu'il était célibataire. Elle prit peur, craignant qu'il soit venu faire du mal à son mari qui aurait pu avoir la légèreté de lui refuser un petit service.

Mais non. Luca était venu pour la même raison que tous les autres. Il dit à Filomena qu'une femme était sur le point de mettre un enfant au monde dans un autre quartier et qu'elle devait l'accompagner. Elle devina immédiatement quelque chose de louche. Le visage brutal de Brasi avait cette nuit-là une expression de folie. Il était visiblement en proie à quelque démon. Elle protesta, arguant qu'elle ne pouvait pas accoucher une femme dont elle ne savait rien. En général elle suivait ses clientes pendant leur grossesse. Il ne voulut rien entendre, mit une poignée de billets verts dans sa main et lui ordonna durement de la suivre. Elle n'eut pas le courage de refuser.

Une Ford attendait dans la rue. Son chauffeur était aussi patibulaire que Brasi. Le trajet ne dura pas plus d'une demi-heure et aboutit devant une petite maison de bois, à Long Island, juste au-delà du pont. C'était une maison construite pour deux familles, mais elle n'était plus occupée à ce moment-là que par Brasi et son gang, car il y avait d'autres rufians dans la cuisine qui buvaient et jouaient aux cartes. Brasi conduisit Filomena jusqu'à une chambre à coucher à l'étage. Dans le lit, une jolie jeune femme qui semblait irlandaise, avec son visage peinturluré et ses cheveux rouges, avait le ventre gonflé comme celui d'une truie. La malheureuse avait tellement peur ! En voyant Brasi elle tourna la tête de l'autre côté, tant elle était terrifiée. Oui, monsieur, terrifiée. D'ailleurs l'expression de haine sur le visage mauvais de Brasi était bien la chose la plus effrayante que la sage-femme avait vue de sa vie. (Filomena se signa de nouveau.)

Abrégeons l'histoire. Brasi quitta la chambre. Deux de ses hommes assistèrent la sage-femme. Le bébé naquit. Épuisée, la maman s'endormit. Filomena enveloppa le nouveau-né dans une couverture. Un de ses hommes l'ayant appelé, Brasi apparut. Elle lui tendit son fardeau en disant : « Si vous êtes le père, prenez-la. Ma tâche est terminée. »

Brasi la fixa d'un œil malveillant. Il avait la folie imprimée sur la face. « Oui, je suis le père, dit-il. Mais je ne veux laisser vivre personne de cette race. Emportez ça à la cave et jetez-le dans le feu ! »

Pendant un moment Filomena crut avoir mal compris. Le mot « race » l'intriguait. Était-ce parce que la mère n'était pas italienne ? Ou bien parce qu'elle appartenait à la pire espèce ? Une putain en quelque sorte ? Ou encore s'interdisait-il de laisser vivre sa propre progéniture ? Mais elle crut tout simplement qu'il faisait une grossière plaisanterie et lui dit : « C'est votre enfant, faites-en ce que vous voudrez. » Elle essaya de lui remettre le nouveau-né enveloppé dans la couverture.

À ce moment, la jeune mère s'éveilla, épuisée, et se tourna sur le côté pour les regarder, juste à temps pour voir Brasi repousser brutalement l'enfantelet contre la poitrine de Filomena. Elle dit d'une voix faible : « Luc, Luc, je regrette. » Luca se tourna vers elle.

Trente ans plus tard, Filomena disait encore que ce fut terrible. Ils avaient l'air de deux bêtes fauves. Ce n'étaient pas des êtres humains. Leur haine réciproque flambait dans la chambre. Rien d'autre n'existait à cet instant, pas même le nouveau-né. Pourtant, c'était une étrange passion : une concupiscence démoniaque. On voyait bien qu'ils étaient damnés pour l'éternité. Luca Brasi se retourna vers Filomena et lui dit durement. « Faites ce que je vous dis et vous serez riche. »

Trop terrifiée pour parler, elle secoua la tête puis trouva le courage de murmurer : « Faites-le vous-même puisque vous êtes le père. Faites-le si vous l'osez. »

Brasi tira un coutelas qu'il portait entre sa chemise et sa peau. « Je t'égorge. »

Le choc avait dû effacer ses souvenirs parce qu'elle se rappelait mal la suite. Elle se revoyait toutefois dans la cave de cette maison, devant la fournaise du chauffage central, un gros machin, carré, en fer. Filomena tenait encore le bébé dans sa couverture. Il ne faisait aucun bruit. « Peut-être si elle avait crié, peut-être si j'avais eu l'astuce de la pincer, ce monstre aurait-il eu pitié. »

Un des hommes avait dû ouvrir la porte du fourneau car les flammes étaient visibles. Puis elle se trouva seule avec Brasi dans cette cave qui sentait le moisi et où de gros tuyaux suintaient l'humidité. Brasi brandit de nouveau son coutelas. Sans aucun doute il l'aurait tuée. Il y avait des flammes dans ses yeux. Sa figure de gargouille n'avait plus rien d'humain. C'était le diable, et même un diable fou. Il la poussa vers la fournaise.

Filomena se tut. Elle croisa ses mains osseuses sur ses genoux et regarda Michael. Il comprit ce qu'elle voulait : achever son récit sans parler. Il lui demanda doucement : « Vous l'avez fait ? » Elle hocha la tête.

C'est seulement après un autre verre de vin, des signes de croix et des prières bredouillées à mi-voix qu'elle reprit son récit. On l'avait ramenée chez elle avec une liasse de billets. Elle comprit que si elle disait un seul mot sur ce qui était arrivé, on la tuerait. Mais deux jours plus tard, Brasi assassina la jeune Irlandaise, la mère de l'enfant. La police l'arrêta. Affolée par la crainte, Filomena alla confier cette histoire au Padrino. Il lui recommanda de se taire et lui promit de s'en occuper. En ce temps-là, Brasi n'était pas encore au service de la famille Corleone.

Avant que le Don eût arrangé les choses, Luca Brasi essaya de se suicider dans sa cellule en se tranchant la gorge avec un morceau de verre. On le transféra à l'hôpital de la prison. Quand il se remit, Don Corleone était déjà intervenu. La police n'avait d'ailleurs pas assez de preuves pour le livrer à la justice. On relâcha Luca Brasi.

Don Corleone assurait Filomena qu'elle n'avait rien à craindre, ni de Brasi, ni de la police. Mais elle avait perdu la paix de l'esprit. Ses nerfs étaient tellement ébranlés qu'elle ne pouvait plus exercer sa profession. Finalement elle persuada son mari de vendre l'épicerie pour retourner en Sicile. C'était un brave homme. Elle lui avait tout dit et il comprenait. Mais il était faible aussi. Il dilapida la fortune pour laquelle ils avaient tant peiné en Amérique. Après sa mort, Filomena s'engagea comme servante. Telle était la fin de son histoire.

Elle but un autre verre de vin et dit à Michael : « Je bénis le nom de votre père. Il m'a toujours envoyé de l'argent quand j'en ai demandé. Il m'a sauvée de Brasi. Dites-lui de ne pas craindre la mort car je prie tous les soirs pour le salut de son âme. »

Après le départ de la vieille femme, Michael demanda à Don Tommasino si elle avait dit la vérité. Le capo-mafioso hocha la tête. Michael comprit pourquoi personne n'avait voulu lui raconter cette histoire. Et quelle histoire ! Quel Luca aussi !

Le lendemain matin Michael voulait en discuter avec Don Tommasino, mais il apprit qu'un message urgent, livré par courrier, l'avait appelé à Palerme. Le soir, à son retour, Don Tommasino emmena Michael à l'écart. Il avait reçu des nouvelles d'Amérique, dit-il. Nouvelle pénible à annoncer : Santino Corleone avait été assassiné.

24.

Au petit matin, le soleil de Sicile inondait la chambre à coucher d'une lumière couleur de citron. Michael s'éveilla. Sentir le corps satiné d'Apollonia contre sa peau encore tiède de sommeil ranima son désir et il la caressa avec tendresse. Ils s'aimèrent. Même après des mois de possession sans réserve, la beauté et la passion de sa femme ne cessaient de l'émerveiller.

Elle alla faire sa toilette et s'habiller dans la salle de bains située à l'autre extrémité du corridor. Encore nu Michael resta allongé sur son lit jouissant des caresses du soleil sur sa peau. Il alluma une cigarette. C'était le dernier matin que le jeune couple passerait dans cette maison. Don Tommasino avait fait le nécessaire pour qu'il allât s'installer dans une autre agglomération sur la côte sud de Sicile. Enceinte depuis moins d'un mois Apollonia entendait passer d'abord quelques semaines avec sa famille et rejoindre ensuite son mari à son nouveau refuge.

La veille au soir, Don Tommasino était resté au jardin après qu'Apollonia fut partie se coucher. Inquiet et fatigué, le Don avoua que la sécurité de Michael lui donnait du souci. « Votre mariage a attiré l'attention sur vous, dit-il. Je m'étonne que votre père n'ait pas pris des mesures pour vous installer ailleurs. En tout cas les jeunes Turcs de Palerme me donnent assez de tracas. Je leur ai offert un compromis équitable. Ils en tireraient plus d'avantages qu'ils n'en méritent. Mais ces blancs-becs ne se contentent pas d'une goutte de rosée, ils veulent tout avaler. Je ne comprends pas leur attitude. Ils ont déjà essayé de me faire la peau à plusieurs reprises, mais ils ont constaté que je suis trop dur à cuire pour eux, et qu'il faudrait y mettre le prix. Mais les jeunes sont comme ça, même les plus doués. Ils ne raisonnent pas. Il leur faut toute l'eau et le puits avec. »

Ensuite, Don Tommasino avait expliqué à Michael que les deux bergers, Fabrizzio et Calo, l'accompagneraient dans l'Alfa Romeo en qualité de gardes du corps. Don Tommasino ajouta qu'il lui ferait ses adieux le soir même parce que le lendemain matin il irait s'occuper de ses affaires à Palerme et partirait dès le lever du jour. Michael ne devait pas dire au docteur Taza qu'il s'en allait, car ce dernier passerait la nuit à Palerme et serait capable de bavarder.

Michael avait remarqué que depuis un certain temps Tommasino avait des ennuis. Des sentinelles en armes patrouillaient autour de la villa pendant la nuit et dans la journée on trouvait toujours quelques fidèles bergers armés de luparas dans la maison. Le Don lui-même était toujours armé jusqu'aux dents et un garde du corps l'accompagnait partout à tout instant.

Le soleil devint trop ardent. Michael écrasa sa cigarette, se leva, enfila un pantalon de toile, une chemise de travail et se coiffa du bonnet pointu que portent presque tous les Siciliens. Les pieds nus, il se pencha à la fenêtre de la chambre et avisa Fabrizzio assis sur une chaise du jardin. Le berger peignait paresseusement sa tignasse noire, la lupara négligemment posée sur la table auprès de lui. Michael siffla. Fabrizzio leva les yeux vers lui.

« Prépare la voiture, lui dit Michael, je m'en vais dans cinq minutes. Où est Calo ? »

Fabrizzio se leva. Sa chemise ouverte révélait les lignes bleues et rouges du tatouage sur sa poitrine. « Calo prend une tasse de café à la cuisine, dit-il. Votre femme part avec vous ? »

Michael l'observa plus attentivement. Depuis quelques semaines, il avait remarqué, sans y prêter grande attention d'abord, que Fabrizzio suivait un peu trop souvent des yeux Apollonia. Certes, le berger n'oserait pas faire la moindre avance à l'épouse d'un ami du Don. En Sicile il n'y a pas de moyen plus sûr pour mourir. Michael répondit donc froidement : « Non, elle va d'abord passer quelque temps dans sa famille et nous rejoindra bientôt. » Il vit Fabrizzio se hâter vers la petite bâtisse de pierre où l'on garait l'Alfa Romeo.

À son tour Michael alla se laver à l'extrémité du corridor. Apollonia n'y était plus. Fort probablement était-elle en train de lui préparer son déjeuner de ses propres mains pour expier le crime qu'elle commettait en restant avec sa famille quelque temps avant de s'en aller au loin, à l'autre extrémité de la Sicile. Don Tommasino se chargerait de la faire transporter jusqu'au refuge de Michael.

À la cuisine, la vieille Filomena lui servit son café et lui dit timidement au revoir. « Je vous rappellerai au bon souvenir de mon père », lui dit Michael. Elle acquiesça d'un hochement de tête.

Calo les rejoignit. « La voiture est prête, dit-il. Dois-je y mettre votre valise ?

— Non, je m'en occupe. Où est Apolla ? »

Un sourire amusé fendit le visage de Calo. « Elle est assise au volant et elle meurt d'envie d'appuyer sur le champignon. Apolla sera américaine avant d'arriver en Amérique. » En Sicile, personne n'avait jamais entendu parler d'une paysanne qui aurait essayé de conduire une voiture. Mais, de temps en temps, Michael laissait Apollonia conduire l'Alfa Romeo dans le parc de la villa, tout en restant auprès d'elle parce qu'il lui arrivait d'appuyer sur l'accélérateur quand elle voulait freiner. Michael dit à Calo : « Attends-moi dans la voiture avec Fabrizzio. »

Il quitta la cuisine et grimpa l'escalier pour aller à sa chambre. Sa valise était déjà prête. Avant de la ramasser il regarda par la fenêtre et vit la voiture arrêtée devant le perron alors qu'elle aurait dû être à la porte de la cuisine. Apollonia tenait le volant à deux mains, comme une enfant. À cet instant même Calo posait sur le siège arrière le panier contenant les provisions du déjeuner qu'ils prendraient en route. Presque aussitôt Michael vit Fabrizzio qui franchissait le portail de la villa, sans doute pour aller faire quelque course à l'extérieur. Il en fut agacé. Où diable allait ce berger ? Fabrizzio jeta un coup d'œil par-dessus son épaule et Michael remarqua quelque chose de furtif et de louche à son regard. Il décida de s'occuper de ce maudit berger. Il redescendit et passa par la cuisine pour prendre définitivement congé de Filomena. « Le docteur Taza est encore au lit ? » demanda-t-il à la bonne femme.

Le visage ridé de Filomena prit un air rusé. « Les vieux coqs ne saluent pas le soleil levant, dit-elle. Le docteur est allé à Palerme hier soir. »

Michael éclata de rire. Il sortit et, aussitôt, l'odeur des citronniers en fleur pénétra son nez au sinus constamment bouché. Apollonia le salua joyeusement de la main. La voiture se trouvait à dix pas de lui. Il comprit alors qu'elle lui faisait signe de rester où il se trouvait parce qu'elle voulait lui amener la voiture. Calo souriait, debout près de l'auto ; sa lupara pendait négligemment au bout de son bras. Mais Fabrizzio n'était toujours pas là.

En un clin d'œil, sans aucun raisonnement conscient, Michael comprit tout et cria à sa femme :

« Non, non ! » Mais sa voix fut étouffée par une formidable déflagration parce qu'à l'instant même Apollonia mettait le contact. La porte de la cuisine vola en éclats, Michael alla s'effondrer contre le mur de la villa, trois mètres plus loin. Des tuiles tombèrent du toit sur ses épaules et l'une d'elles éclata sur son crâne. Avant de perdre conscience, il eut le temps de constater qu'il ne restait plus que les quatre roues et le châssis de l'Alfa Romeo.

Il revint à lui dans une pièce qui lui sembla très obscure et entendit des voix si basses qu'il perçut un bourdonnement plutôt que des mots. Par une sorte d'instinct animal, il feignit d'être encore inconscient. Mais les voix se turent et quelqu'un, assis sur une chaise, près du lit, se pencha vers lui. Il entendit distinctement : « Ma foi, il est enfin revenu parmi nous. » Une lampe s'alluma. La lumière lui brûla les yeux comme l'aurait fait un éclair blanc. Michael tourna la tête. Elle lui sembla lourde et gourde. Il vit alors le visage du docteur Taza penché au-dessus du lit.

« Que je vous examine une minute et j'éteindrai ensuite », dit doucement le docteur. Il projeta sur les yeux de Michael le faisceau, aussi mince qu'un crayon, d'une petite lampe électrique. « Vous vous en tirerez parfaitement », dit-il. Il se tourna vers quelqu'un d'autre dans la chambre. « Tu peux lui parler. »

C'était Don Tommasino qui était assis auprès du lit et désormais Michael le voyait nettement.

« Michael, Michael, puis-je te parler ou préfères-tu te reposer ? »

Plutôt que de répondre, Michael fit un signe de la main, ce qui lui parut plus facile. « C'est Fabrizzio qui a sorti la voiture du garage ? » demanda Don Tomassino.

Sans s'en rendre compte, Michael sourit. C'était un étrange sourire d'acquiescement, mais un sourire glacial. « Fabrizzio a disparu, dit le Don. Écoutez-moi, Michael, vous êtes resté dans le coma pendant près d'une semaine. Est-ce que vous me comprenez ? Tout le monde vous croit mort. Vos ennemis ont donc cessé de vous traquer, vous n'avez plus rien à craindre. J'ai fait prévenir votre père qui nous a envoyé ses instructions. Vous retournerez en Amérique avant peu. En attendant, reposez-vous tranquillement ici. Vous êtes à l'abri de tout, dans une petite ferme de montagne qui m'appartient. Les blancs-becs de Palerme ont fait la paix avec moi maintenant qu'ils vous croient mort parce que, en réalité, c'est à vous qu'ils en avaient. Ils voulaient vous exécuter tout en faisant croire aux autres qu'ils cherchaient à se débarrasser de moi. Il faut que vous le sachiez. Pour tout le reste, fiez-vous à moi. Restez tranquille et refaites vos forces. »

Michael se rappela tout. Il devina aussitôt que sa femme était morte et Calo aussi. Il pensa à la vieille cuisinière et ne se rappela pas si elle était sortie avec lui. « Filomena ? » murmura-t-il. Le Don répondit doucement : « Elle n'a pas été blessée. C'est tout juste si l'explosion l'a fait saigner du nez. Ne vous inquiétez pas pour elle. »

Michael reprit : « Fabrizzio. Faites savoir à vos bergers que celui qui me livrera Fabrizzio possédera les plus riches pâturages de Sicile. »

Il lui sembla que les deux hommes auprès de lui soupiraient de soulagement. Don Tommasino prit un verre sur une table placée auprès de lui et but un liquide couleur d'ambre, qui lui fit aussitôt redresser la tête. Le docteur Taza s'assit au bord du lit et dit presque distraitement : « Vous savez que vous êtes veuf. C'est rare en Sicile. » Apparemment cette distinction devait réconforter le patient.

Michael fit signe à Don Tommasino de se pencher un peu plus. Le Don s'assit aussi au bord du lit et inclina la tête. « Dites à mon père de me rappeler près de lui. Dites à mon père que je veux être son fils. »

Mais il fallut encore un mois pour que Michael se rétablisse de ses blessures et deux mois de plus pour rassembler tous les papiers et assurer son transport. Alors, il prit l'avion de Palerme à Rome, puis de Rome jusqu'à New York. Pendant tout ce temps-là on ne trouva pas la moindre trace de Fabrizzio.

Livre VI

25.

Quand Kay Adams quitta l'université avec son diplôme, elle s'installa dans son pays d'origine au New Hampshire, en qualité de maîtresse d'école. Pendant les six premiers mois qui suivirent la disparition de Michael, elle téléphona toutes les semaines à la mère de ce dernier pour lui demander des nouvelles. Toujours cordiale, Mme Corleone terminait la conversation par les mêmes mots : « Vous une très gentille fille. Vous oublier Mickey et trouver un gentil mari. » Kay n'en prenait pas ombrage. Elle comprenait que la mère parlait ainsi par affection pour une jeune fille dans une situation impossible.

À la fin du premier semestre, elle décida d'aller à New York pour acheter des vêtements convenables et voir quelques anciennes camarades d'université. Elle comptait aussi chercher un travail plus intéressant à New York. Voilà près de deux ans qu'elle menait la vie d'une vieille fille : étudiait, lisait, enseignait, refusait de sortir, n'acceptait aucun rendez-vous. Pourtant elle avait cessé de téléphoner à Long Beach. Elle savait que ça ne pouvait pas durer, parce qu'elle devenait morose et irritable. Mais elle continuait à espérer que Michael lui écrirait ou lui enverrait un message quelconque. Qu'il ne l'eût pas fait l'humiliait et l'affligeait parce qu'elle y voyait un signe de méfiance à son égard.

Elle prit le train de bonne heure et arriva à son hôtel au milieu de l'après-midi. Comme ses amies travaillaient, elle ne voulut pas les déranger dans la journée et se proposa de les appeler le soir. Après le voyage qui l'avait fatiguée, elle n'eut plus envie de traîner dans les magasins. En se trouvant seule dans une chambre d'hôtel, elle se rappela le temps où Michael et elle se rejoignaient dans d'autres chambres comme celle-là pour faire l'amour. Elle en éprouva un sentiment de désolation. C'est surtout cela qui lui suggéra l'idée d'appeler la mère de Michael à Long Beach.

Une grosse voix masculine lui répondit d'abord. Pour Kay, cette voix avait un accent typiquement new-yorkais. Elle demanda Mme Corleone. Au bout de quelques minutes elle reconnut l'accent de la mère de Michael.

Kay éprouva d'abord un peu d'embarras. « Ici, Kay Adams, dit-elle. Vous souvenez-vous de moi, madame Corleone ?

— Sûr, sûr. Je rappelle vous. Pourquoi vous appelez plus ? Vous a mariée ?

— Oh ! non dit Kay. J'ai été très occupée. »

Que la mère lui reproche de ne pas avoir téléphoné l'étonna. « Avez-vous des nouvelles de Michael ? Comment va-t-il ? »

Silence à l'autre bout de la ligne. Puis Mme Corleone répondit d'une voix plus ferme : « Mikey est à maison. Il appelle pas vous ? Il voit pas vous ? »

Kay eut presque la nausée et une envie de pleurer lui fit honte. Sa voix se brisa un peu lorsqu'elle demanda : « Depuis quand est-il revenu ?

— Six mois.

— Ah, je vois… » dit Kay. Elle comprenait, en effet. Une chaude bouffée de confusion la bouleversa parce que la mère de Michael lui apprenait ainsi qu'il la traitait tellement à la légère. Puis vint la colère : colère contre Michael, contre la mère, contre tous les étrangers et surtout ces Italiens pas assez courtois pour conserver une honnête amitié même quand l'aventure amoureuse est terminée. Ce Michael ne savait donc pas que, même s'il ne voulait plus coucher avec elle, elle se souciait encore de lui comme ami. Et s'il ne voulait plus l'épouser, s'imaginait-il qu'elle se suiciderait comme une Italienne à l'esprit borné ou qu'elle lui ferait une scène parce qu'il l'évinçait après lui avoir ravi sa virginité ? Néanmoins, elle s'efforça de parler d'une voix calme. « Je comprends. Merci beaucoup, dit-elle. Je suis heureuse d'apprendre que Michael est de retour et qu'il va bien. Maintenant que je le sais, je ne rappellerai plus. »

Mme Corleone répondit avec impatience, comme si elle ne comprenait pas ce qu'avait dit Kay. « Vous voulez voir Mikey, vous venir tout de suite. Lui faire bonne surprise. Vous prenez taxi et dites l'homme à la grille de payer taxi. Vous dites le chauffeur il aura deux fois le prix d'horloge, sinon il vient pas jusqu'à Long Beach. Mais vous pas payer. L'homme de mon mari, à la grille, paie taxi.

— Je ne pourrais pas faire une chose pareille, madame, dit froidement Kay. Si Michael voulait me voir, il m'aurait appelée chez moi. Il ne veut évidemment pas reprendre nos relations.

— Vous très gentille fille, vous belles jambes, mais pas beaucoup tête, répondit gaiement Mme Corleone. Vous venir voir moi, pas Mikey. Je veux parler vous. Vous venir tout de suite. Et payer pas taxi. J'attends. » Kay entendit un déclic. Mme Corleone avait raccroché.

Elle aurait pu rappeler, dire qu'elle n'y allait pas. Mais elle avait trop envie de revoir Michael, de lui parler, même pour n'échanger que quelques politesses. Puisqu'il était retourné chez lui, il n'était plus en danger et pouvait donc mener une vie normale. Elle sauta à bas du lit et s'apprêta pour aller à Long Beach. Elle s'habilla et se maquilla avec soin. Quand elle fut prête à sortir elle se regarda dans la glace. Était-elle plus attrayante que lorsque Michael avait disparu ? Ou bien la trouverait-il trop vieille, moins à son goût ? Sa silhouette était plus celle d'une femme : hanches plus rondes, poitrine plus mûre. On prétend que les Italiens aiment ça, quoique Michael eût toujours dit qu'il l'aimait parce qu'elle était mince. D'ailleurs, ça n'avait pas d'importance. Selon toute évidence il ne voulait plus avoir affaire à elle, sinon il lui aurait certainement téléphoné pendant les six mois qu'il avait passés chez lui.

Elle héla un taxi. Le chauffeur refusa de la conduire à Long Beach. Elle lui fit son plus joli sourire et lui promit de payer le double de la somme inscrite au compteur. Alors, il céda. Le trajet prit à peu près une heure. Le mail à Long Beach avait changé depuis que Kay l'avait vu pour la dernière fois. Désormais il était protégé par une grille de fer et un portail en barrait l'entrée. Un gardien en pantalon de toile, veston de sport blanc sur une chemise rouge, ouvrit le portail, plongea la tête dans le taxi pour lire le compteur et donna des billets au chauffeur. Quand Kay constata que ce dernier ne protestait pas et semblait même satisfait de ce qu'on lui payait, elle descendit du taxi et s'en alla vers la maison principale du mail.

Mme Corleone en personne ouvrit la porte et accueillit en l'embrassant Kay qui s'en étonna. Puis elle toisa la jeune femme. « Vous belle fille ! dit-elle tout cru. J'ai fils stupide ! »

Elle attira Kay dans le vestibule et la conduisit à la cuisine où un plateau était déjà prêt ainsi qu'une cafetière sur un coin du fourneau. « Michael vient à maison bientôt. Vous faire surprise. »

Elles s'assirent ensemble et la dame âgée obligea Kay à manger tout en l'interrogeant avec une grande curiosité. Que Kay fût institutrice, qu'elle fût venue à New York pour rendre visite à des amis, qu'elle eût seulement vingt-quatre ans, tout cela l'enchantait. Elle hochait la tête d'un air satisfait comme si chaque détail corroborait des décisions qu'elle avait prises auparavant. Kay était si nerveuse qu'elle se contentait de répondre aux questions sans rien dire d'autre.

Elle le vit d'abord au-delà de la fenêtre de la cuisine. Une voiture s'arrêta devant la maison et deux autres hommes en sortirent avant Michael. Il se redressa pour parler à un de ses hommes. Elle le vit de profil, du côté gauche qui lui parut cabossé comme la tête d'une poupée massacrée à coups de pied par un enfant. Si curieux que cela paraisse, il lui sembla tout aussi beau qu'autrefois, mais elle n'en fut pas moins émue jusqu'aux larmes. Elle le vit porter un mouchoir d'une blancheur immaculée à son visage et l'y laisser un instant tout en se retournant pour venir dans la maison.

Elle entendit la porte s'ouvrir et des pas dans le vestibule, qui se dirigeaient vers la cuisine. Puis il fut là, devant elle. Il la vit avec sa mère. D'abord impassible, il sourit enfin, mais à peine parce que la cassure de son visage empêchait ses lèvres de se détendre. Kay qui avait eu l'intention de lui dire salut, comment ça va ? de la manière la plus désinvolte possible, se leva, se précipita dans ses bras et enfouit son visage contre l'épaule de Michael. Il baisa ses joues humides et l'étreignit jusqu'à ce qu'elle eût fini de pleurer. Alors il la conduisit à la voiture, chassa son garde du corps d'un signe de la main et démarra avec Kay auprès de lui. Au lieu de se remaquiller, elle ôta tout le fard de son visage avec son mouchoir.

« Je n'avais pas l'intention de faire ça, dit-elle. Mais personne ne m'avait dit que tu étais aussi gravement blessé. »

Michael éclata de rire et tâta sa joue abîmée. « C'est de ça que tu parles ? Ce n'est rien, sauf que ça me donne des tracas de sinus. Maintenant que je suis revenu je vais probablement me faire rafistoler. Je ne pouvais pas t'écrire ni prendre contact avec toi par n'importe quel moyen. Avant tout, il faut que tu comprennes ça.

— OK, dit-elle.

— J'ai un pied-à-terre en ville. Veux-tu y venir ou préfères-tu le restaurant pour prendre un verre et dîner ?

— Je n'ai pas faim », dit Kay.

Ils roulèrent un moment sans rien dire, vers New York. « As-tu obtenu ton diplôme ? demanda Michael.

— Oui, dit-elle. J'enseigne à l'école primaire de ma ville natale. A-t-on trouvé celui qui avait tué le policier ? Est-ce pour ça que tu es revenu ? »

Michael ne répondit qu'au bout d'un moment. « Oui, on l'a retrouvé. Tous les journaux de New York en ont parlé. Comment se fait-il que tu ne sois pas au courant ? » Kay rit de soulagement : Michael n'était pas un assassin ! « Nous ne recevons que le *New York Times* chez moi, dit-elle. Une nouvelle comme celle-là a dû paraître à la quatre-vingt-neuvième page. Si je l'avais lue, j'aurais appelé ta mère plus tôt. » Après un instant de silence elle reprit : « C'est curieux comme ta mère en a parlé. J'ai failli croire que c'était toi qui avais fait le coup. Juste avant que tu arrives, tout en prenant le café, elle m'a parlé d'un fou qui aurait avoué.

— Ma mère m'a peut-être cru coupable.

— Ta propre mère ?

— Les mères sont comme les flics, dit Michael en souriant. Elles croient toujours le pire. »

Michael laissa sa voiture dans un garage de Mulberry Street dont le propriétaire semblait le connaître. Il conduisit Kay au-delà du carrefour jusqu'à une maison de pierre meulière apparemment délabrée aussi miteuse que le reste du quartier. Il avait la clé de la porte et, dès qu'elle entra, Kay constata que cette bâtisse était meublée aussi luxueusement et confortablement que l'hôtel particulier d'un milliardaire. Il la conduisit à l'appartement du premier étage qui comportait un salon gigantesque et une immense cuisine. Une porte donnait accès à une chambre à coucher. Il y avait un bar dans un coin du salon. Michael servit à boire. Ils s'assirent côte à côte sur un sofa. Il lui dit tranquillement : « Nous serions aussi bien dans la chambre. » Elle but une longue gorgée et lui sourit. « Oui », dit-elle.

Pour Kay, l'amour fut presque comme auparavant, sauf que Michael était devenu plus brusque, plus direct, moins tendre, comme s'il se tenait encore sur ses gardes. Mais elle ne s'en plaignit pas, espérant que ça s'arrangerait. Elle trouva amusant que les hommes se montrent plus sensibles que les femmes dans une situation comme celle-là. Faire l'amour avec Michael après deux ans de séparation lui parut la chose la plus naturelle du monde, comme s'ils ne s'étaient jamais quittés.

En se blottissant contre lui, elle murmura : « Tu aurais quand même pu m'écrire. Tu aurais dû te fier à moi. J'aurais pratiqué l'omerta de la Nouvelle-Angleterre. Tu sais que les Yankees ont la bouche assez bien cousue. »

Michael rit doucement dans l'ombre. « Je ne me serais jamais imaginé que tu m'attendrais, dit-il. Après ce qui s'est passé, je croyais que tu m'aurais laissé tomber.

— Je n'ai jamais cru que tu avais tué ces deux hommes, répondit-elle aussitôt, même si ta mère a l'air de le croire. Mon cœur n'y croyait pas. Je te connais trop bien. »

Elle entendit Michael soupirer. « Que je l'aie fait ou pas, ça n'a aucune importance, dit-il. Il faut que tu le comprennes. »

Le ton sec stupéfia Kay. « Alors, maintenant, dis-moi la vérité. Tu les as tués, oui ou non ? »

Michael s'assit dans le lit et s'adossa à son oreiller. L'extrémité de sa cigarette rougeoya dans l'ombre. « Si je te demande de m'épouser, faudra-t-il que je réponde à cette question avant que tu répondes à la mienne ?

— Ça m'est égal. Je t'aime. C'est parce que je t'aime que ça m'est égal. Mais toi, si tu m'aimais, tu n'aurais pas peur de me dire la vérité. Tu ne craindrais pas que j'aille parler aux flics. Parce que c'est ça, n'est-ce pas ? Alors, tu es vraiment un gangster. Pas vrai ? Mais en réalité, je m'en fiche. Ce qui m'importe, c'est que tu ne m'aimes pas. C'est évident. Tu ne m'as même pas téléphoné depuis que tu es revenu chez toi. »

Des brindilles de tabac incandescentes tombèrent sur le dos nu de Kay. Elle émit un léger gémissement et dit en plaisantant : « Inutile de me torturer, je ne parlerai pas. »

Michael ne rit pas. Il dit d'une voix d'homme distrait : « Sais-tu que lorsque je suis arrivé chez moi je n'étais pas tellement heureux de revoir ma famille, mon père, ma mère, ma sœur Connie et Tom ? C'était bien, mais, en réalité, je m'en foutais. Et puis ce soir je suis rentré et je t'ai trouvée dans la cuisine. Alors j'ai été heureux. C'est ça que tu appelles l'amour ?

— Ça y ressemble assez pour moi », dit Kay.

Ils s'aimèrent de nouveau. Cette fois Michael fut plus tendre. Puis il se leva pour aller chercher à boire. À son retour, il s'assit dans un fauteuil, en face du lit. « Soyons sérieux. Qu'est-ce que tu penserais de te marier avec moi ? »

Kay lui sourit et lui fit signe de se recoucher. Michael lui rendit son sourire. « Sois sérieuse, dit-il. Je ne peux rien te dire de ce qui est arrivé. Désormais, je travaille pour mon père. On me met au courant de l'affaire d'importation d'huile d'olive pour que je la prenne en main. Mais tu sais que ma famille a des ennemis, que mon père a des ennemis. Tu pourrais être une très jeune veuve. Ça se pourrait mais c'est très improbable. Je ne te raconterai pas tous les jours ce qui s'est passé au bureau. Je ne te dirai rien de mes affaires. Tu seras ma femme, mais pas mon associée dans la vie. C'est la formule américaine, non ? Tu ne seras pas mon associée à parts égales. C'est impossible. »

Kay s'assit dans le lit. Elle alluma une énorme lampe posée sur la table de nuit, puis une cigarette. Elle s'adossa aux oreillers et dit tranquillement : « Tu es en train de m'expliquer que tu es un gangster, n'est-ce pas ? Tu me dis que tu es responsable d'assassinats et autres crimes divers en rapport avec des homicides, et que je ne dois jamais t'interroger sur cette partie de ta vie, ni même y penser. C'est comme dans les films d'horreur où un monstre demande à une belle fille de l'épouser. »

Michael sourit et, à ce moment-là, sa joue mutilée était tournée vers Kay. Elle s'exclama contrite : « Oh ! Mike, je n'avais même pas remarqué cette vétille. Je te jure que je ne m'en aperçois plus.

— Je le sais, dit Michael en riant. Si ça ne me mettait pas la goutte au nez, ça me plairait même.

— Tu m'as dit d'être sérieuse. Si nous nous marions, quel genre de vie comptes-tu que je mènerai ? Celle de ta mère, celle d'une ménagère italienne qui s'occupe des gosses et de la maison. Et s'il t'arrivait malheur ? Il pourrait se faire qu'un jour tu atterrisses en prison.

— Non, c'est impossible. Qu'on me tue, oui. Mais qu'on me boucle, non. »

La confiance de Michael fit rire Kay avec un curieux mélange de raillerie et de fierté. « Comment peux-tu dire ça ? Vraiment ? »

Michael soupira. « Voilà une de ces choses dont je ne peux pas te parler, dont je ne veux pas te parler. »

Kay resta un long moment sans rien dire. « Pourquoi veux-tu m'épouser après être resté des mois sans me donner signe de vie ? Est-ce parce que je serais tellement agréable au lit ?

— Bien sûr, dit Michael en hochant gravement la tête. Mais puisque je jouis de ce plaisir pour rien, ce n'est pas pour cette raison que je veux t'épouser.

Écoute, je ne te demande pas une réponse à l'instant même. Nous continuerons à nous voir. Tu auras le temps d'en parler à tes parents. J'ai entendu dire que ton père est un vrai dur en son genre. Suis ses conseils.

— Tu n'as pas répondu à ma question. Pourquoi veux-tu m'épouser ? »

Michael prit un mouchoir blanc dans le tiroir de sa table de nuit, le porta à son nez, se moucha et s'essuya. « Tiens, voilà la meilleure raison pour ne pas m'épouser. Tu ne pourrais pas supporter de vivre avec un type qui est obligé de se moucher le nez à tout instant.

— Allons, sois sérieux, dit Kay impatiente. Je t'ai posé une question. »

Michael serra le mouchoir dans son poing. « D'accord, dit-il. Je te réponds mais cette fois seulement. Tu es la seule personne qui m'ait jamais inspiré de l'affection. La seule à laquelle je tiens. Je ne t'ai pas téléphoné parce qu'il ne me venait pas à l'idée que tu t'intéressais encore à moi après tout ce qui s'est passé. Bien sûr, j'aurais pu te relancer, te faire du baratin, te mentir, même, mais je n'ai pas voulu. Maintenant, je vais te faire une confidence, mais je ne veux pas que tu la répètes, même à ton père. Si tout va bien, d'ici cinq ans ou à peu près, la famille Corleone sera devenue parfaitement honorable. C'est alors que tu pourras devenir une veuve opulente. Et maintenant, pourquoi je veux t'épouser ? Eh bien, parce que je te veux et je veux une famille. Je veux des gosses ; il en est temps.

Je ne veux pas que ces gosses soient influencés par moi comme j'ai été influencé par mon père. Ça ne signifie pas que mon père m'ait influencé délibérément. Il ne l'a même jamais fait. Il ne voulait pas que je sois mêlé aux affaires de la famille. Il voulait que je devienne professeur ou médecin ou quelque chose de ce genre-là. Mais les événements ont mal tourné et il a fallu que je combatte pour ma famille. J'ai dû me battre parce que j'aime et j'admire mon père. Je n'ai jamais connu d'homme aussi digne de respect que lui. Il a toujours été bon époux, bon père, bon ami pour ceux qui n'avaient pas autant de chance que lui. Sa personnalité présente d'autres aspects qui n'ont pas d'importance pour moi en tant que fils. Quoi qu'il en soit, je ne veux pas qu'il arrive la même chose à mes enfants. Je veux qu'ils subissent ton influence à toi, qu'ils grandissent pour être tout-Américains, de vrais tout-Américains, le grand jeu. Peut-être feront-ils de la politique, eux ou leurs enfants. » Michael sourit. « L'un d'eux sera peut-être président des États-Unis. Et diable, pourquoi pas ? À Dartmouth, au cours d'histoire, nous avons fait des recherches sur les origines de tous les Présidents ; leurs pères ou grands-pères eurent bien de la chance de ne pas finir pendus. Si mes enfants sont médecins, musiciens ou enseignants, je serai satisfait. Ils ne seront jamais mêlés aux affaires de la famille. De toute façon, quand ils seront grands, j'aurai pris ma retraite. Alors, dans un petit coin perdu quelconque, nous fréquenterons le country club et nous mènerons la bonne vie toute simple des Américains aisés. Voilà ma proposition. Qu'est-ce que tu en dis ?

— Merveilleux. Mais tu as omis l'hypothèse du veuvage.

— Elle est très improbable. J'y ai fait allusion pour t'offrir un tableau complet. » Il se tapota le nez avec son mouchoir.

« Je ne peux pas y croire, dit Kay. Je ne parviens pas à me figurer que tu sois un homme de ce genre-là. Tu ne l'es pas. » Son regard dénotait une espèce d'ahurissement. « Je n'y comprends rien. Comment pourrait-il en être ainsi ?

— Je ne t'en expliquerai pas plus, dit doucement Michael. Tu n'as même pas besoin de penser à toutes ces affaires-là. En réalité elles n'ont rien à voir avec toi ni avec la vie que nous mènerons ensemble si nous nous marions. »

Kay secoua la tête. « Comment peux-tu prétendre que tu veux m'épouser ? Comment peux-tu laisser entendre que tu m'aimes alors que tu ne m'as jamais dit ce mot ? Pourtant tu viens de dire que tu aimes ton père. Tu te méfies tellement de moi que tu ne veux pas me confier la part la plus importante de ta vie et tu voudrais m'épouser ? Comment pourrais-tu vivre avec une épouse en qui tu n'aurais pas confiance ? Ton père se fie à ta mère, je le sais.

— Certainement, mais ça ne signifie pas qu'il lui confie tout. Pourtant il aurait des raisons de se fier à elle. Pas parce qu'ils sont mariés et qu'elle est sa femme, mais parce qu'elle lui a donné quatre enfants en des temps où la vie ne leur était pas facile, surtout pour élever des enfants. Elle a gardé mon père et l'a soigné quand ses ennemis lui tiraient dessus. Elle croyait en lui. C'est envers lui qu'elle fut loyale avant tout, pendant quarante ans. Quand tu en auras fait autant, je te dirai peut-être quelques petites choses qu'en réalité tu n'as pas envie d'entendre.

— Faudra-t-il vivre sur le mail ? demanda Kay.

— Oui. Mais nous aurons notre propre maison et ce ne sera pas si désagréable. Mes parents ne nous encombreront pas. Nous mènerons notre propre vie. Pourtant, tant que nos affaires ne seront pas en ordre, il faudra que je vive au mail.

— Parce qu'il serait dangereux d'habiter ailleurs ? » demanda Kay.

Pour la première fois depuis qu'elle le connaissait, elle vit Michael en colère : une colère glaciale, qui ne se manifestait pas par un geste ou un changement de ton, mais par un froid qui émanait de lui comme celui de la mort. Alors elle comprit que, si elle décidait de ne pas l'épouser, ce serait à cause de ce froid.

« Le malheur, c'est toutes les sottises du cinéma et des journaux, dit Michael. Tu te fais des idées fausses au sujet de mon père et de la famille Corleone. Je vais te donner une dernière explication. Mais ce sera vraiment la dernière. Mon père est un homme d'affaires qui s'ingénie à pourvoir aux besoins de sa femme, de ses enfants et des amis dont il pourrait avoir besoin un jour, en cas de malheur. Il ne se plie pas aux règles de la société dans laquelle nous vivons parce qu'elles l'auraient condamné à mener une vie indigne d'un homme doué d'une puissance et d'un caractère aussi extraordinaires que les siens. Il te faut comprendre qu'il se considère l'égal des grands hommes comme les présidents, les premiers ministres, les magistrats de la Cour suprême et les gouverneurs d'État. Il n'admet pas que leur volonté prime la sienne. Il refuse d'obéir à des règles établies par d'autres et qui le condamneraient à une vie de vaincu. Mais son but ultime, c'est d'entrer dans cette société avec un certain pouvoir, car la société ne protège pas, en réalité, ses membres s'ils ne disposent pas eux-mêmes d'une puissance suffisante. En attendant il obéit à une éthique qu'il juge très supérieure aux structures légales de la société. »

Kay l'écoutait en le regardant d'un air incrédule. « Mais c'est ridicule ! s'exclama-t-elle. Que se passerait-il si tout le monde se conduisait comme lui ? La société ne fonctionnerait plus et ça nous ramènerait au temps des cavernes. Mike tu ne crois pas ce que tu dis ?

— Je te dis ce que croit mon père, expliqua Michael en souriant. Je veux que tu comprennes que cet homme est ce qu'il est. Mais ce n'est pas un irresponsable, tout au moins dans la société qu'il a créée. Il n'a rien du voyou farouche, armé d'une mitraillette, que tu sembles t'imaginer. À sa façon, mon père est un homme raisonnable et conscient.

— Et toi, que crois-tu ?

— Je crois en ma famille, dit-il en haussant les épaules. Je crois en toi et en la famille que nous pourrons fonder ensemble. Je ne compte pas sur la société pour nous protéger. Je n'entends pas remettre mon destin entre les mains de bonshommes qui se sont qualifiés pour gouverner rien qu'en extorquant des paquets de suffrages au peuple. Mais ça, c'est pour le moment présent, et le temps de mon père touche à sa fin. On ne peut plus faire qu'à très grands risques ce qu'il a fait. Que ça nous plaise ou pas, la famille Corleone doit désormais s'intégrer à la société. Quand nous en viendrons là, je souhaite qu'elle le fasse en disposant d'une large puissance, c'est-à-dire d'argent et de biens matériels. Je voudrais assurer la sécurité de nos enfants avant qu'ils suivent le destin de tout le monde.

— Pourtant, tu t'es engagé pour défendre ton pays comme volontaire et tu es un héros de guerre. Qu'est-ce qui t'a transformé ainsi ?

— Cette conversation n'aboutit à rien. Je ne suis peut-être au fond qu'un de ces conservateurs à la vieille mode, tels qu'on en élevait dans ta petite ville natale : un individualiste qui s'occupe lui-même de ses propres affaires. Les gouvernements ne se soucient guère du commun des mortels, tel est peut-être le fond du problème. Mais il ne s'agit pas tellement de ça. Tout ce que je peux dire, c'est ceci : je dois soutenir mon père, je dois me ranger dans son camp. Et toi, tu dois décider si tu veux être de mon côté. » Il lui sourit. « Te demander en mariage n'était peut-être pas une si bonne idée. »

Kay tapota le lit. « Au sujet du mariage, je ne sais pas. Mais je me suis passée d'homme pendant deux ans et je ne vais pas te laisser filer aussi facilement maintenant. Arrive ici. »

Quand ils furent ensemble au lit et que la lumière se fut éteinte, elle murmura : « Tu me crois quand je te dis que je n'ai plus fait l'amour depuis que tu m'as quittée ?

— Je te crois, dit Michael.

— Et toi ? chuchota-t-elle encore plus doucement.

— Moi, oui. » Il sentit qu'elle se crispait. « Mais pas depuis six mois. » C'était vrai. Depuis la mort d'Apollonia, Michael n'avait pas fait l'amour avec une autre que Kay.

26.

Les fenêtres de l'appartement, meublé et décoré avec une somptuosité tapageuse, ouvraient sur un décor de conte de fées derrière l'hôtel. On y avait planté des palmiers éclairés par des guirlandes d'ampoules électriques orange ; l'eau bleu foncé de deux immenses piscines brillait sous les étoiles du désert. À l'horizon, au-delà des sables, se dressaient les montagnes qui entourent Las Vegas blottie dans sa vallée de néon. Johnny Fontane laissa retomber les lourds rideaux gris, richement brodés, et se retourna vers l'intérieur de la pièce.

Une équipe spéciale de quatre personnes – un croupier, un trésorier, un assistant et une hôtesse de cocktail aussi légèrement vêtue que celles des boîtes de nuit – s'apprêtait à entrer en action à l'usage d'un seul client. Nino Valenti était allongé sur le sofa, dans la partie de l'appartement qui servait de salon. Un grand verre de whisky à la main, il regardait le personnel de l'hôtel préparer la table de vingt-et-un en fer à cheval avec les six chaises rembourrées traditionnelles.

« Fameux ! Bravo ! » dit-il d'une voix pâteuse. Mais il n'était pas tout à fait ivre. « Viens Johnny, on va jouer contre ces saligauds. La chance est avec moi. On va leur mettre ça. »

Assis sur un pouf en face du sofa, Johnny répondit : « Tu sais que je ne joue jamais. Comment vas-tu Nino ?

— À merveille, répondit Valenti en souriant. Il y aura de la nana à minuit. On soupera et puis on reviendra au vingt-et-un. Sais-tu que j'ai gagné près de cinquante mille dollars à la boîte et que, depuis une semaine, elle me grignote ?

— Ouais. À qui laisseras-tu tout ça quand tu claboteras ? »

Nino renversa au-dessus de sa bouche son verre vide. « Tu as pourtant une réputation d'homme qui s'amuse, Johnny, mais tu es sinistre. Même les touristes de Las Vegas s'amusent mieux que toi.

— Peut-être. Tu veux que je te porte à cette table de vingt-et-un ? »

Nino se leva à grand-peine, posa fermement les pieds sur le tapis. « Je sais encore marcher tout seul. » Il laissa tomber son verre et alla d'un pas assez assuré vers la table. L'un des employés s'apprêtait à distribuer les cartes. Le croupier surveillait les gestes de l'assistant. Le trésorier s'était assis à deux pas des autres. L'hôtesse avait pris place sur une chaise, dans une position qui lui permettait de surveiller le moindre geste de Nino Valenti.

Nino tapota du poing sur le tapis vert. « Jetons », dit-il.

Le croupier tira un carnet à souche de sa poche, remplit un formulaire, l'arracha du carnet et le posa devant Nino avec un petit stylo. « Voilà, monsieur Valenti. Cinq mille pour commencer, comme d'habitude. »

Nino griffonna sa signature au bas du feuillet. Le chef l'empocha et fit un signe de tête au trésorier.

De ses doigts aussi agiles que ceux d'un prestidigitateur, ce dernier prit des jetons dans les boîtes vissées sur la table. En moins de cinq secondes Nino eut devant lui cinq piles de dix jetons noir et or valant chacun cent dollars.

Des petits rectangles blancs, à peine plus grands qu'une carte à jouer, apparaissaient sur le tapis vert. Il y en avait six, chacun devant une chaise, sur laquelle aurait dû s'asseoir un joueur. Nino misa cent dollars sur trois rectangles : un jeton sur chacun. Il jouait donc pour trois joueurs. Pour chacune des trois mains il refusa une carte de plus parce que le donneur avait un six ; carte perdante. Et le donneur perdit. Nino rafla ses jetons et se tourna vers Johnny. « Voilà comment on commence la soirée. Pas vrai ? »

Johnny sourit. D'ordinaire, un ponte comme Nino ne signe pas de reçu pour jouer : sa parole suffit. Peut-être se méfiait-on de lui : il buvait tant qu'il aurait pu oublier le lendemain ce qu'il avait fait la veille.

Les gens de l'hôtel ignoraient que Nino se rappelait toujours tout.

Nino continua à gagner. Après la troisième donne il fit signe d'un doigt à l'hôtesse qui alla au bar, à l'extrémité de la pièce, et lui apporta son breuvage habituel : whisky de seigle dans un grand verre. Nino passa le verre dans sa main gauche pour prendre l'hôtesse par la taille. « Assieds-toi près de moi, chérie. Joue, tu me porteras bonheur. »

C'était une très belle fille. Et Johnny devina que c'était aussi un glaçon sans aucune personnalité, malgré tous ses efforts pour sembler en avoir. Elle offrait des sourires alléchants à Nino, mais en réalité elle louchait vers les jetons noir et or. Johnny se demanda pourquoi diable elle n'en aurait pas, elle aussi. Mais il regretta que Nino n'eût rien de mieux pour son argent.

Nino laissa l'hôtesse jouer quelques donnes puis il lui donna un jeton et une tape sur les fesses pour l'éloigner de la table. D'un signe de la main, Johnny lui demanda à boire. Elle le servit en grande pompe, comme si elle jouait la séquence la plus spectaculaire du film le plus sensationnel : elle usait de tous ses charmes sur le grand Johnny Fontane. Elle s'offrit de ses yeux étincelants, de sa démarche la plus suggestive ; sa bouche à peine entrouverte semblait prête à mordre le proche objet d'une passion éclatante. On l'aurait prise pour une bête en rut, mais on voyait aussi qu'elle jouait un rôle. « Encore une, mon Dieu ! » pensa Johnny.

La plupart des femmes qui voulaient coucher avec lui opéraient de la même manière. Ça ne marchait que lorsqu'il était très ivre, or il ne l'était pas ce soir-là. Il récompensa la fille d'un de ses célèbres sourires. « Merci chérie. » Un sourire plus accentué entrouvrit la bouche de l'hôtesse, son regard devint vague, son torse se tendit et se pencha en avant au-dessus de ses longues jambes gainées de bas résille. Il sembla qu'une tension montait en elle. La poitrine parut se gonfler, comme si elle allait éclater dans le chemisier décolleté et sans manches. Le corps tout entier frémit d'une manière extraordinairement suggestive. On aurait cru que cette femme était arrivée à l'orgasme simplement parce que Johnny Fontane lui avait souri en disant : « Merci chérie. » Très bonne prestation, Johnny n'avait jamais rien vu d'aussi réussi, mais il savait combien c'était faux. En général, celles qui jouaient le mieux cette comédie étaient les moins intéressantes au lit.

Tout en faisant tourner son verre entre ses mains, il regarda la fille retourner à sa chaise. Il n'avait aucune envie de la voir répéter le même jeu de scène. Il n'était pas d'humeur à ça cette nuit-là.

Nino mit une heure à s'éteindre. D'abord il s'inclina en avant, se redressa vers le dossier de son fauteuil et, finalement, tomba vers le tapis. Alertés par le premier vacillement, le croupier et l'assistant le retinrent avant qu'il atteigne le sol. Ils le redressèrent et le portèrent au-delà des rideaux qui masquaient le secteur chambre à coucher de l'appartement.

Johnny, l'hôtesse et le donneur les suivirent. L'hôtesse aida les hommes à déshabiller Nino et à le coucher sous les couvertures. Ensuite, le croupier compta les jetons de Nino, nota le nombre sur son calepin, puis surveilla les deux autres qui rangeaient les jetons dans les boîtes.

« Ça dure depuis combien de temps ? » demanda Johnny.

Le croupier haussa les épaules. « Il n'a pas tenu le coup longtemps ce soir. La première fois qu'il s'est écroulé comme ça, nous avons appelé le médecin de la maison, qui a traité M. Valenti avec un médicament et ensuite lui a fait la morale. Alors Nino nous a dit qu'il ne fallait plus appeler le médecin quand ça lui arrivait ; nous n'avions qu'à le mettre au lit et il serait d'aplomb le lendemain matin. C'est ce que nous faisons. Il a une drôle de veine. Ce soir il a encore gagné près de trois mille.

— Appelez quand même le docteur de la boîte ce soir, dit Johnny. D'accord ? S'il le faut, envoyez des chasseurs le chercher dans les salles de jeu. »

Jules Segal arriva au bout d'un quart d'heure. Johnny remarqua, agacé, que ce type n'avait jamais l'air d'un médecin. Ce soir-là, il portait un polo bleu trop ample, avec des broderies blanches, un pantalon de toile, des souliers de daim blanc sans chaussettes.

Avec la trousse noire traditionnelle du médecin sous le bras, il était d'une cocasserie incroyable.

« Trouve donc un moyen de porter ce truc-là dans une espèce de sac de golf modèle réduit, dit Johnny.

— Oui, c'est un poison, ce nécessaire qu'on trimbale depuis l'école de médecine, répondit Jules en souriant, nullement vexé. Ça fout les flubes aux gens. On devrait au moins les faire d'une autre couleur. »

Il s'approcha du lit où gisait Nino. Tout en ouvrant sa trousse, il dit à Johnny : « Merci pour le chèque que tu m'as envoyé. C'était trop. Une simple consultation ne vaut pas ça.

— Moi, je trouve que ça vaut beaucoup plus, dit Johnny. D'ailleurs, n'y pense plus. Il y a déjà longtemps de ça. Et Nino, qu'est-ce qu'il a ? »

Jules procédait rapidement à l'examen du patient : cœur, pouls, tension. Il tira une seringue de sa trousse, enfonça presque distraitement l'aiguille dans le bras de Nino et appuya sur le piston. Le visage cireux de Nino perdit sa lividité ; les joues redevinrent roses, comme si le sang s'était mis à circuler plus vite.

« Diagnostic très simple, dit Jules presque gaiement. J'ai eu l'occasion de l'examiner plus en détail et de faire quelques tests la première fois qu'il s'est évanoui ici. Je l'ai fait transférer à l'hôpital avant qu'il reprenne conscience. C'est un diabétique. Cas chronique, banal pour un adulte, qui ne présente pas de problèmes pour ceux qui se soignent et suivent un régime. Il ne veut pas en tenir compte. Il est même résolu à se tuer en buvant. Son foie est déjà presque fichu et le cerveau commence à être atteint. Tout de suite, tu le vois en état de léger coma diabétique. À mon avis, il faut l'enfermer. »

Johnny se sentit soulagé. Ce n'était donc pas tellement grave puisque Nino s'en tirerait s'il se soignait. « Ça signifie qu'il faudrait l'hospitaliser dans une de ces boîtes où on assèche les poivrots ? » demanda-t-il.

Jules alla au bar et se servit à boire. « Non, répondit-il. J'ai dit : enfermer. Et je précise : dans une maison de fous.

— Fais pas le mariole.

— Je ne plaisante pas. Je ne suis pas au courant de la dernière mode en psychiatrie, mais j'en connais un bout parce que ça fait partie de mon métier. Si son foie n'est pas encore trop endommagé, on peut remettre ton ami Nino à peu près en bon état. Mais avec ce diable de foie, il faudrait une autopsie pour en être sûr. C'est la tête qui est le plus mal en point. Au fond, mourir ne lui fait pas peur, il s'en fiche. Il a peut-être même envie de se tuer. Voilà ce qu'il faut guérir, sinon il est fichu. C'est pourquoi je te dis de le faire enfermer pour qu'il soit obligé de subir le traitement psychiatrique approprié. »

On frappa à la porte, Johnny alla ouvrir. C'était Lucy Mancini. Elle tomba dans les bras de Johnny et l'embrassa. « Que je suis heureuse de te voir ! dit-elle.

— Il y a si longtemps que je n'ai pas eu ce plaisir ! » répondit-il. Il remarqua que Lucy changeait. Elle était plus mince, plus svelte, s'habillait avec plus de goût et ses vêtements lui allaient mieux. Sa coiffure, légèrement garçonne, s'harmonisait avec son visage. Elle semblait plus jeune, plus en forme que jamais. Johnny se demanda si sa compagnie ne serait pas agréable à Las Vegas. Fréquenter une vraie femme, voilà peut-être ce qu'il lui fallait. Mais il n'avait pas encore commencé à jouer de son charme quand il se rappela qu'elle était l'amie de Jules. Donc, plus question. Il réduisit son sourire à celui de la camaraderie et lui demanda : « Mais, dis donc, Lucy, qu'est-ce que tu viens faire dans l'appartement de Nino en pleine nuit ? »

Elle lui donna un coup de poing sur l'épaule. « J'ai appris que Nino est malade et qu'on a appelé Jules. Je suis venue offrir mes services. Il est remis, j'espère ?

— Bien sûr, répondit Johnny. Il va se retaper.

— Tu parles ! s'exclama Jules, étalé sur le canapé du salon. Restons tous ici et attendons qu'il revienne à lui. Alors nous pourrons peut-être le convaincre de sauver sa peau. Lucy, il a de la sympathie pour toi. Tu pourrais l'influencer. Johnny, si tu es vraiment un ami, tu nous donneras un coup de main. Sinon le foie de votre vieux Nino figurera avant peu parmi les plus belles pièces de collection au laboratoire de quelque faculté de médecine. »

Les propos cavaliers du médecin exaspéraient Johnny. Pour qui se prenait ce type-là ? Il allait le lui faire remarquer quand Nino demanda du fond du lit : « Hé, les potes, il n'y a rien à boire ? »

Nino s'assit. Il sourit à Lucy et lui tendit les bras. « Viens mignonne. Viens, embrasser le vieux Nino. » Elle s'assit auprès de lui et lui donna un baiser. Si étrange que cela paraisse, Nino n'avait pas très mauvaise mine, il semblait même presque normal.

Il claqua des doigts. « Allez, Johnny, donne-moi à boire. La nuit est encore jeune. Et la table de vingt-et-un, qu'est-ce qu'elle est devenue ? »

Jules but une longue gorgée et dit à Nino : « Ne bois pas. Ton docteur te l'interdit.

— Qu'il aille se faire foutre, le doc ! » dit Nino, les sourcils froncés. Puis il feignit de remarquer la présence du médecin et joua la contrition. « Tiens, Julot, c'est toi. Tu es mon médecin, d'accord, mais je ne parlais pas de toi, vieux pote. Johnny, donne-moi à boire, sinon je me lève pour me servir moi-même. »

Johnny haussa les épaules et se dirigea vers le bar.

Sans avoir l'air d'y attacher d'importance, Jules intervint : « J'ai dit qu'il ne doit pas boire. »

À cet instant Johnny comprit pourquoi Jules l'irritait : sa voix restait toujours égale. Il n'insistait jamais sur le moindre mot, même le plus grave, et parlait toujours à voix basse, sûr de lui. Quand il donnait un avertissement, sa mise en garde ne s'exprimait que par les mots eux-mêmes, mais la voix restait neutre comme s'il ne se souciait pas de ce qu'il disait. Cela suffit à exaspérer Johnny à tel point qu'il apporta un grand verre de Whisky à Nino. Toutefois avant de le lui donner il demanda à Jules : « Ça ne va quand même pas le tuer ?

— Non, pas le tuer », dit Jules toujours aussi calme. Lucy lui jeta un coup d'œil anxieux, fut sur le point de parler mais s'en retint. Cependant, Nino prenait le verre de whisky et buvait.

Johnny sourit à Nino. Ils l'avaient eu ce médecin, ce hotu ! Soudain Nino ouvrit la bouche, haleta, bleuit. Il ne parvenait plus à respirer. Il étouffait. Son torse se dressa comme un poisson qui saute en l'air. Son visage gonfla, gorgé de sang, les yeux exorbités.

Jules apparut de l'autre côté du lit, en face de Johnny et de Lucy. Il saisit Nino sous la nuque, l'immobilisa et plongea l'aiguille de sa seringue dans l'épaule, à la base du cou. Nino mollit entre ses mains, ses sursauts s'atténuèrent et en un instant il retomba sur l'oreiller. Ses yeux se fermèrent, il s'endormit.

Johnny, Lucy et Jules retournèrent au salon et s'assirent autour d'une petite table massive. Lucy décrocha un téléphone couleur d'aigue-marine pour commander du café et un en-cas. Johnny alla au bar et se servit à boire. « Tu avais prévu cette réaction au whisky ? demanda-t-il à Jules.

— J'en étais à peu près sûr.

— Alors, pourquoi ne m'as-tu pas mis en garde ?

— Je t'ai prévenu.

— Tu ne m'as pas bien mis en garde ! s'exclama Johnny, furieux. Tu en fais un drôle de médecin ! Tu te fous de tout. Tu me dis d'enfermer Nino dans une maison de fous. Tu ne prends même pas la peine d'employer un mot aimable, comme maison de santé. Tu n'as vraiment envie que d'humilier les gens. »

Lucy avait baissé la tête et semblait regarder ses genoux. Jules considérait Fontane en souriant. « Rien ne t'aurait empêché de donner ce verre à Nino. Il fallait que tu manifestes ton indépendance d'esprit. Tu as voulu me prouver que tu n'acceptes pas mes avertissements, mes ordres. Rappelle-toi le jour où tu m'as offert de me prendre comme médecin personnel après les ennuis que t'a donnés ta gorge. J'ai refusé parce que je savais que nous ne pouvons pas nous entendre. Le docteur se voit pareil à Dieu. Il se prend au moins pour le grand prêtre de la société contemporaine. C'est une de ses récompenses. Mais tu ne m'aurais pas traité comme ça. Pour toi, je n'aurais été qu'un petit dieu de rien du tout. Comme ces docteurs d'Hollywood. Où dénichez-vous ces gens-là ? C'est à ne pas y croire. Ils ne savent rien et ils s'en moquent. Ils devinent sûrement ce qui est en train d'arriver à Nino, mais ils se contentent de lui ordonner toutes sortes de drogues pour qu'il continue à fonctionner. Bien vêtus, oui, complets de soie, oui, et toujours prêts à vous lécher le cul, parce que vous êtes des puissances dans le monde du cinéma et vous les prenez pour de grands médecins. Il faut qu'ils aient du cœur, les toubibs du spectacle. Pas vrai ? Mais ce n'est pas de l'indulgence. En réalité, ils sont indifférents. Peu leur importe qui vit, qui meurt. Eh bien, moi, j'ai ma petite manie, impardonnable, peut-être : je veux maintenir les gens en vie ! Je t'ai laissé donner à boire à Nino exprès, pour te montrer ce qui peut lui arriver. »

Jules se pencha vers Johnny et continua d'une voix toujours aussi monotone, dénuée de toute passion : « Ton ami est au bout du rouleau. État terminal. Est-ce que tu comprends ce que ça veut dire ? Sans soins médicaux stricts et surtout traitement psychiatrique, il n'a plus aucune chance de survie. Tension, diabète, mauvaise hygiène peuvent provoquer une hémorragie cérébrale d'un instant à l'autre. Sa cervelle sera inondée de sang. Il sera mort. Et ça, c'est clair pour toi. J'ai dit "maison de fous" exprès, parce que je veux que tu comprennes ce qu'il lui faut, sinon tu ne t'en occuperas pas. Je t'expose carrément la situation. De deux choses l'une, sauve la vie de ton copain en le faisant enfermer, sinon dis-lui adieu.

— Jules, mon chéri, murmura Lucy, ne sois pas si dur, je t'en prie. Dis ça plus gentiment. »

Jules se leva. Johnny constata avec satisfaction qu'il perdait son calme. Sa voix aussi s'anima.

« Crois-tu que ce soit la première fois que je parle à des gens qui se trouvent dans une situation de ce genre ? demanda-t-il. Ça m'arrive tous les jours. Lucy me demande d'être moins dur, mais elle sait de quoi il s'agit. Tu sais, toi, qu'autrefois je disais à mes clients : mangez moins ou vous mourrez, fumez moins ou vous mourrez, travaillez moins ou vous mourrez, buvez moins ou vous mourrez. Personne n'en tient compte. Sais-tu pourquoi ? Parce que je ne dis pas : vous mourrez demain. Eh bien, cette fois, je peux te dire que Nino peut très bien mourir demain ! »

Jules alla au bar et se servit de nouveau à boire. « Alors, Johnny, est-ce que tu vas faire boucler Nino ?

— Je ne sais pas. »

Jules vida rapidement son verre et le remplit derechef. « Tu ne trouves pas drôle que l'on puisse fumer à s'en tuer, boire à s'en tuer, travailler à s'en tuer, et même bâfrer à en mourir ? Mais tout ça c'est acceptable. La seule chose qui soit physiquement impossible, c'est de baiser à mort. Et c'est pourtant dans ce domaine qu'on dresse le plus d'obstacles. » Il prit le temps de vider son verre. « D'ailleurs, même les femmes peuvent avoir des ennuis à ce sujet. Certaines de mes clientes savaient qu'elles ne devaient plus avoir d'enfants. Je leur disais : c'est dangereux, vous pourriez en mourir. Le mois suivant, elles arrivaient fraîches et roses et souriantes et me confiaient : "Docteur, je crois que je suis enceinte." Évidemment, elles tuaient le lapin. Je leur répétais : mais *c'est dangereux*. Dans ce temps-là, j'avais encore de l'expression dans la voix. Il y en avait même qui me disaient en souriant : "Mon mari et moi sommes des catholiques très pratiquants." Et voilà ! »

On frappa à la porte. Un garçon poussa dans le salon une table roulante couverte d'aliments avec un service à café en argent. Un maître d'hôtel l'accompagnait. Ils développèrent une petite table pliante et disposèrent des assiettes. Johnny les congédia.

Tous trois s'attablèrent pour manger les sandwiches chauds et boire le café commandés par Lucy. Johnny appuya les épaules au dossier de sa chaise et alluma une cigarette. « Ainsi, tu aurais la manie de sauver des vies. Alors pourquoi t'es-tu mis aux avortements ? »

Lucy intervint pour la première fois. « Il voulait sauver les pauvres filles dans l'embarras, des filles qui auraient pu se suicider ou s'esquinter en essayant de se débarrasser des bébés. »

Jules lui sourit et soupira. « Ce n'est pas si simple, dit-il. J'ai fini par me spécialiser dans la chirurgie. J'ai les mains habiles. Mais j'étais même tellement adroit que j'en ai pris peur à en devenir idiot. Il m'est arrivé d'ouvrir le ventre de pauvres connards, tout en sachant qu'ils mourraient de toute façon. Je savais que le cancer ou la tumeur renaîtrait et j'opérais quand même. Puis je les renvoyais chez eux avec un bon sourire et un tas de blablabla. Une pauvre nana s'amène, et je lui tranche un sein. Elle revient l'année suivante et je lui tranche l'autre sein. Un an plus tard encore, je l'évide de ses organes, comme on débarrasse un melon de ses graines. Puis, en fin de compte, elle meurt. Depuis le début son mari me téléphone pour demander : "Alors, les tests, qu'est-ce qu'ils donnent ? Alors les tests qu'est-ce qu'ils donnent ?" J'ai embauché une secrétaire pour répondre à ces appels, et je n'ai plus accepté de voir la patiente que lorsqu'elle était prête, et absolument décidée aux tests, aux analyses et à l'opération. Je ne lui consacrais que le minimum de temps parce que, après tout, j'étais un homme surmené. À la fin, j'accordais deux minutes d'entretien au mari. Alors je lui disais : "C'est la phase terminale." Il n'entendait jamais le dernier mot. Je me suis demandé si je ne le mâchais pas par pitié inconsciente. Alors je me suis appliqué à le dire clairement. Ils ne l'entendaient toujours pas. Enfin il y en a un qui m'a demandé : "Mais qu'est-ce que voulez dire avec cette phase germinale ?" (Jules éclata de rire.) Germinale, terminale ! au diable tout ça. J'en ai eu marre, je me suis mis aux avortements. Ça, c'est facile et agréable. Tout le monde est content. Comme celui qui nettoie l'évier après avoir lavé la vaisselle. Là, j'étais à mon affaire. J'adorais ça. J'avais une vocation d'avorteur. Je ne peux pas arriver à croire qu'un fœtus de deux mois soit un être humain. Je n'avais donc pas de remords. Je tirais d'affaire des jeunes filles et des femmes mariées qui s'étaient mises dans le pétrin.

Et je gagnais bien ma vie. J'étais sur la ligne de feu. Quand on m'a épinglé, j'ai éprouvé la même impression qu'un déserteur arrêté après sa fuite. Mais j'ai eu de la chance ; un ami m'a sauvé la mise ; je m'en suis tiré. Pourtant les grands hôpitaux ne me laissent plus opérer dans leurs salles et voilà où j'en suis. J'ai recommençé à donner des conseils dont personne ne tient compte.

— J'en tiens compte, dit Johnny Fontane. J'y réfléchis. »

Lucy changea le sujet de la conversation. « Qu'est-ce que tu fais à Vegas, Johnny ? Tu te reposes de tes soucis de caïd hollywoodien ou bien tu travailles ?

— Rien de tout ça. Mike Corleone veut me voir et s'entretenir avec moi. Il arrive cette nuit par avion avec Tom Hagen. D'après Tom, il veut te voir aussi, Lucy. Sais-tu, pourquoi ? » Lucy secoua la tête. « Nous dînons tous ensemble demain soir. Freddie sera des nôtres. Je crois que c'est au sujet de l'hôtel dont les salles de jeu ne tournent pas rond. Elles seraient en perte ces temps derniers. Le Don a peut-être envoyé Mike en inspection.

— J'ai appris que Mike s'est enfin fait rafistoler la figure, dit Johnny.

— C'est sans doute Kay qui l'y a poussé, dit Lucy en riant. Au moment de leur mariage, il ne voulait pas se faire opérer. Je me demande pourquoi. C'était tellement affreux et ça lui faisait couler le nez. Il aurait dû s'y résigner plus tôt. » Elle se tut un instant. « La famille Corleone a appelé Jules comme conseiller et observateur pour l'opération.

— Je le sais, dit Johnny sèchement. C'est moi qui l'avais recommandé.

— Ah ! bien. D'autre part, Mike a dit qu'il veut faire quelque chose pour Jules. C'est pourquoi il nous invite à dîner demain.

— Il ne se fiait à personne, dit Jules rêveur. Il a voulu que je surveille chaque geste de ceux qui opéraient. C'était pourtant une intervention très simple. N'importe quel chirurgien pouvait s'en tirer. »

Un bruit, derrière le rideau, leur fit tourner la tête vers la chambre à coucher. Nino avait repris conscience. Johnny alla s'asseoir au bord du lit, Jules et Lucy restèrent debout à son chevet. Nino sourit d'un air las. « OK dit-il. Fini de faire le zigoto. Je suis vraiment crevé. Johnny, tu te rappelles ce qui s'est passé quand nous étions à Palm Springs avec deux souris, il y a un an ? Je te jure que je n'étais pas jaloux. J'étais heureux. Tu me crois, Johnny ?

— Mais bien sûr », dit Johnny, d'une voix convaincue, pour le rassurer.

Lucy et Jules échangèrent un coup d'œil. D'après tout ce qu'ils avaient appris et savaient au sujet de Johnny Fontane, il leur semblait impossible qu'il eût chipé la maîtresse d'un ami intime comme Nino. Mais alors, pourquoi Nino éprouvait-il le besoin de dire un an après qu'il n'en était pas jaloux ? Au même instant, tous deux eurent la même idée : Nino se tuait à force de boire sous le coup d'un désespoir romanesque parce qu'une souris l'avait quitté pour Johnny.

De nouveau, Jules examina Nino. « Je vais te faire garder par une infirmière cette nuit, dit-il. Il faudra vraiment que tu restes au lit pendant deux ou trois jours. Je ne plaisante pas.

— D'accord, doc. Pourvu que l'infirmière ne soit pas trop jolie », dit Nino en souriant.

Jules téléphona pour faire venir l'infirmière, puis il s'en alla avec Lucy. Johnny s'assit dans un fauteuil, près du lit pour attendre. Nino se rendormit. Son visage exprimait l'épuisement. Johnny se rappela ce qu'il avait dit au sujet des deux nanas à Palm Springs, un an plus tôt. Il n'avait jamais imaginé que Nino aurait pu être jaloux.

Un an plus tôt, assis dans le somptueux bureau directorial de sa société de cinéma, Johnny Fontane était en proie au pire cafard de sa vie. C'était étonnant car le premier film qu'il avait produit, et dans lequel il jouait le rôle de vedette avec Nino comme second, rapportait de l'argent à la tonne. Tout avait bien tourné. Tout le monde avait fait son boulot. Les frais n'avaient même pas atteint le maximum prévu. Tout le monde allait faire fortune et Jack Woltz en crèverait dix ans plus tôt ! Johnny avait deux autres films en cours de tournage. Il jouait dans l'un et Nino dans l'autre. Nino était épatant à l'écran, dans les rôles de céladon, charmant, un peu bêta, que les femmes adorent serrer entre leurs seins : le petit garçon perdu. Tout ce qu'il touchait rapportait de l'or et les bénéfices affluaient. Le Parrain touchait son pourcentage par l'intermédiaire des banques et Johnny s'en réjouissait sincèrement : il méritait la confiance du Don.

Mais ce jour-là, il avait le cafard.

Producteur indépendant de films en plein succès, il disposait d'une puissance peut-être supérieure à celle qu'il avait eue au temps où il chantait. Les souris lui tombaient dans les bras. Et les plus belles ! Mais peut-être dans un but plus intéresssé. Il possédait son propre avion, vivait encore plus somptueusement et bénéficiait des exemptions fiscales qu'on refuse aux artistes. Alors, de quoi se souciait-il ?

Il le savait fort bien. Il avait des migraines frontales, les narines en feu et des démangeaisons à la gorge. Pour se gratter et venir à bout de ces démangeaisons, il n'avait qu'un moyen : chanter. Mais il n'osait même pas essayer. Il avait demandé à Jules Segal quand il pourrait se permettre de le faire et Jules lui avait dit de ne plus s'en priver s'il en avait envie. Il avait donc fait quelques tentatives mais sa voix était si rauque et tellement minable qu'il avait abandonné. Pire : le lendemain, sa gorge le torturait mais pas de la même manière que lorsqu'on lui avait enlevé les végétations.

Ça brûlait et c'était encore plus douloureux. Il n'osait plus chanter et craignait de perdre définitivement sa voix.

Et s'il ne pouvait pas chanter, à quoi bon tout le reste ? Rien d'autre ne l'intéressait. Il ne connaissait et n'aimait que le chant. Peut-être personne au monde ne s'y connaissait mieux que lui en bel canto : la musique qu'il aimait. À ce point de vue-là, il était hors ligne et s'en rendait compte en ce moment de cafard. Les années en avaient fait un véritable professionnel. Nul ne pouvait lui dire ce qui était bon ou mauvais, juste ou faux. Il n'avait besoin de consulter personne. Il savait. Quel gâchis ! Quel lamentable gâchis !

Comme c'était un vendredi, il décida de passer le week-end avec Virginia et les gamines. Il lui téléphona afin d'annoncer son arrivée. Peut-être était-ce pour lui offrir l'occasion de répondre non. Mais elle ne le faisait jamais. Ça ne lui était pas arrivé une seule fois quoique leur divorce datât de bien des années. Elle ne se serait pas permis d'empêcher Johnny de voir leurs filles. « Ça, c'est une femme », pensa-t-il. Il avait eu de la chance avec Virginia. Il l'aimait plus qu'aucune autre au monde et pourtant il savait qu'ils ne pourraient plus renouer ensemble des liens charnels. À soixante-cinq ans, peut-être, quand il prendrait sa retraite et se retirerait de tout, ce serait avec elle, pour finir ensemble.

Mais les événements le déçurent quand il arriva chez Virginia. Elle n'était pas de très bonne humeur et surtout les deux gamines ne s'affolaient pas de joie parce que la présence du père les privait d'un week-end avec des amis dans un ranch où elles comptaient monter à cheval.

Il dit à Virginia d'envoyer les filles au ranch et prit congé d'elles en les embrassant avec un sourire amusé. Il les comprenait bien. Quel enfant ne préférerait monter à cheval dans un ranch plutôt que de traînailler avec un père grognon qui se manifestait seulement à ses heures ? Ensuite il dit à Virginia : « Je vais boire un ou deux verres et puis je me tirerai, moi aussi.

— D'accord. » Elle était mal lunée, ce qui ne lui arrivait pas souvent mais se voyait tout de suite. La vie qu'elle menait n'était pas tellement facile.

Elle le vit se servir très largement. « De quoi as-tu besoin de te consoler ? demanda-t-elle. Tout va si bien pour toi. Je n'aurais jamais soupçonné que tu puisses devenir un homme d'affaires aussi accompli.

— Ce n'est pourtant pas difficile », dit-il en souriant. Au même instant, il eut l'impression de deviner ce qui ne tournait pas rond. Il comprenait les femmes et en particulier Virginia : elle lui en voulait parce qu'il s'en tirait trop bien. Au fond les femmes n'aiment pas que leur mari réussisse. Ça les irrite. Il leur semble qu'elles tiennent moins solidement leur partenaire par les liens de l'affection, des habitudes charnelles ou simplement du mariage. Pour lui rendre sa bonne humeur plus que pour se plaindre, il lui dit : « À quoi ça sert, tout ça, si je ne peux pas chanter ?

— Tu n'es plus un gosse, Johnny, dit-elle, agacée. Tu as plus de trente-cinq ans maintenant. Pourquoi te soucier de chanter ? C'est ridicule. Tu gagnes d'ailleurs plus d'argent comme producteur. »

Cette sortie étonna Johnny. « Je suis un chanteur avant tout. J'adore chanter. L'âge n'y fait rien.

— D'ailleurs, je n'ai jamais aimé que tu chantes, répondit Virginia, exaspérée cette fois. Maintenant que je te sais capable de faire des films, je suis heureuse que tu ne puisses plus chanter. »

Tous deux s'étonnèrent autant l'un que l'autre lorsque Johnny s'exclama, hors de lui : « En voilà des sales vacheries ! » Il n'en croyait pas ses oreilles. Pourquoi Virginia le détestait-elle à ce point-là ?

Virginia sourit parce qu'elle l'avait vexé assez cruellement pour le mettre en colère. « T'es-tu jamais démandé ce que j'éprouvais quand des tas de filles tournaient autour de toi rien qu'à cause de ta belle voix ? Qu'est-ce que ça te ferait, à toi, si je trottais dans la rue les fesses à l'air pour que les hommes me courent après ? C'était ça, ton chant. Et je souhaitais que tu perdes ta voix, que tu ne puisses plus jamais chanter… Mais ça, c'était avant notre divorce ».

Johnny vida son verre. « Tu ne comprends rien à rien », dit-il.

Il alla à la cuisine et appela Nino au téléphone. En quelques phrases, ils se mijotèrent un bon petit week-end à Palm Springs. Il donna à Nino le numéro de téléphone d'une jeune et fraîche beauté qu'il avait envie de se farcir depuis un certain temps. « Elle aura sûrement une copine pour toi, dit-il. Je serai chez toi dans une heure. »

Virginia lui dit au revoir sans chaleur. Il ne s'en soucia pas parce qu'il était fâché avec elle comme cela lui arrivait de temps en temps, mais pour quelques minutes seulement. Au diable tout ça ! Il allait se déchaîner pendant le week-end pour se purger des poisons qui lui donnaient le cafard.

Tout se passa à merveille à Palm Springs. Johnny possédait une maison qui était toujours ouverte et pourvue de domestiques en cette saison de l'année. Les deux filles étaient assez jeunes pour promettre un grand plaisir et ne manifestaient pas trop de rapacité à réclamer une faveur quelconque. Des amis vinrent leur tenir compagnie à la piscine jusqu'à l'heure du dîner. Nino alla dans sa chambre avec sa partenaire pour s'habiller avant le repas et la grimper pendant qu'il avait encore la chaleur du soleil dans le sang. Johnny n'était pas d'humeur à ça. Il envoya son amie – une petite blonde dodue nommée Tina – prendre sa douche toute seule. Après une querelle avec Virginia, il lui fallait un certain temps pour s'occuper d'une autre femme.

Il alla dans le patio entouré d'une cloison de glaces, qui servait de salon et où se trouvait un piano. Au temps où il chantait avec un orchestre, il s'était amusé à tapoter sur un clavier et il arrivait à jouer des airs à la manière de petites ballades au clair de lune. Il s'assit sur le tabouret et fredonna tout bas en s'accompagnant. Tina ne tarda pas à le rejoindre, lui servit à boire et s'assit auprès de lui. Il joua quelques chansons et elle fredonna avec lui. Il la laissa au piano et monta prendre une douche. Sous l'eau il chanta quelques courtes phrases sans insister sur l'air, comme s'il parlait. Il s'habilla et redescendit. Tina était toujours seule et Nino en train de travailler sa nana à fond ou bien de se soûler.

Tina lui céda le tabouret du piano et sortit se promener autour de la piscine. Johnny se mit à chantonner ses chansons favorites d'autrefois. Sa gorge ne le fit pas souffrir. Les paroles sortaient un peu étouffées mais chaleureuses quand même. Il jeta un coup d'œil dehors, Tina était toujours près de la piscine. La cloison de verre les séparait. Elle n'entendrait pas. Pour une raison qu'il s'expliquait mal, il ne voulait pas qu'elle l'entende. Il reprit au début de sa ballade favorite et la chanta à pleine voix, comme devant le public autrefois. Il se laissa aller, s'attendant à sentir sa gorge brûler, mais il n'en fut rien. Il prêta plus d'attention à sa voix. Ce n'était plus la même, mais elle lui plut. Plus grave, elle lui parut plus foncée : la voix d'un homme, plus celle d'un gamin ; une voix riche, sombre et riche. Il termina la chanson, à voix plus basse, et resta assis devant le piano à méditer.

« Pas mal, vieux pote, pas mal du tout ! » lui dit Nino.

Johnny se retourna. Nino était seul, sans son amie, sur le seuil de la porte. Johnny en fut soulagé. Que Nino l'entende ne le dérangeait pas.

« Qui, dit Johnny. Débarrassons-nous de ces souris. Renvoie-les.

— Alors, tu t'en charges. C'est des bonnes gosses. Je ne voudrais pas leur faire de la peine. Et puis j'ai tiré deux coups avec la mienne, alors j'aurais bonne mine si je la renvoyais sans même lui offrir à dîner. »

Et puis zut ! pensa Johnny. Qu'elles l'entendent, même s'il était minable. Il téléphona à un chef d'orchestre qu'il connaissait à Palm Springs et lui demanda d'envoyer une mandoline pour Nino. « Tu n'y es pas, mon pauvre ami ! Personne ne joue de la mandoline en Californie, protesta l'autre.

— Trouves-en une ! » hurla Johnny.

Il ne manquait rien dans la maison en fait de magnétophones et d'appareillages pour la musique. Johnny expliqua le maniement des engins aux deux filles. Après dîner, il se mit au travail. Nino l'accompagna à la mandoline et il chanta les airs de son ancien répertoire. Il les chanta à pleine voix, sans se soucier de sa gorge qui ne se manifesta pas. Et il eut l'impression de pouvoir chanter désormais jusqu'à la fin de ses jours. Pendant les longs mois où il avait perdu sa voix, il lui était souvent arrivé de penser à la manière dont il interprétait certaines phrases et il se proposait de les chanter plus tard autrement que lorsqu'il était jeune. Il les avait même interprétées mentalement avec des variations plus subtiles. Et voilà qu'il le faisait pour de bon. De temps en temps, ça tournait mal. Des passages qui lui avaient paru bons quand il les entendait seulement dans sa tête devenaient mauvais quand il les chantait à pleine voix. À PLEINE VOIX ! pensa-t-il. Il ne s'écoutait guère et concentrait son esprit sur l'exécution. De temps en temps il trébucha sur le rythme mais n'y attacha pas grande importance. Il était rouillé mais il avait dans la tête un métronome qui ne le trahirait jamais. Il lui suffisait de reprendre la pratique.

Enfin il cessa de chanter. Tina vint à lui, les yeux rayonnants et lui donna un long baiser. « Maintenant, je sais pourquoi ma mère ne rate aucun de vos films », dit-elle. À tout autre instant, cette réflexion eût été cruelle. Mais Johnny et Nino éclatèrent de rire.

Ils écoutèrent les enregistrements. Alors Johnny s'entendit lui-même. Sa voix avait changé bien plus qu'il ne l'avait cru, mais c'était indiscutablement celle de Johnny Fontane. Comme il l'avait constaté avant le dîner, elle était plus riche et plus grave, mais elle avait acquis un timbre beaucoup plus viril. Elle exprimait plus de passion, un caractère mieux marqué. Au point de vue technique l'exécution était bien supérieure à tout ce qu'il avait fait jusqu'alors. C'était magistral, pas moins ! S'il s'exprimait si bien quoique rouillé en diable, qu'est-ce que ça serait après un peu d'entraînement ? « Est-ce que c'est aussi bon que je le crois ? » demanda-t-il en souriant à Nino.

Nino parut s'étonner de le voir aussi rayonnant. « C'est excellent. Mais voyons comment tu chanteras demain. »

Le pessimisme de son ami vexa Johnny. « Tu n'en ferais pas autant, enfant de salaud ! ne t'inquiète pas pour demain. C'est fini. Je me porte à merveille. » Pourtant il ne chanta plus ce soir-là. Ils emmenèrent les petites à une fiesta chez des amis. Puis Tina passa la nuit avec lui, mais là, il ne fit plus merveille. La fille fut un peu déçue. Et que diable ! on ne peut pas tout réussir le même jour ! pensa-t-il.

Le lendemain matin en s'éveillant, il fut pris d'appréhension, redoutant vaguement que le retour de sa voix ne fût qu'un rêve. Puis quand il se fut assuré qu'il s'agissait bien d'une réalité, il eut peur de reperdre sa voix. Il alla à la fenêtre, fredonna un peu et descendit au salon en pyjama. Il tâtonna sur le clavier pour retrouver un accompagnement et chanta d'une voix assourdie et n'éprouva aucune douleur. Sa gorge n'était même pas irritée. Alors il chanta plus fort. Les cordes vocales conservaient toute leur richesse sans qu'il eût à faire le moindre effort. Tout coulait aisément, presque confortablement. Johnny comprit que les mauvais jours étaient passés. Tout lui revenait. Peu lui importait désormais s'il se cassait le nez dans son affaire de production, s'il avait gâché sa nuit avec Tina et si Virginia lui en voulait de reprendre le chant. Pendant un instant il ne regretta qu'une chose : pourquoi sa voix ne lui était-elle pas revenue quand il essayait de chanter pour ses filles ? Ç'aurait été trop beau ! vraiment enchanteur.

L'infirmière de l'hôtel était entrée dans la chambre en poussant un chariot chargé de fioles et de boîtes de pilules. Johnny se leva. Il considéra Nino qui dormait ou se mourait peut-être. Non. Nino n'était pas jaloux parce qu'il avait retrouvé sa voix. Il lui en voulait seulement d'en éprouver trop de bonheur. En fin de compte, il lui reprochait de trop tenir au chant. Voilà ce qui lui apparut alors à l'évidence : Nino Valenti ne tenait à rien du tout au monde, si bien qu'il n'avait aucune raison de vouloir rester vivant.

27.

Michael Corleone arriva tard dans la soirée. Selon ses ordres, personne ne l'attendait à l'aéroport. Ne l'accompagnaient que Tom Hagen et un nouveau garde du corps nommé Albert Neri.

On avait réservé le plus somptueux appartement de l'hôtel pour lui et sa suite. Ceux qu'il devait voir l'attendaient déjà.

Freddie accueillit son frère par une accolade chaleureuse. En vieillissant, l'aîné prenait de la carrure, avait un aspect plus affable et même joyeux. Il se souciait plus de son apparence extérieure. Ce soir-là il portait un complet de soie grise admirablement taillé avec tous les accessoires assortis. Ses cheveux étaient coupés au rasoir et peignés aussi soigneusement que ceux d'une vedette de cinéma. Son visage brillait après un rasage parfait et il s'était fait manucurer. Dans l'ensemble ce n'était plus l'homme qui avait été expédié de New York quatre ans plus tôt.

Le torse rejeté en arrière, il considéra tendrement Michael. « Tu as bien meilleure allure depuis que tu t'es fait rafistoler la bobine. C'est ta femme qui t'a poussé à le faire, pas vrai ? Comment va-t-elle ? Quand viendra-t-elle nous rendre visite ici ? »

Michael sourit à son frère. « Toi aussi, tu as bonne mine. Kay m'aurait accompagné si elle n'attendait pas un autre enfant. Il faut qu'elle s'occupe aussi du premier. En outre, je suis en voyage d'affaires, Freddie, et je dois m'en retourner demain soir ou après-demain matin.

— Tu vas d'abord manger quelque chose, dit Freddie. Nous avons un chef hors ligne à l'hôtel, et tu n'as jamais aussi bien mangé qu'ici. Va prendre une douche et te changer. Pendant ce temps, je te fais servir. J'ai convoqué tous ceux que tu veux voir, et ils se tiendront à ta disposition dès que tu seras prêt. Il suffira de les appeler. »

Michael répondit en souriant : « Gardons Moe Greene pour la fin. D'accord ? Demande à Johnny Fontane et à Nino de souper avec nous, ainsi que Lucy et son ami le docteur. Nous bavarderons en mangeant. » Il se tourna vers Hagen. « Veux-tu ajouter quelqu'un à cette liste, Tom ? »

Hagen secoua la tête. Freddie l'avait accueilli beaucoup moins affectueusement que son frère. Hagen savait pourquoi. Inscrit sur la liste noire de son père, Freddie reprochait naturellement au consigliori de ne pas arranger les choses. Hagen l'aurait fait volontiers, mais il ignorait pourquoi Freddie avait encouru la disgrâce paternelle. Le Don ne faisait jamais de reproches précis. Il lui suffisait de manifester son mécontentement.

Ils se rassemblèrent après minuit autour de la table installée à cette fin dans l'appartement de Michael. Lucy l'embrassa et ne fit pas de commentaires sur l'amélioration de son aspect après l'opération. Jules étudia hardiment la mâchoire rectifiée et dit à Michael : « Du bon boulot. C'est bien ajusté. Et le sinus ?

— Ça va. Merci pour ton aide. »

L'attention se concentra sur Michael pendant le souper. Tous remarquèrent que ses attitudes et ses propos ressemblaient à ceux du Don. Pour quelque raison obscure, il inspirait le même respect et le même sentiment de crainte admirative. Pourtant il se comportait de manière parfaitement naturelle et s'ingéniait à mettre tout le monde à l'aise. Comme d'habitude Hagen se tenait discrètement à l'écart. Le nouveau, celui que les autres ne connaissaient pas, Albert Neri, se montrait aussi très effacé et presque invisible. Assis dans un fauteuil, près de la porte, il lisait un journal local.

Quand ils eurent vidé quelques verres et mangé, on renvoya les serveurs. Michael s'adressa à Johnny Fontane. « J'ai appris que tu as recouvré ta voix et tous tes anciens fans. Félicitations !

— Merci. » Johnny se demandait dans quel but Michael avait tenu à le voir. Lui demanderait-il un service ?

Ensuite Michael s'adressa à tout son entourage. « La famille Corleone pense venir s'installer ici, à Las Vegas, après avoir vendu ses intérêts dans les affaires d'huile d'olive. Le Don, Hagen et moi en avons discuté et nous pensons que l'avenir de la famille est dans l'Ouest. Ça ne signifie pas que nous déménagerons cette année ni l'an prochain. Il nous faudra peut-être deux, trois ou même quatre ans pour régler nos affaires là-bas. Mais tel est notre projet d'ensemble. Certains de nos amis possèdent déjà une bonne part du capital de cet hôtel-casino. Ce sera le fondement de nos affaires. Moe Greene nous vendra sa part pour que nous soyons entièrement maîtres chez nous. »

L'inquiétude apparut sur le visage lunaire de Freddie. « Tu es sûr que Moe Greene vendra, Mike ? Il n'a jamais fait la moindre allusion à une chose pareille et il adore son affaire. Je ne crois pas qu'il la vende.

— Je lui ferai une offre qu'il ne pourra pas refuser », répondit tranquillement Michael.

Il prononça ces mots d'une voix normale, pourtant ils avaient de quoi faire frémir, peut-être parce que c'était une des phrases familières du Don. Michael s'adressa à Johnny Fontane. « Ton parrain compte sur toi pour nous aider à démarrer. On nous a expliqué que les spectacles contribuent pour une bonne part à attirer les joueurs. Nous espérons que tu t'engageras par contrat à chanter cinq fois par an pendant une semaine ou à peu près. Nous comptons aussi que tes amis du cinéma en feront autant. Tu leur as rendu beaucoup de services et maintenant tu peux faire appel à eux.

— Certainement, répondit Johnny. Je ferai tout et n'importe quoi pour mon parrain. Tu le sais, Mike. » Pourtant, sa voix manifestait un soupçon de doute.

Michael sourit. « Tu n'y perdras rien et tes amis non plus. Tu auras ta part d'actions de l'hôtel. Et si quelqu'un te paraît assez important, il aura sa part également. Si tu ne me crois pas, sache que je répète les propos du Don.

— Je te crois, Mike, rétorqua Johnny. Mais on est en train de construire dix autres hôtels-casinos sur le Strip, en ce moment. Quand tu viendras ici, le marché pourrait être saturé. La concurrence est déjà si âpre qu'il pourrait être déjà trop tard. »

Tom Hagen intervint. « Des amis de la famille Corleone financent trois de ces hôtels. »

Johnny comprit immédiatement ce que signifiait cette phrase : la Famille possédait ces trois hôtels avec leurs casinos. Il y aurait donc bien des actions à distribuer. « Je vais m'en occuper », dit-il.

Michael se tourna vers Lucy et Jules Segal. « J'ai une dette envers toi, dit-il à Jules. J'ai entendu dire que tu veux te remettre à disséquer tes semblables et que les hôpitaux te refusent leurs salles d'opération à cause de ta vieille histoire d'avortements. Je veux savoir ce que tu souhaites.

— Mon cher Mike, tu ne connais pas le monde de la médecine. Malgré toute ta puissance, tu n'as pas de prise sur ces gens-là. Je crains que tu ne puisses rien faire pour moi. »

Michael hocha la tête d'un air distrait. « Tu as sûrement raison, dit-il, mais des amis à moi, gens assez bien connus, vont construire un grand hôpital à Las Vegas. La ville en a besoin, étant donné la vitesse à laquelle elle grandit et tous les projets d'aménagement. Ces gens-là t'accorderont peut-être l'usage de leurs salles d'opération si nous leur présentons correctement ton cas. Réfléchis : combien de chirurgiens de ta classe, ou même à moitié aussi capables que toi, voudraient s'installer dans ce désert ? Que diable ! nous rendrons service à cet hôpital. Alors, ne t'éloigne pas. J'ai appris que vous allez vous marier, Lucy et toi.

— Oui, dit Jules en haussant les épaules. Mais quand j'aurai un avenir.

— Mike, dit Lucy avec malice, si tu ne construis pas cet hôpital, je mourrai vieille fille. »

Tous éclatèrent de rire, sauf Jules qui dit à Michael : « Si j'acceptais cette situation, ce serait sans condition ?

— Aucune condition, dit froidement Michael. Je te dois, je te rends, pour régler nos comptes.

— Ne te fâche pas, Michael, dit doucement Lucy.

— Je ne suis pas fâché », lui répondit Michael en souriant. Puis il se tourna vers Jules. « Tu viens de dire une sottise. La famille Corleone s'est décarcassée pour toi. Mais ne va pas croire que je suis assez sot pour te demander de faire des choses qui te feraient horreur. Pourtant, si ça m'arrivait… Qui a jamais levé le petit doigt pour te tirer d'affaire quand tu étais dans le pétrin ? Quand j'ai appris que tu voulais reprendre ton activité de chirurgien, j'ai longuement cherché le moyen de te donner un coup de main. Je suis à même de le faire. Je ne te demande rien en échange. Mais tu pourrais au moins placer nos relations sur le terrain de l'amitié et je pense que tu me rendrais à moi les mêmes services qu'à n'importe quel autre bon ami. Voilà ma condition. Toutefois, tu peux refuser. »

Tom Hagen baissa la tête en souriant : le Don lui-même n'aurait pas présenté les choses plus adroitement.

Jules avait rougi. « Mike, je me suis sans doute mal exprimé. Je vous suis très reconnaissant, à toi et à ton père. Oublie ce que j'ai dit.

— Parfait, dit Michael. En attendant que l'hôpital soit construit et ouvre, tu seras chef du service médical des quatre hôtels. Embauche du personnel. Tes revenus augmenteront aussi ; mais tu discuteras de ça avec Tom plus tard. Toi, Lucy, je veux te charger de tâches plus importantes. Tu pourrais peut-être coordonner les boutiques qui ouvriront sous les arcades des hôtels. Coordination financière, s'entend. Tu pourrais peut-être aussi embaucher les filles dont nous avons besoin pour faire marcher les casinos. Ainsi, si Jules ne t'épouse pas, tu seras au moins une vieille fille riche. »

Freddie tirait nerveusement sur son cigare. Michael s'adressa à lui et dit doucement : « Je ne suis que le messager du Don. Ce qu'il veut faire de toi, il te le dira lui-même, évidemment. Mais je suis certain que ce sera quelque chose d'assez important pour te rendre heureux. Tout le monde assure que tu t'es tiré à merveille de ta tâche ici.

— Alors, pourquoi est-ce qu'il m'en veut ? demanda Freddie d'un ton plaintif. Parce que le casino perd de l'argent ? Ce n'est pas mon rayon, mais celui de Moe Greene. Qu'est-ce qu'il exige de moi, le Vieux ?

— Ne t'inquiète pas de ça », dit Michael qui se tourna de nouveau vers Johnny Fontane. « Où est Nino ? Je comptais le revoir.

— Nino est très malade, dit Johnny en haussant les épaules. Une infirmière le veille dans sa chambre. Notre ami le docteur prétend qu'il faudrait le faire enfermer parce qu'il est en train de se tuer. Nino ! »

Michael s'étonna puis dit, l'air pensif : « Nino a toujours été un chic type. À ma connaissance, il n'a jamais rien fait de moche, ni quoi que ce soit qui pût nuire à quelqu'un. Mais il ne s'est jamais intéressé à rien. Sauf à la boisson.

— Oui, dit Johnny. En ce moment l'argent entre à flots. Il pourrait gagner tout ce qu'il voudrait en chantant ou en faisant du cinéma. Chaque film lui rapporte maintenant cinquante mille dollars et il les claque en un clin d'œil. Il se fiche absolument de la célébrité. Nous sommes potes depuis des années et je ne l'ai jamais soupçonné d'avoir fait quoi que ce soit de mal. Pourtant cet enfant de salaud boit à en crever. »

Jules allait parler quand on frappa à la porte de l'appartement. Il s'étonna de constater que le garde du corps assis dans un fauteuil auprès de la porte continuait à lire son journal. C'est Tom Hagen qui ouvrit. Moe Greene le bouscula presque en pénétrant dans la pièce avec deux gorilles.

Bel homme, Moe Greene était un truand qui avait débuté en qualité d'exécuteur de Murder Incorporated, à Brooklyn. C'est alors qu'il s'était fait une réputation. Depuis, il s'était lancé dans l'exploitation du jeu et il était allé chercher fortune à l'ouest. Nul autre n'avait discerné avant lui les possibilités de Las Vegas et il avait fait bâtir le premier hôtel-casino du Strip. Il lui arrivait encore d'avoir des crises de fureur meurtrière et tout le monde le redoutait à l'hôtel, y compris Freddie, Lucy et Jules Segal qui évitaient, autant que possible, de se trouver sur son chemin.

D'ordinaire avenant, son visage paraissait sinistre. « Je compte te parler, Mike. Et j'ai attendu. Comme j'aurai beaucoup à faire demain, j'ai pensé qu'il vaudrait mieux te rencontrer cette nuit. Qu'est-ce que tu en penses ? »

Michael Corleone l'observait avec une sorte d'étonnement amical. « Tu as bien fait », dit-il. Puis il fit un signe à Hagen. « Sers à boire à M. Greene, Tom », dit-il.

Jules remarqua que le nommé Albert Neri observait attentivement Moe Greene sans se soucier des gardes du corps adossés à la porte. Mais il savait qu'il n'y avait à craindre aucune violence à Las Vegas. C'était strictement interdit parce qu'un crime ruinerait les projets de ceux qui comptaient faire de cette ville le refuge légitime des joueurs américains.

Moe Greene dit à ses gorilles : « Faites distribuer des jetons à tous ces gens pour qu'ils puissent jouer au compte de la maison. » Il désignait évidemment Jules, Lucy, Johnny Fontane et Albert Neri.

Michael Corleone hocha la tête en signe d'acquiescement. « Bonne idée. »

Alors seulement Neri se leva pour partir avec les autres.

Après les adieux, il ne resta plus dans l'appartement que Freddie, Tom Hagen, Moe Greene et Michael Corleone.

Greene posa son verre sur la table et dit en maîtrisant à peine sa fureur : « Qu'est-ce qu'on me raconte ? Il paraît que la famille Corleone voudrait me virer d'ici, en m'indemnisant ? C'est moi qui vous indemniserai, pas vous. »

Michael chercha à le raisonner. « Ton casino perd de l'argent, ce qui n'est guère vraisemblable. Ta gestion doit être mauvaise. Nous pourrions peut-être faire mieux. »

Greene éclata d'un rire féroce. « Saloperies de Ritals ! Je vous ai rendu service en prenant Freddie quand vous étiez dans la panade et maintenant vous voudriez me foutre à la porte. C'est ce que vous espérez. Mais on ne me bouscule pas moi. J'ai des amis pour me soutenir.

Michael demeura calme et raisonnable. « Tu as pris Freddie parce que la famille Corleone t'a donné le gros paquet pour finir de meubler ton hôtel et lancer ton casino avec un fonds de roulement. En outre, la famille Molinari, de la Côte, t'a garanti sa sécurité et t'a aussi rendu quelques services. Actuellement les Corleone sont quittes avec toi. Je ne comprends pas ce qui t'irrite. Nous achèterons ta part au prix que tu nous indiqueras, pourvu qu'il soit raisonnable. Rien à redire. On ne peut pas être plus loyal. Étant donné que ton casino est en perte, nous te faisons une fleur. »

Greene secoua la tête. « La famille Corleone n'a plus autant de vigueur. Le Parrain est malade, les autres Familles sont en train de vous chasser de New York. Et vous vous imaginez que vous trouverez plus à glaner par ici. Alors, un conseil, Mike : ne t'y frotte pas.

— C'est pour ça que tu t'es permis de gifler Freddie en public ? » demanda doucement Michael.

Tom Hagen sursauta et porta son attention sur Freddie qui rougissait. « Il n'y a pas de quoi en faire un drame, Mike, dit Freddie. Moe n'avait pas sa tête à lui. Il se laisse aller de temps en temps, mais nous sommes copains, pas vrai, Moe ?

— Oui, bien sûr, dit Greene prudemment. Je suis obligé de distribuer des coups de pied au cul de temps en temps pour faire marcher la boutique. Freddie m'a mis en colère parce qu'à force de baiser toutes les serveuses, il les rendait intenables. Nous nous sommes disputés, je l'ai mis au pas. »

Toujours aussi impassible, Michael demanda à son frère : « Alors, tu es au pas, maintenant, Freddie ? »

Freddie regarda son cadet d'un air lamentable et ne répondit pas. Greene intervint en riant. « Le petit salaud les prenait par paires : il attelle à deux pouliches. Freddie, je dois avouer que tu sais t'en occuper. Après qu'elles sont passées entre tes mains, plus personne ne leur suffit. »

Hagen remarqua que cette nouvelle surprenait Michael. Ils échangèrent un coup d'œil d'intelligence. Peut-être était-ce pour cela que le Don avait pris Freddie en grippe. Dans ce domaine, en effet, le vieux Sicilien était très collet monté. Deux filles à la fois ! Il considérait de telles pratiques comme un signe de dégénérescence. En outre, Freddie avait porté atteinte au prestige de la famille Corleone en tolérant d'être giflé par Moe Greene. Ces deux choses suffisaient à le faire figurer sur la liste noire du père.

Michael se leva en disant d'un ton catégorique : « Je dois retourner à New York demain. Alors, pense à ton prix. »

Greene répondit, hors de lui. « Tu espères te débarrasser de moi aussi facilement, enfant de putain ! J'ai commis beaucoup plus d'assassinats que toi avant de prendre mon essor. Je prendrai l'avion pour New York afin d'aller parler au Don en personne. C'est à lui que je présenterai mon offre. »

Nerveux, Freddie dit à Hagen : « Tom, puisque tu es le consigliori, parle au Don et conseille-le. »

C'est alors que Michael manifesta tout ce qu'il y avait de glacial dans sa nouvelle personnalité. « Le Don est presque en retraite et c'est moi qui dirige les affaires de la famille désormais. J'ai retiré à Tom sa charge de consigliori. Il sera mon conseiller juridique à Las Vegas ; d'ici un mois ou deux il s'installera ici avec sa famille pour prendre en main tout le travail légal. Donc, Moe, si tu as quelque chose à dire, dis-le-moi. »

Personne ne répondit. Michael ajouta solennellement : « Freddie, tu es mon aîné et je te respecte, mais qu'il ne t'arrive plus jamais de prendre parti pour qui que ce soit contre un membre de la famille. Je n'en parlerai même pas à notre père. Maintenant, toi, Moe, n'insulte pas ceux qui s'efforcent de t'être utiles. Tu ferais mieux d'employer ton énergie à chercher pourquoi le casino perd de l'argent. La famille Corleone a investi de grosses sommes dans cette affaire et n'en tire pas les bénéfices qu'elle mérite. Pourtant, je ne suis pas venu ici pour t'injurier. Je te tends une main secourable. S'il te plaît de cracher dans cette main, libre à toi. Je n'en dirai pas plus. »

Il n'avait pas élevé la voix un seul instant, mais ses paroles eurent un effet calmant sur Greene et Freddie. Il les regarda tous les deux en s'éloignant de la table pour leur signifier leur congé. Hagen alla ouvrir la porte, Freddie et Greene s'en allèrent sans dire bonsoir.

Le lendemain matin, Michael reçut un message oral de Greene : il ne vendrait sa part de l'hôtel-casino à aucun prix. C'est Freddie qui transmit cette réponse. Michael haussa les épaules et dit à son frère : « Je veux voir Nino avant de m'en aller. »

Ils trouvèrent Johnny Fontane en train de déjeuner assis au bord du canapé dans le salon de Nino. Derrière les rideaux de la chambre, Jules examinait le malade. Au bout d'un moment, les rideaux s'écartèrent.

L'aspect de Nino stupéfia Michael. Le malheureux se délabrait visiblement : yeux vitreux, bouche bée, tous les muscles du visage affaissés. Michael s'assit au bord du lit et lui dit : « Heureux de te retrouver, mon cher Nino. Le Don demande toujours de tes nouvelles. »

Nino retrouva son charmant sourire d'autrefois. « Dis-lui que je meurs. Dis-lui que le monde du spectacle est encore plus dangereux que le commerce de l'huile d'olive.

— Tu vas te retaper. Si tu as des ennuis, dis-le-moi, la famille pourrait t'aider.

— Non, dit Nino en secouant la tête. Je n'ai pas d'ennuis ; je n'ai rien du tout. »

Michael bavarda un petit moment puis s'en alla. Freddie l'accompagna à l'aéroport mais n'attendit pas le départ de l'avion parce que Michael le renvoya tout de suite. En embarquant avec Tom Hagen et Neri, Mike demanda à ce dernier : « Tu l'as photographié ?

— Il est enregistré ici, avec son numéro », répondit Neri en se tapant le front du bout de l'index.

28.

Dans l'avion du retour, Michael Corleone chercha à se détendre pour dormir, mais en vain. La phase la plus terrible de sa vie approchait et elle pouvait être fatale. Désormais, plus question de gagner du temps : tout était prêt. Et il lui avait fallu deux ans pour prendre ses précautions. Tarder davantage devenait impossible. La semaine précédente, le Don avait solennellement annonçé sa retraite aux caporegimes et autres membres de la Famille.

Michael avait saisi que son père lui signifiait ainsi : l'heure a sonné. Voilà déjà trois ans qu'il était revenu chez lui et deux ans qu'il avait épousé Kay. Il avait consacré ce temps à apprendre les affaires de la Famille au cours de longues heures passées avec Tom Hagen et avec le Don. La richesse et la puissance des Corleone l'avaient stupéfié. Ils possédaient des biens fonciers d'une valeur prodigieuse en plein cœur de New York, y compris des immeubles d'affaires. Par hommes de paille interposés, la Famille avait la main dans deux charges d'agents de change de Wall Street et des banques de Long Island. Elle était associée à des entreprises de confection. À cela s'ajoutaient les revenus de ses activités illégales dans le domaine du jeu et des syndicats.

L'intéressa particulièrement d'apprendre que la Famille avait protégé, moyennant finances, une bande de contrefacteurs de disques. Ces gens reproduisaient en série les tubes des artistes les plus célèbres. Étiquettes, pochettes étaient si parfaitement imitées que personne ne s'aperçut jamais de la fraude. Évidemment, chanteurs et orchestres qui avaient enregistré le disque original ne touchaient pas un centime sur ces contrefaçons. Michael remarqua dans les archives de la Famille que Johnny Fontane y avait beaucoup perdu parce que, à ce moment-là, juste avant qu'il ne perdît sa voix, ses disques étaient les best-sellers du pays.

Il interrogea Tom Hagen à ce sujet. Pourquoi diable Il Padrino avait-il permis à ces faussaires de spolier son filleul ? Tom haussa les épaules. Les affaires sont les affaires. En outre, Johnny était en disgrâce à cette époque. Il avait divorcé d'avec sa première épouse – un amour d'enfance – pour épouser Margot Ashton, et le Don avait très mal pris ça.

« Comment se fait-il que ces gens aient cessé leur activité ? demanda Michael. Ils se sont fait pincer ?

— Pas du tout. Juste après le mariage de Connie, le Don a cessé de les protéger. »

Michael retrouva des affaires du même genre dans l'histoire de la famille. Souvent le Don tirait d'affaire des gens qu'il avait mis plus au moins dans le pétrin. Ce n'était peut-être pas volontairement, encore moins par ruse, mais parce qu'il avait des intérêts très nombreux et divers, et aussi du fait d'une caractéristique que l'on retrouve partout dans la nature de l'univers entier : l'enchevêtrement inextricable du mal et du bien.

Michael avait épousé Kay en Nouvelle-Angleterre, au cours d'une cérémonie discrète à laquelle n'assistaient que la famille de la jeune mariée et quelques rares amis de cette dernière. Puis ils avaient installé leurs pénates dans une des maisons du mail, à Long Beach. Michael s'étonna en constatant combien Kay s'entendait bien avec ses parents et les autres habitants du mail. Elle s'était évidemment trouvée enceinte presque aussitôt, comme il sied à une bonne épouse de famille italienne, et cela contribuait à lui valoir l'estime de la famille. Un second enfant en route dès la seconde année, voilà qui ajoutait de la crème sur le gâteau.

Kay attendrait Michael à l'aéroport. Elle ne manquait jamais de venir l'y accueillir car elle était heureuse à chacun de ses retours. Il l'était aussi, sauf cette fois, parce que ce dernier voyage signifiait qu'il allait se lancer dans l'activité pour laquelle on l'avait préparé pendant trois ans. Le Don aussi l'attendrait, avec les caporegimes. Avec son père, Michael prendrait les décisions et donnerait les ordres dont dépendrait le destin de la Famille.

Tous les matins, lorsque Kay se levait pour donner le premier biberon au bébé, elle voyait Mama Corleone quitter le mail dans une voiture conduite par un des gardes du corps et revenir une heure plus tard. Kay ne tarda pas à apprendre que sa belle-mère se rendait à l'église tous les matins, sans faute. Souvent la femme du Don s'arrêtait pour prendre le café du matin avec Kay et voir son dernier petit-enfant.

Mama Corleone commençait toujours la conversation en demandant à Kay pourquoi elle ne se décidait pas à se convertir au catholicisme. Elle ignorait que le fils de Kay avait déjà reçu le baptême protestant. Kay trouva bon de demander à sa belle-mère pourquoi elle allait tous les matins à l'église et si c'était une obligation pour les catholiques.

Supposant que cette corvée empêchait Kay de se convertir, la vieille dame répondit : « Oh non ! non, certains catholiques ne vont à l'église qu'à Pâques et à Noël, vous pourrez y aller quand vous voudrez.

— Alors, pourquoi y allez-vous tous les matins ? » demanda Kay en riant.

De la manière la plus naturelle du monde, Mme Corleone répondit : « J'y vais pour mon mari. » Elle pointa un doigt vers le sol. « Pour qu'il n'aille pas là. » Elle pointa le même doigt vers le ciel. « Je prie tous les jours pour que son âme monte là-haut. » Elle eut un petit sourire coquin, non parce qu'elle jouait un tour au

Seigneur, mais plutôt comme si elle désobéissait à son mari ou bien parce qu'elle croyait la partie perdue. Elle disait cela presque en plaisantant, à la manière d'une vieille Italienne de la campagne, et en manifestant un rien d'indépendance envers le vieux Don, comme toujours lorsqu'il n'était pas là.

« Comment va votre mari ? demanda un jour Kay.

— Ce n'est plus le même homme depuis qu'on lui a tiré dessus soupira Mama Corleone résignée. Il laisse tout le travail à Michael et se contente de jouer comme un nigaud dans son jardin, avec ses poivrons et ses tomates. On croirait qu'il est encore paysan. Mais les hommes sont tous des enfants. »

Plus tard, dans la matinée, Connie Corleone traversait volontiers le mail avec ses deux enfants pour venir bavarder avec Kay qui aimait sa belle-sœur pour sa vivacité et sa tendresse évidente envers Michael. Connie apprenait à Kay à cuisiner des plats à l'italienne. Elle apportait aussi, de temps en temps, des mets préparés de manière experte, afin que Michael y goûtât.

Ce matin-là, comme ça lui arrivait souvent, Connie demanda à Kay ce que Michael pensait de son mari. Michael aimait-il vraiment Carlo comme il le semblait ? Carlo avait toujours eu des petits ennuis avec la Famille, mais depuis un an il s'était acheté une conduite. Il se débrouillait fort bien dans les affaires syndicales dont il était chargé. Mais c'était un travail très dur qui lui prenait beaucoup de temps. Connie répétait sans cesse que Carlo aimait beaucoup Michael, mais évidemment tout le monde aimait Michael, de même que tout le monde aimait le père. Michael s'identifiait de plus en plus avec le vieux Don et Connie trouvait bon que Michael prît en main les affaires d'huile d'olive.

Kay avait remarqué que lorsqu'elle parlait des relations de son mari avec la Famille, Connie était toujours extrêmement nerveuse et qu'elle souhaitait entendre un mot favorable à Carlo. Kay eût été stupide si elle n'avait pas noté la terreur qu'inspiraient à Connie les sentiments de Michael envers Carlo. Une nuit elle en parla à Michael et s'étonna du fait que personne ne faisait plus jamais allusion à Sonny Corleone. Personne ne disait rien du fils aîné en sa présence. Une seule fois Kay avait exprimé ses condoléances au Don et à la Mama. Ils l'avaient écoutée en silence et, presque grossièrement, s'étaient abstenus de toute réponse. Elle avait essayé aussi de faire parler Connie au sujet de son frère aîné, mais sans plus de succès.

Sandra, la veuve de Sonny, était allée s'installer avec ses enfants en Floride où vivaient ses propres parents. La Famille avait pris des mesures financières pour qu'elle y vécût confortablement quoique Sonny n'eût laissé aucune fortune personnelle.

Michael expliqua de fort mauvais gré ce qui s'était passé la nuit où Sonny avait été assassiné. Carlo l'ayant rouée de coups, Connie, qui habitait alors à New York, avait téléphoné au mail. C'est Sonny qui avait pris la communication et il était parti en trombe, en proie à une rage aveugle. Depuis lors, évidemment, Connie et Carlo se demandaient sans cesse avec inquiétude si le reste de la Famille ne leur reprochait pas d'avoir indirectement causé la mort de Sonny. Or il n'en était rien, affirma Michael. Il en donnait pour preuve qu'on avait offert une maison du mail à Connie et à Carlo et que ce dernier s'était vu confier une charge importante dans les syndicats. Carlo avait changé de conduite, il ne buvait plus, ne courait plus les putains et ne faisait plus le mariole. Depuis deux ans la Famille était satisfaite de son travail et de son attitude. Personne ne lui reprochait ce qui était arrivé.

« Alors, pourquoi ne les invites-tu pas un de ces soirs, ne serait-ce que pour rassurer ta sœur ? dit Kay. La pauvre petite s'inquiète tellement de ce que tu penses au sujet de son mari. Dis-le-lui et dis-lui d'oublier ce souci.

— Je ne peux pas faire ça, répondit Michael. Nous ne parlons pas de ces choses-là dans la Famille.

— Veux-tu que je lui répète ce que tu m'as dit ? »

Elle s'étonna de constater que Michael réfléchissait longtemps avant de répondre à une suggestion qui lui semblait tellement simple. Enfin il lui dit : « Je crois que tu ferais mieux de t'en abstenir. À mon avis, ça ne servirait à rien. Elle se fera du mauvais sang de toute façon. C'est une de ces choses auxquelles personne ne peut rien. »

Kay en fut stupéfaite. Elle remarqua que Michael était toujours plus froid avec Connie qu'avec tous les autres, malgré la grande affection que lui manifestait cette dernière. « Tu ne reproches sûrement pas à Connie ce qui est arrivé à Sonny ? demanda-t-elle.

— Bien sûr que non, répondit-il en soupirant. C'est ma petite sœur chérie. Je suis désolé pour elle. Carlo se conduit mieux maintenant, mais au fond ce n'est pas le mari qu'il lui fallait. C'est encore une de ces choses auxquelles personne ne peut rien, alors n'y pensons plus. »

Kay n'était pas tracassière, elle laissa tomber. Elle savait aussi que Michael était capable de se montrer froidement désagréable si on abusait de sa patience. Elle savait aussi qu'elle seule au monde pouvait parfois lui imposer sa volonté mais qu'en abusant de ce pouvoir, elle le détruirait. D'autre part, après deux ans de vie commune, elle l'aimait encore plus.

Elle l'aimait pour sa loyauté. Si bizarre que cela paraisse, il était toujours d'une loyauté sans réserve avec tout son entourage. Il ne se laissait jamais aller à l'arbitraire, même pour les choses les plus banales. Elle avait remarqué que son mari était devenu un homme très puissant. Bien des gens venaient discuter avec lui à la maison : lui demander des services, lui manifester déférence et respect. Une chose surtout le lui rendait cher.

Depuis que Michael était revenu de Sicile défiguré, tous les membres de la Famille lui avaient conseillé une opération de chirurgie esthétique. La Mama surtout le harcelait à ce sujet. Un dimanche soir, au cours d'un dîner qui rassemblait tous les Corleone, elle avait crié à Michael : Tu as l'air d'un gangster de cinéma. Fais-toi arranger la figure pour l'amour du ciel et de ta pauvre épouse. Ton nez ne coulera plus comme celui d'un Irlandais ivre. »

Assis au bout de la table, le Don présidait en écoutant et observant tout. Il demanda à Kay : « Est-ce que ça te gêne ? »

Kay secoua la tête. Le Don s'adressa alors à sa femme. « Il est marié maintenant, tu n'en es plus responsable, ça ne te regarde pas. »

La vieille dame se tut, non parce qu'elle redoutait son mari, mais parce qu'une dispute devant les autres membres de la Famille eût été un manque de respect.

À cet instant, Connie, l'enfant favorite du Don, sortit de la cuisine où elle s'occupait du dîner. Son visage avait rougi devant le four. « Moi, je trouve qu'il devrait se faire opérer, dit-elle. Michael était le plus beau de la Famille autrefois. Allons Mike, dis que tu vas le faire ! »

Michael la regarda d'un air distrait. Il semblait ne pas avoir entendu et ne répondit pas.

Connie alla derrière son père. « Oblige-le à se faire opérer, papa », dit-elle. Elle posa affectueusement les deux mains sur les épaules du Don et lui caressa le cou. Aucun autre membre de la Famille ne se permettait jamais de telles familiarités. Son affection pour son père avait quelque chose de touchant car elle était aussi confiante qu'une petite fille. Le Don lui tapota la main et dit : « On meurt de faim ici. Sers d'abord les spaghettis et ensuite il sera temps de parler. »

Connie se tourna vers son mari. « Carlo, dis à Mike de se faire arranger la figure. Il t'écoutera peut-être, toi. » Le ton laissait supposer qu'il existait entre Michael et Carlo Rizzi une amitié dépassant les liens de famille qui unissaient les autres.

Blond, le visage hâlé, les cheveux bien coupés et bien peignés, Carlo but une gorgée du vin fait à la maison et répondit : « Personne ne peut dire à Michael ce qu'il doit faire. » Depuis qu'il s'était installé au mail, Carlo n'était plus le même homme. Il connaissait sa place dans la Famille et s'y tenait.

Kay estima qu'il y avait dans cette scène quelque chose d'incompréhensible et qui la choquait. En tant que femme, elle voyait que Connie s'efforçait délibérément de charmer son père. Elle s'y prenait très bien. Elle était même sincère mais pas spontanée. Par sa réponse, Carlo semblait se rappeler à l'ordre lui-même. Quant à Michael, il n'avait tenu aucun compte de ce qui se passait.

Que son mari fût défiguré ne gênait pas Kay. Mais elle se souciait de l'état de son sinus, qui était lié à cette infirmité. L'opération de la face guérirait aussi le sinus. Elle souhaitait donc que Michael allât à l'hôpital se faire opérer. Elle devinait pourtant que, pour des raisons bizarres, il souhaitait rester dans cet état et elle était convaincue que le Don comprenait pourquoi.

Après qu'elle eut mis au monde son premier enfant elle s'étonna d'entendre Michael lui demander : « Tu veux que je me fasses rectifier la bobine ?

— Sûrement, dit-elle. Tu connais les enfants. Ton fils aura mauvaise impression quand il sera assez grand pour remarquer que tu n'as pas une figure normale. En ce qui me concerne, je t'aime comme tu es, mais je ne voudrais pas que notre enfant voie ça.

— OK, dit-il en souriant. Ce sera fait. »

Il attendit qu'elle eût quitté la maternité, puis il prit les mesures nécessaires. L'opération réussit, la déformation de la joue devint presque imperceptible.

Toute la famille s'en réjouit, et Connie plus que tous. Elle alla voir Michael tous les jours à l'hôpital et y traîna son mari. Quand son frère revint au mail elle l'étreignit, l'embrassa, l'admira et déclara : « Maintenant te voilà redevenu mon superbe frère ! »

Seul le Don n'en fut pas impressionné. Il haussa les épaules et souffla : « Quelle importance ! »

Kay en fut reconnaissante à son mari. Elle savait que Michael avait cédé malgré lui et uniquement parce qu'elle le lui avait demandé. Elle seule pouvait donc le faire agir à l'encontre de sa nature.

L'après-midi où Michael revint de Vegas, Rocco Lampone vint donc chercher Kay dans une grosse voiture pour la conduire à l'aéroport. Elle ne manquait jamais d'aller accueillir son mari quand il revenait de voyage parce qu'elle se sentait assez esseulée sans lui derrière les fortifications du mail.

Elle le vit descendre de l'avion avec Tom Hagen et la dernière recrue de la Famille : Albert Neri. Ce dernier ne lui plaisait guère parce qu'il avait l'air aussi farouche que Luca Brasi. Elle vit que Neri laissait Michael prendre un pas d'avance et s'écartait un peu de côté, en regardant autour de lui, d'un œil pénétrant. C'est même Neri qui fut le premier à repérer Kay. Il toucha l'épaule de Michael et lui fit tourner la tête dans la bonne direction.

Kay se précipita dans les bras de son mari qui l'embrassa rapidement et la lâcha. Kay, Michael et Tom montèrent en voiture et Albert Neri disparut. Elle ne remarqua pas qu'il montait dans une autre auto avec deux hommes et qu'ils suivaient la leur jusqu'au mail.

Kay ne demanda jamais à Michael quelle affaire il avait traitée à Vegas. Même une question aussi banale et posée par politesse eût été une gaucherie. Certes, il lui aurait répondu tout aussi poliment, mais cet échange de propos leur aurait rappelé que leur mariage laissait entre eux des territoires interdits. Kay ne s'en souciait d'ailleurs plus. Pourtant, quand Michael lui dit qu'il passerait la soirée avec son père pour rendre compte du voyage à Vegas, elle fut déçue et ne put s'empêcher de froncer les sourcils.

« Je suis désolé, dit-il. Mais demain soir nous irons dîner à New York et nous nous offrirons le spectacle. D'accord ? » Il lui caressa le ventre. Elle était enceinte de sept mois. « Quand celui-là sera né, tu seras de nouveau trop prise. Diable ! tu es plus italienne que yankee ! Deux gosses en deux ans !

— Et toi, tu es plus yankee qu'italien, répondit-elle avec aigreur. Tu passes ta soirée de retour à t'occuper d'affaires. » Mais elle se reprit, sourit et ajouta : « Tu ne reviendras pas trop tard ?

— Avant minuit, répondit Michael, mais ne m'attends pas si tu es fatiguée.

— Je t'attendrai. »

À la réunion de ce soir-là, dans la bibliothèque située à l'angle de la maison du Don, il y avait le Don lui-même, Michael, Tom Hagen, Carlo Rizzi et les deux caporegimes : Clemenza et Tessio.

L'ambiance était moins agréable qu'autrefois. Depuis que Don Corleone avait annoncé sa demi-retraite et que Michael prenait en main les affaires de la Famille, l'atmosphère était un peu tendue. Dans une telle entreprise, la succession n'est pas forcément héréditaire. Ailleurs, de puissants caporegimes comme Clemenza et Tessio auraient pu hériter du titre de Don. On leur aurait au moins permis de se séparer pour constituer leur propre Famille.

Depuis que Don Corleone avait fait la paix avec les cinq Familles, la sienne était en décadence. Désormais la famille Barzini était indiscutablement la plus puissante de la région new-yorkaise. Son alliance avec les Tattaglia lui conférait l'hégémonie dont avaient joui autrefois les Corleone. Elle se permettait même de grignoter la puissance de la famille Corleone en se frayant son chemin dans le secteur du jeu, en procédant par petites provocations successives pour tâter les réactions de l'adversaire. Et, constatant sa faiblesse, les Barzini installaient leurs propres books en territoire ennemi.

La retraite du Don enchantait les Barzini et les Tattaglia. Pour formidable qu'il pût devenir, Michael aurait besoin d'au moins dix ans avant d'acquérir l'astuce et l'influence du vieux Don. La famille Corleone était donc définitivement sur le déclin.

Elle avait, bien sûr, subi de graves revers. L'aîné des fils était tout juste bon à faire un aubergiste et un homme à femmes. Le nom sicilien de ce genre d'individu n'est pas traduisible, mais il suggère l'image d'un enfant glouton qui ne lâche pas le sein maternel, bref, un homme peu viril. La mort de Sonny aussi était un désastre. Sonny était un redoutable truand qu'il ne fallait pas prendre à la légère. Il avait toutefois commis une faute en envoyant son cadet, Michael, exécuter le Turc et le capitaine de police. Au point de vue tactique, c'était une mesure nécessaire, certes, mais en fait de stratégie à long terme, l'opération se révélait une erreur grave. Elle avait forcé le Don à se lever de son lit de convalescent pour reprendre ses affaires en main. Elle avait aussi privé Michael de deux années qu'il aurait pu consacrer à acquérir de l'expérience sous la tutelle de son père. Et puis il y avait aussi ce consigliori irlandais : l'unique folie que le Don eût jamais commise. Aucun Irlandais ne peut jamais espérer égaler la ruse d'un Sicilien. Telle était, tout au moins, l'opinion des Familles qui respectaient évidemment plus l'alliance Barzini-Tattaglia que les Corleone. Selon leur opinion, Michael ne valait pas Sonny comme force quoiqu'il fût certainement plus intelligent, mais moins intelligent que son père. Bref, c'était un héritier médiocre à ne pas trop craindre.

Quoique, en général, on admirât le sang-froid avec lequel le Don avait fait la paix, le fait qu'il n'eût pas vengé l'assassinat de Sonny diminuait beaucoup le prestige de la Famille. On en concluait qu'il avait traité par faiblesse. Les six hommes réunis dans la bibliothèque savaient ce que l'on pensait d'eux et quelques-uns y croyaient peut-être. Carlo Rizzi aimait bien Michael, mais il le redoutait moins qu'il n'avait craint Sonny.

Tout en admirant la bravoure avec laquelle Michael avait exécuté le Turc et le capitaine de police, Clemenza n'en estimait pas moins que Michael n'était pas assez dur pour faire un Don. Le gros caporegime avait espéré qu'on lui accorderait la permission de constituer sa propre Famille dans un fief des Corleone. Mais le Don en avait décidé autrement et Clemenza le respectait trop pour lui désobéir. À moins, évidemment, que la situation ne devînt intolérable.

Tessio avait meilleure opinion de Michael. Il devinait que le jeune homme se gardait astucieusement de révéler son jeu, et surtout sa force, suivant ainsi le principe du Don selon lequel l'ami doit toujours surestimer notre vertu et l'ennemi nos défauts.

Le Don et Tom Hagen ne doutaient évidemment pas de Michael. Le Don n'aurait pas pris sa retraite s'il n'avait été absolument convaincu que son fils était capable de rétablir la situation de la Famille. Depuis deux ans Hagen servait de mentor à Michael et s'émerveillait de voir combien il assimilait rapidement les méandres presque inextricables des affaires d'huile d'olive : le vrai fils de son père.

Clemenza et Tessio étaient agacés parce que Michael avait diminué la puissance de leurs regimes et n'avait pas reconstitué celui de Sonny. Désormais, la Famille ne disposait plus que de deux divisions aptes au combat et d'un personnel moins nombreux qu'auparavant. Pour les deux caporegimes, cela équivalait à un suicide, d'autant plus que l'alliance Barzini-Tattaglia empiétait sur leur empire. Ils espéraient toutefois que la réunion extraordinaire convoquée par le Don permettrait de corriger ces erreurs.

Michael commença par rendre compte de son voyage à Vegas et exposa que Greene refusait de vendre sa part. « Mais nous lui ferons une offre qu'il ne pourra pas refuser, dit-il. Vous savez déjà que la Famille entend transférer son centre d'activité vers l'ouest. Nous posséderons quatre hôtels-casinos sur le Strip. Mais ça ne peut pas se faire immédiatement. Il nous faut du temps pour régler nos affaires. » Il s'adressa directement à Clemenza. « Pete Tessio et toi, vous allez rester avec moi pendant un an sans questions ni réserve. Au bout de ce délai, vous pourrez vous séparer de la Famille et devenir vos propres maîtres. Il va sans dire que nous maintiendrons nos liens d'amitié. Supposer qu'il puisse en être autrement serait une injure que je ne me permettrais pas, étant donné votre respect pour mon père. Toutefois, avant de prendre votre liberté, continuez à suivre ma direction et ne vous souciez de rien. Des négociations sont en cours qui permettront de résoudre des problèmes que vous croyez insolubles. Soyez donc un peu patients. »

Tessio prit la parole. « Si Moe Greene voulait parler à ton père, pourquoi l'en empêcher ? Le Don a toujours réussi à convaincre tout le monde. Personne n'a jamais résisté à ses raisonnements. »

Le Don répondit en personne. « J'ai pris ma retraite. Michael perdrait son prestige si j'intervenais. En outre, Greene est un homme avec qui je préfère ne pas m'entretenir. »

Tessio se rappela ce qu'il avait entendu dire au sujet de ce qui s'était passé un soir à l'hôtel de Vegas. Moe Greene aurait giflé Freddie Corleone en public. Il flaira anguille sous roche et se cala dans son fauteuil. Pour lui, désormais, Moe Greene était mort : la famille Corleone ne souhaitait pas le persuader.

Carlo Rizzi intervint à son tour. « Est-ce que la Famille va abandonner toute activité à New York ? demanda-t-il.

— Nous vendons notre affaire d'huile d'olive, répondit Michael. Nous céderons à Tessio et Clemenza tout ce que nous pourrons. Mais ne t'inquiète pas de ta situation, Carlo. Tu as grandi au Nevada, tu connais cet État et ses habitants. Je compte faire de toi mon bras droit quand nous nous installerons là-bas. »

À son tour Carlo s'adossa à son siège, le visage rouge de plaisir. Son heure approchait, il allait briller dans la constellation du pouvoir.

Michael poursuivit : « Tom Hagen n'est plus notre consigliori. Il sera notre conseiller juridique à Vegas. Dans deux mois à peu près, il ira s'installer définitivement avec sa famille. Strictement comme avocat. À partir de la minute présente, aucune affaire ne le concerne plus. Il est avocat, c'est tout. Pas de réflexion sur Tom. C'est ainsi que je vois les choses. D'ailleurs si j'ai besoin de conseils, qui me conseillerait mieux que mon père ? » Et tous de rire. Pourtant, malgré la plaisanterie, ils comprenaient le message. Tom était hors jeu et ne détenait plus aucun pouvoir. Chacun jeta un coup d'œil dans sa direction pour voir comment il réagissait, mais il resta impassible.

Clemenza souffla de sa voix d'homme gras : « Alors, dans un an, nous serons à notre compte ? C'est bien ça ?

— Peut-être plus tôt, dit Michael avec courtoisie. Bien sûr tu pourras toujours rester membre de la Famille si tu préfères. Mais notre puissance sera désormais dans l'Ouest et, étant donné que tu es organisé ici, tu pourrais t'y débrouiller mieux. »

Tessio dit tranquillement : « Dans ce cas, tu devrais nous permettre de renforcer nos regimes. Ces salauds de Barzini ne cessent de rogner sur mon territoire. J'estime qu'il serait bon de leur donner une petite leçon de maintien. »

Michael secoua la tête. « Non. Ce serait une erreur. Tiens-toi tranquille. Ces affaires sont en cours de négociation et nous mettrons tout en ordre avant de partir. »

Cette réponse ne suffit pas à Tessio, qui s'adressa directement au Don, au risque d'encourir la mauvaise humeur de Michael. « Excuse-moi, Parrain, que nos années d'amitié soient mon excuse. Mais je crois que ton fils et toi vous vous trompez au sujet du Nevada. Comment pouvez-vous espérer y réussir si vous n'êtes pas fortement soutenus ici ? Les affaires sont liées les unes aux autres. D'autre part, quand vous serez partis, les Barzini et les Tattaglia seront trop puissants pour nous. Pete et moi, nous aurons bien des ennuis et, tôt ou tard, nous tomberons sous la coupe de nos ennemis. Or Barzini n'est pas un homme à mon goût. Je tiens à dire que la famille Corleone ne doit évacuer qu'en force et pas dans une situation de faiblesse. Nous devrions renforcer nos regimes et reconquérir les territoires que nous avons perdus, au moins à Staten Island. »

Le Don secoua la tête. « J'ai fait la paix. Ne l'oublie pas. Je ne peux pas revenir sur ma parole. »

Tessio s'obstina. « Tout le monde sait que les Barzini nous ont provoqués depuis la paix. En outre, si Michael est le nouveau chef de la famille Corleone, rien ne l'empêche de prendre les mesures qu'il juge bonnes. Il n'est pas absolument lié par ta parole. »

Michael intervint sèchement, comme il sied à un chef. « Ce que nous négocions en ce moment répondra à tes questions et apaisera tes doutes. Si ma parole ne te suffit pas, demande à ton Don. »

Mais Tessio comprit enfin qu'il était allé trop loin. Interroger le Don serait faire de Michael son ennemi. Il haussa les épaules et conclut. « J'ai parlé dans l'intérêt de la Famille, pas pour moi. Je suis capable de me défendre moi-même. »

Michael lui sourit cordialement. « Tessio, je n'ai jamais douté de toi, à aucun point de vue. Jamais. Mais fie-toi à moi. Bien sûr je ne suis pas aussi compétent que Pete et toi au sujet de votre propre secteur, mais mon père est là pour me guider. Je n'échouerai pas. Nous nous en tirerons tous très bien. »

La réunion était terminée. Elle avait au moins appris à Clemenza et à Tessio qu'ils pourraient avant peu transformer leurs regimes en Familles indépendantes. Tessio aurait les jeux et les docks de Brooklyn ; Clemenza, les jeux à Manhattan et les contacts de la Famille sur les hippodromes de Long Island.

Les deux caporegimes s'en allèrent, pas tout à fait satisfaits et un peu mal à l'aise. Carlo Rizzi s'attarda, espérant qu'on le traiterait enfin comme un membre de la Famille. Mais il ne tarda pas à constater que ce n'était pas l'intention de Michael. Il laissa donc le Don, Tom Hagen et Michael seuls dans la bibliothèque. Albert Neri le conduisit à la porte et Carlo remarqua que Neri restait sur le seuil de la maison pour le surveiller pendant qu'il traversait le mail, éclairé a giorno.

Les trois hommes restés dans la bibliothèque se détendirent, comme seuls peuvent le faire ceux qui ont passé des années ensemble, dans la même maison, dans la même famille. Michael servit un verre d'anisette au

Don et du whisky à Tom. Il prit aussi un verre pour lui, ce qui lui arrivait rarement.

Tom Hagen parla le premier. « Mike, pourquoi me mets-tu sur la touche ? »

Michael parut surpris. « Tu seras mon bras droit à Vegas. Nous ne ferons plus que des affaires licites et tu seras mon homme de loi. Que pourrais-tu espérer de plus ? »

Hagen sourit un peu tristement. « Ce n'est pas de ça qu'il s'agit. Je parle de Rocco Lampone, qui est en train de se constituer un regime à mon insu. Tu donnes tes ordres directement à Neri sans passer par mon intermédiaire ni celui d'un caporegime. Maintenant, il se pourrait que tu ne saches pas ce que Lampone est en train de faire.

— Comment as-tu appris que Lampone se constitue un regime ? demanda doucement Michael.

— Ne t'inquiète pas, il n'y a pas de fuite, personne d'autre n'est au courant. Mais ma situation me permet de voir ce qui se passe. Tu paies directement Lampone, et largement. Tu lui as aussi donné beaucoup de liberté. Il a besoin de personnel pour l'aider dans son petit empire et tous ceux qu'il recrute doivent m'être signalés. J'ai remarqué qu'il choisit toujours des hommes qui mériteraient mieux que leur tâche. Il les paie d'ailleurs pour ce qu'ils valent et non pour ce qu'ils font. À part ça, tu ne t'es pas trompé en choisissant Lampone. Il réussit à merveille.

— Pas parfait quand même puisque tu as deviné ce qui se passe, dit Michael avec une grimace. Quoi qu'il en soit, c'est le Don qui a recruté Lampone.

— D'accord, mais pourquoi me mets-tu au rancart ? »

Michael le regarda droit dans les yeux et lui déclara tout de go : « Tom, tu n'es pas un consigliori pour temps de guerre. La situation pourrait s'envenimer, étant donné ce que nous sommes en train de faire. Alors, il faudrait combattre. Je ne veux pas que tu sois sur la ligne de feu. Simple précaution. »

Hagen rougit. Si le Don lui avait dit cela, il aurait acquiescé humblement. Mais qu'est-ce qui permettait à Mike de prononcer des jugements aussi catégoriques ?

« OK, dit-il. Mais il se trouve que je suis d'accord avec Tessio. J'estime que tu vas de faux pas en faux pas. Tu agis par faiblesse et non en force. C'est toujours mauvais. Barzini est un loup. S'il t'arrache les membres un à un, crois bien que les autres Familles ne voleront pas à l'aide des Corleone. »

Le Don se décida à intervenir. « Tom, Michael n'est pas seul en cause. Il suit mes conseils. Il faudra peut-être en venir à faire certaines choses dont je ne veux pas être responsable. C'est moi qui le veux ainsi, pas Michael. Je ne t'ai jamais considéré comme un mauvais consigliori, alors que je savais Santino inapte à faire un Don, que son âme repose en paix. Il avait bon cœur mais il n'était pas fait pour prendre la tête de la Famille quand j'ai eu mon petit malheur. Et qui aurait supposé que Fredo deviendrait un valet des femmes ? Donc ne te fâche pas. Michael a ma confiance, comme toi, d'ailleurs. Pour des raisons que tu ne dois pas savoir, il ne faut pas que tu participes à ce qui pourrait arriver. Incidemment, j'ai dit à Michael que le regime secret de Lampone n'échapperait pas à ton attention. Ça prouve que j'ai confiance en toi. »

Michael rit. « Sincèrement, dit-il je ne croyais pas que tu t'en apercevrais. »

Hagen comprit qu'on était en train de le consoler. « Je pourrais quand même me rendre utile, dit-il.

— Non. Tom tu es hors jeu », dit Michael en secouant résolument la tête.

Tom vida son verre et, avant de s'en aller, il fit un léger reproche à Michael : « Tu vaux presque ton père, mais il te reste quelque chose à apprendre.

— Quoi ? demanda poliment Michael.

— À dire : non. »

Michael hocha gravement la tête. « Tu as raison. Je m'en souviendrai. »

Quand Hagen fut parti, Michael dit joyeusement à son père : « Ainsi, tu m'as tout appris sauf ça. Enseigne-moi à dire non aux gens d'une manière qui leur soit agréable. »

Le Don alla s'asseoir derrière son grand bureau. « On ne peut pas dire non à ceux qu'on aime, ou rarement. C'est ça, le secret. Quand tu es contraint à le faire, il faut que celui à qui tu t'adresses ait l'impression d'entendre oui. Ou bien tu dois lui faire dire non, lui-même. Ça demande du temps et de la patience. Mais je suis un homme d'autrefois et tu appartiens à la nouvelle génération. Alors, ne te soucie pas trop de ce que je raconte.

— Bien, dit Michael en riant. Pourtant tu es d'accord au sujet de Tom.

— Oui, dit le Don, il ne faut pas le mêler à ça.

— L'heure est venue, me semble-t-il, de te dire que je n'agirai pas comme je vais le faire pour venger Apollonia et Sonny, mais parce que c'est la bonne solution. Tessio et Tom ont raison au sujet des Barzini. »

Don Corleone hocha la tête. « La vengeance est un mets qui se mange froid. Je n'aurais pas fait la paix s'il y avait eu un autre moyen de te ramener ici vivant. Je m'étonne quand même que Barzini ait encore essayé de te tuer après ça. Il avait peut-être machiné ce coup avant notre accord et n'a pas pu en empêcher l'exécution. Es-tu sûr qu'il n'en voulait pas à Don Tommasino ?

— Ils voulaient le faire croire. Ça aurait d'ailleurs marché. Même toi, tu n'aurais pas soupçonné la vérité si je n'avais pas survécu. J'ai vu Fabrizzio s'éclipser par le portail et s'enfuir. Depuis que je suis de retour, j'ai fait mon enquête, évidemment.

— A-t-on retrouvé ce berger ? demanda le Don.

— Je l'ai repéré il y a un an. Il est propriétaire d'une petite pizzeria, là-haut, à Buffalo. Faux nom, faux papiers, faux passeport. Ses affaires marchent bien, à Fabrizzio le berger.

— Alors, à quoi bon attendre ? Quand commences-tu ?

— Quand Kay aura mis le bébé au monde. Pour le cas où quelque chose tournerait mal. Je veux aussi que Tom soit installé à Vegas, afin qu'il n'y soit pas mêlé. Disons dans un an.

— Tu as tout mis au point ? demanda le Don sans regarder Michael.

— Tu ne seras pas dans le coup, dit doucement Michael. Tu ne seras responsable de rien. Je prends toute la responsabilité. Si tu voulais imposer ton veto, je désobéirais, je quitterais la Famille et je me débrouillerais tout seul. Rassure-toi, tu ne seras pas en cause. »

Le Don resta longtemps silencieux puis il soupira et dit : « Qu'il en soit ainsi. Peut-être est-ce pour ça que j'ai pris ma retraite et que j'ai tout remis entre tes mains. J'ai accompli ma tâche et je n'ai plus le cœur à ça. Les meilleurs ne sont pas toujours disposés à accomplir certaines missions. Agis à ton gré. »

Durant cette année-là, Kay Adams Corleone mit au monde son second enfant. Encore un fils. Tout se passa bien, sans le moindre pépin. On accueillit ensuite la jeune mère au mail avec les honneurs dus à une princesse royale. Connie lui offrit une layette en soie, complète, faite à la main en Italie. Superbe et d'un prix exorbitant. « C'est Carlo qui l'a trouvée. Il a parcouru tout New York pour dénicher quelque chose de bien parce que je n'y parvenais pas. » Kay la remercia et sourit en comprenant qu'elle devait répéter ce mensonge à Michael. Elle était en train de devenir une vraie Sicilienne.

Cette même année, Nino Valenti mourut d'hémorragie cérébrale. L'événement figura en manchette dans les journaux populaires, parce que le film dans lequel Johnny Fontane lui avait confié la vedette venait de sortir quelques semaines plus tôt et remportait un formidable succès qui faisait de Nino une idole. Les journaux indiquèrent que Johnny Fontane se chargeait de l'enterrement, qu'il aurait lieu en privé : rien que la famille et quelques rares amis intimes. D'après un article à sensation, Johnny Fontane se reprochait la mort de son ami : il aurait dû l'obliger à suivre un traitement médical. Toutefois, le journaliste laissait entendre que c'était un sentiment de culpabilité imaginaire, celui d'un innocent au cœur trop sensible. Johnny Fontane avait fait de son ami d'enfance Nino Valenti une vedette de cinéma. Qu'aurait-il pu espérer de mieux ?

Parmi les membres de la famille Corleone, seul Freddie assista aux obsèques en Californie. Lucy et

Jules Segal étaient aussi présents. Le Don y serait allé si une légère crise cardiaque ne l'avait obligé à garder le lit pendant un mois. Il se contenta d'envoyer une gigantesque gerbe de fleurs. Albert Neri alla en Californie comme représentant officiel de la Famille.

Deux jours après l'enterrement de Nino, Moe Greene fut tué d'un coup de feu, à Hollywood, chez sa maîtresse, une vedette de cinéma. Albert Neri ne reparut à New York qu'un mois plus tard. Il avait passé des vacances aux Antilles et il reprit son service tellement hâlé qu'il semblait noir. Michael Corleone l'accueillit en souriant et avec quelques mots de louange. Il indiqua aussi à Neri que désormais il bénéficierait de ressources supplémentaires : les revenus que la Famille tirait d'un book particulièrement fructueux de l'East Side. Neri fut fort satisfait de vivre dans un monde où l'homme qui fait son devoir est correctement récompensé.

29.

Michael Corleone avait pris ses précautions contre toute éventualité. Plan impeccable. Mesures de sécurité parfaites. Homme patient, il espérait consacrer une année entière à ses préparatifs, mais le destin se dressa contre lui et raccourcit ce délai de la manière la plus surprenante. C'est le Patriarche, le grand Don en personne, qui fit faux bond à Michael.

Un dimanche matin, alors que les femmes étaient à l'église, Don Vito Corleone revêtit sa tenue de jardinier : pantalon gris en tire-bouchon, chemise bleue délavée, vieux feutre cabossé au ruban de soie grise taché. Depuis quelques années le Don prenait du poids et cultivait ses tomates – pour raison de santé, disait-il. Mais il ne trompait personne.

En réalité, il adorait jardiner. Le spectacle de son jardin au matin l'enchantait en lui rappelant sa jeunesse, en Sicile, soixante ans plus tôt, mais sans ressusciter la terreur et le chagrin qu'il avait éprouvés à la mort de son propre père. De petites fleurs blanches pointaient au sommet des plants de haricots, entourés de toutes parts par des touffes de ciboule. Un baril ventru montait la garde au fond du jardin. Il était rempli de purin de vache : l'engrais le plus cher aux horticulteurs. C'est à cette même extrémité que se dressaient les cadres de bois que le Don avait fabriqués de ses propres mains. Des ficelles, tendues d'un tuteur à l'autre, offraient leur appui aux jeunes pousses de tomates.

Le Don se hâta d'arroser. Il fallait y procéder avant que le soleil, trop chaud, ne transforme chaque goutte d'eau en lentille qui brûlerait les laitues comme des feuilles de papier. Le soleil est plus indispensable que l'eau qui compte pourtant beaucoup, mais les mélanger imprudemment provoque de grands malheurs.

Le Don parcourut ensuite son domaine, à la chasse aux fourmis. Leur présence révélerait celle des limaces. Si les fourmis traquaient les limaces, il faudrait vaporiser avec un liquide approprié.

Il avait arrosé juste à temps. Le soleil devenait gênant et le Don pensait : « Prudence, prudence. » Mais il lui restait encore quelques tuteurs à piquer auprès de plusieurs plants. Il se pencha donc de nouveau, décidé à rentrer dans la maison dès qu'il en aurait terminé avec ce dernier massif.

Tout à coup, il lui sembla que le soleil était descendu trop près de sa tête et que des petits points dorés dansaient devant ses yeux. Le fils aîné de Michael courait vers lui. Il paraissait entouré d'une armure de lumière jaune aveuglante. Le Don ne crut pas à ce mirage parce qu'il était trop vieux. La mort était cachée derrière cette armure flamboyante, prête à fondre sur lui. D'un geste de la main, il ordonna au tout petit de s'éloigner. Juste à temps. Un marteau pilon cogna au fond de sa poitrine. Il ouvrit la bouche pour aspirer et tomba en avant.

Le garçonnet s'enfuit en appelant son père. Michael Corleone et quelques hommes qui se trouvaient près du portail à l'extrémité du mail accoururent au jardin. Ils trouvèrent le Don allongé à plat ventre, une poignée de terre dans la main. Ils le soulevèrent et l'emportèrent à l'ombre, dans le patio. Michael s'agenouilla auprès de son père et lui prit la main. Les autres appelèrent par téléphone une ambulance et un médecin.

Le Don ouvrit les yeux à grand-peine pour regarder son fils une dernière fois. La crise cardiaque brutale lui bleuissait le visage. Il était à l'article de la mort. Il sentit les parfums du jardin. L'armure dorée flamboyait encore dans ses yeux. Il murmura : « La vie est si belle ! »

Le sort lui épargna la vue des femmes en larmes, car il mourut avant leur retour de l'église, avant l'arrivée de l'ambulance et du médecin. Il mourut entouré par des hommes et tenant dans sa main celle du fils qu'il aimait le plus.

Il eut des funérailles royales. Y assistèrent dons et caporegimes des cinq Familles ainsi que Tessio et Clemenza avec leurs proches. Johnny Fontane eut encore droit aux manchettes de la presse à scandales parce qu'il alla à l'enterrement, en dépit des conseils de Michael. Fontane déclara aux journalistes que Vito Corleone, le meilleur homme qu'il eût connu de sa vie, était son parrain, et qu'il considérait comme un honneur d'être autorisé à lui rendre un dernier hommage de respect. Et zut ! pour ceux à qui ça ne plairait pas.

La veillée mortuaire eut lieu dans la maison du mail, à la manière d'autrefois. Amerigo Bonasera se mit en quatre. Il se chargea de tous les détails et prépara son vieil ami et bienfaiteur pour l'éternité avec autant d'amour qu'une mère apprête la jeune épousée le matin du mariage. Tout le monde remarqua que même la mort n'avait pas entamé la noblesse et la dignité du grand Don. Amerigo Bonasera en conçut un immense orgueil et un bizarre sentiment de puissance. Lui seul savait combien la mort avait altéré la physionomie du Don.

Tous les vieux amis et serviteurs vinrent rendre hommage au défunt : Nazorine, sa femme, sa fille, son gendre, ses trois petits-enfants, Lucy Mancini, venue avec Freddie de Las Vegas, Tom Hagen, avec sa femme et ses enfants, les dons de San Francisco, Los Angeles, Boston et Cleveland. Rocco Lampone et Albert Neri tinrent les cordons du poêle avec Clemenza et Tessio et, évidemment, les fils du patriarche. Toutes les maisons du mail regorgeaient de gerbes et de couronnes, jusque dans les jardins.

Au-delà du portail, reporters et photographes s'étaient groupés. On y voyait aussi une camionnette équipée de caméras pour permettre aux hommes du FBI de filmer cette tragédie. Les journalistes qui tentèrent de fourrer leur nez au-delà du portail constatèrent qu'il était gardé par des sentinelles. On n'entrait pas sans montrer carte d'identité et carte d'invitation. Toutefois, ces messieurs de la presse furent traités avec la plus grande courtoisie. On leur envoya même des rafraîchissements à l'extérieur. Pourtant nul n'entra. Ils interrogèrent ceux qui sortaient, mais en vain : regards glacials, pas une syllabe.

Michael Corleone passa presque toute la journée dans la bibliothèque à l'angle de la maison, avec Kay, Tom Hagen et Freddie. Quelques amis y entrèrent sous escorte pour présenter leurs condoléances. Michael les reçut poliment. Certains lui donnèrent le titre de parrain ou l'appelèrent Don Michael. Kay remarqua alors que ces mots lui faisaient serrer les lèvres de mécontentement.

Clemenza et Tessio se joignirent à ce cercle intime et Michael leur servit personnellement à boire. On bavarda un peu. Michael annonça à ses anciens caporegimes que toutes les maisons du mail allaient être vendues à un promoteur immobilier. L'énorme bénéfice prouvait une nouvelle fois le génie commercial du Don.

Ils comprirent que désormais l'empire se transférait vers l'ouest et que la famille Corleone abandonnerait toute sa puissance à New York. Il devait en être ainsi à la retraite définitive ou à la mort du Don.

« Voilà près de dix ans déjà que la maison n'avait accueilli autant de monde, mais c'était en une tout autre circonstance : le mariage de Constanzia Corleone et de Carlo Rizzi », remarqua quelqu'un. Michael alla à la fenêtre pour regarder le jardin. Voilà donc dix ans qu'il s'y était trouvé assis avec Kay, n'imaginant pas alors l'étrange destin qui l'attendait. En mourant son père lui avait dit : « La vie est si belle ! » Il ne se rappelait pas l'avoir jamais entendu parler de la mort. Le Don la redoutait trop pour philosopher à son sujet.

Vint l'heure d'aller au cimetière pour y enterrer le grand Don. Michael tendit le bras à Kay et ils allèrent ensemble rejoindre au jardin les invités de noir vêtus. Suivaient les caporegimes avec leurs soldats, puis tous les humbles que le Parrain avait bénis durant sa vie : le boulanger Nazorine, la veuve Colombo et ses fils et d'innombrables autres, hôtes de ce monde qu'il avait gouverné fermement mais avec justice. Même certains de ses anciens ennemis vinrent lui rendre un dernier hommage.

Michael observa tout cela avec un sourire crispé mais poli. Il n'en était pas impressionné. Pourtant il pensa que si, à l'heure de sa mort, il trouvait la vie belle, il aurait réussi sa vie. Il suivrait la voie de son père, prendrait soin de ses enfants, de sa famille, de son monde. Mais ses enfants grandiraient dans un autre univers. Ils seraient médecins, artistes, savants. Gouverneur. Président. N'importe quoi. Il veillerait à ce qu'ils rejoignent la grande famille humaine. Mais lui, père prudent et puissant, tiendrait cette grande famille à l'œil.

Le lendemain des obsèques, les membres les plus éminents de la hiérarchie familiale se rassemblèrent au mail. On les introduisit peu avant midi dans la maison vide du Don. Michael Corleone les y reçut.

La bibliothèque était bondée. S'y trouvaient les deux caporegimes Clemenza et Tessio ; Rocco Lampone semblait toujours aussi raisonnable et compétent ; Carlo Rizzi se tenait discrètement à sa place ; Tom Hagen s'était departi de son rôle strictement légal en raison de la crise ; enfin, Albert Neri restait toujours physiquement tout près de Michael, allumait les cigarettes de son nouveau Don, lui servait à boire et manifestait ainsi une loyauté inébranlable malgré le désastre qui venait de frapper la famille Corleone.

La mort du Don était en effet un grand malheur. Elle privait la Famille d'au moins la moitié de sa puissance, donc de son prestige, au cours des négociations avec l'alliance Barzini-Tattaglia. Tous ceux qui étaient dans la pièce s'en rendaient compte et attendaient ce qu'allait en dire Michael. À leurs yeux, il n'était que l'héritier et pas encore le Don parce qu'il n'avait pas encore conquis ce titre. Si le Parrain avait vécu plus longtemps, peut-être aurait-il pris des mesures pour affirmer le rôle de son fils en tant que successeur, mais nul n'en était certain.

Michael attendit que Neri eût servi à boire. Puis il dit tranquillement : « J'entends seulement vous dire à tous que je comprends ce que vous éprouvez. Je sais combien vous respectiez mon père. Mais il me semble normal que vous pensiez à vous et à vos familles. Certains d'entre vous se demandent en quoi notre deuil affectera nos projets et les promesses que j'ai faites. Eh bien ! voici ma réponse : en rien. Tout continue comme avant. »

Clemenza secoua sa grosse tête ébouriffée de bison. Sa chevelure était d'un gris de fer. Bouffi, son visage était devenu franchement laid. « Les Barzini et les Tattaglia vont nous foncer dessus, Mike. Il faut combattre ou négocier. » Tout le monde, dans la bibliothèque, remarqua que Clemenza s'était adressé à Michael en l'appelant Mike, qu'il s'était bien gardé de lui donner le titre de Don.

« Attendons et nous verrons ce qui se passera, dit Michael. Qu'ils rompent la paix les premiers.

— Mais ils l'ont déjà rompue, Mike ! dit Tessio de sa voix dure. Ils ont ouvert deux nouveaux books à Brooklyn pas plus tard que ce matin. Le capitaine de police qui tient le registre de la protection m'a prévenu. D'ici un mois je ne saurai même plus où accrocher mon chapeau dans tout Brooklyn. »

Michael le regarda d'un air pensif. « Et toi, qu'est-ce que tu as fait ?

— Rien du tout, dit Tessio en secouant sa petite tête de fouine. Je n'ai pas voulu te créer de difficultés.

— Bien. Continue. Voilà ce que je veux vous dire à tous : continuez. Tenez-vous tranquilles. Ne répondez pas aux provocations. Accordez-moi encore quelques semaines pour mettre de l'ordre dans nos affaires. Nous verrons ensuite d'où vient le vent. Alors je ferai les meilleurs arrangements pour chacun de vous, puis nous aurons une dernière réunion afin de prendre les dernières décisions. »

Ses interlocuteurs parurent surpris. Il n'en tint pas compte. Albert Neri alla ouvrir la porte et les reconduisit. Michael dit sèchement : « Tom, reste encore quelques minutes. »

Hagen alla à la fenêtre qui donnait sur le mail. Il vit les caporegimes ainsi que Carlo Rizzi et Rocco Lampone franchir le portail escortés par Neri. Alors seulement, il se tourna vers Michael et demanda : « As-tu rassemblé tous les fils de tes relations politiques ? »

Michael secoua la tête pour manifester son regret. « Pas tous. Il m'aurait fallu encore quatre mois. Le Don s'en occupait avec moi. Mais nous avons déjà dans la poche tous les juges et les gens les plus importants du Congrès. C'est d'eux que nous nous sommes occupés en premier lieu. Quant aux chefs de partis, ici, à New York, ils n'ont posé aucun problème, évidemment. La Famille est beaucoup plus forte que personne ne peut le supposer. J'aurais quand même préféré mettre tout parfaitement au point. » Il sourit à Hagen. « J'espère que maintenant tu as compris ?

— Ce n'était pas tellement difficile. Une seule chose m'étonnait : que tu me mettes hors jeu. Mais je me suis coiffé de mon chapeau sicilien et j'ai fini par saisir. »

Michael rit. « Notre Vieux en était sûr. Mais désormais ce serait un luxe que je ne peux plus m'offrir. J'ai besoin de toi ici, au moins pour quelques semaines. Tu ferais bien de téléphoner à Vegas pour prévenir ta femme. Dis-lui bien : pour quelques semaines seulement. »

L'air perplexe, Hagen lui demanda : « Comment crois-tu qu'ils chercheront à te joindre ?

— Le Don me l'a expliqué, dit Michael après un soupir. Ils prendront contact avec moi par un de mes proches. Barzini se servira de quelqu'un que je ne puisse pas soupçonner pour me tendre un piège.

— Moi, par exemple, dit Hagen en souriant.

— Tu es irlandais. Ils ne se fieraient pas à toi, dit Michael en lui rendant son sourire.

— Je suis américain d'origine allemande.

— Donc, pour eux, tu es irlandais. Ils ne s'adresseront pas à toi, pas plus qu'à Neri parce que c'est un ancien flic. En outre, vous m'êtes trop proches et ils n'oseraient pas courir ce risque. Quant à Rocco Lampone, il ne m'est pas assez proche. Ce sera donc Clemenza, Tessio ou Carlo Rizzi.

— Je parie sur Carlo.

— Nous verrons. Ça ne tardera pas. »

Le lendemain matin Hagen et Michael prenaient leur petit déjeuner ensemble quand le téléphone sonna. Michael prit la communication dans la bibliothèque. Quand il revint, il dit à Tom : « C'est réglé. Je dois rencontrer Barzini d'ici une semaine pour négocier une nouvelle paix. La mort du Don crée une nouvelle situation. » Il éclata de rire.

Tom lui demanda : « Qui t'a téléphoné ? » Tous deux savaient que le membre de la famille Corleone qui établissait ainsi le contact avec l'ennemi était un traître.

Michael sourit tristement. « Tessio », dit-il.

Ils achevèrent leur repas sans rien dire. Devant sa dernière tasse de café, Hagen secoua la tête. « J'aurais juré que ce serait Carlo ou, à la rigueur, Clemenza. Mais je n'aurais jamais pensé à Tessio. C'est le meilleur de la bande.

— Le plus intelligent. Il a fait ce qu'il croyait le plus habile. Me livrer à Barzini, c'est s'assurer la succession des Corleone. Il croit tout perdre en restant avec moi, parce qu'il s'imagine que je ne peux pas gagner.

— A-t-il tort ou raison ? » demanda Hagen à regret.

Michael haussa les épaules. « La situation se présente mal, dit-il, mais mon père était le seul qui comprenait ceci : de bonnes relations politiques valent mieux que dix regimes. Je crois avoir recouvré la plus grande partie de l'influence politique du Don. Mais personne d'autre que moi ne s'en doute. » Il adressa un sourire rassurant à Hagen. « Ils vont m'appeler Don. Mais ce Tessio, quel crève-cœur !

— Tu as accepté une rencontre avec Barzini ?

— Bien sûr. Dans huit jours. À Brooklyn, sur le territoire de Tessio, pour assurer ma sécurité. » Il éclata de rire de nouveau.

« Sois prudent en attendant. »

Pour la première fois Michael parla à Hagen sur un ton glacial. « Je n'ai pas besoin d'un consigliori pour me donner des conseils de ce genre », dit-il.

Durant la semaine qui précéda les pourparlers de paix entre les familles Corleone et Barzini, Michael montra à Hagen combien il savait se montrer prudent. Il ne mit pas une seule fois le pied hors du mail et ne reçut personne sans avoir Neri à ses côtés. Il ne se présenta qu'une seule complication gênante : le fils aîné de Connie et de Carlo devait être confirmé à l'église catholique et Kay demanda à Michael de lui servir de parrain à cette occasion. Il refusa.

« Je ne te supplie pas souvent, dit-elle. Je t'en prie, fais ça pour moi. Connie en a tellement envie, Carlo aussi. Ça leur semble si important. Je t'en prie, Michael. » Elle vit qu'il s'irritait parce qu'elle insistait. Elle crut qu'il allait refuser, mais, à sa grande surprise, il hocha la tête et dit : « D'accord. Toutefois, je ne peux pas quitter le mail. Dis-leur de s'arranger pour que le prélat vienne le confirmer ici. Je paierai ce que ça coûtera. Si ça fait des histoires, Hagen arrangera les choses. »

La veille de la rencontre avec la famille Barzini, Michael Corleone devint donc le parrain de confirmation du fils de Connie et Carlo Rizzi. Il offrit au gamin un bracelet-montre de très grande valeur. On donna une petite réception chez Carlo pour les membres de la Famille, les caporegimes, Hagen, Lampone et tous ceux qui habitaient sur le mail, y compris, évidemment, la veuve du Don.

Connie était si émue qu'à tout instant elle étreignait et embrassait son frère et Kay. Même Carlo Rizzi devint sentimental. Tous les prétextes lui étaient bons pour serrer la main de Michael et l'appeler padrino, comme au vieux pays. Quant à Michael, il ne s'était jamais montré aussi affable et ouvert. Connie chuchota à Kay : « Je crois que désormais Carlo et Mike vont devenir de bons amis. Des cérémonies comme celle-ci resserrent toujours les liens familiaux. »

Kay saisit le bras de sa belle-sœur. « Je suis si heureuse », dit-elle.

30.

Dans la paix de son appartement, au Bronx, Albert Neri brossa soigneusement son uniforme de policier en serge bleue. Il en retira l'insigne et le posa sur la table pour le fourbir. L'étui du pistolet était accroché au dossier d'une chaise. Cette activité, autrefois presque quotidienne, le rendait étrangement heureux. C'était même une des rares fois où il éprouvait un sentiment de bonheur depuis que sa femme l'avait quitté, près de deux ans plus tôt.

Il débutait dans la police quand il épousa Rita qui n'avait pas fini ses études secondaires. C'était une très jeune fille timide, aux cheveux noirs, issue d'une famille italienne collet monté qui ne la laissait jamais sortir le soir au-delà de dix heures. Neri était fou d'elle, de son innocence, de sa vertu ainsi que de sa beauté.

Au début, Rita Neri fut fascinée par son mari. Il était prodigieusement fort et elle voyait bien que les gens avaient peur de lui à cause de sa vigueur et de son intransigeance quant au bien et au mal. Il manquait de tact. Si l'attitude d'un attroupement ou l'opinion d'un individu lui déplaisaient, il se taisait ou bien il ne disait que quelques mots, brutalement. Jamais il n'acquiesçait poliment. Il avait un caractère typiquement sicilien, sujet à des rages épouvantables, mais il ne se fâchait jamais avec sa femme.

En cinq ans, Neri devint un des policiers les plus redoutés de toute la police new-yorkaise. C'était aussi un des plus honnêtes, mais il avait une façon à lui de maintenir l'ordre et faire respecter la loi. Il abominait les voyous. Lorsqu'il voyait une bande de jeunes chenapans faire du tapage la nuit au coin d'une rue ou tracasser les passants, il prenait des mesures rapides et décisives, en recourant à des moyens de coercition physique avec une force exceptionnelle dont il ne se rendait pas compte lui-même.

Une nuit, à Central Park West, il bondit hors d'une voiture de police et fit aligner six sacripants en veston de soie noire. Son acolyte, qui connaissait Neri, resta au volant pour ne pas se mêler à cette histoire. Les six lascars de dix-sept à dix-neuf ans s'étaient amusés à arrêter les passants pour leur demander des cigarettes en proférant des menaces excessives de gamins, mais sans les molester réellement. Ils avaient aussi fait à des jeunes filles des gestes plus français qu'américains.

Neri les fit donc aligner le long du mur qui sépare Central Park de la Huitième Avenue. C'était au crépuscule, Neri portait donc son arme favorite : une énorme torche électrique. Il ne prenait jamais la peine de dégainer son pistolet, parce qu'il n'en avait pas besoin. Quand il était mécontent, la férocité de son visage et son uniforme suffisaient à terrifier les voyous. Ces six-là ne firent pas exception.

Il demanda au premier jeune homme vêtu de soie noire : « Ton nom ? » L'adolescent donna un nom irlandais. Neri lui dit : « Rentre chez toi. Si je te retrouve à traîner dans la rue ce soir, je te crucifie ! » Il fit un geste avec sa torche et l'autre s'esquiva promptement. Neri procéda de même avec les deux garçons suivants et les laissa filer. Mais le quatrième donna un nom italien en souriant à Neri comme pour en appeler à une solidarité ancestrale. Neri était en effet indiscutablement d'ascendance italienne. Il considéra le jeune homme pendant un moment et lui demanda : « Italien ? » L'autre sourit avec confiance.

Neri le frappa avec sa torche sur le front. Le jeune homme tomba à genoux. La peau avait éclaté et le sang lui coulait sur le visage. Mais ce n'était qu'une blessure superficielle. Neri lui dit durement : « Enfant de salaud ! Tu déshonores les Italiens, tu nous donnes mauvaise réputation. Lève-toi. » Il lui donna un coup de pied dans les côtes, pas doucement, ni trop fort. « Retourne chez toi et ne traîne plus dans les rues. Que je ne te pince plus jamais avec ce veston, je t'enverrais à l'hôpital. File ! Tu as de la chance que je ne sois pas ton père ! » Il ne se soucia pas des deux autres. Il se contenta de leur botter les fesses jusqu'à l'avenue en les menaçant du pire s'il les retrouvait dehors ce soir-là.

Les incidents de ce genre se déroulaient si rapidement que les badauds n'avaient pas le temps de s'attrouper et de protester. Neri remontait dans la voiture et son acolyte démarrait aussitôt. Bien sûr, il y avait des cas difficiles, ceux de gens prêts à se battre ou qui brandissaient un couteau. Ça ne leur portait pas bonheur. Avec une férocité terrifiante, Neri les rouait de coups et les jetait, sanglants, dans le car. On les inculpait d'outrage à agent de la force publique. Mais ils ne comparaissaient évidemment qu'après leur sortie de l'hôpital.

Enfin, on affecta Neri au quartier dans lequel se dresse le building des Nations unies, surtout parce qu'il ne s'était pas montré assez respectueux envers le sergent de son premier commissariat. Forts de leur immunité diplomatique, les gens des Nations unies garaient leurs voitures un peu partout, sans se soucier des règlements de police. Neri s'en plaignit à ses supérieurs qui lui recommandèrent de ne pas faire d'histoires et de fermer les yeux. Mais une nuit, une petite rue se trouva complètement barrée par des voitures arrêtées insolemment au milieu de la chaussée. Il était plus de minuit. Neri prit son énorme torche électrique dans le car et parcourut la rue d'un bout à l'autre en réduisant les pare-brises en miettes. Même un diplomate de haut rang ne peut faire réparer un pare-brise en moins de quelques jours. Le commissariat reçut une pluie de protestations et on demanda à la police de protéger les voitures contre le vandalisme. Les bris de pare-brise continuèrent pendant une semaine au bout de laquelle quelqu'un finit par comprendre ce qui se passait et Albert Neri fut transféré à Harlem.

Peu après, un dimanche après-midi, Neri emmena sa femme rendre visite à sa sœur, veuve, à Brooklyn. Comme tous les Siciliens, Albert Neri éprouvait une affection intensément protectrice envers sa sœur. Il allait la voir à peu près tous les mois pour s'assurer qu'elle se portait bien. Plus âgée que lui, elle avait un fils de vingt ans, Thomas, qui lui donnait beaucoup de soucis parce qu'il n'y avait pas de père au foyer pour le corriger. Il avait déjà commis pas mal de méfaits. Neri avait été obligé de recourir à ses relations dans la police afin de lui épargner une inculpation pour menus larcins. À cette occasion il avait maîtrisé sa colère mais avait mis son neveu en garde. « Tommy, si tu fais pleurer ma sœur, je te mettrai au pas moi-même. » Pour un homme comme lui, c'était l'avertissement cordial de l'oncle copain, mais pas une véritable menace. Pourtant, quoique Tommy fût un des jeunes gens les plus durs d'un des secteurs les plus durs de Brooklyn, il avait grand-peur de son oncle Al.

Le dimanche dont il s'agit, Tommy dormit toute la journée. Il était rentré le matin à une heure indue. Sa mère finit par aller dans sa chambre et lui dit de s'habiller pour dîner avec son oncle et sa tante. La porte étant entrouverte, ces derniers entendirent la réponse du garnement : « Je m'en fous, laisse-moi dormir. » Sa mère revint dans la cuisine avec un sourire d'excuse.

On dîna donc sans Tom. Neri demanda à sa sœur si Tommy lui donnait des tracas sérieux. Elle secoua la tête.

L'oncle et la tante étaient sur le point de s'en aller quand Tommy se leva, grogna un salut inintelligible, alla dans la cuisine et brailla au bout d'un moment : « Hé ! la mère ! Si tu me préparais quelque chose à manger ! » Ce n'était pas une question, mais l'ordre d'un enfant gâté.

Sa mère lui répondit d'une voix aiguë : « Lève-toi à l'heure et tu mangeras. Je ne vais pas me mettre à cuisiner pour toi maintenant. »

De vilaines petites scènes comme celle-là se produisaient souvent. Cette fois Tommy commit une erreur parce qu'il était encore hébété par le sommeil. « Va te faire foutre, dit-il, toi et tes reproches ! Je vais manger dehors. » Il le regretta aussitôt. Son oncle Al bondit sur lui comme le chat sur la souris, pas tant pour avoir insulté sa mère ce jour-là, mais parce que, selon toute évidence, il lui parlait souvent d'une manière aussi grossière quand ils étaient seuls. Tommy n'avait jamais osé dire des choses pareilles devant son oncle, mais ce dimanche-là il se laissa aller pour son malheur.

Sous les yeux terrifiés des deux femmes, Al infligea à son neveu une raclée impitoyable et précise. D'abord le sacripant essaya de se défendre mais il ne tarda pas à crier grâce. Neri le gifla tant que ses lèvres enflèrent et saignèrent. Ensuite, il lui cogna la tête contre le mur, lui donna un coup de poing dans l'estomac. Quand le neveu s'étala à plat ventre, l'oncle lui cogna le visage sur le tapis. Il ordonna aux deux femmes d'attendre et fit descendre Tommy jusqu'à sa voiture. Là, seul à seul, il s'efforça de lui inspirer la crainte du Tout-Puissant. « Si jamais ma sœur me dit que tu lui as encore parlé comme ça, la leçon d'aujourd'hui te laissera un souvenir aussi doux que le baiser d'une belle garce. J'entends que tu files droit et j'y veillerai. Maintenant, monte dire à ma femme que je l'attends. »

Deux mois plus tard, en rentrant d'un service de nuit, Al Neri trouva son appartement vide. Sa femme avait fait ses valises pour retourner dans sa famille. Le père de Rita dit à son gendre qu'elle n'osait plus vivre avec lui parce qu'elle craignait ses colères. Al n'en crut pas ses oreilles. Il n'avait jamais frappé sa femme, ne l'avait menacée d'aucune manière, ne lui avait manifesté que de la tendresse. Mais il fut tellement abasourdi qu'il laissa s'écouler quelques jours en se proposant d'aller lui parler plus tard en présence de ses parents.

Malheureusement, il eut des ennuis entre-temps. Un coup de téléphone ayant signalé un cas de violence extrême à Harlem. Neri fut désigné pour aller sur place. Comme d'habitude il sauta de voiture avant l'arrêt. Il était plus de minuit et le policier brandissait sa torche électrique. Il repéra facilement le lieu du désordre parce qu'un attroupement s'était formé devant la porte d'un immeuble d'habitation. Une femme noire lui dit : « Il y a un homme là-dedans qui est en train de découper une fillette. »

Neri plongea dans le vestibule, avisa une porte entrouverte à l'autre extrémité. Un rai de lumière l'attira, il entendit des gémissements. Sa lampe à la main, il fonça droit devant lui et pénétra dans le logement. Il s'en fallut de peu qu'il ne trébuchât sur deux corps allongés par terre : celui d'une Noire d'environ vingt-cinq ans et celui d'une fillette qui n'en avait pas plus de dix. Toutes deux saignaient abondamment, le visage et le corps lacérés à coups de rasoir. Neri vit dans le salon voisin l'auteur de ce forfait. Il le connaissait bien.

C'était un certain Wax Baines, maquereau notoire, marchand de drogue et coutumier de violences diverses. À cet instant-là, ses yeux semblaient exorbités par la drogue. Il tenait encore dans sa main tremblante l'arme ensanglantée dont il s'était servi. La semaine précédente Neri l'avait arrêté parce qu'il était en train de rosser une de ses putains dans la rue. Baines s'était permis de lui dire : « Hé, mon vieux, ça te regarde pas ! » Le flic qui accompagnait Neri lui avait conseillé de laisser les Noirs s'entre-tailler si ça leur faisait plaisir. Mais ça n'avait pas empêché l'agent Al d'embarquer Baines pour le poste de police et de l'enfermer au violon. Le lendemain matin ce maquereau fut libéré sous caution.

Neri n'avait jamais beaucoup aimé les Noirs. Son service à Harlem les lui rendait encore plus détestables. Selon lui ce n'étaient tous que drogués ou ivrognes ; ils vivaient du travail ou de la prostitution de leurs femmes. Il les détestait tous. L'insolence avec laquelle Baines s'en était tiré la semaine précédente le mettait hors de lui, et la vue de la petite fille lardée de coups de rasoir acheva de le mettre en fureur. Mais il se retint et décida que cette fois il n'arrêterait pas Baines.

Cependant des témoins étaient déjà entrés dans l'appartement : des gens qui habitaient dans l'immeuble et le policier qui lui avait servi de chauffeur.

Neri ordonna à Baines : « Lâche cette arme, tu es en état d'arrestation. » Baines éclata de rire. « Il faudrait ton pistolet pour m'arrêter, mon vieux, dit-il en brandissant son rasoir. Ou bien tu veux faire connaissance avec ça ? »

Neri agit si vite que son compagnon n'eut pas le temps de dégainer son arme. Le Noir tenta de l'égorger mais, avec une agilité extraordinaire, Neri lui saisit le poignet de sa main gauche. Son bras droit décrivit un demi-cercle et la torche électrique atteignit Baines au-dessus de la tempe. Il tomba à genoux d'une manière aussi comique qu'un homme ivre. L'arme lui échappa des mains. Il était donc devenu inoffensif. Ainsi qu'en décidèrent plus tard l'enquête administrative de la police et le tribunal, le deuxième coup était inexcusable. Les témoins et son camarade l'affirmèrent.

Neri cogna encore sur le crâne de Baines avec un tel élan que l'ampoule et son réflecteur jaillirent hors du tube jusqu'à l'autre bout de la pièce et que la torche elle-même se tordit. Seules les piles qu'elle contenait l'empêchèrent de se plier en fer à cheval. Un témoin terrifié, un Noir qui habitait la même maison, déclara plus tard devant le juge que Neri aurait dit : « Il a la tête dure, ce nègre ! »

Mais la tête de Baines n'était pas assez dure. Le crâne défoncé, il mourut deux heures plus tard à l'hôpital de Harlem.

Albert Neri fut extrêmement surpris quand ses supérieurs l'accusèrent d'avoir abusé inutilement de sa force. Suspendu de ses fonctions, il fut inculpé d'homicide et condamné à une peine de prison. Il était alors en proie à un tel ahurissement et à une telle rage contre la société tout entière qu'il n'y prêta guère attention. Ils avaient osé le juger comme un criminel ! Ils avaient le culot de l'envoyer en prison pour avoir abattu une bête malfaisante comme ce maquereau noir. Ils ne se souciaient même pas de la femme et de la petite fille que ce nègre avait tailladées et défigurées pour la vie et qui étaient encore à l'hôpital.

Il ne redoutait pas la prison. Étant donné qu'il avait appartenu à la police et compte tenu aussi de la nature de l'incident qui lui valait sa condamnation, il était convaincu qu'on le traiterait bien. Quelques-uns de ses camarades de travail lui avaient déjà assuré qu'ils parleraient en sa faveur à des amis. Seul le père de sa femme, vieil Italien rusé qui vendait du poisson au marché du Bronx, devinait qu'Albert Neri ne survivrait pas à un an de prison : ou bien un autre détenu le tuerait ou bien il tuerait un de ses compagnons de détention. Il se sentait d'ailleurs coupable, parce que sa fille avait quitté un mari fort convenable, par une de ces folies comme il en passe par la tête des femmes. Aussi s'adressa-t-il à la famille Corleone. Il payait une dîme de protection pour son étal sur le marché à un représentant de la Famille et il fournissait au Don en personne du poisson de toute première qualité. Il sollicita donc son intervention.

Les Corleone avaient entendu parler d'Albert Neri. Sa réputation était devenue quasi légendaire, celle du flic implacable à ne pas prendre à la légère car il était capable d'inspirer la peur sans avoir besoin ni de son uniforme ni de son arme. Des personnages de ce genre intéressaient toujours la Famille. Qu'il fût policier importait peu : bien des jeunes gens s'engagent sur la mauvaise voie avant de trouver leur véritable vocation. En général le temps et le hasard les remettent sur le droit chemin.

Doué d'un flair particulier pour recruter le personnel, Clemenza attira l'attention de Tom Hagen sur l'affaire Neri. Hagen étudia le dossier officiel de la police puis dit à Clemenza : « Ça pourrait faire un second Luca Brasi. »

Clemenza hocha vigoureusement la tête. Quoique très gras, son visage n'avait pas la bénignité commune aux gros hommes. « C'est exactement ce que je pense, dit-il. Mike devrait s'en occuper personnellement. »

C'est ainsi qu'avant d'être transféré de sa prison temporaire à celle qui lui servirait de résidence pour une durée plus longue dans le nord de l'État, il apprit ceci : le juge avait reconsidéré son cas en fonction de nouveaux renseignements et de dépositions faites par de hauts fonctionnaires de la police. Il bénéficiait du sursis.

Albert Neri n'était pas tombé de la dernière pluie et son beau-père encore moins. Il comprit donc ce qui s'était passé et paya sa dette au beau-père en consentant au divorce. Puis il alla à Long Beach remercier son bienfaiteur. Inutile de dire que des dispositions avaient été prises d'avance à cet effet. Michael le reçut dans la bibliothèque.

Neri formula ses expressions de gratitude d'un ton solennel. La chaleur avec laquelle Michael lui répondit l'enchanta. « Diable ! je ne pouvais pas laisser faire un coup pareil à un compatriote sicilien, dit Michael. On aurait dû vous décorer. Mais ces salauds de politiciens ne craignent que les groupes organisés pour les influencer. Écoutez. Je ne me serais pas mêlé de cette affaire si je n'avais pas étudié le dossier. J'ai vu, clair comme le jour, que vous serviez de bouc émissaire. Un des miens s'est entretenu avec votre sœur. Je sais ainsi que vous preniez soin d'elle et de son fils, que vous l'avez remis sur le droit chemin pour l'empêcher de mal tourner. Votre beau-père lui-même dit que vous êtes un type épatant. C'est rare. » Michael eut le tact de ne pas faire allusion à l'épouse qui avait quitté Neri.

Ils bavardèrent un moment. Quoique taciturne, Neri s'ouvrit en présence de Michael. Il n'y avait que cinq ans de différence d'âge entre eux. Pourtant l'ancien policier se confia à Michael comme à un père.

Enfin, Michael lui dit cordialement : « Te sortir de prison pour te laisser sur le sable n'aurait ni queue ni tête. Je peux te trouver un boulot à Las Vegas où j'ai des intérêts. Ton expérience ferait de toi un excellent agent de sécurité dans un hôtel-casino. Mais si tu as l'intention de te lancer dans une petite affaire quelconque, je peux dire un mot à des banquiers pour qu'ils t'avancent un capital. »

Tant de bonne grâce bouleversa et embarrassa aussi Neri. Il refusa fièrement mais ajouta : « Pour Las Vegas, c'est impossible. Mon sursis s'assortit de probation et je dois rester sur le territoire du tribunal qui m'a condamné.

— Détail insignifiant. J'arrangerai ça. D'ailleurs, pour que les banques ne tordent pas le nez, je vais faire disparaître ta feuille jaune. »

La feuille jaune est une fiche de police sur laquelle figurent les méfaits commis par chaque individu. En général on la soumet au juge quand il fixe la peine d'un condamné. Neri avait assez longtemps fait partie de la police pour savoir que bien des truands se voyaient infliger des peines bénignes parce que le service des archives policières, soudoyé, remettait aux magistrats une feuille jaune vierge. Que Michael Corleone fut capable d'un tel tour de force ne l'étonna pas. Mais il se demanda pourquoi on prendrait tant de peine à son intention. « Si j'ai besoin d'aide, je vous ferai signe, fit-il.

— Parfait », répondit Michael qui consulta sa montre. Neri comprit qu'il lui signifiait ainsi son congé et il se leva pour s'en aller. De nouveau son interlocuteur le surprit.

« C'est l'heure du déjeuner, dit Michael, viens donc manger avec ma famille. Mon père sera heureux de te voir, nous bavarderons pendant le repas. Je crois que ma mère a préparé des œufs avec des poivrons frits et des saucisses. Un vrai déjeuner à la sicilienne. »

Albert Neri passa un des meilleurs moments de sa vie chez les Corleone. Il ne se rappelait pas avoir été aussi à l'aise depuis la mort de ses parents, quand il avait quinze ans. Don Corleone était d'humeur charmante et il se réjouit en découvrant que les parents de Neri étaient originaires d'un petit village situé à quelques kilomètres du sien. Propos aimables, mets délicieux, solide vin rouge, Neri eut l'impression d'être enfin parmi les siens. Il savait fort bien qu'il se trouvait là en qualité d'hôte de passage, mais il lui semblait qu'il pourrait y trouver sa place et y vivre heureux.

Michael et le Don le conduisirent à sa voiture. Le patriarche lui serra la main en disant : « Tu es un chic type. Je me fais vieux. Je veux prendre ma retraite et je suis en train d'enseigner à mon fils Michael, celui-ci, le commerce de l'huile d'olive et puis voilà qu'il vient me dire qu'il veut intervenir dans ta petite affaire. Je lui dis : "Occupe-toi de l'huile d'olive." Il ne veut pas me laisser tranquille. Il insiste : voilà un chic type, un Sicilien comme nous, à qui on joue un tour de cochon et il m'a tracassé jusqu'à ce que je m'en occupe. Je te raconte ça pour t'expliquer qu'il avait raison. Maintenant que je te connais, je suis bien content d'avoir pris cette peine. Tu comprends ? Nous sommes à ta disposition. » (Ce jour-là, en se rappelant l'affabilité du Don, Neri regretta qu'il fût mort. S'il vivait encore, il verrait qu'il n'avait pas sauvé un ingrat.)

Neri réfléchit pendant trois jours avant de se décider. Il était assez intelligent pour comprendre que les Corleone le sollicitaient. Mais il voyait aussi ceci : la famille Corleone approuvait le geste pour lequel la société l'avait condamné et châtié. Elle l'estimait et la société le méprisait ; il serait personnellement plus heureux dans le monde créé par les Corleone que dans celui où il avait vécu jusqu'alors ; enfin que, dans une certaine mesure, la famille Corleone était puissante, quoique dans des limites étroites.

Il retourna voir Michael et joua cartes sur table : Las Vegas ne l'intéressait pas, mais il accepterait toute mission que la Famille lui confierait à New York. Il affirma clairement sa loyauté. Michael en fut touché et Neri s'en rendit compte. Mais Michael lui conseilla avec insistance de prendre d'abord des vacances. « La Famille possède un hôtel à Miami. Elle te recevra gratuitement et tu toucheras une avance d'un mois de salaire pour pouvoir te distraire convenablement. »

Au cours de ses vacances Neri goûta à sa première bouchée de luxe. Les gens de l'hôtel se montraient attentionnés. « Ah, vous êtes un ami de Michael Corleone ! » disaient-ils parce qu'on leur avait passé le mot. On lui donna un appartement de luxe au lieu de le reléguer dans une de ces chambres minables faites pour les parents pauvres. Celui qui gérait la boîte de nuit de l'hôtel le mit en contact avec des filles ravissantes. Lorsqu'il revint à New York, il voyait la vie sous des couleurs nouvelles.

On l'affecta au regime de Clemenza, homme particulièrement doué pour juger le personnel. Il fallait en effet prendre des précautions avec lui parce qu'il avait fait partie de la police. Mais la férocité naturelle de Neri effaça les scrupules qui auraient pu lui venir en se trouvant de l'autre côté de la barricade. Il « fit ses os » en moins d'un an. Dès lors, il ne pouvait plus revenir en arrière.

Clemenza chanta ses louanges. Neri était une bonne recrue : un nouveau Luca Brasi. Il serait même meilleur que Luca. Clemenza le vantait ainsi parce que c'est lui qui l'avait découvert. Physiquement, il faisait merveille. Souplesse et réflexes valaient ceux du célèbre champion de base-ball Joe Di Maggio. Clemenza devinait aussi que Neri n'était pas fait pour rester dans son regime. On lui donna, en effet, une nouvelle affectation qui le plaçait sous les ordres immédiats de Michael Corleone. Avec Tom Hagen en tampon, évidemment. Considéré comme un extra, il toucha un plus haut salaire, mais il n'eut pas droit à un revenu particulier sur un book ou une « protection » quelconque. Son respect pour Michael était évident et même énorme. Un jour Hagen dit en plaisantant à Michael : « Maintenant tu as vraiment trouvé ton Luca. »

Michael hocha la tête. Il avait fait tout ce qu'il fallait pour cela. Neri lui appartenait à la vie à la mort. C'est le Don qui lui avait appris à manipuler ainsi l'esprit des gens. Pendant qu'il se mettait au courant des affaires, pendant les longues journées de tutelle que lui imposa son père, il lui était arrivé de demander un jour : « Comment se fait-il que tu aies utilisé un type comme Luca Brasi ? Une vraie bête ? »

Cela aussi faisait partie de l'instruction que le Don donnait à son fils. « Il existe en ce bas monde des gens qui ne demandent qu'à se faire tuer. Tu dois en avoir remarqué. Ils cherchent querelle dans les salles de jeu, ou bien ils bondissent hors de leur voiture dès que quelqu'un a eu le malheur d'égratigner leur pare-chocs. Ils maltraitent ou cherchent à humilier des individus dont ils ne connaissent pas la puissance ou les réactions possibles. J'ai vu un de ces fous provoquer délibérément la fureur d'un groupe de truands extrêmement dangereux. Bref, ce sont des types qui circulent dans le monde en criant : "Tuez-moi ! tuez-moi !" Ils finissent toujours par trouver quelqu'un qui leur rend ce service. On parle d'eux tous les jours dans les journaux. Ils se font du tort à eux-mêmes, mais aux autres aussi. »

« Luca Brasi en était un. Mais c'était un type tellement exceptionnel que, pendant longtemps, personne ne parvint à le supprimer. En général nous ne nous intéressons pas à ces fous, mais il est parfois bon d'utiliser une arme aussi puissante que Brasi. Étant donné qu'un type de ce genre ne craint pas la mort ou même qu'il la cherche, toute l'affaire consiste en ceci : s'arranger de telle sorte que tu sois la seule personne au monde par qui il ne veuille pas être tué. Alors il craint au moins une chose, que tu le tues et, pour cela, il t'appartient. Tu en fais ce que tu veux. »

Telle fut une des leçons les plus profitables que le Don donna à son fils avant de mourir. Michael s'en servit pour faire de Neri son Luca Brasi.

Enfin voilà Albert Neri tout seul dans son appartement du Bronx. Il a fini de brosser son uniforme. Il va l'endosser. Il fourbit aussi soigneusement ceinturon et étui à pistolet. Il nettoiera aussi sa casquette dont la visière en a besoin et il cirera ses solides souliers noirs. Il travaille de bon cœur parce qu'il a trouvé sa place dans le monde. Michael Corleone se fie à lui sans réserve et Neri va aujourd'hui se montrer digne de cette confiance.

31.

Le même jour deux limousines se garèrent au portail du mail à Long Beach. Connie Corleone, sa mère, son mari et ses deux enfants prendraient l'une pour aller à l'aéroport. La famille Carlo Rizzi devait partir en vacances à Las Vegas et en profiterait pour y préparer son installation permanente. Michael en avait donné l'ordre à Carlo malgré les protestations de Connie. Il n'avait pas pris la peine d'expliquer qu'il voulait faire évacuer le mail par tous ses habitants avant la rencontre Corleone-Barzini. Cette conférence elle-même était un secret. Seuls Michael, Tom et les caporegimes étaient au courant.

Kay et ses enfants prendraient l'autre auto pour aller dans le New Hampshire rendre visite aux Adams. Michael était retenu au mail par des affaires trop pressantes.

Au dernier moment, Michael fit dire à Carlo Rizzi qu'il aurait encore besoin de sa présence à Long Beach pendant quelques jours, mais qu'il rejoindrait sa femme et ses enfants dans le courant de la semaine. Connie se mit en colère. Elle essaya de téléphoner à Michael, mais il était allé en ville. Elle parcourut quand même le mail à sa recherche, apprit qu'il s'y trouvait, mais enfermé avec Tom Hagen et ne voulait pas être dérangé. En désespoir de cause, Connie céda. Son mari l'accompagna à la voiture. En l'embrassant, à l'instant des adieux, elle lui dit : « Si tu n'es pas à Las Vegas dans deux jours, je reviens te chercher. »

Avec un sourire de complicité charnelle, il lui assura : « J'y serai. »

Elle passa la tête au-dessus de la vitre de la portière. « Sais-tu pourquoi Michael te garde ici ? » demanda-t-elle. L'inquiétude lui donnait un air de vieillesse et l'enlaidissait.

Carlo haussa les épaules. « Il m'a promis une grosse affaire. C'est peut-être de ça qu'il veut me parler. En tout cas, il me l'a laissé entendre. »

Carlo n'était pas au courant de la rencontre prévue pour le soir-même avec les Barzini.

« C'est vraiment ce que tu crois, Carlo ? » demanda Connie.

Carlo hocha la tête pour la rassurer. L'auto démarra et franchit le portail du mail.

C'est seulement après ce départ que Michael accompagna Kay et ses propres enfants à leur voiture. Carlo se joignit à eux pour prendre congé de sa belle-sœur et lui souhaiter bon voyage, bonnes vacances. La seconde voiture partit à son tour.

« Je regrette de te garder ici, Carlo, mais c'est l'affaire d'un jour ou deux, dit Michael.

— Aucune importance, se hâta de répondre Rizzi.

— Très bien. Reste auprès de ton téléphone. Je t'appellerai dès que je serai prêt. J'ai encore besoin de quelques renseignements. OK ?

— Bien sûr Mike, bien sûr », dit Carlo. Il alla chez lui, téléphona à la nana qu'il entretenait discrètement à Westbury et lui promit qu'il essaierait de la rejoindre plus tard dans la soirée. Puis il s'installa avec une bouteille de whisky auprès de lui et attendit. L'attente dura longtemps. Peu après midi, plusieurs voitures arrivèrent successivement au mail. Carlo vit Clemenza descendre de l'une d'elles et, un peu plus tard, Tessio, d'une autre. Tous deux furent introduits chez Michael par les gardes du corps. Clemenza s'en retourna au bout de quelques heures et Tessio ne reparut pas.

Pendant une dizaine de minutes, Carlo fit le tour du mail pour prendre l'air. Il connaissait fort bien les gorilles qui montaient la garde d'habitude au portail et était même en très bons termes avec certains d'entre eux. L'idée lui vint d'aller bavarder un peu pour passer le temps. Ceux qu'il trouva de service ce jour-là lui étaient inconnus et il s'en étonna. Plus surprenant encore : c'est Rocco Lampone en personne qui les commandait. Or Carlo savait que Rocco occupait une situation trop élevée dans la hiérarchie pour être chargé d'une mission aussi banale. Il devait donc se passer quelque chose d'exceptionnel.

Rocco lui sourit cordialement et le salua. Carlo se tint sur ses gardes. Rocco lui dit : « Tiens, je croyais que tu partais en vacances.

— Mike m'a fait rester deux jours de plus. Il aurait quelque chose à me faire faire.

— Oué. Moi aussi. Il m'a chargé de monter la garde. Après tout, c'est le patron. » Le ton laissait supposer que Rocco jugeait Michael inférieur au vieux Don.

Toutefois, Carlo se garda de mordre à l'hameçon. « Mike sait ce qu'il fait », dit-il. Rocco accepta cette rebuffade sans rien dire. Carlo prit congé et retourna chez lui. Il se passait quelque chose mais Rocco n'était visiblement pas au courant.

Debout devant la fenêtre du salon, Michael regarda Carlo se promener sur le mail. Hagen lui apporta un verre de cognac. Il en but quelques gorgées avec plaisir. Hagen lui dit à voix basse : « Mike, il faut t'y mettre. Il est temps. »

Michael soupira. « Dommage. Je regrette que le Vieux n'ait pas vécu plus longtemps.

— Tout va très bien se passer. J'ai tout revu. Si rien ne m'a échappé, ça va marcher comme sur des roulettes. Ton plan est parfait. »

Michael s'écarta de la fenêtre. « C'est le Vieux qui a préparé le gros de ce plan. Mais tu le sais.

— Il n'y en avait pas un autre comme lui. C'est la perfection. On ne pouvait pas faire mieux. Tu ne peux donc pas être trop mauvais non plus.

— Qui vivra verra, dit Michael. Tessio et Clemenza sont là ?

— Oui. »

Michael acheva son verre de cognac. « Envoie-moi Clemenza. Je lui donnerai mes instructions personnellement. Je ne veux pas voir Tessio. Dis-lui seulement que je serai prêt dans une demi-heure à aller voir Barzini avec lui. Les gars de Clemenza s'occuperont de lui plus tard. »

D'un ton qui ne l'engageait pas, Hagen demanda : « Pas moyen d'épargner Tessio ?

— Pas moyen », répondit Michael.

Au nord de l'État de New York, à Buffalo, c'était l'heure du coup de feu dans une petite pizzeria d'une rue peu passante. Puis, l'heure du déjeuner terminée, les affaires ralentirent. Le patron parcourut la salle avec un grand plateau rond en étain, ramassa les tranches qui restaient ainsi que celles qui se trouvaient encore sur le comptoir permettant de servir les passants. Il les rangea ensuite sur une étagère du grand four de briques. Il l'ouvrit, jeta un coup d'œil sur une pizza qui cuisait. Le fromage n'avait pas encore commençé à faire des bulles. Il retourna au comptoir. Un passant à mine patibulaire s'y était arrêté. « Donne-m'en une tranche », dit-il.

Le patron saisit sa longue pelle de boulanger, ramassa une tranche sur l'étagère et la glissa dans le four pour la faire réchauffer. Au lieu d'attendre dehors, le client décida de se faire servir à l'intérieur. La salle était vide. Le patron ouvrit son four, prit la tranche de pizza et la servit sur une assiette de carton. Au lieu de le payer, le client le regarda fixement.

« J'ai entendu dire que tu as un gros tatouage sur la poitrine, dit-il. Je vois le sommet au-dessus du col. Montre-moi le reste. »

Le marchand de pizza se figea sur place. Il parut paralysé.

« Ouvre ta chemise », dit le client.

L'autre secoua la tête. « J'ai pas de tatouage, dit-il avec un fort accent. C'est celui qui sert la nuit qui en a un. »

Le client éclata de rire : rire désagréable, dur, crispé. « Allez, déboutonne ta chemise, que je voie. »

Le patron recula vers le fond de la boutique en cherchant à contourner l'énorme four. Le client éleva la main au-dessus du comptoir. Il tenait un pistolet. Il tira. La balle atteignit le marchand de pizza en pleine poitrine et le précipita contre le four. Le client tira de nouveau. L'autre tomba par terre. Le client fit le tour du comptoir, se pencha, arracha les boutons de la chemise. La poitrine était déjà couverte de sang, mais on y voyait un tatouage : un couple enlacé et transpercé par un long poignard. Le marchand de pizza leva un bras faible, comme pour se protéger. L'homme au pistolet lui dit : « Fabrizzio. Michael Corleone t'envoie ses salutations. » Il tendit le bras pour appliquer le canon de son arme sur le crâne de l'ancien berger sicilien et pressa la détente. Puis il sortit tranquillement du magasin. Une voiture l'attendait, portière ouverte, au bord du trottoir. Le poinçonneur sauta dedans et l'auto démarra.

Rocco Lampone répondit au téléphone qui se trouvait dans un coffret soudé à un des piliers du portail. Quelqu'un lui dit : « Ton paquet est prêt. » Un déclic lui indiqua que son interlocuteur avait raccroché. Rocco Lampone monta dans sa voiture et quitta le mail. Il franchit la chaussée de Jones Beach, sur laquelle Sonny Corleone avait été exécuté, et roula jusqu'à la gare de Wantagh. Il y laissa sa voiture. Une autre l'attendait avec deux hommes dedans. Ils allèrent ensemble jusqu'à un motel situé à dix minutes de là, sur la Sunrise Highway, et pénétrèrent dans la cour. Rocco Lampone laissa ses deux acolytes dans la voiture et se dirigea tout droit sur un petit bungalow-chalet.

Un seul coup de pied arracha la porte à ses gonds et Rocco entra d'un bond.

Philip Tattaglia, nu comme un nouveau-né, se dressait debout à côté d'un lit sur lequel était allongée une fille à la fleur de l'âge. À soixante-dix ans, son épaisse chevelure était encore d'un noir de jais, mais sa toison abdominale, d'un gris d'acier. Il était grassouillet comme une volaille bien nourrie. Rocco Lampone tira quatre balles et les quatre firent mouche en plein dans le ventre. Puis il retourna en courant à la voiture. Ses deux compagnons le déposèrent à la gare de Wantagh. De là, il retourna au mail dans sa propre auto. Il y passa quelques minutes avec Michael Corleone et alla reprendre sa faction au portail.

Tessio attendait dans la cuisine de la maison où le vieux Don avait vécu. Il dégustait une tasse de café quand Hagen vint lui dire : « Mike est prêt. Donne donc un coup de fil à Barzini pour qu'il se mette en route. »

Tessio se leva, décrocha le téléphone mural, fit le numéro du bureau de Barzini à New York et dit sèchement « Nous partons pour Brooklyn. » Il raccrocha et sourit à Hagen. « J'espère que Mike nous arrangera bien les choses.

— Je n'en doute pas », répondit Hagen.

Il accompagna Tessio sur le mail jusqu'à la maison de Michael. Un des gorilles les arrêta à la porte. « Le patron dit qu'il s'y rendra dans une autre voiture et vous ordonne de partir en avance tous les deux. »

Tessio fronça les sourcils et se tourna vers Hagen : « Merde, c'est pas possible ! Il fout tous mes arrangements en l'air. »

À cet instant trois autres gardes du corps les entourèrent. Hagen dit doucement : « Moi non plus, je ne vais pas avec toi, Tessio. »

En une fraction de seconde, le caporegime à tête de furet comprit tout et s'y résigna. Après un instant de faiblesse physique il se reprit. « Tom, dis à Mike que c'était une question d'affaires, mais que je l'ai toujours beaucoup aimé.

— Il sait et il comprend », dit Hagen.

Tessio se tut un court instant puis demanda à voix basse : « Tom, en souvenir du vieux temps, t'as pas moyen de m'éviter ça ?

— Pas moyen », répondit Hagen en secouant la tête.

Il vit les gorilles entourer Tessio et le conduire à une voiture. Ça lui fit un peu mal au cœur. Pendant longtemps Tessio avait été le meilleur soldat de la famille Corleone ; le vieux Don s'était appuyé sur lui plus que sur aucun autre, sauf Luca Brasi. Dommage qu'un homme aussi intelligent ait commis une erreur de jugement aussi catastrophique et aussi tard dans sa carrière.

Toujours tout seul dans son appartement, Albert Neri s'habillait sans se presser. Il mit son pantalon d'uniforme, sa chemise, noua sa cravate, endossa sa vareuse, se harnacha de son ceinturon avec étui à pistolet.

Lors de sa suspension, il avait rendu son arme réglementaire mais par le hasard de quelque négligence administrative, on lui avait laissé sa médaille. Clemenza lui avait fourni un nouveau 38 Police Spécial dont l'origine ne serait jamais découverte. Neri dégaina, ouvrit son revolver, le graissa, en vérifia toutes les pièces, le remonta, fit jouer la détente, regarda tomber le chien puis, satisfait, il introduisit une cartouche dans chaque cylindre du revolver. Le voilà fin prêt.

Il consulta sa montre. Dans quelques minutes la voiture s'arrêterait en bas de chez lui. Il consacra ce temps à vérifier dans le miroir si rien ne clochait. Aucun doute, il avait indiscutablement l'air du parfait flic. Il mit son képi d'uniforme dans un grand sac de papier et endossa un pardessus civil pour dissimuler son uniforme

Deux hommes de Rocco Lampone l'attendaient sur la banquette avant de la voiture. Neri s'installa derrière. Quand l'auto eut quitté son quartier, il retira le pardessus civil qu'il posa sur le plancher de la voiture puis il ouvrit le sac de papier et se coiffa de sa casquette réglementaire.

L'auto se gara au bord du trottoir, près du carrefour de la 55e Rue et de la Cinquième Avenue. Neri descendit et partit à pied le long de l'avenue. Se retrouver en train de patrouiller en plein New York, comme si souvent autrefois, lui fit une impression bizarre. La foule grouillait sur le trottoir. Il suivit son chemin jusqu'au Rockefeller Center, en face de la cathédrale Saint Patrick. Il repéra une grosse voiture, garée toute seule au bord du trottoir sur lequel il marchait, exactement entre deux panneaux indiquant : Stationnement interdit.

Neri ralentit. Il était trop tôt. Il s'arrêta même pour noter quelque chose sur son calepin, à loisir, puis reprit son chemin. Arrivé à la hauteur de la voiture, il tapota le pare-chocs avec sa matraque. Surpris, le chauffeur leva la tête. Du bout de sa matraque, Neri lui montra le panneau interdisant le stationnement puis lui fit signe de s'éloigner. Le chauffeur détourna la tête.

Neri quitta le trottoir pour aller à côté de la portière gauche dont la vitre était ouverte. Le chauffeur était un gonze aux allures de fier-à-bras, exactement un de ceux que Neri aimait briser. D'un ton délibérément vexant, il lui dit : « Alors, le mariole, tu te tires ou tu veux que je te foute une contredanse au cul ?

— Va donc te renseigner au quart, répondit l'autre, impassible. Mais donne-moi toujours la contredanse si ça peut te rendre heureux.

— Taille-toi d'ici ou je te tire de cette voiture par la peau des fesses et je te casse les reins. »

Avec une adresse de prestidigitateur, le chauffeur fit apparaître un billet de dix dollars entre ses doigts. En ne se servant que d'une seule main, il le plia en un petit carré et chercha à le glisser dans la vareuse de Neri qui recula d'un pas, retourna sur le trottoir et fit signe au chauffeur de le rejoindre. Ce dernier descendit de voiture.

« Permis de conduire et carte grise », dit Neri. Il avait espéré attirer le chauffeur jusqu'au carrefour et dans la petite rue voisine, mais il réalisa que ce n'était pas possible. Du coin de l'œil, sans se retourner, il vit trois solides gaillards descendre les marches du Plaza. C'étaient Barzini en personne et ses deux gardes du corps qui partaient pour leur rendez-vous avec Michael Corleone. Un des gorilles se sépara du groupe et fonça en avant pour voir ce qui ne tournait pas rond.

« Qu'est-ce qui se passe ? demanda-t-il au chauffeur.

— Une contredanse. Pas d'importance. C'est sans doute un nouveau dans le coin », répondit tranquillement le chauffeur.

Barzini arriva avec son autre garde du corps et grogna : « Alors, qu'est-ce qui ne va pas maintenant ? »

Neri finit de noter la contravention sur son calepin, rendit permis de conduire et carte grise au chauffeur, remit son carnet dans sa poche et, quand il ramena la main en avant, elle tenait son 38 Spécial.

Les trois autres ne se rendirent même pas compte de ce qui se passait qu'il avait déjà tiré trois balles dans la large poitrine de Barzini et plongeait vers la foule, filait vers le carrefour, sautait dans la voiture qui l'attendait. L'auto fonça vers la Neuvième Avenue et tourna pour aller vers le centre de la ville. Neri se débarrassa de sa casquette, retira son uniforme pour mettre un complet civil et changea de voiture près de Chelsea Park. Il laissa uniforme et pistolet dans la première auto. Ses complices les feraient disparaître. Une heure plus tard, il s'entretenait avec Michael Corleone au mail de Long Beach.

Carlo Rizzi attendait toujours d'être reçu par Michael. Les allées et venues des voitures commençaient à l'inquiéter. Indiscutablement il se passait quelque chose de sérieux et tout semblait indiquer qu'on le laissait sur la touche. Poussé par son impatience, il appela Michael au téléphone. Un des gardes du corps lui répondit, alla interroger le nouveau Don et revint lui dire : « Attends encore un moment, il n'y en a plus pour longtemps. »

Carlo appela sa maîtresse et lui assura qu'il pourrait l'emmener souper plus tard dans la soirée puis qu'ils passeraient la nuit ensemble. Michael avait dit qu'il n'y en avait plus pour longtemps. Ce qu'il aurait à faire ne lui prendrait pas plus d'une heure ou deux. Ensuite, le trajet jusqu'à Westbury ne durerait guère que quarante minutes. C'était donc possible. Il le promit à la nana et la câlina verbalement. Après avoir raccroché, il décida de s'habiller pour la soirée, ce qui lui ferait gagner du temps par la suite.

Carlo venait de mettre une chemise propre quand on frappa à la porte. Aucune inquiétude : Mike avait essayé de lui téléphoner, avait obtenu le signal « pas libre » et l'envoyait chercher par un de ses hommes. Carlo alla ouvrir la porte. Aussitôt il éprouva une peur terrible qui lui coupa les jambes. Michael Corleone était sur le seuil. Carlo trouva à son visage le même aspect qu'au masque de mort qu'il voyait souvent dans ses rêves.

Hagen et Rocco Lampone accompagnaient Michael. Ils avaient l'air grave de gens qui viennent à regret annoncer une mauvaise nouvelle à un ami. Carlo Rizzi les conduisit tous les trois au salon. Remis de sa première frayeur, il voulut se faire croire qu'il avait cédé à une panique sans raison. Mais les premiers mots de Michael lui donnèrent la nausée.

« Tu vas rendre compte de ce qui est arrivé à Santino », dit Michael.

Carlo fit semblant de ne pas comprendre et ne répondit pas. Hagen et Lampone s'étaient séparés pour s'adosser face à face, chacun contre un mur opposé de la pièce. Michael restait seul en face de lui.

« Tu as livré Sonny aux Barzini, dit Michael sans élever la voix. La petite farce que tu as jouée avec ma sœur, croyais-tu qu'elle tromperait un Corleone ? C'est Barzini qui t'a fait croire ça. »

Malade de peur, Carlo Rizzi répondit sans aucune dignité : « Je jure que je suis innocent. Je le jure sur la tête de mes enfants. Ne me fais pas ça, Mike, je t'en supplie, ne fais pas ça. »

Michael dit tranquillement : « Barzini est mort, Philip Tattaglia aussi. Ce soir, je règle tous les comptes de la Famille, alors ne me raconte pas que tu es innocent. Tu ferais mieux d'avouer ce que tu as fait. »

Hagen et Lampone considérèrent Michael avec étonnement et pensèrent qu'il n'avait pas encore le cran de son père. Pourquoi chercher à faire avouer ce traître ? Dans la mesure où l'on peut être sûr de quoi que ce soit, sa culpabilité était certaine. La réponse à cette question s'imposait à l'évidence : Michael n'était pas encore sûr de ses droits. Il craignait de commettre une injustice. Il se souciait encore d'une infime fraction de doute que seuls les aveux de Carlo Rizzi effaceraient.

Son beau-frère ne répondant toujours pas, Michael reprit presque cordialement : « N'aie donc pas tellement peur. Crois-tu que par ma faute ma sœur deviendrait veuve et mes neveux orphelins ? Après tout, je suis le parrain d'un de tes gosses. Non. Voilà ton châtiment : tu n'auras plus aucune fonction dans la Famille.

Tu prends l'avion ce soir pour Vegas, où tu rejoindras ta femme et tes enfants. Et tu y resteras. J'enverrai une pension à Connie. C'est tout. Mais ne répète pas que tu es innocent. Ne m'irrite pas en cherchant à me faire douter de mon intelligence. Avec qui étais-tu de mèche ? Tattaglia ou Barzini ? »

Dans l'espoir anxieux de sauver sa peau, en proie à une bouffée de soulagement exquis parce qu'on ne le tuerait pas, Carlo murmura : « Barzini.

— Bon. Très bien », dit Michael à voix basse, en laissant tomber sa main droite. « Alors, file tout de suite. Une voiture t'attend pour te conduire à l'aéroport. »

Carlo sortit le premier, suivi de près par les trois autres. Il faisait nuit mais le mail était illuminé a giorno comme d'habitude. Une voiture vint s'arrêter près d'eux. Carlo vit que c'était la sienne mais ne reconnut pas le chauffeur. Quelqu'un était assis au coin de la banquette arrière. Lampone ouvrit la portière avant et fit signe à Carlo de monter. Michael lui dit : « Je vais téléphoner à ta femme pour lui dire que tu es en route. » Carlo s'assit à côté du chauffeur. La chemise de soie qu'il venait de mettre était trempée de sueur.

La voiture démarra et roula lentement vers le portail. Carlo allait tourner la tête pour voir qui était assis derrière lui mais, à cet instant même, Clemenza lança son garrot aussi adroitement, presque aussi gracieusement, qu'une fillette noue un ruban au cou d'un chaton. La cordelette de soie mordit aussitôt dans la chair sous la poigne vigoureuse de Clemenza. Tout le corps de Carlo Rizzi sursauta, comme un poisson au bout d'une ligne. Clemenza tint bon et serra le nœud jusqu'à ce que Carlo Rizzi s'immobilisât complètement mou. Tout à coup, une odeur abominable se répandit dans la voiture. Les sphincters s'étant relâchés à l'instant de la mort, les entrailles s'étaient vidées d'elles-mêmes. Pour plus de sûreté, Clemenza maintint le garrot durant quelques minutes puis il dénoua la cordelette et la mit dans sa poche. Il s'adossa confortablement sur la banquette. Le corps de Carlo s'affaissa contre la portière. Un moment plus tard, Clemenza baissa une vitre pour aérer l'intérieur de la voiture.

La famille Corleone remporta une victoire totale. Pendant les mêmes vingt-quatre heures, Clemenza et Lampone déchaînèrent leurs poinçonneurs et ce fut le massacre de tous ceux qui avaient empiété sur l'empire des Corleone. Neri avait pris le commandement du regime de Tessio. Les books de Barzini furent éliminés. Deux des principaux exécuteurs de la famille Barzini furent abattus alors qu'ils se curaient paisiblement les dents, après dîner, dans un restaurant italien de Mulberry Street. Un célèbre arrangeur de trot attelé fut liquidé alors qu'il rentrait chez lui après une soirée fructueuse sur un hippodrome. Les deux principaux usuriers des docks disparurent. On ne trouva leurs cadavres que des mois plus tard, dans un marais du New Jersey.

Ainsi un seul assaut furieux assura la réputation de Michael et restaura le prestige des Corleone parmi les Familles de New York. La maestria de la tactique lui valut d'autant plus de respect que les caporegimes des Barzini et des Tattaglia rallièrent immédiatement son camp.

Michael aurait joui d'un triomphe parfait si sa sœur Connie ne s'était pas livrée à une scène d'hystérie. Elle laissa ses enfants à Vegas et prit l'avion avec sa mère. Elle resta à peu près calme, malgré son chagrin, jusqu'à ce que sa voiture s'arrêtât au mail. Alors, sans laisser le temps à la Mama de la retenir, elle fila sur la chaussée pavée de pierres rondes jusqu'à la maison de Michael, y entra en trombe, et trouva son frère avec Kay dans le salon. Kay se leva pour l'accueillir et l'embrasser afin de la réconforter. Mais elle s'arrêta court dès que Connie se mit à vociférer injures et accusations. « Tu as tué mon mari ! Tu as attendu la mort de notre père pour que personne ne t'en empêche et tu l'as tué. C'est toi qui l'as tué ! Tu lui en voulais pour la mort de Sonny, depuis toujours, comme tout le monde. Mais tu ne pensais pas à moi. Tu t'es toujours foutu de moi. Qu'est-ce que je vais faire maintenant ? Qu'est-ce que je vais devenir ? » Elle braillait. Elle éclata en sanglots.

Deux gardes du corps s'approchèrent d'elle par-derrière et attendirent les ordres de Michael, mais il resta impassible et attendit que Connie se fût soulagée.

« Connie, ne parle pas comme ça. Tu es bouleversée », dit Kay stupéfaite.

Connie s'efforça de reprendre son calme, mais sa voix restait venimeuse. « Pourquoi crois-tu qu'il était toujours tellement froid avec moi ? Pourquoi crois-tu qu'il a gardé Carlo ici, au mail ? C'était pour l'assassiner et il mijotait ça depuis toujours. Mais il n'a pas osé du vivant de papa qui l'en aurait empêché. Il le savait, il attendait son heure. Et puis, il a parrainé mon fils aîné à sa confirmation pour nous tromper, ce salaud au cœur sec ! Tu t'imagines que tu connais ton mari ? Sais-tu combien de gens il a assassinés en même temps que Carlo ? Lis les journaux, tu verras, Barzini, Tattaglia, et combien d'autres ! C'est mon frère qui les a fait massacrer ! »

À hurler ainsi, elle retomba dans une crise de nerfs, essaya de cracher au visage de son frère, mais elle n'avait plus de salive.

« Emmenez-la chez elle et appelez un médecin », dit Michael. Les deux gardes saisirent aussitôt Connie par les bras et l'emmenèrent hors de la maison.

Tellement horrifiée qu'elle semblait hébétée, Kay demanda à son mari : « Pourquoi dit-elle ça, Michael ? Qu'est-ce qui lui fait croire des choses pareilles ?

— Elle n'a plus sa tête à elle, dit-il en haussant les épaules.

— Michael, ce n'est pas possible. Je t'en supplie, dis-moi que ce n'est pas vrai », insista Kay en le regardant droit dans les yeux.

Michael secoua tristement la tête. « Évidemment non, crois-moi. C'est la seule fois que je te permets de m'interroger au sujet de mes affaires. Et je te donne ma réponse : ce n'est pas vrai. »

Jamais il n'avait été aussi convaincant. Il la regardait dans le blanc des yeux en faisant appel à toute la confiance que leur vie conjugale avait nouée entre eux. Elle ne douta plus, sourit tristement et se blottit dans ses bras pour l'embrasser.

« Nous avons besoin de nous remonter tous les deux », dit-elle. Elle alla chercher de la glace dans la cuisine, d'où elle entendit la porte s'ouvrir. Elle revint jusqu'au seuil et vit Clemenza, Neri, Rocco Lampone entrer avec les gardes du corps. Michael lui tournait le dos. Elle avança un peu pour le voir de profil. Clemenza s'adressa alors à son mari en commençant solennellement par cette formule : « Don Michael ».

Kay constata comment Michael recevait cet hommage. Il lui rappela certaines statues romaines, celles des empereurs de l'Antiquité qui, par droit divin, exerçaient un pouvoir de vie et de mort sur tous les autres hommes. Une main le long de la cuisse, négligemment, arrogamment détendu, tout le poids de son corps sur un pied, un peu rejeté en arrière de l'autre, tout dans son attitude dénotait une puissance fière et glaciale. Les caporegimes se tenaient presque au garde-à-vous, respectueusement.

Alors Kay comprit tout. Les accusations de Connie étaient véridiques. Elle alla dans sa chambre et pleura.

Livre VII

32.

La victoire sanglante des Corleone ne porta ses fruits qu'après une année de subtiles manœuvres diplomatiques après lesquelles Michael fut reconnu comme le plus puissant chef de Famille de tous les États-Unis. Pendant douze mois il partagea également son temps entre le mail de Long Beach et son nouveau domicile à Las Vegas. Après ce long délai, il décida de cesser toute opération à New York et de vendre tous les biens de la Famille sur la côte est. À cet effet il ramena les siens à New York pour une dernière visite. Ils devaient y passer un mois au cours duquel chacun réglerait ses affaires personnelles. Kay notamment ferait emballer et expédier les affaires du ménage et il y avait des milliers d'autres petites choses à faire.

Nul ne pouvait plus défier les Corleone. Clemenza avait sa propre Famille. Rocco Lampone était le seul caporegime de Michael. Albert Neri dirigeait le service de sécurité de tous les hôtels que la Famille possédait officiellement ou en sous-main au Nevada. Hagen continuait à jouer un rôle éminent auprès de Michael dans l'Ouest.

Le temps contribua à guérir les blessures. Connie Corleone se réconcilia avec son frère. Pas plus d'une semaine après avoir proféré de terribles accusations, elle fit des excuses à Michael et assura Kay que ses propos ne contenaient pas la moindre parcelle de vérité : elle avait perdu la tête au cours d'une crise de nerfs, comme en ont les jeunes veuves.

Connie Corleone ne tarda pas à trouver un remplaçant à son époux. Elle n'attendit même pas la fin de l'année de deuil traditionnel pour accueillir dans son lit un bon jeune homme, embauché en qualité de secrétaire par la famille Corleone. Issu d'une famille italienne de toute confiance, il avait quand même terminé ses études dans une des plus célèbres facultés d'affaires des États-Unis. Son mariage avec la sœur du Don assurait son avenir.

Kay Adams Corleone avait enchanté sa belle-famille en se convertissant au catholicisme. Ses deux fils, évidemment, étaient élevés dans cette même foi, comme l'avait exigé son directeur de conscience. Michael n'avait pas trouvé ça à son goût. Il aurait préféré des enfants protestants, ce qui fait plus américain.

À sa surprise, Kay en vint à adorer le Nevada, où tout lui plut : le décor, les collines, les cañons aux rochers rouges stupéfiants, le désert brûlant, la rencontre soudaine de lacs rafraîchissants comme des bénédictions, et même la chaleur étouffante. Chacun de ses fils avait son propre poney. Désormais elle était entourée de véritables bonnes et ne voyait plus toujours autour d'elle des gardes du corps.

Michael menait une existence normale. Il dirigeait une entreprise de construction qui lui appartenait, faisait partie du club local des hommes d'affaires et de divers comités civiques. Il s'intéressait à la politique, ce qui était sain, mais sans se mettre en vue. La bonne vie ! Kay était heureuse de se défaire complètement de tout ce qui les avait retenus à New York, de vendre la maison du mail et de s'établir définitivement à Las Vegas. Retourner une dernière fois à l'est l'agaçait. Elle expédia donc sa tâche vivement et efficacement. Le dernier jour, avant le départ, elle éprouva la même hâte que le malade guéri lorsqu'il va quitter l'hôpital.

Ce dernier jour, Kay Adams Corleone s'éveilla dès l'aube. Elle entendit vrombir sur le mail les camions qui vidaient les maisons de tous leurs meubles. L'après-midi même, toute la Famille, y compris Mama Corleone, prendrait l'avion pour Las Vegas.

En sortant de la salle de bains Kay trouva Michael adossé à son oreiller en train de fumer une cigarette dans son lit. « Pourquoi diable faut-il que tu ailles à l'église tous les matins ? demanda-t-il. Le dimanche, je comprends ça. Mais en semaine… Tu deviens comme ma mère. » Il tendit la main dans l'ombre et alluma la lampe de chevet.

Kay s'assit au bord du lit pour enfiler ses bas. « Tu sais que les nouveaux convertis prennent le catholicisme très au sérieux. »

Michael lui caressa la cuisse, là où la peau est satinée, au-dessus des bas de nylon. « Non, dit-elle, je communie ce matin. »

Il ne chercha pas à la retenir quand elle se leva et dit avec un demi-sourire : « Comment se fait-il qu'une catholique aussi pieuse que toi laisse ses enfants faire l'église buissonnière aussi souvent ? »

Il lui sembla que Michael l'observait alors avec ce qu'elle appelait ses « yeux de Don », ce qui la mit mal à l'aise. Elle dit prudemment : « Quand nous serons tout à fait installés, j'y veillerai. »

Elle donna un baiser d'adieu à son mari et s'en alla. Il faisait déjà chaud dehors. Le soleil se levait, tout rouge, à l'est. Kay alla à pied jusqu'à la voiture garée près du portail. Mama Corleone l'y attendait déjà, vêtue de noir comme il sied à une veuve. La messe du matin était devenue une habitude quotidienne pour toutes les deux.

Kay baisa la joue ridée de la vieille dame et s'assit au volant. La Mama lui demanda soupçonneuse : « T'as petit-déjeuné ?

— Non », répondit Kay.

La Mama hocha la tête, satisfaite. Longtemps auparavant Kay avait oublié une seule fois qu'on ne doit pas manger entre minuit et la sainte communion du matin. Depuis lors, sa belle-mère lui posait tous les jours la même question.

« Ça va ? demanda-t-elle en outre.

— Très bien », dit Kay.

L'église semblait petite et abandonnée, aux premiers rayons du soleil levant. Les vitraux de couleur protégeaient l'intérieur de la chaleur. Il allait y faire frais et reposant. Kay aida sa belle-mère à descendre de voiture et à gravir les quelques marches, puis la laissa entrer avant elle. La vieille dame aimait s'asseoir à un banc d'œuvre proche de l'autel. Kay attendit devant la porte pendant une petite minute. Au dernier instant elle était toujours prise d'une légère panique.

Enfin elle plongea dans l'obscurité fraîche, trempa le bout des doigts dans le bénitier, se signa et posa ses doigts humides sur ses lèvres sèches. Un petit halo rouge étincelait au bout de chaque cierge, devant les saints et devant le Christ en croix. Kay fit une génuflexion avant de s'engager dans l'allée et alla s'agenouiller sur un dur banc de bois en attendant la communion. Elle inclina la tête comme pour prier mais ne se sentit pas encore prête.

C'est seulement là, sous la voûte obscure de l'église, qu'elle se permettait de penser à l'autre vie de son mari, à la nuit abominable d'un an plus tôt où il avait sciemment abusé de sa confiance et de leur amour mutuel pour prétendre mensongèrement qu'il n'avait pas fait tuer le mari de sa sœur.

Elle l'avait quitté, pas à cause de ce forfait, mais parce qu'il lui avait menti. Dès le lendemain matin, elle était allée se réfugier avec ses enfants chez ses parents dans le New Hampshire, sans dire un mot à qui que ce fût et sans même savoir en réalité ce qu'elle entendait faire. Michael avait compris. Il l'avait appelée au téléphone le premier jour puis l'avait laissée tranquille. Au bout d'une semaine seulement, une grosse voiture immatriculée à New York s'arrêta devant chez elle. Tom Hagen en descendit.

Elle passa un après-midi terrible avec Tom. Le pire moment de son existence. Ils allèrent se promener dans les bois auprès de sa petite ville et Hagen la traita sans ménagement.

Kay commit d'abord l'erreur d'affecter une désinvolture méprisante, attitude qui lui convenait mal. « Mike vous a envoyé me menacer ? demanda-t-elle. Je m'attendais à voir quelques-uns de vos lascars débarquer mitraillette au poing pour me ramener de force. »

Pour la première fois depuis qu'elle le connaissait, elle vit Hagen se mettre en colère. « Je n'ai encore jamais entendu pire connerie de gamine, dit-il durement. Je ne m'attendais pas à ça de la part d'une femme comme vous.

— Excusez-moi. »

Ils marchèrent le long d'un sentier verdoyant. Hagen lui demanda tranquillement : « Pourquoi vous êtes-vous enfuie ?

— Parce que Michael m'a menti, parce qu'il s'est payé ma tête en acceptant de devenir le parrain du fils de Connie. Il m'a trahie. Je ne peux plus aimer cet homme. Je ne peux pas supporter ça. Je ne veux pas qu'il élève mes enfants.

— Je ne sais même pas de quoi vous parlez », dit Hagen.

Elle se tourna vers lui en proie à une rage justifiée. « De quoi je parle ? Il a tué le mari de sa sœur. Vous comprenez cette fois ? » Elle ajouta au bout d'un instant : « Et il m'a menti ! »

Ils marchèrent un long moment sans rien dire. Enfin Hagen reprit : « Vous n'avez aucun moyen de vous assurer que c'est vrai. Pourtant, rien que pour vous être agréable, *supposons* qu'il en soit ainsi. Attention ! je ne prétends pas que ce soit vrai. Mais si je vous démontrais qu'un tel acte eût été justifié ? Entendons-nous bien : je pourrais vous proposer des motifs possibles.

— Je ne vous avais jamais vu jouer le rôle d'avocat, Tom, et ce n'est pas votre meilleur aspect, dit-elle avec mépris.

— Peut-être, mais écoutez-moi. Supposons que Carlo ait livré Sonny à ceux qui l'ont assassiné. Supposons qu'en battant sa femme ce soir-là, il ait participé à un complot pour que Sonny quitte le mail sans protection et fonce tout seul sur la chaussée de Jones Beach. Supposons qu'on l'ait payé pour ça. Alors, que diriez-vous, Kay ? »

Elle ne répondit pas.

Hagen continua. « Maintenant, admettons que le Don, un grand homme vraiment, n'ait pas eu, à son âge, le cœur à venger son fils aîné en exécutant le mari de sa fille. Ne se pourrait-il pas, dans ce cas-là, qu'il ait remis sa succession entre les mains de Michael en sachant que ce dernier se chargerait de cette responsabilité épouvantable ?

— Mais c'était fini, tout ça ! s'exclama Kay, les yeux pleins de larmes. Tout le monde était heureux. On aurait pu pardonner à Carlo. Pourquoi ne pouvait-on pas vivre en paix et oublier ? »

Ils venaient de traverser une prairie et arrivaient à la berge d'un ruisseau bordé d'arbres. Hagen s'assit à l'ombre, sur l'herbe, et soupira. Il regarda autour de lui, soupira de nouveau et dit : « Dans un monde comme celui-ci, ç'aurait été possible.

— Michael n'est plus l'homme que j'ai épousé, dit Kay.

— Heureusement ! s'exclama Hagen avec un petit rire sec, parce qu'il serait mort maintenant. Vous seriez veuve et vous n'auriez plus de soucis.

— Qu'est-ce que vous racontez là ! s'écria Kay indignée. Allons, essayez de dire la vérité pour une fois dans votre vie. Je sais que Michael en est incapable, mais vous, vous n'êtes pas sicilien. Vous pouvez donc parler franchement à une femme, la traiter comme une égale, un être humain comme vous ! »

Après un long silence, Hagen secoua la tête. « Vous n'avez pas compris Mike, dit-il. Vous êtes furieuse parce qu'il vous a menti. Mais c'est bien votre faute. Il vous avait défendu de l'interroger au sujet de ses affaires. Maintenant vous lui reprochez d'avoir accepté de servir de parrain au fils de Carlo. C'est pourtant vous qui l'avez supplié de le faire. Entre nous, ma chère, je vous avouerai que c'était très bien ainsi. Il n'y avait pas de moyen meilleur pour inspirer confiance à Carlo. C'est presque une ruse classique. » Avec un sourire cynique, Hagen demanda à Kay : « Est-ce que je suis assez franc pour vous maintenant ? »

Mais Kay avait baissé la tête.

Il continua : « Je vais vous dire d'autres vérités. Aussitôt après la mort du Don, Mike était voué à l'assassinat. On lui a tendu un piège pour le tuer. Savez-vous qui a fait ça ? Tessio. Alors il a fallu exécuter Tessio. Carlo aussi devait disparaître parce qu'on ne peut jamais pardonner la trahison. Michael était assez clément pour oublier, mais eux, les traîtres, ne se seraient jamais pardonné à eux-mêmes et ils seraient restés dangereux pour toujours. Michael aimait vraiment Tessio. Il adore sa sœur. Mais laisser les deux traîtres en liberté, c'eût été trahir ses devoirs envers vous et ses enfants, envers toute sa Famille, envers moi et les miens. Tant qu'ils vivaient, après ce qu'ils avaient fait, Tessio et Carlo mettaient nos vies en péril, à nous tous. »

Kay écoutait, les joues humides de larmes. « C'est Michael qui vous a envoyé me dire ça ? » demanda-t-elle.

Hagen en fut sincèrement surpris. « Non, dit-il. Il m'a envoyé vous dire tout autre chose : qu'il vous donnera tout ce que vous voudrez, qu'il vous permet de faire tout ce qu'il vous plaira, pourvu que vous preniez soin des enfants. » Hagen sourit. « Il a ajouté cette plaisanterie : dis-lui qu'elle est mon Don. »

Kay posa la main sur le bras de Hagen. « Il ne vous a pas chargé de me dire le reste ? »

Hagen hésita, comme s'il se demandait s'il était prudent de lui livrer une dernière vérité. « Vous ne comprenez toujours pas, dit-il. Si vous répétiez à Michael ce que je vous ai appris aujourd'hui, je serais un homme mort. » Au bout d'un instant il ajouta : « Sa mère, vous et les enfants vous êtes les seules personnes au monde auxquelles il serait incapable de faire le moindre mal. »

Au bout de cinq longues minutes, Kay se releva et ils repartirent côte à côte vers la petite ville. Ils étaient presque arrivés devant la maison de Kay quand elle demanda à Hagen : « Pouvez-vous me reconduire à New York avec les enfants ce soir dans votre voiture ?

— C'était mon intention en venant ici », dit Hagen.

Une semaine après son retour, Kay alla voir un prêtre pour lui demander de l'instruire dans la religion catholique.

Au fin fond de l'église, une clochette retentit pour inviter les fidèles au repentir. Comme on le lui avait enseigné, Kay se frappa légèrement la poitrine de son poing fermé, en signe de contrition. La clochette tinta de nouveau. On entendit ensuite traîner sur les dalles de pierre les pieds des communiants qui quittaient leurs places pour s'approcher de l'autel. Kay se leva et se joignit à eux. Elle s'agenouilla devant le chœur et, au fond de l'église, la cloche tinta de nouveau. De son poing fermé, Kay se frappa encore le cœur. Le prêtre était devant elle. Elle rejeta la tête en arrière et ouvrit la bouche pour accueillir le mince petit pain à cacheter. C'était le moment le plus terrible. Il durait jusqu'à ce que l'hostie eût fondu. C'est seulement lorsqu'elle l'avait avalée qu'elle pouvait enfin faire ce qui l'amenait à l'église.

Lavée de tout péché, suppliante de choix, elle baissa la tête et croisa les mains sur la sainte table. Elle pencha le corps en arrière pour soulager ses genoux.

Elle chassa de son esprit toutes les pensées qui la concernaient, elle et même ses enfants. Elle écarta toute colère, toute rébellion, toute question, puis, avec un désir profond et résolu de croire, d'être entendue, elle pria, comme chaque matin depuis sa conversion, pour le salut de Michael Corleone.

Pavillons Poche

Titres parus

Peter Ackroyd
Un puritain au paradis

Woody Allen
Destins tordus

Niccolò Ammaniti
Et je t'emmène

Sherwood Anderson
Le Triomphe de l'œuf

Margaret Atwood
Faire surface
La Femme comestible
Mort en lisière
Œil de chat
La Servante écarlate
La Vie avant l'homme

Dorothy Baker
Cassandra au mariage

Nicholson Baker
À servir chambré
La Mezzanine

Ulrich Becher
La Chasse à la marmotte

Saul Bellow
La Bellarosa connection
Le Cœur à bout de souffle
Un larcin

Robert Benchley
Le Supplice des week-ends

Adolfo Bioy Casares
Journal de la guerre au cochon
Le Héros des femmes
Un champion fragile
Nouvelles fantastiques

William Peter Blatty
L'Exorciste

Jorge Luis Borges, Adolfo Bioy Casares
Chroniques de Bustos Domecq
Nouveaux Contes de Bustos Domecq
Six problèmes pour Don Isidro Parodi

Mikhaïl Boulgakov
Le Maître et Marguerite
Le Roman théâtral
La Garde blanche

Vitaliano Brancati
Le Bel Antonio

Anthony Burgess
L'Orange mécanique
Le Testament de l'orange
Les Puissances des ténèbres

Dino Buzzati
Bestiaire magique
Le régiment part à l'aube
Nous sommes au regret de…
Un amour
En ce moment précis
Bàrnabo des montagnes
Panique à la Scala

Lewis Carroll
Les Aventures d'Alice sous terre

Michael Chabon
Les Mystères de Pittsburgh
Les Loups-garous dans leur jeunesse
La Solution finale

Upamanyu Chatterjee
Les Après-midi d'un fonctionnaire très déjanté

John Collier
Le Mari de la guenon

Sir Arthur Conan Doyle
Sherlock Holmes : son dernier coup d'archet

William Corlett
Deux garçons bien sous tous rapports

Avery Corman
Kramer contre Kramer

Helen DeWitt
Le Dernier Samouraï

Joan Didion
Maria avec et sans rien
Un livre de raison
Démocratie

E. L. Doctorow
Ragtime

Roddy Doyle
La Femme qui se cognait dans les portes
The Commitments
The Snapper
The Van
Paddy Clarke Ha Ha Ha

Andre Dubus III
La Maison des sables et des brumes

Lawrence Durrell
Affaires urgentes

F. Scott Fitzgerald
Un diamant gros comme le Ritz

Zelda Fitzgerald
Accordez-moi cette valse

E. M. Forster
Avec vue sur l'Arno

Carlo Fruttero
Des femmes bien informées

Carlo Fruttero et Franco Lucentini
L'Amant sans domicile fixe

Graham Greene
Les Comédiens
La Saison des pluies

Le Capitaine et l'Ennemi
Rocher de Brighton
Dr Fischer de Genève
Tueur à gages
Monsignor Quichotte
Mr Lever court sa chance, nouvelles complètes 1
L'Homme qui vola la tour Eiffel, nouvelles complètes 2
Un Américain bien tranquille
La fin d'une liaison

Kent Haruf
Colorado Blues
Le Chant des plaines
Les Gens de Holt County

Jerry Hopkins et Daniel Sugerman
Personne ne sortira d'ici vivant

Bohumil Hrabal
Une trop bruyante solitude
Moi qui ai servi le roi d'Angleterre
Rencontres et visites

Henry James
Voyage en France
La Coupe d'or

Thomas Keneally
La Liste de Schindler

Janusz Korczak
Journal du ghetto

Jaan Kross
Le Fou du Tzar

D. H. Lawrence
Le Serpent à plumes

John Lennon
En flagrant délire

Siegfried Lenz
La Leçon d'allemand
Le Dernier Bateau
Une minute de silence

Ira Levin
Le Fils de Rosemary
Rosemary's Baby

Norman Mailer
Le Chant du bourreau
Bivouac sur la Lune
Les vrais durs ne dansent pas
Mémoires imaginaires de Marilyn
Morceaux de bravoure
Prisonnier du sexe

Dacia Maraini
La Vie silencieuse de Marianna Ucrìa

Guillermo Martínez
Mathématique du crime
La Mort lente de Luciana B
La Vérité sur Gustavo Roderer

Tomás Eloy Martínez
Santa Evita
Le Roman de Péron

Richard Mason
17 Kingsley Gardens

Somerset Maugham
Les Trois Grosses Dames d'Antibes
Madame la Colonelle
Mr Ashenden, agent secret
Les Quatre Hollandais

James A. Michener
La Source

Arthur Miller
Ils étaient tous mes fils
Les Sorcières de Salem
Mort d'un commis voyageur
Les Misfits
Focus
Enchanté de vous connaître
Une fille quelconque
Vu du pont *suivi de* Je me souviens de deux lundis

Pamela Moore
Chocolates for breakfast

Daniel Moyano
Le Livre des navires et bourrasques

Vítězslav Nezval
Valérie ou la Semaine des merveilles

Geoff Nicholson
Comment j'ai raté mes vacances

Joseph O'Connor
À l'irlandaise

Pa Kin
Le Jardin du repos

Katherine Anne Porter
L'Arbre de Judée

Mario Puzo
Le Parrain
La Famille Corleone (avec Ed Falco)

Mario Rigoni Stern
Les Saisons de Giacomo

Saki
Le Cheval impossible
L'Insupportable Bassington

J. D. Salinger
Dressez haut la poutre maîtresse, charpentiers, *suivi de* Seymour, une introduction
Franny et Zooey
L'Attrape-cœur

Roberto Saviano
Le Contraire de la mort (bilingue)

Sam Shepard
Balades au paradis
À mi-chemin

Robert Silverberg
Les Monades urbaines

Johannes Mario Simmel
On n'a pas toujours du caviar

Alexandre Soljenitsyne
Le Premier Cercle
Zacharie l'Escarcelle
La Maison de Matriona
Une journée d'Ivan Denissovitch
Le Pavillon des cancéreux

Robert Louis Stevenson
L'Étrange cas du Dr Jekyll et de Mr Hyde

Quentin Tarantino
Inglourious Basterds

Edith Templeton
Gordon

James Thurber
La Vie secrète de Walter Mitty

John Kennedy Toole
La Bible de néon

John Updike
Jour de fête à l'hospice

Alice Walker
La Couleur pourpre

Evelyn Waugh
Retour à Brideshead
Grandeur et décadence
Le Cher Disparu
Scoop
Une poignée de cendres
Ces corps vils
Hommes en armes
Officiers et gentlemen
La Capitulation

Tennessee Williams
Le Boxeur manchot
Sucre d'orge
Le Poulet tueur et la folle honteuse

Tom Wolfe
Embuscade à Fort Bragg

Virginia Woolf
Lectures intimes

Richard Yates
La Fenêtre panoramique
Onze histoires de solitude
Easter Parade
Un été à Cold Spring
Menteurs amoureux
Un dernier moment de folie

Stefan Zweig
Lettre d'une inconnue *suivi de* Trois nouvelles de jeunesse

Titres à paraître

E. M. Forster
Arctic summer

Dino Buzzati
Chroniques terrestres

Composition et mise en pages
Nord Compo à Villeneuve-d'Ascq

Imprimé en Espagne par
Liberdúplex
à Sant Llorenç d'Hortons (Barcelone)
en septembre 2021

N° d'édition : 62995/6 – N° d'impression : 94540
Dépôt légal : novembre 2016